ÉTUDES SUR L'HISTOIRE

DE

LA PROCÉDURE CIVILE

CHEZ LES ROMAINS

PAR

Emile JOBBÉ-DUVAL

PROFESSEUR A LA FACULTÉ DE DROIT DE PARIS

TOME PREMIER

LA PROCÉDURE PAR LE PARI.
(AGERE PER SPONSIONEM).

PARIS
LIBRAIRIE NOUVELLE DE DROIT ET DE JURISPRUDENCE
ARTHUR ROUSSEAU, ÉDITEUR
14, RUE SOUFFLOT, ET RUE TOULLIER, 13

1896

ÉTUDES SUR L'HISTOIRE

DE

LA PROCÉDURE CIVILE

CHEZ LES ROMAINS

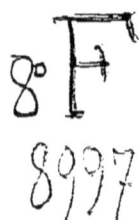

ÉTUDES SUR L'HISTOIRE

DE

LA PROCÉDURE CIVILE

CHEZ LES ROMAINS

PAR

Emile JOBBÉ-DUVAL

PROFESSEUR A LA FACULTÉ DE DROIT DE PARIS

TOME PREMIER

LA PROCÉDURE PAR LE PARI.
(AGERE PER SPONSIONEM).

PARIS

LIBRAIRIE NOUVELLE DE DROIT ET DE JURISPRUDENCE

ARTHUR ROUSSEAU, ÉDITEUR

14, RUE SOUFFLOT, ET RUE TOULLIER, 13

1896

PRÉFACE

L'histoire de la procédure constitue un des chapitres les plus importants de l'histoire générale du droit, puisque le progrès se réalisa, en imaginant de nouveaux moyens d'agir en justice et qu'il fallut le travail persévérant des jurisconsultes pour dégager de l'action l'idée du droit. Cette étroite connexité de la forme et du fond s'affirma, d'une façon particulièrement énergique, chez les Romains ; la procédure formulaire devint, entre les mains des préteurs, un puissant instrument de réforme et marqua de son empreinte la législation tout entière, de telle sorte que le mouvement des idées juridiques ne saurait être compris par qui ignorerait, comment se jugeaient les procès civils pendant les derniers siècles de la République et les premiers siècles de l'Empire [1].

Longtemps négligée, la science de la procédure romaine reprit faveur, après la découverte des Institutes de Gaius et, depuis une vingtaine d'années surtout, le sujet tente visiblement les historiens. Bien que des résultats considérables aient été déjà obtenus, beaucoup de problèmes restent encore obscurs.

L'une des méthodes les plus sûres, pour les résoudre, consistera, je crois, dans l'histoire comparée des institutions [2]. Comment dénier, *a priori*, aux jurisconsultes la

---

1. « Les mœurs et la culture d'un peuple se lisent dans sa procédure », a dit M. Paul Viollet, *Les Etablissements de Saint-Louis*, 1881, t. 1, p. 179. Comp. la préface et l'introduction de notre *Etude historique sur la revendication des meubles en droit français*, 1881. Ai-je besoin enfin de signaler ici les beaux travaux de Sumner Maine, notamment le ch. IX de ses *Etudes sur l'histoire des Institutions primitives*, traduction Durieu de Leyritz, 1880 ?

2. M. A. Gaudenzi est entré dans cette voie en écrivant sa brochure sur

faculté d'user de procédés d'investigation qui valurent à d'autres de si grands et si légitimes succès [1] ?

Nous consacrons cette première série d'études, comprenant deux volumes, à une procédure, qui joua un rôle notable dans l'histoire du droit romain, puisqu'elle servit de transition entre les *legis actiones* et la procédure formulaire et que, mettant en œuvre des idées fort anciennes, elle prépara néanmoins l'avenir et introduisit dans le règlement des débats judiciaires des conceptions plus modernes.

Les Romains appelaient procédure par le pari (*agere per sponsionem*) l'ensemble des formalités accomplies par les plaideurs, lorsque chacun d'eux s'engageait, au moyen d'une stipulation, à payer à l'autre, en cas d'échec, une certaine somme d'argent et que le juge, tranchant seulement le litige d'une façon indirecte, se bornait à décider qui avait gagné le pari. Malgré la diversité des règles à suivre devant le magistrat, *in jure*, Gaius parle d'une façon générale des luttes qui s'engageaient au moyen de la formule... *litigare per formulas* ; de même nous trouvons dans Cicéron [2] « *sponsionem facere et ita de hereditate*

---

l'*antica procedura germanica e le legis actiones del diritto romano*. Bologna, 1884. M. J. Kohler, annonçant qu'il s'occuperait ailleurs des *legis actiones* au point de vue de la science comparée du droit, constatait également, que la vieille procédure romaine ne saurait être comprise, sans le secours de l'histoire générale des institutions. « Ohne Rechtsvergleichung können solche Probleme überhaupt nicht gelöst werden », *Recht und Process. Zeitschrift für das Privat-und-öffentliche Recht der Gegenwart*, t. XIV, 1887, p. 33, n. 80. A ma connaissance, M. J. Kohler n'a pas encore mis son projet à exécution. Enfin M. A. H. Post, *Grundriss der ethnologischen Jurisprudenz*, t. II, 1895, s'occupe de la procédure, p. 452 et suiv.

1. M. James Darmesteter, *Ormazd et Arhiman*, 1877, p. 3 donne, à propos de la mythologie comparée, des arguments, que nous pourrions nous approprier « et maintes fois des traits obscurs dans la religion, qu'on étudie, trouvent leur explication dans la religion sœur, parce que le trait antérieur ou intermédiaire, qui les engendre ou qui les relie, s'est perdu dans la première et conservé dans la seconde ».

2. *In Verr. actio secunda*, I, 45, 115. Sur le sens des expressions « *agere per sponsionem* » et « *facere sponsionem* » voyez les textes cités *Liv. prélim.*, chap. II, n° III.

certare » et les mots *agere per sponsionem* employés par Gaius[1], à propos de deux matières comme les interdits et l'action *in rem*, montrent que les jurisconsultes classiques eux-mêmes conservaient encore le sentiment de l'unité de la procédure, sans s'arrêter aux divergences.

Considèrera-t-on, d'avance, notre entreprise comme téméraire, dans l'état actuel des sources ? Sans doute il est permis de regretter que les textes ne soient pas plus abondants ; néanmoins, abstraction faite du Digeste, dont les érudits contemporains soumettent les fragments à une critique pénétrante, en vue de découvrir les interpolations dues aux commissaires de Justinien, nous disposons de trois séries de documents d'une réelle valeur. Parmi eux, le récit de Gaius occupe naturellement la place d'honneur, surtout depuis que la dernière recension du manuscrit de Vérone par M. Studemund a fait connaître plusieurs lignes du paragraphe 170 du Code IV. Cette découverte en a entraîné d'autres, car la partie récemment déchiffrée éclaire, à son tour, les discours de Cicéron, qui forment notre second groupe et présentent une importance capitale dans la matière. Signalons enfin les chapitres XXI et XXII de la loi Rubria de Gallia Cisalpina et la loi Julia municipalis de la Table d'Héraclée, l. 41-45. C'est là un ensemble de textes qui, envisagés en eux-mêmes et à la lumière de l'histoire générale du droit, constituent pour nos études une base solide et suffisamment large ; ils permettent d'entreprendre, sans trop de hardiesse, l'histoire de la procédure par le pari.

Après avoir groupé, dans un livre préliminaire, un certain nombre d'études destinées à servir d'introduction, nous adopterons la méthode historique et diviserons nos développements en quatre livres.

Dans le livre premier, nous décrirons la procédure par le pari, en nous plaçant à l'époque antérieure à la loi

---

1. IV, 91, 93 ; IV, 141.

Aebutia. Le livre II sera consacré à la période comprise entre la loi Aebutia et la dernière des deux lois Julia. Nous aborderons enfin, avec le livre III, l'étude du droit classique et, avec le livre IV, celle de la législation du Bas-Empire. Nul ne s'étonnera d'ailleurs de l'étendue fort inégale de ces différents livres, puisque l'histoire de notre institution appartient essentiellement aux deux premières époques et avant tout à la première.

ÉTUDE SUR L'HISTOIRE
DE
LA PROCÉDURE PAR LE PARI
CHEZ LES ROMAINS

LIVRE PRÉLIMINAIRE

Si, comme nous l'avons dit dans la préface, la procédure par le pari servit de transition entre la *legis actio* et la procédure formulaire, l'exposé de la procédure primitive des Romains, au moins dans ses grandes lignes, constitue une introduction nécessaire à nos études. Pour comprendre quelle fut la source du mouvement d'idées que nous entreprenons de décrire, il faut, avant tout, connaître la pratique judiciaire, dont les abus inspirèrent aux plaideurs le désir d'une réforme. Sans doute, j'aurai l'occasion de revenir dans le Liv. Ier sur quelques-unes des formalités décrites par les §§ 11 et suiv. du C. IV de Gaius ; dès maintenant, un tableau d'ensemble s'imposait. Le pari ayant été l'instrument dont la jurisprudence se servit, un examen spécial lui sera consacré. Enfin, nous définirons la procédure par le pari, d'une façon plus précise que nous n'avons pu le faire jusqu'à présent, en la séparant avec soin du simple pari ; il sera en outre intéressant de rechercher, si notre institution appartient exclusivement à l'histoire du droit romain ou si, au contraire, l'étude comparée des législations primitives fournit encore ici d'utiles enseignements.

Le Livre préliminaire se divisera donc, on le voit, en trois chapitres :

Chap. I. — Les *legis actiones*.
Chap. II. — Le pari.
Chap. III. — La procédure par le pari.

CHAPITRE PREMIER

LES LEGIS ACTIONES.

Sommaire. — I. Définition de la *legis actio*. — II. Dans quel ordre historique apparurent les *modi lege agendi* ? — III. La *legis actio per manus injectionem*. — IV. La *legis actio per pignoris capionem*. — V. La *legis actio per sacramentum*. — VI. Elle ne constitue pas une procédure par le pari. — VII. Caractères généraux communs à ces trois *legis actiones*.

I. — Tandis que l'une des fonctions essentielles de l'Etat moderne consiste à faire respecter le droit de chacun, et que le juge saisi d'une question litigieuse jouit du pouvoir nécessaire, pour découvrir la vérité et assurer le respect de sa décision, les coutumes primitives se contentent d'éviter, dans la mesure du possible, le recours à la force brutale. Elles se considèrent comme ayant remporté une grande victoire sur l'esprit de vengeance individuelle, quand elles ont imposé à l'offensé l'obligation de respecter certaines formes dans l'exercice de son droit et l'ont contraint, en cas de doute, à se soumettre à un arbitrage. Il convient de s'inspirer de ces idées, en appréciant l'ancienne procédure romaine.

On appelle *legis actio*, chez les Romains, un ensemble de rites ayant son origine dans la loi et tendant à la faire respecter. En s'appuyant sur la loi des XII Tables et sur les lois postérieures, les pontifes rédigèrent un certain nombre de formules et combinèrent des cérémonies solennelles, dont les plaideurs durent répéter les mots et reproduire les gestes avec une religieuse fidélité, sous peine de perdre leur procès. Dépositaire des traditions et des principes de l'art de l'interprétation des textes, habitué dans les relations de la cité avec ses dieux à peser avec circonspection la valeur de chaque terme, composé des membres des grandes familles de Rome, qui s'y succédaient de père en fils, le collège des pontifes témoigna au surplus d'une véritable superstition du mot; sous son influence la procédure prit un caractère nettement formaliste. Assurément ce trait s'harmonise avec l'ensemble des idées et des mœurs d'une société peu avancée; ne nous étonnons pas cependant, si les pontifes romains donnèrent aux formules judiciaires un développement et une fixité, que l'on ne retrouve pas aujourd'hui chez certaines peuplades, dont la législation n'a pas dépassé les premiers degrés de l'évolution du droit [1].

Si le terme de *legis actio* s'applique proprement à la procédure suivie dans un cas particulier, il est également em-

---

1. M. Maxime Kovalewsky, *Coutume contemporaine et loi ancienne. Droit coutumier ossétien éclairé par l'histoire comparée, traduction française du texte russe faite par l'auteur*, 1893, et après lui M. R. Dareste, *Études d'histoire du droit*, 1889, p. 155, constatent ce fait à propos des Ossètes du Caucase. Comp. également en ce qui concerne les Kirghiz, V. Dingelstedt. *Le droit coutumier des Kirghiz d'après l'étude entreprise sous les auspices du gouvernement russe* (*Revue générale du droit*, t. XIV, 1890, p. 324). Nous n'irons pas cependant jusqu'à voir, avec MM. Kovalewsky et Dareste, dans le formalisme de la procédure, un phénomène spécial aux pays, où un collège sacerdotal jouit du monopole de la science de l'interprétation des coutumes comme dans l'ancienne Rome et dans l'ancienne Irlande. On sait à quel degré de formalisme atteignit la procédure française du Moyen Age. Voyez notamment Brunner, *Wort und Form im altfranzösischen Prozess, Sitzungsberichte der kaiserlichen Akademie der Wissenschaften. Philosophisch-historische Classe*, t. LVII, *Heft*. 3, 1867), et notre *Étude historique sur la revendication des meubles en droit français*, 1881. Pour l'Abyssinie, voy. Antoine d'Abbadie, *L'Abyssinie et le roi Théodore*, 1868, p. 21. Pour les Bogos, Werner Munzinger, *Ueber die Sitten und das Recht der Bogos*, 1859, p. 47, n° 83 et A.-H. Post, *Afrikanische Jurisprudenz* (1887), t. 2, p. 131. M. G. Tarde, *Les transformations du droit*, 1893, adopte également l'opinion de MM. Kovalewsky et Dareste, mais le même auteur dit à un autre endroit de son livre, p. 36 : « Je suis sur le point d'ajouter que beaucoup des nombreuses nullités imaginées par les divers codes de procédure civile ne sont pas sans rappeler les interdictions du tabou polynésien ». La remarque est piquante ; je ne sache cependant pas que ces nullités s'expliquent par l'influence de la philosophie française du XVIIIe siècle. Notons enfin qu'on ne saurait dénier le caractère formaliste à une procédure comme celle des Ossètes dans laquelle le serment joue un rôle considérable, le plaideur ne pouvant pas d'ailleurs changer un seul mot à sa formule. Voy. *Liv. prél.*, ch. I, n° VII.

ployé, pour désigner une des cinq procédures types, auxquelles on pouvait ramener toutes les autres. Gaius parle de la *legis actio per manus injectionem*, de la *legis actio per sacramentum*, de la *legis actio per judicis postulationem*, de la *legis actio per pignoris capionem*, de la *legis actio per condictionem*[1].

II. — M. Hugo Krüger[2] pense que ces cinq *modi lege agendi* n'en forment qu'un, en réalité, et que sur un tronc unique se sont simplement développées peu à peu quelques branches nouvelles. Identifiant l'*in jus vocatio* avec la *manus injectio*, cet auteur considère la procédure de la revendication, que l'on a coutume d'appeler la *legis actio sacramenti in rem*, comme la procédure originaire de laquelle toutes les autres sont sorties.

Sans adopter la théorie d'Hugo Krüger, que nous repoussons également, plusieurs écrivains[3] considèrent la *legis actio per manus injectionem* comme la plus ancienne. Assurément cette conjecture est séduisante ; la *legis actio per manus injectionem* vise, selon nous, l'hypothèse du flagrant délit et l'on comprendrait, que le recours à la justice eût été restreint d'abord aux cas, où les allégations du demandeur paraissent certaines ou à peu près à des hommes peu civilisés[4]. Comme néanmoins les documents attestent, dans un état social encore très voisin de la barbarie, la coexistence de deux procédures distinctes, dont l'une sert lorsque l'accusé n'a pas été pris sur le fait[5], rejetons

1. Gaius, IV, 12.
2. *Geschichte der capitis deminutio, zugleich eine neve Bearbeitung des Legisactionsrechtes*, t. I, 1887, § 10 et suiv., p. 123 et suiv. Comp. le compte-rendu du livre de M. Krüger, par M. Kipp (*Zeitschrift. Sav. Stift. R. A.* t. IX (1888), p. 159 et suiv., spécialement p. 167 et suiv.).
3. Demelius, *Die confessio im römischen Civilprocess und das gerichtliche Geständniss der neuesten Processgesetzgebung*, 1880, p. 56, note 4. — Cuq, *Les Institutions juridiques des Romains. L'ancien droit*, 1891, p. 422.
4. Comp. Hugo Krüger, *op. cit.*, notamment p. 369.
5. Pour les anciennes coutumes norwégiennes, V. Dareste, *Études d'histoire du droit*, p. 332 et K. von Amira, *Das alinorwegische Tollstreckungsverfahren (Eine rechtsgeschichtliche Abhandlung*, 1874, spécialement p. 208 et suiv., p. 234 et suiv.).

la doctrine, dont il s'agit, nous bornant à placer, dans une première période historique, la *legis actio per manus injectionem*, la *legis actio per pignoris capionem* et la *legis actio per sacramentum*, dans une seconde période, la *legis actio per judicis postulationem* et la *legis actio per condictionem*.

Celle-ci rentrant dans le cadre de nos recherches, en sa qualité de procédure par le pari, nous occupera longuement un peu plus tard, tandis que je n'ai rien à dire, ni à cette place ni à une autre, de la *judicis postulatio*, sur laquelle les renseignements font défaut. La *legis actio per manus injectionem*, la *legis actio per pignoris capionem* et la *legis actio per sacramentum* doivent au contraire nous arrêter un instant, sauf à revenir avec plus de détails sur cette dernière, en tant qu'elle correspondait aux actions *in rem* des temps postérieurs. Cette étude permettra de juger à quel point une réforme s'imposait, et la procédure par le pari apparaîtra sous sa physionomie véritable, à savoir comme une institution appartenant encore au passé par quelques-unes de ses règles mais ayant préparé l'avenir.

III. — La *legis actio per manus injectionem* consiste essentiellement dans la main-mise accomplie par l'un des plaideurs sur la personne de l'autre, main-mise qui est opérée devant le magistrat et accompagnée de paroles solennelles. *Qui agebat sic dicebat* : Quod tu mihi judicatus (sive damnatus) es sestertium x milia quando non solvisti, ob eam rem ego tibi sestertium x milium judicati manum injicio, *et simul aliquam partem corporis ejus prehendebat* [1].

Notre *legis actio* repose sur des conceptions très éloignées de celles qui prévalent aujourd'hui. Le demandeur se plaint d'un tort, qui lui a déjà été causé et il s'efforce d'obtenir réparation, en se faisant justice à lui-même ; si un débat s'engage, dans le sens actuel du mot, c'est seulement sous la forme d'un incident, qui vient se greffer sur la procédure principale [2]. La *manus injectio* produira ses effets,

---

1. Gaius, IV, 21.
2. Demelius, *Die confessio im römischen Civilprocess.*, p. 44. A. S.

à moins qu'un *vindex* ne prenne en main la cause du défendeur [1]. C'est à cette intervention d'un *vindex*, que le vieux droit romain subordonnait la faculté d'engager la lutte judiciaire. Assurément, pour le plébéien pauvre, il pouvait y avoir là un péril [2], ne l'exagérons pas cependant ; comme nous allons le voir, un citoyen des premiers siècles de Rome n'avait, en fait, recours à la *manus injectio*, que si ses allégations étaient réputées certaines, aux yeux de ses contemporains.

N'y a-t-il pas eu une époque, où le demandeur avait le droit d'emmener chez lui son adversaire, par la seule vertu de la *manus injectio*, sans que le magistrat eût à intervenir d'une façon active ? A quel moment l'*addictio* était-elle prononcée, à l'instant même où les formalités prescrites venaient d'être accomplies ou seulement après l'expiration du délai de 60 jours, lorsque la dette n'avait été payée à aucun des trois jours de marché [3] ? Quelle était exactement la situation du prisonnier pour dettes ? Ce sont là

Schultze, *Privatrecht und Process in ihrer Wechselbeziehung*, 1883, p. 441 et 442.

1. Gaius, IV, 21.
2. Ihering (*Scherz und Ernst in der Jurisprudenz*, 3e édit.,1885, III. *Reich und Arm im altröm. Civilprozess*, p. 197 et 198) développe avec beaucoup de force ce point de vue. C'est, dit-il, dans la *legis actio per manus injectionem* que l'usurier romain apparaît en pleine lumière. Assurément les prêts d'argent ou de grains consentis, en cas de mauvaise récolte, de guerre ou de maladie de l'emprunteur, ont servi et servent encore, dans beaucoup de sociétés peu nombreuses et peu avancées, à assurer la domination des classes supérieures sur les classes inférieures ; c'est là un phénomène important et dont il faut tenir compte dans une large mesure ; mais il n'a rien de particulier à la société romaine.Voy. E. Luro. *Le pays d'Annam. Etude sur l'organisation politique et sociale des Annamites*,1878, p. 247. E. Reclus, *Géographie universelle*, t. VI, p. 435 ; comp. pour les Gaulois, Caesar. *de bello gallico*, L. 1, c. 4, § 2. *Die constitutae causae dictionis, Orgetorix ad judicium omnem suam familiam, ad hominum milia decem, undique coegit et omnes clientes* OBAERATOSQUE SUOS, QUORUM MAGNUM NUMERUM HABEBAT, *eodem conduxit ; per eos, ne causam diceret se eripuit.*
3. Comp. M. Voigt, *Die XII Tafeln*, 1883, t. 1, p. 622. Hugo Krüger, *Geschichte der capitis deminutio*, p. 334. Wlassak, *Römische Processgesetze*, 1888, t. 1, p. 96, note 27.

des questions que nous n'avons pas à élucider dans ce travail.

La *legis actio per manus injectionem* est mise en mouvement, lorsque les allégations du demandeur paraissent certaines à des hommes peu cultivés. Toutes les actions en justice sont à l'origine des actions pénales ; cette idée, sur laquelle nous reviendrons dans cette introduction même, domine toutes nos explications antérieures ; on peut dire dès lors, que la *manus injectio* intervient en cas de flagrant délit. La procédure suivie dans l'hypothèse du *furtum manifestum*, telle que la décrit la loi des XII Tables, présente en effet une frappante analogie avec celle, dont nous nous occupons [1]. Sans aller jusqu'à dire qu'elle se confondait avec cette dernière [2], je considère dès lors comme très vraisemblable, que la poursuite contre le *fur manifestus* servit de modèle à la *legis actio per manus injectionem* avec cette différence néanmoins que les XII Tables autorisaient l'intervention d'un *vindex* en faveur du débiteur [3] ; le voleur pris sur le fait ne pouvait au contraire se défendre d'aucune manière.

Nul ne s'étonnera au surplus que, pendant les premiers siècles de Rome, les droits du demandeur aient paru certains, plus facilement qu'ils ne le paraîtraient aujourd'hui. La conception originaire du flagrant délit est beaucoup plus large que la nôtre ; et indépendamment du cas, où un jugement est déjà intervenu, la *manus injectio* pourra être mise à profit dans un certain nombre d'autres hypothèses ; quand une somme d'argent a été prêtée devant témoins, en observant les formalités requises, la culpabilité de l'emprunteur, qui ne rend pas cette somme d'argent,

---

1. Gaius, III, 189, « *Nam liber verberatus addicebatur ei cui furtum fecerat ; utrum autem servus efficeretur ex addictione, an adjudicati loco constitueretur, veteres quaerebant* ».

2. Voigt, *Die XII Tafeln*, t. 1, § 65, p. 628 et 629. t. 2, § 136, p. 550.

3. Schulin, *Lehrbuch der Geschichte des römischen Rechts*, 1889, p. 533, dit que la procédure contre le *fur manifestus* a peut-être servi de modèle à la *legis actio per manus injectionem*, mais sans entrer dans aucun développement.

semble hors de doute aux praticiens de l'ancienne Rome, comme aux rédacteurs des coutumiers norwégiens du Moyen Age [1] ; avec l'opinion aujourd'hui dominante, nous admettons que le *nexum* était sanctionné par la *legis actio per manus injectionem*. C'est également au moyen de cette procédure, que sera poursuivi l'héritier institué qui n'a pas payé le légataire [2].

IV. — La *legis actio per pignoris capionem* correspond à la saisie extrajudiciaire, qui joue un rôle si important dans les usages des peuples primitifs [3]. S'appliquant à un bien du débiteur et non plus à sa personne, elle ne suppose en outre à aucun degré l'intervention du magistrat. Notre procédure se sépare seulement de la violence pure, du brigandage, par la publicité dont elle s'entoure, par les paroles solennelles qui doivent être prononcées, par les cérémonies, auxquelles la coutume subordonne sa validité [4].

---

1. K. von Amira, *Das altnorwegische Vollstreckungsverfahren*, p. 234.
2. Nous ne donnons bien entendu que des exemples. Voyez également sur le développement ultérieur de la théorie de la *manus injectio*, sur la *manus injectio pro judicato*, la *manus injectio pura*, la loi *Vallia*, Gaius, IV, 22-26.
3. Comp. notamment Sumner Maine, *Etudes sur l'histoire des institutions primitives* (*Traduction* Durieu de Leyritz), 1880, p. 322 et suiv. Esmein, *Les contrats dans le très ancien droit français*, 1883. Declareuil, *La Justice dans les coutumes primitives* (tirage à part et *Nouv. Rev. histor. de droit*, 1889, spécialement p. 108, p. 113). D'Arbois de Jubainville, *Des attributions judiciaires de l'autorité publique chez les Celtes* (*Revue celtique*, t. VII, 1886, p. 20 et suiv.). *Résumé d'un cours de droit irlandais*, 1888, p. 15. *La saisie mobilière dans le Senchus Mor* (*Revue générale du droit*, 1890, p. 98 et suiv.). *La pignoris capio avec enlèvement immédiat et sans commandement préalable en droit irlandais d'après le Senchus Mor* (*Nouv. Rev. histor. du droit*, t. XV, 1892, p. 373). Paul Collinet, *La saisie privée*, Thèse Paris, 1893. Max Kovalewski, *Coutume contemporaine et loi ancienne* (*Droit coutumier ossétien éclairé par l'histoire comparée* (traduction de russe en français par l'auteur), p. 121 et suiv. A. H. Post, *Grundriss der ethnolog. Jurisprudenz.*, t. II, p. 569.
4. Declareuil, *loc. cit.*, p. 104. Gaius, IV, 29 « *certis verbis pignus capiebatur* ». C'est là un trait commun à la *pignoris capio* et aux autres *legis actiones*. L'emploi des paroles solennelles ne s'explique pas au contraire, si on admet la théorie de M. Pernice d'après lequel notre *pignoris*

Celle-ci n'autorisait, à l'époque historique, l'emploi de la *legis actio per pignoris capionem* que dans des cas exceptionnels, afin de sauvegarder l'intérêt public, en matière militaire, religieuse ou fiscale [1].

Qu'arrivait-il si, au moment de la saisie extrajudiciaire, le propriétaire de la chose saisie niait sa dette, soutenait par exemple qu'il avait déjà payé la redevance réclamée par le fermier d'impôts ? A notre avis, la *pignoris capio* produisait néanmoins ses effets, si le demandeur accomplissait à ses risques et périls, les formalités de la *legis actio*, sans s'arrêter aux dénégations de son adversaire [2]. Aucun débat ne s'engageait devant la justice, la question litigieuse n'était pas tranchée au préalable ; seulement la coutume autorisait le saisi à poursuivre, à son tour, le saisissant, lorsque la *pignoris capio* n'avait pas été légiti-

---

capio ne serait autre que l'exercice des droits du magistrat, en vertu d'une délégation consentie par ce dernier. Parerga, II, *Beziehungen des öffentlichen römischen Rechtes zum Privatrechte* (Zeitsch. der Sav. Stift. Rö. Abth., t. V, 1884, p. 128). Il convient donc de s'en tenir pour l'interprétation de la *pignoris capio* aux enseignements de l'histoire générale du droit et d'y voir un débris d'une institution plus ancienne. En ce sens : Sumner Maine, *op. et loc. cit.*, et P. Viollet, *Etablissements de St-Louis*, t. I, p. 186.

1. Gaius, IV, 26-29.
2. En ce sens : Huschke, *Die Multa und das Sacramentum in ihren verschiedenen Anwendungen*, 1874, p. 402 ; Wlassak, *Röm. Processgesetze*, t. I, p. 252 et 253. Ce dernier auteur remarque avec raison que la *legis actio per pignoris capionem* prend fin, d'après le texte de Gaius, avec la main-mise opérée sur la chose ; mais il croit que le créancier était tenu d'exercer plus tard une nouvelle *legis actio*, absolument distincte de la précédente. Cette solution semble contraire à l'esprit général de notre procédure ; de deux choses l'une, ou le créancier avait valablement opéré la *pignoris capio* et désormais son rôle était terminé ; il appartenait au saisi de prendre l'initiative, s'il voulait rentrer en possession de son bien : *pignus luere debet* (Gaius, IV, 32) ou au contraire le saisissant avait commis un délit en pratiquant, sans droit, la *pignoris capio* et dans ce cas encore son adversaire devait s'adresser à la justice. Quelle serait du reste cette *legis actio* à laquelle songe M. Wlassak ? Les textes n'en parlent pas.

me[1]. Il est remarquable que Labéon[2] croyait utile de rejeter expressément la doctrine, d'après laquelle l'*actio vi bonorum raptorum* aurait pu, dans notre hypothèse, être intentée contre le publicain ; ce dernier n'a pas eu d'intention coupable, objectait-il avec raison. Il est vraisemblable dès lors, qu'à l'origine le saisissant était traité comme voleur lorsqu'il avait agi sans droit[3] ; plus tard le préteur créa une action spéciale contre le publicain ; ce dernier sera condamné au double malgré sa bonne foi[4].

Tous les auteurs n'admettent pas la doctrine que nous venons d'exposer. M. Sohm[5] notamment croit trouver dans le paragraphe 32 du *Comm. IV* de Gaius, la preuve de cette affirmation, à savoir : qu'en cas de doute sur le droit du saisissant, une instance était immédiatement organisée. Ce texte nous semble au contraire hors de cause ; sans doute, au temps de Gaius, le publicain auquel une formule a été délivrée, sera tenu d'établir l'existence de son droit ; mais quelle est la fiction dont parle le ju-

---

1. Cette doctrine était celle des lois barbares. Celui qui accomplissait sans droit une *pigneratio* commettait, d'après certaines coutumes, un délit de vol, d'après d'autres, un délit spécial. Brunner, *Deutsche Rechtsgeschichte*, t. II, 1892, § 110, p. 449 et n° 28.

2. L. 2. § 20. D. *Vi bon. raptor.*, XLVII, 8 (Ulpien, *ad Edict.*, LVI). *Si publicanus pecus meum abduxerit, dum putat contra legem vectigalis aliquid a me factum quamvis erraverit, agi tamen cum eo vi bonorum raptorum non posse Labeo ait : sane dolo caret...* »

3. Huschke, *Multa*, p. 402, croit au contraire que le saisi intentait contre le saisissant une *vindicatio* ou une *condictio* ou l'action qu'il appelle action pour cause de *rupitia* (plus tard *actio legis Aquiliae*).

4. L. 1, pr. D. *de public.*, XXXIX, 4 (Ulp., LV, *ad Edict.*). « *Praetor ait : Quod publicanus ejus publici nomine vi ademerit quodve familia publicanorum, si id restitutum non erit in duplum aut, si post annum agetur, in simplum judicium dabo...* ». Je suis le texte de Lenel, *Palingenesia juris civilis*, 1888, 1889, t. 2, col. 760 et de Girard, *Textes de dr. rom.*, p. 129. Lenel croit du reste que le texte de l'édit portait *judicium recuperatorium* (Comp. Lenel, *Edictum perpetuum*, 1883, p. 20). M. A. Pernice, *op. cit.*, p. 128 et 129, a remarqué, avec raison, selon nous, que cet édit spécial aux publicains ne se comprenait qu'en le rapportant à l'hypothèse de la *pignoris capio*.

5. *Institutionen des römischen Rechts* (4e édition), 1889, p. 153, note 13.

risconsulte ? on suppose que, la *pignoris capio* ayant été *valablement* accomplie, le saisi désirait rentrer en possession de son bien ; la somme d'argent qu'il eût été contraint de verser dans ce but, à l'époque des *legis actiones*, lui sera désormais réclamée directement ; notre fragment ne dit pas autre chose [1].

Abstraction faite du paragraphe 32, le paragraphe 29 du *Comm. IV* de Gaius semble favorable à notre thèse. D'après lui, notre procédure se déroulait entièrement en dehors de la présence du magistrat « *pignoris capio extra jus peragebatur* ». Le plus souvent, le saisi était absent ; peu importait que le jour choisi fût ou non un de ceux, où l'accès des tribunaux s'ouvrait aux plaideurs [2]. Ce sont là autant de traits, qui ne permettent pas de comprendre comment un débat aurait pu s'engager. Dira-t-on qu'une pareille pratique entraînerait de graves désordres, troublerait la paix publique et qu'il serait trop étrange qu'elle eût été accueillie chez les Romains ? Comme l'a constaté Albert Dumont [3] « l'étrange n'existe ni dans l'histoire ni dans la science ». On me permettra en outre de rappeler, que la condamnation, à laquelle s'exposait le saisissant, constituait pour le saisi une garantie sérieuse. Il convient enfin de ne pas l'oublier, notre législation fiscale impose, encore aujourd'hui, au contribuable l'obligation

---

1. Gaius, IV, 32 : « *Item in ea forma quae publicano proponitur, talis fictio est, ut quanta pecunia olim, si pignus captum esset, id pignus is a quo captum erat, luere deberet, tantam pecuniam condemnetur* ».

2. Gaius, IV, 29 : « *Ex omnibus autem istis causis certis verbis pignus capiebatur, et ob id plerisque placebat hanc quoque actionem legis actionem esse ; quibusdam autem contra placebat, primum quod pignoris capio extra jus peragebatur, id est non apud praetorem, plerumque etiam absente adversario, cum alioquin ceteris actionibus non aliter uti possent quam apud praetorem praesente adversario, praeterea quod nefasto quoque die, id est quo non licebat lege agere, pignus capi poterat* ». Le fait, que le plus souvent la *pignoris capio* s'opérait en l'absence de l'adversaire, est particulièrement significatif à notre avis.

3. *Le Balkan et l'Adriatique*, 1873, p. 297.

de payer l'impôt, sauf son droit de former plus tard devant le conseil de préfecture une demande en décharge ou en réduction[1].

Comme on le verra plus loin, il était nécessaire de développer quelque peu les motifs de notre décision à propos de la question qui vient de nous occuper. Bornons-nous maintenant à signaler deux difficultés, dans l'examen desquelles je n'ai pas à entrer. Quels étaient les droits du saisissant sur le bien saisi ? Malgré le nom de *pignoris capio* donné à notre procédure, le créancier devenait-il propriétaire de plein droit, à l'expiration d'un certain délai, comme dans la vieille procédure irlandaise[2] ? A quelles conditions le débiteur recouvrait-il son bien ? était-il tenu de payer une somme supérieure au montant de sa dette[3] ?

V. — La *legis actio per sacramentum*, dont nous devons nous occuper avec soin, tire son nom d'une somme d'argent que chaque plaideur dépose publiquement, au cours de la procédure, entre les mains des représentants de la cité[4] ; on appelle *sacramentum* la somme ainsi déposée.

---

1. Cette règle s'appliquait en Sicile du temps de Verrès ; mais comment s'en étonner et partager l'indignation de Cicéron, apostrophant son adversaire de la façon suivante : « *Utrum est aequius decumanum petere an aratorem repetere ? judicium integra re an perdita fieri ?* » in Verr. Actio sec., lib. III, chap. 1, n° 27. S'il fallait en croire Cicéron, une réforme aurait déjà été réalisée sur ce point par la plupart des gouverneurs de province et il reproche à son adversaire de n'avoir pas imité ses collègues ; c'est ainsi tout au moins que nous interprétons ce texte, dont certains auteurs tirent argument contre notre thèse.

2. D'Arbois de Jubainville, *Résumé d'un cours de droit irlandais*, p. 15.

3. En ce sens : Wlassak, *Rö. Processgesetze*, t. I, p. 251 ; en sens contr. Karlowa. *Der röm. Civilprozess zur Zeit der Legis actiones*, 1872, p. 206.

4. Festus, V° *Sacramentum* (Bruns, p. 363) : « *Sacramentum aes significat, quod poenae nomine penditur* ». Varro, *de lingua latina*, V, 180 (Bruns, p. 379) : « *Ea pecunia, quae in judicium venit in litibus, sacramentum a sacro. Qui petebat et qui infitiabatur, de aliis rebus uterque quingenos aeris ad pontem deponebant, de aliis rebus item certo alio legitimo numero assum ; qui judicio vicerat, suum sacramentum e sacro auferebat, victi ad aerarium redibat* ». Gaius, IV, 13 :

Celui qui obtiendra gain de cause reprendra son *sacramentum*; le trésor public s'enrichira au contraire aux dépens du perdant. La loi fixe le montant du *sacramentum*, qui s'élève soit à 50 as soit à 500 as suivant l'importance du litige.

Quand un citoyen romain entame contre un autre notre procédure, celui-ci, n'étant pas considéré comme pris sur le fait, peut opposer un démenti à son adversaire et figurer lui-même au débat ; on ne le met plus dans la nécessité de recourir à un *vindex*. A plus forte raison, notre *legis actio* se sépare-t-elle de la *legis actio per pignoris capionem*, dans laquelle il n'y a jamais place, à notre avis, pour une contestation en justice.

Néanmoins, même dans la *legis actio per sacramentum*, le demandeur ne soumettait pas purement et simplement un litige à l'autorité compétente, comme il le fait dans notre pratique contemporaine ; il s'agissait d'une procédure plutôt que d'un procès, dans le sens actuel de ce mot. Par la seule force des paroles solennelles qu'il aura prononcées et des rites qu'il aura accomplis, le demandeur obtiendra gain de cause, si son adversaire ne l'attaque pas sur le champ avec les mêmes armes. Le droit moderne considère l'aveu, comme un moyen de preuve ; quand le défendeur avoue, la conscience du juge est éclairée ; il tient pour établie l'exactitude des allégations du demandeur et il le déclare dans la sentence, qui seule produit des effets juridiques. Dans la vieille procédure romaine au contraire, l'affirmation du demandeur se produisant, comme elle doit l'être, jouit d'une vertu propre, si une protestation également correcte de l'autre partie ne la paralyse pas immédiatement. Comme il se prétend créancier ou propriétaire,

---

« *Nam qui victus erat, summam sacramenti praestabat poenae nomine...* », IV, 14. « *Poena autem sacramenti aut quingenaria erat aut quinquagenaria. Nam de rebus mille aeris plurisve quingentis assibus, de minoris vero quinquaginta assibus sacramento contendebatur; nam ita lege XII tabularum cautum erat* ».

sans rencontrer de résistance de la part des intéressés, on le traitera désormais comme tel. Les jurisconsultes romains diront plus tard : *confessus pro judicato habetur*. A notre époque, cette maxime se trouve, à mon sens, au-dessous de la vérité. Quand le défendeur est resté muet devant le magistrat, le droit ancien le traite plus mal que si un juge lui avait donné tort, à la suite de débats régulièrement engagés. Car, dans ce dernier cas, il jouirait encore d'un délai de grâce de trente jours, vestige du temps où l'autorité de la décision arbitrale ne s'imposait pas au perdant; les représentants de la cité ne prêteraient leur concours au gagnant qu'à défaut d'exécution volontaire. Au contraire, comment ne pas laisser s'exercer dès maintenant un droit que l'on ne conteste pas [1] ? En résumé, même dans la *legis actio sacramenti*, le débat n'apparaît qu'à titre d'incident venant se greffer sur la procédure principale [2].

Ainsi, la procédure débute par la formule prononcée par le demandeur, formule, qui varie suivant les cas ; quelquefois d'ailleurs le plaideur doit, par certains gestes, donner plus de poids à ses paroles.

Si le défendeur use de son droit et affirme à son tour son innocence, en se conformant à la coutume, s'il soutient par exemple qu'il n'a pas commis le vol dont il est accusé, la lutte judiciaire va-t-elle commencer immédiatement ? en aucune façon. Le plaignant se refuse à croire que son adversaire persiste dans son attitude ; déposant une somme d'argent, qui sera perdue pour lui en cas d'échec, il le défie de l'imiter et de maintenir ses affirmations ; mais à son défi répond immédiatement celui de l'autre. Ce dernier, sûr de son bon droit, n'hésite pas à déposer la somme, au risque de ne pas la recouvrer, s'il succombe. Les Romains

---

1. *Comp.* Demelius, *Confessio*, p. 44, p. 59 et Huschke, *Multa*, p. 432 et 433.
2. En ce sens, Demelius, *op. et loc. laud.*

appelaient *sacramentum* la somme consignée par chacune des parties.

Ainsi, dans le double dépôt du *sacramentum,* nous voyons d'abord un défi que s'adressent les plaideurs et un moyen pour eux de prouver leur confiance dans la justice de leur cause [1]. L'égalité des risques et la satisfaction donnée au sentiment de vengeance du vainqueur, qui voit le vaincu subir une perte, constituent deux traits secondaires, en harmonie avec l'ensemble du tableau.

J'ajoute, que la confiscation du *sacramentum* paraît une peine contre le plaideur téméraire, qui, en soutenant un procès injuste, a mis en péril la paix sociale. L'Etat ayant déjà acquis quelques forces, un élément nouveau vint donner à l'institution sa physionomie définitive. Si on songe quelles semences de discorde un procès peut jeter dans une petite société facilement troublée, si on réfléchit que, suivant l'expression très juste d'Ihering [2], il se transforme

---

1. D'après Huschke, *Multa*, p. 441, les parties déposaient volontairement la somme d'argent dont il s'agit, afin de prouver leur confiance dans la justice de leur cause. A ce propos, Ihering attaque très vivement Huschke et le raille cruellement (*Scherz und Ernst*, p. 191). Comme on l'a vu plus haut, le dépôt du *sacramentum* est pour nous un élément essentiel et originaire de la procédure ; en outre, nous ne partageons pas les idées de Huschke sur les caractères généraux de notre *legis actio* ni sur la signification primitive du mot *sacramentum*. Au contraire, il n'y a rien, selon moi, de plus conforme à l'esprit du droit ancien que de voir des plaideurs accomplir certains actes destinés à témoigner leur confiance dans leur bon droit. La conception de Huschke est tellement peu surprenante que de nombreux voyageurs l'ont vue réalisée dans l'Abyssinie contemporaine. Voy. les passages cités ci-dessous, *Liv. prélim.*, ch. III, § 3, n° 1. Comp. Maxime Kovalewski, *Coutume contemporaine et loi ancienne. Droit coutumier ossétien éclairé par l'histoire comparée*, p. 437.

2. *Scherz und Ernst in der Jurisprudenz*, p. 184. Au témoignage de Luro, *Le Pays d'Annam*, p. 232 et 233, le législateur annamite « a horreur des procès ; aussi tâche-t-il d'arrêter les plaideurs et de leur défendre ou de leur rendre impossible l'usage des tribunaux en les effrayant par la crainte du châtiment réservé au plaideur qui succombe ». Comparez également un texte emprunté à la législation des kabyles du Djurjura et reproduit par MM. Hanoteau et Le Tourneux dans leur collection de coutumes, *La Kabylie et les coutumes kabyles*, 1873, t. III, p. 895. Kanoun du village de Taguemmount-Oukerrouch. Confédération des Aït Aïssi, tribu des Aït Ameur,

quelquefois en une véritable calamité publique [1], la menace adressée au vaincu semblera toute naturelle [2]. La coutume se proposait de prévenir le plus possible, de cette façon, les contestations judiciaires et la menace produisait un effet d'autant plus énergique qu'il fallait, à l'époque où nous sommes placés, trouver immédiatement de l'argent comptant, quand on voulait plaider, et se dessaisir au préalable d'une somme, qui pendant longtemps fut considérée comme assez élevée.

Le dépôt du *sacramentum* se présente ainsi, selon nous, à la fois, comme un moyen de défier son adversaire et

art. 19. « Si deux individus ont un procès et que l'affaire soit arrangée en présence d'un âlem et des notables, celui des deux qui voudrait revenir sur cette affaire payerait 50 reaux. *Car ce sont des affaires de ce genre qui allument chez nous la guerre civile* ». Notre cher maître M. Gérardin dit excellemment : « C'est une chose désirable au point de vue de l'intérêt général comme de l'intérêt privé, qu'il y ait aussi peu de procès que possible et que ceux qui surgissent, se terminent très promptement. Or, s'il y a une législation où ce désir se manifeste avec énergie, c'est la législation romaine. Le procès, c'est la guerre privée régularisée : surtout dans une société peu avancée, il suscite et entretient des haines, qu'il faut éviter à tout prix ». *Etude sur la solidarité* (*Nouv. Rev. hist. du dr.*, t. VIII, 1884, p. 255).

1. C'est par la même idée, que s'expliquent un assez grand nombre de dispositions, qui sont encore aujourd'hui en vigueur dans certaines sociétés relativement peu avancées. C'est ainsi que chez les tribus kabyles du Djurjura « la djemâa et les marabouts surtout ne peuvent procéder au jugement d'un procès sans avoir préalablement invité à plusieurs reprises les parties à consentir une transaction dont le plus souvent les bases leur sont proposées ». Hanoteau et Le Tourneux, *La Kabylie et les coutumes kabyles*, 1873, t. 3, p. 18. C'est ainsi encore que chez les mêmes tribus « le paiement d'une dette est un devoir social. Celui qui se refuse à le remplir est passible d'une peine », *op. cit.*, t. II, p. 355. La même règle est appliquée en Chine (Kohler, *Zeitschrift für vergleichende Rechtswissenschaft*, t. VI, p. 382), dans le Cambodge (Moura, *Le Royaume de Cambodge*, 1881, t. I, p. 278) et dans l'Empire d'Annam (E. Luro, *Le Pays d'Annam*, 1878, p. 246). Comp. Albert Dumont, *Le Balkan et l'Adriatique*, p. 55. « D'après ce que je vois ici (chez les Albanais), un procès civil est une affaire qu'il faut arranger à l'amiable ». Comp. également, R. Dareste, *Etudes d'histoire du droit*, 1889, p. 228 (Slaves du Sud), p. 317 (Danemark), Victor Dingelstedt, *Le droit coutumier des Khirgiz* (*Revue générale du droit*, t. XIV, 1890, p. 321).

2. Gaius, IV, 13 «... *periculosa actio* », IV, 14 « *poena sacramenti* ». Festus, V° *Sacramentum* (Bruns, p. 363) : *Sacramentum aes significat, quod poenae nomine penditur* ».

d'affirmer son bon droit et comme un procédé destiné à restreindre le nombre des procès. Sous ce double aspect, le *sacramentum* des Romains n'était pas inconnu des Grecs [1] ; au moyen âge, les mêmes besoins donnèrent naissance à une institution analogue dans certaines parties de l'Europe [2], et, encore aujourd'hui, on suit dans la prin-

---

1. Dans le droit attique, les πρυτανεια et la παρακαταβολη se rapprochent à certains égards du *sacramentum*, tout en s'en séparant par plusieurs traits, surtout la dernière. V. Meier et Schömann, *Der attische Process*, édition Lipsius, 1883, 1887, t. 2, nos 613 et suiv., p. 809 et suiv. R. Dareste, *Les plaidoyers civils de Démosthène*, 1875. *Plaidoyer contre Evergos et Mnesibule*, t. 1, p. 384, no 21. « Quant aux prytanies, πρυτανεια, c'étaient les sommes déposées par chacune des parties pour le salaire des juges. Le perdant remboursait au gagnant. Dans les affaires de 1.000 à 10.000 drachmes, les prytanies s'élevaient à 30 drachmes, comme nous le voyons ici » Comp. *Plaidoyer contre Macartatos*, t. 2, p. 57, note 37. La principale différence entre l'institution grecque et l'institution romaine consiste dans ce fait, que les πρυτανεια sont restitués au gagnant non par l'Etat mais par son adversaire ; l'idée des frais de justice apparait dans la théorie grecque, mais en laissant subsister l'idée de l'amende destinée à éviter les procès téméraires et celle du défi adressé par chacun des adversaires à l'autre : « La παρακαταβολη était à proprement parler la consignation d'une somme égale au dixième du litige. C'est par cette consignation que s'introduisaient les contestations en matière de succession » *Plaidoyer contre Leochares*, t. 2, p. 81, n. 11. La loi attique exigeait la consignation du demandeur et de lui seul ; ici plus de défi réciproque, mais une mesure préventive destinée à diminuer le nombre des procès. Ai-je besoin enfin de rappeler la célèbre scène judiciaire du bouclier d'Achille dans l'Iliade et les deux talents d'or déposés devant les juges ? Cette scène a été étudiée par beaucoup d'auteurs, notamment par Sumner Maine, *L'ancien Droit* (traduction Courcelle-Seneuil), 1874, p. 336.

2. Le statut de Raguse du XIIIe siècle mérite à cet égard une attention particulière. Ce statut qui vient d'être publié par M. Bogisic dans la *Nouvelle Revue historique du droit*, t. XVII, 1893, p. 535, contient un chapitre intitulé *de aptagi*, l. III, ch. 46. L'*aptagi* correspond, selon nous, très exactement au *sacramentum*. Résumant le texte M. Bogisic dit en effet : « Outre la taxe due au comte ou à son vicaire (*aptagi*) la partie paie encore les sportules au juge ; le comte doit se faire donner d'avance un gage pour assurer le paiement de l'*aptagi* ; l'*aptagi* en définitive est payé par la partie qui perd le procès ». A la vérité, M. Bogisic considère comme inexact le rapprochement que nous faisons entre la procédure ragusaine et la *legis actio per sacramentum*. « A l'*aptagi* manque en effet, dit-il, le caractère de pari qui est essentiel à l'institution dont il s'agit ». Mais cet argument

cipauté de Monténégro [1] une procédure qui rappelle notre *legis actio* et s'inspire du même esprit. Résumant notre doctrine, nous traduirons les mots *legis actio per sacramentum* de la façon suivante : « procédure par la consignation d'une amende [2] ».

VI. — A côté de cette conception du *sacramentum*, qui semble appuyée sur les textes et confirmée par l'étude comparée des institutions, les historiens du droit romain en ont proposé plusieurs autres.

D'après l'opinion dominante, le *sacramentum* est l'enjeu d'une gageure, qui intervient entre les deux parties. Le demandeur parie que son adversaire a tort ; ce dernier en fait autant. Dès lors, la mission du juge change d'objet, elle ne consiste plus à rechercher si les allégations du plaignant sont fondées, mais seulement à examiner qui a gagné le pari. C'est cette question préjudicielle qui sera tranchée par le juge [3] ; il décidera relativement à chacun des plaideurs

---

tombe, si l'on repousse l'opinion, d'après laquelle la *legis actio per sacramentum* constitue une procédure par le pari.

1. G. Popovic, *Recht und Gericht in Montenegro*, 1877, p. 78 et 84. On appelle *globa* la somme déposée entre les mains du juge par chacun des plaideurs et qui est restituée au gagnant. Celui qui a perdu le procès doit en outre payer les frais de justice. Telle est au moins la façon, dont je comprends les explications un peu trop brèves de Popovic.

2. D'après l'article 5 du Règlement du 28 juin 1738, l'article 17 de la loi du 2 brumaire an IV, les articles 1 et 2 de la loi du 14 brumaire an V, celui qui forme un pourvoi en cassation est encore aujourd'hui contraint de consigner au préalable une amende de 150 francs, si l'arrêt est contradictoire, de 75 francs s'il est par défaut. Comp. pour le droit français du moyen âge notre *Etude historique sur la revendication des meubles en droit français*, p. 108, 109, 131.

3. Parmi les très nombreux partisans de cette doctrine bornons-nous à citer May, *Eléments de droit romain*, (2ᵉ éd.) 1892, p. 534. Sumner Maine, *Etudes sur l'histoire des institutions primitives* (traduction Durieu de Leyritz), p. 316. Declareuil, *La Justice primitive* (*N. Rev. hist. du droit*, 1889, p. 397). Keller, *La procédure civile et les actions chez les Romains* (trad. Capmas), 1870, § 13. Bechmann, *Studie im Gebiete des legis actio sacramenti in rem*, 1889, p. 29, note 1. Cuq, *Les Institutions juridiques des Romains*, t. 1, p. 409 et 410, traduit *sacramentum* par *serment* mais ne se prononce pas sur le caractère qu'il convient d'attribuer au dépôt des 50 as ou des 500 as.

s'il a eu tort ou non de déposer l'enjeu « *sacramentum justum vel injustum judicat* [1] ».

La doctrine que je viens d'exposer est-elle exacte ? La *legis actio per sacramentum* constituait-elle une procédure par le pari analogue à celle, dont nous nous occupons, dans cette monographie ? il importe beaucoup de le savoir ; car, suivant la solution qui sera donnée à cette question, la *sponsio poenalis* se présentera sous un aspect différent.

Une objection s'offre tout d'abord à l'esprit, à l'exposé de la théorie, dont il s'agit ; formulée par Stintzing [2] elle a été reproduite par Schultze [3]. Comment parler de pari, dit-on, lorsque l'enjeu est acquis non pas au gagnant, mais au trésor public ? par définition, le pari suppose, pour chacun des parieurs, à la fois des chances de perte et des chances de gain ; or ici les chances de gain font défaut.

Cette objection doit être écartée, à notre avis, car l'enjeu, une fois gagné par le vainqueur, pourrait être confisqué à titre de frais de justice [4]. Si cependant nous nous refusons à voir dans le *sacramentum* l'enjeu d'un pari [5], c'est qu'au moment où les parties le déposent, le ter-

---

1. Cic. *pro Caec.*, XXXIII, 97 «... *Sacramentum nostrum justum judicaverunt* », *Pro domo*, XXIX, 78, *de or.*, I, X, 42... « *quibuscum tibi justo sacramento contendere non liceret* ». *Pro Milone*, XXIII, 74 « *qui non injustis sacramentis..... petebat.* » Arnobius, *Adversus nationes*, IV, 16, *in f.*

2. *Ueber das Verhältniss des legis actio sacramento zu dem Verfahren durch sponsio præjudicialis*, 1853, p. 4.

3. *Privatrecht und Process in ihrer Wechselbeziehung*, 1883, p. 445.

4. B. Matthiass, *Die Entwicklung des römischen Schiedsgerichts*, 1888, p. 8. D'après cet auteur, il n'y a pas contradiction dans les termes à ce que l'enjeu d'un pari soit attribué à un tiers et nous partageons cette manière de voir. Voy. *ci-dessous*, chap. II, n° I. La législation birmane est à cet égard très significative, en ce sens qu'elle nous fait assister au passage d'une conception à l'autre ; le juge reçoit 10 0/0 et le gagnant 90 0/0 de l'enjeu. *The sacred books of the East translated by various oriental scholars and edited by.* F. Max Müller, t. XXXIII. *The minor law-books translated by* Julius Jolly, part. I. *Narada. Brihaspati*, note 5 de la page 6.

5. A l'appui de la doctrine d'après laquelle la *legis actio per sacramentum* est une procédure par le pari, M. Matthiass cite la procédure abyssine contemporaine, dont le pari constitue un élément important ; mais nous

rain de la lutte est déjà circonscrit ; chacune d'elles a pris position en prononçant les formules solennelles. Pourquoi les pontifes en ont-ils pesé les termes avec un soin minutieux, si elles ne servent pas à tracer au juge sa mission et à lui apprendre sur quels points son examen devra porter [1] ?

Cet argument emporte notre conviction, qui ne saurait être ébranlée par les passages de Cicéron cités ci-dessus. Ces textes signifient simplement, que le juge déclare si le plaideur a tort ou raison ; il n'a pas à reconnaître, d'une façon abstraite, l'existence d'un droit au profit du demandeur [2] ?

En résumé, la *legis actio per sacramentum* ne constitue pas une procédure par le pari, analogue à celle à laquelle

---

signalerons des différences essentielles entre le droit romain et la coutume abyssine. *Voy. ci-dessous, Liv. prélim.*, ch. III, § 3, nº I. Le même auteur ajoute, que le pari commença par tenir la place de la *legis actio*, qui devait naître seulement plus tard ; à l'époque de l'arbitrage purement volontaire, le pari servit à constater la commune volonté des plaideurs de soumettre leur différend à un arbitre ; grâce à lui, la mission de ce dernier était tracée. Plus tard, lorsque l'Etat eut acquis quelques forces, les deux adversaires continuèrent à engager la lutte au moyen d'un pari et à déposer les enjeux, *pignore certare* (V. *Liv. prélim.*, chap. II, n. II) ; seulement la coutume fixa d'une façon précise le montant de la somme, qui devait être risquée, et des chances de gain ne compensèrent plus les chances de perte ; le trésor public garda le *sacramentum* du vaincu. Sans nier que cette conjecture soit, à certains égards, séduisante, j'objecte qu'il faudrait l'appuyer sur des faits, montrer le pari servant à lier l'instance dans une société, qui en est encore à l'arbitrage purement volontaire ; or on ne le fait pas.

1. Stintzing, *Ueber das Verhältniss der Legis actio sacramento zu dem Verfahren durch sponsio praejudicialis*, p. 19 et 20.

2. Stintzing, *op. cit.*, p. 32 et Puntschart, *Die Entwicklung des grundgesetzlichen Civilrechts der Römer*, 1872, p. 170, n. 24, enseignent, que le juge rendait deux décisions distinctes ; il déclarait d'abord quel était celui des deux plaideurs dont le « *sacramentum* » devait être confisqué, quel était celui dont le « *sacramentum* » devait être rendu ; il se prononçait ensuite sur l'existence du droit allégué par le demandeur ; mais cette conjecture, que les textes ne confirment en aucune façon, ne nous paraît pas en harmonie avec la doctrine, d'après laquelle toutes les actions sont pénales à l'origine.

se réfèrent nos recherches ; ce n'est pas un pari, qui sert de base à l'instance [1].

VII. — Ayant ainsi défini nos trois *legis actiones*, mettons en lumière les caractères généraux qui leur sont communs.

Ce sont, avons-nous déjà dit, des procédures et non pas des procès dans le sens moderne du mot. Dans la *legis actio per manus injectionem* et dans la *legis actio per sacramentum*, le débat n'apparaît qu'à titre d'incident venant se greffer sur la procédure principale ; il n'existe pas dans la *legis actio per pignoris capionem*.

J'ajoute, que l'idée d'un tort méchamment causé par le défendeur au demandeur domine toute la procédure [2]. La législation moderne envisage, d'une façon abstraite, la question litigieuse, admettant des différences d'avis sur un point souvent fort délicat ; elle ne considère *a priori* comme de mauvaise foi aucun des deux adversaires. Dans les sociétés primitives au contraire, le créancier ou le proprié-

---

1. Même si on voulait voir un pari dans la double provocation au dépôt du *sacramentum*, la *legis actio* ne constituerait pas une procédure par le pari, dans le sens que nous donnons à cette expression : le pari formerait un des éléments de la procédure ; mais cette dernière ne reposerait pas sur le pari. Je n'admets pas, du reste, que la double provocation au dépôt du *sacramentum* puisse être interprétée comme un pari.

2. Comp. Ihering, *De la faute en droit privé* (traduction de Meulenaere), 1880. Poisnel, *Recherches sur les sociétés universelles chez les Romains* (*Nouv. Rev. histor. du droit*, t. III (1879), p. 550 et suiv.) et notre *Etude historique sur la revendication des meubles en Droit français*, p. 19, 91, 102, 112, 127, 181, 189 et suiv. M. Declareuil, *La Justice dans les coutumes primitives* (*Nouv. Rev. hist. du dr.*, t. XIII, 1889, p. 187) dit de même « Les Romains furent longtemps avant de faire une distinction bien nette entre les obligations nées *ex delicto* et les obligations nées *ex contractu* ». Comp. également V. Dingelstedt, *Le Droit coutumier des Khirgiz* (*loc. cit.*), p. 321. « Le délit dans le langage du peuple est une action dont quelqu'un a à se plaindre comme étant contraire aux bonnes mœurs et lui faisant du tort matériel ». R. Dareste, *Etudes d'histoire du droit*, p. 42 (*Droit israélite*). « La *Mischna*, après avoir traité du mariage fait entrer sous la rubrique des dommages tout le reste du droit civil... C'est la conception concrète du droit ». Luro, *Le pays d'Annam*, 1878, p. 25. « Toute affaire civile, pour le législateur annamite, contient en germe une accusation au criminel ».

taire ressent vivement l'affront, que lui inflige l'autre partie en le contraignant à s'adresser à la justice, en ne lui donnant pas une satisfaction immédiate.

Reste à dire un mot du système primitif des preuves, pour achever le tableau de la procédure ancienne et faire comprendre l'utilité de sa réforme.

La charge de la preuve incombe au demandeur d'après la législation moderne, qui protège l'état de fait supposé conforme à l'état de droit, tant que les tribunaux n'ont pas déclaré le contraire. En réglementant la preuve, la procédure actuelle se propose exclusivement de permettre la découverte de la vérité au juge, dont les lumières lui inspirent confiance. Comme la puissance sociale sait se faire obéir, et que les peines prononcées contre les faux témoins inspirent une crainte salutaire, ce système produit des résultats satisfaisants. Les mêmes causes eurent les mêmes effets à l'époque classique du droit romain ; c'est dans un rescrit de Caracalla [1], que les sources ont conservé la première formule théorique de la règle actuelle, et encore ce rescrit visait-il la procédure criminelle ; mais, depuis longtemps, la pratique s'était fixée dans ce sens : plusieurs siècles avant la dynastie des Sévère, le juré romain appliquait, en matière de preuve, les principes qui nous sont aujourd'hui familiers.

Si maintenant nous comparons à cette législation savante et perfectionnée les résultats concordants, auxquels a conduit l'étude consciencieuse d'un grand nombre de coutumes primitives [2], le contraste apparaîtra dans sa sai-

1. L. 4, C. *de edendo*, 2, 1 (213)... « *Actore enim non probante, qui convenitur, etsi nihil ipse praestat, obtinebit* ».
2. Kovalewsky, *Coutume contemporaine et loi ancienne*, p. 421 et suiv. Esmein, *Cours élémentaire d'histoire du droit*, 1892, p. 94 et suiv. H. Brunner, *Deutsche Rechtsgeschichte*, n. 104 et suiv., t. 2, p. 377 et suiv. V. Dingelstedt, *Le droit coutumier des Khirgiz*, p. 323. L. Beauchet, *La loi de Vestrogothie* (*Nouv. Rev. hist. du droit*, t. XI, 1887, p. 751, note 5). Arnaud d'Abbadie, *Douze ans dans la Haute-Éthiopie*, 1868, p. 450. Comp., notre *Étude historique sur la revendication des meubles en droit français*, p. 47, 110, 125 et suiv.

sissante netteté. Lorsque l'organisation sociale repose sur la constitution de groupes puissants et rivaux, dont les membres sont unis entre eux par les liens d'une étroite solidarité et que l'autorité publique est encore faible, la recherche de la vérité judiciaire ne saurait être conduite, suivant les mêmes méthodes qu'aujourd'hui. Quand, par suite de l'absence de flagrant délit, l'accusé nie sa culpabilité, l'arbitre se sent impuissant à découvrir par lui-même qui a tort, qui a raison ; les pouvoirs nécessaires lui manqueraient pour diriger une information criminelle, dans le sens que nous assignons à ces mots ; il en appelle à la divinité ; on tranchera le différend au moyen d'une ordalie ou par une prestation de serment [1], ce qui constitue une variété d'ordalie [2]. Le défendeur jurera qu'il

---

1. J. H. Lemonnier, *Du serment considéré comme mode de preuve en droit romain et en droit français*. Thèse 1869, p. 3 et suiv. A. H. Post, *Anfänge des Staats und Rechtslebens. Ein Beitrag zu einer allgemeinen vergleichenden Staats und Rechtsgeschichte*, 1878, p. 257 et suiv. D'après M. Tarde, *Les transformations du droit*, p. 25, « le serment judiciaire est inconnu chez presque tous les sauvages » ; mais voyez les très nombreux témoignages réunis par M. Post, *loc. cit.* et *Grundriss der ethn. Jurisprud.*, t. II, n. 186, p. 478 et suiv.

2. « C'est (le serment) une véritable épreuve judiciaire à laquelle est obligé de se soumettre celui qui le prête et dont la signification dépend de la croyance en une intervention immédiate d'une puissance surnaturelle ». Kovalewsky, *Coutume contemporaine et loi ancienne*, p. 428. La démonstration fournie par M. Kovalewsky paraît décisive. Indépendamment des faits qu'il cite, on pourrait encore en relever d'autres qui conduiraient à la même conclusion. Je me borne à signaler les nombreux rituels de serment du Thalmud ; chaque rituel convient à une hypothèse déterminée. Rabbinowicz, *Législation civile du Thalmud*. Traité Kethouboth, p. 73 et suiv. J'ajoute que dans les *Codes cambodgiens* le serment figure au nombre des épreuves judiciaires, après celle de l'étain fondu. Adhémard Leclère, *Recherches sur la législation criminelle et la procédure des Cambodgiens*, 1894, p. 101. Dans le même sens que M. Kovalewsky, voy. Dareste, *Études d'histoire du droit*, p. 126. Sans admettre expressément la même thèse, M. Esmein a signalé de son côté le caractère purement formel du serment primitif ; peu importe que celui qui prête le serment ne dise pas la vérité s'il s'arrange pour ne pas tomber sous le coup des paroles qu'il prononce. *La poursuite du vol et le serment purgatoire. Mélanges d'histoire du droit et de critique. Droit romain*, 1886, p. 240 et suiv. Aux exemples cités par M. Esmein ajoutons-en un. Rabbinowicz, *Législation*

n'est pas coupable, soit seul, soit le plus souvent avec des co-jureurs [1]. Comme la formule de serment contient des paroles d'exécration [2] contre les parjures et contre leur

civile du Thalmud. T. V., *Traité Schebouoth*, p. 10. C'est une curieuse histoire de débiteur enfermant la somme due dans un bâton creux et confiant ce bâton au créancier, au moment où il jure qu'il l'a remboursé. Aujourd'hui encore, M. Schultze relève le fait avec raison (*Privatrecht und Process.*, p. 524), nos Codes exigent que celui qui prête serment emploie une formule consacrée.

1. Comme on le voit, la charge de la preuve incombe, en principe, au défendeur dans le système que nous exposons. La plainte formée correctement par le demandeur produit, par sa propre vertu, des effets considérables ; elle entraînerait la condamnation, si elle n'était pas sur le champ suivie d'une dénégation solennelle ; en cas de dénégation, elle impose à l'accusé l'obligation de se justifier ; pour ce dernier du reste elle constitue une grave injure ; aussi le serment purgatoire est-il pour lui un droit autant qu'un devoir. Si telle est la règle générale, certaines coutumes exigent au préalable certaines garanties du demandeur ; chez les anciens Russes, le sort désignait enfin dans un cas particulier lequel des deux adversaires prêterait serment. Kovalewsky, *Coutume contemporaine et loi ancienne*, p. 426. M. G. Tarde, *Les transformations du droit*, p. 30, s'exprime de la façon suivante : « A-t-on vu, au cours d'une évolution juridique quelconque, l'obligation de la preuve transportée du demandeur au défendeur, de l'accusateur à l'accusé. Je ne le crois pas. C'est encore là un exemple de marche *irréversible* ; et j'attache bien plus de prix, je l'avoue, à ces cas d'irréversibilité, où se montre à l'œuvre la logique sociale qu'à des similitudes plus frappantes de prime abord ». On ne saurait mieux dire ni mieux poser la question ; mais à mon sens, la marche irréversible, dont parle M. Tarde, a déjà été constatée plus souvent qu'il ne le croit.

2. Comme exemple de serment avec formule d'exécration, on peut citer notamment celui, qui est en usage dans l'Abyssinie contemporaine (Arnaud d'Abbadie, *Douze ans dans la Haute Ethiopie*, 1868, p. 509), ou encore celui que viennent de prêter les hauts fonctionnaires de la cour du roi de Siam, à propos de la désignation du nouveau prince héritier. « Que le sang s'échappe de chaque veine de mon corps, que la foudre me rompe en deux parties, que les crocodiles me dévorent etc. etc... si je viens à parjurer mon serment ». *Journal des Débats* du 22 juin 1895, édition du matin. Voyez également la formule reproduite par M. Leclère, *Législation criminelle et Procédure des Cambodgiens*, p. 108. Le législateur cambodgien, dit M. Leclère, p. 110, « n'édicte aucune peine contre la partie, qui pour obtenir gain de cause prête un faux serment ; il abandonne aux aracs, aux démons, le soin de la punir ; mais si elle éprouve un des sept malheurs qu'il énumère, dans les trois jours qui ont suivi la prestation du serment, il statue que cette partie doit perdre son procès ». M. Tarde, *Les transformations du droit*, p. 111, dit fort bien « Le serment était un sacrement, le violateur polythéiste

race et que nul ne doute de son efficacité, le serment de justification ou serment purgatoire offre de sérieuses garanties ; le groupe, auquel appartient l'accusé, ne lui fournira pas de co-jureurs, si sa culpabilité paraît certaine ; il ne sacrifiera pas les intérêts collectifs à ceux d'un membre indigne. Malgré sa grossièreté, ce mode de preuve convient à la société à laquelle il s'applique et, ce qui le démontre, c'est qu'un système plus moderne introduit d'une façon artificielle et hâtive, dans certains pays, a donné des résultats sensiblement inférieurs [1].

Entre ces deux conceptions diamétralement opposées, la conception primitive et la conception moderne, quelle fut celle du vieux droit romain ? Quand le peuple romain entra dans l'histoire avait-il déjà dépassé l'ère du serment purgatoire et des co-jureurs, sa civilisation relativement avancée lui permettait-elle de recourir à la preuve par témoins et d'imposer au demandeur l'obligation d'établir l'exactitude de ses affirmations ? Les textes du *Corpus juris* ne pèsent d'aucun poids dans la balance, puisque le système de procédure, auquel ils se rapportent, diffère profondément de celui dont nous nous occupons. Que le principe de justice, d'après lequel la charge de la preuve incombe à l'accusateur, soit gravé dans le cœur de l'homme, on le

---

de la foi jurée redoutait la foudre de Jupiter ». Conf. Plaidoyer de Démosthène c. Conon, Dareste, *Les plaidoyers civils* de Démosthène, 1875, t. I, p. 243 et suiv. Sur les formules d'exécration dans le serment, voy. A. H. Post, *Grundriss der ethnologischen jurisprudenz*, t. 2, 1895, § 136, p. 479.

1. Esmein, *Cours élémentaire d'histoire du droit français*, p. 99, d'après le livre de M. Kovalewsky que nous avons souvent cité et un autre ouvrage du même auteur, qui n'est pas encore traduit du russe en français. Un jugement du tribunal de Constantine du 11 juillet 1893 (*Revue algérienne et tunisienne de législation et de jurisprudence* publiée par l'école de droit d'Alger, t. IX, 1893, p. 522 et 523) met en pleine lumière l'utilité de l'intervention de co-jureurs. Le juge de paix avait admis deux indigènes kabyles à se justifier par leurs serments ; sur la demande de leur adversaire, le tribunal statuant en appel décida que chacun d'eux devrait jurer lui septième, en donnant de la fonction des co-jureurs une définition qui, exacte d'après la coutume kabyle, ne le serait pas moins d'après les lois franques ou une autre législation primitive.

soutiendra difficilement, en présence de témoignages nombreux et précis comme ceux que fournit l'histoire générale du droit [1]. Comment enfin considérer *à priori* comme n'ayant pu être pratiquée par les Romains une institution que les Grecs conservèrent si longtemps [2]?

Après ces considérations générales, examinons le problème de plus près. Les seules traces, qu'ait laissées le serment purgatoire chez les Romains, se trouvent dans un chapitre de Denys d'Halicarnasse [3] et dans un passage de

---

1. Beaucoup d'auteurs passent néanmoins ces témoignages sous silence ; je cite entre autres Bekker, *Zu den Lehren von L. A. sacramento, dem Uti possidetis und der Possessio* (Zeitschr. der Sav. Stift. für R. G. Rö. A. T. V., 1884, p. 153 et 154), qui ne conçoit même pas que la charge de la preuve n'incombe pas au demandeur.

2. R. Dareste, B. Haussoulier, Th. Reinach, *Recueil des inscriptions juridiques grecques*, 1er fascic., 1891, p. 111. Loi d'Halicarnasse du Ve siècle avant notre ère. « La preuve légale par excellence était le serment. Le droit commun l'imposait au défendeur ». R. Dareste, *La science du droit en Grèce*, 1893, p. 145. « L'antiquité primitive ne connaissait guère d'autre moyen de preuve en matière judiciaire que les ordalies et le serment, qui lui-même est une sorte d'ordalie. En Grèce le juge pour découvrir la vérité consultait les oracles ou interprétait les songes.... Il y a même un exemple célèbre de l'épreuve par le fer rouge. Sophocle-Antigone, v. 264-268. Quant au serment, il était prodigué sous toutes les formes, et quand il était prêté avec un certain nombre de co-jureurs, il formait une preuve à laquelle le juge était tenu de se conformer. Telle était du moins la règle à Gortyne en Crète et à Cymè en Eolide ». Esmein, *La poursuite du vol et le serment purgatoire* (Mélanges d'histoire du droit et de critique), p. 240, note 2. J. H. Lemonnier, *Du serment considéré comme mode de preuve*, p. 4. Loi de Gortyne, premier Code, § 13. R. Dareste, B. Haussoulier et Th. Reinach, *Recueil des inscriptions juridiques grecques*, 3e fascic., 1894, p. 361, comp., p. 433 et 434.

3. II, 75. Tout le chapitre mérite notre attention ; mais je me borne à reproduire le passage suivant : αἵ τ'αρχαί καὶ τὰ δικαστήρια τα πλεῖστα των αμφισβητημάτων τοῖς ἐκ τῆς πίστεως ὅρκοις διήτων. Le témoignage de Denys d'Halicarnasse est, comme on le voit, formel. Dans la cité romaine primitive, la plupart des procès se vidaient au moyen du serment décisoire. Comment ne pas accorder à l'affirmation de Denys une grande valeur, alors qu'elle concorde avec les résultats fournis par l'étude de l'histoire générale de droit. Conf. Baron, *Festgaben für* Beseler, p. 53 et *Die Condictionen*, 1881, p. 194 et Ihering, *Geist des roem. Rechts.*, t. I, 1878, § 18 a., n. 240 b. et 211.

Macrobe [1], que M. Esmein [2] commentait naguère; mais, si les textes manquent à peu près complètement, la *legis actio*, telle que nous l'avons décrite, ne cadre nullement avec la théorie définitive du droit romain en matière de preuve. Au contraire, la société romaine présente de frappantes analogies avec celles dans lesquelles se sont développées les coutumes que nous avons signalées; elle aussi, elle repose sur l'organisation de groupes rivaux et puissants, dont les membres sont unis entre eux par les liens d'une étroite solidarité; le plaideur ne se présente pas seul devant le magistrat; on pourrait lui appliquer le proverbe allemand « Familienlos wird rechtlos » « celui qui est sans famille ne saurait se faire rendre justice [3] ». S'il ne peut, en temps utile, présenter un *vindex*, des *praedes sacramenti*, des *praedes litis et vindiciarum*, son adversaire triomphera. Dire que les *praedes sacramenti* et les *praedes*

---

1. Saturn. I, 6, 30. « *Tremellius qui ex vilico rem comperisset, scrophae cadaver sub centonibus collocat super quos uxor cubabat, quaestionem vicino permittit. Cum ventum est ad cubiculum*, VERBA JURATIONIS CONCIPIT : NULLAM ESSE IN VILLA SUA SCROPHAM « NISI ISTAM, *inquit*, QUAE IN CENTONIBUS JACET », *lectulum monstrat* ». Rapprochez de ces passages d'autres textes qui méritent d'être signalés ici. Cato, *De re rustica*, CXLV. « *Factores, qui oleum fecerint, omnes juranto aut ad dominum aut ad custodem, sese de fundo L. Manlii, neque alium quemquam suo dolo malo oleum neque oleam surripuisse* ». Au moment du *census*, les censeurs contraignaient sous certaines conditions les citoyens à jurer qu'ils étaient mariés, *De uxoribus sollempne jusjurandum*. Gell., IV, 20. Conf., Liv. VI, 22. « *Jurare parato in verbo excusandae valetudinis* ». XLIII, 14, « *ut... haec adjurarent : tu minor annis sex et quadraginta es....* »

2. *La poursuite du vol et le serment purgatoire* (Mélanges d'histoire du droit), p. 240. « C'était la loi qui arrêtait le poursuivant au seuil de la chambre des femmes; mais elle remplaçait par une autre garantie cette perquisition dernière qu'elle prohibait. Le maître de la maison devait jurer dans une formule consacrée que l'objet cherché ne se trouvait pas chez lui ».

3. Comp. Binger, *Du Niger au golfe de Guinée par le pays de Kong et le Mossi*, 1892, t. 2, p. 35. « Il ne faudrait pas conclure de cela que ces chefs rendent la justice d'une façon irréprochable; ils sont cléments pour leurs créatures et très sévères quand il s'agit *de pauvres hères sans défenseurs*. Quand ils croient léser les intérêts d'un des leurs ils ne se prononcent pas ».

litis et vindiciarum évoquent l'idée de co-jureurs ne semble pas trop hardi.

L'un des caractères des coutumes, qui connaissent le serment purgatoire, c'est que la plainte produit par elle-même des effets considérables [1] ; la même règle se retrouve dans la *legis actio* ; si le défendeur ne la paralyse pas immédiatement par d'autres paroles solennelles, la formule prononcée par le demandeur entraîne le triomphe de ses prétentions ; dans la *legis actio per manus injectionem*, le débiteur ne pourra même pas écarter lui-même la main qui s'est posée sur lui ; s'il ne trouve pas de *vindex*, le créancier l'emmènera dans sa prison privée. Bien plus, au moins d'après notre doctrine, la *legis actio per pignoris capionem* n'admet pas de contestation ; à la condition d'accomplir correctement les cérémonies traditionnelles, le saisissant ne craindra aucune résistance sur le terrain juridique.

Enfin, le serment nécessaire du droit classique, *jusjurandum necessarium, jusjurandum in jure delatum* repose, nous le verrons, sur des conceptions qui remontent à une assez haute antiquité ; le demandeur seul jouit, Demelius l'a démontré [2], de la faculté de le déférer au défendeur ; quand ce dernier le prête, ce serment se rapproche singu-

---

1. Dans son beau chapitre sur la procédure, Sumner Maine, *Études sur l'histoire des institutions primitives* (traduction Durieu de Leyritz, 1880, p. 337) a le premier, je crois, mis en lumière cette vérité. « A leurs yeux (ceux des auteurs primitifs du progrès juridique) celui qui était censé avoir pour lui le bon droit, c'était celui qui affrontait, pour obtenir satisfaction, des périls multipliés, qui se plaignait à l'assemblée du peuple, qui demandait à grands cris justice au roi siégeant à la porte de la cité. Alors seulement que les violences dommageables deviennent plus rares, que le danger de se raidir contre l'oppression des forts a presque disparu, que la loi est depuis longtemps l'objet d'une administration régulière et soumise à une procédure technique, on s'aperçoit que les procès injustes sont au moins aussi fréquents que les arrêts iniques. La vieille présomption du bon droit des plaignants a longtemps survécu chez nous dans un cas particulier « la plainte du roi », et se trahit dans la mauvaise grâce obstinée des légistes à accorder aux détenus l'assistance d'un conseil ».

2. V. ci-dessous, L. I, t. 1, sect. I, ch. VI, n° III.

lièrement, on en conviendra, du serment purgatoire [1]. La question de savoir, si le serment nécessaire fut introduit dans la pratique romaine par la loi Silia, mérite un examen particulier. Sans l'aborder immédiatement, notons que si les règles spéciales au serment nécessaire remontent à la loi Silia, cette loi se borna vraisemblablement à modifier une institution déjà existante ; car Denys d'Halicarnasse attribue à Numa l'introduction de l'usage du serment.

Je n'entends d'ailleurs nullement affirmer que, dans tous les cas, le procès fût tranché par le serment du défendeur jurant seul ou avec des co-jureurs.

Peut-être, le demandeur obtenait-il quelquefois gain de cause par son serment appuyé de ceux de ses co-jureurs. Il pouvait arriver aussi qu'il commençât par jurer lui-même ou par faire entendre des témoins en vue simplement de rendre les poursuites recevables.

En raison de la présence de témoins dans les actes juridiques, la preuve par témoins devait, sans doute, jouer un rôle assez important. Seulement il conviendrait de ne pas juger la preuve par témoins des premiers siècles de Rome avec les idées de nos jours. La preuve par témoins constituait, à l'origine, une preuve formaliste. M. Kohler [2] et

---

1. M. A. S. Schultze, *Privatrecht und Process in ihrer Wechselbeziehung*, p. 572, voit dans le *jusjurandum in jure delatum* une institution purement romaine, remontant d'ailleurs à une assez haute antiquité ; il se refuse au contraire à reconnaître aucune analogie entre le serment nécessaire des Romains et le serment de la procédure allemande du moyen âge, mode de preuve formaliste n'ayant de force qu'en vertu de la sentence prononcée par le tribunal. On doit assurément considérer comme fort sérieuse l'objection tirée, de ce que le serment nécessaire se prête devant le magistrat et non devant le juge. Ne peut-on pas cependant conjecturer sans invraisemblance que ce fut là une des innovations de la loi Silia ? Comme la loi Silia accordait, selon nous, au demandeur la faculté de recourir à une procédure nouvelle, la procédure par le pari, il fallait que le serment nécessaire, s'il était déféré, le fût immédiatement, c'est-à-dire devant le magistrat et non pas devant le juge.

2. *Rechtsvergleichende Studien über islamitisches Recht, das Recht der Berbern, das chinesische Recht und das Recht auf Ceylon*, 1889, p. 153 et suiv.

M. Post[1] ont rassemblé des séries de faits, qui le démontrent et les derniers commentateurs de la loi de Gortyne, MM. Dareste, Haussoulier et Th. Reinach disent également à propos de cette loi : « Il semble que, pour chaque espèce d'affaires, le *nombre* et parfois la *qualité des témoins* fussent réglés par la loi : c'est ce qu'un article appelle « les témoins de droit », μαίτυρες οἱ ἐπιβάλλοντες (§ 56) » [2].

Assurément je ne puis citer aucun texte établissant qu'il en ait été de même chez les Romains ; mais si le *judex unus* des premiers temps jouissait d'un pouvoir d'appréciation aussi large que nos magistrats modernes, s'il n'était même pas lié par la règle « *testis unus, testis nullus* » [3], que nos adversaires expliquent le formalisme des actes juridiques, dont la source se trouve précisément dans un défaut de confiance dans les lumières du juge [4].

1. *Grundriss der ethnologischen Jurisprudenz*, t. 2, § 154, p. 540 et suiv. Comp. H. Brunner, *Deutsche Rechtsgeschichte*, t. II, 1892, § 108, p. 435 et suiv. et E. Glasson, *Histoire du droit et des institutions de la France*, t. VI, 1895, p. 538 et suiv.
2. *Recueil des inscriptions juridiques grecques*, 3ᵉ fascic., 1894, p. 432, Rapprochez de la loi de Gortyne les lois franques et les coutumes françaises du moyen âge, Glasson, *op. cit.*, p. 539, n° 3.
3. M. Tarde, p. 30, dit à la vérité, en s'appuyant sur M. Paul Viollet. *Histoire du droit civil français*, 1893, p. 31, que la règle « *testis unus, testis nullus* » doit son succès à un passage de l'Evangile suivant St Jean, VIII, 17 ; mais M. Viollet ajoute : « Et nous pouvons affirmer que cette règle des deux témoins (constante au moyen âge, conservée au XIXᵉ siècle dans quelques législations des Etats-Unis d'Amérique) est d'origine hébraïque ».
4. La plupart des auteurs se rallient à une doctrine opposée à la nôtre. C'est seulement en matière de *legis actio sacramenti in rem*, que l'on signale généralement une différence entre le droit ancien et le droit moderne, sans parvenir à s'entendre sur la portée précise de cette différence. M. Bechmann, *Studie im Gebiete der legis actio sacramenti in rem*. München. Festschrift für Windscheid., 1889, p. 29 et 30, admet seul, à ma connaissance, que, dans le vieux droit romain, la charge de la preuve incombait au défendeur ; cette thèse de Bechmann se lie du reste dans sa pensée à une conception de la *legis actio sacramenti in rem*, dont nous essaierons de démontrer l'inexactitude.

CHAPITRE II

LE PARI.

Sommaire. — I. Distinction théorique du jeu et du pari. — II. Le pari par le dépôt de l'enjeu chez les Romains. — III. Le pari dans la forme d'une double stipulation. — IV. Conditions de validité du pari quant au fond. — V. Jugement du pari. — VI. Applications multiples du pari chez les Romains.

I. — D'après MM. Aubry et Rau « le pari est une convention par laquelle deux personnes qui sont d'un avis contraire sur un sujet quelconque conviennent que celle dont l'opinion sera reconnue fondée recevra de l'autre une somme d'argent ou quelque autre objet déterminé [1] ».

Au point de vue théorique, le pari ne doit pas être confondu avec le jeu. Les parieurs se proposent de donner plus de force à leurs affirmations et de punir celui d'entre eux qui en contredisant l'autre aura commis une erreur [2] ; leur but n'est pas le gain et cela est si vrai que l'enjeu du perdant n'est pas nécessairement acquis à son adversaire ; il peut être convenu que la somme due sera distribuée aux pauvres ou consacrée à un repas, auquel assisteront les deux adversaires accompagnés ou non de leurs amis. Le prétendu pari rentre au contraire dans la définition du jeu, nous dit avec raison M. Windscheid [3], si les

---

1. *Cours de droit civil français*, t. IV, p. 574.
2. Racontant un pari qu'il fit avec La Harpe à la veille de la Révolution, le duc des Cars s'exprime de la façon suivante : « Malgré cela, je soutins mon dire et je demandai à ce monsieur la permission *d'appuyer mon assertion* du faible prix d'un petit écu. Le pari fut accepté, mon homme le tira de sa poche, j'en fis autant et je dis « *Forte per angustam tenuis nitedula rimam* », *Mémoires du duc des Cars*, 1890, t. 1, p. 344.
3. *Pandekten* (5e édit., 1879), t. II, § 420, p. 583, note 1. Sur cette distinction du jeu et du pari comp. : Wilda, *Die Wetten.(Zeitschrift für deutsches*

personnes dont il s'agit ne parient pas, parce qu'elles ont formulé des propositions contraires, mais qu'elles formulent des propositions contraires afin de pouvoir parier [1].

Tandis que le pari considéré comme forme de jeu [2] se développe dans d'inquiétantes proportions, le pari véritable n'a dans notre société contemporaine qu'une importance secondaire. On y recourt rarement, bien que certains hommes politiques [3] ou certains savants [4] éprouvent de temps en temps le besoin d'affirmer de cette façon leur confiance dans le succès de leur cause ou dans la vérité des thèses qu'ils soutiennent.

II. — Nul n'ignore avec quelle passion les Romains parièrent aux courses de chevaux et aux différents jeux du cirque. Si, à ce premier point de vue, les peuples modernes ne sont guère autorisés à juger sévèrement les anciens, constatons que, dans l'antiquité, le pari servait plus sou-

Recht und deutsche Rechtswissenschaft de Reyscher et Wilda, t. VIII (1843), p. 200 et suiv. Leonhard, *Paulys Real Encyclop. der class. Alterthumwiss. neue Bearbeit.*, 1893. V° *Alea*, t. I, col. 1358.

1. « *Alios provocant super equorum clade victoriave* », dit la L. 34, § 1, C. *de episcop. audientia*, I, 4 (534).
2. Cette variété de pari semble avoir surtout préoccupé les rédacteurs de l'article 1965 du Code civil qui dispose d'ailleurs de la façon la plus générale. Comp. art. 4 et 5 de la loi du 2 juin 1891, et G. Frèrejouan du Saint, *Jeu et pari au point de vue civil, pénal et réglementaire*, 1893, n°s 156 et suiv., p. 193 et suiv. La plupart des auteurs et notamment M. Frèrejouan du Saint ne relèvent pas la différence, que nous venons de signaler entre le pari proprement dit et le pari considéré comme forme de jeu. Je n'ai pas d'ailleurs à apprécier ici la disposition de l'art. 1965 du Code civil. Comp. à ce sujet, Guillouard, *Traité des contrats aléatoires*, 1893, n° 27, p. 41.
3. M. Caubet, *Souvenirs*, 1893, raconte de la façon suivante un incident de la lutte électorale à Paris en 1869. « Pour toute réponse Cléray prit dans son portefeuille quatre billets de mille francs et les plaçant sur la table de M. de Girardin : je vous parie, dit-il, quatre mille francs que Bancel sera nommé ».
4. Dans le *Bulletin médical* du 14 juillet 1893, le professeur V... proposa de soumettre le différend qui s'était élevé entre lui et un autre chirurgien à l'arbitrage de 5 membres de l'Académie de médecine, s'engageant à verser, en cas d'échec, une somme de plusieurs milliers de francs à une œuvre charitable.

vent qu'aujourd'hui à prouver l'existence d'un fait ; impliquant en lui l'idée d'une lutte, d'un défi, il était en harmonie avec les mœurs. « Parier, jurer, sont choses qui viennent naturellement aux lèvres des hommes peu civilisés », a dit très justement M. Declareuil[1].

L'Iliade comme l'Edda, les livres juridiques de l'Inde comme les lois suédoises et norwégiennes du moyen âge et les coutumiers français de la même époque parlent du pari, dont l'usage est fréquent encore aujourd'hui chez les Kabyles du Djurjura[2].

A Rome, notre convention se présente sous deux formes principales. Sans prononcer de paroles solennelles, sans conclure de contrat déterminé, les parties déposent quelquefois leurs enjeux soit devant l'arbitre choisi par elles[3], soit même entre ses mains[4], en lui donnant la mission de les remettre au vainqueur. « *Pignore certare* », telle est pour cette hypothèse l'expression dont se servent nos textes[5]. La procédure reste alors très simple, populaire en quelque sorte ; la remise immédiate de la somme ou de l'objet, dont la propriété sera perdue en cas d'échec, accentue le défi et met davantage en lumière le sentiment de confiance de chacun des adversaires dans l'exactitude de son affirmation. C'est en outre un grand avantage d'être dispensé des paroles solennelles, que l'on est exposé à pro-

---

1. *La Justice dans les coutumes primitives* (*Nouv. Revue hist. du droit*, t. XIII, 1889, p. 169).
2. Hanoteau et Le Tourneux, *La Kabylie et les coutumes kabyles*, t. 2, p. 509.
3. *Ponitur, positum pignus.* Comp. Val. Max., IV, 3, 3.
4. Le tiers sequestre reçoit, lorsqu'il est en même temps juge du pari, le nom de *medius* ou de *sculna*. Isidore de Séville, *Orig.*, X, 260. *Servius, ad Aen.*, II, 133. Aulu-Gelle, *Noct. Att.*, XX, 11. Macrobe, *Saturn.*, III, 17, 16.
5. Phèdre, IV, 20. Aulu-Gelle, *Noct. Att.*, V, 4, n° 2. Pour désigner l'offre du pari, on se sert alors des mots *in pignus vocare*. On peut consulter sur cette première forme de pari Rudorff, *Die Pfandklagen* (Zeitschrift für geschichtliche Rechtswissenschaft, t. XIII (1845), p. 195 et suiv.). B. Matthiass, *Die Entwicklung des römischen Schiedsgerichts* (1888), p. 34 et 35. Schulin, *Geschichte des römischen Rechts* (1889), p. 507.

noncer d'une façon incorrecte [1]; il vaut mieux se borner à montrer d'une façon matérielle l'objet, que l'on risque, et ne courir aucune chance d'insolvabilité. En conséquence, cette première forme de pari, qui nous fait cependant remonter très haut dans l'histoire de la civilisation, se conserva dans l'usage [2], principalement, semble-t-il, dans les classes les moins élevées de la population ; c'est d'elle que parlent Plaute [3], Virgile [4] et Ovide [5].

III. — Plus tard, la stipulation s'introduisit dans la pratique. Comme on le sait, ce contrat se réalise au moyen d'une interrogation et d'une réponse solennelles et concordantes. Les textes que nous possédons n'exigent aucune autre formalité, ni poignée de mains des contractants, ni rupture d'un fétu de paille.

Si la stipulation, parvenue à son degré de perfection, joua, pendant plusieurs siècles, un rôle considérable, et si l'usage, que les jurisconsultes romains surent en faire, constitue un de leurs plus sérieux titres d'honneur, à quelle époque doit-on placer son origine ? Des recherches récen-

---

1. « *Ne quis in captionem verborum in cavendo incidat, expeditissimum est poenam ipsam vel quid aliud pro ea deponere* », nous dit le jurisconsulte Paul à propos de l'appel. *Sent.*, II, 33, 2.

2. Les jurisconsultes classiques assimilèrent de même à l'hypothèse où le pacte de compromis avait été suivi d'une double *stipulatio poenae* (*compromissa pecunia*) celle où chacune des deux parties avait déposé un objet entre les mains de l'arbitre, en convenant qu'il le remettrait au gagnant, soit dans tous les cas, soit seulement au refus du perdant d'exécuter la sentence « *eo pacto ut ei daret qui vicerit vel ut eam rem daret si non pareatur sententiae* », 1. II, § 2, D. *de receptis*, IV, 8. Comp. également les passages de Plaute cités par M. Costa, *Il diritto privato romano nelle comedie di Plauto*, 1890, § 72, p. 317 et 318, notamment *Mercator*, IV, 3, 34-36.

3. *Epidicus*, V, 2, 34. *Aio, vel da pignus, ni ea sit filia. Poenul*, V, 4, 72, *da pignus, ni nunc perieres, in savium, uter utri det. Persa.* II, 2, 4, *da hercle pignus, ni omnia memini et scio.* Comp. Costa, *op. cit.*, § 58, p. 260 et suiv.

4. *Bucol.*, III, 28, 37. « *Ego hanc vitulam depono : tu dic mecum quo pignore certes ? M. de grege non ausim quidquam deponere tecum pocula ponam fagina.* »

5. *Ars Amator*, I, 168. « *Dum loquitur, tangitque manum, poscitque libellum et quaerit posito pignore vincat uter.* »

tes sur l'état social des populations peu avancées [1] et notamment des enquêtes entreprises, depuis l'occupation autrichienne, sur la situation économique de la Bosnie et de l'Herzégovine, résulte avec évidence, selon nous, que, pendant une longue période de l'histoire du droit, les contrats furent rares et peu variés. Il ne paraît donc pas vraisemblable d'attribuer une très haute antiquité à la stipulation, à la *sponsio*, pour l'appeler de son nom le plus ancien.

En leur qualité de jurisconsultes, les pontifes contribuèrent, sans doute, à donner à notre contrat la forme relativement savante, sous laquelle il nous apparaît ; la science des mots et de leur vertu, c'est là en effet la science pontificale par excellence.

Malgré la haute autorité de ses défenseurs, et leur nombre de plus en plus considérable [2], nous repoussons au contraire la thèse de Danz [3], d'après laquelle la stipulation se rattache par les liens de la filiation historique à une vieille institution du droit pontifical, qui aurait elle aussi porté le nom de *sponsio*. D'après cette doctrine, dont les partisans sont loin d'être d'accord sur tous les points, la *sponsio* du droit sacré consiste dans une cérémonie accomplie devant l'autel d'Hercule, *ad Aram maximam*. Le débiteur répète,

---

1. K. Dickel (traduit de l'allemand par Brissaud), *Etude sur le nouveau Code civil du Monténégro* (*Revue générale du droit et de la jurisprudence*, 1891, p. 235). R. Dareste, *Etudes d'histoire du droit*, p. 141. « Les Ossètes (peuplade du Caucase étudiée par M. Kovalewsky) n'ayant ni industrie, ni commerce contractaient peu. Les seuls contrats qui aient reçu dans leur droit quelque développement sont relatifs à l'exploitation de la terre ou à l'élève du bétail ». Consultez également la traduction française du livre de M. Kovalewsky, *Coutume contemporaine et loi ancienne*, p. 96 et suiv.

2. Sur la bibliographie du sujet avant 1883, comp. Girard, *Etudes historiques sur la formation du système de la garantie d'éviction en droit romain*, 1884, p. 97, n. 1. Voyez en outre, entre beaucoup d'autres, Hugo Krüger, *Geschichte der capitis deminutio*, 1887, p. 351 et suiv.

3. *Der sacrale Schutz im römischen Rechtsverkehr.*, 1857, p. 102 et suiv. Comp. un autre ouvrage du même auteur *Geschichte des römischen Rechts.*, 1871, 1873, t. II, p. 32 et suiv. Nous résumons ici la théorie de Hugo Krüger, *loc. cit.*

après le prêtre du dieu, une formule de serment, par laquelle il s'engage à exécuter son obligation, en appelant sur lui la colère d'Hercule, s'il se montre parjure; en même temps il verse une libation σπονδή. L'obligation n'est-elle pas exécutée, aucune action en justice ne saurait être intentée contre le débiteur [1]; mais il est mis hors de la communion religieuse et par suite hors de la cité; tout citoyen le tuera impunément. Cependant, dans le cas où une excuse pourrait être relevée en sa faveur, le sacrifice d'une victime suffira pour apaiser le dieu. Plus tard, l'invocation à la divinité disparut; il ne resta plus qu'une promesse conçue en termes consacrés, au lieu d'un serment promissoire, et cette promesse fut sanctionnée par une action; d'après quelques-uns, à partir de la loi Silia, qui créa précisément à cet effet la *legis actio per condictionem*, d'après d'autres à une époque antérieure.

Telle est cette doctrine, qu'il nous est impossible d'accepter [2]. En supposant qu'il ait existé dans le droit pontifical une institution, comme celle dont il s'agit, ce qui ne paraît ni démontré ni même vraisemblable, nous n'apercevons aucun lien de filiation entre elle et notre

---

1. Danz au contraire autorise l'emploi de la *legis actio per manus injectionem*.
2. Danz, *Sacr. Schutz.*, pp. 106, 107, 108, reproduit les textes assez nombreux qui, selon lui, justifient ses affirmations. Je relève notamment : Denys d'Halicarnasse, I, 40. Festus, V° *Spondere..... quod ii* σπονδάς *interpositis rebus divinis faciant*. P. Diac., V^{is} *Consponsor, Consponsor, conjurator*. Du texte de Denys, il résulte que de son temps les débiteurs juraient fréquemment devant l'autel d'Hercule d'exécuter fidèlement leurs obligations. Cet usage n'est pas de nature à nous étonner; on conçoit que l'on ait eu recours au sentiment religieux pour donner des garanties au créancier, lorsqu'il n'existait pas d'action ou lorsque l'action introduite par la pratique avait encore une origine récente; mais quel rapport a ce texte avec les origines de la stipulation? Que conclure également de ce que Festus rattache l'étymologie de *spondere* au mot grec σπονδή libation? Quant au passage de Paul Diacre, il vise l'époque où a été composé le livre de Verrius Flaccus; à le prendre au pied de la lettre, il faudrait en conclure qu'au temps d'Auguste les *sponsores* prêtaient serment; mais que la formule de la stipulation ait son origine historique dans une formule de serment promissoire, c'est ce qu'on ne nous dit aucunement.

contrat de stipulation. Cette prétendue *sponsio* du droit sacré consiste dans une promesse unilatérale du débiteur ; la stipulation se réalise par une demande et une réponse concordantes. Tandis que le créancier ne joue pas de rôle actif dans la première, c'est lui au contraire qui prend l'initiative dans la seconde. C'est de la stipulation et d'elle seule que résulte pour lui le droit d'agir en justice [1].

Quelle que soit l'origine historique de la *sponsio* [2], elle ne tarda pas à être mise à profit pour réaliser un pari. Deux stipulations seront à la vérité nécessaires ; l'une des parties s'engagera d'abord à payer telle somme d'argent, si tel événement s'est réalisé ou se réalise plus tard. Pour le cas où cette première obligation ne prendrait pas naissance, le second parieur promettra de verser à l'autre la même somme. Les paroles consacrées échangées entre les deux contractants donneront au pari une précision et une solennité, qui ne permettront pas les contestations ultérieures. Convenant à merveille à l'hypothèse, où l'on ne peut pas savoir rapidement qui a tort, qui a raison, cette seconde méthode présente l'avantage de ne pas exiger d'une façon impérieuse le dépôt des enjeux. Par cela seul que la demande et la réponse ont été correctement échangées, le perdant sera contraint de payer ce qu'il a promis ; il ne sera pas nécessaire que chacun des parieurs

---

1. En ce sens, Baron, *Zur Legis actio per judicis arbitrive postulationem und per condictionem* (*Festgaben für* Heffter), 1873, p. 41 et suiv. Voy. également Cuq, *Institutions juridiques*, t. I, p. 393.

2. *Recueil des inscriptions juridiques grecques* par R. Dareste, B. Haussoulier, Th. Reinach, 1er fascic., 1891, p. 22, «... on croit reconnaître qu'à Ephèse il y avait trois grandes classes de contrats : *consensu* (ὁμολογια), *litteris* (διαγραφη), *re* (ἐκχρῆσις) ; il ne manque que le contrat *verbis* particulier au droit romain ». Que la stipulation, au moins dans sa forme définitive, soit un contrat propre à la législation romaine, c'est en effet à cette conclusion que paraissent aboutir jusqu'à présent, les recherches de droit comparé. Comp. sur les origines de la stipulation Gérardin, *Etude sur la solidarité* (*Nouv. Rev. hist.*, t. IX, 1885, p. 138). Brissaud, *Origine de la stipulation* (*Recueil de l'Académie de législation de Toulouse*, t. XXXVI, 1887, 1888, p. 244 et suiv.). Paul Viollet, *Histoire du droit civil français*, 2e édit., 1893, p. 596.

ait sous la main, au moment même, la somme qu'il entend risquer.

Si, à ce dernier point de vue, la *sponsio* parut commode aux amateurs de jeux du cirque, pendant les derniers temps de la République et les premiers siècles de l'Empire, ce serait cependant une erreur de croire, que, devant l'emploi des paroles solennelles, l'usage du dépôt de l'enjeu ait rapidement et complètement disparu.

Montrer l'objet qu'il consent à perdre, s'il se trompe, c'est là un acte instinctif du parieur chez les Romains [1] ; on est encore très loin du livre de paris (*betting-book*) du gentleman anglais contemporain.

Aussi l'arbitre, chargé d'un commun accord de se prononcer sur l'exactitude du fait contesté, jouait-il fréquemment le rôle de séquestre [2]; la façon dont les textes font

---

1. L'idée du pari et celle du dépôt de l'enjeu sont pendant de longs siècles des idées étroitement connexes. D'après les textes allemands du moyen âge, le pari n'est valable que si l'enjeu a été déposé au préalable (Wilda, *Die Wetten. Zeitschrift für deutsches Recht und deutsche Rechtswissenschaft*, t. VIII, p. 217). Dans la langue des coutumiers suédois (K. von Amira, *Nordgermanisches Obligationenrecht*, t. 1, p. 229), les expressions *voepia* (parier) et *tak til taka* ou *taka til taka* (constituer un séquestre) sont synonymes. L'enjeu doit être violemment jeté à terre (*voepiakast*) et c'est là un trait de mœurs qui méritait d'être relevé. V. les deux passages empruntés aux *Mémoires* du duc des Cars et aux *Souvenirs* de M. Caubet cités ci-dessus, n° 1. Ce qui est remarquable dans la pratique romaine, ce n'est donc pas le dépôt fréquent de l'enjeu mais le fait, que les paroles solennelles aient eu, par elles seules, la vertu de donner naissance à une obligation à la charge du perdant. En 1597, Loyseau exposait très nettement la jurisprudence de son temps, en l'opposant au droit romain. « De même on peut dire qu'en France la justice contentieuse n'autorise point d'autres gageures que celles qui se font par consignation, car le mot de *gager* importe qu'il y ait consignation actuelle ; et d'aucuns au lieu de *gager* disent *mettre* et appellent la gageure *misaille*. Et ce que les Romains ont donné action aux simples sponsions estoit pour la force et énergie qu'ils attribuaient à la stipulation, qui de soy estoit battante pour produire action, ores qu'elle eust été faite sans cause ; ce que nous ne pratiquons en France si à la rigueur ». *Traicté du déguerpissement*, L. IV, ch. III, n° 13.

2. Il en fut ainsi dans le pari d'Antoine et de Cléopâtre « *id mirum Antonio visum nec moratus sponsione contendit, dignus* SCULNA *Munatio Planco, qui tam honesti certaminis arbiter electus est* ». Macrobe, *Saturn.* III, 17, 16.

allusion à cet usage, prouve, en outre, qu'il était fort répandu[1]. Un fragment d'Ulpien, la L. 17, § 5, D. *de praescr. verb.*, XIX, 5, mérite à cet égard toute notre attention.

« *Si quis sponsionis causa anulos acceperit nec reddit victori, praescriptis verbis actio in eum competit* [2] ».

Comme on le voit, les parieurs ont déposé leurs anneaux entre les mains d'un séquestre, de l'arbitre probablement [4], et celui-ci ne veut pas les restituer au gagnant. Les anneaux constituent-ils les enjeux [3] ? Il n'y aurait à cela rien d'étonnant. Dans l'Edda, ce sont leurs anneaux d'or, que Magnus et Haralld remettent à Sigurd, juge du pari [5]. Peut-être cependant, dans notre hypothèse, chacune des stipulations avait-elle pour objet une somme d'ar-

---

1. Indépendamment du texte que nous citons, on peut encore appuyer notre affirmation sur ce fait, que le mot *sponsio* est arrivé à désigner quelquefois l'enjeu. Varro, *de ling. lat.*, VI, 70, Forcellini, *Dictionn. lat.* (édit. 1871), t. V, p. 609. Freund et Theil, *Dictionn. latin. français*, V° *Sponsio*.

2. Sur cette loi, on peut consulter Accarias, *Théorie des contrats innommés*, p. 291 et suiv. D'après Gradenwitz, *Interpolationen in den Pandekten*, 1887, p. 137 et Lenel, *Palingenesia juris civilis*, t. II, Ulpien, n° 806, le texte serait interpolé à partir des mots *praescriptis verbis*. L'action donnée par le jurisconsulte était probablement une action *in factum*. Sans exposer ici la théorie de M. Gradenwitz sur l'histoire de l'action *praescriptis verbis*, bornons-nous à dire que nous nous rallions à l'opinion de cet auteur. Comp. Henri Appleton, *Des interpolations dans les Pandectes et des méthodes propres à les découvrir*. Thèse Lyon, 1895.

3. Nous reconnaissons avec M. Matthiass, *Die Entwicklung des röm. Schiedsgerichts*, p. 35, n. 2, que notre texte ne s'explique pas sur le point de savoir, si le séquestre est en même temps juge du pari ; mais le passage de Macrobe relatif au pari d'Antoine et la nature des choses permettent de le considérer comme extrêmement vraisemblable.

4. En ce sens, Pilette, *Du jeu et du pari* (*Revue pratique de droit français*, t. XIV, 1862, p. 484), Cyprien Dujarier, *Du jeu et du pari en droit romain*. Thèse Lyon, 1885, p. 40.

5. K. von Amira, *Nordgermanisches Obligationenrecht*, t. II (1892). *Westnordisches Obligationenrecht*, p. 251. Loyseau commentant notre loi dans son *Traité du déguerpissement*, L. IV, ch. 3, n° 12, disait : « Il faut encore noter de ce passage, que volontiers on mettait les anneaux en gage, *comme estant plus en main que tout autre chose*, comme aussi il se collige de ce paragraphe *Si quis sponsionis*. Et se lit dans Maximus Planudes que Xantus, maître d'Esope, ayant gagé qu'il boirait toute l'eau de la mer, avait baillé son anneau en gage ».

gent; les deux objets matériels joueraient alors le rôle de gages dans le sens technique de ce mot. Le vainqueur sera créancier gagiste, et le désir de rentrer en possession de son anneau, auquel s'attache sans doute pour lui un intérêt d'affection, conduira le perdant à s'acquitter le plus tôt possible. Quelle que soit l'interprétation admise, la L. 17, § 5, D. *de praescr. verb.* prouve, que les parties ne se contentaient pas toujours des paroles solennelles et s'efforçaient d'assurer au gagnant la réalisation de son gain.

En résumé, on appelle *sponsio* non seulement la stipulation en général mais encore le pari, qui s'accomplit au moyen de deux stipulations [1], accompagnées quelquefois du dépôt d'enjeux ou de gages [2]. *Sponsionem facere*, c'est conclure ce pari [3], *sponsione provocare* signifie défier quelqu'un en lui proposant un pari [4], *sponsione vincere* gagner le pari [5].

La législation romaine sanctionnait le pari conclu dans la forme de deux stipulations, comme elle sanctionnait toutes les stipulations correctement accomplies [6]. Elle le

---

1. On en arriva d'ailleurs à désigner par le terme de *sponsio* le pari, quelle que fût sa forme. Servius, *ad Bucol.* III, 31, *depono,* IN SPONSIONE COLLOCO, *sequestro.* Brinz. *Pandekt.* (1882), t. II, p. 557, § 307.

2. Le droit norvégien du moyen âge connaît seulement la seconde des formes du pari, que nous venons d'étudier chez les Romains. Pour que le pari soit valable, il ne suffit pas qu'une convention soit intervenue et que les enjeux aient été déposés; certaines formes solennelles sont requises; il faut qu'en présence de témoins les parties se soient serré la main ; c'est la *paumée* de nos textes français du moyen âge. K. von Amira, *op. cit.*, t. II, p. 252.

3. Cic., *in Verr. Actio secunda*, II, 3, 135, II, 5, 141. *Ad famil.*, VII, 21. Plin., *Historia natur.*, IX, 119 et suiv. Valer. Maxim., II, 8, 2, VI, 1, 10. L. 3, D. (Marcien) *de aleatoribus*, XI, 5.

4. Petron. *Satyric.* LXX « *coepit dominum suum* SPONSIONE PROVOCARE, *si prasinus proximis circensibus primam palmam...* »

5. Auctor ad Herennium, IV, 33 « ... *Sed etiam insuper ipse* GRANDI SPONSIONE VICTUS EST ».

6. Que cette affirmation soit exacte, cela résulte notamment de Cicéron, *in Verr.*, II, 3, 58, n° 135. « *Facta est sponsio* HS. V; *coepit Scandilius recuperatores aut judicem postulare*, 60, n° 140, *cogit enim Scandilium quinque illos milia nummum dare atque admumerare Apronio* ». Les Romains ne

prohibait cependant à titre exceptionnel, quand il portait sur le résultat d'une partie de jeu. Défendant les jeux de hasard [1], elle devait également interdire d'engager des paris sur le point de savoir, qui le sort favoriserait. Au contraire, s'agissait-il de ces jeux si chers aux anciens, dans lesquels la victoire appartenait à la force, au courage, à l'agilité, à l'adresse, les paris engagés sur l'issue de la lutte n'étaient en aucune façon illicites.

« *In quibus rebus ex lege Titia et Publicia et Cornelia etiam sponsionem facere licet : sed ex aliis, ubi pro virtute certamen non fit, non licet* ». L. 3, D. *de aleatoribus*, XI, 5 (Marcien, *libro 5 regular.*)

Dans l'état actuel de nos documents, il serait vain, croyons-nous, de rechercher à quelle époque remontent les lois mentionnées dans ce texte et quelles furent, d'une façon précise, les dispositions de chacune d'elles. Bornons-nous à rappeler, que les paris sur les jeux du cirque ne passionnèrent pas moins les Romains et ne tinrent pas dans leur vie sociale une place moins grande, que ne le font aujourd'hui en Angleterre les paris sur les courses de chevaux [2].

La nature des enjeux variait suivant la volonté des par-

---

traitaient donc pas de même le jeu et le pari. Parmi les anciens romanistes, plusieurs le contestaient cependant ; mais leur doctrine paraît aujourd'hui complètement abandonnée et avec raison. Pillette. *op. et loc. cit.*; Guillouard, *op. cit.*, p. 36.

1. L. 2, § 1, D. *de aleat.*, XI, 5. « *Senatusconsultum vetuit in pecuniam ludere, praeterquam si quis certet hasta vel pilo jaciendo vel currendo saliendo luctando pugnando quod virtutis causa fiat.* » Comp. sur la répression du jeu à Rome, C. Schoenhardt, *Alea. Ueber die Bestrafung des Glücksspiels im älteren römischen Recht.*, 1885.

2. Pantoja de Aiala, *Commentar. in Lib. III, D., de aleatoribus* (Otto, *Thesaurus juris romani*, ed. sec. Trajecti ad Rhenum, 1733, t. IV, col. 987 et suiv. Martial, lib. XI, 1 « *Sunt illic duo tresve, qui revolvant nostrarum lineas nuptiarum : sed cum* SPONSIO, *fabulaeque lassae de Scorpo fuerint, vel Incitato.* Juvenal, sat. XI, 199 et 200. « *Spectent juvenes, quos clamor et audax* SPONSIO, *quos cultae decet adsedisse puellae* ». Tertullien, *de spectaculis*, cap. XVI. « *Aspice populum ad spectaculum jam cum furore venientem jam tumultuosum jam caecum, jam* DE SPONSIONIBUS *concitatum.*

ties ; à Rome, aussi loin que l'histoire permet de remonter, les mœurs étaient assez douces pour que les sauvages paris des Scandinaves [1] aient toujours été inconnus ; jamais personne ne risqua sa tête ni une autre partie de son corps. Rien ne s'opposait du reste, à ce que l'un des parieurs promît à l'autre un objet d'une valeur supérieure à celle qui lui était promise à lui-même [2] ; en consentant ainsi à perdre plus qu'il ne pouvait gagner, il montrait, d'une manière encore plus frappante, sa confiance dans la vérité de ses affirmations.

V. — Le juge du pari choisi d'un commun accord par les parties [3], et dont le nom figurait sans doute dans les formules des deux stipulations, se bornait à déclarer [4] quel était le vaincu. S'il était en même temps dépositaire des enjeux, il les remettait au vainqueur.

Comme les paroles solennelles de la stipulation avaient été échangées, rien ne s'opposait du reste à ce que les parties demandassent au magistrat la nomination d'un juge ou de récupérateurs chargés de se prononcer sur l'exactitude des affirmations respectives des deux adversaires [5].

---

1. Dans le pari de Loki et du nain Brock dont parle l'Edda, Loki avait parié sa tête. Comp. Bernhöft, *Ueber die Grundlagen der Rechtsentwicklung bei den indogermanen Völkern* (*Zeitschrift für vergleichende Rechtswissenschaft.*, t. 2, 1880), p. 322. K. von Amira, *Nordgermanisches Obligationenrecht*, t. 2, *Westnordisches Obligationenrecht*, p. 250.

2. Plaute, *Epidicus*, V, 2, 35, *Ni ergo matris filiast in meum nummum, in tuom talentum pignus da.*

3. Val. Max., II, 8, § 2 «... *Itaque judex* INTER EOS CONVENIT *Atilius Calatinus...* »

4. *Pronuntiare*. Plin., *Hist. natur.*, IX, 119. *Plancus judex sponsionis ejus* VICTUM *Antonium* PRONUNTIAVIT. Macrobe, *Saturn.*, III, 17. Val. Max., VII, 2, 4 « *numquam id judicium* PRONUNTIATIONE SUA *finire voluit* ». Comp. II, 8, 2. « *Itaque Lutati, quamvis adhuc tacueris,* SECUNDUM TE LITEM DO ». On trouve aussi dans nos textes *judicare* mais non pas *condemnare*. Aulu-Gelle, XIV, 2, 26. « *Qui judicaret meliorem esse Gellium quam Turrium* ».

5. Nous rattachons donc cette solution simplement à la règle, d'après laquelle la stipulation étant un contrat solennel produit ses effets, sans qu'il y ait à rechercher la cause de l'obligation, en d'autres termes au caractère obligatoire du pari chez les Romains. M. A. S. Schultze, *Privatrecht und*

Sous la procédure formulaire, chacun de ces derniers sollicitera la délivrance d'une formule d'*actio certæ creditæ pecuniæ*, si l'enjeu consiste dans une somme d'argent. Le préteur renverra au même juge la connaissance des deux formules, et celui-ci, en prononçant les sentences d'absolution et de condamnation, décidera implicitement qui a gagné le pari. Au temps des *legis actiones*, l'on avait recours à la *legis actio per sacramentum*, plus tard à la *legis actio per condictionem*. Cette méthode, qui présentait des inconvénients certains, ne fut sans doute pas fréquemment employée; qu'elle l'ait été quelquefois au moins, en vue d'augmenter le scandale cherché par l'un des parieurs, en vue de donner plus de solennité et de publicité aux débats, un texte de Cicéron déjà cité ne permet pas d'en douter [1].

VI. — Pour terminer ce chapitre sur le pari, signalons l'extrême variété de ses applications chez les Romains [2]. Quand ce n'était pas une forme de jeu, le pari constituait une arme dangereuse entre les mains d'un ennemi, d'un rival de gloire, d'un envieux.

S'agissait-il de déconsidérer un adversaire politique redoutable, on lui reprochait un acte qui prouvait sa malhon-

---

Process, p. 249 et spécialement dans un autre ouvrage, *Das deutsche Konkursrecht in seinen juristischen Grundlagen*, 1880, p. 149, interprète autrement les textes déjà cités et ceux que nous citerons un peu plus bas. Pour lui, « tandis que d'après les Codes de procédure modernes le demandeur doit avoir un intérêt juridique actuel, les Romains considèrent les juges comme appelés et obligés dans une certaine mesure à statuer sur des questions d'ordre politique et moral », et, après avoir renvoyé aux nombreux exemples réunis dans les livres de Keller et de Bekker, mentionnés ci-dessous n° VI, il ajoute : « La *sponsio* était seulement un moyen technique de faire statuer sur la question ». Sans doute ; mais si le magistrat pouvait être saisi, si une instance judiciaire pouvait être organisée, c'est que la *sponsio* donnait naissance à une obligation : le demandeur se prévalait d'un intérêt juridique actuel.

1. V. n° IV, p. 41, note 6.
2. Comp. Accarias, *Précis de droit romain*, 4ᵉ édit., t. 2, n° 803, p. 815, n. 1. F. L. Keller, *Semestrium ad M. Tullium Ciceronem*, 1842, p. 30, n. 35. E. I. Bekker, *Die Aktionen des röm. Privatrechts*, t. 1 (1871), XIII, p. 249 et suiv.

nêteté ou son impéritie et on le mettait au défi de nier le fait ou d'accepter un pari sur son existence¹. Aujourd'hui le journaliste ou le député, trop vivement attaqué, constitue quelquefois « un jury d'honneur », au jugement duquel il se soumet ; à Rome les *verba solemnia* de la stipulation étaient échangés, les enjeux consignés entre les mains de l'arbitre, et ce dernier prononçait ; le calomniateur perdait son enjeu, ce qui constituait tout au moins une supériorité de la pratique romaine sur les usages contemporains².

J'ajoute que, grâce au pari, un accusé pouvait quelquefois démontrer l'existence d'une excuse en sa faveur et justifier ainsi l'intervention d'un tribun de la plèbe³ ou encore écarter un reproche grave qui lui était adressé et éviter de cette façon la *nota censoria*⁴.

Enfin les textes montrent, que le pari préparait quelquefois une poursuite criminelle ; celui, qui avait refusé de laisser un arbitre se prononcer sur la vérité des accusations portées contre lui⁵ ou qui avait succombé dans

---

1. Liv. XL, 45. « *Fulvius contra queri, se ab eo semper lacessitum et* IN PROBRUM SUUM SPONSIONEM FACTAM ». Cic., *de officiis*, III, 19. « *Fimbriam judicem M. Lutatio Pinthiae fuisse... quum is* SPONSIONEM FECISSET, NI VIR BONUS ESSET ». Conf. Val. Max., VII. 2, 4. « *L. Fimbria, a M.Lutatio Pinthiae.... judex aditus* IN SPONSIONE, *quam is cum adversario,* NI VIR BONUS ESSET, *fecerat* ». Gell., XIV. 2. « *Nunc si* SPONSIONEM FECISSET *Gellius cum Turio,* NI VIR MELIOR ESSET GELLIUS QUAM TURIUS ».

2. Pour mieux comprendre à quoi servait le pari dans les luttes politiques des Romains, on peut lire les lettres d'un député de l'opposition insérées dans les journaux des 7 et 9 juin 1894 «.... A mon défi loyal le gouvernement répond par le silence. Ce silence est un aveu. La preuve est faite ».

3. Val. Max., VI, 1, 10, C. *Fescenninus III vir capitalis C. Cornelium... publicis vinculis oneravit, a quo appellati tribuni, cum de stupro nihil negaret, sed* SPONSIONEM SE FACERE PARATUM DICERET, *quod adolescens ille palam atque aperte corpore quaestum factitasset, intercessionem suam interponere noluerunt* ».

4. Liv. XXXIX, 43 « ... *in extrema oratione Catonis condicio Quinctio fertur ut si id factum negaret ceteraque quae objecisset,* SPONSIONE DEFENDERET SESE : *sin fateretur, ignominiane sua quemquam doliturum censeret....* ? ».

5. Liv. III, 24. « ... NISI ITA ESSET, MULTI PRIVATIM FEREBANT VOLSCIO JU-

cette lutte préliminaire¹, pouvait être considéré comme condamné d'avance.

Ayant ainsi étudié le pari qui peut être la source d'un procès, occupons-nous de la procédure par le pari confondue, à tort, avec le pari lui-même. Avant de retracer en détail l'histoire de cette procédure, indiquons quelles sont, à notre avis, ses caractères essentiels et recherchons, si l'histoire générale du droit constate, dans d'autres pays, un mouvement d'idées analogue à celui qui se produisit à Rome dans les derniers siècles de la République, ou si, au contraire, les Romains, prouvant une fois de plus leurs remarquables aptitudes juridiques, surent réformer de bonne heure, leur vieille procédure, par une méthode originale, sans devancer néanmoins les progrès de la civilisation et des mœurs.

DICEM. CUM AD JUDICIUM IRE NON AUDERET, *omnes eæ res in unum congruentes haud magis dubiam damnationem Volsci, quam Caesonis Volscio teste fuerat, faciebant* ». L'anecdote racontée par Tite-Live remonte à une époque très reculée, à l'année 296 de l'ère romaine ; on ne doit pas en conclure du reste que déjà la coutume connaissait la stipulation du droit postérieur ; les paris proposés à Volscius auraient pu être conclus au moyen du simple dépôt des enjeux.

1. Cic., *in Verr. Act. Sec* III, 57, n° 132 « ... *quum palam Syracusis, te audiente, maximo conventu P. Rubrius Q. Apronium sponsione lacessivit* NI APRONIUS DICTITARET TE SIBI IN DECUMIS ESSE SOCIUM », 58, n° 135. « *Cum eodem Apronio postea P. Scandilius, eques Romanus, quem vos omnes nostis,* EANDEM SPONSIONEM DE SOCIETATE FECIT, *quam Rubrius facere voluerat. Institit, oppressit, non remisit : facta est sponsio.* H. S. V. » V, 54, n° 141 « *Cogere eum coepit, quum ageret nemo, nemo postularet H. S. duobus milibus sponsionem facere cum lictore suo,* NI FURTIS QUAESTUM FACERET. *Recuperatores de cohorte sua dicit daturum. Servilius et recusare et deprecari ne iniquis judicibus, nullo adversario,* JUDICIUM CAPITIS IN SE CONSTITUERETUR ».

CHAPITRE III

LA PROCÉDURE PAR LE PARI.

§ 1. — Définition et considérations générales.

SOMMAIRE. — I. Distinction du pari et de la procédure par le pari. — II. Rejet d'une conjecture de M. Matthiass. — III. Caractères de la procédure par le pari.

I. — La procédure par le pari (*agere per sponsionem*) tend à mettre fin à une contestation judiciaire, en soumettant au juge la question litigieuse, d'une façon seulement indirecte, et en l'appelant à se prononcer sur le point de savoir lequel des deux adversaires doit être considéré comme ayant gagné un pari déterminé.

Dans le chapitre précédent, nous avons vu, qu'après la conclusion d'un pari, l'un des parieurs s'adressait quelquefois à la justice en se prétendant créancier de l'enjeu ; s'il obtenait gain de cause, il se réservait généralement de tirer plus tard les conséquences de sa victoire, mais, pour le moment, aucun procès n'était engagé, sauf celui qui était relatif à l'enjeu. Le pari, ayant revêtu la forme de deux stipulations, donnait naissance à une action en justice ; il ne contribuait pas, au contraire, à la marche d'une procédure ayant son but propre ; c'était la source de la demande, et non un expédient employé pour aboutir à la sentence.

Dans l'institution que j'étudie, le pari forme en sens inverse un organe procédural. Quelquefois, il entre dans la composition d'une *legis actio* plus moderne que celle dont on se servait jusque-là, quelquefois, afin de se soustraire à la nécessité de recourir à une *legis actio*, la jurisprudence a créé de toutes pièces une procédure nouvelle reposant essentiellement sur le pari ; mais dans tous les cas, les parties concluent ce dernier, afin de terminer leur différend.

J'ajoute, que le débat roule tout entier sur le pari et que l'utilité de ce dernier ne consiste pas seulement à infliger une peine au plaideur téméraire ; si le juge doit nécessairement trancher la question litigieuse, il reçoit pour mission de décider à qui appartient l'enjeu ; on emploie un détour, au lieu de saisir directement l'arbitre, du différend qui s'est élevé entre les deux plaideurs ; la sentence rendue sur le pari déterminera en même temps qui a gagné le procès.

II. — Envisagé dans sa forme, le pari de notre procédure apparaît, comme conclu au moyen de deux stipulations, dans lesquelles chacun des deux adversaires joue respectivement le rôle de promettant et celui de stipulant. S'il fallait en croire M. Matthiass[1], la stipulation aurait été précédée, dans notre matière comme dans les autres, par la *sponsio* du droit sacré : les parties se seraient d'abord engagées, au moyen du serment promissoire, à payer le montant de la gageure : l'institution, qui fait l'objet de ce travail, appartiendrait à une époque plus récente.

Cette conjecture de M. Matthiass doit être écartée, sans hésitation, à notre avis. Sans revenir sur les doutes déjà exprimés à propos de la prétendue *sponsio* du droit sacré, constatons que M. Matthiass n'apporte aucune preuve à l'appui de son hypothèse ; il ne suffit pas de dire que les premiers arbitres furent les pontifes, puisque les textes ne permettent pas de dater notre institution d'une façon précise et que tout en remontant sans doute à une époque relativement assez reculée, elle présente le caractère d'un instrument de progrès.

III. — La procédure par le pari servit en effet à réaliser des réformes ; elle permit de se soustraire aux règles

---

1. *Die Entwicklung des römischen Schiedsgerichts*, p. 18.

de la législation antérieure, qui n'étaient plus en harmonie avec les mœurs. Comparée à la *legis actio* elle révèle des tendances nouvelles. Elle appartient en effet à une époque, où l'idée de délit et celle d'action en justice commencent à ne plus être indissolublement liées ; le procès apparaît comme ayant essentiellement pour but de faire constater judiciairement l'existence d'un fait ou d'un rapport juridique entre deux parties. Tandis que nous avons employé, à propos de la *legis actio*, le terme de procédure, nous avons ici un procès et le pari met en pleine lumière la question litigieuse, qu'il s'agit de trancher. Bien qu'on ne se soit pas encore élevé à l'idée du débat judiciaire des temps modernes, que le perdant soit tenu de payer l'enjeu et que même le pari implique un défi réciproque, le souvenir du temps où l'offensé avait recours à la force s'est singulièrement affaibli. La procédure a perdu le caractère violent, qu'elle avait jusque-là conservé ; il n'y a plus de main-mise sur la personne ni sur les biens de l'adversaire ; la baguette, symbole de la lance, ne joue plus aucun rôle. La jurisprudence connaît désormais non seulement des actions pénales, mais encore des actions reipersécutoires. J'ajoute que, comme conséquence de ces premières innovations, il était naturel que le système des preuves reçût de notables modifications.

Comme second caractère de notre institution, notons qu'elle a été créée de toutes pièces ; elle ne se rattache, par la voie de la filiation historique, à aucune autre institution du droit romain. Si une idée essentielle domine tout ce travail, c'est que la procédure par le pari ne dérive pas de la *legis actio per sacramentum*; il y a là deux procédures absolument indépendantes l'une de l'autre ; leurs rôles furent aussi distincts que leurs origines.

§ 2. — Coup d'œil sur la littérature du sujet.

SOMMAIRE. — I. État de la question. — II. D'après l'opinion générale, le pari donne naissance à une action et ne constitue pas un organe procédural. Rejet de cette opinion.

I. — Tandis que les études consacrées à la *legis actio per condictionem* ou à la procédure des interdits par exemple ne manquent pas, dans notre littérature juridique contemporaine, personne, que je sache, n'a tenté d'exposer dans son ensemble et avec les développements convenables, l'histoire générale de la procédure par le pari.

En 1852, Keller consacra les paragraphes 26 et 27 de son beau traité [1] au rôle des *sponsiones* dans la procédure romaine et il appela l'attention du monde savant sur ce sujet trop négligé jusque-là. L'année suivante, paraissaient deux monographies d'une réelle importance pour nous, celle de Stintzing sur les rapports de la *legis actio sacramento* et de la procédure par *sponsio praejudicialis*[2], celle de Schirmer sur les stipulations prétoriennes [3].

Stintzing, dont nous rejetons, d'ailleurs, les idées sur beaucoup de points, rendit à la science le service considérable de démontrer l'indépendance du développement historique de l'*actio in rem per sponsionem*, dont il eut le tort de méconnaître le caractère réel. Schirmer, s'élevant avec force contre la confusion entre nos *sponsiones* et les stipulations prétoriennes, contribua par là à faire mieux connaître les premières.

Indépendamment des travaux spéciaux de Paul Krüger[4]

---

1. *Der römische Civilprocess. und die Actionen in summarischer Darstellung*, traduit en français sur la troisième édition par M. Capmas sous le titre de *La procédure civile et des actions chez les Romains*, 1870.
2. *Ueber das Verhältniss der Legis actio sacramento zu dem Verfahren durch sponsio praejudicialis*, 1853.
3. *Ueber die prätorischen Judicialstipulationen mit besonderer Berücksichtigung der stipulatio judicatum solvi*, 1853.
4. *Kritische Versuche im Gebiete des röm. Rechts.*, 1870.

et de Kappeyne van de Coppello [1] sur certains points du sujet, de l'œuvre capitale d'Ubbelohde sur les interdits [2], les livres d'Ihering, de Bekker [3], de Demelius, de Wlassak et de plusieurs autres ont, depuis trente ans, éclairé l'histoire générale de la procédure romaine et, par voie de conséquence, l'histoire particulière de notre institution. La lecture de quelques lignes nouvelles dans le manuscrit de Gaius permet, en outre, aujourd'hui, de mieux comprendre plusieurs passages de Cicéron demeurés jusque-là fort obscurs.

Si, comme on le voit, les efforts accomplis dans le dernier demi-siècle ne sont pas demeurés stériles, de vives controverses subsistent, non seulement sur l'étendue du domaine d'application et la portée de la procédure par le pari, mais encore sur la définition même qu'il convient d'en donner.

II. — Sur l'existence d'une procédure par le pari [4], au

1. *Abhandlungen zum röm. Staats-und Privatrechts. Nach dem Holländischen, mit Vorwort* von M. Conrat (Cohn), 1885, Heft. II, *Ueber das vim facere beim interdictum uti possidetis.* Heft. III, *Ueber constituta pecunia.*
2. *Die Interdicte des röm. Rechts*, t. I, 1889, t. II, 1890. (*Sonderausgabe von Glücks Pandektencommentar*, Série der Bücher, 43 und 44, Thl. 1 und 2). Parmi les livres élémentaires, signalons celui de M. Schulin comme ayant consacré une attention particulière à notre sujet. *Lehrbuch der Geschichte des röm. Rechts.*, 1889, p. 585, 591, § 122.
3. Le ch. XIII du t. 1 du livre de E. I. Bekker, *Die Aktionen des röm. Privatrechts.*, 1871, a une grande importance dans l'histoire de la littérature de notre sujet.
4. « *Sponsionem facere et ita de hereditate certare* ». Cic.,*in Verr. Actio sec.*, I, 45,115. « *Sponsio facta est. Hac de sponsione vobis judicandum est* ». Cic., *Pro Cæc.*, VIII, 23. Gaius, IV, 91, 93, 141. *Agere per sponsionem*. Or, comme nous l'avons vu plus haut, chap. II, n° IV, *sponsio* signifie pari, *sponsionem facere*, conclure un pari. Sans nier formellement l'existence d'une procédure par le pari, M. J. E. Labbé semble cependant attribuer exclusivement pour but à nos *sponsiones* d'infliger une peine aux plaideurs téméraires. Préface aux *Institutions juridiques des Romains* de M. E. Cuq, 1891, p. 8. « La gageure, dérivée de l'*actio sacramenti*, par laquelle assez souvent les parties fortifient leurs prétentions, prévient le spectacle trop fréquent de nos jours où celui qui gagne son procès n'est pas complètement indemne du tort qu'un procès mal fondé lui a causé ».

moins en matière d'interdits, des doutes ne sauraient guère être soulevés. Seulement, d'après l'opinion générale [1], le pari donna naissance d'abord à la *legis actio per sacramentum*, plus tard à la *legis actio per condictionem*, plus tard enfin à l'*actio certae creditae pecuniae*. Le pari ne constituait pas un acte procédural ; il engendrait une action, qui se jugeait ensuite conformément au droit commun. Nos *sponsiones* se confondraient en réalité, dans ce système, avec les stipulations prétoriennes de l'époque postérieure ; le préteur se serait servi du droit civil, en vue de combler ses lacunes ; il aurait ordonné aux parties d'échanger les *verba solemnia* des deux stipulations, créant ainsi au profit de l'une d'elles une action que la législation antérieure lui refusait.

Sauf à décrire plus tard la procédure par le pari telle que je la conçois, rejetons dès maintenant cette doctrine. Le pari servait à tracer au juge son devoir, semblable en cela aux formules solennelles de la *legis actio* ou à la formule écrite de la procédure formulaire. On agissait *per sponsionem*, au lieu d'agir *per legitima verba* ou plus tard *per formulam*. Le pari ne créait pas une action nouvelle, pas plus que le contrat judiciaire conclu entre les parties au moment de la *litis contestatio*.

J'aurai l'occasion de montrer, à quel point la procédure des interdits deviendrait longue et compliquée avec le système de nos adversaires. Bornons-nous à rappeler, que les textes emploient les expressions : « *agere* PER SPONSIONEM » « *sponsionem facere et* ITA *de hereditâte* CERTARE [2]. » « *Spon-*

---

1. Bornons-nous à citer, entre beaucoup d'autres, M. Ubbelohde. V. ci-dessous l. I, t. I, sect. III et M. P. F. Girard, *La date de la loi Aebutia* (*Zeitschr. der Sav. Stift. für* R. G., t. XIV, 1893, R. A., p. 47, n. 1) « A. W. Zumpt.... n'y arrive qu'en confondant le *sacramentum* avec les *sponsiones* de procédure employées pour saisir l'autorité judiciaire d'un différend et qui du reste elles-mêmes n'ont pu, croyons-nous, anciennement fonder d'autre voie de droit que la *legis actio sacramenti* ». Voyez du même auteur, *L'histoire de la condictio* d'après M. Pernice, p. 422.

2. Sauf à revenir plus tard sur cet argument, je crois nécessaire de dire,

sio facta est. Hac de sponsione vobis judicandum est ». Où voit-on qu'il soit question d'une nouvelle action en justice ayant sa source dans le pari ? Avant la loi *Aebutia*, on n'agit pas au moyen d'une *sponsio* suivie d'une *legis actio*, mais seulement au moyen d'une *sponsio*. Les deux passages de Cicéron cités en dernier lieu semblent particulièrement significatifs. Le pari conclu engage l'instance et ne se borne pas à la rendre possible ; même à la fin du VIIe siècle de l'ère romaine, il trace directement au juge sa mission.

Que l'on ne m'objecte pas les §§ 93 et 95, 170 du Code IV de Gaïus.

§ 93 : « *Deinde formulam edimus qua intendimus sponsionis summam nobis dari oportere* ».

§ 95 : « *Ceterum si apud centumviros agitur, summam sponsionis non per formulam petimus sed per legis actionem* ».

§ 170 : « *Judicia sponsionum* ».

Ces textes seront expliqués plus tard, bornons-nous à dire, que la procédure formulaire, parvenue à son complet épanouissement, réagit sur la procédure par le pari et que le phénomène ne doit pas nous surprendre.

§ 3. — Existe-t-il dans d'autres législations primitives une procédure analogue à la procédure par le pari ?

Sommaire. — I. Les paris conclus au cours d'un procès, dans l'histoire générale du droit. — II. Ces paris ne doivent pas être confondus avec la procédure romaine, qui fait l'objet de cette étude.

I. — Le pari a joué, dans la procédure primitive, un rôle assez important. C'est principalement à propos de ses ap-

---

dès maintenant, que le passage des *Verrines* condamne, à mon sens, de la façon la plus formelle, le système de nos adversaires. Cicéron raconte que l'on pouvait choisir entre la *legis actio* et la procédure *per sponsionem*. Son langage serait singulier, si cette dernière servît « d'expédient pour mettre à la place de la procédure plus compliquée du *sacramentum in rem*, celle plus simple du *sacramentum in personam* », comme le dit M. Girard.

plications procédurales, qu'en parlent les coutumes suédoises du moyen âge[1]. Nous le voyons également apparaître, sous cet aspect, dans les livres sacrés de l'Inde ; enfin les Abyssins en font encore aujourd'hui un usage très fréquent dans leurs contestations judiciaires.

La procédure abyssine mérite de nous arrêter un instant; décrite par plusieurs voyageurs, dont quelques-uns, comme M. Antoine d'Abbadie[2], résidèrent dans le pays pendant très longtemps, elle jette une vive lumière sur le rôle originaire du pari.

Le pari ne sert pas à déterminer, d'une façon précise, l'objet du débat, à tracer au juge ses devoirs. Quand on le propose, chacune des parties a déjà été entendue, chacune d'elles a même fait valoir ses moyens de preuve[3]. C'est un défi, que le défendeur[4] prenant l'initiative, ce qui mérite d'être relevé, adresse à son adversaire, dans l'espoir que ce dernier hésitera à courir de gros risques et abandonnera l'accusation ; par sa confiance dans son bon droit[5], il

1. R. von Amira, *Nordgermanisches Obligationenrecht*, t. 1. *Altschwedisches Obligationenrecht*, 1882, p. 220.
2. *Sur le droit Bilen* à propos du livre de M. Werner Munzinger intitulé *Les mœurs et le droit des Bogos* (Extrait du *Bulletin de la Société de géographie* de juin 1866, p. 16) et la *Procédure en Ethiopie* (*Nouv. Revue historique du droit*, t. XII, 1888, p. 466 et 467).
3. « Lorsqu'ils (les plaideurs) ont épuisé les arguments oratoires, ils terminent par l'argument décisif qui est un pari de bœufs ou de moutons. Si la partie adverse recule devant le pari, elle est tenue pour avoir tort sur le fait qui a donné lieu à la gageure. Les enjeux reviennent de droit au juge ». Ferret et Galinier, *Voyage en Abyssinie*, 1847, t. 2, p. 340.
4. Th. von Heuglin, *Reise nach Abyssinien, den Gala-Ländern, Ost-Sudan und Chartum in den Iahren*, 1861 et 1862, Iena, 1868, p. 352, et d'après cet auteur, Post, *Afrikanische Jurisprudenz*, 1887, p. 105. Cette solution est en parfaite harmonie avec la règle du droit primitif, d'après laquelle la charge de la preuve incombe au défendeur. Comp. Arnaud d'Abbadie, *Douze ans dans la Haute Ethiopie*, 1868, p. 450. Dans l'anecdote que racontent Ferret et Galinier, et que nous rapportons ci-dessus, c'est également le défendeur qui prend l'initiative. Il convient cependant de noter, que M. Antoine d'Abbadie ne semble pas distinguer entre les deux plaideurs et paraît permettre à chacun d'eux de citer un fait, dont la constatation décidera le gain du procès et de parier qu'il prouvera l'exactitude de ce fait.
5. « Le choum (chef de district) proposa à son adversaire d'établir la vé-

veut impressionner favorablement le juge et les assistants, qui ne se font pas faute de manifester leur opinion [1]. Ceux-ci doivent d'ailleurs, dans certains cas, attendre l'offre du pari et le silence du plaideur compromettrait sa cause.

Le pari se conclut dans une forme solennelle. D'après M. Antoine d'Abbadie [2], le juge tend sa main ouverte, la paume en haut ; le plaideur qui prend l'initiative va la fermer ; son adversaire accepte-t-il le pari, il ira l'ouvrir. Quelquefois l'accord des volontés se manifeste d'une façon un peu différente ; l'un fait un nœud à la toge du juge, l'autre le dénoue [3].

L'enjeu varie suivant la volonté des plaideurs et leur fortune [4] ; il consiste le plus souvent non pas dans une somme d'argent, l'argent est rare en Abyssinie [5], mais dans une certaine quantité de bœufs ou de moutons ou encore dans une bête de somme, telle qu'un mulet. Si la première proposition n'a pas fait reculer l'adversaire, il est permis

---

rité par une gageure. Quatre moutons ! il les parie à l'instant si Echeuber parvient à prouver ce qu'il avance. Le frère d'Echeuber accepte le pari et ajoute encore un mouton. Cinq moutons ! AYLO RECULER, IL EST TROP SUR DE SON INNOCENCE. Cinq moutons ! Outre les cinq moutons, Aylo veut parier encore son bœuf et sa vache ». Ferret et Galinier, *op. cit.*, t. 1, p. 515. Au témoignage des légistes Abyssins, tel qu'il est rapporté par M. Antoine d'Abbadie dans les deux passages cités plus haut, les paris judiciaires se justifieraient par le désir d'éveiller l'attention du juge, de l'empêcher de sommeiller. Sous cette forme, c'est là un motif trouvé après coup, mais, au fond, cela ne revient-il pas à dire, que ce qui frappe surtout l'esprit des Abyssins c'est la confiance montrée par le plaideur dans la bonté de sa cause ?

1. Rüppell, *Reise in Abyssinien*. Frankfurt am Main, 1838, 1840, t. 1, p. 433.
2. *La Procédure en Éthiopie*, p. 467.
3. D'après M. Heuglin, *op. et loc. cit.*, le défendeur noue sa propre toge à celle de son adversaire ; celui-ci les dénoue.
4. « Le riche parie par onces d'or ; le pauvre par poignées de farine », dit un proverbe abyssin que rapporte M. Antoine d'Abbadie, *Le droit Bilen*, p. 16.
5. Le thaler de Marie-Thérèse d'Autriche est la seule monnaie de métal en usage en Abyssinie. Gabriel Simon, *L'Éthiopie, ses mœurs, ses traditions, le Negouss Iohannes, les églises monolithes de Lalibela*, 1885, p. 340.

d'augmenter l'enjeu ; ce trait achève le tableau et met en pleine lumière l'esprit de ces coutumes [1].

Le gagnant garde ce qu'il a promis sous condition ; ce que perd le vaincu, l'usage l'attribue au juge, à titre d'honoraires [2].

II. — En résumé, la pratique judiciaire de l'Abyssinie, qui présente le plus grand intérêt, n'offre pas cependant un exemple de procédure par le pari analogue à celle, dont nous nous occupons dans ce travail ; la question litigieuse n'est pas tranchée par le juge d'une façon indirecte ; elle ne se dissimule pas en quelque sorte sous celle de savoir qui a gagné la gageure : celle-ci occupe une place importante dans la procédure, sans l'absorber tout entière.

La même observation peut être faite, en ce qui concerne la législation hindoue et les coutumes scandinaves du moyen âge.

C'est vainement, à notre avis, que M. Matthiass [3] a voulu prouver l'existence d'une procédure par le pari, dans le sens technique de cette expression, en se fondant sur le *Yanavalcya*, les *Institutes de Narada* et les coutumiers suédois et norvégiens du XIIIe siècle de l'ère chrétienne. D'après cet auteur, le pari aurait servi à déterminer, d'une façon précise, l'objet de la contestation à l'époque où la procédure proprement dite n'était pas encore née et où, en raison de la faiblesse du pouvoir social, l'arbitrage était purement volontaire. Grâce au pari, l'arbitre recevra ses instructions, le champ du débat sera délimité ; nous nous

---

1. En principe, celui qui propose la gageure montre l'objet qui constitue son enjeu. Il lui suffira de dire « je parie ce mulet » sans description ni périphrase. Quant à l'autre plaideur, s'il accepte le pari, « il doit aussitôt donner caution pour la valeur pariée ». Antoine d'Abbadie, *La procédure en Ethiopie*, p. 467.

2. Antoine d'Abbadie, *La procédure en Ethiopie*, p. 467. Ferret et Galinier, t. 2, p. 340.

3. *Die Entwicklung des römischen Schiedsgerichts*, p. 9 et suiv. Voyez dans le même sens que Matthiass, Declareuil, *La Justice dans les coutumes primitives* (*Nouv. Rev. hist. du dr.*, t. XIII, 1889, p. 397).

trouvons en présence d'un premier essai de procédure formaliste, dû à la nature même des choses, en dehors de toute intervention de l'Etat.

Avec M. Matthiass, je considère l'arbitrage volontaire comme la première forme du recours à la justice. Cette idée féconde a largement contribué aux derniers progrès, accomplis dans l'histoire de l'organisation judiciaire et de la procédure ; grâce à elle, les romanistes, en particulier, ont pu résoudre des problèmes demeurés jusque-là insolubles. *A priori*, le pari semblerait en outre le moyen le plus naturel de saisir l'arbitre du différend. Seulement, l'étude des coutumes primitives n'a jusqu'à présent révélé aucune application de cette méthode.

Le problème ne consiste pas à savoir si la vieille procédure emploie le pari, mais si ce dernier délimite le débat et substitue à la contestation véritable une contestation nouvelle. Or, l'examen attentif de la pratique judiciaire de l'Abyssinie le montre comme un moyen de défi et de preuve, dont on peut se servir au cours de l'instance. Le même caractère appartient au pari, d'après les coutumiers suédois du moyen âge [1]. Passant maintenant au droit hindou, je constate que les Institutes de Narada [2] présentent, elles aussi, le recours à la gageure, comme purement facultatif ; au moment où l'une des parties provoque l'autre, le juge a en outre déjà entendu l'exposé des prétentions du demandeur et la réponse de son adversaire. Le passage du

---

1. K. von Amira, *Nordgermanisches Obligationenrecht*, t. 1. *Altschwedisches Obligationenrecht*, p. 227.

2. *The sacred books of the East, translated by various oriental scholars and edited by* F. Max Müller, t. XXXIII, 1889. *The minor law-books translated by* Julius Jolly, part. 1. *Narada, Brihaspati, Narada*, p. 5 et 6. *Introduction* 1. *Legal procedure*, n°s 4 et 5 et notes 4 et 5. Au moment où a paru le livre de M. Matthiass, les Institutes de Narada n'étaient pas encore publiées et notre auteur les citait d'après une communication de M. Jolly. Aujourd'hui au contraire, le passage reproduit par M. Matthiass, reçoit sa véritable signification, si on le compare au précédent et si on l'éclaire au moyen des notes.

Yanavalcya [1] se borne enfin à faire allusion au pari, sans entrer dans aucun détail; aucune conclusion ne saurait donc en être légitimement tirée, soit dans un sens, soit dans l'autre [2].

En résumé, les auteurs des lois Silia et Calpurnia, le préteur et la jurisprudence mirent à profit des idées qui nous reportent assez haut dans l'histoire de l'humanité. Si les matériaux dont ils se servirent ne leur appartenaient pas en propre, ils surent néanmoins imprimer à leur œuvre un caractère original. La procédure par le pari constitua, chez les Romains, un instrument de réforme, qui ne se retrouve pas ailleurs. Bien que d'autres législations connaissent le pari au cours du procès, notre institution demeure essentiellement romaine par son but et par sa forme [3].

---

1. Edition Stenzler, II, 18.
2. M. Kohler, *Altindisches Prozessrecht mit einem Anhang: Altindischer Eigenthumserwerb*, 1891, p. 17 et 18 et M. A. H. Post, *Grundriss der ethnologischen Jurisprudenz*, t. 2, § 145, p. 518, interprètent de la même façon les vieux coutumiers hindous.
3. M. Post, *op. et loc. cit.*, dans un paragraphe intitulé le pari procédural, *die Prozesswette*, rapproche au contraire, sans plus amples explications, les sources romaines relatives à la *sponsio pœnalis* des coutumes abyssines contemporaines et du vieux droit hindou. Ce paragraphe contient du reste un bon résumé des résultats fournis par l'histoire générale du droit.

LIVRE PREMIER

LA PROCÉDURE PAR LE PARI DEPUIS LES ORIGINES JUSQU'AU VOTE DE LA LOI AEBUTIA.

La période historique, dont nous abordons l'étude, correspond au règne exclusif de la *legis actio* dans les rapports entre citoyens romains. La procédure formulaire n'a pas encore pris place à côté d'elle et c'est précisément ce qui explique l'origine de notre institution. La loi Aebutia, qui termine la période, ne substitua pas d'ailleurs brusquement un système à un autre. Comme cependant elle constitue, à notre avis, le point de départ d'un mouvement de jurisprudence qui devait aboutir à la transformation complète de la procédure romaine, qu'elle joua dès lors un rôle très important, sans que ses auteurs l'eussent prévu peut-être, il semble légitime de terminer le livre Ier au moment où par le vote de notre texte de nouvelles destinées se préparent pour la pratique judiciaire et la science du droit. Au début du livre II, nous étudierons la loi Aebutia, ses dispositions et sa date ; je me borne à dire, que, d'après la conjecture la plus vraisemblable, elle remonte à la fin du sixième siècle ou au commencement du septième siècle de l'ère romaine.

Le livre Ier se divisera en deux titres : le premier, de beaucoup le plus important, aura pour objet les origines et le domaine d'application de notre procédure. Connaissant ainsi les services qu'elle rendit pendant notre période, nous essaierons de la reconstituer dans son unité, c'est-à-dire de retrouver les traits communs sous les divergences de détail. Je ne pouvais songer à exposer chacune des variétés de procédure par le pari, sans me préoccuper des formes à suivre, car le lecteur n'eût pas compris comment la jurisprudence accomplit son œuvre ; mais le titre II permettra de tracer un tableau d'ensemble et de jeter par suite plus de lumière sur le sujet.

En résumé, nous donnerons à nos deux titres les rubriques suivantes :

Titre I. Origines et domaine d'application de la procédure par le pari ; ses différentes variétés.

Titre II. Marche générale de la procédure par le pari.

TITRE PREMIER

ORIGINES ET DOMAINE D'APPLICATION DE LA PROCÉDURE PAR LE PARI ; SES DIFFÉRENTES VARIÉTÉS

Les différentes variétés de procédure par le pari tirèrent leur origine, les unes de la loi, les autres de la jurisprudence. Parmi elles, les deux plus anciennes paraissent être la *legis actio per condictionem* de la loi Silia et l'interdit. Peut-on au contraire se prononcer sur le point de savoir laquelle des deux précéda l'autre ? cela nous semble difficile. A s'en tenir aux données de l'histoire générale du droit, on serait tenté d'enseigner que les auteurs de la loi Silia utilisèrent, les premiers, le pari en matière de procédure ; il est en effet fort remarquable que, dans plusieurs législations, la première action dépourvue de tout caractère pénal fut précisément celle, au moyen de laquelle le prêteur d'une somme d'argent réclamait le paiement de sa créance. J'ajoute, que l'audace de la jurisprudence se comprendrait plus aisément, en admettant qu'elle trouvait dans la loi Silia un point d'appui et un modèle. Comme cependant les interdits les plus anciens remontent certainement à une assez haute antiquité, et que d'autre part notre moyen détourné d'engager l'instance éveille plutôt l'idée d'une création due à la jurisprudence, il vaut mieux suspendre son jugement.

Nous répartirons en cinq sections les matières du titre I, de beaucoup le plus étendu et le plus important de l'ouvrage.

Section I. La *legis actio per condictionem* de la loi Silia.

Section II. La *legis actio per condictionem* de la loi Calpurnia.

Sceiton III. La procédure des interdits.

Section IV. La procédure par le pari en matière d'actions *in rem*.

Section V. La procédure par le pari a-t-elle reçu d'autres applications pendant notre période ?

SECTION I

LA LEGIS ACTIO PER CONDICTIONEM DE LA LOI SILIA.

CHAPITRE I

ÉTAT DE LA LÉGISLATION AU MOMENT DU VOTE DE LA SILIA.

§ 1. — L'opération de crédit du droit ancien.

SOMMAIRE. — I. Sens des mots *credere, pecunia credita*. Caractères de l'opération de crédit du droit ancien.

I. — Dans la langue juridique des premiers siècles de Rome *credere*[1] c'est placer sa confiance en l'arrivée d'un événement ; on appelle *pecunia credita* de l'argent sur le paiement duquel on compte[2], à la suite d'une opération de crédit, dans le sens large de cette expression[3].

---

1. Ce sens paraît établi par de nombreux textes ; en outre, d'après M. Pernice (*Labeo,* t.1, p. 408), notre mot serait un composé de deux racines sanscrites, *crat,* croyance et *dadhâmi* (en grec τιθημι) placer. Nonius Marcellus 275, l. 3 et suiv. *Credere, fidei committere.* Dans Plaute, les expressions *fidem habere* et *credere* sont employées l'une pour l'autre. Voy. *Pers.*, V, 2, 8. *Asin.*, II, 4, 52 d'une part, *Pers.*, III, 3, 12, 27, 28. *Asin.*, II, 4, 56 d'autre part. Comp. Mor. Voigt., *Röm. Rechtsgeschichte,* t. I, 1892. Beil., III, p. 820.

2. L'expression *pecunia credita* est d'ailleurs fort ancienne et antérieure, probablement, à la naissance du *mutuum*. Liv. II, 27 (259 *ab.* U. C.) « jus DE CREDITIS PECUNIIS *dicere* », VI, 27 (374 *ab.* U. C.). Conf. Heimbach. *Die Lehre von dem Creditum nach den gemeinen in Deutschland geltenden Rechten,* 1849, p. 5 et suiv.

3. Paul, lib. 28, *ad Ed.,* L. 2, § 3, D. *de reb. cred.,* XII, I. « CREDITUM ERGO A MUTUO DIFFERT QUASI GENUS A SPECIE... *item mutuum non potest esse,*

Parmi les opérations de crédit, qui ne se sont développées que lentement, le prêt doit tout d'abord être cité ; le besoin s'en fit sentir de bonne heure. Le prêt des temps primitifs n'a pas du reste, bien entendu, le caractère qu'il revêt souvent aujourd'hui ; il ne favorise nullement le progrès économique et ne permet pas d'entreprendre des opérations coûteuses et qui ne seront rémunératrices qu'à longue échéance ; pendant un grand nombre de siècles, et encore dans certaines sociétés contemporaines, il constitue entre les mains du prêteur un instrument de domination politique et sociale et du côté de l'emprunteur un moyen de ne pas mourir de faim, lui et les siens [1]. A Rome, le créancier était le plus souvent un patricien, le débiteur un plébéien, qui à la suite d'une invasion ou d'une guerre avait vu sa moisson détruite ou n'avait pu cultiver son champ [2] ; dans la commune annamite de nos jours, beaucoup de dettes sont contractées par les travailleurs manuels à la suite de maladies [3]. Dans la cité antique du

---

nisi proficiscatur pecunia, creditum autem interdum ETIAM SI NIHIL PROFICISCATUR, VELUTI SI POST NUPTIAS DOS PROMITTATUR ».

1. Comp. E. Revillout, *Les obligations en droit égyptien*, 1886, p. 44.
2. Comp. M. Voigt, *Privaltalterthümer und Kulturgeschichte der Römer* (*Handbuch der Klassischen Alterthumswissenschaft* de Iwan Müller, t. IV, 2ᵉ fascic.), 1887, p. 765. St Augustin, *De civitate Dei*, II. 18, n° 1. « *Fenore oppressa plebs, cum assiduis bellis tributum simul et militiam toleraret* ». Plus tard, le prêteur continue le plus souvent, chez les Romains, à être inspiré par l'ambition politique ou par d'autres considérations, qui ne toucheraient guère les capitalistes modernes. Voy. sur ce point les intéressants développements de M. Boissier, *Cicéron et ses amis*, 1874, p. 88, 90.
3. E. Luro, *Le pays d'Annam. Étude sur l'organisation politique et sociale des Annamites*, 1878, p. 247. « Dès que le pauvre tombe malade, il est forcé d'emprunter et d'escompter l'avenir sans savoir pour combien d'années il s'est voué à un labeur improductif, ingrat et désespérant ». Les Afghans contemporains contractent fréquemment des emprunts pour exercer l'hospitalité et obéir ainsi aux lois de l'honneur, tel qu'ils le conçoivent. « Il arrive souvent que le pauvre veut recevoir en riche et le riche veut recevoir en prince : ils s'endettent et deviennent la proie des prêteurs hindous pour échapper à l'épithète de choum, ladre. » James Darmesteter, *Lettres sur l'Inde. La frontière afghane*, 1888, p. 102. Comp. même ouvrage, p. 99. Ai-je besoin enfin d'insister sur la passion du jeu et les conséquences qu'elle

reste, comme dans la commune annamite, les mêmes causes produisirent les mêmes effets. En raison de la rareté du numéraire et des besoins urgents, auxquels les prêts avaient pour but de donner satisfaction, les classes riches monopolisèrent la gestion des affaires publiques [1].

Pour les mêmes motifs, les prêts d'argent ne sont consentis dans les sociétés peu civilisées que pour une période de temps fort courte ; dans ces sociétés, les « prêts à la petite semaine » [2] constituent la règle, bien loin d'apparaître seulement, comme aujourd'hui, à titre exceptionnel. Plus tard, le délai normal de remboursement est d'un mois [3] ou de quelques mois, de six mois par exemple

---

entraîne ? Binger, *Du Niger au golfe de Guinée par le pays de Kong et le Mossi*, 1892, t. 1, p. 143.

1. E. Luro, *op. et loc. cit.* M. P. Guiraud, *La propriété foncière en Grèce*, 1893, p. 124, dit également : « Il est visible qu'en Grèce comme à Rome les dettes ont été la plaie du régime aristocratique..., de toute façon les dettes étaient en ce temps-là très communes... Cette affirmation n'a rien qui surprenne si on réfléchit que le métayer n'avait droit qu'au sixième des produits du sol ».

2. A St-Omer, à la fin du XIIIe siècle, le taux maximum de l'intérêt était de deux deniers pour livre par semaine ; de même les acheteurs de pièces de drap à la halle n'avaient que sept jours de crédit. Giry, *Histoire de la ville de Saint-Omer et de ses institutions jusqu'au XIVe siècle*, 1877, p. 295. « Le prêt à la petite semaine est communément pratiqué dans l'Annam et il n'est pas rare de rencontrer des billets par lesquels l'emprunteur de cinq ligatures s'engage à en rendre dix dans un délai d'un mois ». E. Luro, *op. cit.*, p. 246. Au témoignage du capitaine Binger, le crédit existe à Kong, dans l'Afrique occidentale, pendant cinq jours, d'un marché à l'autre. Supplément au journal *Le Temps*, mars 1890. Comp. aujourd'hui le livre du même auteur, *Du Niger au golfe de Guinée*, t. II, p. 54. Voy. pour l'ancien droit polonais, Dareste, *Études d'histoire du droit*, 1889, p. 197.

3. Dans le Chillouk, si nous en croyons M. Brun-Rollet, « les contrats, les promesses ne sont valables et obligatoires que pendant la lune ou le mois dans lequel ils ont été faits : la prescription arrive avec le nouveau croissant ». *Le Nil blanc et le Soudan*, 1855, p. 99. A Ahanta (d'abord royaume indépendant sur la Côte-d'Or, plus tard province du royaume des Achantis) les vieilles dettes devaient être payées dans les six semaines à partir de la fête de la moisson, au moins en 1820 à l'époque du voyage de Bowdich dont M. A. H. Post cite le récit, *Afrikanische Jurisprudenz*, p. 180, § 273. Cette courte prescription du droit du créancier montre, à quel point l'idée du

comme dans l'ancienne Egypte[1]. A Rome, encore à l'époque où fut votée la loi Publilia[2], le *sponsor*, qui avait payé, devait être restitué dans les six mois et le fait mérite toute notre attention, aussi bien que la coutume de stipuler des intérêts de tant par mois[3] et de s'acquitter aux calendes[4].

A côté du prêt, à une époque postérieure cependant, d'autres opérations de crédit peuvent être signalées chez les Romains ; tandis que la vente était toujours auparavant une vente au comptant, on en arriva par exemple à joindre à l'acte translatif de la propriété de la chose vendue, *mancipatio, in jure cessio, traditio*, une stipulation destinée à faire naître au profit du vendeur une créance ayant pour objet le prix. Il ne semble pas du reste que les ventes de grains à crédit aient, comme chez les Turkmènes contemporains[5], joué un rôle politique dans l'ancienne Rome. Signalons encore les constitutions de dot, qui durent d'assez bonne heure se réaliser quelquefois au moyen d'une

---

crédit fut lente à se développer et elle apporte un nouvel appui à notre doctrine.

1. G. Lumbroso, *Recherches sur l'économie politique de l'Égypte sous les Lagides*, 1870, p. 164 et 166. Dans les actes japonais du VIIIe siècle de notre ère, qui ont été traduits par M. Appert, le délai de remboursement de la somme prêtée est tantôt de deux, tantôt de huit mois. G. Appert, *Un Code japonais au VIIIe siècle* (*Nouv. Rev. hist. du droit*, mars, avril, 1892, p. 228). Comp. p. 226. Dans beaucoup de contrats assyriens, le prêt doit être remboursé après la moisson. Bruno Meissner, *Beiträge zum altbabylonischen Privatrecht*, 1893, p. 8.
2. Gaius, III, 127, IV, 22.
3. Accarias, *Précis*, t. II, n° 872, p. 1010, n. 1.
4. Hor., *Sat.* I, 3, 87. *Epod.*, II, 70. G. May et H. Becker, *Précis des institutions du droit privé de Rome destiné à l'explication des auteurs latins*, 1892, p. 175. Sur le *Kalendarium*, livre dans lequel le citoyen romain mentionnait les capitaux prêtés à intérêts, voy. les nombreux textes cités par Mor. Voigt, *Ueber die Bankiers, die Buchführung und die Litteralobligation der Römer*, 1887, p. 18, n. 6. Papinien (*libr.*, 6. *Responsor.*), L. 39, § 14, D., *de administr. tut.*, XXVI, 7, emploie le terme *actio calendarii* à propos de l'action sanctionnant le prêt à intérêt. Dans le Cambodge contemporain, les intérêts sont également de tant par mois. A. Leclère, *Recherches sur la législation criminelle et la procédure des Cambodgiens*. Appendice, *La loi sur les prêts*, p. 530.
5. Elisée Reclus, *Géographie universelle*, t. VI, p. 435.

promesse de payer une somme d'argent, promesse faite dans la forme de la stipulation [1].

L'opération de crédit se réalisait soit par le *nexum* [2], soit par la stipulation, soit enfin au Ve siècle de l'ère romaine par le contrat *litteris* ou le *mutuum*.

---

1. Comme on le voit, il pouvait y avoir, selon nous, *pecunia credita* sans que l'argent dû eût été confié par le créancier au débiteur, sans qu'il y eût lieu à restitution dans le sens propre du mot. Pour soutenir le contraire, on s'est appuyé sur la L. 1, D.; *De reb. cred.*, XII, 1 (Ulpien, *lib. 26 ad Ed.*), *nam cuicumque rei adsentiamur, alienam fidem secuti mox* RECEPTURI *quid ex hoc contractu, credere dicimur* et sur les L. 2, 3, D., *eod. tit.* (Paul, *lib. 28, ad Ed.*) : *sicut, si eamdem rem* RECEPTURI *sumus, creditum est*. On ajoute que dans les textes on trouve fréquemment les expressions *condictione repetere*. A. Pernice, *Labeo*, t. III, p. 213. Comp. Huschke, *Die Lehre des Darlehens im röm. Rechte*, 1882, p. 33. Les textes appuient solidement notre conception de la *pecunia credita*, qui paraît parfaitement en harmonie avec les idées primitives, car reconnaître l'existence de nombreuses opérations juridiques distinctes, prêt, vente, constitution de dot, etc. cela suppose une civilisation déjà avancée. Il semble difficile de soutenir, que l'argent dû en vertu d'une stipulation ne rentre pas dans la définition de la *pecunia credita*. Cicéron, *Pro Roscio Com.*, IV, 13 ; V, 14 rapproché de Gaius, IV, 171. Quintilien, *Instit. orat.*, IV, 2, 6. L. 2, § 5, D., *De reb. cred.*, XII, 1. « VERBIS QUOQUE CREDIMUS, *quodam actu ad obligationem comparandam interposito :* VELUTI STIPULATIONE ». M. Voigt, *Jus naturale, Aequum et Bonum der Römer.*, 1852-1875, t. IV, Beil., XIX, p. 401, croit même, avec raison selon nous, que le mot *credere* vise exclusivement l'obligation née de la stipulation dans le passage suivant de la table de Bétique (Girard, *Textes*, p. 740) : « *Quam pecuniam L. [Titius L] Baianio dedit, dederit,* CREDIDIT, CREDIDERIT, *expensumve tulit tulerit* ». Que la stipulation de somme d'argent soit sanctionnée par l'*actio certae creditae pecuniae*, c'est ce qui résulte de la L. 24, D., *De reb. cred.*, XII, 1. (Ulpien, *lib. sing. Pandect.*) et du *pr.* Inst., *De verb. oblig.*, III, 15 (Comp. ce que nous disons ci-dessous de l'*actio certae creditae pecuniae*). Arrivant aux objections qui nous sont faites, je me borne à dire que la L. 2, § 3, D., *de reb. cred.* dans le passage reproduit plus haut, est précisément un des arguments sur lesquels se fonde notre doctrine. La L. 1, *eod. tit.*, doit être interprétée en tenant compte du sujet traité par le jurisconsulte. Enfin, des textes nombreux montrent que l'expression technique est PETERE *pecuniam creditam* et non pas REPETERE.

2. Liv. VIII, 28 «.... *et florem aetatis ejus fructum adventicium* CREDITI *ratus...* » Comme nous l'avons vu ci-dessus, les textes emploient l'une pour l'autre les expressions *credere* et *fidem facere*.

§ 2. — Sanction de l'opération de crédit avant la loi Silia.

SOMMAIRE. — I. Recours à la *legis actio per manus injectionem, per sacramentum, per judicis postulationem*, suivant les cas.

I. — Avant la loi Silia, lorsque le débiteur n'exécutait pas son obligation, on suivait purement et simplement la procédure ordinaire ; aucune règle spéciale n'était formulée relativement à notre hypothèse.

Si le prêt avait revêtu la forme du *nexum*, le créancier entamait, sans plus attendre, la *legis actio per manus injectionem*[1] ; plus tard, lorsque le *nexum* eût disparu, d'après certains auteurs en vertu de la loi *Poetelia Papiria*[2], il recourut soit à la *legis actio sacramenti*, soit à la *legis actio per judicis postulationem*.

Quare autem haec actio desiderata est, cum de eo quod nobis dari oportet, potuerimus aut sacramento aut per judicis postulationem agere, valde quaeritur, dit Gaius dans le paragraphe 20 de son C. IV, à propos de notre *legis actio per condictionem*.

Comme le manuscrit de Vérone n'a pas été déchiffré, dans le passage qui traitait de la *legis actio per judicis postulationem* et qu'ici nous ne possédons pas de textes postérieurs, grâce auxquels il soit possible de reconstituer le passé, je ne me prononcerai pas sur le point de savoir, quel était le domaine de cette procédure. Le créancier de somme d'argent était-il autorisé à s'en servir ? Beaucoup

---

1. Sur le *nexum*, v. spécialement Danz, *Lehrbuch der Geschichte des röm. Rechts, Zweite Auflage*, t. II, 1873, § 146, p. 18 et suiv. Baron, *Geschichte des röm. Rechts*, t. 1. *Institutionen und Civilprozess*, 1884, § 109, p. 194 et suiv. On trouvera également un bon résumé de l'état de la doctrine dans E. Thaller, *Des faillites en droit comparé*, 1887, t. I. Introd., p. 26 et suiv.

2. Kuntze, *Die Obligatio der Römer und das Jus extraordinarium*, 1886, p. 26. Comp. sur la *lex Papiria Poetelia*, dont nous n'avons pas à nous occuper ici, une très intéressante étude de M. de Ihering, *Scherz und Ernst in der Jurisprudenz*, p. 213 et suiv. Sur la date de la loi voy. P. F. Girard, *L'histoire de la condictio* d'après M. Pernice (*Nouv. Rev. hist. du dr.*, t. XIX, 1895, p. 421, n. 2).

d'auteurs l'admettent, mais cela n'est aucunement démontré, selon moi ; car il peut se faire que la *legis actio per judicis postulationem* intervînt dans le cas, qui devait être prévu par la loi Calpurnia ; c'est même la traduction la plus naturelle de notre paragraphe. En supposant que l'objet de notre procédure fût, quelquefois au moins, le paiement d'une somme d'argent, suivant quels principes concourait-elle avec la *legis actio sacramenti*? C'est là un problème qui ne rentre pas directement dans notre sujet et sur lequel nous entendons réserver notre opinion [1].

CHAPITRE II

LA LOI SILIA.

SOMMAIRE. — I. Conditions auxquelles s'applique la loi Silia : La dette doit avoir pour objet une certaine quantité de pièces de monnaie romaine et tirer son origine d'une des opérations de crédit en usage au moment du vote de la loi, *pecunia credita*. Renvoi pour cette dernière affirmation au ch. IV. — II. Date de la loi Silia.

I. — La *legis actio per condictionem* fut introduite par la loi Silia en tant qu'elle avait pour objet le paiement d'une somme d'argent.

Haec autem legis actio constituta est per legem Siliam et Calpurniam, lege quidem Silia certae pecuniae, lege vero Calpurnia de omni certa re. Gaius, IV, 19.

Pour que la loi Silia s'appliquât, il fallait que le deman-

1. Sur la *legis actio per judicis postulationem*, voyez notamment Baron, *Zur Legis actio per judicis arbitrive postulationem* (*Festgaben für* Heffter, 1873, p. 38). A. Schmidt, *Ueber die legis actio per judicis postulationem* (*Zeitschr. der Sav. Stift. für R. G.*, 1881, p. 145 et suiv.). Henry Cüenot, *De la condamnation civile à l'époque des actions de la loi*. Thèse Paris, 1892, p. 220 et suiv.

deur se présentât comme créancier et que l'objet de la dette fût une quantité déterminée de pièces de monnaie romaine.

« *Pecunia certa credita, signata forma publica populi romani* », dit le ch. XXI de la loi Rubria de Gallia Cisalpina.

Grâce aux travaux d'illustres numismates et aux nombreux « trésors » trouvés en Italie et remontant à une haute antiquité, l'histoire de la monnaie romaine est aujourd'hui parfaitement connue dans son ensemble. Après n'être intervenue à aucun degré, la cité se borna pendant longtemps à contrôler l'alliage du bronze, qui servait d'instrument commun d'échange.

Eorumque nummorum vis et potestas non in numero erat sed in pondere posita.

Ainsi parle Gaius, dans une langue très expressive, § 122 du C. I. Lorsque les pouvoirs publics se portèrent garants non seulement du titre de l'alliage, mais aussi du poids, les Romains connurent une monnaie au sens propre du mot, *pecunia numerata*; il suffit désormais de compter les pièces de monnaie.

Ce sont, disons-nous, les créances d'argent, qui seules seront sanctionnées par la procédure organisée par la loi Silia. Il n'y a à cela rien d'étonnant. On conçoit à merveille, que la réforme ait commencé par elles, en raison de leur plus grande importance au point de vue social et au point de vue politique.

Les monnaies étrangères seront du reste considérées comme des marchandises ; on ne les assimilera pas aux monnaies romaines[1] ; leur valeur, loin d'être certaine, varie, en effet, suivant la loi de l'offre et de la demande.

A côté de la première condition que nous venons de

---

1. Comp. Heimbach, *Creditum*, 1846, p. 24. Huschke, *Darlehen*, p. 205. Kappeyne van de Coppello, traduction du hollandais en allemand par Max Conrat (Cohn), *Abhandlungen zum römischen Staats und Privatrecht*, 1885, p. 291.

signaler, il en est une autre qui doit se trouver réalisée.

Il ne suffit pas, à mon avis, que la créance ait pour objet une somme d'argent déterminée, *pecunia certa*; sa source doit se trouver dans une des opérations de crédit, qui étaient en usage au moment du vote de la loi Silia, *pecunia credita*. Renvoyons du reste au chapitre spécial, qui leur sera consacré, de plus amples développements sur ce sujet.

II. — La date de la loi Silia ne saurait être, à notre sens, déterminée d'une façon précise; on ignore quel fut le membre de la *gens* plébéienne des *Silii* qui proposa la réforme,

La loi Silia se place avant le milieu du VIe siècle de l'ère romaine ; car Plaute fait allusion, à propos de *pecunia credita*, au *jusjurandum in jure delatum*, qui constitue, on le verra ci-dessous, un des traits caractéristiques de notre procédure. Nous ne devons pas cependant remonter au delà du Ve siècle, en raison des dispositions relativement modernes de notre texte ; il semble bien, de plus, qu'au moment où fut créée la *legis actio per condictionem*, le *nexum* avait déjà disparu, puisque Gaius parle seulement de la *legis actio sacramenti* et de la *legis actio per judicis postulationem*, au § 20 du C. IV.

En résumé donc, la loi Silia appartient au Ve siècle ou à la première moitié du VIe siècle de Rome[1], sans que nous soyons en mesure de serrer de plus près la difficulté.

D'autres auteurs sont au contraire beaucoup moins réservés. M. Rudorff[2] suivi notamment par M. Demelius[3] propose la date de 510 de l'ère romaine ; il rattache à la même année une *lex Silia de ponderibus publicis*, dont

---

1. Huschke, *Multa*, p. 492. Bethmann-Hollweg, *Der röm. Civilprozess*, t. 1, 1864, p. 151, n. 6. M. Cuq, *Les Institutions juridiques des Romains*, t. 1, p. 419 et 667 considèrent, que la loi Silia est vraisemblablement du cinquième siècle de l'ère romaine.

2. *Römische Rechtsgeschichte*, 1857, t. 1, § 19, p. 47.

3. *Zum Legisactionenprocess.* (*Kritische Vierteljahrschr. für Gesetzgeb. und Rechtswiss.*, t. VIII (1866), p. 508.

parle Festus et dont l'objet était d'infliger une peine aux magistrats, qui auraient falsifié les poids publics ; mais, quand même cette dernière loi remonterait vraiment à l'an 510, ce qui n'est pas démontré, serait-ce une raison pour que la même année eût vu la réforme de la procédure suivie contre le débiteur d'une somme d'argent due en vertu d'une stipulation, d'un contrat *litteris* ou d'un *mutuum* ?

Pour M. Voigt[1], la loi Silia aurait sanctionné la stipulation entre l'an 311 et l'an 329, tandis que M. Puntschart fixe la date cherchée à l'an 465, l'année même où, selon lui, fut votée la loi Æbutia, 24 ans après la loi Poetelia Papiria, pendant la courte période de paix qui suivit la fin de la guerre samnite ; ce serait un plébiscite et elle émanerait de l'initiative de l'un des deux tribuns Publius et Marcus Silius et peut-être de tous les deux.

La conjecture de M. Voigt paraît contraire aux vraisemblances, en ce qu'elle donne à la réforme une origine trop reculée ; comme nous le verrons en outre, la stipulation était déjà sanctionnée avant la loi Silia. Quant à la doctrine de M. Puntschart, elle ne repose sur aucun texte et ne garde dès lors que la valeur d'une pure hypothèse[2].

Nous adresserons la même critique à l'idée ingénieuse du reste, due à M. Kappeyne van de Coppello[3], d'après lequel la loi Silia ne saurait être antérieure à l'an 486, époque où fut frappée la première monnaie d'argent, car ce fut seulement, à partir de ce moment, que l'on put parler de véritables pièces de monnaie se comptant et ne se pesant pas, *pecunia numerata*.

---

1. *Condictiones ob causam*, § 42, p. 258 et *Jus naturale*, t. IV. Beilage XIX, § 2, p. 401.
2. *Entwicklung des grundgesetzlichen Civilrechts der Römer*, 1872, p. 213 et *Der entscheidende Einfluss der Gesetzgebung und der staatlichen Einrichtungen der römischen Republik auf die universale Bedeutung des römischen Privatrechts* (Rectoratsrede), 1880, p. 24.
3. *Abhandlungen*, p. 301.

CHAPITRE III

RAPPORTS DE NOTRE LEGIS ACTIO PER CONDICTIONEM ET DE L'ACTIO CERTAE CREDITAE PECUNIAE DU DROIT CLASSIQUE.

§ 1. — L'actio certae creditae pecuniae du droit classique.

SOMMAIRE. — I. Sens technique des mots *actio certae creditae pecuniae* ou *de certa credita pecunia*. — II. On ne doit pas considérer comme synonymes les locutions *actio certae creditae pecuniae et condictio certi*. — III. Le Droit classique ne connaissait pas deux actions distinctes, l'*actio certae creditae pecuniae* et la *condictio certae pecuniae*.

I. — Les documents épigraphiques, les œuvres des philosophes et des rhéteurs, les livres des jurisconsultes s'accordent pour signaler l'existence de l'*actio certae creditae pecuniae* ou *de certa credita pecunia*. On appelle ainsi la procédure, qui doit être suivie dans le cas où la somme d'argent réclamée est due, en vertu d'une stipulation, d'un contrat *litteris* ou d'un *mutuum* et en outre dans un certain nombre d'hypothèses, dans lesquelles on s'est plus tard servi de notre procédure, afin de donner satisfaction à des besoins nouveaux révélés par la pratique. Reproduisons, par ordre de date, les textes qui mentionnent l'*actio certae creditae pecuniae* et qui seraient beaucoup plus nombreux, si les commissaires de Justinien n'avaient pas, selon toutes les vraisemblances, fait disparaître cette expression de fragments empruntés aux jurisconsultes classiques.

Loi Rubria de Gallia Cisalpina, ch. XXI.

A quoquumque PECUNIA CERTA CREDITA *signata forma publica populei Romanei*..... PETETUR.

Loi Julia municipalis, l. 45.

Judicem, judiciumve ita dato, UTEI DE PECUNIA CREDITA JUDICEM JUDICIUMVE DARI OPORTERET.

Seneca, *de beneficiis*, III, 7. 1. « *Primum omnium pars*

optima beneficii perit, si ACTIO SICUT CREDITAE PECUNIAE *aut ex locato et conducto datur.*

Quintilien, *Institutiones oratoriae,* IV, 2, 6. « *Satis est dixisse,* CERTAM CREDITAM PECUNIAM PETO *ex stipulatione ; legatum peto ex testamento,* IV, 2, 61. « *nam quid in plerisque judictis privatis,* DE CERTA CREDITA, *locato et conducto, interdictis, habere loci potest supra modum se tollens oratio* ?

VIII, 3, 14. « *...An non pudeat* CERTAM CREDITAM *periodis* POSTULARE *aut circa stillicidia affici aut in mancipii redhibitione sudare* ».

XII, 10, 70. « *...Nam ut non eodem modo pro reo capitis et in certamine hereditatis et de interdictis ac sponsionibus et* DE CERTA CREDITA *dicet...* ».

Aulu-Gelle, *N. Att.,* XIV, 2. « PETEBATUR APUD ME PECUNIA, *quae dicebatur* DATA NUMERATAQUE ».

Aristo cité par Pomponius, L. 4, D. *de oper. libert.,* XXXVIII, 1. « *...perinde enim operae a libertis* AC PECUNIA CREDITA PETITUR. *Haec ita Aristo scripsit, cujus sententiam puto veram* ».

Pomponius, *lib.* 6, *ex Plautio.* L. 8, D. *de reb. cred.,* XII, 1. « *Quia haeredis ex die aditae hereditatis videntur nummi fuisse,* UT CREDITA PECUNIA PETI *possit* ».

Africanus, *lib.* 9, *Quaest.* L. 34, *pr.* D. *mand.,* 17, 1. « *Quaesitum est, an ex ea causa* CREDITA PECUNIA PETI *possit*? »

Gaius, IV, 13. « *...Atque hoc tempore periculosa est* ACTIO CERTAE CREDITAE PECUNIAE *propter sponsionem qua periclitatur reus si temere neget et restipulationem qua periclitatur actor si non debitum petat* ».

IV, 171. « *...Ex quibusdam causis sponsionem facere permittitur, veluti* DE PECUNIA CERTA CREDITA *et pecunia constituta* ».

Tryphoninus, *lib.* 8. *Disputat.,* L. 12, § 1, D. *de distr. pign.* (XX, 5).

« *Videamus an pretium quod percepit creditor liberet debitorem personali* ACTIONE PECUNIAE CREDITAE. »

Scaevola, *lib.* 1. *Respons.* L. 70, D. *de procurat.*, III, 3.

« *Quaero cum tam tutelae* ACTIO, QUAM PECUNIAE CREDITAE *ex hereditate Sempronii descendant.*

Papinien, *lib.* 3. *Respons.* L. 19, § 3, D. *de instit. act.*, XIV, 3.

« *Domino recte petetur cui* PECUNIAE CREDITAE *contra eum qui delegavit* ACTIO *quaesita est* ».

Gordien, L. 2, C. *de novat. et delegat.*, VIII, 41 (42).

« *Ex contractu* PECUNIAE CREDITAE ACTIO *inefficax dirigitur, si delegatione personae rite facta, jure novationis vetustior contractus evanuit*[1] ».

Parmi les fragments insérés au Digeste en est-il d'autres, dans lesquels se trouvait une allusion à notre procédure avant les remaniements opérés par Tribonien et ses collègues ? Cela ne me semble guère douteux[2]. Citons, avec M. Pernice[3], la l. 126, § 2, D. *de verbor. oblig.*, XLV, 1, passage emprunté aux *Quaestiones* de Paul, dans lequel il est très vraisemblable que le jurisconsulte avait mis *actio* au lieu de *obligatio.*

« OBLIGATIO *nobis* PECUNIAE CREDITAE *adquireretur* ».

Tandis que le mot *obligatio*, dans le sens de droit de créance, est, tout au moins singulier, et que l'expression OBLIGATIO *pecuniae* CREDITAE l'est encore bien davantage, le texte paraîtrait tout naturel, si on substituait *actio* à *obligatio.*

Sans insister davantage sur ce point, j'accorderais également volontiers à M. Pernice, que, là où la l. 24 *pr.* D. *de action. empt.*, XIX, 1, la l. 57, § 1, D. *de condict. ind.*, XII, 6 et la l. 8, D. *de alim.*, XXXIV, 1, disent *actio indebiti*, Julien et Papinien pourraient bien avoir écrit *actio certae creditae pecuniae.*

---

1. Heimbach, *Die Lehre des Creditum,* p. 42 et suiv., a eu le grand mérite d'appeler le premier l'attention sur ces textes.

2. Comp. sur la L. 9, *pr.* et § 2, D. de *reb. cred.* (Ulpien, *ad Ed.*, lib. XXVI), Lenel, *Palingenesia juris civilis,* t. 2. Ulpien, n° 766, col. 569, note 4.

3. *Labeo,* t. III, p. 212.

II. — Comme on le voit, *actio certae creditae pecuniae*, ou *de certa credita pecunia ;* telle est l'expression technique, dont se servent les jurisconsultes classiques [1]. Le terme de *condictio* était également usité, au témoignage formel de Gaius, pour désigner le genre, dont notre action est une variété.

« *Nunc vero non proprie condictionem dicimus actionem in personam esse, qua intendimus dare nobis oportere* ». Gaius, IV, 18.

Lorsque la *condictio* a pour objet une somme d'argent, les commentateurs modernes du droit romain l'appellent *condictio certae pecuniae*, sans pouvoir, du reste, citer un texte formel.

Cette observation faite, doit-on considérer comme synonymes les locutions *actio certae creditae pecuniae*, *condictio certi* ? Beaucoup d'auteurs l'ont enseigné, mais à tort selon nous [2].

On a pu élever des doutes sérieux sur le point de savoir si les mots *condictio certi* et *condicere certum* [3], qui se trouvent très rarement au Digeste [4], appartiennent vraiment à

---

1. Baron, *Condictionen*, p. 181, le nie au contraire en se fondant sur ce que les sources citent rarement cette action, ce qui serait inexplicable si notre opinion était exacte. Cet auteur reconnaît que les mots *pecunia credita* reviennent fréquemment sous la plume des jurisconsultes romains ; mais il se refuse à admettre que la procédure employée pour réclamer la *pecunia credita* soit une procédure indépendante, jouissant d'une individualité propre. J'aurai l'occasion de revenir sur la conception particulière de M. Baron ; mais les documents réunis plus haut constituent une preuve de nature à emporter toutes les convictions. Dans notre sens, voy. encore P. F. Girard, *Textes. Notice* sur la loi Rubria, p. 65.

2. Savigny, *Syst.*, t. V. Beil, XIV, n° 36 et suiv. Voigt, *Condictiones ob causam*, § 42, note 196.

3. Lenel, *Edictum Perpetuum*, 1883, p. 185. A. Pernice, *Labeo*, t. III, 1892, p. 211, n. 2, et *Parerga*, IV (*Zeitschr. der Sav. Stift. R. A.* t. XIII (1892), p. 250). Comp. Dernburg, *Pandekten* (2ᵉ édit.), t. 1, p. 298, n. 7.

4. *Condictio certi* dans la L. 9, D. *de reb. cred.*, XII, 1. Ulpien, *lib.* 26, *ad Ed.* (Conf. Lenel, *Palingenesia*, t. 2, col. 569. Ulp., n° 766) et dans la L. 12, D. *de novat.*, XLVI, 2. Paul, *lib.* 31, *ad Ed. Certum* ou *certi condicere* dans la L. 28, § 4, D. *de jurejur.*, XII, 2. Paul, *lib.* 18, *ad. Ed.*, et dans la L. 17, § 2, D. *de act. rer. amot.* (XXV, 2). (Ulpien, *lib.* 30, *ad Ed.*).

la langue des jurisconsultes classiques ; quoi qu'il en soit, le terme *certum* vise, dans notre matière, le cas où la dette a pour objet un transfert de propriété, qu'il s'agisse ou non de pièces de monnaies. Avec M. Lenel[1], nous estimons que la L. 74, D. *de Verb. Oblig.*, XLV, 1 et les L. 6 et 24, D. *de reb. cred.*, XII, 1, le démontrent suffisamment.

MM. Bekker[2], Voigt[3], Baron[4], et les autres romanistes qui, à leur exemple, voient dans le terme *condictio certi* un synonyme de *condictio certae pecuniae*, objectent à la vérité la L. 1, pr. D. *de condict. tritic.*, XIII, 3 (Ulp., *lib.* 27 *ad Ed.*).

Qui certam pecuniam numeratam petit, illa actione utitur si certum petetur ; qui autem alias res, per triticariam condictionem petet.

Ici encore, il paraît nécessaire d'admettre une interpolation des commissaires de Justinien ; l'expression *actio si certum petetur* n'a rien de classique. Les mots « *si certum petetur* » constituent dans l'*Edictum perpetuum* de Salvius Julianus une simple rubrique, sous laquelle le rédacteur de l'édit a groupé la formule de l'*actio certae creditae pecuniae*, les formules de la *sponsio* et de la *restipulatio tertiae partis*, la clause relative au *jusjurandum in jure delatum*, la formule de la *condictio triticaria*.

Concluons donc avec M. Lenel[5], que, dans le fragment dont il s'agit, Ulpien avait vraisemblablement écrit « *illa actione utitur*: *si paret N^m N^m A° A° H S X dare oportere*[6] ».

---

1. *Op. et loc. cit.* Dans le même sens, Huschke, *Die Lehre des Darlehens*, p. 209,
2. *Die Aktionen*, 1871-1873, t. 1, p. 107.
3. *Op. et loc. cit.*
4. *Die Condictionen*, p. 88. M. Garrelon, *Le discours de Cicéron pro Roscio comoedo*, p. 107, n. 1, partage également sur ce point l'opinion de M. Baron. Dans le même sens on peut citer : Demelius, *Confessio*, p. 62 et Pfersche, *Bereicherungsklagen*, 1883-1884, p. 28 et suiv.
5. *Palingenesia juris civilis*, t. 2. Ulpien, n° 779, col. 574 et 575.
6. M. Baron, *op. et loc. cit.*, ajoute un autre argument à l'appui de sa doc-

III. — Pour terminer ce paragraphe, exposons enfin les systèmes d'après lesquels le droit classique connaîtrait deux actions distinctes, l'*actio certae creditae pecuniae* et la *condictio certi*.

Cette solution du problème proposée autrefois par Heimbach paraissait abandonnée, lorsqu'elle a été reprise récemment par un jurisconsulte d'une haute autorité.

Pour Heimbach [1], l'*actio certae cerditae pecuniae* tendait au paiement d'une certaine quantité de pièces de monnaie romaines, tandis que la *condictio certi* pouvait servir à réclamer soit une certaine quantité de pièces de monnaie romaines ou étrangères, soit une certaine quantité d'autres choses fongibles, soit enfin un corps certain. L'*actio certae creditae pecuniae* triomphait, quand la source de la dette se trouvait dans une stipulation, un contrat *litteris*, un *mutuum*, *pecunia promissa*, *expensa lata*, *data* et seulement dans ce cas. Pour que la *condictio certi* pût être intentée, il suffisait que le demandeur s'appuyât sur un *negotium stricti juris* quelconque, que la demande eût pour objet un « *certum* ».

Reprenant l'idée fondamentale d'Heimbach, la distinction de la *condictio certi* et de l'*actio certae creditae pecu-*

---

trine. En matière de *confessio in jure*, les textes emploient le terme de *confessio certi*, si le défendeur reconnaît à sa charge l'existence d'une dette de somme d'argent et seulement dans ce cas. L. 6, pr. et § 1, D. *de confessis*, XLII, 2 (Ulp., *lib.* 5, *de omnib. tribunalib.*). Pourquoi n'en serait-il pas de même à propos de la *condictio certi* ? parce que, répondrons-nous, la question se présente sous un tout autre aspect. La L. 6, pr. et § 1, D. *de confessis*, s'explique à merveille par ce fait, que, sous la procédure formulaire, le juge condamne toujours le défendeur au paiement d'une somme d'argent ; l'aveu n'équivaut à la sentence que s'il vise une somme d'argent ; aussi les textes opposent-ils à la *confessio certi* la *confessio incerti*. Niera-t-on, au contraire, qu'à côté de la *condictio certae pecuniae* et de la *condictio incerti* les jurisconsultes classiques aient connu la *condictio triticaria* ou *certae rei* ? Niera-t-on, que la stipulation ayant pour objet le transfert de la propriété d'un corps certain ou d'une quantité déterminée de choses fongibles autres que des pièces de monnaie constitue une *stipulatio certa* ?

1. *Die Lehre des Creditum*, p. 45 et suiv., p. 553 et suiv.

niae, M. Karlowa[1] enseigne néanmoins une doctrine fort différente de celle, à laquelle s'était rallié son prédécesseur. Pour lui, la *condictio certi* et l'*actio certae creditae pecuniae* tendent au même but, le paiement d'une certaine somme d'argent ; mais les obligations qu'elles sanctionnent, ont des sources différentes. Tandis que la première action tire son origine d'un enrichissement sans cause, la seconde naît d'une stipulation, d'un contrat *litteris* ou d'un *mutuum*. Elle se sépare d'ailleurs de l'autre par les règles, auxquelles la soumet la jurisprudence classique.

La tentative de M. Karlowa me paraît destinée à demeurer vaine, comme le fut celle d'Heimbach. Dans le paragraphe 50 du C. IV, Gaius dit en effet :

Certae pecuniae velut IN EA FORMULA QUA CERTAM PECUNIAM PETIMUS ; *nam illic ima parte* FORMULAE *ita est* : JUDEX N. NEGIDIUM A. AGERIO SESTERTIUM X MILIA CONDEMNA. SI NON PARET, ABSOLVE.

Comme on le voit, le jurisconsulte parle d'une formule et non de deux. Ce passage contredit donc directement la théorie de M. Karlowa comme celle d'Heimbach.

La façon dont s'exprime Cicéron dans le *Pro Roscio com.*, V, 14, me frappe peut-être encore davantage. Si deux procédures distinctes peuvent être utilisées, en vue d'obtenir le paiement d'une *pecunia certa*, il est essentiel d'apprendre au juge de laquelle il s'agit. Or l'orateur, qui emploie sans aucun doute, dans ce passage, la langue technique et qui devrait dire : *Pecunia petita est certa* CREDITA, dit simplement : « *Pecunia petita est certa* ».

Nos adversaires sont enfin fort embarrassés, pour reconstituer leurs deux formules, avec les éléments fournis par les textes. Ces derniers ne contiennent aucun vestige de cette prétendue distinction entre l'*actio certae creditae pecuniae* et la *condictio certae pecuniae*, pour nous servir d'un terme convenant à la fois aux deux doctrines[2].

1. *Römische Rechtsgeschichte*, t. II, *Zweite Abtheilung*, 1893, p. 594 et suiv.

2. A côté de la doctrine d'Heimbach et de M. Karlowa, il convient de si-

Quant au système de M. Karlowa, il se heurte à un paragraphe des Institutes de Justinien évidemment emprunté à un jurisconsulte classique :

« *Ex qua duae proficiscuntur actiones, tam* CONDICTIO, *si* CERTA *sit stipulatio, quam ex stipulatu si incerta* ». Inst., *pr. de verb. oblig.*, III, 15.

Ainsi une *condictio* sanctionne l'obligation née d'une *stipulatio certa* et en particulier d'une stipulation ayant pour objet une somme d'argent.

Si on rapproche de ce paragraphe des Inst. le discours de Cicéron pour le comédien Roscius, contre lequel Fannius Cherea avait intenté une *actio certae creditae pecuniae*, la démonstration se complète puisque la créance de Fannius pouvait reposer sur une stipulation.

Objecterait-on la singularité de l'*actio certae creditae pecuniae*, dont le domaine s'est singulièrement étendu, à l'époque classique, et dépasse de beaucoup celui du contrat de crédit du droit ancien? Je répondrais, en me prévalant de la loi de l'économie des moyens, loi qui domine l'histoire du droit en général et celle du droit romain en particulier et qui se ramène à la loi du moindre effort. La procédure de l'*actio de certa credita pecunia* fut utilisée dans des hypothèses, que ne prévoyaient pas ses auteurs. Comment s'en étonner? Sans exposer l'histoire du développement de l'*actio certae creditae pecuniae*, citons une

gnaler celle de M. Baron, sur laquelle j'aurai l'occasion de revenir. Pour M. Baron (*Condictionen*, p. 156 et suiv.) il n'y a qu'une seule action, la *condictio certi*, qui vise la *certa pecunia*, dont la *certa credita pecunia* constitue seulement une variété ; mais quand la *condictio certi* s'applique à la *certa credita pecunia*, certaines règles spéciales s'appliquent. Le demandeur peut dans ce cas, recourir s'il le veut, à la *sponsio tertiae partis*. M. Buhl (*Kritische Vierteljahrschrift für Gesetzgebung und Rechtswissenschaft*, t. 24, 1882, p. 232) signalait déjà cette thèse comme un des points faibles du livre de M. Baron. Nous ne voyons guère, en effet, comment concilier le principe de l'unité de l'action avec ce fait que la procédure varie suivant les cas. *Actio de certa credita pecunia*, c'est là en outre une expression que les textes cités plus haut et notamment les passages de Quintilien emploient dans une acception technique ; elle désigne une procédure distincte absolument indépendante de tout autre.

preuve directe de l'extension de notre procédure à des cas nouveaux ; je fais allusion à la loi Julia municipalis, 1. 45 « *utei de pecunia credita judicem judiciumve dari oporteret* ».

§ 2. — La legis actio per condictionem de la loi Silia portait-elle déjà le nom d'actio de pecunia certa credita ?

Sommaire. — I. Sérieuses raisons qui militent en faveur de la solution affirmative ; dans l'état des textes, il vaut mieux cependant ne pas se prononcer.

I. — Le nom de l'*actio de pecunia certa credita* paraît fort ancien[1] ; il ne signifie pas autre chose que procédure suivie, lorsqu'il s'agit d'exiger le paiement d'une somme d'argent, dont on a fait crédit. Pour se rendre compte du chemin parcouru, il suffit par exemple de comparer le terme *actio de pecunia certa credita* avec les suivants *actio ex locato* ou *actio ex conducto*, qui figurent immédiatement après lui dans l'énumération de Sénèque et dans celle de Quintilien. Bien que le mot *credita* ajouté à *pecunia* révèle déjà un progrès, le fait que l'action est désignée par son objet nous reporte à un âge reculé de l'histoire de la procédure. J'ajoute que l'*actio de pecunia certa credita* ne correspond pas à une opération juridique isolée ; son domaine est beaucoup plus étendu que celui de l'*actio ex locato* ; la jurisprudence l'a mise à profit pour atteindre des buts divers et par là s'affirme une fois de plus son ancienneté, au moins relative.

Pour tous ces motifs, nous serions vivement tenté de considérer, avec M. Voigt[2], l'usage de l'expression *actio*

---

1. La même observation peut être faite relativement au mot *petere* qui est employé d'une façon constante dans notre matière, *petere pecuniam creditam*. Voyez les nombreux textes reproduits ci-dessus, ch. III, § 1, n° I, auxquels on pourrait en ajouter d'autres.

2. M. Voigt donne d'ailleurs de son opinion une formule que nous n'accepterions pas volontiers. La loi Silia, dit-il, introduisit une nouvelle action, l'*actio certae creditae pecuniae*, et une nouvelle procédure pour cette action, la *legis actio per condictionem*, *Jus naturale*, t. IV, Beil., XIX, § 2, p. 401. *Ueber die Bankiers, die Buchführung und die Litteralobligation der*

de pecunia certa credita comme contemporain de la loi Silia elle-même ou au moins comme plus ancien que la loi Æbutia. Ne nous prononçons pas cependant, puisque les textes sont muets, sur ce problème d'importance secondaire et, dans un intérêt de clarté, réservons, comme le font tous les auteurs [1], sauf M. Voigt, les mots *actio de pecunia certa credita* ou *pecuniae certae creditae* pour la procédure formulaire et l'action visée par les jurisconsultes classiques.

§ 3. — L'actio certae creditae pecuniae se rattache-t-elle par les liens de la filiation historique à la legis actio per condictionem de la loi Silia ?

SOMMAIRE. — I. Arguments en faveur de l'affirmative. — II. L'*actio certae creditae pecuniae* ne doit pas être considérée comme le produit de la fusion de la *legis actio per sacramentum* et de la *legis actio per condictionem*. — III. Notre action ne dérive pas davantage de la *legis actio per judicis postulationem*.

I. — Si je crois prudent de ne pas me prononcer, en ce qui concerne l'unité du nom, l'unité de l'institution me semble au contraire s'accuser d'une façon très nette. A partir du moment où les documents permettent de suivre son histoire, elle ne se transforme que lentement et avec une grande difficulté ; jusqu'à la fin, les lignes du plan primitif se reconnaissent sous les surcharges et malgré les mutilations. Il n'y a pas eu de substitution brusque d'une procédure à une autre ; en dépit des changements, nous nous trouvons en présence d'une seule procédure. L'évolution a été moins rapide, les transitions plus nombreuses qu'on ne l'admet en général.

Römer., p. 62 ; *Röm. Rechtsgeschichte*, 1892, t. 1, § 7, *in fine*, p. 68. C'est, croyons-nous, un anachronisme de distinguer, à l'époque de la loi Silia, l'action et la procédure. Je dirais, si je ne croyais pas plus prudent de m'abstenir, que l'on doit considérer comme synonymes les expressions *actio de certa credita pecunia* et *legis actio per condictionem e lege Silia*.

1. M. P. F. Girard, dans un article publié tout récemment, *l'histoire de la condictio*, d'après M. Pernice, p. 425, n. 1, considère cependant comme probable que l'expression *actio certae creditae pecuniae* remonte à la loi Silia.

Que l'*actio certae creditae pecuniae* continue notre *legis actio per condictionem*, c'est ce que démontre l'usage du terme *condictio* à l'époque classique. J'ajoute que Gaius au paragraphe 18 du C. IV rattache visiblement l'*actio certae creditae pecuniae* et la *condictio triticaria* aux lois Silia et Calpurnia.

« *Nunc vero non proprie condictionem dicimus actionem in personam esse qua intendimus dari nobis oportere*; *nulla enim hoc tempore eo nomine denuntiatio fit* ».

De deux choses l'une en effet, ou, encore au second siècle de l'ère chrétienne, la *condictio* a nécessairement pour objet une mutation de propriété, ou il n'en est rien, et c'est ce que les textes établissent, et alors, si Gaius a fait uniquement allusion à l'*actio certae creditae pecuniae* et à la *condictio triticaria*, c'est que ces actions et elles seules ont leur origine dans la *legis actio per condictionem*.

La loi Silia ne parlait pas, dit-on, de *pecunia credita*[1].

Haec autem legis actio constituta est per legem Siliam et Calpurniam, lege quidem Silia certae pecuniae, lege vero Calpurnia de omni certa re, dit Gaius au paragraphe 19 de son *Comm.* IV.

Comment d'abord attacher une importance décisive à cette façon de parler ? Nous sommes loin en effet de posséder, dans leur entier, les explications consacrées par Gaius à la *legis actio per condictionem* ; un feuillet manque, à cet endroit, dans le manuscrit de Vérone ; dès lors il serait possible, que le jurisconsulte eût plus haut énuméré les conditions auxquelles s'appliquait la procédure ; le domaine

---

1. Parmi les auteurs qui insistent sur cet argument citons M. Baron, *Festgaben für* Beseler, p. 43 et *Condictionen*, p. 187 et suiv. M. Kappeyne van de Coppello, *Abhandlungen*, p. 226. M. Pernice, *Labeo*, t. III, p. 227. Les deux premiers reconnaissent du reste que l'*actio certae creditae pecuniae* dérive de la *legis actio per condictionem* ; mais ils pensent, que le demandeur pouvait, dans tous les cas, réclamer, à ses risques et périls, le paiement d'une somme d'argent déterminée, d'abord au moyen de la *legis actio per condictionem*, plus tard au moyen de la *condictio certae pecuniae*.

de cette dernière, une fois circonscrit, il ne s'agirait plus dans le paragraphe 19 que de déterminer l'œuvre de la loi Silia et celle de la loi Calpurnia.

Allons enfin plus loin. *Petere creditam pecuniam* et *petere certam pecuniam*, ce sont là pour nous des locutions synonymes. Cicéron, dans le *Pro Roscio comoedo*, V, 14, s'exprime ainsi : PECUNIA PETITA EST CERTA ; et il ajoute immédiatement : *cum tertia parte sponsio facta est*.

D'autre part, le paragraphe 50 du C. IV de Gaius est ainsi conçu :

« *Certae pecuniae velut in ea formula* QUA CERTAM PECUNIAM PETIMUS », et le paragraphe 171 du même C. IV :

« ... *ex quibusdam causis sponsionem facere permittitur, velut de pecunia certa credita et pecunia constituta sed* CERTAE QUIDEM CREDITAE PECUNIAE TERTIAE PARTIS. »

Du rapprochement de ces passages de Cicéron et de Gaius résulte, pour moi, la conviction que, là où les textes disent: *Pecunia petita est certa*, il faut sous-entendre *credita*. Quand le demandeur se prétend créancier d'un nombre déterminé de pièces de monnaie romaine, de telle sorte que le juge doive seulement se prononcer par oui ou par non sur l'existence de cette créance, il s'agit nécessairement de notre *legis actio per condictionem*, plus tard de l'*actio certae creditae pecuniae*.

Si notre démonstration est faite, si malgré les changements survenus la *legis actio per condictionem* de la loi Silia et l'*actio certae creditae pecuniae* ne forment au fond qu'une seule procédure, nous serons autorisé à reconstituer la *legis actio*, au moyen de textes datant de notre seconde ou même de notre troisième période.

II. — M. Pernice[1] vient cependant de soutenir, que l'*actio certae creditae pecuniae* de l'époque classique doit être considérée, comme le produit de la fusion de la *legis actio per sacramentum* et de la *legis actio per condictionem*. Cette

---

1. *Labeo*, t. 3, p. 226.

dernière aurait été introduite, dans une pensée d'équité, afin de permettre au demandeur de se faire restituer d'abord des pièces de monnaie, plus tard une certaine quantité de choses de tel genre ou un corps certain, quand ces pièces de monnaie, ces choses fongibles ou ce corps certain se trouvent sans droit entre les mains du défendeur, tandis que la *legis actio per sacramentum* aurait servi exclusivement, avant la loi Silia, et longtemps encore après cette loi, à sanctionner les obligations nées de la stipulation ou du contrat *litteris*. A l'appui de cette conjecture, M. Pernice fait remarquer la similitude de la formule prononcée par le demandeur dans la *legis actio per condictionem* et dans la *legis actio per sacramentum in personam* lorsque le droit de créance n'a pas sa source dans un délit : « AIO TE MIHI CENTUM DARE OPORTERE » ; il rattache en outre au dépôt du *sacramentum* la *sponsio tertiae partis*.

Au point de vue du fond, la doctrine de M. Pernice se heurte au paragraphe 20 du C. IV de Gaius, comme toutes celles d'après lesquelles la loi Silia eut pour but de sanctionner des obligations, qui jusque-là ne l'étaient pas. Sans insister sur cet argument sur lequel nous reviendrons, ajoutons que, relativement à la forme, M. Pernice semble bien loin d'avoir fait sa preuve. De ce que, dans Valerius Probus, après les mots « AIO TE MIHI DARE OPORTERE », se trouve la formule « QUANDO NEGAS, TE SACRAMENTO QUINGENARIO PROVOCO », ne résulte nullement que la première phrase se rapporte, elle aussi, à la procédure du *sacramentum* ; car, dans ce recueil de quelques abréviations, suivies de leur explication, il n'y a aucun ordre, ni aucune méthode ; ce serait une tentative vaine que de vouloir suivre la marche des idées. A supposer même que nous nous trompions sur ce point, qu'en veut-on conclure ? On ne niera pas que les mots *dare oportere* figuraient, selon toutes les vraisemblances, dans la formule de la *legis actio per condictionem*. Quant à la *sponsio tertiae partis*, si elle vient de la *legis actio sacramenti*, il faut avouer qu'elle a singulièrement changé en route. La différence est d'autant plus frappante que, selon M. Pernice, les deux stipulations ne seront conclues que si le demandeur le veut bien, tandis qu'assurément il y a obligation pour chacun des plaideurs d'abord de déposer le *sacramentum*, plus tard de fournir les *praedes sacramenti*. Il conviendrait enfin de réfuter les arguments que nous avons mis en lumière, et c'est ce que ne fait pas M. Pernice.

III.— Pour M. Karlowa[1], la *condictio certi* a sa source dans la *legis actio per condictionem*, tandis que l'*actio de pecunia certa credita* dérive de la *legis actio per judicis postulationem*. A l'époque où Cicéron prononçait le discours pour Q. Roscius et au moment du vote de la loi Rubria, la procédure de l'*actio de pecunia certa credita* reposait sur un pari. Les plaideurs ayant conclu la *sponsio* et la *restipulatio tertiae partis*, le magistrat délivrait deux formules d'action, par lesquelles il saisissait le juge de la question de savoir lequel des deux adversaires était créancier en vertu de l'une des stipulations, lequel était débiteur. Dès lors, dit M. Karlowa, comment pouvait-on, avant l'introduction de la procédure formulaire, faire juger la gageure sinon au moyen de la *legis actio per judicis postulationem* ? Dans le *Pro Roscio com.*, IV, 10, Cicéron s'exprime ainsi : « *Pecunia certa quae nunc* PETITUR PER JUDICEM ». On peut voir là, sans trop de hardiesse, un souvenir de l'ancienne *postulatio judicis*. Cette conjecture permet enfin d'expliquer le paragraphe 20 du C. IV de Gaius, puisqu'elle fournit un exemple de *legis actio per judicis postulationem* tendant au paiement d'une dette de somme d'argent.

Sans revenir sur la prétendue distinction de la *condictio certae pecuniae* et de l'*actio certae creditae pecuniae*, et sans anticiper sur les explications qui seront données plus tard, je me borne à répondre à M. Karlowa que la procédure de la *legis actio per condictionem*, telle que je la con-

---

1. *Röm. Rechtsgesch.*, t. 2, *zweite Abth.*, p. 596.

çois, suffit parfaitement à soumettre le pari au juge. Les plaideurs solliciteront du magistrat la nomination d'un juge ; mais à supposer même que les paroles solennelles TE PRAETOR, JUDICEM POSTULO UTI DES dussent être prononcées, cette formule consacrée pouvait constituer un des éléments d'une *legis actio* autre que la *legis actio per judicis postulationem*. Le passage de Cicéron signifie simplement, que le créancier s'est adressé à la justice pour obtenir le paiement de sa créance. Quant au paragraphe 20 du C. IV de Gaius, il ne prouve pas, je le répète, qu'avant la loi Silia, le créancier d'une somme d'argent se servît quelquefois de la *legis actio per judicis postulationem,* car Gaius parle de la *legis actio per condictionem* en général, et non pas de la *legis actio per condictionem e lege Silia* : c'était peut-être dans l'hypothèse visée par la loi Calpurnia que l'on utilisait, avant cette loi, la *legis actio per judicis postulationem* ; la solution du problème ne se trouve pas dans le paragraphe 20.

CHAPITRE IV

DOMAINE D'APPLICATION DE LA LEGIS ACTIO PER CONDICTIONEM.

§ 1. — Exposé de la doctrine à laquelle nous nous rallions.

SOMMAIRE. — I. La loi Silia s'appliquait exclusivement à la *pecunia credita*.

I. — Pour que la loi Silia s'appliquât, les conditions suivantes devaient, nous l'avons dit, se trouver réunies. Il ne suffisait pas que le demandeur se prétendît créancier et que l'objet de la dette fût une certaine quantité de pièces de monnaie romaine, *pecunia signata forma publica populi romani*. Il fallait, en outre, que la dette eût son origine dans l'opération de crédit de l'ancien droit romain, *creditum*, *pecunia credita*. Un acte juridique avait été conclu et cet acte juridique figurait parmi ceux qui engendraient une obligation à la charge de l'une des parties et de l'une d'elles seulement. La loi Silia se caractérisa précisément, par ce premier essai de spécialisation de la procédure d'après la source de l'obligation, qu'il s'agissait de sanctionner. Autrefois, lorsque la dette n'était pas payée, le créancier se plaignait, dans tous les cas, de l'injure qu'il recevait, même lorsque la dette résultait d'un contrat ; maintenant les obligations nées d'un contrat se sépareront nettement des obligations nées d'un délit ; à côté des actions pénales, la législation romaine connaîtra une action reipersécutoire *in personam*.

Que la *legis actio per condictionem* suppose une opération de crédit, cela résulte de ce fait que le nom primitif et technique de la *condictio certae pecuniae* c'est *actio de certa credita pecunia* ou *certae creditae pecuniae*. A l'époque classique, ce nom ne répond plus à la réalité des choses, puisque l'*actio certae creditae pecuniae* peut être intentée, même quand aucune opération de crédit n'a été conclue ; mais qu'il n'en ait pas toujours été ainsi, le nom même de l'action l'atteste[1].

---

1. M. P. F. Girard vient cependant de repousser cet argument. L'*histoire de la condictio*, d'après M. Pernice, p. 425, n° 1. « A moins de revenir à la doctrine de Savigny, si victorieusement réfutée par M. Pernice, selon laquelle la *condictio* serait d'abord née du *mutuum* il est impossible de remonter à une époque où le nom ait été absolument exact. Il faut donc le prendre non pas comme une dénomination ancienne, d'abord juste et devenue fausse par extension du champ de l'action, mais comme une dénomination nouvelle donnée à l'action en considération du champ d'application que l'expérience faisait considérer comme son domaine pratique le plus saillant ». Je réponds que l'expression *actio certae creditae pecuniae* paraîtra parfaitement exacte, si on adopte notre doctrine, d'après laquelle cette procédure servit d'abord à recouvrer une somme d'argent due en vertu d'un acte juridique, stipulation, contrat *litteris*, *mutuum*. L'argument tiré du nom de l'action subsiste donc et il peut être opposé non seulement à ceux qui, comme M. Baron, étendent démesurément son domaine d'application mais encore à M. Girard, dont nous exposerons ci-dessous la doctrine.

Indépendamment de ce premier argument, un texte de Cicéron nous en fournit un autre. L'action intentée par Fannius Cherea contre le comédien Roscius défendu par Cicéron était une *actio certae creditae pecuniae*. Or, d'après notre orateur, son adversaire devait prouver que la source de son droit de créance se trouvait dans un *mutuum*, dans un contrat *litteris* ou dans une stipulation... *adnumerasse sese negat, expensum tulisse non dicit, cum tabulas non recitat. Reliquum est, ut stipulatum se esse dicat*; PRAETEREA ENIM QUEM AD MODUM CERTAM PECUNIAM PETERE POSSIT, NON REPERIO. *Pro Roscio com.*, IV, 13.

Pecunia petita est certa; *cum tertia parte sponsio facta est*. HAEC PECUNIA NECESSE EST AUT DATA AUT EXPENSA LATA AUT STIPULATA SIT. *Pro Roscio com.*, V. 14[1].

Qu'à la fin du VIIe siècle de l'ère romaine des tentatives

---

1. Sans nous livrer à une discussion approfondie des faits du procès entre Fannius Cherea et Roscius, ce qui ferait aisément l'objet d'une dissertation séparée, rappelons que l'illustre acteur Roscius s'étant chargé d'instruire dans son art un esclave de Fannius Cherea, Panurgus, à la condition d'en devenir co-propriétaire et ayant rempli sa tâche, un certain Flavius tua cet esclave. Roscius et Fannius Cherea intentèrent l'un et l'autre une *actio damni injuria dati* contre Flavius et le premier constitua le second son *cognitor*. Après la *litiscontestatio*, Roscius transigea néanmoins avec Flavius et renonça aux poursuites moyennant le transfert à lui consenti de la propriété d'un immeuble. Fannius, qui, lui, n'avait rien obtenu, considérant que son ancien co-propriétaire s'était enrichi à ses dépens le poursuivit au moyen d'une action proprement dite suivant les uns, à la suite d'un compromis, pensent les autres, avec plus de vraisemblance. Comme C. Calpurnius Piso allait statuer sur le différend, il engagea officieusement Roscius à s'entendre avec son adversaire. Celui-ci, pour éviter une condamnation et le scandale qui en fût résulté, s'engagea à payer une certaine somme, à la condition que Fannius promettrait de son côté de partager avec lui tout ce qu'il pourrait obtenir de Flavius. Roscius n'ayant versé qu'une partie de la somme et refusant le surplus par ce motif que Fannius ne remplissait pas ses engagements, ce dernier intenta contre lui une *actio certae creditae pecuniae*. Sur le discours de Cicéron pour Roscius, v. Baron (*Ztschr. der Savignystift. für R. G. R. A.*, t. 1, p. 116-151, et *Abhandlungen aus dem röm. Civilprozess.*, t.1, *Die Condictionen.*, 1881, p. 138 et suiv.). Ruhstrat (*Ztschr. der Savignystift. für R. G. R. A.*, t. III, p. 34). Kappeyne van de Coppello, *op. cit.*, p. 203 et suiv. H. Garrelon, *Etude sur le plaidoyer de Cicéron pro Roscio Comaedo et la condictio certae pecuniae*, 1891. Thèse Bordeaux.

eussent été déjà faites, dans la pratique, en vue d'étendre le domaine d'application de l'action *de certa credita pecunia*, cela paraît vraisemblable. Dans le cas où les intérêts de son client l'auraient exigé, l'avocat de Roscius eût sans doute cité des précédents en faveur de la doctrine d'après laquelle notre procédure pouvait, à titre exceptionnel, sanctionner une obligation dont la source ne se trouvait pas dans un acte juridique [1]. L'affirmation de Cicéron n'en constitue pas moins un argument décisif pour l'époque antérieure.

Si telle est notre conviction, plusieurs auteurs n'attachent aucune importance au passage de Cicéron. Argument d'avocat, dit-on, et d'un avocat qui se contredit lui-même ; car si la source de l'obligation du défendeur devait nécessairement se trouver dans une stipulation, un contrat *litteris* ou un *mutuum*, à quoi bon tant insister sur la moralité de l'acte de Roscius ? Il fallait concentrer tous ses efforts sur la question de savoir si les parties avaient valablement conclu une stipulation ou un contrat *litteris*. Peu importait la société intervenue entre Fannius Cherea et Roscius, la transaction consentie par ce dernier et Flavius, le point de savoir si celui-ci avait payé à Fannius Cherea une indemnité pour le meurtre de Panurgus. L'ampleur de la discussion montre par elle-même que la difficulté ne gisait pas là où le dit Cicéron ; la fin du *Pro Roscio com.* enlève toute autorité aux fragments cités.

A mon avis, au contraire, le plan de défense de l'orateur se conçoit à merveille même en adoptant notre interprétation du chapitre IV, n° 13 et du chapitre V, n° 14. D'après le droit ancien, le demandeur à l'*actio de certa credita pecunia* devait nécessairement prouver l'existence d'une stipulation, d'un contrat *litteris* ou d'un *mutuum* ; mais il semble que la preuve de la stipulation ou du con-

---

[1]. Je fais allusion, on le voit, aux premiers cas d'application de la théorie de l'enrichissement sans cause.

trat *litteris*[1] fût difficile pour Fannius Cherea ou qu'il eût à craindre un cas de nullité. D'autre part, en se fondant sur la rédaction générale et vague de la formule [2], la jurisprudence commençait à étendre peu à peu le domaine de l'action ; la théorie de l'enrichissement sans cause licite s'esquissait déjà, non sans beaucoup de timidité et d'hésitation ; la doctrine nouvelle n'avait pas encore triomphé, loin de là, cependant on ne pouvait plus la considérer absolument comme une nouveauté. Enfin l'avocat de Fannius devait fatalement s'efforcer de convaincre Calpurnius Piso autrefois arbitre en vertu d'un compromis, maintenant *judex*, qu'il ne s'était pas trompé en appréciant une première fois la moralité de l'affaire comme il l'avait fait. On pouvait espérer que Piso, enclin à exiger l'exécution d'un arrangement auquel il avait prêté les mains, désireux de châtier la perfidie, admettrait facilement la validité du contrat solennel ou même passerait outre et appliquerait la jurisprudence nouvelle.

Cette conjecture explique l'accusation de fraude portée contre Roscius[3] et qui indigne si fort Cicéron ; elle fait comprendre l'inquiétude mal dissimulée de ce dernier, en se trouvant en présence de Calpurnius Piso, et l'importance qu'il attache à lui persuader que, si Roscius ne tient pas

---

1. Je ne tranche pas la question de savoir si Roscius s'était engagé dans la forme de la stipulation ou du contrat *litteris*. Ce n'est pas davantage le lieu de se prononcer sur une autre controverse soulevée pour la première fois par M. Baron, *Die Condictionen*, p. 1 et suiv., p. 204 et suiv. Nous n'examinons donc pas si Fannius avait dû prendre nettement position devant le magistrat et faire connaître, d'une façon précise, la source de sa prétendue créance.

2. En ce sens Baron, *Die Condictionen*, p. 154 et suiv. et Lenel, *Ed. perp.*, p. 187 et suiv. Comme le dit M. Pernice, *Labeo*, t. III, p. 212, n. 2, on doit considérer le problème comme résolu depuis la démonstration due à M. Baron et à M. Lenel. Il importe du reste de ne pas confondre la question de la rédaction de la formule avec la controverse à laquelle nous faisons allusion dans la note précédente.

3. VII, 19. *Fraudavit Roscius ! Est hoc quidem primum auribus animisque omnium absurdum.* VIII, 22, 24. IX, 26, 27.

sa promesse, c'est que Fannius n'a pas, lui non plus, rempli ses engagements[1].

Concluons donc que la loi Silia s'appliquait exclusivement à la *pecunia credita*[2]. Au moment du vote de la loi, la *pecunia credita* comprenait-elle déjà la *pecunia data* ou au contraire le *mutuum* n'était-il pas encore obligatoire? Sans vouloir être trop affirmatif, disons simplement que la première conjecture paraît plus conforme aux vraisemblances historiques.

§ 2. — Critique des doctrines opposées à la nôtre.

SOMMAIRE. — I. La *legis actio per condictionem* ne fut pas imaginée pour sanctionner l'obligation née du *mutuum*. — II. Elle ne put pas être utilisée toutes les fois que le demandeur se présentait comme créancier et réclamait le paiement d'une somme d'argent déterminée. — III. Elle ne s'ouvrait pas en vue d'empêcher le défendeur de réaliser un enrichissement sans cause licite au détriment de son adversaire. — IV. Les auteurs de la loi Silia ne confièrent pas à la jurisprudence la mission de déterminer le domaine de la nouvelle *legis actio*.

I. — D'après une première théorie qui est celle de M. de Savigny[3] et qui a eu son heure de succès, la *legis actio per condictionem* aurait été imaginée pour sanctionner l'obligation née du *mutuum*. Le créancier a aliéné les pièces de monnaie ou les autres choses fongibles qui constituent l'objet du prêt de consommation. L'aliénation le prive de l'action en revendication, dont il jouissait auparavant; mais à la place de cette action en revendication, une action *in personam* entre dans le patrimoine du prê-

1. XIV, XV, XVI.
2. Dans le même sens, Eisele, *Abhandlungen zum römischen Civilprocess*. 1889, p. 79, n. 15. M. Voigt, *Condictiones ob causam*, 1862, § 42, p. 258 croit, comme on le verra, que la loi Silia fut votée, en vue de sanctionner la stipulation; mais il pense, que la *legis actio per condictionem* fut étendue d'abord au contrat *litteris*, puis au *mutuum*, lorsque ces contrats eurent été introduits dans la pratique.
3. *Système du droit romain* (Traduction Guenoux), 1846, t. V, Append. XIV, p. 513 et suiv. La théorie de M. de Savigny a été récemment reprise par M. Pfersche, *Die Bereicherungsklagen*, 1883-1884, p. 22 et suiv.

teur. C'est la *condictio*, la *legis actio per condictionem*, à notre époque. Le caractère essentiel de la *condictio* c'est de naître à la suite d'une aliénation, de tenir la place d'une action en revendication disparue. La *legis actio per condictionem* s'appliquait exclusivement au *mutuum* à l'origine ; plus tard son domaine s'étendit par voie d'interprétation ; la jurisprudence feignit que les parties avaient conclu un *mutuum*, quand en réalité il s'agissait d'un contrat *litteris* ou d'une stipulation ; elle assimila le prêt fictif au prêt véritable ; mais, le prêt véritable, telle était la source primitive de la *legis actio per condictionem*.

A l'appui de cette doctrine, on se fonde sur ce fait que le *mutuum* donne toujours naissance à une *condictio* ; le nom du *mutuum* éveille l'idée de la *condictio* et réciproquement. N'est-on pas dès lors autorisé à assigner au contrat une place importante dans l'histoire de l'action ?

Dans la langue courante des jurisconsultes classiques, les termes *credere* et *mutuo dare* sont en outre synonymes. *Pecunia credita* équivaut à *pecunia data*.

L. 4, D. *de Sc. Macedon.*, XIV, 6 (Scaevola, *lib.* 2, *Quaestion.* (*Si filio familias stipulatus sim et patrio familias facto crediderim, debet dici cessare senatusconsultum Macedonianum*)[1], *quia quod vulgo dicitur, filio familias* CREDI *non licere, non ad verba referendum est, sed ad* NUMERATIONEM.

L. 6, D. *eod. tit.* (Scaevola, *eod. loc.*). *Contra etiam recte dicitur, si a patre familias stipulatus sis* CREDAS *postea filio familias facto, senatus potestatem exercendam, quia expleta est* NUMERATIONE *substantia obligationis*.

Ces textes paraîtront particulièrement probants, si on les rapproche du texte même du sénatus-consulte Macédonien, tel que le reproduit la L. 1, *pr.* D. *de Sc. Maced.*

Il suffit au surplus de lire le titre *de rebus creditis* au

---

1. Les mots entre parenthèses ont été rétablis par Lenel qui se fonde sur la l. 6 empruntée au même jurisconsulte et reproduite ci-dessus (*Palingenesia juris civilis*, t. 2, col. 273 et 274, Scaevola, n° 141).

Dig. pour se convaincre de l'exactitude du sens attribué au mot *credere*[1].

Si enfin on se souvient de l'importance politique et sociale du prêt d'argent, au moment du vote de la loi Silia, aucune conjecture ne paraît plus vraisemblable que celle qui consiste à restreindre au *mutuum* la portée de ce texte.

Nous reprochons à cette doctrine sa conception du prêt fictif, qui semble purement arbitraire. Comment parler de prêt fictif à propos de la stipulation? les textes démontrent en effet que la source de la force obligatoire de ce contrat se trouve, dans les paroles solennelles qui ont été prononcées et seulement dans ces paroles solennelles[2] et qu'au point de vue de la sanction, il jouit d'une individualité, qui lui est propre, et ne doit pas être considéré comme une dépendance d'un autre contrat.

M. de Savigny et M. Pfersche pensent en outre, qu'au moment du vote de la loi Calpurnia, la *legis actio per condictionem* s'appliquait encore exclusivement au *mutuum* et ils en déduisent cette conséquence que la loi Calpurnia visait l'hypothèse de dettes, ayant pour objet non pas un corps certain mais une certaine quantité de choses d'un certain genre et d'une certaine quantité, autres que des pièces de monnaie. Or, le paragraphe 19 du C. IV de Gaius contredit cette conjecture.

Enfin, on ne saurait considérer comme exacte, dans la législation classique, la définition de la *condictio* due à M. de Savigny. La *condictio* n'est pas une action *in personam* tenant la place d'une action en revendication disparue ; car cette notion ne suffit pas à expliquer les solutions des textes ; elle ne s'harmonise pas avec eux[3]. Le principal

---

1. Voy. par exemple la L. 11, D. *de reb. cred.*, XII, 1. (Ulp., lib. 26, ad Ed.)

2. Comp. Cic., *pro Rosc. com.*, V, 14. pr. I, *de stipul.*, III, 15. L. 24, D. *de reb. cred.*, XII, I. (Ulp., libr. sing. Pandect.). La L. 3, § 3, D. ad. set. Marc., XIV, 6 (Ulp., lib. 29 ad Ed.) ne prouve rien. Voy. Baron, *Die Condictione*, p. 16.

3. Voy. notamment la L. 12 i. f. D. *de reb. cred.*, XII. 1. (Pomponius,

argument de la doctrine n'est donc pas de nature à entraîner nos convictions.

II. — J'arrive à un second système qui se place à un point de vue tout à fait différent du premier[1]. D'après cette doctrine, la *legis actio per condictionem* introduite par la loi Silia peut être utilisée, toutes les fois que le demandeur se présente comme créancier et réclame le paiement d'une somme d'argent déterminée. Dans la formule solennelle qu'il prononce, le demandeur se borne en effet à affirmer son droit à tant de pièces de monnaie romaine « AIO CENTUM DARI MIHI OPORTERE » il n'indique pas, au contraire, devant le magistrat, si la source de la créance se trouve dans un délit, dont il a souffert, ou dans un acte juridique déterminé, il emploie une formule rédigée d'une façon générale et vague (*Abstractklage*), et non pas d'une façon spéciale, se réservant de faire connaître, devant le juge, le fondement juridique de ses prétentions[2]. Le domaine de la *legis actio per condictionem*, limité quant à l'objet de l'obligation, ne l'est pas, quant à la cause de cette dernière ; pour que la loi Silia s'applique, le défendeur doit être tenu de transférer la propriété d'un certain nombre de pièces de monnaie romaine ; peu importe pourquoi. Son adversaire triomphera, que la source du droit de créance se trouve dans un délit ou dans un acte juridique, dans un acte juridique reconnu par la loi ou seulement par la coutume, tel que par exemple un des *negotia bonae fidei*[3].

---

lib. 6, *ex Plautio*) et la L. 13 pr. D. *eod. tit.* (Ulpien, *lib.* 26, *ad. Ed.*). Celui qui prête l'argent d'autrui peut intenter la *condictio* à partir du moment où l'emprunteur s'en est servi ; cette règle s'applique, même au voleur.

1. Ce système fut développé pour la première fois par M. Baron, *Festgaben für* Heffter, p. 50 et *Condictionen*, p. 195 et suiv. M. Kappeyne van de Coppello (*Abhandlungen*, p. 277) et M. Garrelon, *Le plaidoyer de Cicéron pro Roscio comoedo*, p. 88, ont également adopté cette doctrine.

2. D'après M. Baron, notre *legis actio* peut être à cet égard rapprochée de l'*actio in rem non expressa causa* du droit classique.

3. Baron, *Zur Legisactio per judicis arbitrive postulationem und per condictionem* (*Festgaben für* Heffter, p. 43).

M. Baron ne considère même pas comme nécessaire que la dette ait pour objet une *certa pecunia*. Le demandeur réclame-t-il une somme d'argent déterminée, cela suffit. La loi met à la disposition de tous les créanciers une procédure nouvelle, qui, à côté de grands avantages, présente l'inconvénient d'entraîner un échec complet, en cas de *plus petitio*. Les coutumes primitives usent volontiers, on le sait, de méthodes analogues à celle-là. Que celui qui craint de se blesser lui-même avec cette arme à deux tranchants s'abstienne d'y toucher ; mais il doit être permis à de plus audacieux de s'en servir à leurs risques et périls.

Le débiteur avait promis, dans la forme de la stipulation, de transférer la propriété d'un esclave ou de telle quantité de vin de telle qualité ; le stipulant estime à tant l'esclave, à tant le vin ; il poursuit ensuite son adversaire au moyen de la *legis actio per condictionem e lege Silia*.

De même, la victime du *damnum injuria datum*, au lieu de se servir de l'*actio legis Aquiliae*, évaluera, elle-même, la somme qui lui est due, d'après les règles de la loi Aquilia.

Enfin, quand les actions de bonne foi eurent été introduites dans la pratique, sous la procédure formulaire, la *condictio certae pecuniae* fut valablement intentée, au lieu de l'action de bonne foi.

A l'appui de cette doctrine, on raisonne de la façon suivante :

D'après le paragraphe 19 du C. IV de Gaius, la seule condition exigée pour l'application de la loi Silia, c'était que la demande fût une somme d'argent déterminée, *certa pecunia*.

Tandis que, dans la *legis actio per sacramentum*, la formule solennelle prononcée par le demandeur mentionnait la source du droit de créance, celui-ci se bornait à dire : « AIO TE MIHI DECEM DARE OPORTERE », lorsqu'il recourait à la *legis actio per condictionem*.

Ce système présente, dit-on, l'avantage de résoudre,

d'une façon très simple et très satisfaisante, le problème très délicat des motifs, pour lesquels fut votée la loi Silia, de l'utilité de l'institution nouvelle [1].

Enfin, comme dernier argument à l'appui de cette doctrine, on prétend que dans le procès plaidé par Cicéron, pour le comédien Roscius, l'adversaire de celui-ci, Fannius Cherea, avait le choix entre une action de bonne foi, l'*arbitrium pro socio* et l'*actio certae creditae pecuniae*.

« *Quae cum ita sint cur non arbitrum pro socio adegeris Q. Roscium quaero* ». *Pro Roscio com.*, IX, 25.

Comme on le voit, un créancier peut, s'il le préfère, intenter l'*actio certae creditae pecuniae* au lieu et place d'une action de bonne foi.

Avec les partisans de ce second système, nous admettons volontiers que la formule de la *legis actio per condictionem* était conçue d'une façon générale et non pas d'une façon spéciale et que la source de l'obligation du défendeur ne s'y trouvait pas mentionnée ; mais, à notre avis, il y avait là non pas une innovation mais un legs du passé. La loi Silia mit à part les créances nées d'une opération de crédit, elle n'alla pas au delà. Pour obtenir gain de cause, nos adversaires devraient établir que, dans la *legis actio per sacramentum*, le demandeur indiquait, devant le magistrat, le contrat déterminé, qui avait été conclu entre lui et l'autre partie, et ils ne le font pas [2]. L'affirmation,

---

1. M. Baron croit en outre que sa doctrine permet seule d'expliquer ce fait, que la jurisprudence n'imagina aucune formule ordonnant au juge de statuer comme si la *legis actio per condictionem* avait été accomplie : « *Nulla autem formula ad condictionis fictionem exprimitur* », § 33 du C. IV de Gaius. J'estime au contraire que ce paragraphe de Gaius s'harmonise à merveille avec ce qui me paraît être la vérité, relativement à la procédure suivie entre la loi Æbutia et les deux lois Julia et à la transformation de la *legis actio per condictionem* en *condictio* ; nul ne s'étonnera cependant si je renvoie au Livre II le développement de cette manière de voir.

2. M. Baron, p. 189, dit qu'il fallait nécessairement indiquer dans la formule de la *legis actio sacramenti* le délit dont se plaignait le demandeur. Que, pour chaque délit particulier, les pontifes eussent rédigé une formule spéciale, cela paraît en effet démontré, mais comment en conclure que si

considérée *a priori*, paraît même peu vraisemblable, si l'on songe que les premières actions eurent le caractère d'actions pénales ; quand le créancier se plaignait de l'affront à lui fait par le débiteur en ne le payant pas et en contestant son dire, peu importait le contrat dans lequel il puisait son droit.

Les données de l'histoire générale du droit conduisent au même résultat que ce raisonnement *a priori*. Les coutumes primitives[1] se bornent à exiger du demandeur qu'il affirme sa qualité de créancier, sans ajouter rien de plus. Le progrès consista, non pas à créer une action pouvant s'appliquer à tous les cas, mais au contraire à multiplier les actions et à mettre la procédure en harmonie avec le droit sanctionné. Les sources allemandes du moyen âge[2] indiquent nettement la direction du mouvement de la législation ; d'après elles, l'affirmation de la dette par le créancier suffit, en règle générale ; ce dernier n'est tenu de faire connaître la cause de l'obligation, que si son adversaire l'exige.

Comme nous avons déjà essayé de le démontrer, aucune conclusion ne saurait être légitimement tirée de ce fait que

la source de la procédure se trouvait dans la violation d'un contrat la pratique connaissait autant de formules distinctes que de contrats ? En notre sens, M. Wach, 6ᵉ édition de Keller, *Civilproc.*, p. 93, note 243. Au contraire, M. Pfersche, *Bereicherungsklagen*, p. 20 et 21, admet que la cause de la dette était mentionnée dans la formule de la *legis actio sacramenti*. En supprimant la mention de la cause, les auteurs de la loi Silia auraient voulu simplifier les formules solennelles prononcées par les parties ; moins ces dernières seront longues et compliquées, moins il y aura de chances pour qu'une erreur soit commise et que la procédure soit nulle pour vice de forme. A la différence de M. Baron, M. Pfersche admet au contraire que le domaine de la *legis actio per condictionem* était limité.

1. Il en est ainsi notamment du droit hongrois du XIIIᵉ siècle, R. Dareste, *Etudes d'histoire du droit*, p. 263. Comment s'étonner du reste si, dans un temps où les opérations juridiques sont simples et peu nombreuses, où la vie économique n'est pas compliquée, on n'exige pas l'indication de la source du droit de créance, pourvu qu'une opération de crédit soit intervenue.

2. Paul Laband, *Die vermögensrechtlichen Klagen nach den sächsischen Quellen des Mittelalters*, 1869, p. 11 et 13.

le paragraphe 19 du C. IV de Gaius parle seulement de *pecunia certa* et non pas de *pecunia certa credita*.

Après avoir renvoyé au chap. VI le développement et la réfutation des idées de M. Baron sur les motifs de la loi Silia, nous arrivons à l'argument tiré du *Pro Roscio com.*

L'action *pro socio* intentée par Fannius Cherea contre Roscius eût difficilement triomphé [1], même à l'époque classique, car, lors de la transaction conclue avec Flavius, Roscius avait cessé d'être l'associé de Fannius [2]. L'esclave commun étant mort, il aurait fallu singulièrement étendre la notion de la *bona fides*, pour admettre que l'acte de Roscius constituait une violation de l'ancien contrat de société ; à plus forte raison cette tentative eût-elle paru hardie au VIIe siècle de l'ère romaine [3].

En supposant même que Fannius fût, sans aucun doute, créancier, par l'effet du contrat de société, l'argument de M. Baron ne porterait que si Roscius ne s'était pas engagé vis-à-vis. de Fannius dans la forme de la stipulation ou du contrat *litteris* à lui payer une somme d'argent déterminée. Cicéron dit que son adversaire ne prouve ni l'existence d'une stipulation ni celle d'un contrat *litteris* ; on conçoit cependant qu'il ne faille pas l'en croire sur parole.

III. — Pour terminer la théorie du domaine d'application de la *legis actio per condictionem*, il ne reste plus qu'à dire un mot d'un troisième et dernier système, qui se divise en deux branches.

M. Pernice [4] soutient que la *legis actio per condictionem* s'ouvrait toutes les fois que, sans elle, le défendeur réaliserait, au détriment du demandeur, un enrichissement sans cause licite. Elle lui apparaît comme ayant été imaginée, en vue de permettre aux pérégrins de se présenter, d'une

1. En ce sens, A. Pernice, *Labeo*, t. III, p. 224.
2. V. A. Pernice, *Parerga*, I (*Zeitschr. der Sav. Stift.*, t. 3, R. A., p. 98).
3. M. Pernice doute également qu'à ce moment le co-propriétaire d'un esclave commun pût jamais intenter l'*actio pro socio* contre son co-propriétaire ; de ce côté encore des difficultés pouvaient tout au moins surgir.
4. *Labeo*, t. III, p. 211 et suiv., p. 232 et suiv.

façon indépendante, devant les tribunaux romains, comme destinée à donner satisfaction à l'équité. Nul ne doit s'enrichir aux dépens d'autrui ; la *legis actio per condictionem* fera respecter ce principe de justice. Les auteurs des lois Silia et Calpurnia permirent d'y avoir recours, toutes les fois qu'un bien se trouvait, sans droit, entre les mains d'un tiers. A une formule solennelle, conçue d'une façon générale et dans laquelle on ne mentionnait pas la source de l'obligation, correspondait un domaine d'application susceptible de s'étendre et dont la loi n'avait pas tracé d'avance les limites d'une façon définitive et précise. Parmi les progrès que cette conception permit de réaliser, figura la sanction du *mutuum*. Bien que les formalités de la stipulation ou du contrat *litteris* n'aient pas été accomplies, il faut que l'emprunteur puisse être contraint de rembourser une somme égale à celle qu'il a reçue ou une égale quantité de choses du même genre et de la même qualité. Comme il réaliserait, en les gardant, un enrichissement sans cause licite, au détriment de l'autre partie, celle-ci utilisera valablement la *legis actio per condictionem*.

Formant contraste avec cette dernière, la *legis actio per sacramentum* servait seulement à sauvegarder les intérêts du créancier, qui puisait son droit dans une stipulation ou dans un contrat *litteris*. En outre, se trouvait sa source dans l'accomplissement correct des cérémonies traditionnelles, bien loin qu'elle eût pour objet de donner satisfaction au sentiment de la justice ; comme au point de vue de l'étendue de son domaine, elle différait, à cet égard, de la procédure introduite par les lois Silia et Calpurnia.

Les textes justifient, selon M. Pernice, la thèse qui vient d'être développée. Les jurisconsultes du premier siècle de l'ère chrétienne, notamment Sabinus et Cassius, attribuent à la *condictio* une sphère très vaste ; encore est-il vrai de dire, que Sabinus se bornait, au témoignage d'Ulpien, à approuver l'opinion d'auteurs plus anciens.

« *Perpetuo Sabinus probavit* VETERUM OPINIONEM EXISTIMANTIUM ID QUOD EX INJUSTA CAUSA APUD ALIQUEM SIT POSSE CONDICI : *in qua sententia etiam Celsus est* ». L. 6, D. *de condict. ob turp. vel injust. caus.* XII, 5 (Ulpien, *lib.* 18, *ad Sab.*).

M. Pernice cite du reste un grand nombre de passages empruntés à Sabinus et qui appliquent le principe, d'après lequel la *condictio* tend à faire restituer au défendeur ce qu'il détient sans droit [1].

Que la *condictio* repose sur l'équité, Celsus le dit de la façon la plus nette.

« *Sed quia pecunia mea ad te pervenit eam mihi a te reddi* BONUM ET AEQUUM EST ». L. 32, D. *de reb. cred.*, XII, 1. (Celsus, *libr.* 5, *Digest.*).

« JURE GENTIUM *condici puto posse res ab his qui non ex justa causa possident* », ajoute Marcien, L. 25, D. *rer. amot.*, XXV, 2 (Marcien, *lib.* 3, *Regul.*).

On ne saurait nier les relations étroites de la *condictio* et de l'*exceptio doli*, d'après la jurisprudence classique. Quand l'exception existait, la *condictio* pouvait être intentée, et inversement, celui qui eut recouru valablement à la *condictio* opposait l'exception, s'il était poursuivi [2].

L'expression technique, employée pour désigner notre action, c'est : *repetere certam pecuniam creditam* ; le terme *credere* suppose qu'il s'agit d'une restitution dans le sens propre de ce mot.

Que l'action née du *mutuum* soit une variété de *condictio ex injusta causa*, cela résulte notamment, de textes tels que la L. 3, D. *de reb. cred.*, XII, 1 (Pomponius, *lib.* 22, *ad Sab.*), de ce fait que le transfert de la propriété accompli par le prêteur donne la mesure de l'obligation de l'emprunteur [3], et enfin de la règle, d'après laquelle une obliga-

---

1. L. 17, § 5, D. *de pr. verb.*, XIX, 5. L. 5, § 1, D. *de usufr. ear. rer.* VII, 5. L. 24, § 1, D. *de aed. ed.*, XIX, 1. L. 2, D. *de cond. trit.*, XIII, 2.
2. L. 2, § 3, D. *de doli mali ex.*, XLIV, 4. L. 7, D. *de cond. causa data*, XII, 4. L. 26, § 3, D. *de cond. ind.*, XII, 6. L. 19, § 1, D. *de donat. int. vir. et ux.*, XXIV, 1.
3. L. 11, § 1, D. *de reb. cred.*, XII, 1.

tion naîtra par l'effet du *mutuum* à la charge du pupille[1].

Si maintenant, abandonnant le terrain du droit classique, nous nous plaçons au point de vue historique, comment ne pas attribuer une origine fort reculée à la *condictio furtiva*? Pour comprendre son introduction dans la pratique, il faut la placer à une époque antérieure au complet épanouissement du droit; quand la victime du vol disposait déjà de l'*actio furti*, de la *reivindicatio*, de l'*actio Publiciana*, de l'*interdictum utrubi*, eût-on songé à la protéger encore davantage, en imaginant à son profit une nouvelle action[2]?

Les auteurs de la loi Silia s'inspirèrent vraisemblablement de la procédure suivie, alors que, des vols ayant été commis sur la frontière par des citoyens d'un Etat au détriment d'un Etat voisin, des jurys mixtes de récupérateurs organisés en vertu des traités jugeaient les procès auxquels ces délits donnaient naissance. Nul ne s'étonnera, dès lors, de l'étroite parenté, qui existe entre la théorie de la *condictio* et celle de l'enrichissement sans cause licite.

Cette parenté paraîtrait encore moins surprenante, si on identifiait la loi Calpurnia, dont parle Gaius dans le § 19 du C. IV, avec la loi Calpurnia repetundarum (pecuniarum). La *legis actio per condictionem* réglementée par cette loi servirait alors à se faire restituer ses biens, par celui qui les détiendrait sans droit; elle protégerait, non seulement les citoyens romains vis-à-vis de leurs concitoyens, mais encore les pérégrins contre les extorsions des gouverneurs de province[3].

---

1. L. 4, § 4, D. *de exc. doli mali*, XLIV, 4. Comp. Pernice, *Labeo*, t. 1, p. 223.
2. Comp. Bekker, *Die Aktionen*, t. I, p. 105 et Pernice, *Labeo*, t. I, p. 312.
3. M. P. F. Girard, *Histoire de la condictio*, d'après M. Pernice, p. 424, pense, comme nous, que la *legis actio per condictionem* s'appliquait aux dettes nées *re, verbis*, ou *litteris*; seulement, sous l'influence des idées de M. Pernice, il comprend sous la qualification d'obligations nées *re* toutes celles dont la source se trouve dans un enrichissement sans cause licite, « la *condictio* donnée à raison d'un enrichissement injuste n'est pas moins ancienne

Comme j'ai eu l'occasion de répondre à quelques-uns des arguments de M. Pernice, je me borne à compléter les observations déjà présentées. Les expressions techniques sont non pas *repetere*, mais *petere certam creditam pecuniam*[1]. Si l'*actio certae creditae pecuniae* se rattache par les liens de la filiation historique à la *legis actio per condictionem*, il serait étrange que cette dernière n'eût pas pour but de sanctionner des obligations contractuelles en tant qu'obligations contractuelles. Vouloir séparer, comme on le fait, l'histoire de la *stipulatio certa* et du contrat *litteris* de l'histoire du *mutuum*, constitue une tentative absolument vaine et destinée à un échec certain. Les deux passages du *Pro Roscio com.*, IV, 13, V, 14 démontrent, tout au moins, qu'au point de vue de leur sanction on rapprochait l'un de l'autre nos trois contrats. Comme le *mutuum* se forme *re*, des textes tels que la L. 3 et la L. 11, § 1, D. *de reb. cred.* ne prouvent rien. Il est tout simple que la *datio* serve à déterminer la nature et l'étendue de l'obligation de l'emprunteur. Enfin, la législation classique impose seulement au pupille l'obligation de restituer une somme correspondant à son enrichissement actuel et non pas une égale quantité de choses du même genre et de la même qualité que celles dont la propriété lui fut transmise ; cette règle s'applique du reste, quel que soit le contrat, bien loin de caractériser le *mutuum*.

Arrivons enfin à l'histoire des *condictiones ob causam*. La théorie de l'enrichissement sans cause licite se déve-

que celle née du *mutuum*, qui en est, au contraire, une simple variété ». Je ne pense pas que, même avec cet amendement, le système de M. Pernice puisse être adopté. Dans la doctrine de M. Girard, le nom de l'*actio certae creditae pecuniae* ne s'expliquerait pas, je l'ai démontré plus haut. Cicéron dit en outre « Haec pecunia necesse est aut DATA aut expensa lata aut stipulata sit ». *Pro Roscio com.*, V, 14. Le terme *data* vise une translation de propriété accomplie par le créancier en faveur du débiteur et non pas un enrichissement injuste réalisé par ce dernier. S'il en était autrement, Cicéron eût fourni des armes à ses adversaires et rien n'autorise à l'accuser de cette maladresse.

1. Voyez les textes cités, ch. III, § I, n. I.

loppa, selon nous, d'une façon lente et progressive. La formule de l'*actio de certa credita pecunia* ne mentionnait pas la source de l'obligation du défendeur.

JUDEX ESTO, SI PARET N^m N^m A° A° SESTERTIUM DECEM MILIA DARE OPORTERE, JUDEX N^m N^m A° A° SESTERTIUM DECEM MILIA CONDEMNA, SI NON PARET, ABSOLVITO [1].

Comme telles étaient les instructions données par le magistrat au juge, la jurisprudence étendit peu à peu par voie d'interprétation le domaine de notre action : se laissant guider par des considérations d'équité, elle ajouta, l'une après l'autre, d'assez nombreuses hypothèses, à celles dans lesquelles le juge de l'*actio certae creditae pecuniae* pouvait prononcer une sentence de condamnation. Ce fut, du reste, à une époque relativement tardive, que s'accomplit cette réforme due à la pratique ; les plus anciennes parmi les *condictiones ob causam* ne remontent guère, selon nous, au delà de Cicéron et l'origine de la plupart d'entre elles doit être placée tout à fait à la fin de la république et au commencement de l'empire.

En faveur de la formation progressive de notre théorie, notons que, même dans le dernier état du droit romain, le recours à la justice n'était pas ouvert par cela seul que le défendeur réalisait au détriment de l'autre partie un enrichissement sans cause licite ; je fais allusion, par exemple, au cas où le possesseur de la chose revendiquée n'opposerait pas l'exception de dol en raison des dépenses nécessaires accomplies par lui. Si la législation de Justinien n'appliquait pas encore, dans toute sa rigueur, la règle : « nul ne doit s'enrichir aux dépens d'autrui », comment concevoir qu'environ huit siècles auparavant, la loi Silia ait imaginé une procédure destinée à sanctionner ce principe de justice, de la façon la plus générale et la plus large ?

Autre bizarrerie, le résultat des efforts des jurisconsultes

---

1. Gaius, IV, 41, 33, 49, 50.

du IIIe siècle de l'ère chrétienne consisterait dans un amoindrissement de la protection accordée aux droits des particuliers ; en classant les différentes *condictiones ob causam*, ils auraient substitué à une définition unique une série de définitions plus étroites, leur doctrine serait en réaction sur celle de Sabinus. Pour admettre une évolution si singulière, il faudrait, on en conviendra, une démonstration bien décisive.

Les textes cités par M. Pernice ne prouvent rien, à mon avis. De ce que la théorie des *condictiones ob causam* s'est développée sous l'empire de considérations d'équité, comment conclure que la *legis actio per condictionem* fut créée, afin d'empêcher les enrichissements sans cause licite au détriment d'un tiers ? Quant aux maximes générales du genre de celle attribuée par Ulpien à Sabinus et à des jurisconsultes plus anciens, il faudrait, pour y attacher une importance exagérée, oublier d'une part comment les commissaires de Justinien rédigèrent le Digeste et d'autre part par quels procédés s'accomplissent les progrès dus à la jurisprudence. Si, comme le fait M. Lenel, nous reconstituons le passage d'Ulpien en rapprochant la L. 6, D. *de cond. ob turp.*, XIII, 5 de la L. 12, D. *Usufr. quemadm. caveat.*, VII, 9, empruntées l'une et l'autre au L. XVIII, des Notes sur Sabinus, la doctrine de ce dernier apparaît sous son vrai jour ; il s'agit seulement d'une solution d'espèce et le jurisconsulte se sert seulement des mots « *quod ex injusta causa apud aliquem sit, posse condici* » pour motiver sa décision ; leur donner une portée plus haute serait trahir sa pensée. Qui pourrait d'ailleurs affirmer qu'Ulpien ne se borna pas à citer l'opinion des *veteres* et de Sabinus, en la justifiant lui-même comme il croyait devoir le faire ?

Je n'insiste pas sur la fonction spéciale de la *condictio furtiva* dans le droit classique, me bornant à répondre à M. Pernice, que la distinction entre la rançon, *poena* et les dommages-intérêts suppose déjà une culture juridique assez avancée.

La *legis actio per condictionem* ne tira nullement son origine de la procédure suivie à la suite de vols commis sur les frontières.

Si la loi Calpurnia repetundarum avait ouvert aux pérégrins victimes des extorsions de leur gouverneur la *legis actio per condictionem*, cela mériterait d'être pris en sérieuse considération ; mais elle accorda la *legis actio per sacramentum* et elle seule. Le texte de la loi ne saurait guère être complété, autrement que ne le fait M. Mommsen ; M. Pernice le reconnaît et on ne peut accepter l'interprétation qu'il propose, avec beaucoup de timidité au surplus [1].

Au commencement du VIIe siècle de l'ère romaine, les auteurs de la loi Calpurnia repetundarum ne songèrent donc pas à utiliser la *legis actio per condictionem* que la pratique connaissait depuis très longtemps, depuis un siècle au moins, selon toutes les vraisemblances ; ils permirent au pérégrin d'accomplir les formalités de la *legis actio per sacramentum*. Cette disposition de la loi Calpurnia repetundarum condamne non seulement le système de M. Baron, mais encore celui de M. Pernice. Nous y trouvons enfin la confirmation de notre thèse, d'après laquelle la loi Silia créa la première action reipersécutoire. Quand un provincial attaquait un magistrat concussionnaire et réclamait la restitution de ce qu'il lui avait enlevé, on ne songea pas à le traiter comme s'il était créancier en vertu d'une stipulation, d'un contrat *litteris* ou d'un *mutuum*. Se disant victime d'une extorsion, il désirait obtenir vengeance de son persécuteur ; quoi de plus naturel qu'il intentât une action pénale, au moyen de la vieille *legis actio per sacramentum*. Devant la *quaestio repetundarum*, les parties suivirent d'abord la procédure ordinaire, des lois postérieures à la loi Calpurnia durent organiser la procédure criminelle, dont nous parlent les textes. Quelle est la conjecture la plus vraisemblable ? La nôtre d'après laquelle une action

---

1. Voy. ci-dessous, section II, ch. I, n° 1.

pénale précéda le *judicium publicum* ou celle d'après laquelle ce dernier succéda à une action reipersécutoire ?

IV. — M. Karlowa [1] se rattache à M. Pernice, en ce sens qu'il assigne aux *condictiones ob causam* une origine historique fort reculée. Pour appuyer cette affirmation, il cite, indépendamment de la L. 6, D. *de cond. ob turp. vel inj. caus.*, XII, 5, la L. 8, D. *de cond. caus. dat.*, XII, 4 (Neratius, *lib.* 2, *Membran.*), et la L. 52, D. *de cond. indeb.*, XII, 6 (Pomponius, *lib.* 27, *ad Quint. Muc.*). Le premier fragment montre, que Servius Sulpicius connaissait déjà la théorie de l'enrichissement sans cause licite ; on peut en dire vraisemblablement autant de Quintus Mucius Scaevola, puisque Pomponius commentait les œuvres de ce jurisconsulte dans la L. 52 *de cond. ind.* M. Karlowa ne trouve donc rien d'invraisemblable à ce que les *condictiones ob causam* soient contemporaines ou à peu près de la loi Silia ; on ne saurait cependant affirmer que cette loi créa expressément la *legis actio per condictionem*, en vue de permettre au particulier lésé de se faire restituer par un tiers ce que ce dernier détient sans droit ; elle s'en rapporta à la jurisprudence du soin de déterminer ce qu'il faudrait entendre par les mots « *dare oportere* [2] » et la jurisprudence les appliqua à l'hypothèse de l'enrichissement sans cause licite [3]. C'est en effet à propos de cette hypothèse que la

---

1. *Röm. Rechtsgesch.*, t. II, *Zweite Abth.*, p. 761 et suiv.
2. Ainsi, tandis que le domaine de la *legis actio per sacramentum* et celui de la *legis actio per judicis postulationem* avaient des limites précises, les auteurs de la loi Silia voulurent accorder à la jurisprudence une grande latitude. Au point de vue des motifs de l'introduction de la nouvelle procédure, la doctrine de M. Karlowa se rapproche, comme on le voit, de celle de M. Baron, sans se confondre entièrement avec elle. *Voy. ci-dessous*, Ch. V, 2, III.
3. A l'appui de cette conjecture d'une délégation de pouvoirs faite par les auteurs de la loi Silia à la jurisprudence, M. Karlowa cite seulement le paragraphe 20 du C. IV de Gaius. Le jurisconsulte n'aurait pas compris l'utilité de cette création d'une procédure ayant un domaine susceptible d'une extension indéfinie, à côté de deux procédures dont la loi définissait étroitement la portée ; l'étonnement manifesté par lui s'expliquerait de cette façon.

compilation de Justinien elle-même emploie le plus fréquemment le terme de *condictio*. M. Karlowa se sépare du reste de M. Pernice, en ce qu'il ne considère pas l'action née du *mutuum* comme une variété de *condictio ex injusta causa*; selon lui, la *legis actio per judicis postulationem* sanctionnait, à notre époque, le *mutuum* comme la stipulation et le contrat *litteris*.

Sans revenir sur les arguments déjà formulés contre la thèse de M. Pernice, répondons à M. Karlowa que du passage de Pomponius aucune conclusion ne saurait être légitimement tirée relativement à l'opinion de Quintus Mucius et que Servius Sulpicius Rufus, contemporain de Cicéron, mourut en l'an 711 de l'ère romaine, cent ans peut être après la date de la loi Silia, que M. Karlowa place à la fin du Ve siècle ou au commencement du VIe. Nous saisissons, en outre, l'occasion de protester, une fois de plus, contre cette méthode qui consiste à tirer d'une solution d'espèce une doctrine d'une portée très générale. La théorie de l'enrichissement sans cause licite porte les traces d'une élaboration progressive et la nature des choses le voulait ainsi.

La prétendue délégation de pouvoirs, consentie par les auteurs de la loi Silia à la jurisprudence, constituerait un phénomène unique dans l'histoire du droit romain. Quant aux juges, leur conduite mériterait la qualification d'étrange. Bien que jouissant d'une complète liberté, ils n'auraient pas interprété les mots *dare oportere* comme visant les obligations nées de la stipulation, du contrat *litteris* et du *mutuum* et cependant ces mots se retrouveraient plus tard dans la formule de *l'actio de certa credita pecunia*, c'est à l'enrichissement sans cause licite et à lui seul que la jurisprudence aurait eu la fantaisie d'appliquer la *legis actio per condictionem*.

§ 3. — La legis actio per condictionem concourait-elle avec une autre legis actio ?

SOMMAIRE.— I. Dans les cas prévus par la loi Silia, le recours à la *legis actio per condictionem* s'imposait. Arguments tirés des textes et des motifs de la loi.

I. — Lorsque la créance, dont l'objet consistait dans une certaine quantité de pièces de monnaie romaine, avait en outre sa source dans une stipulation, dans un contrat *litteris* ou dans un *mutuum*, la législation romaine n'ouvrait, à notre avis, au créancier d'autre voie de recours que la *legis actio per condictionem*.

Keller[1], M. Baron[2], M. Wlassak[3], pour ne citer que ces auteurs, estiment, au contraire, que, même après la loi Silia, le créancier conserva le droit de se servir, s'il le préférait, de la *legis actio sacramenti* ; mais cette doctrine ne paraît fondée sur aucun texte ; si à la vérité le paragraphe 13 du C. IV de Gaius formule la règle : « *Sacramenti actio generalis erat* », le même passage ajoute : « *De quibus enim rebus ut aliter ageretur lege cautum non erat, de his sacramento agebatur* ».

Or précisément, pour notre hypothèse, une procédure spéciale fut organisée par la loi Silia et les motifs que nous allons assigner au vote de cette loi, ne permettent pas de supposer que le demandeur eût la faculté de ne pas obéir aux prescriptions qui avaient été jugées nécessaires.

---

1. *Procédure civile* (traduct. Capmas), § 18, p. 75.
2. Notamment *Festgaben für* Heffter, p. 56. Cette opinion particulière de M. Baron est une application de la théorie générale, à laquelle nous avons fait déjà allusion et que nous exposerons plus loin.
3. *Römische Processgesetze*, 1888-1891, t. I, p. 105. Cet auteur se fonde sur le paragraphe 95 du C. IV de Gaius, d'après lequel, dit-il, une obligation, née d'une stipulation de somme d'argent, la *sponsio praejudicialis* de l'action *in rem* pourra être sanctionnée par la *legis actio sacramenti* ; quand nous interpréterons le paragraphe 95, nous verrons qu'il ne constitue pas un argument contre notre doctrine. M. P. F. Girard, *La date de la loi Aebutia*, p. 19, note 1, paraît disposé à adopter les idées de M. Wlassak.

J'ajoute que, pour l'époque intermédiaire entre la loi Aebutia et la dernière des deux lois Julia, les formes à suivre étaient toujours les mêmes, lorsqu'il s'agissait d'une *pecunia credita*. « *Judicem judiciumve ita dato, utei de pecunia credita judicem judiciumve dari oporteret* », dit la loi Julia municipalis, 1. 45. Comp. également Cicéron, *pro Roscio comoedo*, IV, 10 ; V, 14 et la loi Rubria, ch. XXI. Une seule procédure pouvait être mise à profit par celui qui voulait se faire payer une somme d'argent rentrant dans la définition de la *pecunia credita*. Or, il n'y a pas de raison pour qu'il en ait été autrement pendant notre période.

CHAPITRE V

MOTIFS DE L'INTRODUCTION DE LA LEGIS ACTIO PER CONDICTIONEM.

Le problème, que nous abordons et dont l'importance est grande, a été résolu par les historiens du droit romain de façons très différentes ; l'excuse de cette diversité se trouve dans ce fait, que Gaius s'est borné à poser la question, en ajoutant qu'il était difficile d'y répondre d'une façon satisfaisante.

« *Quare autem haec actio desiderata est, cum de eo quod nobis dari oportet, potuerimus aut sacramento aut per judicis postulationem agere*, VALDE QUAERITUR », IV, 20.

§ 1. — Exposé de notre doctrine.

SOMMAIRE. — I. Le délai de trente jours de la *legis actio per condictionem* a le caractère d'un délai de grâce destiné à permettre au débiteur de s'acquitter : Les auteurs de la loi Silia voulurent améliorer la situation de ce dernier. — II. Ils crurent en outre nécessaire d'organiser une procédure spéciale aux dettes d'argent ayant leur source dans un acte juridique, procédure qui n'aurait aucun caractère pénal et à laquelle ne s'appliqueraient pas les règles anciennes relatives à la preuve. — III. Notre conjecture peut se concilier avec le paragraphe 20 du C. IV de Gaius.

I. — Les historiens et les jurisconsultes ont, depuis longtemps, signalé le caractère social et politique de la question des dettes chez les Romains et nous en avons nous-même parlé plus haut ; on sait combien l'intérêt était élevé et quelle était la rigueur du sort des prisonniers pour dettes.

J'ajoute que la brièveté des délais de remboursement [1] aggravait encore dans une large mesure la situation du débiteur. Dès que le dernier jour des six mois ou de l'année, pour laquelle le prêt avait été consenti, s'était écoulé sans exécution de l'obligation, ce qui arrivait fréquemment, en raison même de la rareté du numéraire et des circonstances dans lesquelles les emprunts se réalisaient, l'emprunteur se trouvait à la discrétion du prêteur, le plus souvent un patricien, il était dans sa main et malheur à lui s'il n'obéissait pas aveuglément à ses ordres.

Se montrait-il docile, le créancier se contentait d'exiger le paiement des intérêts et n'usait pas de son droit de poursuite, bien que depuis longtemps l'échéance fût passée ; dans le cas contraire, il exigeait le remboursement immédiat du capital, au moment le plus inopportun peut-être. Plus dure à cet égard que des coutumes très primitives [2], la législation romaine ne lui imposait pas l'obligation d'avertir au préalable le débiteur ni de faire constater, devant témoins, que ce dernier se refusait à remplir ses engagements.

Plaçons-nous donc dans l'hypothèse où, après l'échéance, le paiement n'a pas eu lieu. Le jour où il le voudra, le prêteur rencontrant l'emprunteur au Forum le traînera sur l'heure, devant le magistrat, sans lui accorder un mo-

1. Voy. ci-dessus, ch. I, § 1, n° 1.
2. V. ci-dessous, pp. 114 et s.

ment de répit et le contraindra à reconnaître ou à nier son obligation. Si même ce dernier se trouve sous le coup de la *manus injectio*, il ne sera admis à contester l'existence de la dette, qu'à la condition de trouver un *vindex*. Quand la créance ne saurait être niée, le magistrat ordonnera au créancier d'emmener dans sa maison le débiteur qui, libre le matin, se trouvera le soir privé de sa liberté, au moment peut-être où elle lui serait le plus utile [1].

L'agitation relative aux dettes dura, on le sait, pendant toute la République et le soulagement à apporter aux débiteurs par des mesures de circonstance ou par des réformes de principe, ce fut là l'un des thèmes favoris des chefs de parti populaire. A côté des lois ayant pour objet la répression de l'usure, de la loi Poetelia Papiria et d'autres lois nombreuses, citons la loi Licinia Sextia de l'an 367 de l'ère romaine qui, après avoir imputé sur le capital les intérêts déjà payés, décida que les sommes restant dues, après cette imputation, seraient exigibles seulement au bout de trois ans, à raison d'un tiers chaque année [2]. Plus tard, Catilina et ses amis réclamaient soit la réduction des dettes, soit au moins le vote d'une loi accordant aux débiteurs un délai pour le paiement [3].

C'est également, croyons-nous, par une victoire du parti populaire [4] et par le désir d'accorder au débiteur un répit pour s'acquitter que s'explique la loi Silia, qui devait exercer une si grande influence sur le développement de la théorie des obligations. Comme à l'époque antérieure, il

---

1. Comp. Demelius, *Confessio*, p. 46.
2. Liv. VI, 35, 4, 37, 2, 39, 2, 42, 9. Voigt, *Privatalterthümer und Kulturgeschichte*, p. 766, note 2.
3. Cic., *de offic.*, II, 23, 84 et suiv. Caes., *de bell. civ.*, III, 1, 3. Voigt, *Privatalterthümer und Kulturgeschichte*, p. 833.
4. M. de Ihering, *Scherz und Ernst*, p. 226, croit également que les auteurs de la loi Silia ont voulu adoucir la situation des pauvres ; mais en quoi consista cet adoucissement ? Nous ne sommes pas d'accord sur ce point avec M. de Ihering ; comme on le verra au texte nous pensons en outre que la victoire du parti populaire fut seulement l'occasion du vote de la loi ; la réforme eut des racines plus profondes.

arrivera fréquemment, que la somme empruntée ne sera pas remboursée à l'échéance et cela, pour les motifs que nous avons énumérés plus haut; mais, depuis la loi Silia, le débiteur sera protégé contre les surprises ; avant d'être contraint à un aveu devant le magistrat, ou avant que la lutte judiciaire ne soit engagée, il sera averti 30 jours à l'avance des intentions de son adversaire ; qu'il s'adresse à ses parents et à ses amis, qu'il vende au besoin un de ses biens pendant ce délai de grâce[1] que lui accorde la loi et peut-être sera-t-il en mesure de donner satisfaction à son créancier, au moment où ils comparaîtront de nouveau l'un et l'autre devant le tribunal du préteur ; la *legis actio* s'arrêtera alors d'elle-même ; il n'y aura ni aveu ni nomination d'un juge.

Indiquons les arguments sur lesquels s'appuie cette conjecture. Comme nous le verrons, la procédure débutait par une sommation[2] d'avoir à comparaître le trentième jour

---

1. Wieding, *Justinianische Libellprocess.*, 1865, p. 647, parle de délai accordé au débiteur pour s'acquitter mais sans préciser ni entrer dans aucun détail. M. A. Gaudenzi, *L'antica procedura germanica e le legis actiones del diritto romano*, 1884, p. 41, a eu également, selon nous, le mérite de rapprocher de la *condictio* la sommation solennelle de payer qui doit être adressée au débiteur en vertu du ch. 50 de la loi Salique ; mais, ici encore, il y a seulement une brève indication. Ajoutez, en faveur de notre conjecture, un argument tiré du ch. 32 du L. I de Tite-Live et développé ci-dessous ch. V, § 2, n° IV.

2. L'expression *condicere* s'applique au fait d'inviter oralement quelqu'un à accomplir un certain acte à un jour déterminé, spécialement à se présenter tel jour, dans tel lieu. Comme le constate Gaius, ce mot est ancien ; mais on le trouve employé dans la langue du droit sacré et du droit profane et dans le langage courant jusqu'à une époque relativement avancée. Paul Diacre: « *Condicere est dicendo* DENUNTIARE ». « *Condictio* IN DIEM CERTUM *ejus rei quae agitur*, DENUNTIATIO ». Servius *ad Æn.*, III, 117. « *Hoc quidam juxta speciem auguralem positum tradunt, quae appellatur* CON- DICTIO, *id est* DENUNTIATIO *cum* DENUNTIATUR, *ut ante diem tertium quis ad inaugurandum adsit* ». Aulu-Gelle, X, 24, 9. « *Sacerdotes quoque populi romani, cum condicunt in diem tertium* « *diem perendini* » *dicunt* ». Tite-Live, I, 32. « *Quarum rerum, litium, causarum condixit pater patratus populi romani Quiritium patri patrato priscorum Latinorum hominibusque priscis Latinis...* ». Plaute, *Menechm.*, I, 2, 15 et *Stich.*, III, 1, 38, « *ad cenam condicere* ». Dans cette acception populaire d'invitation à un

devant le magistrat en vue de coopérer à l'organisation de l'instance, sommation faite en présence du préteur, selon nous, et adressée par le demandeur au défendeur. Cette sommation donna son nom à la *legis actio*.

« *Condicere autem denuntiare est prisca lingua; nam actor adversario denuntiabat, ut ad judicem capiendum die XXX adesset*[1] ».

Or, cette sommation de comparaître le trentième jour n'éveille-t-elle pas naturellement l'idée d'un délai accordé au débiteur[2] ?

Ajoutons qu'encore aujourd'hui au Monténégro[3] et au Cambodge[4], la procédure entamée par le créancier, qui n'a pas été payé à l'échéance, débute par la concession d'un délai faite par le juge au débiteur. De même, chez les Kabyles contemporains du Djurjura[5], le préteur adresse à

---

repas pour un jour déterminé, notre mot est fréquemment employé par les sources. Comp. Forcellini, *Totius latinitatis Lexicon*, h. v. § 15, Inst. de action., IV, 6 et Theoph., *ad h. l.*

1. Gaius, IV, 18.
2. Le délai de 30 jours est en lui-même significatif ; c'est seulement dans le cas où le défendeur condamné n'aurait pas exécuté son obligation dans les 30 jours que la *legis actio per manus injectionem judicati* pourra être entamée. Dans la loi Julia municipalis (Table d'Héraclée), l. 40, 45, le délai de 30 jours apparaît également comme un délai de grâce, accordé pour le paiement d'une somme d'argent. J'ajoute enfin que dans le droit fétial la *condictio* adressée à l'ennemi constitue, elle aussi, une mise en demeure de donner satisfaction au peuple romain dans le délai fixé. Conf. A. Schmidt. *Zum internationalen Rechtsverkehr der Römer*. (*Zeitsch. der Sav. Stift. für* R. G., t. IX, 1888, R. A., p. 125).
3. G. Popovic, *Recht und Gericht in Montenegro*, 1877, p. 53.
4. Moura, *Le Royaume de Cambodge*, 1884, t. 1, p. 278. M. A. Leclère donne aujourd'hui des renseignements plus complets. *Recherches sur la législation criminelle et la procédure civile des Cambodgiens. Appendice. Loi sur les prêts*, p. 536. « Si un créancier, qui n'est ni le parent, ni l'allié aux degrés prévus par le *Lakkhana Bommol* de son débiteur pauvre, le traduit devant les tribunaux afin de l'obliger à payer, la loi porte que les juges doivent condamner le débiteur à payer le capital en trois fois, mais non les intérêts et à fournir une caution ; le premier versement devra avoir lieu un mois après le prononcé du jugement, le second trois mois plus tard et le troisième cinq mois après le second versement ».
5. Hanoteau et Letourneux, *La Kabylie et les coutumes kabyles*, t. III, p. 40,

plusieurs reprises à l'emprunteur « en présence de l'amin [1], ou de plusieurs personnes honorables telles que les âk'al [2] et les anciens du village » l'injonction de remplir ses engagements [3]. Si maintenant, au lieu de consulter les récits des observateurs contemporains, nous analysons les anciens textes, nous aboutirons à des résultats analogues et nous verrons l'avertissement donné au débiteur jouer un rôle important. Cet avertissement, auquel les sources hindoues donnent le nom de *dharma* [4], ne remonte pas à notre avis, malgré l'opinion contraire de M. Leist [5], à l'origine même de toute législation sur les dettes. On ne trouve en effet rien de semblable dans la *legis per actio per manus injectionem* ni dans la *legis actio per sacramentum* [6]. Comment s'étonner néanmoins, que le progrès, qui fut réalisé chez un grand nombre de peuples [7], l'ait été également chez les Romains ?

de la mise en interdit des biens du débiteur. La sommation doit être faite deux ou trois fois. Comp. t. 1, p. 358.

1. L'amin est le chef du village kabyle. Hanoteau et Letourneux, t. II, p. 25.
2. « Les *âk'al* (gens sensés), comme le nom l'indique, sont des hommes réputés sages et de bon conseil, des vieillards, des chefs de famille. Leur nombre n'est pas limité et aucune condition n'est imposée pour en faire partie. L'opinion publique seule confère le titre d'*âk'il* (singulier d'*âk'al*) ». Hanoteau et Letourneux, t. II, p. 24.
3. « Lorsque ces sommations, deux ou trois fois réitérées après un délai convenable, n'ont pas été suivies d'effet, les créanciers se présentent devant la djemâa et déclarent qu'ils mettent les biens de leur débiteur en interdit ». Hanoteau et Letourneux, t. III, p. 40.
4. B. W. Leist, *Alt-arisches Jus Gentium*, 1889, p. 476, 477.
5. *Op. et loc. cit.*
6. Comp. également la loi de Vestrogothie du XIIIe siècle (*Nouv. Rev. hist. de dr.*, t. XI (1887), p. 375, 376). Voy. aussi les dispositions du droit irlandais sur la saisie mobilière (d'Arbois de Jubainville, *Revue celtique*, t. VII (1886), p. 29).
7. D'après la loi Salique, le créancier qui veut entamer la procédure de la *fides facta* doit, avant tout, sommer son débiteur de remplir ses engagements, *testare*. Dans les coutumes allemandes du moyen âge, le débiteur jouit d'un délai de grâce de 40 jours (Heusler, *Institutionen des deutschen Privatrechts*, t. II, § 121, p. 231). La sommation de payer se retrouve également dans le vieux droit scandinave (K. von Amira, *Das altnorwegische Vollstreckungsverfahren*, 1874, p. 239, 247).

Objectera-t-on, que la loi Pinaria[1], antérieure à la loi Silia, avait déjà accordé au défendeur à la *legis actio sacramenti* un délai de trente jours qui courait à partir de la première comparution devant le magistrat et à l'expiration duquel le juge était nommé ? Il serait d'abord aisé de répondre, que l'on ne connaît, d'une façon exacte, ni la date de la loi Pinaria ni celle de la loi Silia et qu'en tous cas cet argument historique ne porte[2] pas ; l'innovation de la loi Pinaria n'a pas, en outre, le même objet que celle de la loi Silia. De la lecture du § 15 du C. IV de Gaius, il résulte que, s'il s'agit de la *legis actio sacramenti*, toutes les formalités prescrites ont été accomplies immédiatement ; chacune des parties a pris position ; chacune d'elles a déposé le *sacramentum* ; une seule chose reste à faire, nommer le juge. Si la loi Pinaria renvoie au trentième jour ce dernier acte de la procédure, c'est afin que les parties se mettent d'accord sur le nom de l'un des citoyens, qui peuvent exercer la fonction de juge ou que tout au moins

---

1. M. Demelius, *Zum Legisactionsprocess* (*Krit. Viersteljahrsch. für G. und R. W.*, t. VIII (1866), enseigne au contraire que la *condictio* a été empruntée à la procédure de la *legis actio sacramenti* telle qu'elle avait été réorganisée par la loi Pinaria. Le dépôt du *sacramentum* disparut ; il ne resta que la *denuntiatio ad judicem capiendum*. Nous répondrons à M. Demelius que Gaius dit que depuis la loi Pinaria le juge sera seulement nommé le 30e jour, mais ne parle nullement d'une prétendue *denuntiatio ad judicem capiendum*. M. Demelius est en outre contraint d'admettre que chacun des plaideurs somme l'autre de comparaître de nouveau devant le magistrat ; or rien de semblable n'existe, nous le verrons, dans la *legis actio per condictionem* ; la *condictio* est un acte unilatéral. Citons encore Wieding, *Justinian. Libellprocess.*, p. 653 et Puntschart, *Entwicklung des grundgesetzlich. Civilrechts der Römer*, p. 212, comme rattachant la *condictio* à la loi Pinaria. Comp. enfin Huschke, *Multa*, p. 487 qui est moins affirmatif.

2. En ce sens, M. Cuq, *Les institutions juridiques des Romains*, t. 1. *L'Ancien droit*, p. 419. M. Schulin, *Römische Rechtsgeschichte*, 1889, § 110, p. 532 reconnaît également que la date de la loi Pinaria est inconnue. Il va de soi du reste que beaucoup d'auteurs la fixent, mais sans raison suffisante, à notre avis, Hartmann à l'année 282, *ab.* U. C., Hartmann-Ubbelohde, *Der Ordo judiciorum*, 1859, 1886, p. 457, note 48, M. Voigt, *Jus naturale*, t. II, p. 187, note 175 et beaucoup d'autres à l'année 322, *ab.* U. C.

chacune d'elles prenne ses renseignements afin de coopérer, au mieux de ses intérêts, à la désignation de celui qui videra le litige [1]. Au contraire, dans la *legis actio per condictionem*, telle que nous la concevons, au moment de la sommation de comparaître de nouveau le trentième jour, l'instance n'est pas liée ; on ignore s'il n'y aura pas aveu ; il n'est donc pas certain qu'un juge soit nommé et le délai de 30 jours a essentiellement le caractère d'un délai de grâce destiné à permettre au débiteur de s'acquitter [2].

II. — A côté de ce premier motif, nous en assignons un autre au vote de la loi Silia. Par suite des transformations économiques et sociales déjà accomplies, la procédure ancienne ne se trouvait plus en harmonie avec les mœurs, lorsqu'une contestation s'élevait entre deux particuliers relativement à l'existence d'une dette, le système des preuves notamment n'inspirait plus confiance. Si dans le Thalmud [3] toutes les actions sont pénales, sauf celle qui tend au remboursement d'une somme d'argent, comment s'étonner que des besoins analogues se soient manifestés chez

---

1. M. Ubbelohde (*Ordo judiciorum*), p. 457, note 49, a bien vu que, même après la loi Pinaria, les formalités de la *legis actio sacramenti*, étaient accomplies, lors de la première comparution en justice ; il pense même que la *litis contestatio* avait lieu à ce moment, avant que le délai de 30 jours ne commençât à courir.

2. M. Karlowa, *Der röm. Civilprocess zur Zeit der Legis actiones*, 1872, p. 231, voit dans la *condictio* une sommation faite par le créancier au débiteur de payer dans les trente jours ou de se présenter à l'expiration du délai devant le magistrat en vue de procéder à l'organisation de l'instance ; mais la conception de cet auteur diffère de la nôtre, relativement au rôle de la *condictio* et aux motifs pour lesquels notre *legis actio* a été créée. La théorie de M. Voigt, *Jus naturale*, t. II, p. 182, 183 et de M. Hugo Krüger, *Geschichte der capitis deminutio*, p. 356 et 357 d'après laquelle la *condictio* ne serait rien autre chose que la *comperendinatio* de la *legis actio per sacramentum* se heurte, comme l'opinion de M. Demelius, à cette objection, à savoir que la *condictio* consiste dans une sommation unilatérale faite par le créancier au débiteur. Au contraire, les deux plaideurs jouent un rôle dans la *comperendinatio*. « *Postea tamen quam judex datus esset, comperendinum diem, ut ad judicem venirent* DENUNTIABANT» nous dit Gaius, IV, 15.

3. Rabbinowicz, *La législation criminelle du Thalmud*, 1876, pp. 4, 29, 78.

les Romains et chez les Juifs ? Malgré un emprunt fait aux idées anciennes, la *legis actio per condictionem* correspondit à une nouvelle phase de l'histoire de l'administration de la justice. La loi sanctionna désormais, d'une façon particulière, l'obligation née d'un contrat ; au lieu de se plaindre, d'une façon générale, du tort que lui causait son adversaire, le demandeur se borna à affirmer l'existence de son droit de créance. L'action cessant d'être pénale pour devenir reipersécutoire, le système des preuves, qui se rattachait étroitement au caractère pénal de la procédure, dut recevoir des modifications importantes. C'est seulement s'il le veut que le créancier déférera désormais, devant le magistrat, le serment à son adversaire, *jusjurandum in jure delatum*, *jusjurandum necessarium*. Tandis que le défendeur avait autrefois toujours la faculté de se purger de l'accusation portée contre lui en jurant qu'il était accusé injustement, à charge peut-être d'être assisté d'un certain nombre de co-jureurs [1], la pratique ancienne ne subsista que dans l'hypothèse où le créancier craignait de ne pouvoir établir l'existence de son droit. Si ce dernier le juge à propos et seulement alors, le prétendu débiteur sera absous, à la condition de jurer qu'il ne doit rien ; en revanche il n'a d'autre alternative que de prêter le serment ou de payer la somme réclamée.

Le demandeur put au contraire, depuis la loi Silia, se dispenser de déférer le serment. La délation de serment autrefois obligatoire devint simplement facultative. Le prétendu créancier fut autorisé à la remplacer par une provocation à conclure un pari, provocation adressée à son adversaire. La charge de la preuve incombera à celui qui affirme l'exactitude de son allégation, conformément aux usages suivis en matière de pari et, d'après les mêmes

---

1. Peut-être du reste, nous l'avons dit, le demandeur devait-il rendre vraisemblable l'existence de la dette, soit en jurant avec des co-jureurs, soit en recourant à la preuve par témoins de la procédure primitive. Voy. Liv. prélim. ch. I, n° VII, p. 30.

usages, il jouira d'une latitude complète pour convaincre le juge ; à lui d'employer les modes de preuve qu'il jugera propres à lui faire obtenir gain de cause.

Je reviendrai dans le chapitre VI, sur le serment nécessaire et le pari, en matière de *legis actio per condictionem* ; pour le moment, il s'agissait simplement d'indiquer, quels furent, d'après nous, les mobiles des auteurs de la loi Silia et à quels besoins correspondit l'introduction de la nouvelle procédure dans la pratique romaine.

III. — Notre doctrine peut-elle se concilier avec le paragraphe 20 du C. IV de Gaius, dans lequel le jurisconsulte déclare qu'on peut se demander à quels besoins répondit la création de la *legis actio per condictionem* ?

Assurément ce paragraphe de Gaius reste une des grosses difficultés du sujet ; néanmoins, on peut en chercher l'explication dans l'histoire économique des Romains. Lorsque l'argent devint moins rare et moins cher, que les capitalistes consentirent des prêts pour des périodes plus longues, l'utilité de ce court délai de trente jours dut paraître absolument insignifiante, on ne se rendit plus compte du soulagement qu'avaient éprouvé les débiteurs de la fin du cinquième ou du commencement du sixième siècle, par suite du vote de la loi Silia ; on ne songea pas que le délai de remboursement se trouvait de plein droit allongé dans une proportion notable, d'un sixième, d'un tiers, de moitié peut-être.

Je ne considère pas, en outre, comme surprenant que le jurisconsulte ait ignoré un changement apporté au système des preuves, quatre siècles avant lui. Gaius donne à la vérité des détails précis sur la vieille procédure ; mais c'est que la *legis actio* n'avait pas entièrement disparu ; si les antiques cérémonies se conservèrent très longtemps, le vieux système de preuves tomba sans doute d'assez bonne heure en désuétude, même en matière de *legis actio sacramenti*. A cet égard encore, le paragraphe 20 s'explique.

§ 2. — **Discussion des principales doctrines opposées à la nôtre.**

Sommaire. — I. Classement des principaux systèmes. — II. La loi Silia n'eut pas pour objet de sanctionner un ou plusieurs contrats déterminés. — III. La *legis actio per condictionem* ne doit pas être considérée comme un instrument de réforme d'une puissance indéfinie, créé en vue d'écarter la règle : *nulla actio sine lege.* — IV. Elle ne fut pas imaginée en vue de permettre aux pérégrins de se présenter d'une façon indépendante, devant les tribunaux romains. — V. Sa création ne s'explique ni par la diminution de la valeur de l'*as*, ni par la frappe de la monnaie d'argent. — VI. Sa raison d'être ne consiste pas dans une simplification générale de la procédure utile aux deux parties. — VII. Elle ne tend pas à faciliter le recouvrement de la créance dans l'intérêt du demandeur. — VIII. Elle ne constitue pas une première tentative faite en vue de séculariser la procédure.

I. — En présence du paragraphe 20 du C. IV de Gaius, on ne s'étonnera pas de constater, que les tentatives faites pour expliquer le vote de la loi Silia et la création d'une nouvelle *legis actio* aient été nombreuses et très diverses. Pour les uns, la réforme procédurale doit correspondre à une réforme de la législation elle-même ; car, dit-on, la procédure est seulement la sanction des droits et des obligations. Il en est d'autres qui, comme nous, pensent que la loi Silia est exclusivement une loi de procédure et que, pour en comprendre la portée, il convient de faire abstraction du fond du droit. Les auteurs, qui se placent sur ce dernier terrain, sont du reste loin d'être d'accord et, c'est dans des directions très variées, qu'ils cherchent la solution du problème. Occupons-nous d'abord des systèmes de la première catégorie.

II. — D'après Puchta[1], la loi Silia aurait eu pour objet

---

1. *Institutionen, Zehnte Auflage besorgt* von Paul Krüger, 1893, § 162, p. 476. Dans le même sens Kuntze, *Cursus des röm. Rechts*, § 148 et Cuq, *Les institutions juridiques des Romains*, t. I, p. 667 et suiv., spécialement, p. 670.« En sanctionnant certains actes fiduciaires, contrairement au principe qui réservait la protection de l'Etat aux droits solennellement placés sous la protection des curies, on avait voulu prévenir les discordes civiles, auxquelles donnaient lieu périodiquement les exigences des prêteurs ». Comme on le voit, d'après M. Cuq, la pratique connaissait déjà la stipulation, le *mutuum*

de sanctionner la stipulation, le contrat *litteris* et le *mutuum* ; mais, indépendamment de l'invraisemblance qu'il y aurait à assigner la même date de naissance à trois contrats aussi différents par leur caractère et par le principe sur lequel ils reposent, la théorie de Puchta se heurte comme toutes celles de ce groupe au paragraphe 20 du C. IV de Gaius, dans lequel le jurisconsulte nous apprend, de la façon la plus nette, qu'avant la loi Silia le demandeur n'était nullement privé de moyens de recours et avait la faculté d'user d'une autre *legis actio*.

M. Voigt[1] combat, lui aussi, la doctrine de Puchta, qui, dit-il, assigne à la loi Silia une date trop tardive ou bien fait remonter le *mutuum* à une époque trop reculée ; il arrive à cette conclusion que la loi Silia votée, d'après lui, entre les années 311 et 365 de l'ère romaine sanctionna la stipulation, sous la forme ancienne de la *sponsio*, et elle seule. Notre auteur s'appuie sur le silence gardé par la loi des XII Tables relativement à la stipulation et sur ce fait que le mot *credere* aurait été employé comme synonyme de *stipulari*.

C'est à M. Punstchart[2] qu'est due la réfutation la plus développée du système de M. Voigt. Indépendamment du § 20 du C. IV de Gaius, cet auteur oppose à M. Voigt des passages de Tite Live, III, 24, 46 qui prouvent, selon lui, qu'à l'époque de la loi des XII Tables, la stipulation était déjà en usage et la considération suivante, à savoir qu'en raison de l'importance du fait, les jurisconsultes romains n'auraient pas ignoré la sanction donnée à la stipulation par la loi Silia.

III. — Arrivons enfin à la théorie de M. Baron[3], qui

et le contrat *litteris*, mais le créancier s'en rapportait à la bonne foi du débiteur ; ce fut seulement la loi Silia qui lui accorda la faculté de recourir à la justice.

1. *Condictiones ob causam*, p. 258. *Jus naturale*, t. IV, Beil., XIX, p. 401.
2. *Der entscheidende Einfluss*..... p. 73.
3. *Zur legisactio per judicis arbitrive postulationem und per condictio-*

mérite une attention particulière. D'après ce romaniste, la formule solennelle prononcée par le demandeur, dans la *legis actio per condictionem*, ne mentionnait pas la cause de l'obligation. Ne se présentant pas comme créancier en vertu d'une stipulation, d'un contrat *litteris* ou d'un *mutuum*, il soutenait seulement, que son adversaire lui devait tant de pièces de monnaie romaine, *centum dare oportere*. Pour employer une expression analogue à celle dont se sert M. Baron, la formule était rédigée d'une façon générale et vague (*Abstractklage*). La partie, qui prenait l'initiative, indiquait la source de son droit devant le juge et seulement alors. On sait d'ailleurs que, d'après notre auteur, la loi Silia ne limita pas le domaine de la *legis actio per condictionem*; il fallait et il suffisait que l'objet de la demande fût une certaine somme d'argent. La nouvelle procédure apparaît dès lors à M. Baron, comme un instrument de réforme d'une puissance indéfinie, imaginé en vue de substituer à la conception ancienne une conception moins étroite, qui fût davantage en harmonie avec les besoins de la pratique. Avant la loi Silia, le demandeur, devait se fonder sur une loi, *nulla actio sine lege*. Les cas, dans lesquels un particulier s'adressait régulièrement à la justice, étaient donc peu nombreux ; pour que leur nombre augmentât, il fallait mettre en mouvement l'appareil législatif, consulter le peuple, que ces questions d'ordre purement technique n'intéressaient guère. La loi Silia créa, au contraire, une procédure, grâce à laquelle un vaste champ s'ouvrit aux perfectionnements de l'avenir. Comme, en vertu de cette loi, les paroles solennelles prononcées devant le magistrat ne visaient aucune cause particulière et se bornaient à parler de *dare oportere*, le juge eut la faculté de sanctionner les rapports juridiques, qui tiraient leur origine, non pas d'une loi, mais de la coutume ou du droit

---

nem (*Festgaben für* Beseler), p. 46, et *Die Condictionen*, p. 2, p. 195 et suiv. M. Garrelon, *Le plaidoyer de Cicéron pro Roscio comœdo*, p. 88, adopte encore sur ce point l'opinion de M. Baron.

des jurisconsultes. Si le demandeur a un droit reconnu par une loi, libre à lui de se servir de l'une des anciennes *legis actiones*; il devra alors mentionner, dans la formule solennelle prononcée devant le magistrat, quelle est la cause de son droit; mais, même dans cette hypothèse, il trouvera à sa disposition, s'il le désire, la *legis actio per condictionem*. Comme on le voit, la création de cette dernière eut pour but, d'après M. Baron, de battre en brèche la règle : *nulla actio sine lege* . Plus tard, le mouvement fut terminé quand, après la loi Aebutia, la procédure servit à faire respecter les dispositions du droit honoraire lui-même ; mais le premier pas dans cette voie avait été accompli par le vote de la loi Silia ; cette dernière constituait déjà un acheminement vers le système formulaire.

Si on admet, avec nous, que la rédaction générale et vague de la formule solennelle prononcée par le demandeur dans la *legis actio per condictionem* se rattachait au passé, bien loin d'avoir été imaginée par les auteurs de la loi Silia, le principal argument de M. Baron perd toute sa force [1].

Ajoutons que si Gaius, dans le § 20 du C. IV, avoue son ignorance ou au moins ses hésitations, relativement à l'explication qu'il convient de donner au vote de la loi Silia, il rejette nettement toutes les doctrines, qui consisteraient à assigner à la nouvelle procédure un domaine d'application plus étendu qu'à celles dont on se servait auparavant.

Enfin, il paraît invraisemblable d'une part, qu'à la fin du Ve siècle ou au commencement du sixième, les comices aient délégué leurs pouvoirs aux juges, rompant ainsi brusquement avec la tradition et d'autre part que, si la jurisprudence disposait d'un instrument de réforme d'une si rare puissance, elle n'en ait pas fait un meilleur usage.

---

1. Voy. ci-dessus, ch. IV, § 2, n° II, p. 97 et 98.

Avec la doctrine de M. Baron, l'histoire du droit romain pendant les VIᵉ, VIIᵉ et VIIIᵉ siècles devient inexplicable ; on ne conçoit guère comment il a encore fallu tant d'efforts pour achever la théorie des obligations [1], ni comment le droit honoraire joua un rôle si considérable.

Pourquoi enfin permettre de s'affranchir de la règle : *nulla actio sine lege*, en matière d'obligations, et seulement en matière d'obligations ?

Nous croyons enfin que, malgré cette règle, la jurisprudence jouissait d'une latitude assez grande ; M. Baron ne tient pas compte des ressources, qu'offrait l'interprétation de la loi des XII Tables et des lois postérieures.

Les objections, que nous venons de développer, s'appliquent, avec autant de force, à la doctrine de M. Karlowa [2], d'après lequel les auteurs de la loi Silia s'en seraient rapportés à la jurisprudence du soin de déterminer ce qu'il fallait entendre par les mots *dare oportere* et par suite quel serait le domaine de la nouvelle procédure. Ai-je en

---

1. M. Pernice a spécialement développé cette objection à la doctrine de M. Baron. Comp. P. F. Girard, *L'histoire de la condictio* d'après M. Pernice, p. 412 et 413.

2. *Röm. Rechtsgesch.*, t. II, p. 763. M. Karlowa estime que son système explique le paragraphe 20 du C. IV de Gaius. « Ce jurisconsulte, dit-il, et d'autres aussi peut-être, trouvaient surprenant que, à côté de la *legis actio sacramento* et de la *legis actio per judicis postulationem* qui s'ouvraient dans des hypothèses déterminées de *dari oportere*, on créât encore une *legis actio* visant un *dari oportere certam pecuniam* ou *omnem certam rem* sans aucune limitation quant à la source de l'obligation. Gaius perdait simplement de vue que si les auteurs des lois Silia et Calpurnia entendaient laisser à la jurisprudence et aux juges le soin de déterminer quand la dette du défendeur rentrerait dans la définition du *dari oportere*, ils ne pouvaient pas restreindre à certaines sources d'obligations la portée du *modus agendi* qu'il s'agissait d'introduire dans la pratique ». Nous avons tenu à reproduire aussi exactement que possible l'argumentation de M. Karlowa ; mais elle nous touche peu. Si les auteurs des lois Silia et Calpurnia avaient abandonné à la jurisprudence le soin de déterminer quand la dette du défendeur rentrerait dans la définition du *dari oportere*, c'eût été en vue de lui permettre d'étendre le domaine d'application de la *legis actio* en raison des besoins nouveaux de la pratique. Or Gaius déclare expressément dans le paragraphe 20 qu'aucune obligation nouvelle ne fut sanctionnée par suite du vote des lois Silia et Calpurnia.

outre besoin d'insister sur la singularité de cette réforme devançant les besoins de la pratique, au lieu de se borner à leur donner satisfaction ?

IV. — Parmi les auteurs, pour lesquels la loi Silia n'eut pas pour objet de réformer le fond du droit, les uns trouvent l'explication cherchée dans les principes du droit international, les autres dans des considérations économiques, les derniers enfin dans la simplification de la procédure ou dans le changement de son caractère.

D'après M. Pernice [1], la *legis actio per condictionem* fut la forme imaginée, pour permettre aux pérégrins de se présenter, d'une façon indépendante, devant les tribunaux romains ; jusqu'à la loi Silia, il leur fallait nécessairement avoir recours aux bons offices d'un citoyen, quand ils voulaient s'adresser à la justice romaine. Huschke [2] enseigne de son côté que les mots *condicere* et *condictio* furent empruntés aux rites des fétiaux et à la procédure suivie, lorsqu'une difficulté s'élevait entre citoyens et pérégrins, difficulté qui était tranchée par des récupérateurs.

A l'appui de cette doctrine on cite le passage suivant de *Festus* : *hoc verbo*.

« *Status dies vocatus qui judici causa est constitutus cum peregrino* ».

On voit, dit-on, que la procédure débute ici, comme en matière de *legis actio per condictionem*, par la fixation d'un jour pour la comparution des parties. Peut-on nier

1. *Labeo*, t. III, p. 234.
2. *Multa*, p. 487. M. Karlowa, *Röm. Civil proc. zur Zeit der L. A.*, p. 235 et M. Hugo Krüger, *Geschichte der capitis deminutio*, p. 360 admettent également que notre procédure a été imitée de celle qui était suivie dans les procès entre citoyens et pérégrins ou entre pérégrins, procès qui étaient jugés par des récupérateurs. M. de Ihering, *Scherz und Ernst.*, p. 225, parle lui aussi de l'influence des relations internationales sur la création de notre procédure mais sans insister. M. P. F. Girard enfin, sans se prononcer expressément, signale la *legis actio per condictionem* comme une procédure plus simple et *moins rigoureusement romaine par ses origines*. *L'histoire de la condictio*, d'après M. Pernice, p. 418.

enfin, ajoute-t-on, en présence du ch. 32 du L. 1 de Tite Live, que la *condictio* jouât un rôle dans les cérémonies, qui précédaient la déclaration de guerre et qui étaient accomplies par les fétiaux?

Le passage de Festus ne prouve rien, à notre avis. Le grammairien dit en effet, que le mot *status* correspond à la forme postérieure *constitutus*. Le *status dies*, c'est le jour qui a été fixé, *d'un commun accord*, par les parties, tandis que le terme *condictio* éveille l'idée d'une sommation faite par l'un des plaideurs à l'autre, d'un acte unilatéral, *condictio, denuntiatio. Condicere, constituere* ce sont là des expressions voisines mais non identiques. Nous comprenons à merveille l'importance de l'accord des parties, dans la procédure suivie entre citoyens et pérégrins, procédure qui, pendant longtemps, n'eut pas de base légale, nous n'apercevons pas, au contraire, ce que viendrait y faire la sommation unilatérale conçue en termes solennels. Si on objecte que, dans certains textes, figurent les mots *status condictus dies cum hoste*[1], nous répondrons, que chacun des termes *status* et *condictus* peut correspondre à un acte différent. Quant au ch. 32 du Liv. 1 de Tite-Live qu'en veut-on déduire? La sommation faite par le *pater patratus* au peuple ennemi de donner satisfaction au peuple romain dans un délai de 33 jours s'appelait *condictio*[2]; mais les auteurs de la loi Silia devaient eux aussi se servir de ce terme, qui, emprunté à la vieille langue romaine, figurait dans les formulaires des augures. Du ch. 32 du Liv. 1 de Tite Live, on pourrait plutôt déduire un argument en faveur de notre doctrine, puisque, dans le droit fétial, la *condictio* apparaissait comme un moyen d'accorder un délai de grâce au peuple voisin pour lui permettre de restituer les choses ou les personnes enlevées sur la frontière. Ce texte ne prouve, au con-

---

1. Plaute, *Curculio*, I, 1, 5.
2. Comp. A. Weiss, *Le droit fétial et les fétiaux* à Rome (Extrait de la France judiciaire), 1883, p. 31 et A. Schmidt, *op. et loco cit.*

traire, nullement que la *legis actio per condictionem* fut imaginée, en vue d'ouvrir aux pérégrins l'accès de la justice romaine. Loin de là, le terme *sponsio paenalis* du paragraphe 171 C. IV de Gaius, le nom de *sponsio* donné au pari feraient supposer que les plaideurs prononçaient la formule : *spondes ne ? spondeo* réservée aux citoyens romains.

V. — C'est dans la diminution de la valeur de l'*as*, que M. Puntschart[1] voit la principale cause de la création de notre *legis actio*. L'*as* primitif était une monnaie de bronze pesant une livre. Le poids de cette monnaie fut réduit à plusieurs reprises et sa valeur baissa, par suite des guerres heureuses du Ve siècle, qui firent affluer à Rome des capitaux considérables et procurèrent aux Romains la possession de riches mines d'argent, par suite aussi du développement général de la civilisation. La réforme monétaire de l'an 486 fut une conséquence de cette transformation du régime économique. D'une part une monnaie d'argent vint prendre place à côté de la monnaie de bronze, d'autre part on fixa le poids de l'*as* à deux *unciae*[2]. Au milieu du VIe siècle 500 *as*, dit M. de Ihering[3], ne valaient pas beaucoup plus que 50 *as* autrefois ; à cette époque, d'après le calcul de cet auteur, 50 *as* correspondaient à 3 florins d'Autriche, 6 marcs d'Allemagne, 7 fr. 50, 500 *as* à 30 florins, 60 marcs, 75 francs. Cette dépréciation de l'*as* qui, comme on le voit, ne saurait être niée, changeait complètement la portée des dispositions de la loi des XII Tables, dans laquelle étaient mentionnées des sommes comptées en *as*. Aulu-Gelle, *Noct. Att.*, XX, 1, 12, en a donné un exemple célèbre à propos du délit d'injures. Le même phénomène se produisit à propos de la tarification du *sacramentum* ; la crainte de perdre le montant de

---

1. *Entwicklung des grundgesetz. Civilrechts*, p. 414 et suiv.
2. Voigt, *Privatalterthümer und Kulturgeschichte*, p. 770. Comp. Belot, *De la révolution économique et monétaire, qui eut lieu à Rome au milieu du troisième siècle avant l'ère chrétienne*, 1885, p. 64 et suiv.
3. *Scherz und Ernst*, p. 222.

son *sacramentum* ne produisait plus d'effet sur l'esprit d'aucune des parties ; ce fut, dit M. Puntschart, afin de rendre à la peine du plaideur téméraire son effet d'intimidation, que la loi Silia organisa la nouvelle procédure, dont la *sponsio tertiae partis* constitue l'organe caractéristique. Une réaction, dans le sens d'une plus grande sévérité, s'imposait d'autant mieux que la loi Paetelia Papiria ayant supprimé le *nexum*, le défendeur n'avait plus aussi souvent à craindre une condamnation au double, s'il contestait à tort l'existence de la dette [1].

Nous répondrons à M. Puntschart, que la dépréciation de l'*as* est un phénomène, qui aurait dû amener la refonte de la *legis actio per sacramentum* d'une façon générale, mais qui ne justifie guère l'organisation d'une nouvelle procédure, ayant un domaine restreint. Pourquoi en outre attribuer le bénéfice de l'amende payée par le perdant non plus à l'Etat mais à son adversaire ? Comment expliquer la sommation adressée au défendeur?

La théorie de M. Kappeyne van de Coppello [2], dont nous avons déjà eu l'occasion de dire un mot, se rapproche de celle de M. Puntschart, en ce que, comme ce dernier, il cherche dans les réformes économiques et monétaires la clef de la difficulté. Ce serait, selon lui, la frappe de la monnaie d'argent à partir de l'an 486 *ab. U.* qui aurait déterminé le vote de la loi Silia. Il n'y avait pas auparavant de pièces de monnaie, que l'on pût se borner à compter, *pecunia numerata*. La réforme de l'an 486 rendit nécessaire d'édicter une série de dispositions procédurales nouvelles.

---

1. « *Hanc autem fidem majores nostri non modo in officiorum vicibus, sed in negotiorum quoque contractibus sanxerunt* MAXIMEQUE IN PECUNIAE MUTUATICAE USU ATQUE COMMERCIO : *adimi enim putaverunt subsidium hoc inopiae temporariae quo communis omnium vita indiget, si perfidia debitorum sine gravi poena eluderet* », disait le jurisconsulte Sextus Caecilius au philosophe Favorinus. Aulu Gelle, *N. A.* XX, 1, n° 41.

2. *Abhandlungen*, p. 301.

A notre avis, M. Kappeyne van de Coppello attache une importance exagérée à la frappe de la monnaie d'argent, celle de bronze, instrument d'échange peu commode assurément, n'en constituait pas moins une véritable monnaie ; car la cité romaine vérifiait non seulement la nature de l'alliage, mais encore le poids ; en l'an 486 on n'en était plus depuis longtemps aux tuiles de bronze portant l'empreinte d'un bœuf ou d'une brebis et qu'il fallait nécessairement peser, *aes signatum*[1]. Abstraction faite de cette observation, notons qu'au point de vue des relations du créancier et du débiteur, la nature des pièces dues importe assez peu. Il ne faut pas oublier que, bien avant la fin du V⁰ siècle, la question des dettes préoccupait le législateur et jouait un grand rôle dans l'histoire du peuple romain.

VI. — Si maintenant nous nous occupons en dernier lieu des auteurs, qui cherchent dans l'étude de la *legis actio* elle-même les motifs de son introduction, nous constaterons que les uns considèrent que la raison d'être de la loi Silia consista dans une simplification générale de la procédure, utile aux deux parties, tandis que, d'après les autres, elle se serait proposé, soit de faciliter le recouvrement de la créance dans l'intérêt du demandeur, soit au contraire d'améliorer la situation du débiteur.

Keller[2] et M. Demelius[3] représentent la première branche du système que nous exposons, tout en donnant d'ailleurs des arguments différents en vue de prouver la plus grande simplicité de notre *legis actio* comparée aux autres. Pour Keller, la *condictio* est une sommation extrajudiciaire, ce que nie M. Demelius. D'après ce dernier, les avantages de notre procédure s'affirment par la suppression du *sacramentum*, la réduction au minimum des paroles solennelles prononcées par les parties et enfin la faculté, pour le

---

1. Mor. Voigt, *Privatalterthümer und Kulturgeschichte*, p. 770.
2. *Procéd. civ. trad.* Capmas, n⁰ 18, p. 75 et 76.
3. *Zum Legisactionenprocess* (Krit. Vierteljahrschr. für G. und R. W. t. VIII, 1866), p. 514.

créancier, de terminer le différend avec une extrême rapidité, en déférant à son adversaire le *jusjurandum necessarium*. La *legis actio per condictionem* apparaît alors comme une première tentative de réforme, qui fait déjà prévoir la création de la procédure formulaire.

Que dans la *legis actio per condictionem* les paroles solennelles aient été simples et peu nombreuses, je le concède volontiers à M. Demelius. La date de la loi Silia suffirait à l'expliquer. Ce changement des formules solennelles cadre en outre à merveille avec la doctrine, d'après laquelle notre *legis actio* constitue la première action reipersécutoire; du moment que le demandeur ne reproche plus à son adversaire d'avoir commis un délit, il doit nécessairement s'exprimer d'une façon nouvelle. Nous ne saurions, au contraire, accepter les idées de M. Demelius sur le *jusjurandum necessarium* puisque, d'après la doctrine qui sera exposée ci-dessous, la loi Silia permit au demandeur de ne pas déférer le serment et que la justification du défendeur par serment remonte à une haute antiquité. Quant à la disparition du *sacramentum*, en quoi simplifie-t-elle la procédure? A la vérité, d'après M. Demelius, la *sponsio tertiae partis* ne sera pas toujours conclue; mais nous ne sommes pas de cet avis. On peut dire seulement que, pour chacun des plaideurs, une chance de gain correspondant désormais à une chance de perte, cela vaut mieux pour lui. L'avantage de la nouvelle procédure comparée à l'ancienne serait plus frappant, si, au moment du vote de la loi Silia, le dépôt préalable du *sacramentum* était encore en usage; seulement cette hypothèse, admissible assurément, ne s'appuie sur aucun fondement sérieux.

VII. — Pour M. Wieding[1], la *legis actio per condictionem* s'explique par la disparition du *nexum* et le désir de donner au créancier un moyen de peser sur la volonté du débiteur et de l'amener à ne pas nier la dette à la légère.

---

1. *Justinian. Libellproc.*, p. 653.

Tandis que la loi Pinaria avait, en matière de *legis actio sacramenti*, accordé un délai de 30 jours au défendeur, pour lui permettre de remplir ses engagements, la loi Silia subordonna cette faveur à la condition qu'il s'engagerait, dans la forme de la stipulation, à payer le tiers en sus en cas d'échec. La *sponsio tertiae partis* précèdera la *condictio* et grâce à elle la *legis actio per condictionem* jouera un rôle analogue à celui de la *legis actio per manus injectionem*, dont elle doit être considérée comme une seconde édition revue et corrigée.

Je ne reviens pas sur les prétendus rapports de la loi Silia avec la loi Pinaria ; mais, si la conjecture de M. Wieding était exacte, il serait permis de s'étonner du nom donné à notre procédure ; pourquoi ne l'a-t-on pas appelée *legis actio per sponsionem*, si le pari constitue son but et son caractère essentiel ? Cette objection de Huschke, qui ne paraît pas juste, si on s'en sert contre nous, reprend au contraire toute sa gravité, la doctrine de M. Wieding une fois admise.

VII. — Quelques mots consacrés à la théorie de M. de Ihering[1], termineront ce chapitre. Bien loin de rapprocher notre procédure de la *legis actio per manus injectionem*, ce dernier auteur y voit une mesure de protection pour la classe pauvre. Selon lui, la *legis actio per condictionem* constitua la première tentative faite, en vue de séculariser la procédure. Jusqu'à la loi Silia, les plaideurs devaient nécessairement avoir recours à l'assistance d'un pontife, ce qui donnait aux patriciens un puissant moyen d'influence et de domination ; il n'en fut plus de même après le vote de cette loi. Le débiteur plébéien, qui se voyait condamner, avait en outre l'avantage de ne pas encourir, dans tous les cas, la peine du plaideur téméraire, car la *sponsio tertiae partis* était facultative et non obligatoire.

---

1. *Esprit du droit romain* (*Traduction* de Meulenaere), t. 3, p. 94. *Scherz und Ernst*, p. 226 et 227.

Pour que ce dernier argument portât, il faudrait que le pari ne pût jamais être imposé au défendeur. Or le paragraphe 171 du C. IV de Gaius, sur lequel s'appuie l'opinion dominante, n'accorde de droit d'option qu'au demandeur ; ce droit d'option n'a pas du reste, selon moi, l'objet qu'on lui assigne en général. Quant à la première considération, elle se ramène, si je ne me trompe, à cette idée, à savoir que les formules solennelles de la *legis actio per condictionem* sont relativement peu compliquées ; je l'admets volontiers, mais sans trouver là une justification suffisante du vote de la loi Silia. Comment expliquer enfin le rôle assigné à la sommation faite au débiteur, à la *condictio* ?

CHAPITRE VI

LA LEGIS ACTIO PER CONDICTIONEM CONSTITUE-T-ELLE UNE PROCÉDURE PAR LE PARI ?

La *legis actio per condictionem* constitue, à notre avis, une procédure par le pari, en ce sens, que la loi Silia autorisait le demandeur à mettre son adversaire en demeure de conclure une gageure, dont l'enjeu égalait le tiers de la somme réclamée, *sponsio tertiae partis*; les formules des deux stipulations traçaient alors son devoir au juge, qui décidait si le prétendu créancier avait fait sa preuve et devait être consideré comme ayant gagné son procès. Au lieu d'user de cette faculté, le demandeur pouvait cependant déférer à l'autre partie, en présence du magistrat, *in jure*, le serment nécessaire, *jusjurandum necessarium* et, grâce à cette méthode, terminer immédiatement le procès. S'il en était ainsi, les nécessités de notre démonstration nous conduisent à définir le *jusjurandum necessarium* du droit classique, à indiquer, de plus, ses caractères principaux, et à rechercher si l'institution remonte à la loi Silia ; abordant ensuite l'étude de la *sponsio tertiae partis*, j'essaierai de démontrer que le pari formait un organe de la *legis actio per condictionem*, que les plaideurs devaient, dans tous les cas, y recourir, à défaut de *jusjurandum in jure delatum* et enfin que le procès roulait sur le pari de telle sorte que le juge tranchait, seulement par voie de conséquence, la véritable question litigieuse.

§ 1. — Le jusjurandum in jure delatum à l'époque classique.

SOMMAIRE. — I. Définition. — II. Méthode employée par M. Demelius en vue de déterminer les textes relatifs au serment nécessaire et ceux qui se rapportent au serment conventionnel. Le titre *de jurejurando* de l'*Edictum perpetuum*. — III. Le *jusjurandum in jure delatum* ne pouvait être déféré que par le demandeur. — IV. Son domaine d'application, loin d'être illimité, se restreignait, en principe, à l'*actio certae creditae pecuniae* et à la *condictio triticaria*. — V. Son objet se confondait toujours avec celui de la demande. — VI. Il devait être déféré et prêté devant le magistrat, *in jure*. — VII. Quand le serment nécessaire n'était ni prêté ni référé par le défendeur, la loi romaine traitait ce dernier comme *confessus* ; elle assimilait à la *litiscontestatio* la prestation du serment nécessaire. — VIII. Ce dernier ne saurait être envisagé comme le résultat d'une transaction. — IX. Ce n'était pas davantage un jugement rendu par l'un des plaideurs dans sa propre cause. — X. Il ne servait pas d'expédient destiné à rendre la procédure plus rapide et plus simple. — XI. Il présentait le caractère d'un moyen de preuve formaliste.

I. — On appelait serment nécessaire[1], *jusjurandum necessarium*, *jusjurandum in jure delatum*, celui qui s'imposait au défendeur, à la seule condition que l'autre partie le lui

---

1. Dans la doctrine française on appelle serment décisoire celui qui correspond au *jusjurandum in jure delatum* des Romains. C. civ., art. 1357. « Le serment judiciaire est de deux espèces : 1° celui qu'une partie défère à l'autre pour en faire dépendre le jugement de la cause : il est appelé *décisoire*... » Voy. art. 1358 et suiv. et Garsonnet, *Traité théorique et pratique de procédure*, t. II, 1885, p. 589 et suiv., n°s 355 et suiv. Sur l'histoire de la doctrine relative au sens des différents mots employés par les jurisconsultes romains en notre matière, voy. Geouffre de Lapradelle, *L'évolution historique du serment décisoire en droit romain*. Thèse Paris, 1894, p. 24 et 25.

déférât *in jure*, devant le magistrat. Par le simple fait de la délation, le plaideur se trouvait placé dans l'alternative de jurer lui-même ou de référer le serment. Quoiqu'il arrivât du reste, le différend prenait fin sans plus attendre. Si le défendeur jurait, les choses se passaient, comme s'il avait été absous par un juge ; dans le cas contraire, la législation romaine l'assimilait à un condamné, *judicatus*, soit qu'il n'eût pas voulu référer le serment, soit que son adversaire eût usé de la faculté qui lui était accordée.

Le serment nécessaire[1] s'explique par l'histoire du développement du système des preuves ; si, dans la législation classique des Romains, il apparaît comme le vestige d'une doctrine ancienne, depuis longtemps tombée dans l'oubli, au point de vue de nos idées modernes, on ne saurait justifier son existence[2]. Comment, sans choquer notre sentiment de la justice, enfermer le plaideur dans ce dilemme ou de s'en fier à un adversaire peu scrupuleux ou de jurer lui-même à la légère, avant tout débat? Le défendeur peut légitimement attendre que le demandeur développe ses moyens de preuve, sauf à cesser la lutte si sa conscience le lui commande. La délation de serment après les débats servira quelquefois à éclairer le juge ; au contraire, le *jusjurandum necessarium* intervenant, au début du procès, et fonctionnant, avec une rigueur absolue, mécaniquement en quelque sorte, constitue une

---

1. Comp. Demelius, *Schiedseid und Beweiseid im römischen Civilprozesse*, 1887, p. 9 et suiv. M. Schultze, *Privatrecht und Process in ihrer Wechselbeziehung*, p. 523, considérant le serment nécessaire et le serment volontaire comme des jugements rendus par l'un des plaideurs, explique aisément que certaines législations modernes ne les connaissent plus. Je combattrai du reste sans tarder cette thèse de M. Schultze.

2. M. Geouffre de Lapradelle, *op. cit.*, p. 6, dit très justement à mon sens: « Aussi le serment décisoire, bien qu'accepté par un grand nombre de législations contemporaines, s'enferme-t-il presque exclusivement dans des textes inertes, dont la vie peu à peu se retire. Institution d'un autre âge, il s'abolit lentement ; plusieurs lois étrangères l'effacent ; les jurisconsultes le critiquent ; les magistrats eux-mêmes sont les premiers à signaler ses inconvénients pris sur le vif de la pratique judiciaire ».

regrettable anomalie, dans une législation tant soit peu avancée, car cette institution nous reporte au temps, où les plaideurs jouaient dans la procédure un rôle tout à fait prépondérant et où le système de preuves offrait un caractère formaliste nettement accusé. Lorsque les représentants de la puissance sociale intervinrent, d'une façon plus décidée, dans l'administration de la justice et que les lumières du juge inspirèrent plus de confiance, l'histoire du serment nécessaire aurait dû se clore.

II. — Remontant moins haut que ce dernier, bien que découlant lui aussi d'idées fort anciennes, le serment conventionnel ou extra-judiciaire se sépare nettement du *jusjurandum in jure delatum* dont il diffère à un grand nombre de points de vue.

M. Demelius a renouvelé du reste, à notre avis, la théorie du serment nécessaire et du serment conventionnel par l'application à la matière d'une méthode dont M. Lenel s'était déjà servi, avec un grand succès. En comparant entre eux, les fragments empruntés aux commentateurs de l'*Edictum perpetuum* par les commissaires de Justinien qui, on le sait, citent toujours, non seulement le jurisconsulte et l'ouvrage, mais encore le livre de l'ouvrage auquel ils font un emprunt, notre auteur répartit les lois du titre *de jurejurando* au Dig. XII, 2, en deux groupes distincts comprenant, le premier celles qui figuraient dans les commentaires sur le titre *de rebus creditis*, le second celles que comprenaient les commentaires sur un titre spécial *de jurejurando*[1]. C'est au premier groupe qu'appartiennent les

---

1. Déjà avant M. Demelius, le caractère composite du titre *de jurej.* au D. avait frappé les auteurs qui tentaient de reconstituer l'*Edictum perpetuum*. Th. Kiesselbach, *Beitrag zur Lehre vom römischen Eide nach den Fragmenten in den Pandekten (Jahrbücher für die Dogmatik des heutigen röm. und deutsch. Privatrechts*, t. IV, 1861, p. 321-365). Rudorff, *Edicti perpetui quae reliqua sunt*, 1869, § 93, p. 103, § 94, p. 104. Bruns, *Fontes jur. rom. ant.*, 4ᵉ éd., p. 170, 172. Lenel, *Ed. perp.*, § 54, p. 116 et suiv., § 95, 3°, p. 188 et 189. Comp. aujourd'hui, P. F. Girard, *Textes de droit romain*, p. 124 et 127. L'édit : *de jurejurando* commenté par Ulpien dans

fragments relatifs au serment nécessaire. M. Demelius a dressé de cette façon un tableau des différentes sources du titre *de jurejurando* au Digeste, tableau que l'on trouvera à la page 23 de son livre et il rapporte au serment conventionnel plusieurs textes, que l'on considérait jusqu'ici comme s'occupant du *jusjurandum in jure delatum*[1].

III. — En partant de cette démonstration, M. Demelius signale de nombreuses différences entre le serment conventionnel et le serment nécessaire, indépendamment de celle qui résulte de leur nom même. D'après lui, le *jusjurandum in jure delatum* ne pouvait être déféré, dans les

son liv. 22, par Paul dans son liv. 18, par Gaius dans son liv. 5, par Julien dans son liv. 9 figurait dans le tit. *de judiciis omnibus* où il suivait l'édit : *de interrogationibus in jure faciendis*. La clause relative au serment nécessaire, dont s'occupaient, Ulpien dans le liv. 26, Paul dans le l. 28, Gaius dans le l. 9, Julien dans le l. 10, constituait au contraire une partie de l'édit : *Si certum petetur* placé dans le tit. *de rebus creditis*. Les commissaires de Justinien mirent au Dig. le titre *de jurejurando* à la place qu'occupait dans la rédaction de Julien l'édit : *Si certum petetur*. Au Code, le tit. 1 du L. IV porte la rubrique *de rebus creditis et jurejurando* précédant immédiatement le tit. II, *si certum petetur*. M. Karlowa, *Röm. Rechtsgesch.*, t. II, p. 597, admet avec M. Demelius que l'*Edictum perpetuum* s'occupait du serment conventionnel sous le tit. *de judiciis omnibus* et du serment nécessaire sous le tit. *de rebus creditis* ; seulement comme cet auteur distingue l'*actio certae creditae pecuniae* et la *condictio certae pecuniae*, il croit que la clause relative au serment nécessaire se rattachait non pas à l'édit : *Si certum petetur*, mais à un édit qui le précédait dans le tit. *de rebus credit.* et qui s'occupait de l'*actio certae creditae pecuniae*. M. Karlowa cite en faveur de son opinion l'ordre adopté par les rédacteurs du Code de Justinien. Considérant le terme *actio certae creditae pecuniae* comme le nom technique de la *condictio certae pecuniae* nous repoussons l'opinion de M. Karlowa que contredit la L. 34, pr. D., *de jurejur.* et qui ne trouve pas dans le Code un appui suffisant. Si on admettait la correction proposée par M. Gradenwitz au texte de la L. 34, § 6, *de jurejur.*, cette thèse serait même expressément condamnée. Sur l'histoire de la doctrine relative aux deux édits, on lira avec intérêt Geouffre de Lapradelle, *op. cit.*, p. 25 et suiv. M. Geouffre de Lapradelle adopte complètement la théorie de M. Demelius.

1. Evidemment d'ailleurs le classement des sources ne saurait être purement mécanique. En cas de doute, la connaissance de l'édit commenté par le jurisconsulte classique fournit une indication précieuse ; mais on ne saurait nier, par exemple, qu'à propos de l'édit : *Si certum petetur* il pouvait être question des modes d'extinction des obligations et par suite du serment conventionnel.

premiers siècles de l'ère chrétienne, que par le demandeur[1] au défendeur. A l'appui de cette doctrine unanimement repoussée jusqu'à lui, notre auteur cite l'*Edictum perpetuum* lui-même.

« *Eum a quo jusjurandum*[2] *petetur*, SOLVERE *aut jurare cogam* ». L. 34, § 6, D. *de jurej.*, XII, 2 (Ulpien, *lib.* 26, *ad Edict.*).

Le jurisconsulte Ulpien ajoute immédiatement :

« *Alterum itaque eligat* REUS : *aut solvat aut juret, si non jurat solvere cogendus erit a praetore* ».

Les jurisconsultes classiques commentant le texte de l'Edit supposent en outre toujours le serment déféré au défendeur.

Comment maintenant répondre aux arguments de texte qui, d'après la doctrine générale, condamnent péremptoirement cette prétendue limitation du domaine de notre institution ?

La L. 9, § 3, D. *de jurejur.*, XII, 2 (Ulpien, *lib.* 22, *ad Ed.*), s'exprime de la façon suivante :

« *Si is, qui temporaria actione* MIHI OBLIGATUS ERAT, *detulerit jusjurandum, ut jurem eum* DARE OPORTERE, *egoque juravero*..... » Comp. également le § 6 de la même loi.

De même, la L. 25, § 1, D. *de pec. const.*, XIII, 5 (Papinien, *lib.* 8, *Quaest.*) se place dans l'hypothèse où c'est le prétendu créancier qui a juré.

« *Si jurejurando delato* DEBERI TIBI *juraveris* ».

C'est du liv. 22 et non pas du liv. 26 du commentaire d'Ulpien sur l'*Edict. perp.*, que provient la loi 9. Or, dans

---

[1]. Le droit de déférer le serment n'appartient d'ailleurs au demandeur qu'à la condition de jurer lui-même, si son adversaire l'exige, qu'il n'agit pas par esprit de chicane, *jusjurandum de calumnia*. L. 34, § 4, D. *de jurej.*, XII, 5 (Ulpien, *lib.* 26, *ad Ed.*).

[2]. M. Gradenwitz, dans son compte rendu du livre de Demelius, croit du reste que le mot *jusjurandum* constitue une interpolation de Justinien et que l'*Edictum* portait « *eum a quo certum petetur* » (*Zeitschrift der Sav. Stift. für R. G.*, t. VIII, R. A., p. 275). M. Lenel, *Palingenesia*, t. 2, col. 568, n. 7, ne se prononce pas.

ce liv. 22, le jurisconsulte expliquait l'édit : *de jurejurando* et non pas l'édit: *Si certum petetur* ; il paraît donc au moins très vraisemblable, qu'il s'agissait d'un serment conventionnel, et non pas d'un serment nécessaire[1]. Les deux fragments supposent du reste que le plaideur a juré ; était-il contraint de jurer ou de référer le serment? On ne le dit pas.

Reste un passage des *Sentences* de Paul, lib. II, tit. I, *de rebus creditis et de jurejurando*.

§ 1. — *In pecuniariis causis si* ALTER EX LITIGATORIBUS *jusjurandum deferat,* AUDIENDUS *est* ; *hoc enim et compendio litium et aequitatis ratione provisum est.*

§ 2. — *Deferre jusjurandum* PRIOR *actor potest : contrarium autem de calumnia jusjurandum reo competit.*

Assurément, la décision ne manque pas de clarté ; mais émane-t-elle du jurisconsulte lui-même ou au contraire ne l'attribuerait-on pas légitimement aux compilateurs wisigoths, par l'intermédiaire desquels les *Sentences* de Paul sont parvenues jusqu'à nous ?

M. Demelius consacre son paragraphe 19 à justifier cette dernière conjecture et tandis que les paragraphes 3 et 4 lui paraissent exprimer la pensée de Paul, il trouve dans les paragraphes 1 et 2 des traces du remaniement opéré par les rédacteurs du Bréviaire d'Alaric, qui firent subir à l'antique institution du *jusjurandum in jure delatum* les modifications nécessaires pour la mettre en harmonie avec la pratique de leur temps; la phrase « *contrarium autem de calumnia jusjurandum reo competit* » ne peut notamment avoir été écrite par un jurisconsulte classique, puisque, d'après notre passage, le *jusjurandum de calumnia* serait prêté non pas par celui qui défère le serment, mais par celui auquel il est déféré. L'expression « *in pecuniaris causis* » n'appartient pas en outre à la langue du troisième siècle de l'ère chré-

---

[1]. On pourrait en dire autant de la L. 13, § 6, D. *de jurej.*, XII, 6 que les commissaires de Justinien empruntèrent également au liv. 22 du commentaire d'Ulpien sur l'*Edictum perpetuum*.

tienne, particulièrement dans le sens de procès civils, par opposition à procès criminels, sens que paraissent lui avoir donné les compilateurs.

A notre avis, la clause de l'édit contenue dans le L. 34, § 6, *de jurej.* visait seulement le cas de la délation du serment nécessaire au défendeur. La démonstration de M. Demelius paraît décisive et nous considérons comme tout à fait invraisemblable que l'*Edictum perpetuum* contînt une autre clause, spéciale celle-là à l'hypothèse où le serment émanait du demandeur et dont la compilation de Justinien ne conserverait aucune trace. Ulpien expose en effet, d'une façon complète, la théorie du serment nécessaire à propos de l'édit : « *Eum a quo jusjurandum petetur, solvere aut jurare cogam* ».

Cette constatation suffit, étant donné le but que nous poursuivons. J'ajoute que le fragment des *Sentences* de Paul, à le supposer sincère, réserve au demandeur un droit de priorité, qui ne s'explique guère, à moins d'y voir une atténuation du droit exclusif d'autrefois. Notre argumentation ne serait donc pas ébranlée, même si, postérieurement au règne d'Hadrien, à une époque où l'on avait perdu le sens de notre institution [1], la jurisprudence permit au défendeur de déférer lui aussi le serment, en vue de rétablir l'égalité entre les plaideurs [2].

IV. — Relativement à leur domaine d'application, le serment conventionnel et le serment nécessaire se séparaient encore l'un de l'autre, de la façon la plus nette [2].

---

1. Dans la l. 14. D. *de jurej.*, XII, 2 empruntée au livre 3 du commentaire de Paul sur l'*Edictum perpetuum* les mots « *cum jurat actor sibi dare oportere* » peuvent très bien viser l'hypothèse, où le serment a été référé au demandeur. La l. 8, C. *de reb. cred. et de jurejur.*, IV, 1 (Dioclétien et Maximien a. 294) constitue, à mon sens, la raison de douter la plus sérieuse.

2. A l'époque classique, le serment nécessaire ne peut pas être déféré à l'héritier de celui avec lequel le créancier a contracté ; mais c'est là une atténuation évidente de la rigueur primitive de l'institution. « *Heredi ejus cum quo contractum est jusjurandum deferri non potest, quoniam contractum ignorare potest* ». Paul., *Sent.*, II, 1, 4.

Tandis que la législation prétorienne autorisait, dans tous les cas, les plaideurs à conclure cette variété de transaction appelée le pacte de serment, le demandeur ne jouissait en principe de la faculté de déférer le serment nécessaire qu'en matière d'*actio de certa credita pecunia* et de *condictio triticaria*. Cependant certaines actions peu nombreuses furent assimilées, à notre point de vue, aux deux procédures, que nous venons de citer. L'honneur de la découverte revient encore ici à M. Demelius[1], dont l'argumentation frappe l'esprit par sa lumineuse simplicité.

Les lois du titre *de jurejurando*, qui se réfèrent au serment nécessaire, proviennent, dit M. Demelius, des commentaires sur l'édit : *Si certum petetur*. Les inscriptions mises en tête de ces lois le démontrent. Comme M. Lenel l'avait déjà constaté, sous la rubrique : *Si certum petetur* figuraient dans l'*Edictum perpetuum* la formule de la *condictio certae pecuniae*, le modèle de la *sponsio* et de la *restipulatio tertiae partis*, la clause relative au serment nécessaire et enfin la formule de la *condictio triticaria*.

La place même assignée à la disposition, qui concernait le serment nécessaire, montrait dans quelle mesure il convenait de l'appliquer. A moins d'une dérogation formelle et spéciale au droit commun, le demandeur ne pouvait contraindre son adversaire à jurer ou à lui référer le serment que s'il se trouvait dans une des hypothèses prévues par l'édit : *Si certum petetur*.

Cette observation rend moins surprenant le fait que les jurisconsultes classiques ne se préoccupent pas de déterminer à quelles conditions le demandeur sera autorisé à déférer à l'autre partie le serment nécessaire ; aucune difficulté ne pouvait naître sur ce point ; commentant l'édit : *Si certum petetur* ils sous-entendaient naturellement qu'il convenait de se placer dans le cas où il s'agissait

---

1. *Schiedseid und Beweiseid*, § 5, p. 36 et suiv.

d'une *actio certae creditae pecuniae* ou d'une *condictio triticaria*[1].

Le seul doute, qu'il fût prudent d'écarter, en raison de la rédaction de l'*Edictum perpetuum*, c'était celui de savoir si notre clause s'appliquait à la seconde action, comme à la première. Ce doute, Ulpien[2] le tranchait, dans le passage qui constitue le *pr.* de la L. 34, D. *de jure j.*

« *Jusjurandum et ad pecunias et* AD OMNES RES *locum habet*[3] ».

---

1. On peut encore, croyons-nous, ajouter aux arguments de M. Demelius les deux suivants. D'une part, Gaius dans le fragment mis en tête du titre *de jurejurando* au Dig. parle seulement du serment conventionnel et du *jusjurandum judiciale*. Qu'il passe sous silence le serment nécessaire, cela se comprend dans notre doctrine puisque le domaine de ce dernier est limité à certaines actions et qu'il s'agit d'une exposition de principes ; le silence de Gaius paraît au contraire au moins étrange, si on admet la théorie opposée. D'autre part, la L. 28, § 2, D. *de judiciis*, V, 1. Paul, *lib.* 17 *ad Plaut.* s'occupant du serment nécessaire vise seulement les hypothèses de l'*actio certae creditae pecuniae* et de la *condictio triticaria* ; l'idée du serment nécessaire et celle du serment, dont la formule contient les mots : *dare se non oportere*, sont deux idées qui s'appellent l'une l'autre, qui ont entre elles une étroite connexité. Le jurisconsulte parlant du *jus revocandi domum* accordé au membre d'une ambassade déclare qu'on ne pourra pas le contraindre à prêter le serment : *dare se non oportere* devant un des magistrats de Rome pas plus qu'on ne pourra le forcer à opérer la *litis contestatio* « *nec jurare cogendus est* SE DARE NON OPORTERE, *quia* HOC *jusjurandum in locum litis contestatae succedit* ».

2. Aucun doute sérieux n'avait jamais pu naître, à notre avis, sur la question. Le serment nécessaire constituait un organe de *la legis actio per condictionem e lege Calpurnia*. Si l'édit s'occupait du serment nécessaire, c'était en vue de promettre des moyens d'exécution prétoriens au lieu et place de la *legis actio per manus injectionem*. M. Demelius, p. 38, n. 7, *in f.* laisse indécise la question de savoir si l'*Edictum perpetuum* n'étendait pas expressément à la *condictio triticaria* la clause relative au serment nécessaire, mais il croit que, longtemps avant Ulpien, la doctrine assimilait, au point de vue qui nous occupe, l'*actio certae creditae pecuniae* et la *condictio triticaria* ; on étendit peut-être, dit-il, par voie d'interprétation la notion de la *certa pecunia* comme on le fit à propos de la loi Cornelia (G., III, 124) et à propos de l'*actio pecuniae constitutae*. La conjecture de M. Demelius doit, semble-t-il, être repoussée. Si la jurisprudence avait ainsi donné un sens large aux mots *pecunia certa credita*, la *condictio triticaria* n'aurait pas conservé son individualité et serait venue se confondre avec l'*actio certae creditae pecuniae*. Comp. M. Karlowa, *Röm. Rechtsgesch.*, t. II, p. 598.

3. M. Karlowa, *op.* et *loc. cit.*, croit ce passage suspect d'interpolation

Le domaine du serment nécessaire se confondait avec celui des lois Silia et Calpurnia.

Examinons maintenant, les paroles mêmes du préteur.

« Solvere *aut jurare cogam* ».

Solvere, il s'agit donc de l'exécution d'une obligation. *Solvere aut jurare cogam*, le chiffre de la condamnation était connu ; le magistrat aurait seulement posé au juge une question sur l'existence de la créance ; elle sera considérée comme tranchée dans le sens de l'affirmative.

Comme dernier argument à l'appui de notre doctrine citons, après M. Demelius, un texte dû à Stéphanos, professeur de droit à Constantinople à la fin du règne de Justinien [1], passage, que nous ont conservé les scholies des Basiliques.

Σημείωσαι δε ὅτι καὶ ὁ νεκεσσαριος ὅρκος σήμερον ἐπὶ παντὸς πραγματος χώραν ἔχει καὶ οὐχ, ὥσπερ τὸ παρὸν (παλαιὸν correct. de Fabrot), ἐπὶ τῇ εἰ κερτουμ πρακτουμ (πετατουρ Fabr.), καὶ τῆς πεκουνιας κονστιτούταε[2].

Ce que les éditeurs des Basiliques traduisent de la façon suivante :

« *Nota vero, etiam jusjurandum hodie in omni re locum habere, neque,* ut olim *in quibusdam, ut puta in actione si certum petatur et actione pecuniae constitutae.* »

Voyons maintenant, pourquoi les meilleurs romanistes ne soupçonnèrent pas cette limitation du domaine du serment nécessaire.

La L. 3, § 1, D. de *jurejur*. empruntée elle aussi à Ulpien s'exprime, disait-on, de la façon la plus générale.

« *Quacumque autem actione quis conveniatur, si juraverit, proficiet ei jusjurandum*, sive in personam sive in rem, sive in factum sive poenali actione vel quavis alia agatur sive de interdicto ».

---

parce que, dit-il, la forme « *jusjurandum locum habet ad* » n'appartient pas au latin du troisième siècle de l'ère chrétienne.

1. Sur Stephanos v. Heimbach. *prol.* de l'édit. des Basiliques, p. 14, 49, t. VI, *Prolegomena et Manuale Basilicorum continens*, 1870.

2. *Schol.* 1 *ad Basil.* XXII, 5, c. 34 (Heimbach, II, 559).

A ce premier argument il suffit de répondre, que la L. 3, § 1, vise non pas le serment nécessaire mais le serment conventionnel; elle figurait en effet dans le liv. 22, et non pas dans le liv. 26 du *Commentaire* d'Ulpien sur l'Edit [1]. On constatera en outre aisément combien sa rédaction diffère de celle de la loi 34. Dans la L. 3, l'auteur suppose le serment prêté et il décide que l'*actio de jurejurando* triomphera, quelle que fût la nature de l'action à propos de laquelle les parties ont transigé. Au contraire, en rédigeant la L. 34, il voulait enseigner que le demandeur serait admis à déférer le serment nécessaire, même en matière de *condictio triticaria*. Tandis que la prestation du serment servait de point de départ dans la première hypothèse, elle formait, dans la seconde, le but que l'on désirait atteindre.

Indépendamment de la L. 3, certains auteurs s'appuyaient précisément sur la L. 34, pour affirmer une doctrine contraire à la nôtre. « *Jusjurandum et ad pecunias et ad omnes res locum habet* », disait-on ; le serment s'applique à toutes les variétés de rapports juridiques et d'actions, « *omnes res* » « toutes les matières de droit [2] ».

Cette hardiesse de traduction effrayait d'ailleurs déjà plusieurs partisans de la doctrine traditionnelle, qui croyaient plus prudent de négliger l'argument tiré de la L. 34 [3]. Comment en effet nier qu'Ulpien se demande, non

---

1. M. Lenel, *Palingenesia juris civilis*, Ulpien, n° 666, place également la L. 3 sous la rubrique *de jurejurando*, tandis que la L. 34 se trouve sous la rubrique *si certum petetur*.

2. En ce sens, notamment Savigny, *Traité de droit romain*, traduct. Guénoux, t. VII, p. 61.

3. Bethmann-Hollweg, *Civilproc.*, t. 2, p. 576, n. 19. Cet auteur, interprétant comme nous le faisons nous-même la L. 34, pr., pense que le domaine du *jusjurandum necessarium* d'abord restreint à la *condictio certae pecuniae* et à la *condictio triticaria* s'étendit plus tard à certaines actions telles que l'*actio constitutae pecuniae* et l'*actio rerum amotarum*, plus tard enfin à toutes. Resterait à expliquer pourquoi, après cette dernière réforme, les jurisconsultes de la fin de l'époque classique croyaient encore utile de permettre expressément la délation du serment nécessaire en matière de *condictio triticaria* ou d'*actio constitutae pecuniae*.

pas si le serment nécessaire s'applique à toutes les actions, mais s'il peut être déféré, même si la *condictio* a pour objet non pas une *certa pecunia* mais une *certa res* ?

Comment cependant rendre compte, dans ce même *pr.* de la L. 34, des mots « *etiam de operis jusjurandum deferri potest* », qui suivent immédiatement la seule phrase commentée jusqu'à présent? Quel rapport apercevoir entre l'*actio operarum* d'une part, la *condictio certae pecuniae* ou la *condictio triticaria* de l'autre ? Si le serment nécessaire s'applique à l'*actio operarum*, pourquoi le demandeur ne jouirait-il pas dans tous les cas de la faculté de le déférer ?

L'argument paraissait décisif. M. Demelius vient cependant d'y répondre, en affirmant tout au moins l'étroite parenté de l'*actio operarum* avec la *condictio triticaria*[1], à supposer que ces deux actions ne se confondent pas entre elles.

On appelait *opera* une journée de travail due par l'affranchi au patron[2] soit en vertu d'une stipulation, soit en vertu d'une *jurata promissio*. L'affranchi s'engageait à fournir tant de journées de travail, *se operas mille daturum*[3], *operas tuas pictorias centum dare spondes*[4]. Comme la pratique romaine ne connaissait pas encore les stipulations ayant pour objet un fait ou une abstention, elle considéra la journée de travail de l'affranchi, comme une marchandise ayant une valeur connue et pouvant être l'objet d'une *datio* ; le terme *dare operas*, dont se servent les textes, mérite, à cet égard, toute notre attention. J'ajoute que les jurisconsultes classiques rapprochent la *stipulatio operarum liberti*

---

1. M. Lenel, *Ed. perp.*, p. 270, établissait déjà le caractère civil de l'*actio operarum* et démontrait par suite que l'*intentio* de la formule était rédigée *in jus*.
2. L. 1. D. *de oper. libert.*, XXXVIII, 1 (Paul, *lib. sing. de var. lection.*). « *Operae sunt* DIURNUM *officium* ». B. W. Leist, *Ausführliche Erläuterung der Pandekten. Fortsetzung von Glück's Kommentar* (*Serie der Bücher*, 37 et 38, 5 *Theil*, 1879, n° 160, p. 236.
3. L. 15, § 1, D. *de op. lib.* (Ulpien, *lib.* 38, *ad Ed.*).
4. L. 24, D. *de op. lib.* (Julien, *lib.* 52, *Digest.*).

de la stipulation tendant au transfert de la propriété d'une certaine quantité de choses de tel genre et de telle qualité et, après avoir constaté d'une façon théorique cette analogie entre les deux espèces de contrats [1], en déduisent plusieurs conséquences pratiques [2].

Quand, le patron ayant fixé un jour pour la prestation du travail, l'affranchi ne s'était pas rendu à la convocation, ce dernier pouvait être poursuivi par l'*actio operarum*, dans la formule de laquelle figuraient très vraisemblablement les mots *dare oportere* et que M. Demelius reconstitue de la façon suivante, en affirmant seulement au reste son analogie avec la *condictio triticaria* :

« Si PARET N^m N^m (LIBERTUM) A^o A^o (PATRONO) X OPERAS DARE OPORTERE, QUANTI EA RES ERIT, N^m N^m... »

Peut-être même pourrait-on aller plus loin que M. Demelius et rapprocher l'*actio operarum* non pas de la *condictio triticaria* mais de l'*actio certae creditae pecuniae*.

Pomponius (*lib. 4, ad. Sab.*) dit en effet dans la L. 4, D. *de oper. lib.*, XXXVIII, 1 : « *perinde enim operae a libertis* AC PECUNIA CREDITA PETITUR. ».

D'autre part, si l'affranchi ne s'est pas rendu à la convocation et cela sans excuse valable, les textes ne l'autorisent plus à se libérer en fournissant une journée de travail; sa dette se transforme en une dette de somme d'argent[3]; le patron pourra désormais le contraindre à lui payer la valeur de la journée de travail.

« *Compelli ad praestandam alteri* QUINQUE OPERARUM AESTIMATIONEM ». L. 23, § 1, D. *de oper. libert.*, XXXVIII, I (Julien, *lib. 22, Digest.*).

---

1. « *Operarum stipulatio similis est his stipulationibus, in quibus genera comprehenduntur* ». L. 54, D. *de verb. oblig.*, XLV, 1 (Julien, *lib. 22, Digest.*).

2. L. 54, D. *de verb. oblig.* L. 54, D. *de pactis*, II, 14 (Scaevola, note sur Julien, *lib. 22. Digest.*, L. 44, D. *de operis libertor*, XXXVIII, 1 (Scaevola, *lib. 4, Quaest.*).

3. « *.. Cum* SEMPER *praeterita opera quae* JAM DARI NON POSSIT, *petatur* » L. 8, D. *de oper. libert.* (Pomponius, *lib. 8, ad Sab.*). A cet égard, l'*actio operarum* se sépare de la *condictio triticaria*.

Comment se faisait l'évaluation des journées de travail dues et non fournies ? Quelles étaient exactement les instructions données par le magistrat au juge de l'*actio operarum* ? Je ne me prononce pas sur ce point, mais les renseignements fournis par nos sources suffisent à expliquer la L. 34, pr. *de jurej.*, puisque des liens étroits existaient entre l'édit : *si certum petetur* [1] et la réclamation adressée par le patron à l'affranchi.

V. — Si le serment nécessaire ne pouvait pas être déféré quelle que fût l'action, on connaissait d'avance son objet, qui se confondait avec celui de la demande. Le prétendu créancier contraignait son adversaire à jurer qu'il n'était pas débiteur *dare non oportere* ou à lui référer le serment. Tandis que le serment conventionnel servait quelquefois à déterminer si certains faits étaient exacts ou non, les parties ne jouissaient d'aucune latitude en notre matière. Comment aurait-il pu en être autrement, puisque la délation du serment aboutissait à trancher directement le différend, à ouvrir les voies d'exécution ou à donner au défendeur l'exception de la chose jugée ? Les textes qui parlent de serments sur certains faits doivent être rapportés au serment conventionnel [2].

VI. — Un mot maintenant sur les circonstances, dans lesquelles seront prêtés le serment nécessaire et le serment conventionnel. La délation du premier constituant une partie de la procédure, la présence du magistrat s'impose,

---

1. Ajoutons que les textes disent PETERE *operas*, PETITIO *operarum* et que ce sont là les expressions techniques, dont ils se servent en matière d'*actio certae creditae pecuniae* et de *condictio triticaria*.

2. L. 3, § 3, D. *de jurej*. « *an praegnas sit mulier vel non* ». L. 13, § 3, 4, D. *eod. tit.* (Ulpien, *lib.* 22, *ad. Ed.*), « *vendidisse me ei rem centum* » « *societatem fecisse* », L. 26, § 1, D. *de jurejur*. (Paul, *lib.* 18, *ad. Ed.*) « *in peculio nihil esse* » L. 1, § 2, D. *quar. rer. act. non datur.*, XLIV. 5) (Ulpien, *lib.* 77, *ad. Ed.*), « *Si petitor fundi jusjurandum detulerit adversario, ut, si auctor ejus jurasset suum fundum se tradidisse (mancipasse ?), ab ea controversia discessurum...* ». Les premiers fragments sont empruntés au titre *de jurejurando*. La rédaction même de la dernière loi montre qu'il s'agit d'un serment conventionnel.

d'autant que le demandeur s'adressera à ce dernier et le priera de tenir la promesse contenue dans son édit, si son adversaire se dérobe à l'obligation qui lui est imposée. On ne conçoit donc pas, que le serment nécessaire soit déféré et prêté ailleurs que devant le tribunal du représentant de la cité, *jusjurandum in jure delatum*. Que le serment conventionnel ne constitue jamais une partie de la procédure et mérite à cet égard le nom de serment extrajudiciaire, cela va de soi. Tout en conservant son caractère, pouvait-il néanmoins être déféré en présence du magistrat?[1]

Nous n'apercevons pas, pourquoi cette variété de transaction n'aurait pas pu se conclure, au moment de la comparution des parties devant le tribunal du préteur. Les textes montrent les plaideurs se décidant à trancher leur différend de cette manière, à un moment où l'on connaissait déjà la formule d'action sollicitée par le demandeur, après l'*editio actionis*[2]. Comment ne pas comprendre en effet que, se trouvant en face l'un de l'autre, appréciant mieux les difficultés de la lutte et ses incertitudes, les deux adversaires prissent quelquefois la résolution d'en finir sans plus attendre? Celui qui jurait prononçait-il la formule solennelle immédiatement, *in jure*? J'en doute fort, pour

---

1. D'après l'opinion générale, le serment conventionnel était conclu nécessairement avant le commencement du procès. « *Jusjurandum, quod ex conventione* EXTRA JUDICIUM *defertur referri non potest* » dit la L. 17, D. *de jurej.*, 12, 2 (Paul, *lib.* 18, *ad Ed.*). « *Si forte reus* EXTRA JUDICIUM *actore inferente juraverit...* » ajoute la L. 28, § 10, *eod tit.* (Paul, *lib.* 18, *ad. Ed.*). Mais M. Demelius, *Schiedseid und Beweiseid*, pp. 49, 139, semble avoir démontré que les mots *extra judicium* constituent une interpolation des commissaires de Justinien. M. Lenel les leur attribue sans hésiter, *Palingenesia*. Paul, n°s 278 et 281.

2. L. 28, § 6, D. *de jurej.* « *Colonus, cum quo propter succisas forte arbores* AGEBATUR EX LOCATO, *si juraverit se non succidisse sive e lege duodecim tabularum de arboribus succissis sive e lege Aquilia damni injuria sive interdicto quod vi aut clam postea conveniet per exceptionem jurisjurandi defendi poterit* ». L. 30, pr. *eod. tit.* « *Eum qui* JURAVIT EX EA ACTIONE ». L. 9, § 6, D. *eod. tit.*, serments émanant de mandataires en justice. En ce sens, Demelius, *Schiedseid und Beweiseid*, § 6, p. 44 et suiv. Gradenwitz, *Zeitschr. der Sav. Stift. für R. G. R. A.*, t. VIII (1887), p. 269 et suiv.

ma part, et je considère comme plus vraisemblable, que la cérémonie s'accomplissait plus tard, en présence de témoins ; le rôle du magistrat assistant à la prestation d'un serment conventionnel paraîtrait étrange ; les sources n'autorisent pas à le lui assigner [1].

VII. — Relativement aux effets de la prestation du serment, les règles à suivre varient aussi, suivant qu'il s'agit d'un serment nécessaire ou d'un serment conventionnel. Ce dernier engendre l'*actio de jurejurando* ou l'*exceptio jurisjurandi*, selon les cas ; si même aucun doute ne peut s'élever sur l'existence du serment conventionnel, le magistrat refusera la délivrance de la formule d'action. Supposons maintenant, que le serment nécessaire soit déféré par le demandeur au défendeur. Ce dernier refuse-t-il soit de le prêter, soit de le référer, on le traite comme s'il avait avoué devant le magistrat l'exactitude des allégations de l'autre partie ou comme si une sentence de condamnation avait été prononcée contre lui.

« *Post rem judicatam vel* JUREJURANDO DECISAM *vel confes-*

---

[1]. En sens contraire, Demelius, *op.* et *loc. cit.* La L. 3, § 3, D. *de jurej.*, citée par M. Demelius, ne prouve rien « *denique ait, si de possessione erat quaestio, servari oportere, si forte quasi praegnas ire in possessionem volebat et, cum ei contradiceretur, vel ipsa juravit se praegnatem vel contra eam juratum est : nam si ipsa, ibit in possessionem sine metu, si contra eam, non ibit, quamvis vere praegnas fuerit* ». Une veuve sollicitait du magistrat la *bonorum possessio ventris nomine* : les héritiers du mari contestant qu'elle fût enceinte, un serment avait été, à la suite d'une convention préalable, prêté, soit par elle soit par ses adversaires, devant le magistrat évidemment, ajoute M. Demelius. Selon nous, le préteur promulguait dans ce cas un décret conditionnel ; il accordait la *bonorum possessio* à la veuve sous la condition qu'elle jurât ou que les héritiers du mari reculassent devant le serment, suivant la teneur du pacte, « *ibit in possessionem sine metu* ». Ecartant sur ce point le système de M. Demelius, nous avons pu réserver au serment nécessaire le nom de *jusjurandum in jure delatum*. Le fait que le pacte de serment serait conclu devant le magistrat n'influerait en rien sur la nature du serment conventionnel prêté d'ailleurs, d'après notre doctrine, en dehors de la présence du préteur. M. Geouffre de Lapradelle, qui adopte purement et simplement les idées de M. Demelius, parle au contraire de deux serments *in jure*. *L'évolution historique du serment décisoire*, p. 42 et suiv.

sionem in jure factam nihil quaeritur post orationem divi Marci, quia in jure confessi pro judicatis habentur ».

L. 56, D. *de re judic.*, XLII, 1 (Ulpien, *lib.* 27, *ad Ed.*).

Les voies d'exécution s'ouvriront immédiatement dans ce cas contre le défendeur ; on considère la question litigieuse comme tranchée. S'agit-il d'une *actio certae creditae pecuniae*, aucune difficulté ; il est alors absolument vrai de dire « *nihil quaeritur* ». Si le créancier réclame, au moyen de la *condictio triticaria*, le transfert de la propriété d'un corps certain ou d'une certaine quantité de choses de tel genre et de telle qualité, les règles à suivre seront les mêmes qu'en matière de *confessio incerti* ; une formule *in factum* donnera à un juge la mission d'évaluer le montant de la somme due [1].

Supposons maintenant que le défendeur prête serment. Le demandeur perdra la faculté de poursuivre de nouveau son adversaire, comme s'il y avait eu *litis contestatio*. La procédure *in jure* aboutit soit à une *confessio*, soit à une *litis contestatio*, soit enfin à la prestation du *jusjurandum in jure delatum* ; quelle que soit son issue, elle produit le même résultat : une nouvelle action échouerait, soit de plein droit, soit grâce à l'insertion dans la formule de l'*exceptio rei in judicium deductae vel rei judicatae* [2].

VIII. — Demandons-nous, pour terminer, quel est, dans la législation classique, le caractère du serment nécessaire ?

---

1. M. Schultze, *Privatrecht und Process*, p. 514 et M. Demelius, *Schiedseid und Beweiseid*, p. 16, n. 14, disent qu'un *arbitrium litis aestimandae*, précèdera au besoin le recours aux voies d'exécution, mais que cependant il s'agit là d'une continuation de la procédure précédente et non d'une nouvelle action, l'*actio in factum de jurejurando*. Au fond, nous sommes d'accord avec ces auteurs.

2. Je me borne d'ailleurs à renvoyer à Demelius, *Schiedseid und Beweiseid*, p. 85 et suiv., dont M. Geouffre de Lapradelle, p. 89 et suiv., résume clairement la doctrine, relativement à la délation du serment nécessaire pendant la première phase de l'instance, *in jure*, et non pas pendant la seconde, *in judicio*, à la comparaison avec le serment probatoire, *jusjurandum judiciale*, et enfin à l'évolution qui aboutit, au Bas-Empire, à en faire une simple variété de ce dernier.

Les auteurs, qui partagent sur ce point les idées traditionnelles, sont fort embarrassés pour rattacher à une idée générale les solutions des textes, tels qu'ils les interprètent. Préoccupés d'expliquer rationnellement le serment nécessaire et de le rapprocher, autant que possible, du serment conventionnel, ils aboutissent à une doctrine qui ne résiste pas à l'examen. Le motif des dispositions du droit romain sur le serment nécessaire se trouve, dit-on, dans ce fait, que chacun des plaideurs a accompli un acte volontaire. Le demandeur défère librement le serment ; craignant d'échouer, s'il entreprend de faire sa preuve, il croit conforme à son intérêt de s'en rapporter à l'honnêteté de l'autre partie et renonce aux poursuites, à la condition que cette dernière jurera que le bon droit est de son côté ; il consent une transaction d'un genre particulier. « *Jusjurandum* SPECIEM TRANSACTIONIS *continet* », dit la L. 2, D. *de jurej*. (Paul, *lib.* 18, *ad Ed.*). « *Pomponius autem* PER JUSJURANDUM TRANSACTUM *videri*... » ajoute la L. 21, D. *de dolo.*, IV, 4 (Ulpien, *lib.* 11, *ad Ed.*[1]). Comp. L. 31. D. *de jurej*. (Gaius, *lib.* 30, *ad Ed. prov.*). D'autre part, le défendeur accepte l'offre de transaction qui lui est faite, lorsqu'il prête le serment au lieu de le référer[2].

Pour répondre à cette argumentation, il suffit de rappeler que la transaction suppose le libre accord des volontés des parties. Celui qui est placé dans l'alternative de prêter le serment ou de le référer ne peut pas être considéré comme jouissant de sa liberté. Peut-être, préférerait-il suivre son adversaire devant le juge et combattre les moyens de preuve. Quant aux textes cités, ils se rapportent au serment conventionnel.

IX. — D'après M. Schultze[3], le serment nécessaire doit

1. Voyez l'essai de restitution de ce texte par M. Lenel dans la *Palingenesia juris civilis*, Marcellus, n° 112.
2. Comp. de Savigny, *Traité*, t. VII, § 309 et suiv. Keller, *Procéd. civile*, trad. Capmas, § 64, p. 284 et 285 ; Bethmann-Hollweg, *Röm. Civilproc.*, t. II, p. 577.
3. *Privatrecht und Prozess*, p. 519.

être considéré comme un jugement rendu par l'un des plaideurs, dans sa propre cause. Accepté comme arbitre par son adversaire, il prononce la sentence en vertu des pouvoirs qui lui ont été conférés. Cet auteur enseigne la même doctrine, en ce qui concerne le serment conventionnel ; seulement, comme l'arbitre est alors constitué sans aucune intervention du magistrat, sa sentence ne donne pas ouverture aux voies d'exécution.

« *Jusjurandum vicem rei judicatae optinet non immerito, cum ipse quis* JUDICEM ADVERSARIUM SUUM DE CAUSA SUA FECERIT DEFERENDO EI JUSJURANDUM ».

L. 1, pr. D. *Quar. rer. actio non datur*, XLIV, 5 (Ulpien, *lib.* 76, *ad Ed.*).

« *Item si reus juravit, fidejussor tutus sit, quia et* RES JUDICATA SECUNDUM ALTERUTRUM EORUM UTRIQUE PROFICERET ».

L. 42, § 3, D. *de jurej.* (Pomponius, *lib.* 18, *Epistul.*).

« *Actori delato vel relato jurejurando, si juraverit vel ei remissum sit sacramentum* AD SIMILITUDINEM JUDICATI IN FACTUM ACTIO COMPETIT ».

L. 8, C. *de reb. cred. et jurej.*, IV, I. Dioclétien et Maximien, 293.

M. Schultze, dont nous retrouverons le système à propos des origines historiques de l'institution, paraît attacher trop d'importance au motif donné par Ulpien pour expliquer la règle qui assimile la chose jurée à la chose jugée ; ce sont là arguments trouvés, après coup, par les jurisconsultes.

Le *judex unus*, choisi à la vérité d'une façon directe ou indirecte par les plaideurs, reçoit l'investiture du magistrat, dont il est le délégué ; or cette définition ne convient pas à celle des parties qui a prêté le serment.

Ce dernier produit des effets analogues à ceux du jugement ; mais n'en est-il pas de même de la *confessio in jure* et dira-t-on pour cela que l'auteur de l'aveu s'est condamné lui-même, si on emploie une langue technique et exacte ? Des textes cités, parmi lesquels d'ailleurs la

L. 42, § 3, *de jurej*. semble avoir été remaniée par les commissaires de Justinien, une seule preuve se dégage, c'est qu'en déférant le serment nécessaire le demandeur épuise son droit, comme en participant à la *litis contestatio*.

X. — M. Demelius [1] envisage notre institution comme un expédient destiné à rendre la procédure plus rapide et plus simple.

Grâce au *jusjurandum in jure delatum*, le créancier obtiendra une prompte solution. Il veut, avant tout, être fixé, savoir s'il peut compter sur la somme dont il s'agit, pour les opérations qu'il a entreprises ; la déloyauté de son adversaire ne lui est pas d'ailleurs connue. Par cela seul que le serment pourra lui être déféré sur le champ, le défendeur hésitera en outre à nier à la légère l'existence de la dette ; car il se trouverait placé immédiatement entre une humiliation ou un parjure ; grâce à la menace suspendue sur sa tête il ne soutiendra pas le procès dans le seul but de gagner du temps. Envisagé ainsi, le serment nécessaire apparaît comme un moyen, qui peut être approché de la *sponsio tertiae partis*, et qui tend à peser sur la volonté du défendeur. Comment ce dernier se plaindrait-il ? Il sait s'il doit ou non ce que son adversaire lui réclame et la question ne comporte qu'une réponse par oui ou par non ; on lui permet en outre de référer le serment à son adversaire.

Si on se place au point de vue rationnel, l'existence du serment nécessaire ne s'explique pas, comme le prouve une fois de plus la tentative de M. Demelius. Pourquoi si notre institution rend la procédure plus simple et plus rapide lui avoir assigné un domaine d'application si étroit ? Que l'action soit *in rem* ou *in personam*, le demandeur peut désirer par-dessus tout obtenir promptement une solution. M. Demelius dit que le défendeur doit nécessairement savoir s'il est ou non débiteur ; nous n'en sommes

---

1. *Schiedseid und Beweiseid*, p. 72.

pas aussi convaincu ; les circonstances peuvent être telles que l'emprunteur se demande si son mandataire a ou non payé la dette. Je n'aperçois pas en outre de raison pour ne pas étendre le serment nécessaire à l'exactitude de certains faits ; on pourrait dire également que le défendeur n'ignore pas si telle personne lui a consenti la mancipation ou la tradition de tel bien[1].

XI. — La solution du problème se trouve, nous le verrons, dans l'histoire de la procédure romaine. Parlant en ce moment du droit classique, le serment nécessaire apparaît comme un moyen de preuve formaliste servant à justifier le défendeur s'il le prête, à mettre hors de doute l'existence de la créance, s'il le réfère et que son adversaire n'hésite pas à jurer. La procédure aboutit soit à la *confessio in jure*, soit au *jusjurandum in jure delatum*, soit enfin à la *litis contestatio*. A la suite de la délation du serment nécessaire, on considère la lumière comme faite et l'arbitrage du juge devient superflu. Le serment nécessaire tient donc la place de la *litis contestatio* ; les textes le disent de la façon la plus formelle.

« *Ex quibus autem causis non cogitur legatus judicium accipere, nec jurare cogendus est se dare non oportere quia* HOC JUSJURANDUM IN LOCUM LITIS CONTESTATAE SUCCEDIT ».

L. 28, § 2, D. *de judic.*, V, 1 (Paul, *lib. 17 ad Plaut.*[2]).

A la vérité, l'institution ainsi comprise ne s'harmonise

---

1. M. Geouffre de Lapradelle, *Evolution du serment décisoire*, p. 85 et suiv., frappé lui aussi de la connexité qui existe entre le serment nécessaire et la *sponsio tertiae partis* conjecture que le premier fut imaginé, afin de permettre au demandeur de faire trancher le différend, sans s'exposer à l'amende du tiers. Tandis que l'introduction de la *sponsio tertiae partis* s'explique, selon nous, par l'existence antérieure du serment de justification, le *jusjurandum necessarium* n'aurait pas pris naissance, d'après M. Geouffre de Lapradelle, si la pratique romaine n'avait pas connu la *sponsio tertiae partis* ; la première institution apparaîtrait comme un correctif de la seconde. Le remède serait, on en conviendra, bien dangereux.

2. Comp. également L. 35, D. *de jurej.*, XII, 2 (Paul, *lib. 28, ad Ed.*) : « *Qui non compelluntur Romae* JUDICIUM ACCIPERE, *nec* JURARE COMPELLENDI SUNT, *ut legati provinciales* ».

pas avec l'ensemble du droit classique; parler de preuve formaliste, de serment de justification à propos de la législation du IIe et du IIIe siècle de l'ère chrétienne paraît absolument déraisonnable ; mais l'étonnement disparaît, si on songe que les auteurs de la loi Silia, en créant la *legis actio per condictionem*, y incorporèrent le serment nécessaire et que ce dernier suivit les destinées de la procédure dont il formait l'un des éléments. Comme l'œuvre de la loi Silia dura plusieurs siècles, malgré quelques dégradations et quelques retouches, le serment nécessaire se conserva lui aussi. S'il ne disparut pas, comme la *condictio*, la sommation solennelle, c'est qu'il dépendait du demandeur de s'en servir ou non et que ce dernier courant de graves dangers usait avec circonspection de l'arme mise entre ses mains.

§ 2. — L'institution du serment nécessaire remonte-t-elle à la loi Silia ?

Sommaire. — I. Le serment du défendeur, auquel on réclame le paiement d'une prétendue dette, d'après l'histoire générale du droit. — II. La loi Silia réglementa le serment nécessaire. — III. On ne doit considérer cette institution ni comme entièrement nouvelle ni comme se rattachant par la voie de la filiation historique à la *legis actio sacramenti*. — IV. La principale différence entre la législation ancienne et la législation nouvelle consista en ce que le demandeur put recourir au pari au lieu de déférer le serment.

I. — Le serment prêté par le défendeur, en vue d'échapper aux poursuites dirigées contre lui, a joué, nous l'avons vu, un rôle considérable dans l'histoire générale du droit. Quand, en raison des transformations sociales et du progrès des idées, la décadence de l'institution eut commencé, elle se maintint encore longtemps dans le domaine spécial des procès relatifs aux dettes d'argent. Dans la procédure anglaise, le défendeur à l'action *of debt* tendant au remboursement d'une somme d'argent était tenu de se justifier par serment en se faisant assister par des co-jureurs, à la condition que son adversaire rendît sa plainte recevable au moyen de témoignages[1]. Ce fut seulement au XIXᵉ siècle qu'un statut de Guillaume IV abrogea expressément cette règle qui remontait à une si haute antiquité[2]. Chez les Kabyles contemporains du Djurjura, le serment du défendeur tranche également le litige, lorsque le débat porte sur l'existence du prêt d'argent ; toutefois la doctrine primitive ne s'est pas conservée dans toute sa pureté, puisque la coutume ne lie pas absolument le juge qui n'a pas confiance dans la moralité du plaideur[3]. A cet égard d'ailleurs, les *Kanoun* kabyles paraissent en harmonie avec le droit musulman, tel que l'appliquent les tribunaux algériens[4]. D'après la législation mosaïque, celui auquel on

1. Esmein, *Un chapitre de l'histoire des contrats en droit anglais* (*Nouv. Rev. hist.*, t. XVI (1893), p. 565). « L'auteur (M. Edw. Jenks, *The history of consideration in English law*, 1892) recherche l'origine de ce système bizarre en apparence, d'après lequel le demandeur, agissant par l'action *of debt* en vertu d'un contrat verbal, devait produire des témoins, non pour faire la preuve directe et péremptoire mais seulement pour rendre sa demande recevable et contraindre le défendeur, si celui-ci voulait la repousser, à se disculper par son serment, *wager of law*.
2. Glasson, *Histoire du droit et des institutions de l'Angleterre*, t. VI, p. 600. Le droit coutumier français du moyen âge consacrait un système analogue au système anglais. Voy. Esmein, *Etudes sur les contrats dans le très ancien droit français*, p. 46 et suiv.
3. Hanoteau et Letourneux, *La Kabylie et les coutumes kabyles*, t. 2, p. 492. Chez les tribus de la rive droite du Sebaou le serment du défendeur doit d'ailleurs être appuyé par ceux de 7, 4 ou 3 co-jureurs, parents ou membres de la *kharouba* (t. 3, p. 28). « Chaque kharouba se compose d'un certain nombre de familles généralement de même origine et unies par des liens de parenté », t. 1, p. 6. On peut donc la rapprocher, dans une certaine mesure, de la *gens* romaine.
4. Voy. E. Zeys, *Traité élémentaire de droit musulman en Algérie* (*École malékite*), 1886, t. I, p. 179, n° 194 et *Code musulman par Khalil* (*Rite malekite*). *Statut réel. Texte arabe et nouvelle traduction* par M. Seignette, 1878, p. 511 et suiv., nᵒˢ 1687 et suiv. Je signale le n° 1688 « Lorsqu'après avoir reçu la somme demandée, il (le défendeur) l'a rendue sans témoins, il peut jurer sans péché, qu'il n'a rien reçu, en faisant la restriction mentale : dont il doive le remboursement ». Comp. *Traité de droit musulman. La Tohfat* d'Ebn Acem, *Texte arabe avec traduction française*, par O. Houdas et F. Martel, 1882, 1892, p. 89, nᵒˢ 186, 187, 188. Si un demandeur prouve par témoins l'existence d'une créance, mais sans pouvoir en préciser le chiffre, Malek donne à cet égard deux opinions, indiquant la manière de procéder

réclame le paiement d'une somme d'argent peut se contenter de prêter serment; mais, sauf dans certains cas exceptionnels, il y a là pour lui une faculté et non pas une obligation [1].

Tandis que, d'après la pratique judiciaire des Khirgiz [2], le droit de prêter serment n'appartient au défendeur que si ce dernier lui a été déféré, soit par le juge, soit par le demandeur, ce droit est encore plus restreint, dans la législation russe du XVe siècle et dans les coutumiers allemands du moyen âge. La première [3] laisse au prétendu créancier la faculté de s'en rapporter au serment de son adversaire ou au contraire de jurer lui-même que ses allégations sont exactes; dans l'Allemagne du moyen âge enfin [4], celui qui intentait une action tendant au paiement d'une somme d'argent devait, s'il n'avait pas confiance dans l'honnêteté de l'autre partie, se déclarer prêt à prouver par témoins l'existence de sa créance et faire connaître quelle en était la source [5].

---

en ces circonstances. On peut ne tenir aucun compte de ce témoignage comme s'il n'avait pas été produit : alors le serment du défendeur qui nie la dette fait échouer la demande. *Même ouvrage*, n° 213. Il y a quatre sortes de serment : le serment déféré pour cause de présomption, celui qui est relatif à une libération prétendue, le serment de celui qui nie, enfin le serment qui accompagne la déclaration d'un seul témoin honorable. n° 215. Le serment relatif à une libération prétendue est nécessaire, quand l'une des personnes est morte ou n'est pas présente. D'après la préface de MM. Houdas et Martel, Ebn Acem, cadi de Grenade, vécut de l'an 1359 à l'an 1426.

1. Rabbinowicz, *Législation civile du Thalmud*, t. III. *Traité Baba Metzia*, Introduction, p. XLII.

2. V. Dingelstedt, *Le droit coutumier des Khirgiz*, d'après l'étude entreprise sous les auspices du gouvernement russe (*Revue générale du droit*, t. XIV, 1890, p. 215).

3. R. Dareste, *Etudes d'histoire du droit*, p. 219.

4. Laband, *Die vermögensrechtlichen Klagen nach den sächsischen Quellen des Mittelalters*, 1869, p. 34.

5. En France, d'après le *Livre de Jostice et de Plet* « le défendeur ne peut écarter par son serment la preuve testimoniale offerte par le demandeur que si le contrat n'a reçu aucun commencement d'exécution ; s'il y a eu exécution partielle, il doit laisser se produire le témoignage et sa seule ressource est le *faussement de témoins* d'après les règles générales ». Es-

C'est des dispositions du Miroir de Saxe qu'il convient, croyons-nous, de rapprocher les textes relatifs au *jusjurandum necessarium* ; cette fois encore, les données de l'histoire générale du droit nous permettent de fournir la solution de l'un des problèmes du droit romain. Comment s'étonner en effet que, chez les Romains comme chez beaucoup d'autres peuples, le serment purgatoire ait eu une carrière particulièrement longue en matière de procès relatifs aux dettes d'argent ? A Rome, sa durée s'explique, en outre, si on songe que la loi Silia le fit entrer dans la *legis actio per condictionem* et qu'il eut, dès lors, sous la forme du serment nécessaire, des destinées spéciales.

II. — A propos des origines du serment nécessaire l'examen de plusieurs questions distinctes s'impose. Constituait-il un organe de la *legis actio per condictionem ?* Dans le cas où l'on se prononcerait pour l'affirmative, la loi Silia créat-elle de toutes pièces notre institution ou se borna-t-elle à l'adapter au but que ses auteurs poursuivaient en lui faisant subir seulement quelques modifications peu importantes ? Quel caractère lui assigna-t-elle ?

Rudorff[1] a signalé le premier, voici plus de trente ans, le lien, qui unit le serment nécessaire d'une part, la *condictio certae pecuniae* et la *condictio triticaria* d'autre part. Récemment, enfin, M. Demelius, faisant un pas de plus, a

mein, *Un chapitre de l'histoire des contrats en droit anglais*, p. 565 et *Etudes sur les contrats dans le très ancien droit français*, p. 24 et suiv.

1. *Röm. Rechtsgesch.*, t. 1, § 23, p. 83. En faveur de la doctrine, d'après laquelle le *jusjurandum in jure delatum* remonte à la loi Silia, citons indépendamment de Rudorff, Bethmann-Hollweg, t. 1, p. 152, n. 12. Karlowa, *Der röm. Civilprozess zur Zeit der Legisactionen*, p. 232. Huschke, *Multa*, p. 491. A. Wach, n. 247ᵃ sur Keller, *Der röm. Civilproc.* Schultze, *Privatrecht und process*, p. 515. Lenel, *Ed. Perp.*, p. 189. Cuq, *Les institut. jurid. des Romains*, t. 1, p. 679. M. Demelius, *Schiedsied und Beweiseid*, p. 73, n. 4, considère cette thèse sinon comme strictement démontrée au moins comme vraisemblable. M. Karlowa, *Röm. Rechtsgesch.*, t. II. p. 598, partant de la distinction entre l'*actio certae creditae pecuniae* et la *condictio certae pecuniae* rattache le serment nécessaire à la loi inconnue qui appliqua, selon lui, la *legis actio per judicis postulationem* à la réclamation en justice de la *pecunia certa credita*.

démontré, croyons-nous, qu'à l'époque classique le domaine du *jusjurandum necessarium* était restreint et qu'en principe il ne pouvait être déféré par le demandeur au défendeur qu'à l'occasion d'une *condictio certae pecuniae* ou d'une *condictio triticaria* et sur le point de savoir si la dette existait ou non [1]. A supposer même que le système de M. Demelius dût être écarté, il conviendrait au moins d'admettre que le *jusjurandum necessarium*, restreint d'abord à l'*actio certae creditae pecuniae* et à la *condictio triticaria*, fut plus tard étendu aux autres actions. Si on soutient, que le titre *de jurejurando* suit au Dig. le titre *de rebus creditis* par l'effet d'un pur hasard, n'attachera-t-on également aucune importance à ce fait, que la disposition de l'*Edictum perpetuum* consacrée à notre mode formaliste de preuve figurait sous la rubrique : *Si certum petetur* ? Comment enfin ne pas être frappé à la lecture de plusieurs passages de Plaute [2], qui contiennent les expressions : *in jure abjurare pecuniam* ? Ces passages prouvent que ce n'est pas le préteur qui a imaginé le *jusjurandum necessarium* [3]. Citons enfin, après Demelius [4], deux textes postérieurs [5], qui montrent à quel point les idées de serment nécessaire et d'action tendant à se faire restituer les sommes où les

---

1. Voy. ci-dessus, § 1, n°s III, IV, V.
2. *Curc.* IV, 2, 10 : « *abjurant si quid creditum est* ». *Rud. prol.*, 14 : « *quique in jure abjurant pecuniam* ». *Pers.*, IV, 3, 9 : « *nec metuo quibus credidi hodie ne quis abjurassit mihi* ».
3. M. Karlowa, *Röm. Rechtsgesch.*, t. II, p. 598, note 2 croit en outre que dans la loi Julia municipalis, l. 113, on pourrait combler la lacune de l'inscription de la façon suivante : « *queive in jure pecuniam creditam abjuraverit* ». L'idée, fort ingénieuse, me paraît avoir pour elle beaucoup de vraisemblance.
4. *Schiedseid und Beweiseid*, p. 73, n. 4.
5. Isid., *Orig.*, V, 2, 20 : « *abjuratio est* REI CREDITAE *abnegatio* ». Servius in Aen., VIII, 263, « *abjurare est* REM CREDITAM *negare perjurio* ». M. Karlowa, *op. et loc. cit.*, ajoute un autre passage à ceux-là. Sallust., *Cat.*, XXV : « *sed ea saepe antehac fidem prodiderat*, CREDITUM *abjuraverat* ». Je signale enfin un vers de Laberius qui vécut de l'an 105 à l'an 43 avant Jésus-Christ, vers que reproduit Aulu-Gelle, *N. A.*, XVI, 7. « *Quid est jusjurandum ? emplastrum* AERIS ALIENI ».

choses dues en vertu d'une opération de crédit étaient demeurées des idées connexes pour les Romains de l'Empire.

Comme on le voit, l'origine civile du serment nécessaire paraît démontrée; qu'il remonte à une haute antiquité, ses règles elles-mêmes l'établissent. Dira-t-on, qu'une loi postérieure à la loi Silia aurait pu formuler ces règles? Nous répondrons que l'*actio certae creditae pecuniae* du droit classique continue la *legis actio per condictionem* ayant pour objet le paiement d'une somme d'argent et qu'il n'y a pas le moindre indice de l'existence d'une loi postérieure à la loi Silia et qui aurait modifié la procédure organisée par cette dernière ; le terme de *condictio*, qui a traversé les siècles, proteste même contre une conjecture de ce genre. Au surplus si cette prétendue loi avait existé, elle serait à peu près contemporaine de la loi Silia; dès lors la question perd beaucoup de son intérêt.

Malgré ces arguments, M. de Ihering et M. Baron persistent à nier toute relation entre le serment nécessaire et la *legis actio per condictionem*. Qu'il n'y ait aucune connexité entre les deux institutions, un passage de Denys d'Halicarnasse, reproduit plus haut[1], le prouve, disent ces auteurs, puisque le serment apparaît comme existant, longtemps avant le vote de la loi Silia. A cela M. Demelius répond que le passage de Denys d'Halicarnasse ne prouve pas qu'il s'agisse là du *jusjurandum in jure delatum*, tel que nous le voyons réglé à l'époque classique. Disons plutôt que, même si la pratique antérieure à la loi Silia connaissait déjà le serment nécessaire, on n'en saurait légitimement conclure que ce serment ne constituait pas un des éléments de la *legis actio per condictionem*, sans insister d'ailleurs sur cette idée que nous développerons dans un instant.

A cette première objection M. Baron[2] en ajoute une se-

---

1. Voy. *Liv. prélimin.*, ch. I, VII, p. 27, n. 3.
2. *Zur Legis actio per judicis arbitrive postulationem und per condictionem*, p. 53.

conde, tirée de ce que le *jusjurandum necessarium* peut être déféré à l'époque classique, même si l'action ne tend pas au transfert de la propriété d'une *certa pecunia* ou d'une *certa res* et il cite en ce sens la L. 3, § 1, 3 et la L. 13 pr. D. *de jurej*. Les domaines d'application des deux institutions différant d'étendue, comment rattacher le serment nécessaire à la *legis actio per condictionem*?

Comme on le sait, les textes cités par M. Baron visent, à notre sens, le serment conventionnel ; à supposer même que nous nous trompions sur ce point, nos adversaires devraient expliquer la rédaction de l'*Edictum perpetuum* et montrer que cette rédaction se comprend, même en niant toute connexité entre le serment nécessaire d'une part, l'*actio certae creditae pecuniae* et la *condictio triticaria* d'autre part ; or ils ne le font pas.

En résumé, les auteurs de la loi Silia mirent à la disposition du demandeur le *jusjurandum in jure delatum*. Cette institution existait-elle déjà ? Elle se rattache, selon nous, par la voie de la filiation historique, au serment purgatoire des coutumes primitives ; l'œuvre de la loi nouvelle consista d'abord à transformer en une obligation ce qui était un droit pour le défendeur ; antérieurement, ce dernier se justifiait toujours par son serment, que son adversaire le voulût ou non[1], désormais la législation subordonna l'exercice de ce droit à la délation du serment, délation qui put ne pas se produire. Au lieu de s'en tenir à la pratique traditionnelle, le demandeur recourut au pari quand il le préférait. J'ajoute que le serment prêté autrefois devant le juge le fut maintenant devant le magistrat. Enfin, le défendeur reçut la faculté de référer le serment à son adversaire, soit en vertu même de la loi Silia, soit par l'effet d'une jurisprudence postérieure[2].

---

1. Voy. ci-dessus *Liv. prélim.*, ch. I, n° VII, p. 27 et suiv.
2. La faculté de référer le serment s'introduisit du reste de bonne heure, à supposer qu'elle ne remonte pas à la loi Silia. Si l'*Edictum perpetuum* dit seulement « *solvere vel jurare cogam* », cette formule elliptique ne doit pas

III. — Parmi les auteurs qui, comme nous, attribuent à la loi Silia la création du *jusjurandum in jure delatum*, M. Demelius y voit une institution entièrement nouvelle imaginée pour des considérations d'utilité pratique, en vue de simplifier la procédure et d'aboutir plus promptement à la solution du litige.

Cette explication rationnelle paraît insuffisante ; on ne voit pas pourquoi la faculté de déférer le serment nécessaire aurait été accordée au demandeur précisément dans l'hypothèse prévue par la loi Silia. Le passage de Denys d'Halicarnasse contraint M. Demelius à admettre, antérieurement à la naissance de la *legis actio per condictionem*, l'existence d'un serment prêté par le défendeur. Comment ne pas trouver singulier que ce serment et le *jusjurandum in jure delatum* n'aient entre eux aucun rapport ?

A la différence de M. Demelius, M. Schulze croit, comme nous, que l'institution du serment nécessaire se rattachait à une institution plus ancienne ; seulement ce fut pour lui la *legis actio sacramenti* qui servit de modèle aux auteurs de la loi Silia. Dans la *legis actio sacramenti*, chacun des plaideurs formulait lui-même le jugement sous la foi du serment ; chacun d'eux était constitué juge dans sa propre cause et jurait qu'il avait le bon droit pour lui, comme l'indique le mot *sacramentum* ; le *jusjurandum in jure delatum* consista de même dans une sentence prononcée, sous la foi du serment, par une des parties, mais par une seule d'entre elles.

La conjecture de M. Schultze doit certainement être écartée. Sans qu'il soit nécessaire de combattre sa conception de la *legis actio sacramenti*, bornons-nous à contester toute analogie entre elle et le serment nécessaire. Si, dans la *legis actio*, chacun des deux adversaires rend la sen-

tirer à conséquence ; le défendeur ne jure-t-il pas, il devra payer, sous la condition implicite que le demandeur prête lui-même le serment, et, dans la pratique, cette condition se réalisera toujours. Comp. cependant Kiesselbach, *Beitrag zur Lehre vom röm. Eid* (*Jahrbücher* d'Ihering, t. IV, p. 362).

tence sous la foi du serment, c'est une sentence de pure forme et encore faut-il que le juge statue ; le serment déféré ou référé tranche au contraire le litige. Tandis que le demandeur et le défendeur sont, dans un cas, mis sur le même pied et que la coutume leur trace minutieusement la marche à suivre, leur imposant l'obligation d'accomplir les formalités prescrites, dans l'autre le premier jouit, à l'exclusion du second, de la faculté de déférer le serment, faculté dont il a le droit de ne pas user. Enfin, si on admet notre doctrine sur la limitation du domaine du *jusjurandum in jure delatum*, ce sera une raison de plus pour repousser le système de M. Schultze.

IV. — Pour terminer ce paragraphe, ajoutons seulement deux mots sur le caractère que les auteurs de la loi Silia entendirent donner au serment nécessaire. M. Demelius y voit un procédé artificiel imaginé, pour permettre au demandeur d'éviter le débat, s'il le juge à propos, et de trancher la difficulté, sans plus attendre. Pour M. Schultze, le *jusjurandum in jure delatum* fut dès l'origine considéré comme un jugement prononcé par un des plaideurs dans sa propre cause. Croyant inutile de revenir sur la doctrine de M. Demelius, objectons à M. Schultze que la procédure primitive envisage le procès comme une lutte et que l'un des combattants ne saurait être en même temps le juge du camp.

A notre avis, le serment demeure, après comme avant la loi Silia, un mode formaliste de preuve. Si le demandeur ne croit pas préférable de recourir à la méthode nouvelle du pari, se réservant ainsi le moyen de prouver l'existence de la créance, le prétendu débiteur se justifiera, en prêtant serment qu'il ne doit rien, comme il l'eût fait auparavant. L'institution resta la même, malgré les quelques retouches dont elle fut l'objet, puisque la seule innovation essentielle consista dans l'emploi facultatif du pari ; la pratique ancienne subsistait dans son ensemble, lorsque le créancier préférait s'y tenir.

Si le défendeur ne prenait aucun des deux partis, entre lesquels il pouvait choisir, la demande accomplie correctement produisait ses effets ordinaires ; comme aucune contre-affirmation solennelle n'était venue en paralyser les effets, on la considérait de plein droit comme justifiée ; elle donnait ouverture à la *legis actio per manus injectionem*.

§ 3. — La sponsio tertiae partis figurait-elle dans la loi Silia ?

SOMMAIRE. — I. Arguments en faveur de l'affirmative et réponse aux objections. — II. La *sponsio tertiae partis* n'apparut pas seulement sous la procédure formulaire. — III. On ne doit pas davantage la considérer comme ayant été introduite par une loi autre que la loi Silia, antérieure néanmoins à la loi Aebutia.

I. — Si le serment est déféré, puis prêté, il sera démontré, conformément aux règles anciennes, par un mode de preuve formaliste, que la dette n'existe pas ; le demandeur aura perdu son procès.

Ce dernier se refuse-t-il à s'en rapporter à l'autre partie, il devra faire sa preuve. Afin d'obtenir ce résultat, un pari sera conclu devant le magistrat, le prétendu créancier s'engagera, dans la forme de la stipulation, à payer à son adversaire un tiers de la somme réclamée, pour le cas où il ne réussirait pas à établir la vérité de son dire ; à son tour le prétendu débiteur s'obligera, pour l'hypothèse inverse, dans la même forme et jusqu'à concurrence de la même somme. On appelle *sponsio tertiae partis*[1] le pari

---

1. Nous appelons donc *sponsio tertiae partis* l'opération dans son ensemble et non pas la première stipulation ; dans les documents les plus anciens que nous possédions sur la *sponsio tertiae partis*, il convient, on le verra, de traduire *sponsio* par *pari* et non par stipulation. A la vérité, au second siècle de l'ère chrétienne, la langue juridique s'est modifiée. Gaius réserve à la première stipulation le nom de *sponsio tertiae partis* ajoutant même le mot *paenalis* après *sponsio* ; il appelle la seconde stipulation *restipulatio paenalis tertiae partis*. Gaius, IV, 171 ; mais d'une part les textes les plus anciens ignorent absolument la *restipulatio*, ce qui a même conduit un auteur à nier, à tort du reste, l'existence de la seconde stipulation pour la première période de l'histoire de notre institution ; comment en outre ne pas remar-

conclu au moyen de ces deux stipulations et dont l'enjeu consiste dans le tiers de la somme due.

A quoi bon un pari ? Pourquoi la question litigieuse n'était-elle pas précisée et le juge ne recevait-il pas ses instructions, au moyen de simples paroles solennelles « AIO TE MIHI CENTUM DARE OPORTERE ». « NEGO » ?

Comme il s'agissait pour le demandeur de prouver un fait nettement déterminé et non pas de se plaindre d'un tort, dont il aurait eu à souffrir, ce qui était une conception nouvelle, les auteurs de la loi Silia utilisèrent tout naturellement le procédé du pari, qui jouait, nous l'avons vu, un rôle considérable dans la vie publique et privée des Romains et auquel ils recouraient quand l'un d'entre eux contestait l'affirmation d'un autre. Le pari passa de l'usage ordinaire dans la procédure, afin de réformer cette dernière. Quand le demandeur voudra substituer un système de preuve plus moderne au système traditionnel, on lui permettra de se conduire comme s'il n'était pas demandeur ; il établira la vérité de ses assertions de la même façon qu'il le ferait, s'il n'y avait pas de procès.

Le pari cadrait d'ailleurs à merveille avec les idées dominantes sur l'administration de la justice. N'oublions pas, en effet, que notre institution appartient à une période de transition et que le mouvement vers le progrès commençait seulement, au moment du vote de la loi Silia, bien loin d'être achevé. Or, le procès romain apparaît, nous le savons, comme l'arbitrage des temps primitifs sous le contrôle des représentants de la cité. Pour que la lutte judiciaire puisse s'engager, il faut que les deux plaideurs acceptent le débat sur un point déterminé. Le pari

---

quer à quel point *sponsio tertiae partis* appartient à une langue plus ancienne que *restipulatio*. Enfin le changement de terminologie s'explique à merveille par les modifications apportées au fond du droit. Sans insister sur ces dernières, bornons-nous à noter que la pratique ancienne ne connaissait pas la stipulation servant exclusivement à engager l'instance, *sponsio mere praejudicialis*, dont s'occupe Gaius dans les §§ 93 et suiv. de son C. IV.

remplira à certains égards un rôle analogue au dépôt mutuel du *sacramentum* dans la *legis actio sacramenti*.

On ne concevait pas enfin de lutte judiciaire, sans risques courus par les deux adversaires et, à ce point de vue encore, les deux stipulations ne durent étonner personne.

Si la loi Silia fixa l'enjeu à un chiffre aussi élevé, le tiers de la somme due, expliquons-le par la rareté de l'argent moins grande qu'autrefois, réelle néanmoins. Le débiteur d'une somme d'argent, qui ne payait pas à l'échéance et qui en outre contestait à tort l'existence de la dette, causait un grave préjudice au créancier.

C'est ainsi que dans les coutumes tchèques du moyen âge [1] le débiteur devait payer un tiers en sus, lorsqu'il n'avait pas exécuté son obligation en temps opportun. C'est ainsi que sur la côte occidentale d'Afrique, chez les Achantis [2], la même peine l'atteint dans la même hypothèse ; au lieu de se servir des poids ordinaires pour peser la quantité due, le créancier emploiera les poids légaux qui sont plus lourds du tiers ; il recevra donc un tiers de plus [3]. Chez les Romains nous retrouvons cette même pro-

---

1. W. A. Macieiowski, *Slavische Rechtsgeschichte aus dem polnischen übersetzt von* F. J. Buss et M. Navroscki, 1835-1839, t. IV, § 367, p. 532.

2. Post, *Afrikanische Jurisprudenz*, § 273, p. 180.

3. Dans les contrats égyptiens on stipule en général la peine de la moitié de la somme due si le débiteur ne paie pas à l'échéance. G. Lumbroso. *Recherches sur l'économie politique de l'Egypte sous les Lagides*, 1870, p. 163. E. Révillout, *Cours de droit égyptien*, t. II. *Les obligations*, p. 23 et *Nouvelle Chrestomathie démotique. Contrats de Berlin, Vienne, Leyde*, etc., 1878, p. IX, de la préface. Dans un cylindre assyrien déchiffré par M. Oppert, la peine convenue en cas de non-paiement à l'échéance est du tiers de la somme due : « Deux talents de cuivre [créance] de Mannu-Ki-Arbaïl sur Samasakkeisalim, celui-ci payera au mois d'Ab. En cas de non-payement du tiers s'accroîtra. Le 11 sivan, eponymie de Baubâ'(676, av. J. Chr.) ». Les contrats égyptiens servent à interpréter ce cylindre ; il semble bien que la convention de payer le tiers en sus soit contemporaine de la naissance de l'obligation principale. Comp. J. Valery, *Conjectures sur l'origine et les transformations du pacte de constitut* (Extrait de la *Revue générale du droit*), 1893, p. 3 et 4. Rapprochons enfin des contrats égyptiens les l. 43 et suiv. de la loi Julia municipalis. Par cela même que le riverain de la voie publique n'aura pas remboursé l'entrepreneur en temps utile, sa dette augmentera

portion du tiers[1] ; mais il ne suffisait pas que le débiteur fût en retard ; il était nécessaire qu'il eût nié à tort sa qualité[2]. Les risques, que courait le défendeur par suite du pari ne devaient donc pas choquer les auteurs de la loi Silia et, en raison du principe de réciprocité, son adversaire ne pouvait se plaindre d'être exposé au même péril. Qu'il réfléchisse sérieusement, avant d'entamer la procédure et surtout avant d'assumer la charge de la preuve, en ne déférant pas le *jusjurandum necessarium* ; ce ne sera pas sans danger qu'il privera l'autre partie de la faculté d'user du serment purgatoire.

Comme on le voit, nous nous rallions à la doctrine d'après laquelle la *sponsio tertiae partis* a elle aussi son origine dans la loi Silia. Cette proposition étant vivement

de moitié ; cela n'empêchera pas que, s'il conteste cette dette ainsi accrue de moitié et s'il succombe, il sera condamné au tiers en sus par l'effet de la *sponsio tertiae partis*.

1. Huschke, *Multa*, p. 492, n° 389, déduit de cet enjeu du tiers la conclusion que la loi Silia est relativement moderne. Elle appartient, dit-il, à la troisième période de l'histoire du droit romain, peut-être à la première moitié du VI° siècle de Rome. Car dans cette période le nombre 3 joue un grand rôle. Quelle que soit la valeur de cette observation, il convient de noter que cette condamnation au tiers en sus a été plus tard introduite dans d'autres matières, probablement par imitation de la loi Silia. L. 5, § 2 (Mommsen) D. *ad Legem Juliam peculatus et de sacrilegis et de residuis*, XLVIII, 13 (Marcien, *Institut.*, lib. 14. Comp. Lenel, *Palingen. jur. civ.*, t. 1, col. 674. Marcien, fr. 179.) L. 33, C. *de inoffic. testam.*, III, 28. Les délits prévus par la loi Julia *de vi privata*, par exemple l'acte d'un créancier qui s'empare de sa propre autorité d'un bien de son débiteur, sont punis de la confiscation du tiers de la fortune du coupable. L. 1, pr. et L. 8, D. *ad Leg. Jul. de vi priv.*, XLVIII, 7 (Modest., *lib.* 2, *de poen.*). Paul, *Sent.*, V, 26, § 3.

2. A cet égard, la législation cambodgienne présente une remarquable analogie avec le droit romain. D'après la loi sur les prêts, *Lakkhana Bomnol*, publiée en 1853 par le père du roi actuel, le débiteur, qui nie à tort sa dette, encourt une peine égale à la moitié de la somme due. « Si, au contraire, il est démontré que la dette réclamée par le créancier n'existe pas, le tribunal doit condamner le demandeur » à payer à celui à qui il l'a réclamée, une somme égale à celle qu'il demandait », pour le punir d'avoir « convoité le bien d'autrui », dit la loi. A. Leclère, *Recherches sur la législation criminelle et la procédure des Cambodgiens*. Appendice, p. 538. Celui qui perd son procès supporte, en outre, les frais de justice. Comp. sur la législation indoue, J. Kohler., *Altindisches Prozessrecht*, 1891, p. 18.

contestée, il importe d'exposer les arguments qui ont entraîné notre conviction.

Les premiers textes, qui attestent d'une façon directe l'existence de la *sponsio tertiae partis,* sont de date relativement récente.

« *Pecunia tibi debebatur certa, quae nunc petitur per judicem, in qua* LEGITIMAE PARTIS SPONSIO FACTA EST », dit Cicéron dans son plaidoyer pour *Q. Roscius*, IV, 10 et il ajoute dans le même discours, V, 14 :

« *Pecunia petita est certa* : CUM TERTIA PARTE SPONSIO FACTA EST ».

Dans la loi Rubria de Gallia Cisalpina, qui appartient aux premières années du VIIIe siècle de l'ère romaine, nous trouvons également au Ch. XXI, la mention de la *sponsio* à propos de l'*actio certae creditae pecuniae* « *aut se* SPONSIONE *judicioque utei oportebit non defendet* ».

Dans ces textes, on doit traduire, avons-nous dit, « *sponsio* » par « pari » et non par « stipulation ». Après avoir renvoyé aux développements dans lesquels nous sommes entré, dans le Livre préliminaire, sur le pari et les mots qui servent à le désigner, insistons sur ce fait que ni Cicéron ni les auteurs de la loi Rubria ne mentionnent la *restipulatio*. La doctrine générale admise, l'omission paraît singulière. Pourquoi mentionner la première stipulation et passer sous silence la seconde ? Est-ce que dans l'hypothèse prévue par la loi Rubria le défendeur pouvait se contenter de jouer son rôle dans une des stipulations ? De ce silence des sources les plus anciennes, relativement à la *restipulatio*, M. Wieding [1] conclut à la vérité, que cette *restipulatio* n'existait pas encore à la fin du VIIe et au commencement du VIIIe siècle de l'ère romaine ; elle aurait été introduite seulement plus tard, dans la pratique, peut-être par l'édit du préteur et son introduction aurait transformé l'institution primitive et donné à la somme due

---

1. *Der Justinian. Libellprocess*, 1865, pp. 651, 658.

par le perdant le caractère d'une amende infligée au plaideur téméraire [1].

Tous les auteurs repoussent, avec raison, cette opinion de M. Wieding, qui ne s'appuie sur aucun fondement sérieux. Cette promesse de payer une somme d'argent faite par le défendeur, pour le cas où il succomberait, et par lui seul, constituerait un phénomène unique dans l'histoire du droit romain ; pour admettre son existence, il faudrait des raisons décisives. Si, cependant, il convient de répondre à l'argument tiré par M. Wieding du silence des textes relativement à la *restipulatio*, la solution de la difficulté ne se trouve-t-elle pas dans l'attribution du sens de pari au mot *sponsio* ?

L'enjeu du pari consiste dans le tiers de la somme réclamée : *cum tertia parte sponsio facta est*, dit le *Pro Roscio com*. Cette leçon donnée par les manuscrits et maintenue par les meilleurs éditeurs mérite d'être conservée ; elle se justifie aisément, surtout si on donne au mot *sponsio* le sens de pari [2]. Plusieurs romanistes proposent néanmoins, sans raison suffisante semble-t-il, de corriger le texte ainsi : *Pecunia petita est certa, cujus tertia parte sponsio facta est* [3].

Ayant ainsi constaté l'existence de la *sponsio tertiae partis* à la fin du septième siècle de l'ère romaine, sommes-nous autorisé à faire remonter son origine à la loi Silia, antérieure peut-être de deux cents ans ? Si je n'hésite pas à poser nettement la question, je n'hésite pas davantage à me prononcer pour l'affirmative.

Commençons par écarter l'argument, que beaucoup

---

1. Auparavant, d'après M. Wieding, le défendeur condamné encourait la peine du tiers en sus, parce qu'il avait demandé à tort un délai.
2. Lenel, *Edict. perp.*, p. 188, n. 6.
3. M. Puntschart, *Entwicklung des grundgesetzlichen Civilrechts der Römer*, 1872, p. 211, tire du passage de Cicéron la conclusion que la *sponsio* avait pour objet la somme due et *le tiers en sus « cum tertia parte »*. La langue, on l'a vu, n'impose nullement cette interprétation qui mettrait Cicéron en contradiction avec lui-même, IV, 10 et avec Gaius IV, 171, et qui conduirait à un résultat inacceptable.

d'auteurs[1] ont tiré en faveur de notre doctrine du texte même de Cicéron : *in qua* LEGITIMAE *partis sponsio facta est*. Fort souvent à la vérité, les auteurs latins emploient le mot *legitimus* dans le sens technique de légal, venant de la loi[2] et si tel était le cas dans notre passage on ne saurait douter sérieusement, malgré l'avis contraire de quelques-uns, que la loi visée fût la loi Silia[3]. Reconnaissons cependant avec M. Pernice[4] que, dans la langue de Cicéron, *legitimus* signifie fréquemment *régulier*, *conforme à l'usage*. Cette constatation suffit pour enlever toute valeur au passage du *Pro Roscio com.*, dans notre discussion.

Laissons donc de côté les arguments de texte et voyons néanmoins, s'il est juste de parler d'affirmation sans preuve, de conception purement arbitraire[5], à propos de la doctrine qui rattache la *sponsio tertiae partis* à la loi Silia ?

Malgré les changements dus à l'introduction des formules délivrées par le magistrat et au progrès des idées, l'*actio certae creditae pecuniae* du droit classique et la *legis actio per condictionem e lege Silia* ne constituent, en réa-

---

1. Citons notamment Savigny, *Traité*, t. V (trad. Guenoux, n° 220, p. 513 et suiv.). Brini, *op. cit.*, p. 266 et 270, et Kappeyne van de Coppello, *Abhandlungen*, p. 276.

2. Brini, *op. cit.*, p. 270. Comp. Mommsen, *Das legitimum judicium* (*Zeitschr. des Sav. Stift. für* R. G., t.XII, 1892, R. A., p. 267 et suiv.).

3. Comp. ci-après, pp.174, 175.

4. *Labeo*, t. III, p. 226, n. 4. M. P. F. Girard, *L'histoire de la condictio*, d'après M. Pernice, p. 420, n. 2, s'exprime de la façon suivante : « Nous ne contestons pas que le mot *legitima* puisse, comme le veut M. Pernice, p. 226, n. 4, se rapporter à une autre loi, la loi Aebutia, ou tout simplement à la légitimité de la *sponsio* au sens large ; mais il est encore bien mieux à sa place, si la *sponsio* vient de la loi même qui a créé la *condictio* ».

5. En ce sens Baron, *Condictionen*, p. 189 et suiv. Karlowa, *Röm. Rechtsgeschichte*, t. II, p. 599. Ce dernier auteur qui, de l'existence de la *sponsio tertiae partis* dans l'*actio certae creditae pecuniae* du temps de Cicéron, conclut à sa création par la loi inconnue qui, selon lui, étendit la *legis actio per judicis postulationem* à la demande en paiement de la « *pecunia certa credita* » ne paraît guère autorisé à critiquer la méthode suivie par nous.

lité, qu'une seule procédure, dont la première est la formule plus moderne de la seconde. Or, il paraît impossible d'attribuer la naissance de la *sponsio tertiae partis* à la période relativement moderne de l'histoire de cette procédure unique. Tout le débat roule sur la *sponsio tertiae partis* et le juge déclare simplement qui a gagné le pari. A propos des interdits, la méthode du pari remonte au moins à la seconde moitié du VIᵉ siècle de l'ère romaine et probablement plus haut. Le mouvement de la législation tendit à restreindre son domaine d'application, à permettre dans certains cas au défendeur de plaider sans risques, *sine periculo*. Comment donc assisterions-nous, en notre matière, à une évolution directement opposée ? Que la procédure par le pari appartienne à une époque relativement reculée de l'histoire de la législation, cela ne saurait se contester. L'importance considérable du rôle des plaideurs, les gros risques que court chacun d'eux datent l'institution de la façon la plus nette. Je conçois néanmoins, que la procédure par le pari ait pu servir plus tard pour éviter le recours à la *legis actio*, la pratique utilise, comme elle le peut, les instruments dont elle dispose ; mais l'*actio certae creditae pecuniae* continuant la *legis actio per condictionem*, je ne comprends pas que le pari se rencontre dans la première et non dans la seconde[1].

Ajoutons que la plupart des auteurs considèrent le serment nécessaire, comme un organe de la *legis actio per condictionem* ; et, cependant, Gaius, dans les paragraphes qui ont été conservés, parle seulement de la sommation, *condictio*, adressée par le créancier au débiteur. Si, en raison de la mutilation de son œuvre, le silence du jurisconsulte, à propos du *jusjurandum in jure delatum*, ne semble pas un argument décisif, pourquoi n'en dirions-nous pas autant de la *sponsio tertiae partis* ?

---

1. Si la *sponsio tertiae partis* constitue un élément de la *legis actio per condictionem*, elle remonte du reste à la loi Silia ; je pourrais répéter ici ce que j'ai dit à propos du serment nécessaire.

Objectera-t-on [1], que si la *sponsio tertiae partis* remontait à la loi Silia, la *legis actio* aurait pris le nom de *legis actio per sponsionem* et non de *legis actio per condictionem*? Pourquoi cela ? Où voit-on, que le seul élément nouveau introduit par la loi Silia dût être la sommation faite par le demandeur au défendeur ? La procédure nouvelle ne se composait pas exclusivement de la sommation ; néanmoins, celle-ci servit à la désigner, pour plusieurs motifs, parce qu'elle constituait le début de la *legis actio*, parce qu'elle s'imposait dans tous les cas, tandis que le demandeur choisissait entre la délation du serment et le pari, enfin parce qu'elle tendait à la réalisation du désir des auteurs de la loi Silia ; ces derniers avaient voulu, en effet, à notre avis, accorder un répit au débiteur.

M. Fietta [2] et M. Karlowa [3] se servent aussi, contre notre doctrine, de l'argument suivant. La *legis actio per condictionem e lege Calpurnia* ignore certainement le pari. Or, de l'identité des noms on peut conclure, sinon à la complète identité, au moins à la ressemblance fondamentale des deux procédures issues des lois Silia et Calpurnia. Si l'une d'elles ne connaît pas la *sponsio*, il en est de même de l'autre, selon toutes les apparences.

Bornons-nous à répondre, qu'à notre avis, la loi Calpurnia organisa vraisemblablement elle aussi une procédure par le pari.

M. Fietta insistant encore demande à quel moment se placerait la *sponsio*, si elle existait ; ce ne serait pas, lors de la première comparution *in jure* ; car alors le débiteur ne pour-

---

1. M. Huschke (*Multa*, p. 489), formule cette objection contre la doctrine que nous adoptons et qui considère le pari comme obligatoire et comme servant de base au débat. Cet auteur fait cependant remonter la *sponsio* à la loi Silia ; seulement il lui donne un domaine plus restreint que celui de la *legis actio per condictionem* ; les stipulations ont en outre, selon lui, un caractère exclusivement pénal ; enfin il dépend du demandeur d'y recourir ou au contraire d'y renoncer.

2. *Formation du système classique des actions chez les Romains.* Thèse Nancy, 1888, p. 105 et 106.

3. *Röm. Rechtsgeschichte*, t. II, p. 596.

rait plus se libérer purement et simplement dans le délai de 30 jours ; ce ne serait pas davantage au moment de la seconde, puisque, dans cette hypothèse, le délai de 30 jours ne se comprendrait pas.

D'après nous, le pari se conclut lors de la seconde comparution ; le délai de 30 jours sert à accorder un répit au débiteur [1].

Parmi les auteurs assez nombreux [2] qui considèrent la *sponsio tertiae partis* comme se rattachant à la loi Silia, au moins selon toutes les vraisemblances, les opinions diffèrent au surplus quant à sa portée et aux motifs qui la firent introduire. Comment en effet attribuer le même caractère à la *sponsio*, selon qu'on la croit obligatoire ou facultative, exclusivement pénale ou au contraire à la fois préjudicielle et pénale ? La solution du problème varie en outre, suivant que l'on adopte telle ou telle doctrine sur les origines du *jusjurandum in jure delatum*.

D'après une opinion qui semble gagner du terrain, la *sponsio tertiae partis* aurait été imaginée dans l'intérêt du crédit. Il importait au plus haut point, que le créancier d'une somme d'argent pût compter sur le paiement à l'échéance. Le législateur se proposa de peser sur la volonté du débiteur, en vue de l'amener à reconnaître son obligation, au lieu de se lancer dans de mauvaises chicanes. Comme, en cas d'échec, il paierait le tiers en sus, il hésitera à contester la créance, dans le seul but de gagner du

---

1. D'après Sumner Maine, *Etudes sur l'histoire des institutions primitives* (trad. Durieu de Leyritz), p. 317 et 321, les paroles solennelles de la *sponsio* et de la *restipulatio* s'échangeaient lors de la première comparution en justice. Je renvoie du reste à la description que je donnerai plus tard de la procédure par le pari.

2. Voigt, *Jus naturale*, t. III, § 98, p. 739. Ihering, *Scherz und Ernst*, p. 226. Bekker, *Aktionen*, t. 1, p. 260. Brini, *Della condanna nelle legis actiones* (*Archivio giuridico*, t. XXI, 1878, § 5, p. 266). F. Buonamici, *La storia della procedura civile romana*, 1886, p. 54. Pfersche, *Bereicherungsklagen*, p. 24 et 25. Cüenot, *De la condamnation civile à l'époque des actions de la loi* (Thèse Paris, 1892, p. 254). E. Cuq, *Les institutions juridiques des Romains*, t. 1, p. 669.

temps ou de vexer son adversaire. Grâce à nos deux stipulations, le créancier aura des chances d'être payé plus promptement. M. Mommsen rapproche l'*actio certae creditae pecuniae* du droit classique de l'action qui, dans notre pratique contemporaine, tend au paiement de la lettre de change. C'est également dans cet ordre d'idées qu'il convient de chercher l'explication de la *sponsio tertiae partis*[1].

La rareté de l'argent à l'époque de la loi Silia pesa, sans doute, d'un certain poids, dans la création de la *sponsio tertiae partis* ou plutôt dans la fixation d'une peine aussi élevée que celle du tiers de la somme due. Je ne crois pas cependant, que ce phénomène d'ordre économique rende suffisamment raison de notre institution. On ne comprend guère, dans ce système, l'existence des deux stipulations ; le but poursuivi aurait été atteint, d'une façon plus simple, par une condamnation du défendeur au paiement de la somme due, augmentée du tiers en sus. Le procès roule, en outre, sur le pari, d'après la doctrine que nous adoptons ; les deux stipulations ne présentent pas un caractère exclusivement pénal ; à ce point de vue encore, la théorie, dont il s'agit, ne semble pas satisfaisante[2].

II. — Arrivons maintenant aux auteurs, qui se refusent à rattacher la*s ponsio tertiae partis* à la loi Silia. M. Per-

---

1. Huschke, Gaius, *Beiträge zur Kritik und zum Verständniss seiner Institutionen*, 1855, p. 351. Puntschart, *Entwicklung des grundgesetzlichen Civilrechts der Römer*, p. 413.

2. Sumner Maine, *Etudes sur l'histoire des institutions primitives*, p. 321, réduit la *legis actio per condictionem* à un pari. « Il n'est personne, dit-il, qui, la tête échauffée, consente à déférer la querelle à l'appréciation d'un tiers présent, encore moins d'un tiers absent ; mais elle n'y manquera jamais s'il existe une gageure à propos de cette querelle, et si elle a chance non seulement de se voir donner raison, mais de gagner encore l'enjeu ». Adressons deux objections à la théorie de Sumner Maine. Il semble que, d'après l'éminent auteur, la *legis actio per condictionem* intervînt dans des cas où la législation antérieure n'ouvrait pas au demandeur l'accès de la justice ; or, Gaius dit précisément le contraire. J'ajoute que la *condictio* ne joue dans ce système qu'un rôle secondaire ; le nom de la procédure ne s'explique pas dès lors.

nice nie d'une façon absolue, que nos deux stipulations aient figuré dans une *legis actio* quelconque et les considère comme nées sous la procédure formulaire. Cet auteur s'accorde du reste avec MM. Huschke et Puntschart, sinon sur la date, au moins sur les motifs qui firent introduire notre institution dans la pratique romaine.

Sans revenir sur les discussions déjà closes, sans réfuter de nouveau la thèse de M. Pernice, pour lequel le *Pro Roscio com.*, et la loi Rubria se référant à la procédure formulaire ne prouvent rien quant aux *legis actiones,* bornons-nous à objecter que le débiteur seul, aurait dû promettre le tiers en sus; si les deux stipulations ont une origine très ancienne, on comprend que le demandeur supporte la peine qu'il voulait infliger à son adversaire ; on ne le conçoit plus, au contraire, si la jurisprudence les a imaginées, à une époque relativement moderne. M. Pernice s'est borné, en réalité, à étendre à la *sponsio tertiae partis* la doctrine de M. Demelius, relativement à l'utilité du *jusjurandum in jure delatum* ; seulement, il n'a pas pris garde que le serment nécessaire est déféré à une partie, tandis que dans la *sponsio tertiae partis* les deux plaideurs jouent successivement le rôle de stipulant et celui de promettant.

La théorie de M. Eisele [1] se rapproche de celle de M. Pernice, en ce que, à l'exemple de cet écrivain, il considère la *sponsio tertiae partis* comme figurant dans l'*actio certae creditae pecuniae*, mais non dans la *legis actio per condictionem* ; elle s'en sépare, au contraire, en ce que, d'après M. Eisele, ce fut la loi Aebutia et non la jurisprudence, qui punit de cette façon le perdant; selon lui, c'est à la loi Aebutia, que font allusion les mots « LEGITIMAE PARTIS *sponsio facta est* » du *Pro Roscio com.*

L'opinion de M. Eisele sur ce point se rattache aux conceptions particulières de cet auteur, à propos de l'histoire de la procédure formulaire, conceptions que nous discuterons

---

1. *Abhandlungen zum röm. Civilproc.*, p. 80 et 81.

dans notre Livre II. Bornons-nous à dire que les critiques, adressées par nous à M. Pernice, s'appliqueraient avec autant de force à M. Eisele.

III. — Pour terminer ce paragraphe, signalons enfin les conjectures de M. Baron et de M. Karlowa, qui occupent une place à part, en ce que, d'après ces romanistes, la *sponsio tertiae partis* existait déjà, avant que la procédure formulaire n'eût remplacé les *legis actiones*.

M. Baron[1], pour lequel la loi Silia sanctionnait toutes les créances, qui avaient pour objet une *certa pecunia*, enseigne que la *sponsio tertiae partis* fut introduite par une loi postérieure pour l'hypothèse, où il s'agissait de *pecunia certa credita*. Si le demandeur se prétend créancier, en vertu d'une stipulation, d'un contrat *litteris* ou d'un *mutuum*, il aura la faculté de défier son adversaire de conclure la *sponsio* ; la *legis actio per condictionem* subira une modification.

La doctrine de M. Baron revient, en réalité, à admettre que les Romains connaissaient deux procédures distinctes, dont l'une avait un domaine d'application spécial et l'autre un domaine d'application général ; or, cette idée ne trouve aucun fondement dans les textes. Renvoyons, du reste, aux développements dans lesquels nous sommes entré, en vue d'établir l'identité de la *condictio certae pecuniae* et de l'*actio certae creditae pecuniae*. La *sponsio tertiae partis* constitue un élément de la *condictio certae pecuniae* de l'époque classique ; elle remonte par suite, pour les motifs déjà exposés, à la *legis actio per condictionem* de la loi Silia.

M. Karlowa[2] enfin rattache la *sponsio tertiae partis* à la loi qui appliqua la *legis actio per judicis postulationem* à la réclamation en justice de la *pecunia certa credita*. Tandis qu'il considère cette *legis actio* comme une procédure

---

1. *Condictionen*, p. 187.
2. *Röm. Rechtsgesch.*, t. II, p. 595.

par le pari, il donne pour la *legis actio per condictionem* une solution opposée.

Repoussant toute distinction entre l'*actio certae creditae pecuniae* et la *condictio certae pecuniae*, nous rejetons par cela même cette restriction du domaine de la procédure par le pari [1].

§ 4. — Le pari doit-il nécessairement être conclu par les plaideurs ou dépend-il du demandeur de recourir ou non à la sponsio tertiae partis ?

SOMMAIRE. — I. Quand le demandeur ne déférait pas le serment nécessaire le pari ne pouvait être évité. — II. Critique de la doctrine d'après laquelle la *sponsio tertiae partis* était seulement facultative.

I. — Si la *sponsio tertiae partis* existait déjà, du temps de la loi Silia, quand intervenait-elle ? Dans notre doctrine, le demandeur se trouvait dans l'alternative de déférer le serment nécessaire ou de recourir au pari ; mais s'il ne déférait pas le serment, le pari ne pouvait être évité ; il ne dépendait pas de lui de choisir entre une procédure entraînant une peine pour le perdant et une procédure n'ayant pas ce caractère.

Les textes paraissent tout d'abord favorables à cette doctrine.

Cicéron mentionne la conclusion du pari, comme une chose qui allait de soi. L'idée de l'*actio certae creditae pecuniae* et l'idée de la *sponsio* sont deux idées qui s'appellent l'une l'autre [2] : « *Pecunia petita est certa* ; *cum tertia parte sponsio facta est* », Pro Roscio comœdo, V, 14, comp. IV,

---

1. Comme M. Heimbach, qui, on le sait, sépare lui aussi l'*actio certae creditae pecuniae* et la *condictio certae pecuniae*, s'occupe exclusivement de la procédure formulaire, renvoyons à plus tard la critique de ses idées sur la *sponsio tertiae partis*. Comp. Heimbach, *Die Lehre des Creditum*, p. 586.
2. Si la *sponsio* n'est pas indispensable pour que la lutte judiciaire soit engagée, pourquoi Cicéron en parle-t-il à cet endroit de son plaidoyer ? Je suis frappé, quant à moi, du rapprochement fait entre la demande et le pari.

10. Cicéron, IX, 25 demande, en outre, à Fannius pourquoi il a choisi l'*actio certae creditae pecuniae* au lieu de l'*actio pro socio*, et il ajoute : « *Judicio gravi experiri nolebas ? Quid ita ? propter familiaritatem veterem ? cur ergo laedis ? propter integritatem hominis ? cur igitur insimulas ?* » Si Fannius eût pu se dispenser de recourir à la *sponsio*, Cicéron n'eût pas manqué de relever cette circonstance.

Le Ch. XXI de la loi Rubria mentionne également l'obligation pour le défendeur de jouer son rôle dans le pari, sans distinction ni restriction. A côté de cette première obligation, est mentionnée celle d'accepter la formule délivrée par le préteur et ces deux obligations sont mises sur la même ligne.

« *Aut se sponsione judicioque utei oportebit non defendet* ».

Si l'une de ces obligations existe dans tous les cas, il en est de même de l'autre.

La loi Julia municipalis, 1. 44 et 45, s'explique aisément, notre doctrine une fois admise. Le propriétaire d'une maison en bordure sur une rue n'a pas rempli les obligations légales, relativement à l'établissement et à l'entretien de la voie publique ; après une mise en demeure préalable, les travaux ont été exécutés par voie d'entreprise et pour un prix déterminé. Si le propriétaire constitué débiteur de ce prix ne l'a pas remboursé à l'entrepreneur dans un délai de trente jours à partir du moment où il a connu les faits, il devra la moitié en sus à titre de peine. Ce n'est pas tout ; contraint-il l'entrepreneur à le poursuivre judiciairement, la procédure sera la même qu'en matière d'*actio certae creditae pecuniae* ; un nouveau délai de trente jours lui sera accordé à compter de la *condictio* et s'il conteste à tort l'existence de la dette, celle-ci s'augmentera encore, d'un tiers cette fois. Ainsi compris, le passage présente un sens parfaitement naturel.

Quand j'étudierai le droit classique, je m'efforcerai de prouver que Gaius lui-même, dans le § 13 de son *Com.* IV, enseigne nettement la doctrine, d'après laquelle les deux stipulations doivent être conclues dans tous les cas et que le § 171 du même *Com.* ne contredit nullement le § 13 et peut être aisément expliqué[1].

Comment admettre, étant donné les idées primitives, que le demandeur avance et recule à la fois ? La première condition du succès, c'est qu'il ait confiance dans son bon droit et qu'il le montre. Sans doute, M. Wlassak[2] le dit avec raison, il ne faut pas juger la procédure romaine avec nos idées modernes ; les plaideurs ont, dans la direction de la lutte judiciaire, plus de latitude qu'aujourd'hui ; il leur est souvent loisible de suivre une méthode ou une autre. C'est ainsi que, dans notre matière elle-même, le demandeur peut, soit déférer le serment, soit ne pas le déférer ; il a la faculté d'opter entre la théorie ancienne et la théorie nouvelle, en matière de preuve, et le fait s'explique par le développement progressif du droit romain. Cela est vrai ; encore ne faut-il pas aller trop loin ; le demandeur aura le choix entre deux armes ; mais, après avoir choisi l'une d'elles, qui est à double tranchant, il devra s'en servir telle qu'elle est. Si le défendeur put, en matière d'interdits restitutoires ou exhibitoires, demander la nomination d'un arbitre et écarter la procédure par le pari, ce fut là le résultat d'une réforme relativement moderne ; elle ne triompha pas sans difficulté, nous le verrons, et on ne l'étendit jamais aux interdits prohibitoires. Cette exception étroitement limitée confirme la règle.

Enfin, si la *sponsio tertiae partis* servait au prétendu créancier de somme d'argent à peser sur la volonté de son adversaire pour l'amener à reconnaître l'existence de la dette, on ne conçoit pas que le demandeur ait jamais re-

---

1. « *Ex quibusdam causis sponsionem facere* PERMITTITUR *veluti de pecunia certa credita et pecunia constituta* ». Bornons-nous à dire que, dans notre doctrine, l'emploi du mot « *permittitur* » se comprend très bien. Il est permis au demandeur de conclure le pari ; mais s'il le préfère il déférera le serment nécessaire à l'autre partie.

2. *Röm. Processgesetze*, t. I. p. 108, n. 13.

noncé au droit que la loi lui accordait ; cette renonciation eût créé contre lui un préjugé défavorable et l'eût fait succomber devant des juges imbus des idées primitives. Comment triompherait-il celui qui n'a pas assez confiance dans la justice de sa cause, pour s'exposer à payer le tiers de la somme qu'il réclame ?

II. — Malgré ces arguments d'une grande force assurément, la plupart des auteurs [1] considèrent la *sponsio tertiae partis* comme simplement facultative pour le demandeur, en se fondant sur le § 171 du C. IV de Gaius, qui, tout au moins, ne devrait être considéré comme probant que pour le droit classique [2].

1. Comme le constate M. Wlassak, *op.* et *loc. cit.*, c'est là l'opinion quasi-unanime des romanistes contemporains. Citons seulement Accarias, *Précis de droit romain*, t. II, n° 974, p. 1250 ; Ihering, *Scherz und Ernst*, p. 227 ; Baron, *Condictionen*, p. 183 ; Demelius, *Schiedseid und Beweiseid*, p. 72, n. 1. D'après M. Wlassak du reste, on doit laisser indécis le point de savoir si le défendeur n'avait pas, lui aussi à titre subsidiaire, le droit d'exiger que les deux stipulations fussent conclues (Arg. de la L. 41, pr. D. *de reg. jur.*, L. 17 (Ulpien, *lib.* 26 *ad Edictum*). Notre savant maître M. Accarias va un peu plus loin et il incline à penser que sur ce point l'égalité était entière entre les plaideurs. C'est également l'opinion de M. Baron. M. Cuq, *Les institutions juridiques des Romains*, t. I, p. 669, considère le droit de réclamer la *sponsio* comme un privilège du défendeur, privilège auquel il peut renoncer. Les autres partisans de la doctrine dominante considèrent, en sens inverse, que le demandeur et lui seul a la faculté de choisir entre les deux voies à suivre. Parmi les auteurs, pour lesquels, comme pour nous, la *sponsio tertiae partis* est une partie essentielle de la procédure, citons Wieding, *Justinian. Libellprocess*, p. 648 et surtout M. Kappeyne van de Coppello, p. 206 et suiv., qui a soumis la difficulté à un examen très approfondi. M. Bekker, *Aktion.*, t. I, p. 261 et M. Pfersche, *Bereicherungsklagen*, p. 24 et *Zeitschrift für Priv. und oeffentliche Recht der Gegenwart (Grünhut)*, t. XIV, p. 175 (Compte rendu du livre de M. Kappeyne van de Coppello), tout en estimant qu'en vertu de la loi Silia la *sponsio* devait nécessairement avoir lieu, croient qu'il n'en était plus de même au temps de Gaius. Je renvoie à l'étude de la procédure formulaire l'exposition des idées d'Heimbach sur le caractère facultatif de la *sponsio tertiae partis* dans l'*actio certae creditae pecuniae* distincte, selon lui, de la *condictio certae pecuniae*.

2. Ai-je besoin de montrer que je ne me mets nullement en contradiction avec la méthode appliquée dans le cours de ce travail ? Quand une institution, subsistant encore du temps de Gaius, s'harmonise avec les idées primitives

§ 5. — Le débat roule-t-il sur le pari ou au contraire les deux stipulations présentent-elles un caractère exclusivement pénal ?

Sommaire. — I. Le pari trace au juge sa mission. — II. Réponse aux objections.

I. — Les deux stipulations, qui servent à réaliser le pari, présentent un caractère à la fois pénal et préjudiciel ; elles sont conclues non seulement en vue d'infliger un châtiment au perdant, mais aussi et même surtout à l'origine, en vue de trancher d'une façon indirecte la question litigieuse.

Le témoignage de Cicéron paraît formel, pour l'époque où il prononçait son plaidoyer en faveur de l'acteur Roscius, c'est-à-dire, pour la période comprise entre la loi Aebutia et les deux lois Julia. Fannius a intenté contre Roscius une *actio certae creditae pecuniae*, le pari est intervenu. Cicéron s'adressant à l'adversaire de son client s'exprime de la façon suivante, dans le n° 12 du Ch. IV :

« *Eidem et infinitam largitionem remittebas et eumdem* IN ANGUSTISSIMAM FORMULAM SPONSIONIS CONCLUDEBAS ».

Quelle est cette *formula sponsionis*, dont parle le texte ? Faut-il y voir, comme le veut M. Eisele [1], la formule de l'action, qui a pris sa source dans la stipulation, *sponsio tertiae partis* ? Cela paraît absolument impossible. L'orateur dit en effet non pas *in angustissimam formulam*

---

et présente en elle-même un caractère archaïque, il semble légitime de reporter son origine au droit ancien ; mais la *sponsio tertiae partis*, obligatoire au temps de la loi Silia, n'aurait-elle pas pu devenir ensuite facultative ? Ce mouvement d'idées ne concorderait-il pas avec les renseignements les plus certains que nous possédions sur l'histoire du droit romain ? A la différence de M. Bekker et de M. Pfersche, je ne pense pas que cette évolution se soit produite ; mais par cela même qu'elle est possible, l'argument tiré du § 171 du C. IV de Gaius perd toute sa force, relativement à la période antérieure à la loi Aebutia.

1. *Die materielle Grundlage der Exceptio*, 1871, p. 172, n. 54. Dans le même sens Karlowa, *Röm. Rechtsgesch.*, t. II, p. 595.

concludebas mais *in angustissimam formulam* SPONSIONIS *concludebas*[1]. M. Karlowa objecte en vain que *formula commodati* signifie formule de l'action née du commodat et que dès lors on est autorisé à traduire *formula sponsionis* par formule de l'action née de la *sponsio*. Comment ne pas apercevoir l'extrême faiblesse de cet argument? Les sources parlent constamment de l'*actio commodati* et de la *formula commodati*, termes synonymes à l'époque classique, tandis que le contrat de commodat n'a pas de formule. Il convient aussi de ne pas oublier que, dans la langue du *Pro Roscio com.*, *sponsio* signifie pari et non pas stipulation.

Allons même plus loin. Cicéron ne peut faire allusion à la formule de l'action née de la stipulation du tiers de la somme due, parce que, de son temps, le juge était saisi de la question de savoir qui avait gagné le pari, non pas par des formules spéciales, semblables à celles qui furent délivrées plus tard, mais par les paroles solennelles des deux stipulations, prononcées par les plaideurs eux-mêmes devant le magistrat. Cicéron parle d'une formule écrite et non pas de plusieurs et cette formule, qu'il cite, vise la dette principale et elle seule[2].

Ayant ainsi écarté cette interprétation de notre passage, repoussons également une traduction nouvelle due à M. Wlassak. Cet auteur pense, que la *formula sponsionis* du texte visait une formule de stipulation et non pas

---

[1]. Jusque dans ces dernières années, M. Schirmer, *Ueber die prätorischen Judicialstipulationen mit besonderer Berücksichtigung der stipulatio judicatum solvi*, 1853, p. 15, protestait seul, à notre connaissance, contre la traduction donnée en général à ce passage de Cicéron. Plus tard M. Wlassak, *Miscellen* (*Zeitschr. der Sav-Stift für R. G.*, t. IX, 1888, R. A., p. 382) reconnut lui aussi que l'opinion de M. Eisele devait être rejetée et que le mot *formula* ne signifiait pas ici formule d'action.

[2]. Les §§ 165 et 170 du C. IV de Gaius ne peuvent par suite m'être opposés. J'ajoute que Calpurnius Piso aurait été lié, avant tout, par la formule principale de l'*actio certae creditae pecuniae*. Pourquoi Cicéron viserait-il l'une des deux formules accessoires, à supposer que ces formules existassent déjà de son temps?

une formule d'action ; mais il propose la leçon suivante :
« tu inscrivais son nom (celui du juge Piso) dans une très étroite formule de stipulation. » La phrase de Cicéron permettrait donc d'affirmer, que le nom du juge figurait expressément dans la formule de chacune des deux stipulations. Si cette dernière proposition paraît en effet vraisemblable, le *Pro Roscio com.* ne saurait être, à notre avis, cité en sa faveur. L'idée maîtresse de l'orateur consiste dans l'opposition entre les pouvoirs de l'arbitre, qui sont très larges, et ceux du juge de l'*actio certae creditae pecuniae*, qui sont très étroits[1]. « Tu l'enfermais dans une très étroite formule de pari[2] », voilà la seule traduction possible. Si les paroles solennelles prononcées par les plaideurs tracent au juge les limites, qu'il ne saurait franchir, j'en déduis que les deux stipulations donnent au juge ses instructions, c'est sur le pari que ce dernier se prononcera.

Un autre passage du même plaidoyer pour Q. Roscius confirme la conclusion que nous venons de tirer du premier. Il s'agit du chapitre V, n° 14.

« *Hic ego si finem faciam dicendi satis fidei et diligentiae meae, satis causae et controversiae, satis formulae* ET SPONSIONI, *satis etiam judici fecisse videar, cur secundum Roscium judicari debeat.* »

A propos de la période comprise entre la loi Aebutia et la dernière des deux lois Julia, nous reviendrons sur ce passage et nous expliquerons cette coexistence de la *sponsio* et de la formule délivrée par le préteur ; mais dès maintenant retenons ceci : pour faire triompher son client, l'avocat de Roscius doit prendre pour base de son argumentation les termes de la *sponsio tertiae partis*; d'où

---

1. M. Karlowa objecte donc, avec raison, à M. Wlassak que « *eumdem in angustissimam formulam sponsionis concludebas* » ne peut signifier autre chose que « tu l'enfermais dans un cercle étroit dont il ne pourrait pas sortir »,

2. M. Schirmer donnait déjà cette traduction avec cette différence qu'il traduisait *sponsio* par stipulation et non par pari.

résulte que cette dernière délimite le débat, que les deux stipulations sont préjudicielles et non pas exclusivement pénales.

Or, s'il en est ainsi à l'époque de Cicéron, à plus forte raison la même solution s'impose-t-elle pour notre période. Que l'ancien organisme ait subsisté, à côté de la formule, cela se comprend, si on songe au lent développement de la procédure formulaire ; mais, la formule une fois en usage, on ne comprendrait pas que nos deux stipulations, jusque-là exclusivement pénales, fussent devenues préjudicielles.

Notre théorie n'a, en elle-même, rien de surprenant. Que le pari ait servi à engager le débat en matière d'interdits, nul ne saurait le contester. Si notre affirmation est exacte, il y a seulement ici une nouvelle application d'une méthode dont l'emploi ne peut être mis en doute. Au contraire, où trouver une hypothèse où la *sponsio paenalis* et la *restipulatio* aient seulement pour but de châtier le perdant[1] ?

II. — Quelles sont maintenant les objections qui nous sont faites ? Pour démontrer le caractère exclusivement pénal de nos deux stipulations, Rudorff[2] s'était appuyé sur un passage d'Aulu-Gelle, *Noct. Att.*, XX, 1, 41 ; mais ce passage fait allusion à la *legis actio per manus injectionem* et ne doit jouer aucun rôle dans notre controverse, comme le reconnurent du reste M. Eisele[3] et M. Demelius[4], les deux

---

1. Parmi les auteurs qui considèrent nos deux stipulations comme préjudicielles, citons Keller, *Procéd. civile*, trad. Capmas, § 18, p. 77. Schirmer, *op. et loc. cit.* Bekker, *Aktionen*, t. I, p. 260, n. 18, in f. Brini, *Della condanna nelle legis actiones*, p. 267. Kappeyne van de Coppello, *Abhandlungen*, p. 202 et suiv. Cüenot, *La Condamnation civile au temps des legis actiones*, p. 254. Comp. Puntschart, *Der entscheidende Einfluss…* p. 81 qui occupe une situation à part.
2. *Röm. Rechtsgeschichte*, p. 84.
3. *Die materielle Grundlage der Exceptio*, p. 168.
4. *Zum Legisactionenprocess* (*Krit. Vierteljahrschr. für G. und R. W.*, t. VIII, 1866, p. 512).

auteurs, qui, dans ces dernières années, consacrèrent au sujet les plus amples développements[1].

Ce texte écarté, examinons les arguments de nos adversaires. A quoi bon, dit-on d'abord, tracer au juge son devoir, au moyen d'un pari ? Le créancier a prononcé les paroles solennelles par lesquelles il affirme son droit : « AIO TE MIHI CENTUM DARE OPORTERE » ; le défendeur a répondu « NEGO ». Le champ du débat n'est-il pas délimité de la façon la plus nette ? J'ai répondu, par avance, en mettant en lumière les motifs pour lesquels les auteurs de la loi Silia utilisèrent la procédure par le pari. Bornons-nous à rappeler que, dans notre doctrine, tout n'est pas fini, quand le défendeur a pris position, en niant l'existence de la dette ; il faut encore que son adversaire choisisse entre deux méthodes de preuve ; le recours au pari montre qu'il renonce à déférer le serment.

On insiste néanmoins ; le caractère préjudiciel de nos deux stipulations ne se comprendrait, dit-on, en aucune manière. Le pari ne résout pas la difficulté ; car, une fois le pari gagné, il faudra intenter une *legis actio per sacramentum* avant la loi Silia, une nouvelle *legis actio per condictionem* après cette loi. S'il en était ainsi, l'objection serait assurément grave ; mais, d'après la doctrine que nous exposerons, il y aura chose jugée sur le fond du droit, quand la contestation relative au pari aura été tranchée ; dès lors, c'est la *legis actio per manus injectionem* qui sera ouverte, si le jugement n'est pas exécuté dans un délai de trente jours.

M. Demelius prétend encore qu'il n'existe aucune preuve directe à l'appui du système auquel je me rallie. Sans doute, avoue-t-il, l'*actio certae creditae pecuniae* de l'épo-

---

[1]. Parmi les autres partisans de la doctrine, d'après laquelle nos deux stipulations ont pour but exclusif le châtiment du perdant, énumérons Wieding, *Justinian. Libellproc.*, p. 652. Karlowa, *Röm. Civilproc. zur Zeit der L. A.*, p. 233. Iluschke, *Multa*, p. 489. Baron, *Condictionen*, p. 183. Fietta, *Histoire de la formation du système des actions de l'époque classique*, p. 109, n. 59.

que classique dérivait de la *legis actio per condictionem* de la loi Silia et il est légitime de remonter de la première procédure à la seconde; mais, du temps de Gaius, nos deux stipulations servaient seulement à infliger une peine au plaideur téméraire ; elles n'avaient pas d'autre but.

Répondons, qu'afin de connaître la *legis actio per condictionem*, il convient de prendre pour point de départ l'*actio certae creditae pecuniae*, telle que la décrit Cicéron, pendant la période comprise entre la loi Aebutia et la dernière des deux lois Julia. Que cette procédure se fût modifiée, au temps de Gaius, cela se peut, bien que je n'aie pas à l'examiner en ce moment ; mais, en présence des textes de Cicéron, nos adversaires ne sauraient s'appuyer légitimement sur le témoignage de Gaius.

Devons-nous enfin juger décisive l'objection faite par Huschke à savoir que, dans notre matière, on ne trouve jamais les expressions *agere per sponsionem*, que nous considérons nous-même, comme caractérisant la procédure par le pari ? Ce silence des sources ne serait pas probant, surtout si, à l'époque classique, nos deux stipulations avaient perdu le caractère préjudiciel ; mais le chapitre XXI de la loi Rubria emploie des termes qui doivent être considérés comme correspondant aux mots *agere per sponsionem*. Envisageant la situation du défendeur, la loi parle en effet de *sponsione se defendere* ; quelle différence voit-on entre dire : *agere per sponsionem*, à propos du demandeur, et dire : *sponsione se defendere*, à propos du défendeur ?

CHAPITRE VII

LA LOI SILIA CONTENAIT-ELLE DES DISPOSITIONS RELATIVES AU CAS OU LE DÉBITEUR AVAIT, LA DETTE ÉTANT DÉJA EXIGIBLE, FIXÉ UN JOUR POUR LE PAIEMENT ET N'AVAIT PAS PAYÉ AU JOUR DIT ?

Sommaire. — I. Etroite connexité de l'*actio de pecunia constituta* et de l'*actio de pecunia certa credita*. — II. La *sponsio dimidiae partis* se rattache historiquement à la *sponsio tertiae partis* ; elle tendit à punir un manque de foi particulièrement grave du débiteur. — III. L'*actio de pecunia constituta* n'a pas son origine dans le droit civil. — IV. La loi Silia ne semble pas non plus avoir visé l'hypothèse de la *pecunia constituta*.

I. — Les jurisconsultes classiques appelaient *actio de pecunia constituta* ou *actio pecuniae constitutae* une action prétorienne, ayant pour objet une somme d'argent ou une certaine quantité de choses fongibles, déjà due au créancier, au moment où le défendeur s'était engagé à la payer à un jour déterminé, promesse qu'il n'avait pas tenue[1]. Cette action présentait cette particularité, que chacun des plaideurs s'obligeait dans la forme de la stipulation à payer, en cas d'échec, une peine égale à la moitié de la somme d'argent ou de la quantité de choses fongibles[2].

« *Ex quibusdam causis sponsionem facere permittitur*

---

1. § 8 et 9, *Inst. de act.*, IV, 6. § 8, « *In personam quoque actiones ex sua jurisdictione propositas habet Praetor, veluti* DE PECUNIA CONSTITUTA ». § 9. « *De pecunia autem constituta cum omnibus agitur, quicumque vel pro se vel pro alio soluturos se constituerint, nulla scilicet stipulatione interposita ; nam alioquin si stipulanti promiserint, jure civili tenentur* ».
2. La plupart des auteurs en se fondant sur le mot *permittitur* dont se sert Gaius estiment du reste que le demandeur peut renoncer à la *sponsio dimidiae partis* comme à la *sponsio tertiae partis* de l'*actio certae creditae pecuniae*. Le mot *permittitur* du § 171 du C. IV ne me paraît pas plus probant, à propos de l'*actio de constituta pecunia* qu'à propos de l'*actio de pecunia certa credita* et pour les mêmes raisons ; voy. plus haut, ch. VI, § 4, n° II. Comme les deux actions sont étroitement connexes, la démonstration faite pour la première s'applique également à la seconde.

veluti de pecunia certa credita et pecunia constituta ; *sed certae quidem creditae pecuniae tertiae partis,* CONSTITUTAE VERO PECUNIAE *partis dimidiae* », dit Gaius, IV, 171.

Dès 1861, M. Bruns[1] signalait les rapports étroits de l'*actio de pecunia certa credita* et de l'*actio de pecunia constituta*. Les travaux postérieurs ont confirmé la justesse des vues de ce romaniste, en montrant seulement qu'il avait péché par excès de timidité.

Si l'*actio de pecunia constituta* peut, au IIe et au IIIe siècle de l'ère chrétienne, s'appliquer à des choses fongibles autres que des pièces de monnaie, en quoi elle se sépare de l'*actio de pecunia certa credita*, elle se caractérise, comme cette dernière, par l'objet de la demande. La somme d'argent, pour le paiement de laquelle on a pris jour, rentre souvent dans la définition de la *pecunia certa credita* et, dans cette hypothèse, le lien entre nos deux actions apparaît de la façon la plus nette ; par l'effet du constitut, la peine infligée au perdant s'élèvera du tiers à la moitié. La *sponsio dimidiae partis* jouera un rôle analogue à celui de la *sponsio tertiae partis* ; mais, grâce à la substitution de l'*actio de pecunia constituta* à l'*actio de certa credita pecunia*, la procédure sera encore plus rigoureuse. Si nous notons enfin, que le demandeur jouit, dans nos deux actions, de la faculté de déférer le serment nécessaire à l'autre partie[2] et que l'édit relatif à la *pecunia constituta* figurait

---

1. *Das constitutum debiti* (*Zeitschr. für Rechtsgesch.*, t. I, 1861) et *Kleinere Schriften*, 1882, t. 1, p. 239. Dans le même sens : Salpius, *Novation und Delegation nach röm. Recht.*, 1864, p. 311 et 312. Flurer, *Du pacte de constitut*, Thèse Nancy, 1874, p. 18. Demelius, *Schiedseid und Beweiseid*, § 10, p. 69, n° 14. Cuq, *Les institutions juridiques des Romains*, t. 1, p. 679, n. 2.

2. L. 14, D., *de jurej.*, XII, 2. Paul, *lib. 3 ad Ed.* « *Quotiens propter rem juratur, nec parenti nec patrono remittitur jusjurandum : propter rem autem jusjurandum exigitur veluti* DE PECUNIA CREDITA, *cum jurat actor sibi dare oportere vel reus se dare non oportere, idem est, cum de* PECUNIA CONSTITUTA JUSJURANDUM EXIGITUR ». Comme, d'après nous, le domaine du serment nécessaire est étroitement limité, la signification de ce texte apparaît très nettement. V. ci-dessus, ch. VI, § 1, n° IV. Le passage de Stepha-

dans le titre *de rebus creditis* après l'édit : *si certum petetur* et l'édit : *de eo quod certo loco dari oportet*[1] aucun doute ne subsistera sur la parenté de l'*actio de constituta pecunia* et de l'*actio de certa credita pecunia*[2].

II. — Comment comprendre qu'une action prétorienne ait un caractère aussi archaïque? Le constitut paraît appartenir à une époque de civilisation avancée, à une période historique, pendant laquelle le commerce et spécialement le commerce de banque était déjà parvenu à un très large développement; on s'attend à une institution d'aspect relativement tout moderne et les textes parlent de *sponsio dimidiae partis* et de *jusjurandum in jure delatum*.

Une conjecture, qui semble réunir de plus en plus d'adhérents, consiste à assigner à l'*actio de constituta pecunia* primitive un domaine d'application fort étroit; plus tard, lorsque le constitut prit dans la vie économique et juridique une place importante, l'action qui le sanctionnait conserva des souvenirs du temps où elle remplissait une fonction fort différente de celle qui lui était maintenant dévolue. D'après cette conjecture, le constitut s'appliquait exclusivement, à l'origine, à la *pecunia credita* et il intervenait comme prix de la concession d'un délai fait par le créancier au débiteur. Ce dernier, qui se trouvait pour le moment hors d'état de remplir ses engagements, obtenait la suspension des poursuites, en promettant de payer tel jour. Au jour fixé par le constitut, il ne payait pas néanmoins. Comme ce manque de foi

---

nos, reproduit plus haut, cite en outre l'*actio constitutae pecuniae*, à côté de l'*actio si certum petatur*, parmi les actions à propos desquelles le droit ancien admettait exceptionnellement la délation du serment nécessaire. Comp. Demelius, *Schiedseid und Beweiseid*, p. 64 et suiv.

1. Lenel, *Ed. Perp.*, § 97, p. 196. P. F. Girard, *Textes*, p. 127.
2. Kappeyne van de Coppello, *Abhandlungen zum röm. Staats und Privatrecht*. III. *Ueber constituta pecunia*, p. 231 et suiv. Jules Valery, *Conjectures sur l'origine et les transformations du pacte de constitut* (Extrait de la *Revue générale du droit*), 1893, p. 20 et suiv.

nuisait au créancier et préjudiciait même à l'intérêt général, on jugea équitable de châtier celui qui s'en était rendu coupable. Tandis que l'*actio de certa credita pecunia* n'eût entraîné contre le perdant qu'une condamnation au tiers en sus, le préteur contraignit le défendeur à figurer à la *sponsio dimidiae partis* ; si le demandeur succombe, il paiera l'amende considérable, qu'il voulait infliger à son adversaire ; mais c'est que, par suite de l'accusation de perfidie portée par lui contre ce dernier, les débats ont pris une aigreur particulière [1].

En faveur de cette conjecture, militent le nom même de l'action, les rapports étroits qui existent entre elle et l'*actio de certa credita pecunia*, enfin ce fait qu'avant Justinien on discutait encore sur le point de savoir si le constitut s'appliquait valablement aux dettes conditionnelles ou à terme [2], ce qui permet de croire qu'à l'origine la dette devait être exigible.

Comme M. Valery, nous acceptons [3] plusieurs des idées essentielles de la théorie de M. Kappeyne van de Coppello. Le constitut s'appliqua d'abord exclusivement, selon nous, à la *pecunia credita* ; en outre, le constituant recevait un service ; le créancier, dont la créance était exigible, lui accordait, sur sa prière, un délai pour le paiement et la substitution de la *sponsio dimidiae partis* à la *sponsio*

---

1. Kappeyne van de Coppello, *Abhandlungen zum röm. Staats und Privatrecht*.III. *Ueber constituta pecunia*, p. 247, 254, 257. M. Accarias, *Précis*, t. 2, n° 974 note, dit de son côté : « Il nous plairait assez de croire qu'elles (les *sponsiones*) furent primitivement obligatoires dans l'action de constitut comme elles le furent longtemps dans les interdits restitutoires et exhibitoires. Si cette proposition pouvait être prouvée, la lumière serait faite sur la raison d'être originaire de l'action *de pecunia constituta* ; elle aurait eu pour but principal de sanctionner par une peine sévère une violation manifeste de la bonne foi ».

2. L. 2, pr. C. *de constit. pec.*, IV, 18. Justinien, a. 531. « *et dubitaretur, an pro debito sub conditione vel in diem constituto eam possibile esset fieri* ».

3. Voy. notre article dans la *Grande encyclopédie*, V° *Constitut*.

tertiae partis apparaissait comme la juste punition de l'ingratitude du débiteur.

III. — Si sur tous ces points M. Kappeyne a aperçu la vérité, doit-on attribuer au préteur la création de la *sponsio dimidiae partis* ? Ne peut-on pas lui reconnaître des origines encore plus lointaines ?

M. Valery est entré récemment dans cette voie. Pour lui, l'*actio constitutae pecuniae* doit sa naissance au droit civil ; seulement comme la législation honoraire imagina de très nombreuses applications de la théorie, les jurisconsultes classiques n'aperçurent plus l'œuvre primitive, sous les constructions nouvelles dues au préteur. A le considérer dans la fonction qu'il remplissait de leur temps, le constitut appartenait au droit prétorien ; cela leur suffit.

Pour M. Valery, le pacte de constitut était une transaction, dans laquelle le débiteur, qui était sous le coup de la *legis actio per manus injectionem*, promettait de payer, un certain jour, une rançon, à la condition que son adversaire renoncerait aux poursuites. Par dérogation aux principes généraux de leur droit, les Romains considéraient comme obligatoire le pacte intervenu à la suite d'un délit privé entre le coupable et sa victime, pacte par lequel cette dernière renonçait à l'exercice de sa vengeance moyennant une rançon, fixée d'un commun accord. Le pacte de constitut doit être considéré comme un pacte de cette espèce.

Nous craignons que M. Valery n'ait commis, sur ce point, une méprise. Les textes nous apprennent, en effet, que les obligations nées d'un délit seront éteintes, même d'après la législation civile, par l'effet d'un simple pacte. Seulement, il convient de ne pas confondre l'extinction et la création des obligations. Que le coupable paie immédiatement la rançon, ou, si l'autre partie consent à lui faire crédit, qu'il s'engage, conformément au droit commun. On ne voit, nulle part, qu'un simple pacte ait suffi, même dans ce cas, pour donner naissance à une obligation sanctionnée par une action. A côté de cette première objection, adressons-en une autre à M. Valery ; c'est que les Institutes attribuent au préteur la création de l'*actio de constituta pecunia*.

IV. — Faut-il donc renoncer à admettre que l'institution, toute prétorienne qu'elle fût, avait ses racines dans le droit civil? D'après une conjecture qui nous séduisit un instant, la création de la *sponsio dimidiae partis* remonterait à la loi Silia ; cette *sponsio dimidiae partis* constitua d'abord un organe de la *legis actio per condictionem* et fut seulement utilisée plus tard par le préteur quand il créa l'*actio de pecunia constituta*, en prenant pour modèle l'*actio de pecunia certa credita*. D'après ce système, le droit civil connaissait la *pecunia constituta* s'il ignorait l'*actio de pecunia constituta*. Quand le débiteur ne payait pas au jour dit, bien que le créancier eût, sur sa demande, volontairement suspendu les poursuites jusqu'à ce moment, la *legis actio per condictionem* suivait son cours ordinaire, avec cette seule différence que la loi Silia élevait, dans ce cas, l'enjeu du pari, du tiers à la moitié, en vue de punir le manque de foi du défendeur.

L'existence du constitut paraît en harmonie avec ce fait, que les capitalistes de l'ancienne Rome consentaient leurs prêts d'argent pour une période fort courte, sauf à ne pas entamer immédiatement les poursuites, si l'emprunteur ne se libérait pas à l'échéance. De plus, l'enjeu de la moitié éveille, comme celui du tiers, l'idée d'une disposition légale.

Malgré ces considérations, qui ne sont pas sans valeur, nous repoussons cette conjecture parce qu'elle aboutirait à reconnaître l'existence de deux *legis actiones* distinctes. Si le défendeur nie sa dette, il conteste par cela même l'existence du constitut ; le pari devra donc porter non pas sur le point de savoir s'il y a *pecunia credita* mais sur celui de savoir s'il y a *pecunia constituta* ; il est dès lors difficile de soutenir que l'on suivait la même procédure, qu'il y eût ou non constitut ; comme la question posée au juge variait, suivant les cas, il ne s'agissait pas là d'une différence d'importance secondaire.

Concluons donc, que dans l'état de nos documents, la théorie du constitut ne semble pas appartenir à la période historique dont nous nous occupons et renvoyons au livre II les développements dans lesquels il conviendra d'entrer sur l'origine et la nature de l'*actio de pecunia constituta*.

SECTION II

LA LEGIS ACTIO PER CONDICTIONEM DE LA LOI CALPURNIA.

CHAPITRE I

LA LOI CALPURNIA, SON OBJET, SES MOTIFS.

SOMMAIRE. — I. La date de la loi Calpurnia. — II. La loi Calpurnia s'appliquait même aux dettes de corps certains. — III. Motifs de l'extension du domaine de la *legis actio per condictionem*.

I. — Le paragraphe 19 du C. IV de Gaius nous apprend, que la *legis actio per condictionem* a son origine dans une loi Calpurnia, en tant qu'elle a pour objet des choses autres que des pièces de monnaie romaine.

« *Haec autem legis actio constituta est per legem Siliam* et Calpurniam..... *lege vero* Calpurnia *de omni certa re* ».

La date de cette loi Calpurnia est inconnue ; postérieure certainement à la loi Silia, l'a-t-elle suivie de près, en est-elle séparée par un intervalle d'un demi-siècle ou même d'un siècle ? les textes ne le disent pas d'une façon expresse.

Comme on le devine aisément du reste, beaucoup d'auteurs ne se sont pas résignés à cet aveu d'impuissance. D'après M. Voigt[1], notre loi a été votée entre l'an 416 et l'an 466 de l'ère romaine, vraisemblablement peu après la loi Poetelia Papiria de l'année 428. Pour les motifs que nous avons déjà mis en lumière, à propos de la loi Silia, il

---

1. *Jus naturale*, t. III, § 98, p. 738 et t. IV, *Beilage* XIX, p. 402 et 403.

y a là une pure conjecture, qui ne repose sur aucun fondement sérieux. Même si nous possédions la liste complète de tous les membres de la *gens* des Calpurnii, qui ont été dictateur, consul, tribun consulaire, préteur, tribun de la plèbe, comment discerner celui qui proposa la loi ou le plébiscite portant le nom de *lex Calpurnia*[1] ?

M. Puntchart[2], qui voit dans notre texte une *lex frumentaria*, fixe, pour cette raison, son origine aux premières années du VIIe siècle. Récemment enfin M. Pernice[3], sans oser néanmoins se prononcer nettement pour l'affirmative, a soulevé la question de savoir si notre loi Calpurnia ne se confondrait pas avec celle, qui, en l'an 605, créa la *quaestio repetundarum*.

Aucune de ces deux conjectures n'est en harmonie avec les motifs pour lesquels fut votée, selon nous, la loi Calpurnia ; la seconde paraît, en outre, contredite par un passage de la *Lex Repetundarum* qui a été conservée.

L. 23, QUEI PECUNIAE CAPTAE CONDEMNATUS EST ERIT AUT QUOD CUM EO LEGE CALPURNIA *aut lege Junia sacramento actum siet.*

M. Pernice reconnaît que le passage en lettres capitales, passage établi par les éditeurs du texte, ne pouvait guère l'être autrement ; mais il se demande si le mot *sacramento* ne pourrait pas être rapporté uniquement à la loi Junia ; il n'insiste pas du reste, et avec raison, selon nous[4].

---

1. D'après M. Cuq, *Les institutions juridiques des Romains*, t. 1, p. 679, n. 3 : « Il est vraisemblable que la loi Calpurnia n'est pas antérieure au VIe siècle. Dans les listes de magistrats on ne trouve un Calpurnius qu'en 496. On a proposé de l'attribuer au plébéien P. Calpurnius Piso qui fut préteur urbain en 543 ». M. Brini, *Della condanna nelle legis actiones*, p. 268, place notre loi au début du VIe siècle. Pour les motifs développés au texte, nous repoussons tous ces systèmes.

2. *Entwicklung des grundgesetzlichen Civilrechts der Römer*, p. 418 et *Der entscheidende Einfluss...*, p. 82.

3. *Labeo*, t. III, p. 233.

4. M. P. F. Girard, qui déjà dans sa belle étude sur la date de la loi Æbutia considérait la conjecture de M. Pernice comme très hardie, vient de la rejeter nettement. *L'histoire de la condictio* d'après M. Pernice, p. 418.

II. — La loi Calpurnia visait l'opération de crédit, en tant qu'elle avait pour objet des choses déterminées, autres que des pièces de monnaie romaine, une certaine quantité de choses de tel genre et de telle qualité ou un corps certain, tel esclave, tel cheval, tel fonds de terre.

Plusieurs auteurs pensent cependant, que notre loi ne s'appliquait pas aux corps certains et que, relativement à ces derniers, notre procédure fut utilisée seulement plus tard, on se fonde sur le nom de *condictio triticaria* (de *triticum*, froment), par lequel les sources de l'époque classique désignent notre action.

Cet argument ne saurait, à notre avis, prévaloir sur le témoignage formel de Gaius « ...*lege vero Calpurnia* DE OMNI CERTA RE ».

III. — Quant aux motifs de l'introduction de la nouvelle *legis actio*, nous les cherchons simplement dans le développement du commerce. Lorsque les opérations à crédit ayant pour objet des choses autres que des pièces de monnaie romaine furent devenues plus fréquentes et eurent acquis une importance économique plus considérable, la pratique ne se contenta plus de la vieille *legis actio per sacramentum*, qui supposait l'existence d'un délit ; il sembla naturel d'organiser une procédure n'ayant rien de pénal et appropriée à la créance qu'elle avait pour objet de sanctionner. La loi Silia avait créé un modèle, qu'il suffisait d'imiter. Pourquoi ne pas accorder le bénéfice d'un délai de grâce de 30 jours, même au débiteur d'un corps certain ou d'une certaine quantité de choses de genre, autres que des pièces de monnaie romaine ? La procédure débuta donc, encore dans notre hypothèse, par une sommation adressée au défendeur ; ce fut une *legis actio per condictionem*[1].

« Si la loi Calpurnia, dit-il, avait en matière de *repetundae* établi la procédure plus simple, moins rigoureusement romaine par ses origines, de la *condictio*, on ne comprendrait pas comment la loi Junia serait venue ensuite mettre à la place ou à côté la procédure du *sacramentum* ».

1. Dans le droit anglais, le *writ of debt* correspond à la procédure de la

A côté de notre doctrine, citons celle de M. Puntschart[1], d'après lequel notre loi est une *lex frumentaria* destinée à faciliter l'approvisionnement de Rome et à assurer la marche du service de l'annone. Grâce à la *sponsio poenalis*, qui constitue, selon M. Puntschart, un des éléments de la procédure, il y aura plus de chance, pour que les livraisons des blés d'Afrique ou de Sicile s'opèrent avec régularité. Les objections, que nous avons faites à M. Puntschart à propos de la loi Silia, pourraient être renouvelées ici ; ajoutons que les textes ne justifient, en aucune façon, la conjecture d'après laquelle notre loi se rattacherait à l'organisation du service de l'annone.

CHAPITRE II

LA LEGIS ACTIO PER CONDICTIONEM CRÉÉE PAR LA LOI CALPURNIA CONSTITUAIT-ELLE UNE PROCÉDURE PAR LE PARI ?

Sommaire. — I. La doctrine très généralement adoptée se prononce pour la négative. — II. Arguments présentés en faveur de l'affirmative par M. Wieding et M. Kappeyne van de Coppello. — III. Examen critique de ces arguments. — IV. La loi Calpurnia ne connaissait pas la *sponsio mere praejudicialis*. — V. Même dans les hypothèses visées par la loi Calpurnia, la *legis actio per condictionem* constituait une procédure par le pari. — VI. La conjecture la plus vraisemblable paraît être que les plaideurs fixaient eux-mêmes, d'un commun accord et en argent, l'enjeu du pari, enjeu qui était considéré comme représentant le tiers de la valeur en litige.

I. — A la question ainsi posée la plupart des auteurs répondent par la négative, en se fondant sur ce que Gaius

---

loi Silia, le *writ of detinet* à la procédure de la loi Calpurnia. Kappeyne van de Coppello, *Abhandlungen*, p. 227, note 3. Glasson, *Histoire des institutions de l'Angleterre*, t. III, p. 359.

1. *Entwicklung des grundgesetzlichen Civilrechts der Römer*, p. 417 et 418.

ne parle de la *sponsio poenalis* qu'à propos de l'*actio certae creditae pecuniae*. A l'époque classique, le perdant ne subira pas la peine du plaideur téméraire, si l'action est une *condictio triticaria*. Il n'y a aucune raison de croire qu'il en ait été différemment pendant la période précédente [1]. Comme, d'autre part, la loi Calpurnia remonte à une époque moins ancienne que la loi Silia et qu'en notre matière le calcul du tiers de la valeur litigieuse présenterait des difficultés, on conçoit que l'instance ait été liée et le champ du débat délimité d'une autre façon que si les choses dues étaient des pièces de monnaie romaine. A l'exception de Keller, les partisans de l'opinion dominante pensent, du reste, que le juge recevait ses instructions, au moyen des paroles solennelles prononcées par les parties. Pour Keller au contraire, le passage du *jus* au *judicium* se trouvait établi par quelque chose d'analogue à la *formula* des temps postérieurs, « par exemple par une déclaration verbale ou autre du magistrat, qui, en instituant le *judex*, précisait la mission confiée à ce dernier »[2]. C'est avec raison, selon nous, que la conjecture de Keller a été à peu près unanimement [3] repoussée.

II. — Après avoir exposé la doctrine qui est de beaucoup la plus répandue, signalons quelques opinions dissidentes ; nous nous prononcerons ensuite nous-même, en faveur de la conjecture d'après laquelle la procédure par le pari avait été mise à profit, dans notre hypothèse, comme dans celle de la loi Silia.

Selon M. Wieding [4], la *sponsio poenalis* était conclue, dans notre matière ; la stipulation aura pour objet le tiers

---

1. Comp. notamment Bekker, *Aktionen*, t. I, p. 260.
2. *Procéd. civile* (trad. Capmas), § 18, p. 78.
3. Dans le sens de Keller, v. cependant Bethmann-Hollweg, *Civilproc.*, t. 1, p. 154, n. 26. Comp. la note de M. Wach sur le texte de Keller, p. 95, n. 246ª. Nous aurons du reste, à propos de la période postérieure à la loi Æbutia, à rechercher si la procédure formulaire a été imaginée d'abord pour l'hypothèse où la *legis actio per condictionem* était jusque-là en usage.
4. *Justin. Libellproc.*, pp. 649, 657.

de la somme à laquelle le débiteur devra être condamné, si les allégations de son adversaire sont exactes.

M. Kappeyne van de Coppello [1] part de l'idée que la loi Calpurnia s'applique toutes les fois que l'obligation a pour objet le transfert de la propriété d'un corps certain ou d'une certaine quantité de choses de genre, y compris les pièces de monnaie, «... *lege vero Calpurnia* DE OMNI CERTA RE ». Il existe encore, à l'époque de la procédure formulaire, deux procédures distinctes : une procédure relative aux pièces de monnaie romaine et à elles seules, c'est l'*actio certae creditae pecuniae*, dans le sens étroit de ce mot, et une procédure au moyen de laquelle on peut réclamer le transfert de la propriété d'un corps certain ou d'une certaine quantité de choses de genre, y compris les pièces de monnaie romaines ou étrangères, c'est l'*actio certae creditae pecuniae*, dans le sens large.

A l'appui de cette interprétation si compréhensive du mot *pecunia*, M. Kappeyne van de Coppello cite la loi 178, pr. D. *de verb. significat.*, L. 16 (Ulpien, *lib.* 49 *ad Sabin.*).

« *Pecuniae verbum non solum numeratam pecuniam complectitur verum omnem omnino pecuniam, hoc est omnia corpora ; nam corpora quoque pecuniae appellatione contineri, nemo est qui ambiget* ».

Le même auteur s'appuie encore notamment sur la loi 222, D. *eod. tit.* (Hermogénien, *lib.* 2 *Juris Epitom.*), sur la L. 2, § 1, C. *de constit. pec.*, IV, 18 et enfin sur le paragraphe 124 du C. III de Gaius.

Si ces textes signifient ce que M. Kappeyne van de Coppello leur fait dire, on conçoit du reste que les paragraphes 13 et 171 du C. IV de Gaius attestent, même pour l'époque classique, l'existence de la *sponsio poenalis tertiae partis*, dans l'hypothèse dont nous nous occupons.

Quel sera l'objet de chacune des deux stipulations ? Sur

---

1. *Abhandlungen*, p. 276 et suiv., p. 302.

ce point encore, notre auteur développe un système original et qui diffère profondément de celui de M. Wieding. L'obligation a-t-elle pour objet une certaine quantité de choses de genre d'une qualité déterminée, l'enjeu du pari consiste dans le tiers de la dette ; si le défendeur est condamné, il sera tenu d'exécuter son obligation augmentée du tiers ; sinon la *legis actio per manus injectionem* sera ouverte à son adversaire. Le demandeur réclame-t-il un corps certain, il déclarera, sous la foi du serment et dans les limites d'un maximum fixé par le magistrat, quelle est la valeur de la chose litigieuse ; les deux stipulations auront pour objet le tiers de la somme ainsi déclarée.

Cette dernière conjecture de M. Kappeyne van de Coppello se rattache à une théorie, qui lui est propre, sur la façon dont était rédigée, encore à l'époque classique, la formule de la *condictio triticaria*; grâce à elle, la tâche du juge était simplifiée ; il n'avait pas d'autre mission que de se prononcer sur le point de savoir lequel des deux plaideurs gagnait son pari.

Comme on le voit, M. Wieding et M. Kappeyne van de Coppello sont d'accord pour enseigner que, sous l'empire de la loi Calpurnia, l'instance était engagée et le juge recevait ses instructions de la même façon que sous l'empire de la loi Silia. Ces deux auteurs, dont les opinions divergent du reste sur beaucoup de points, s'appuient sur les mêmes arguments, pour rendre vraisemblable leur affirmation commune.

Comment, dit-on d'abord, s'appelle la procédure organisée par la loi Calpurnia ? Elle porte le même nom que celle dont l'origine se trouve dans la loi Silia ; en réalité il n'y a qu'une seule procédure, la *legis actio per condictionem*[1] ; s'il existait, dans les formes à suivre, une diffé-

---

1. Gaius, IV, 19 : « HAEC AUTEM LEGIS ACTIO *constituta est per legem Siliam et Calpurniam, lege quidem Silia certae pecuniae, lege vero Calpurnia de omni certa re* ».

rence aussi capitale, selon l'objet de l'action, Gaius n'aurait pas manqué de nous en avertir.

Le Ch. XXII de la loi Rubria de Gallia Cisalpina vient, ajoutent M. Wieding et M. Kappeyne van de Coppello, confirmer l'argument fourni par le paragraphe 19 de Gaius. Dans ce chapitre, la loi fait allusion aux actions, autres que l'*actio certae creditae pecuniae*, dans le sens étroit de cette expression, et elle montre que, quelquefois au moins, un pari était conclu.

«... *Aut, sei sponsionem fierei oportebit, sponsionem non faciet* ».

Or, n'est-il pas vraisemblable, que ce Ch. XXII fait précisément allusion à l'hypothèse, où le demandeur réclame le transfert de la propriété de choses, autres que des pièces de monnaie romaine ?

III. — Quel jugement porter sur la théorie, que nous venons d'exposer ?

Ecartons d'abord la conjecture de M. Kappeyne van de Coppello [1]. En présence des paragraphes 13, 19, 171 du C. IV de Gaius d'une part, des Ch. XXI et XXII de la loi Rubria d'autre part, aucun doute ne subsiste, dans notre esprit, et il paraît démontré, que dans l'expression *actio certae creditae pecuniae* le mot *pecunia* doit être pris, dans une acception étroite. Que ce terme ait été interprété de la façon la plus large, dans certaines matières, nous n'y contredirons pas ; quelquefois, il s'agissait, pour les jurisconsultes classiques, de faire prévaloir l'équité et d'éviter des fraudes ; dans la formule des *stipulationes emptae et venditae hereditatis* [2], figurait le mot *pecunia*; allait-on, sous ce prétexte, permettre à une des parties de

---

1. Cette conjecture est au contraire acceptée par M. Ubbelohde, *Die Interdicte*, t. II, p. 208, n. 7.
2. Comp. sur la L. 178, pr. D. *De verb. signif.*, Lenel, *Palingen. jur.*, t. 2, col. 1189, Ulpien, n° 2961, notes 7 et 8. M. Lenel nous paraît avoir établi que ce texte se référait aux stipulations *emptæ et venditæ hereditatis*. Sur la L. 222, D. *eod. tit.* comp. Lenel, *Palingen. jur.*, t. 1, col. 270, Hermogénien, n° 41.

s'enrichir aux dépens de l'autre? De même la loi Cornelia parlait seulement de *pecunia credita* ; mais les motifs, qui avaient justifié le vote de cette loi parurent, plus tard, aussi forts, quand l'objet de la créance était un corps certain ou des choses fongibles autres que des pièces de monnaie. Comme on le voit, Justinien constatait avec raison dans la L. 2, C. *de constit. pec.*, que, déjà avant lui, le mot *pecunia* s'appliquait, dans des cas déterminés, non pas seulement aux pièces de monnaie, non pas même aux choses fongibles en général, mais aussi aux corps certains. C'est, par une méthode analogue, que la jurisprudence des siècles antérieurs avait étendu le domaine de l'*actio de pecunia constituta* à toutes les choses fongibles mais à elles exclusivement. En résumé, le mode de formation du droit romain explique à merveille, comment le même mot varie de sens, suivant les matières.

Si je me refuse à tirer un argument des paragraphes 13 et 171 du C. IV de Gaius, le Ch. XXII de la loi Rubria permet-il de soutenir, que la loi Calpurnia avait mis à profit la procédure par le pari? Je ne le pense pas. Ce Ch. XXII s'expliquerait en effet, même dans l'opinion contraire. M. Demelius[1] croit qu'il vise la procédure des interdits ; il vise peut-être d'autres hypothèses ; mais du moment que le texte ne saurait être restreint à la nôtre, il est hors de cause.

IV. — Pour terminer cet exposé des différentes doctrines, notons enfin que M. Voigt résout la difficulté, en substituant aux deux stipulations de la loi Silia une stipulation unique tendant exclusivement à permettre au juge de se prononcer, *sponsio mere praejudicialis*. Le demandeur jouera le rôle de stipulant, le défendeur celui de promettant. Si ce dernier succombe, on ne le contraindra pas du reste à payer la somme minime, qu'il avait promise sous condition.

---

1. *Confessio*, p. 127, n. 1.
2. *Jus naturale*, t. III, § 103, p. 800.

M. Voigt s'appuie sur la parenté certaine des deux procédures organisées par les lois Silia et Calpurnia et, en outre, sur ce fait que le pari du tiers ne saurait s'appliquer dans l'hypothèse de la loi Calpurnia, puisqu'on ignore le montant de la valeur en litige.

Nous ne croyons pas que là se trouve la solution cherchée. La *sponsio mere praejudicialis* appartient à une époque relativement très moderne, on ne la conçoit guère que comme succédant à une *sponsio poenalis* et à une *restipulatio poenalis*. Elle tient alors, en apparence, la place d'une institution, qui ne correspond plus aux besoins de la pratique ni à l'opinion dominante. Au contraire, à quoi servirait la *sponsio mere praejudicialis*, dans la *legis actio per condictionem*? La procédure par le pari, nous avons essayé de le montrer, présente une réelle utilité, à une certaine période de l'histoire du droit ; elle est en harmonie avec les idées qui règnent pendant cette période. Si les auteurs de la loi Calpurnia avaient déjà senti les inconvénients de cette procédure, ils ne se seraient pas arrêtés à mi-chemin ; le juge eût été directement saisi de la question litigieuse, au moyen de formules solennelles prononcées par les parties.

V. — Allons-nous donc nous rallier à l'opinion dominante et nier, que la *sponsio* ait été conclue, quand l'objet de la dette n'était pas une somme d'argent ? Ce n'est pas notre intention et il semble tout au moins très vraisemblable que la loi Calpurnia imita la loi Silia, au point de vue qui nous occupe ; un pari servit, encore ici, à faire trancher, d'une façon indirecte, la question litigieuse.

Sans doute, les règles d'une saine critique interdisent de conclure rigoureusement de la première *legis actio per condictionem* à la seconde ; mais il est parfaitement légitime de déduire de la similitude de nom cette conséquence, que les lignes essentielles des deux œuvres étaient les mêmes [1]. Une *legis actio* ne consiste pas, en effet, dans un

---

1. Nous ne partageons donc pas, à cet égard, l'opinion de M. Ubbelohde,

acte unique, par exemple dans la sommation de payer adressée par le créancier au débiteur ; l'opinion contraire de M. Hugo Krüger, isolée jusqu'à présent, mérite, à mon sens, d'être rejetée. Le terme de *legis actio* éveille l'idée d'un ensemble de rites consacrés et de paroles solennelles. Or, parmi les formalités requises, celle qui sert à délimiter le débat et à tracer au juge ses devoirs, présente assurément une importance capitale, même s'il en est une autre qui ait servi aux commentateurs pour désigner la procédure. Si le mode d'introduction de l'instance n'était pas le même sous l'empire de la loi Silia et sous l'empire de la loi Calpurnia, on se trouverait en présence de deux *legis actiones* et non pas d'une *legis actio*. Or, Gaius parle d'une seule *legis actio*[1].

Un examen plus approfondi nous confirme dans notre sentiment. Dans la procédure organisée par la loi Silia, le serment nécessaire et la *sponsio tertiae partis* forment les deux pièces d'un même organisme ; si le demandeur ne défère pas le *jusjurandum in jure delatum*, on le contraint de recourir au pari et s'il hésite à se charger de la preuve,

---

op. et loc. cit., qui considère cet argument, comme une pétition de principe.

1. IV, 19. Haec autem legis actio..., IV, 20. Quare autem haec actio... Les mots du paragraphe 19 : *lege vero Calpurnia* « de omni certa re » accentuent encore l'unité de la procédure. Que plus tard cette unité se soit rompue, que l'*actio certae creditae pecuniae* et la *condictio triticaria* aient eu des destinées différentes, je le reconnais ; je concède même, dès maintenant, qu'au temps de Gaius, la *sponsio tertiae partis* avait disparu de la procédure de la *condictio triticaria*. Seulement ce mouvement de divergence entre les deux procédures ne doit pas nous étonner. Avant la loi Æbutia, le juge se bornait à déclarer qui avait tort, qui avait raison, que le demandeur se prétendît créancier d'une somme d'argent, d'une certaine quantité de choses fongibles ou d'un corps certain. Lorsque le juge prononça une sentence de condamnation, il dut résoudre deux questions, dans la seconde et dans la troisième hypothèse, une seule au contraire dans la première. On conçoit, dès lors, que le *judex unus* recevant une mission particulière, quand la prétendue dette ne portait pas sur des pièces de monnaie, l'histoire de la *condictio triticaria* ne se soit pas confondue avec celle de l'*actio certae creditae pecuniae*.

la loi ne lui laisse pas d'autre ressource que de permettre à son adversaire de se justifier par le serment. Si la loi Calpurnia emprunta à la loi Silia non seulement la *condictio* mais encore le serment nécessaire, il est vraisemblable qu'à cela ne se bornèrent pas ses emprunts et que le pari passa lui aussi d'une procédure dans l'autre. Comme l'institution du *jusjurandum in jure delatum* présente un caractère archaïque nettement accusé, on peut en conclure que la loi Calpurnia suivit de près la loi Silia et s'inspira du même esprit [1].

Il suffit donc d'établir que la loi Calpurnia autorisait le demandeur à déférer le serment nécessaire à l'autre partie. Or, la L. 34, D. *de jurejur.* montre que la jurisprudence classique assimilait, au point de vue qui nous occupe, la *condictio triticaria* à l'*actio certae creditae pecuniae* et il semble impossible qu'elle n'eût pas ses racines dans la législation antérieure. Indépendamment de ce fait, que le passage de la *legis actio* à la *condictio triticaria* s'opéra, d'une façon très lente, de telle sorte que la seconde continua en réalité la première, une pratique relativement moderne n'eût pas imaginé une institution de la nature du *jusjurandum in jure delatum*.

VI. — Reste à déterminer quel sera l'enjeu du pari, et c'est évidemment là le point délicat. Quels seront sa nature et son montant ? Devra-t-il correspondre au tiers de

---

1. M. Demelius, *Schiedseid und Beweiseid*, p. 72, n. 2, qui repousse cette opinion, s'exprime de la façon suivante : « on ne doit pas s'étonner que le moyen de pression plus énergique de la *sponsio* n'ait pas un domaine aussi étendu que celui de la délation de serment, qui est risqué et peu à craindre pour le défendeur ». Singulière explication, on me permettra de le dire, et qui me semble laisser subsister l'argument tiré de l'existence du *jusjurandum in jure delatum*. Sans compter que de pareilles raisons ne sont pas en harmonie avec l'esprit des vieilles législations, il serait étrange que l'on eût emprunté à la loi Silia le *jusjurandum in jure delatum* pour l'appliquer à notre matière, parce que cette institution ne devait servir à rien ou à peu près.

la valeur litigieuse et, dans ce cas, comment déterminer cette valeur ?

Comme la loi Calpurnia se rattachait étroitement, selon nous, à la loi Silia, le pari portait encore ici sur une somme d'argent, au moins selon toutes les vraisemblances.

Objectera-t-on que, si le pacte de constitut ne s'appliquait pas à des pièces de monnaie, l'*actio de pecunia constituta* entraînait, à l'époque classique, un pari ayant pour objet non pas une somme d'argent mais des denrées du même genre et de la même qualité que celles réclamées par le demandeur? Dira-t-on que la *sponsio dimidiae partis* devait constituer, encore ici, une aggravation de la *sponsio tertiae partis* usitée en matière de *condictio triticaria* ?

L'objection ne vaudrait, que si l'*actio de pecunia constituta* s'était appliquée, dès l'origine, à toutes les dettes de choses fongibles et si, en la créant, le préteur avait pris pour modèle l'*actio certae creditae pecuniae* ou la *condictio triticaria*, suivant les cas. Or, le nom même de l'action montre qu'elle se restreignit d'abord aux dettes d'argent et se rattacha, au point de vue de la filiation historique, à l'*actio certae creditae pecuniae* et à elle seule. Le domaine de la *condictio triticaria* s'étendait d'ailleurs, qu'on ne l'oublie pas, même aux corps certains.

Si l'enjeu consistait dans une somme d'argent, à quel chiffre montait-il ? Partant de cette idée que la loi Calpurnia étendit la sphère d'application de la *legis actio per condictionem*, je considère comme vraisemblable qu'ici encore le pari portait sur le tiers de la valeur en litige.

Par suite, il fallait évaluer, en argent, les denrées ou le corps certain, dont le demandeur se prétendait créancier. Tout en reconnaissant que le silence des textes rend le problème très difficile et impose une extrême prudence, je ne crois pas trop hardi de conjecturer, que les plaideurs procédaient à cette évaluation d'un commun accord. Cet accord se réalisait, sans doute, beaucoup plus aisément que des hommes de notre temps ne seraient disposés à le croire. Si le défendeur n'acceptait pas un enjeu convenable, le magistrat estimait qu'il ne voulait pas parier et se refusait à accomplir les formalités de la *legis actio.* L'affirmation solennelle de son adversaire conservait alors toute son efficacité.

SECTION III

LA PROCÉDURE DES INTERDITS

CHAPITRE I

DÉFINITION ET CARACTÈRES GÉNÉRAUX DE L'INTERDIT A L'ÉPOQUE CLASSIQUE.

Considéré dans sa forme, l'interdit du droit classique romain apparaît comme un ordre émanant d'un magistrat pourvu de la *jurisdictio*, donné de vive voix à l'un des plaideurs sur la demande de l'autre et en présence de tous les deux, subordonné enfin à la vérification ultérieure de certains faits par un juge ou par des récupérateurs.

Quelquefois du reste, le magistrat intime l'ordre aux deux parties simultanément, soit sur l'initiative de l'une d'elles, soit sur leur double initiative.

§ 1. — Comparaison de la procédure de l'interdit en général et de la cognitio magistratus.

SOMMAIRE. — I. La procédure administrative aboutit à un ordre donné par le magistrat du peuple romain à un citoyen, en vue de sauvegarder les intérêts de la cité. — II. La délivrance d'un interdit suppose au contraire un procès entre deux particuliers. — III. L'ordre donné par le magistrat est en outre conditionnel et non pas pur et simple. — IV. L'interdit joue le rôle d'instructions données au juge ou aux récupérateurs et se rapproche, à cet égard, de la formule d'action. — V. Les jurisconsultes classiques envisageaient-ils le droit d'accorder une formule d'interdit comme un des attributs de la *jurisdictio* et l'accordaient-ils en conséquence aux magistrats municipaux? Comment se pose le problème? Renvoi.

1. — La procédure de l'interdit se distingue à la fois de la procédure administrative et de celle des actions.

La procédure de l'interdit se sépare, disons-nous d'abord, de la procédure administrative, pour nous servir d'une expression commode, mais sur le sens de laquelle il convient de ne pas se méprendre.

En vertu de son *imperium* ou de sa *potestas*, le magistrat du peuple romain donne des ordres aux particuliers, afin de sauvegarder les intérêts de la cité. Lorsqu'un service public spécial est confié à un collège déterminé, aux censeurs par exemple, avant la disparition de la censure, les membres des autres collèges ne doivent pas intervenir. Le magistrat sent-il le besoin d'interroger un citoyen, avant de prendre une décision à son égard, il le fera citer devant lui par un de ses licteurs ou un de ses *apparitores*. Ce sera alors, lui et lui seul, qui examinera la valeur des explications fournies par le comparant et qui statuera sur l'affaire, *cognitio magistratus*; il n'y aura jamais de nomination de juge ni de récupérateurs. Même s'il y a eu dénonciation, le débat ne s'engage pas entre le dénonciateur et le dénoncé. C'est, en vertu de son pouvoir propre et dans l'intérêt public, que le magistrat, s'étant formé une opinion personnelle sur l'affaire, ordonne l'accomplissement d'un certain acte ou le prohibe ; au moyen de la *pignoris capio* ou de la *multae dictio*, il pèsera sur la volonté du citoyen récalcitrant et le contraindra à l'obéissance ; au besoin il veillerait à ce que l'ordre fût exécuté [1].

II. — La délivrance d'un interdit suppose au contraire un procès entre deux particuliers.

« *Certis igitur ex causis praetor aut proconsul principaliter auctoritatem suam* FINIENDIS CONTROVERSIIS *interponit quod tum maxime facit, cum de possessione aut quasi possessione* INTER ALIQUOS CONTENDITUR. » Gaius, IV, 139.

Le différend est déjà né, il s'agit d'y mettre fin. Le mot

---

1. Comp. Mommsen, *Le Droit public romain*, traduction Girard, t. I, 2ᵉ édit., p. 156 et suiv., p. 197 et suiv.

controversia, en lui-même très significatif, joue du reste un grand rôle dans les textes relatifs aux interdits.

« Litem *ad interdictum deducere* ». Frontinus, *de controversiis agrorum*, p. 44, l. 4 et suiv. (Lachmann, *Gromatici veteres*) [1].

C'est entre les deux plaideurs que la lutte s'engage : « *qui aut interdicto* tecum *contenderent* » Cic., *de orat.*, I, 1, 41 « *interdictum aliquod* inter duos *soles putat esse* componendum, *ut ita coelum possideant, ut uterque possederit.* » Cic., *de Rep.*, I. 13, 20, « *interdicto agere* cum aliquo », L. 2, § 28, D. *ne quid in loco publ.*, XLIII, 8, « *interdicere* cum aliquo », L. 1, § 13, D. *de vi*, XLIII, 16, « *interdicere* adversus aliquem », L. 1, § 11, D. *de it. actuque priv.*, XLIII, 19.

L'étymologie du mot « *interdictum* » justifie cette affirmation.

« *Sed tamen obtinuit omnia interdicta appellari :* quia inter duos dicuntur » disent les Institutes, IV, 15, *de interdictis*, § 1, *in fine* [2].

Assurément, l'autorité des commissaires de Justinien est peu considérable, en pareille matière ; mais il se trouve que leur doctrine s'accorde avec celle des philologues contemporains [3]. On ne saurait, en effet, méconnaître l'analogie du mot *interdicere* avec les mots *interfari* et *interloqui* [4]. Si, au second siècle de l'ère chrétienne, Gaius, IV,

---

1. Comp. également les expressions *interdicto* agere, L. 3, § 13, D. *de hom. lib. exh.*, XLIII, 29, L. 2, § 40, D. *ne quid in loco publ.*, XLIII, 8, entre autres textes, *interdicto* petere, L. 1, § 2, D. *de rei vindic.* VI, 1. Voy. aussi L. 1, § 9, D. *ne quid in flumine publ.*, XLIII, 13. « *Hoc interdictum* cuivis *ex populo competit sed non adversus omnes, verum* adversus eum qui..... »

2. Comp. Theophile, ad. *h. l.* Ἰντερδίκτον ἐστιν ὁμιλία πραίτωρος μεταξὺ δύο τινῶν.

3. Klotz, *Lat. Wörterb. ad. h. l.* et *M. Tullius Ciceros sämmtliche Reden kritisch berichtigt und erläutert*, t. 1, p. 454.

4. Cicéron, *in Verr.*, 1, 46 considère en outre comme synonymes les expressions *interdicere* et *inter aliquos decernere*.

140 dit, que le terme *interdictum* s'emploie de préférence, quand l'ordre du magistrat consiste dans une prohibition, par opposition à *decretum*, ce sont là définitions de jurisconsulte. Que notre procédure ait été désignée, à l'origine, sous le nom unique de procédure des interdits, on ne saurait sérieusement le contester [1]. Comment comprendre, en effet, qu'il y ait eu des interdits prohibitoires, si l'interdit se résume toujours dans une défense? D'après les Institutes du reste, l'acception générale du mot finit par triompher [2].

III. — Si la lutte est engagée entre deux particuliers [3], quel est le caractère de l'intervention du magistrat? L'ordre donné par ce dernier est un ordre conditionnel et non pas un ordre pur et simple ; même au point de vue de la forme, l'interdit occupe donc une place à part.

Ulpien oppose d'ailleurs nettement la *cognitio extra ordinem* et l'interdit dans un texte auquel, je crois, on n'a pas attaché assez d'importance.

« *Coget autem eum decedere* NON PRAETORIA POTESTATE *vel* MANU MINISTRORUM, *sed melius et civilius faciet, si eum* PER INTERDICTUM AD JUS ORDINARIUM *remiserit* ». L. 1, § 2, D. *si ventris nomine*, XXV, 5 (Ulp., *lib. 34 ad Ed.*).

Comme on le voit, la théorie de l'interdit appartient au *jus ordinarium*, tandis que le jurisconsulte réserve pour

---

1. En ce sens, Cicéron, *de lege agrar.*, III, 11. *Pro Caec.*, VIII, 23, XIII, 86. L'orateur emploie le mot *interdicere* à propos d'un interdit restitutoire. M. Accarias, *Précis*, t. II, nº 950, p. 1197 le remarque, avec raison.
2. En notre sens, A. Schmidt, *Das Interdictenverfahren der Römer*, 1853, p. 5. Pfersche, *Die Interdicte des röm. Civilproc.*, 1888, p. 125. Ubbelohde, *Die Interdicte des röm. Rechts,* 1859-1890. (*Sonderausgabe von Glücks Pandektencommentar*). t. 1, p. 20. Petit, *Traité élémentaire de droit romain*, 1892, p. 707, n. 3. En sens contraire, Witte, *Das interdictum uti possidetis*, p. 24 et suiv.
3. De ce que la lutte est engagée entre deux particuliers il résulte encore, qu'en vue d'amener son adversaire devant le magistrat celui des plaideurs qui prend l'initiative emploie la méthode de l'*in jus vocatio*. Le magistrat ne cite pas directement les parties.

la *cognitio extra ordinem* les expressions significatives de *praetoria potestas, de manus ministrorum*.

IV. — Au point de vue du fond, le contraste est encore bien plus frappant entre l'interdit et l'ordre émané du magistrat considéré comme administrateur. En réalité, l'interdit joue le rôle d'instructions données au juge ou aux récupérateurs et, à cet égard, il se rapproche de la formule d'action.

Théophil., ad pr. I. *de interd.*, IV, 15.

« Ἰντερδίκτον δέ ἐστιν ὁμιλία πραίτωρος μεταξὺ δύο τινῶν περὶ νομῆς ἢ ὡσανεὶ νομῆς ἀγωνιζομένων γινομένη, οὐ τέμνουσα τὴν ὑπόθεσιν, ἀλλὰ ῥυθμίζουσα τον δικαστήν, ὅπως χρὴ κρίνειν περὶ τῆς ὑποθέσεως ».

Reitz traduit de la façon suivante : « *Interdictum est praetoris dictum inter duos aliquos de possessione litigantes pronuntiatum, quaestionem non dirimens sed* JUDICEM INSTRUENS QUOMODO DE QUAESTIONE JUDICARE OPORTEAT ».

J'ajoute que les expressions, dont se sert Gaius à propos des interdits « FORMULAE (*et verborum*) CONCEPTIONES » IV, 139, acquièrent une véritable portée si on les rapproche d'un autre passage du même jurisconsulte, IV, 30 « *effectumque est, ut* PER CONCEPTA VERBA *id est per* FORMULAS *litigemus* ». Croit-on, que Gaius parlerait ainsi des ordres donnés par le magistrat dans l'exercice de ses fonction administratives? N'y a-t-il pas là l'indication d'une ressemblance entre les interdits et les formules d'actions[1]?

Si maintenant nous recherchons quels magistrats délivrent des interdits, Gaius nous citera le préteur et le proconsul, qui président l'un et l'autre à l'administration de la justice civile. En sens inverse, c'eût été assurément une fausse démarche, que de s'adresser à un consul ou à un censeur.

---

1. Nous devions insister ici sur les différences, qui existent, à l'époque classique, entre la procédure administrative et la procédure de l'interdit. Beaucoup d'auteurs enseignent, comme nous le verrons plus loin, qu'à l'origine la procédure de l'interdit se confondait avec la procédure administrative, *cognitio magistratus*.

V. — Est-ce en vertu de sa *jurisdictio* ou de son *imperium* que le préteur ou le gouverneur de province prononcera les paroles de l'interdit? D'après l'opinion générale, le pouvoir, dont il s'agit, a sa source dans l'*imperium* et on en conclut qu'au temps des Sévères, les magistrats municipaux étaient incompétents, en notre matière [1]. Les partisans de cette doctrine s'appuient sur un fragment de Julien la L. 7. D. *ne quid in loco publico*, XLIII, 8 « *alioquin inane et lusorium prætoris* IMPERIUM *erit* ». Julien, *lib*. 48 *Digest*. [2].

Le problème semble mal posé de cette façon. A s'en tenir aux apparences, le magistrat use de son pouvoir de police, *vim fieri veto*, *restituas*, *exhibeas*; il s'adresse à l'un des plaideurs ou à tous les deux et leur intime un ordre, en qualité de représentant de la cité et dans l'intérêt de cette dernière. Rien dans la formule, qu'il prononce, ne rappelle l'existence d'un procès entre deux particuliers. En délivrant l'interdit, il exerce son *imperium* ; aucun doute à cet égard. Seulement, si, négligeant les apparences, on se préoccupe de la réalité des choses, on constate que le procès existe et qu'il s'agit d'y mettre fin.

Le fond allait-il l'emporter sur la forme? Pendant la plus grande partie de l'histoire de notre institution, la question ne présentait pas d'intérêt pratique. La *jurisdictio* du préteur n'est en effet rien autre chose que son *imperium* envisagé sous un certain aspect ; il préside à l'administration de la justice civile, parce qu'il a le devoir d'agir au mieux des intérêts de la cité. Au point de vue historique, cette proposition ne saurait être contestée ; l'expression significative de *judicium imperio continens* prouve en outre que, dans la

---

1. L. 26, *pr*. D. *ad municip*., L. 1.
2. En ce sens notamment, Schmidt, *Interdiktenverfahren*, p. 214. G. May, *Eléments de droit romain*, t. II, n° 457, p. 587, J. Muirhead, traduction G. Bourcart, *Introduction historique au droit privé de Rome*, 1889, p. 468. Ubbelohde, *Interdicte*, t. 1, p. 17, t. 2, p. 357. Le dernier auteur qui se soit prononcé pour cette solution est, à ma connaissance, M. Karlowa, *Römische Rechtsgeschichte*, t. 2, p. 223 et suiv. En sens contraire, E. Machelard, *Théorie générale des interdits en droit romain*, 1865, p. 7.

langue des jurisconsultes classiques, le mot *imperium* s'employait couramment dans le sens de *jurisdictio* [1], à propos, bien entendu, de magistrats tels que le préteur ou le gouverneur de province.

Lorsque, vers la fin de l'époque classique, la législation impériale formula des règles générales sur la compétence des magistrats municipaux et leur dénia le pouvoir d'accomplir les actes qui relèvent de l'*imperium* plutôt que de la *jurisdictio*, *ea quæ magis imperii sunt quam jurisdictionis*[2], il fallut nécessairement, au contraire, se prononcer sur le point de savoir quelle était la source du droit de délivrer un interdit. Quand, par exemple, le magistrat municipal devait organiser l'instance au pétitoire s'adressait-on également à lui au possessoire ou bien fallait-il que les plaideurs, après s'être transportés, peut-être fort loin, pour comparaître devant le tribunal du gouverneur de la province et avoir obtenu de lui une formule d'interdit *uti possidetis* ou *utrubi*, revinssent, une fois les rôles fixés, devant leur magistrat municipal solliciter de lui la délivrance d'une formule de *rei vindicatio* ?

Malgré l'opinion contraire de la plupart des auteurs, je ne considère pas la L. 7, D. *ne quid in loco publico*, comme suffisant à résoudre la difficulté. Si les magistrats municipaux purent, dans les limites de leur compétence, délivrer des interdits, ce fut seulement en raison des différences profondes qui existaient entre la procédure du temps d'Ulpien et la procédure de la fin du Ve siècle ou du commencement du VIe siècle de l'ère romaine ?. Le temps avait marché depuis la création du premier interdit, les détours d'autrefois n'avaient plus de raison d'être. Au point de vue du règlement de la compétence des magistrats municipaux,

---

1. Comp. *Dion Cassius*, XXXIX, 19. Dans le même sens, Voigt, *Die Leges Juliae judiciorum privatorum und publicorum*, 1893, p. 493.

2. L. 26, *pr.* D. *ad municip.* L. 1 (Paul, *lib.* I *ad Ed.*). Comp. J. B. Mispoulet, *Les institutions politiques des Romains*, 1882-1883, t. II, §§ 128 et 129.

le fond l'emporta-t-il sur la forme ? Commença-t-on par là l'évolution qui devait aboutir, au Bas-Empire, à l'assimilation de l'interdit et de l'action ?

Sans vouloir examiner la question en ce moment, sans même affirmer que les textes permettent de la résoudre, je me borne à signaler deux raisons de douter de l'exactitude de l'opinion dominante, d'une part les difficultés pratiques auxquelles elle se heurterait, pour l'hypothèse des interdits possessoires, ensuite le paragraphe 1 de la L. 26, D. *ad municip.*, L, 1 (Paul, *lib.* 1 *ad Ed.*) qui, parlant des actes défendus, en raison de leur nature, aux magistrats municipaux, ne cite pas l'interdit, à côté de la *restitutio in integrum* et de la *missio in possessionem*.

§ 2. — Comparaison de la cognitio magistratus et des interdits relatifs aux res divini juris et aux res publicæ.

Sommaire. — I. Du rôle de la *cognitio magistratus* à propos des *res divini juris* et des *res publicae*. — II. Des interdits relatifs à ces deux catégories de choses. — III. Magistrats compétents. — IV. Qui peut dénoncer au magistrat statuant administrativement l'infraction commise et qui peut intenter l'interdit ? — V. Différences qui se rapportent à la procédure et au but poursuivi. Le demandeur à l'interdit populaire doit-il être considéré comme mandataire du peuple ? — VI. *Operis novi nuntiatio*.

I. — Comme on le sait, les *res divini juris* étaient les unes des *res sacrae*, les autres des *res sanctae*, les dernières enfin des *res religiosae*. Dans l'intérêt public, afin que la cité n'encourût pas la colère des dieux [1], les censeurs veillaient sur les bois sacrés, les sanctuaires et les richesses qu'ils renfermaient [2]. Le magistrat statuait lui-même,

---

1. Voy. notamment le récit fait par Dion Cassius dans son *Histoire romaine*, XXXIX, 19, récit qui se réfère à la lutte entre Clodius et Cicéron, à une époque relativement récente par conséquent. De funestes présages avaient effrayé le peuple et les devins disaient qu'une divinité était irritée contre Rome, parce que des habitations particulières avaient été construites dans des lieux sacrés.

2. L. 1, § 3, D. *ne quid in loco sacro fiat*, XLIII, 6 (Ulpien, *lib.* 68 *ad Ed.*) « *sed et cura aedium locorumque sacrorum mandata est his, qui aedes*

sans nomination de juge ni de récupérateurs, *cognitio magistratus*, et, une fois la décision prise, il la faisait exécuter pas tous les moyens en son pouvoir [1].

De même, les censeurs à Rome, les gouverneurs dans les provinces pouvaient et devaient dans la mesure de leurs procédés d'information et du temps, dont ils disposaient, prévenir et réprimer administrativement [2] les empiétements des particuliers sur le domaine public et les abus de jouissance, qu'ils pouvaient commettre.

Dans tous ces cas, les règles sur la procédure administrative s'appliquaient purement et simplement et il suffit de renvoyer au n° 1 du paragraphe précédent.

II. — Sans parler, en ce moment, des peines qui pouvaient atteindre celui qui avait dégradé une *res sacra* ou *publica* ou qui avait tenté de l'usurper, peines religieuses ou pécuniaires [3], il convient de signaler, à côté de la *cognitio magistratus*, des interdits relatifs soit aux *res sacrae*, soit aux *res publicae*.

---

sacras curant ». A propos des censeurs M. Aemilius Lepidus et M. Fulvius, Tite Live parle de l'exercice de ce pouvoir, XL, 51 « *complura sacella publica quae fuerant occupata a privatis publica sacraque ut essent paterentque populo curarunt* ». Sous l'empire, différents *curatores* remplacèrent les censeurs. Une inscription mentionne un *curator sacellorum publicorum* exerçant ses fonctions à Rome (*Ephemer. epigr.*, IV, 1881, n° 863, p. 298). Marquardt, *Manuel des antiquités romaines, Le culte chez les Romains* (traduction Brissaud), t. I, p. 178.

1. Il appartenait d'ailleurs aux pontifes de trancher la question controversée de savoir si la chose, à propos de laquelle s'élevait le débat, était en réalité une *res sacra*. Cic., *de har. resp.*, V, 9, VII, VIII. Comp. Frontinus, *de controvers. agr. Lib.*, II, p. 56, l. 15 et suiv. et L. 5, § 1, D. *de mort. infer.*, XI, 8 (Ulp., *lib.* I *Opinionum*). Voigt, *Die XII Tafeln*, § 46, t. 1, p. 447 et t. II, § 135, n. 10. E. Cuq, *Les institutions juridiques des Romains*, t. I, p. 481.

2. R. Saleilles, *Le domaine public à Rome et son application en matière artistique* (*Nouv. Rev. hist. du droit*, 1888, p. 511). Ubbelohde, *Interd.*, t. IV, p. 165. Mommsen, *Droit public romain*, trad. Girard, t. IV, 1894, p. 151 et suiv., *Lex Julia municipalis*, l. 20 et suiv. Liv. XXXIX, 44, XLIII, 16.

3. De plus, sous l'Empire, les magistrats statuant *extra ordinem* infligeaient sans doute, au besoin, des peines corporelles aux délinquants. Comp. Ed. Cuq, *Les instit. jurid. des Romains*, t. I, p. 481.

Dans la première classe figurent l'interdit prohibitoire *ne quid in loco sacro (religioso, sancto) fiat* et un interdit restitutoire correspondant.

Le Digeste consacre au premier un titre spécial, le tit. 6 du L. 43 ; quant au second, quelques fragments épars dans divers titres y font seulement allusion [1]. Ces deux interdits s'appliquaient du reste aux *res sanctae* et aux *res religiosae* comme aux *res sacrae* [2].

Les interdits de la seconde catégorie, beaucoup plus nombreux que ceux de la première, méritent cependant, eux aussi, d'être énumérés [3].

Nous les rangerons dans l'ordre suivant :

1° *Ne quid in loco publico fiat, qua ex re quid alteri damni detur ;*

2° *Ne quid in via publica itinereve publico fiat, quo ea via idve iter deterius fiat ;*

3° *Quod in via publica itinereve publico factum immissum habitum est, ut restituatur ;*

4° *Ut via publica itinereve publico ire agere liceat ;*

5° *De loco publico fruendo ;*

6° *De via publica et itinere publico reficiendo ;*

7° *Ne quid in flumine publico ripave ejus fiat, quo pejus navigetur ;*

8° *Quod in flumine publico ripave ejus factum....... habitum est, quo statio iterve navigio deterior sit fiat, ut restituatur ;*

---

1. L. 2, § 1, D. *de interd.*, XLIII, 1 (Paul, *lib.* 63 *ad Ed.*). L. 2, § 19, D. *ne quid in loco public.*, XLIII, 8 (Ulp., *lib.* 68 *ad Ed.*). L. 1, § 1, D. *de oper. novi nuntiat.*, XXXIX, 1. Comp. Ubbelohde, *Interd.*, t. IV, p. 1 et suiv.

2. Pour les *loca religiosa*. L. 1, *cit.*, § 17, D. *de op. novi nuntiat.*, XXXIX, 1. L. 1, pr. D. *de interd.*, XLIII, 1 (Ulp., *lib.* 67 *ad Ed.*). L. 2, § 2, D. *eod. tit.* (Paul, *lib.* 63 *ad Ed.*). L'application de l'interdit aux *res sanctae* résulte de ce fait qu'Ulpien les définit à côté des *res sacrae* dans le livre de son commentaire sur l'Edit consacré à l'interdit *ne quid in loco sacro.* L. 9, D., *de rer. divis.*, I, 8 (Ulp., *lib.* 68 *ad Ed.*). Comp. Cuq, *op. cit.*, p. 482.

3. Comp. Lenel, *Edictum perpetuum*, §§ 237 et suiv. Ubbelohde, *Interd.*, t. 1, p. 84. Girard, *Textes*, p. 136 et suiv. et au Dig. les tit. 8 et suiv. du Liv. XLIII.

9° *Ne quid in flumine publico ripave ejus fiat quo aliter fluat, atque uti priore aestate fluxit;*

10° *Quod in flumine publico ripave ejus factum....... habitum est, si ob id aliter aqua fluit, atque uti priore aestate fluxit, ut restituatur ;*

11° *Ut in flumine publico navigare liceat ;*

12° *De ripa munienda.*

On peut encore citer l'interdit prohibitoire et l'interdit restitutoire relatifs aux égouts publics[1] et enfin l'interdit *de aqua ex castello ducenda*[2].

III. — Comparant maintenant à la *cognitio magistratus* les interdits relatifs aux *res divini juris* et aux *res publicae*, constatons d'abord que le même magistrat n'est pas compétent dans les deux hypothèses[3]. Tandis que la surveillance administrative appartient aux censeurs ou au gouverneur de la province, c'est tantôt ce dernier magistrat tantôt le préteur urbain ou pérégrin qui délivre la formule de l'interdit[4].

IV. — S'il le veut, un particulier quelconque signalera aux représentants de la cité l'infraction commise ; au contraire, même quand le préteur accorde dans la mesure la plus large le droit d'entamer la procédure de l'interdit, il le réserve cependant aux citoyens romains mâles et pubères. On appelle interdits populaires, ceux dont la délivrance peut être sollicitée par tout citoyen romain mâle et pubère[5].

---

1. L. 1, § 15, D. *de cloacis*, XLIII, 23. La formule de l'interdit restitutoire est seule donnée ; quant à l'interdit prohibitoire, l'édit se borne à ajouter : *item ne quid fiat immittaturve, interdicam.* Comp. Karlowa, *Röm. Rechtsgesch.*, t. 2, p. 515.

2. L. 1, § 38, D. *de aq. cottid. et aest.*, XLIII, 20.

3. En vertu de son *imperium* le préteur a, d'une façon générale, le droit de commander au mieux de l'intérêt de la cité ; mais en présence des censeurs, il doit s'abstenir.

4. Gaius, IV, 139, *...praetor aut proconsul.*

5. L. 1, § 9, D. *ne quid in flum. publ.*, XLIII, 13 (Ulp., *lib.* 68 *ad Ed.* « *hoc interdictum* CUIVIS EX POPULO *competit* ». Comp. Bruns, *Die röm. Popularklagen* (*Kl. Schrift.*, t. 1, p. 353). M. Henri Robert, *Des actions po-*

L'interdit *ne quid in loco sacro fiat* et l'interdit restitutoire correspondant figuraient certainement parmi les interdits populaires.

Parmi les interdits qui concernent les *res publicae*, l'interdit *de loco publico fruendo* et l'interdit *de aqua ex castello ducenda* doivent certainement être mis à part. Le premier protège les publicains qui ont affermé la perception des redevances diverses dues au Trésor par ceux qui occupent l'*ager publicus*[1] ; le second tend à faire constater l'existence d'une concession de prise d'eau dépendant du domaine public, concession accordée par l'empereur à un particulier[2]. Sans aucun doute, l'un et l'autre appartiennent exclusivement aux intéressés.

Quant aux interdits, dont la formule vise, non plus la reconnaissance d'un droit au profit d'un particulier mais la protection des *res publicae*, la qualité d'interdits populaires ne saurait en principe leur être refusée ; il n'y a de controverse que pour les interdits portant dans notre tableau, les n°s 1, 4, 6, 11, 12[3].

pulaires, thèse Paris, 1895, p. 69, considère comme probable que les interdits populaires du droit classique n'eurent ce caractère qu'à partir d'une certaine époque et commencèrent par être des voies de droit, ouvertes seulement à la partie intéressée. Je repousse, quant à moi, cette conjecture qui ne paraît reposer sur aucun fondement. Dans beaucoup de cas, au surplus, un citoyen n'a pas plus d'intérêt qu'un grand nombre d'autres à faire constater l'infraction commise par le défendeur.

1. L. 1, *pr.*, D. *de loco publico fruendo*, XLIII, 9 (Ulp., *lib.* 68 *ad Ed.*).
2. L. 1, § 39 et suiv., D. *de aq. cottid. et aest.*, XLIII, 20 (Ulp., *lib.* 70 *ad Ed.*). La question de savoir, si la concession a été faite, sera tranchée d'une façon définitive. L. 1, § 45, *eod. tit.*
3. M. de Ihering enseigne que tous les interdits relatifs à la protection des *res publicae* étaient populaires. Cette opinion partagée par plusieurs (Maschke, *Zur Theorie und Geschichte der Popularklage* (*Zeitsch. der Sav. Stift.*, t. VI (1885), R. *Abth.*, p. 228), Saleilles, *Le domaine public à Rome* (*Nouv. Rev. hist. du droit*, 1888, p. 552), paraît difficilement acceptable. Il semble démontré par la L. 6, D. *ne quid in loco publ.*, XLIII, 8 (Julien, *lib.* 43 *Digest.*) que le caractère populaire doit être refusé tout au moins à l'interdit *ne quid in loco publico fiat qua ex re quid alteri damni datur* (Comp. Ubbelohde, *Interd.*, t. 1, p. 54 et t. 4, p. 220 et 221). Quant aux autres, les avis sont partagés ; mais nous n'avons pas ici à examiner la question. Comp. Pfersche, *Interd.*, p. 52.

V. — Comme dernières différences entre la *cognitio magistratus* et nos interdits, signalons celles qui se réfèrent à la procédure et au but poursuivi. Relativement à la première, il suffit de renvoyer au paragraphe 1, insistons, au contraire, quelque peu sur la seconde.

D'après une opinion qui compte des partisans de plus en plus nombreux, celui qui intente un interdit populaire doit être considéré comme mandataire du peuple[1] ; c'est dans l'intérêt et pour le compte de la cité qu'il engage le débat. A la vérité, s'il triomphe, le montant de l'enjeu promis par son adversaire lui sera acquis et ne tombera pas dans la caisse du trésor public ; mais c'est que son enjeu eût été perdu en cas d'échec ; ayant les chances de perte, il est juste qu'il ait les chances de gain.

A l'appui de cette doctrine, on raisonne de la façon suivante. En créant nos interdits, le préteur voulut sauvegarder l'intérêt public ; le particulier agit donc pour le compte de la cité.

« *Interdicta autem competunt vel hominum causa, vel divini juris aut de religione... Hominum causa competunt vel* AD PUBLICAM UTILITATEM PERTINENTIA... PUBLICAE UTILITATIS CAUSA *competit interdictum : ut via publica uti liceat, et flumine publico et ne quid fiat in via publica* ». L. 2, § 1, D. *de interd.*, XLIII, 1 (Paul, *lib. 63 ad Ed.*).

« *Si in publico opus fiat, omnes cives opus novum nuntiare possunt* : NAM REI PUBLICAE INTEREST QUAM PLURIMOS AD DEFENDENDAM SUAM CAUSAM ADMITTERE ». L. 4, D. *de op. novi nunt.*, XXXIX, 1 (Paul, *lib. 48 ad Ed.*).

La L. 2, § 24, D. *ne quid in loco publico*, XLIII, 8 (Ulp., *lib. 68 ad Ed.*) fournit, en outre, la preuve que le citoyen

---

1. Mommsen, *Die Stadtrechte der latinischen Gemeinden Salpensa und Malaca in der Provinz Baetica*, 1855, p. 464, n. 19 et *Droit public romain* (trad. Girard), t. IV, p. 157, Maschke, *Zur Theorie und Geschichte der Popularklage. Zeitschr. der Sav. Stift.*, t. VI (1885). Rö. Abth., p. 228, Saleilles, *Le domaine public à Rome*, Nouv. Rev. hist. du dr., 1888, p. 516. Henri Robert, *Des Actions populaires*. Thèse Paris, 1895, p. 72 et suiv.

demandeur à l'interdit agit comme un auxiliaire du magistrat, comme une sorte de *constable* volontaire, pour emprunter une expression à la pratique anglaise du milieu du siècle. Ce texte défend, en effet, l'usage de certains de nos moyens de procédure dans les limites de la ville de Rome, là où la surveillance administrative pouvait paraître suffisante, là où le magistrat disposait d'un nombre d'agents plus considérable.

A ce témoignage indirect se joint d'ailleurs le témoignage direct de la L. 8, § 3, D. *de op. nov. nuntiat.*, XXXIX, 1 (Paul, *lib. 48 ad Ed.*).

« *Quod si nunciavero tibi, ne quid contra leges in loco publico facias, promittere debebis, quoniam de eo opere* ALIENO JURE CONTENDO NON MEO ».

De même, l'idée de mandat permet seule de rendre compte de la décision de la L. 3, D. *de popul. act.*, XLVII, 3 (Ulp., *lib. 1 ad Ed.*), d'après laquelle ce qui sera jugé pour ou contre le demandeur sera jugé à l'égard de tous.

Les partisans de ce système ajoutent, que la cité romaine constitue une personne morale distincte et que les *res publicae* appartiennent à cette personne morale et non pas au peuple considéré comme se composant de la collectivité des citoyens [1].

Enfin, dit-on, les interdits populaires forment une simple variété des actions populaires [2] et, que celles-ci soient exercées pour le compte du peuple [3], cela résulte notam-

---

1. Sur la question voy. notamment d'une part Bruns, *Kl. Schrift.*, t. I, p. 313 et Ihering, *Esprit du droit romain*, t. 1, p. 186 à 200 et p. 214, d'autre part Saleilles, *op. et loc. cit.* et Ubbelohde, *Interd.*, t. IV, p. 28 et suiv.

2. L. 42, pr., D. *de procur.*, III, 3 (Paul, *lib. 8 ad Ed.*) « *Licet* IN POPULARIBUS ACTIONIBUS *procurator dari non possit, tamen dictum est merito eum qui* DE VIA PUBLICA AGIT *et privato damno ex prohibitione adficitur, quasi privatae actionis dare posse procuratorem.* »

3 L. 1, D. *de popul. act.*, XLVII, 23 (Paul, *lib. 8 ad Ed.*) « *Eam popularem actionem dicimus, quae suum* JUS POPULI TUETUR ». V. dans Ubbelohde, *Interd.*, t. I, p. 40, n. 2 les différentes corrections proposées relativement à ce texte.

ment de ce fait que le demandeur étant lui-même mandataire ne peut pas agir par l'intermédiaire d'un procurator *ad litem*[1].

Je n'adopte pas, quant à moi, cette doctrine. Si la conservation des *res publicae* en général importe à la cité romaine, les citoyens considérés individuellement ont intérêt à sauvegarder celles d'entre elles que l'autorité abandonne à la jouissance de tous, les biens du domaine public, dirions-nous aujourd'hui, *res publicae in publico usu habitae*[2], *publicis usibus destinatae*[3], *publicae usibus populi perpetuo expositae*[4]. Bien que distincts les uns des autres, les moyens de procédure, qui servent à protéger ces divers intérêts, tendent, au fond, au même but. Il s'agit de maintenir dans son état actuel le domaine public, d'empêcher les empiétements et les détériorations. Quand le bien de la cité lui paraîtra le commander, le magistrat interviendra et alors le particulier rentrera dans l'ombre. Les censeurs, le gouverneur de la province restent-ils inactifs, tout citoyen mâle et pubère peut se servir de l'un de nos interdits ; son initiative s'explique par le désir de ne pas laisser porter atteinte à son droit de jouissance. Pour démontrer l'existence de ce dernier il faudra qu'il établisse, à la vérité, le droit du peuple ; néanmoins, c'est son intérêt personnel, qu'il défend d'une façon directe, celui de l'Etat sera en même temps sauvegardé, mais seulement par voie de conséquence. L'interdit suppose en effet nécessairement une lutte entre deux particuliers, un conflit d'intérêts privés.

Pour mieux faire comprendre ma pensée, je signale la curieuse coexistence subsistant dans la législation élec-

---

1. L. 5, D., *de popular. action.*, XLVII, 23 (Paul, *lib.* 8 *ad Ed.*). Il semble d'ailleurs qu'il faille dans ce fragment remplacer le mot *procurator* par celui de *cognitor*. Lenel, *Palingenesia*, Paul, n° 166.
2. L. 6, pr. D. *de contr. empt.*, XVIII, 1 (Pompon., *lib.* 9 *ad Sab.*), L. 72, § 1, D., *eod. tit.* (Papin., *lib.* 10 *Quaest.*).
3. L. 17, pr. D., *de verb. signif.* L. 16 (Ulp., *lib.* 10 *ad Ed.*).
4. § 2, I, *de inutil. stip.*, III, 19.

torale française entre la procédure administrative et le procès civil, ils tendent l'un et l'autre, par des moyens différents, à écarter de la liste électorale ceux qui ne doivent pas y figurer. D'après l'article 19 du décret organique du 2 février 1852 sur l'élection des députés au Corps législatif, lors de la révision annuelle des listes : « tout électeur inscrit sur l'une des listes de la circonscription électorale pourra réclamer la radiation ou l'inscription d'un individu omis ou indûment inscrit ». Comp. les articles 20, 21, 23 du même décret [1].

Ayant exposé notre doctrine [2], justifions-la et combattons celle de nos adversaires.

« *Hoc interdictum perpetuum et populare est, condemnatioque ex eo facienda sit,* QUANTI ACTORIS INTERSIT ». L. 2, § 34, D. *ne quid in loco publico*, XLIII, 8 (Ulp. *lib.* 68 *ad Ed.* [3]).

---

1. M. Henri Robert, *Les Actions populaires*, p. 134 rapproche avec raison de la législation romaine le décret organique de 1852 ; il ajoute : « cependant, cette action (l'action intentée par l'électeur) est bien différente, par sa nature, des actions populaires du droit romain, en ceci surtout qu'elle n'a aucun caractère pénal, mais qu'elle est une pure instance civile, introduite par l'électeur en vertu du droit personnel qu'il a de voir figurer sur la liste ceux, et ceux-là seuls, qui ont le même droit que lui ». La formule paraît heureuse ; mais, me séparant en cela de M. Robert, je ne range pas les interdits populaires parmi les actions populaires et je leur dénie tout caractère pénal. Comp. Buonamici, *Storia della Procedura civile romana*, p. 187. Cet auteur cite un rapport déposé sur le bureau de l'une des Chambres du Parlement italien et proposant de rétablir, à propos des Œuvres pies, la vieille action populaire ; il renvoie en outre à l'article 48 de la loi électorale italienne de 1860 et à l'article 34 de la loi communale, textes qui correspondent, sans doute, à notre décret de 1852.

2. Au fond, cette doctrine est celle de Bruns, *Die röm. Popularklagen*, *Kl. Schrift.*, t. 1, p. 369 ; mais nous lui avons donné une autre forme, ne partageant pas l'opinion de cet auteur sur certains points.

3. Comp. également, la L. 2, *cit.*, § 44 et la L. 1, § 3, D., *de via publica*, XLIII, 11 (Ulp., lib. 68 *ad Ed.*). Ces textes ont fortement embarrassé nos adversaires. Pour M. Ubbelohde, *Interd.*, t. 1, p. 46 et suiv., il s'agit d'un simple intérêt d'affection ; on donne satisfaction aux sentiments patriotiques du demandeur, à son désir de voir sauvegarder le domaine public. Sans examiner au fond cette explication de M. Ubbelohde, je me contente de faire observer que la condamnation devrait avoir pour objet le préjudice causé à l'Etat, si le demandeur n'est qu'un mandataire de ce dernier. Voy. aussi G.B. Dore, *Studii sugli Interdetti romani*, 1892, p. 197.

Singulier mandataire, en vérité, que celui qui obtient une condamnation mesurée sur son intérêt propre et non sur celui du mandant !

J'ajoute que, si le demandeur est mandataire, il devrait se faire restituer son enjeu, en cas de perte, et, dans l'hypothèse contraire, verser au trésor public le montant de l'enjeu de son adversaire.

Comment ne pas reconnaître que les solutions des textes s'harmonisent avec notre conception ! En prenant l'initiative et en n'hésitant pas à conclure le pari, le demandeur a fait l'affaire sienne. Personne n'avait un droit exclusif à engager le débat et, comme à tous les autres citoyens, il lui importait que le domaine public fût conservé et que son usage continuât à appartenir à tous. Il lutte donc pour lui-même, bien que son triomphe doive profiter à tous ses concitoyens et à l'État. C'est le montant de son intérêt personnel qui, à l'époque classique, servira de base à la condamnation prononcée contre son adversaire en vertu du *judicium secutorium* ou de la *formula arbitraria,* si l'interdit est restitutoire et que le défendeur ait donné la préférence à la procédure *sine periculo.*

Le fait, que nos interdits s'appliquent seulement aux *res publicae* abandonnées à l'usage de tous, concorde également avec notre doctrine.

« *Cuilibet in publicum petere permittendum est id* QUOD AD USUM OMNIUM PERTINEAT, *veluti vias publicas, itinera publica : et ideo quolibet postulante de his interdicitur.* » L. 1, *de locis et itinerib. public.*, XLIII, 7. (Pompon. *lib.* 30 *ad Sabin.*)

Enfin, notre conception de l'interdit populaire une fois admise, un texte de Paul, qui embarrasse fort les commentateurs, paraît moins difficile à comprendre. Dans la L. 14, D. *de injuriis*, XLVII, 10, ce jurisconsulte, *lib.* 13 *ad Plautium* formule la maxime suivante :

« *Ad* PRIVATAS ENIM CAUSAS *accomodata interdicta sunt,* NON AD PUBLICAS ».

Je trouve, dans cet axiome, l'expression pure et simple de la vérité, à savoir que l'interdit suppose une lutte entre particuliers, un conflit d'intérêts privés, même quand il figure parmi les interdits populaires. Si, dans ces derniers, le demandeur intervient comme mandataire de l'Etat, Paul commet une erreur ; on comprend les efforts désespérés des partisans du premier système, en vue de corriger la L. 14, *de injuriis* [1].

Arrivons maintenant aux textes cités par nos adversaires.

Sans compter qu'il convient de ne pas attacher trop d'importance à une classification inventée par un jurisconsulte, à une époque où notre institution était déjà en pleine décadence, la L. 2, § 1, D. *de interd.*, XLIII, 1 s'accorde suffisamment avec notre doctrine, puisque le triomphe du demandeur sera favorable à l'intérêt public. Par une curieuse coïncidence, l'interdit cité, en première ligne, par Paul, est en outre précisément un de ceux, qui, d'après quelques auteurs, ne figurent pas parmi les interdits populaires [2]. Enfin, certains interdits, tels que l'interdit *de loco publico fruendo* et l'interdit *de cloacis privatis* n'appartiennent certainement pas à tous les citoyens et cependant, à leur propos, les textes parlent d'intérêt public, *publica utilitas* [3].

---

(1) Que dans ce texte, les mots « *utpote cum de jure fruendo agatur, quod ex privata causa contingat non ex publica* » constituent une glose, je l'admets volontiers avec M. Lenel, *Palingenesia*, Paul, n° 1189 ; mais, cette glose écartée, la solution reste la même. Quand M. Ubbelohde, *Interd.*, t. 1, p. 41, n. 4 affirme que notre axiome porte en lui-même la preuve de sa trop grande généralité et n'hésite pas à insérer d'autorité le mot « HAEC » avant le mot « *interdicta* », suivant en cela Schmidt, *Interdiktenverfahren*, p. 130, n. 15, il tombe, à mon sens, dans l'arbitraire. Le fragment de Paul se comprend parfaitement ; ce que le jurisconsulte oppose à l'interdit, c'est la procédure administrative ; dans le cas prévu, le magistrat ne pourra pas intervenir *extra ordinem*. Je reconnais du reste, que l'opinion unanime des auteurs est fixée en sens contraire.

(2) Bruns, *op. cit.*, *Kl. Schrift.*, t. 1, p. 357 et suiv., p. 364 et suiv., Schmidt, *op. cit.*, p. 130 et suiv., p. 136.

(3) L. 1, § 1, D., *de loco publico fruendo*, XLIII, 9 (Ulp., *lib.* 68 *ad Ed.*) « *Interdictum hoc publicae utilitatis causa proponi palam est : tuetur*

La loi 2, § 24, D. *ne quid in loco publico* constate simplement une innovation postérieure à Hadrien. Quand, sous l'Empire, le fonctionnarisme se fut développé, la jurisprudence nouvelle, peu favorable à la libre initiative des citoyens, laissa tomber en désuétude certains de nos interdits dans les limites de la ville de Rome, là où la surveillance administrative pouvait paraître suffisante. Le domaine de la *cognitio magistratus* s'étendit aux dépens de celui de l'interdit, ce qui était parfaitement conforme à l'esprit général des institutions de cette époque. Pour se convaincre de l'exactitude de ce point de vue, il suffit de rapprocher du paragraphe 24 le paragraphe 20 de la même loi 2 ; le texte de l'*Edictum perpetuum* de Salvius Julianus était en effet ainsi conçu :

« *In via publica itinereve publico facere immittere quid, quo ea via idve iter deterius sit fiat, veto* ».

Comme on le voit, la formule de l'interdit ne distinguait nullement entre les *viae rusticae* et les *viae urbicae*.

Si le demandeur lutte pour son propre compte, il se prévaut du droit de l'Etat, duquel dépend son droit individuel de jouissance et cette observation explique la L. 8, § 3, D. *de op. novi nuntiat*.

Elle rend également compte de la L. 5 et de la L. 3, *pr*. D. *de popul. action*. Un citoyen romain n'a pas plus de droit qu'un autre à défendre le droit de jouissance de tous sur les *res publicae in publico usu*. Comment donc pourrait-il constituer un mandataire *ad litem* ? Quand au contraire il s'est, en concluant le pari, saisi de l'affaire, sa cause est en même temps celle de tous ; car son droit ne diffère pas de celui d'un autre citoyen quelconque ; ce qui aura été jugé pour lui ou contre lui sera jugé vis-à-vis de tous. Le droit de la cité reste d'ailleurs intact et un juge-

---

enim vectigalia publica, dum prohibetur quis vim facere ei, qui id fruendum conduxit ». L. 1, § 7, D. *de cloacis*, XLIII, 23 (Ulp., *lib*. 71 *ad Ed*.) « *Quia autem cloacarum refectio et purgatio ad publicam utilitatem spectare videtur....* » Ubbelohde, *Interd*., t. 1, p. 54.

ment rendu entre deux particuliers ne saurait empêcher le magistrat de connaître personnellement de l'affaire, en vertu des pouvoirs qu'il tient de son élection, *cognitio magistratus*.

Comme on l'a vu enfin, cette doctrine se justifie, sans nier la personnalité de l'Etat romain, sans reconnaître à chaque citoyen un droit de propriété sur l'*ager publicus*, et, quant à l'identité de nature de l'interdit populaire et de l'action populaire, M. Paalzow a démontré qu'elle n'existait pas et j'aurai l'occasion de faire, après lui, cette démonstration. Je sortirais d'ailleurs de mon sujet si je me prononçais sur le point de savoir si le demandeur à l'action populaire joue le rôle de mandataire ; il conviendrait, en effet, de délimiter, au préalable, le domaine d'application des actions populaires, ce qui m'entraînerait trop loin.

VI. — Comme sanction de droit d'intenter nos interdits, chaque citoyen jouit, à l'époque classique, de la faculté d'accomplir la *nuntiatio operis novi*, c'est-à-dire de sommer celui, qui a commencé sans droit certains travaux, de les interrompre, jusqu'à ce que la question litigieuse ait été tranchée[1].

§ 3. — Comparaison de l'interdit et de l'action.

Sommaire. — I. La formule de l'interdit donne seulement d'une façon indirecte des instructions au juge ou aux récupérateurs. — II. La procédure *in jure* se décompose en deux phases. — III. Le magistrat intervient plus tôt qu'en matière d'actions. — IV. En principe, les règles relatives aux actions ne s'étendent pas aux interdits. — V. Les interdits n'entraînent pas l'infamie contre le défendeur condamné ; même à l'époque classique, les interdits ayant le caractère pénal constituent une exception ; il en est de même des interdits temporaires. — VI. Transition au chapitre II.

I. — Ayant ainsi comparé avec soin la procédure de l'interdit à la procédure administrative, ce qui nous impor-

---

1. L. 3, § 4, D. *de oper. nov.nuntiat.*, XXXIX, 1 (Ulp., *lib.* 52 *ad Ed.*) « Si in publico aliquid fiat, omnes cives opus novum nuntiare possunt ». Comp. L. 1, § 16, 17, *i. f.* D. *eod. tit.*

tait avant tout, rapprochons, en quelques mots, l'interdit de l'action. Si certains textes[1] emploient, dans un sens large, le terme d'action à propos de l'interdit, les sources de l'époque classique envisagées dans leur ensemble[2] séparent nettement nos deux moyens de procédure, dont l'origine historique a été fort différente, on le verra. A la vérité, la formule de l'interdit trace au juge son devoir, semblable en cela à la formule d'action ; mais, tandis que, dans la seconde, le magistrat s'adresse au juge, c'est aux deux plaideurs ou à l'un d'eux que, dans la première, il intime son ordre ; les instructions sont directes dans un cas, indirectes dans l'autre.

II. — J'ajoute que, s'il s'agit d'un interdit, la procédure devant le magistrat se décompose en deux phases, dont l'une se termine par la délivrance de la formule de l'interdit et l'autre par la délivrance de formules d'action.

III. — A cette seconde différence s'en rattache une troisième, à laquelle fait allusion Gaius dans le paragraphe 139 du C. IV.

« *Certis igitur ex causis praetor aut proconsul* PRINCIPALITER *auctoritatem suam finiendis controversiis interponit* ».

S'agit-il d'une action, le magistrat ne donne ses instructions au juge qu'à la fin de la procédure *in jure* ; à ce mo-

---

1. L. 37, D. *de oblig. et act.*, XLIV, 7 (Ulp., *lib.* 4 *ad Ed.*). « *Actionis verbo continetur in rem, in personam : directa, utilis : praejudicium, sicut ait Pomponius : stipulationes etiam, quae praetoriae sunt, quia actionum instar obtinent, ut damni infecti, legatorum et si quae similes sunt.* INTERDICTA QUOQUE ACTIONIS VERBO CONTINENTUR ». Ce passage est un commentaire des mots « *qua quisque actione agere volet* » de l'Edit *de edendo* et il emprunte à cette circonstance sa véritable signification.

2. L. 35, § 2, L. 39, *pr.* D. *de procur.*, III, 3 (Ulp., *lib.* 9 *ad Ed.*), L. 6, § 1, D. *de confessis*, XLII, 2 (Ulp., *lib.* 5 *de omnib. tribunal.*), etc... Comp. Ubbelohde, *Interd.*, t. I, p. 5. Encore au milieu du second siècle de l'ère chrétienne, le jurisconsulte Venuleius écrivait un ouvrage spécial sur les interdits. Ce qu'il faut dire, c'est que les jurisconsultes classiques séparent très nettement l'interdit et l'action, mais qu'afin d'appliquer à l'interdit certaines règles de l'action, ils ont quelquefois compris, par extension et d'une façon impropre, l'interdit sous la dénomination générale d'action.

ment seulement, il fait acte d'autorité en nommant le *judex* et en délivrant la formule. L'interdit au contraire intervient plus tôt ; bien que la décision du magistrat organise l'instance, elle sert de base à une procédure encore assez longue et assez compliquée ; sans doute les parties commenceront par s'expliquer devant le préteur, avant que ce dernier ne promulgue son édit ; néanmoins celui-ci doit être considéré comme un point de départ et non comme un point d'arrivée.

Nos sources emploient à la vérité le mot *principaliter* dans le double sens de *principalement*[1] et de *au commencement*[2] ; mais que la seconde signification mérite d'être préférée ici, le rapprochement du paragraphe 144 avec le paragraphe 139 du C. IV de Gaius le démontre. Le paragraphe 144 dit en effet : « *Nec tamen cum quid jusserit fieri aut fieri prohibuerit, statim peractum est negotium* », montrant par là quelle est la suite des idées du jurisconsulte[3].

En quoi d'ailleurs le rôle du magistrat est-il particulièrement important dans notre matière[4] ? Si Gaius parlait de la *cognitio extra ordinem*, une traduction différente de la nôtre se comprendrait ; elle ne se comprend guère à propos des interdits[5].

Dira-t-on enfin, avec M. Karlowa[6], que le paragraphe 139 fait allusion à l'origine des interdits, qui dérivent de l'*imperium* du magistrat? Cette doctrine se heurterait à l'objection suivante, à savoir qu'au second siècle de l'ère chrétienne ce trait ne caractérisait nullement notre moyen de procé-

---

1. L. 7, § 1, D. *de injur.*, XLVII, 10 (Ulp., *lib.* 57 *ad Ed.*). Cf. G. III, 180, IV, 142.
2. L. 194, D. *de reg. jur.* L. 17 (Modest., *lib.* 6 *Different.*).
3. Ubbelohde, *Interd.*, t. 1, p. 3 et 4 et les auteurs cités par lui.
4. Parmi les auteurs qui traduisent *principaliter* par *principalement* citons Bethmann-Hollweg, *Röm. Civilproz.*, t. II, p. 346, Machelard, *Interdits*, p. 3, n. 1, Accarias, *Précis*, t. II, n° 950, p. 1106.
5. L'argument est de M. Witte, *Das interdictum uti possidetis als Grundlage des heutigen possessorium ordinarium*, 1863, p. 1.
6. *Der röm. Civilprozess zur Zeit der Legisactionen*, 1872, p. 245.

dure, la définition ainsi entendue s'appliquant aussi aux actions *in factum*.

IV. — En principe, les règles relatives aux actions ne s'étendent pas aux interdits. Ces derniers forment l'objet de classifications distinctes, ne se confondant pas avec celles qui concernent les actions.

Me bornant à donner deux exemples, je note d'abord que les interdits populaires ne constituent pas une variété des actions populaires [1].

Aucun texte ne les range parmi ces dernières. La L. 42, D. *de procurat.*, reproduite plus haut, § 2, en note, ne suffit pas pour démentir cette assertion, car le jurisconsulte se demande seulement s'il convient d'appliquer à l'interdit dont il s'occupe une solution empruntée à la théorie des actions populaires.

Le rapprochement de deux fragments empruntés au jurisconsulte Ulpien démontre au contraire l'exactitude de notre thèse.

« OMNES *populares actiones neque in heredes dantur* NEQUE SUPRA ANNUM EXTENDUNTUR ».

L. 8, D. *de pop. act.*, XLVII, 23 (Ulp., *lib. 1 ad Ed.*).

« *Hoc interdictum* PERPETUUM *et populare est* ».

L. 2, § 34, D. *ne quid in loco publ.*, XLIII, 8 (Ulp., *lib. 68 ad Ed.*).

Comme on le voit, le jurisconsulte constate, d'une part, que toutes les actions populaires sont annales, et il refuse, d'autre part, cette qualité à l'interdit populaire, qu'il étudie.

Ce qu'il dit de l'un, devant certainement être étendu aux autres, l'argument ne manque pas de valeur.

De même, la place attribuée au Digeste au titre *de popularibus actionibus*, à la suite de titres consacrés à des *delicta privata*, immédiatement avant le t. 1, L. XLIV, *de*

---

1. En ce sens H. Paalzow, *Zur Lehre von den röm. Popularklagen*, 1889, p. 11 et 13.

publicis judiciis prouve que les actions populaires tendaient, elles aussi, à réprimer des délits [1]. La création des interdits populaires n'eut pas, au contraire, le même but et l'objet de la condamnation « *quanti actoris intersit* » conduit à leur dénier tout caractère pénal [2]. Sans doute, le montant de la rançon, *poena*, pourrait, comme dans l'action *de dolo*, s'élever à la somme représentant le préjudice subi, mais pour appliquer ici cette disposition exceptionnelle, il faudrait des raisons de décider ou au moins quelques indices qui manquent absolument. La comparaison avec les condamnations prononcées en vertu de l'édit : *de his qui dejecerint vel effuderint* [3], achève enfin la démonstration.

Si les interdits populaires ne constituent pas une variété des actions populaires, le nom du moyen de procédure présente, dans les deux cas, le même sens ; comme l'action, l'interdit pourra être intenté par tout citoyen romain mâle et pubère. Au contraire, les *interdicta quae rei persecutio-*

1. Comp. également L. 32, D. *ad leg. Falc.*, XXXV, 2 (Maecian., *lib.* 9 *de Fideicom*.). « POENALES *actiones sive legitimae sive honorariae* EXCEPTIS POPULARIBUS *in bonis actoris non ideo minus computandae sunt...* »
2. En sens contraire, Brinz, *Pandekt.* (2), § 86, t. 1, p. 284, et Henri Robert, *op. cit.*, p. 47 et suiv. Quand M. Brinz considère l'interdit comme une loi pénale, il résout la question par la question. La formule de l'interdit ne menace pas d'une peine celui qui contreviendrait à l'ordre du magistrat. Il s'agit en outre de savoir si, mesure administrative dans sa forme extérieure, l'interdit ne constitue pas en réalité des instructions données au juge ou aux récupérateurs. Quant à M. Henri Robert, combattant l'argument tiré des mots « *quanti ea res sit* », il s'exprime de la façon suivante : « Cette condamnation comprend deux éléments, l'un accidentel, l'autre substantiel : le premier est la réparation du dommage privé, dans le cas où il y a un particulier lésé ; le deuxième est le paiement d'une somme sanctionnant la violation de l'interdit, et représentant dans tous les cas l'intérêt purement moral, qu'avait l'Etat à ce que l'acte illicite sur la *res sacra* ou *publica* ne fût pas commis. Il y a donc toujours une partie de la condamnation qui n'est pas une indemnité mais qui constitue une perte infligée au défendeur dans l'intérêt d'une autre personne, c'est-à-dire qui a le caractère d'une peine. » Renvoyant d'ailleurs au paragraphe 2, répondons que le juge devra tenir compte de l'intérêt du demandeur et de lui seul, *quanti* ACTORIS *intersit*.
3. L. 1, *pr.* D. *de his qui effuder. vel dejecer.*, IX, 3 (Ulpien, *lib.* 25 *ad Ed.*).

nem continent ne présentent aucune analogie avec les actions du même nom. Ces interdits, dont parle la L. 2, § 2, D. *de interd.*, XLIII, 1 (Paul, *lib.* 63 *ad Ed.*), ont, à la vérité, donné naissance à des controverses entre les auteurs. D'après M. Ubbelohde[1] dont j'adopte l'opinion, cette classe d'interdits comprend ceux qui produisent un effet définitif et non pas seulement un effet provisoire. Quelques-uns critiquent cette traduction ; mais les *interdicta quae rei persecutionem continent* ne forment certainement pas opposition avec les interdits destinés à réprimer les délits et ne correspondent nullement aux *actiones rei persequendae causa*. Ce défaut de concordance entre la théorie des interdits et celle des actions[2], d'une grande portée à mon avis, jette une vive lumière sur l'histoire du droit romain.

V. — Pour terminer ce chapitre, il me reste à signaler certaines différences entre les interdits envisagés dans leur ensemble et les actions, d'après la jurisprudence classique bien entendu.

Tandis que la pratique romaine connaissait de nombreuses actions infamantes, la L. 13, D. *de vi*, XLIII, 16 (Ulp. *lib.* 8 *ad Sabin.*) s'exprime de la façon suivante :

« *Neque unde vi neque aliud interdictum famosum est.* »

L'affirmation d'Ulpien ne manque pas de netteté, on en conviendra, et elle acquiert encore plus de force si, comme le conjecture M. Lenel[3], la L. 13 appartenait à une théorie générale de l'infamie, exposée par le jurisconsulte à propos des héritiers nécessaires[4]. La sincérité du fragment ne semblant pas douteuse, il convient d'en tenir compte, ce que ne font pas la plupart des auteurs. Fort embarrassante pour d'autres doctrines, notre règle s'harmonise, d'ailleurs,

---

1. *Interd.*, t. 1, p. 92 et suiv.
2. M. Ubbelohde, *op. cit.*, p. 97 et M. G. B. Dore, *Studii sugli Interdetti romani*, t. 1, p. 139 relèvent le fait, qui est certain, sans y attacher autant d'importance que nous.
3. *Palingenesia*, Ulpien, n. 2497. Le livre 8 des Notes d'Ulpien sur l'ouvrage de Masurius Sabinus traitait des testaments.
4. Comp. Gaius, II, 154.

parfaitement avec les idées qui seront développées ci-après, à propos de l'origine historique des interdits.

J'ajoute que, d'assez bonne heure, certains interdits eurent pour objet de châtier des délits ; mais ils constituèrent toujours une exception, leur nombre demeura minime [1] et leur existence apparut comme le résultat de l'influence exercée par la législation des actions sur celle des interdits. Primitivement, aucun interdit n'avait, à mon sens, le caractère pénal [2] et cet état de choses laissa, dans le droit classique, les deux traces suivantes, à savoir que le défendeur n'encourait pas l'infamie et que les textes ne mettaient pas en lumière, d'une façon théorique, la division des interdits à laquelle je fais allusion. Comment ne pas considérer comme très significative la circonstance, que les *interdicta quae rei persecutionem continent* ne correspondaient pas aux *actiones rei persequendae causa* et ne formaient pas contraste avec des *interdicta quae poenae persecutionem continent*?

En sens inverse, nul n'ignore l'importance considérable des actions pénales chez les Romains ; le préteur en créa un grand nombre et l'une de ses méthodes favorites consista, sans aucun doute, à imaginer de nouveaux délits afin de réformer le droit civil d'une façon indirecte. Il est difficile d'affirmer que les actions pénales prétoriennes prirent naissance les premières, tout au moins, remontent-elles à une assez haute antiquité.

Comme dernière différence entre nos deux moyens de procédure, notons que presque tous les interdits sont perpétuels, tandis que les actions annales constituent la majorité des actions prétoriennes. A la vérité, la L. 1, § 4, D. *de interd.*, XLIII, 1 (Ulp., *lib.* 67 *ad Ed.*), se borne à dire :

1. La L. 5 D. *de interd.*, XLIII, 1, (Paul, *lib.* 13 *ad Sab.*), s'occupant des *interdicta noxalia*, cite l'interdit *unde vi* et l'interdit *quod vi aut clam*.

2. Je renvoie aux développements dans lesquels j'entrerai, à propos de l'interdit *unde vi*, dans la section IV.

« *Interdictorum quaedam annalia sunt, quaedam perpetua*[1] ».

Néanmoins les textes citent seulement l'interdit *de vi* (*non armata*)[2], l'interdit *quod vi aut clam*[3] et l'interdit fraudatoire[4] comme ne pouvant être délivrés que pendant une année utile, tandis qu'ils attribuent à d'autres, en très grand nombre, le caractère de la perpétuité[5]. Ici encore, nous croyons permis de conjecturer que, pendant une certaine période de l'histoire du droit romain, la pratique ne connaissait aucun interdit annal.

VI. — Après cette étude préliminaire consacrée à la jurisprudence classique, nous sommes suffisamment préparé pour rechercher quelle a été l'origine historique des interdits, quand, comment et pourquoi la procédure par le pari fut utilisée en cette matière. Notre méthode consistera encore ici à exposer notre doctrine, avant de soumettre à un examen critique les nombreuses opinions divergentes.

---

1. Sur la classification des interdits en perpétuels et temporaires, voy. Ubbelohde, t. I, p. 489 et suiv. Dore, t. I, p. 231 et suiv.
2. Cic., *pro Tull.*, XIX, 44. L. 1, § 39, D. *de vi*, XLIII, 16 (Ulp., *lib.* 69 *ad Ed.*).
3. L. 15, § 4, D. *quod vi*, XLIII, 24 (Ulp., *lib.* 71 *ad Ed.*).
4. L. 10, pr. D. *quae in fraud. cred.*, XLII, 8 (Ulp., *lib.* 73 *ad Ed.*).
5. L. 2, § 44, D. *ne quid in loco publ.*, XLIII, 8 (Ulp., *lib.* 68 *ad Ed.*). L. 8, § 7, D. *de prec.*, XLIII, 26 (Ulp., *lib.* 71 *ad Ed.*). L. 20, § 6, D. *de op. nov. nunt.*, XXXIX, 1 (Ulp., *lib.* 71 *ad Ed.*). L. 3, § 16, D. *de tab. exhib.*, XLIII, 5 (Ulp., *lib.* 68 *ad Ed.*). L. 3, § 15, D. *de hom. lib. exh.*, XLIII, 29 (Ulp., *lib.* 71 *ad Ed.*).

CHAPITRE II

ORIGINE HISTORIQUE DES INTERDITS. — EXPOSITION
DE NOTRE DOCTRINE.

§ 1. — Date de l'introduction des interdits dans la pratique romaine.

SOMMAIRE. — I. La procédure des interdits remonte à une époque antérieure à la loi Aebutia. — II. Elle n'appartient pas cependant à la première période de l'histoire du droit romain. — III. Les interdits relatifs aux *res divini juris* et aux *res publicae* sont-ils les plus anciens ?

I. — La procédure des interdits remonte à une époque antérieure à la loi Aebutia. Les noms mêmes donnés à certains interdits témoignent de l'importance des paroles solennelles dans notre matière, interdits *utrubi, uti possidetis, unde vi* ; ce sont les premiers mots de la formule prononcée de vive voix par le magistrat. Comme le remarque M. Karlowa [1], l'interdit Salvien, de date relativement très récente, porte seul le nom de son auteur.

A un second point de vue, la lecture de l'*Edictum perpetuum* du préteur révèle la différence qui existait au point de vue de l'origine historique, entre les interdits et les formules prétoriennes d'action. Tandis que relativement à chacune de ces dernières, le magistrat faisait connaître ses intentions, dans une clause spéciale, *edictum* au sens étroit du mot, les formules d'interdit figuraient seules sur l'*Album* [2].

---

1. *Röm. Rechtsgesch.*, t. 1, p. 466.
2. Wlassak, *Edict. und Klageform* (1882), p. 137. P. Krüger, *Geschichte der Quellen* (1888), p. 37. Pflüger, *Die sogenannten Besitzklagen des röm. Rechts.*, 1890, p. 106. — Voy. la restitution de l'*Edictum perpetuum* de Julien dans les *Fontes* de Bruns-Mommsen et dans les *Textes* de Girard. M. Pfersche, *Interd.*, p. 106, enseigne, à la vérité, que l'édit contenait « des dispositions générales sur la procédure des interdits, sur les obligations du défendeur, sur l'époque de la restitution et autres choses semblables ». Ré-

Examinant maintenant de plus près notre procédure, nous sommes frappé de son caractère archaïque. Les détails dans lesquels entre Gaius, à propos de l'interdit *uti possidetis*, sont, à cet égard, particulièrement saisissants. On ne saurait nier, croyons-nous, que la *legis actio per sacramentum*, en tant qu'elle avait pour but la revendication d'une chose, servit de modèle aux deux *interdicta retinendae possessionis causa*[1]. D'après M. Wlassak[2], les interdits sont de nouvelles éditions, revues et améliorées des *legis actiones*. Sans adopter cette formule, qui ne correspondrait pas, d'une façon absolue, à notre pensée, et qui pourrait prêter à équivoque, disons simplement que les interdits ont été imaginés dans un temps où les *legis actiones* dominaient, d'une façon exclusive, la pratique romaine ; dans l'interdit comme dans la *legis actio*, des paroles solennelles[3] délimiteront le champ du débat et traceront au juge son devoir, seulement, elles seront prononcées par le magistrat et non par les plaideurs.

Arrivant enfin aux textes, notons que Plaute semble faire allusion dans le *Trinummus*[4] à l'interdit *uti possidetis* et dans le *Stichus* à l'interdit *utrubi*[5].

pondons que, si ces dispositions générales existaient, nos sources n'en ont pas conservé de traces.

1. Voy. ci-après section IV, ch. IV, § 3, IV.
2. *Röm. Processgesetze*, 1888-1891, t. 1, p. 248.
3. Voyez le passage de Festus, v° *Possessio*, que nous reproduisons plus loin «... *ut praetor* HIS VERBIS *utatur* ». Il s'agit bien de « VERBA » analogues à ceux dont il vient d'être question à propos des LEGITIMAE ACTIONES.
4. *Prol.* 20-21 : « *vos hoc* ROGAT *ut* LICEAT POSSIDERE *hanc nomen fabulam*. » M. Mor. Voigt, *Röm. Rechtsgeschichte*, 1892, t. 1, p. 752, n. 35, mentionne seul ce passage.
5. En ce sens Ubbelohde, *Interd.*, t. II, p. 337, n. 2 et les nombreux auteurs qu'il cite. En sens contraire, E. Costa, *Il diritto privato romano nelle comedie di Plauto*, 1890, p. 457. M. P. F. Girard, *La date de la loi Aebutia*, p. 29, dit également : « l'on ne sait si le mot *utrubi* est une allusion ou une rencontre fortuite de la langue journalière et de la langue du droit ». Sans insister outre mesure, je réponds, que Plaute appuie sur le mot *utrubi*, qu'il emploie sans utilité réelle ; il semble ainsi chercher un effet de comique, en transportant dans une matière très profane un mot que la langue

Sag. « *Uter amicam* UTRUBI *adcumbamus. Stich. Abi tu sane superior* ». *Stichus*, V, 4, 14. Comp. V, 5, 9. *Ste.* UTRUBI *adcumbo? Sa.* UTRUBI *tu vis? Ste. Cum ambobus volo : nam ambos amo*.

En tous cas, il est impossible de ne pas reconnaître les expressions techniques, dont se sert l'*Edictum perpetuum* du préteur, dans les vers suivants empruntés à l'*Eunuchus* de Terence, pièce représentée pour la première fois en 593. « *hanc tu mihi* VEL VI VEL CLAM VEL PRECARIO *fac tradas* ». *Eun.*, II, 3, 27 et suiv.[1].

Au temps de Cicéron, les interdits avaient déjà une longue histoire ; en 682 ou 683, il fait allusion, dans son discours pour Tullius, à une rédaction ancienne de l'interdit *unde vi* : « *Fuit illud interdictum* APUD MAJORES NOSTROS *de vi, quod hodie quoque est...* » *Pro Tullio*, XIX, 44[2].

Comme on le voit, les sources semblent prouver directement, abstraction faite de tout autre argument, que les interdits existaient déjà au moment du vote de la loi Aebutia[3], elles ne sont pas décisives, puisque nous ne connaissons pas, d'une façon précise, la date de cette loi ; mais,

---

usuelle n'ignorait pas, sans doute, mais qui figurait aussi, dans une formule solennelle connue de tous et prononcée, chaque jour, par l'un des magistrats les plus élevés de la République.

1. M. Girard, *op. et loc. cit.*, parle de « l'allusion plus vraisemblable à l'*exceptio vitiosae possessionis* qui parait se trouver dans l'Eunuque de Térence et qui attesterait l'existence de cette clause dans les interdits, toujours avant 595 et plus précisément en 593 où la pièce fut probablement représentée ». En sens inverse, M. E. Petit, *Traité élémentaire de droit romain*, 2e édit., 1895, p. 698, n. 2, considère comme douteux, que même le passage de Térence s'applique aux interdits. La question parait mal posée ; il ne s'agit pas de savoir si l'auteur comique vise un interdit, mais s'il a employé, par un pur hasard et dans le même ordre que l'*Edictum perpetuum*, ces mots si caractéristiques : *vel vi, vel clam, vel precario*. L'allusion aux interdits possessoires est admise, sans difficulté, par M. E. I. Bekker, *Die römischen Komiker als Rechtszeugen* (*Zeitschr. der Sav.-Stift. für R. G. T.* XIII, 1892. R. A. p. 17) et par M. Costa, *Il diritto privato nelle comedie di Terenzio* (*Archivio giurid.*, t. L, 1894, p. 471).

2. Comp. Ubbelohde, *Interdicte*, t. II, p. 337.

3. Nous parlons des interdits en général ; certains interdits sont postérieurs à la loi Aebutia.

qu'elle n'ait pas été votée avant le milieu du VIᵉ siècle, tout concourt à le rendre vraisemblable.

II. — En résumé, la procédure des interdits remonte à une assez haute antiquité. Le soin, avec lequel les textes la distinguent de la *legis actio*, démontre au contraire qu'elle ne se rattache pas à la coutume primitive et que son introduction doit être considérée, comme constituant une réforme.

« *Itaque* IN LEGITIMIS ACTIONIBUS *nemo ex his qui possessionem suam vocare audet*, SED AD INTERDICTUM VENIT, *ut praetor his verbis utatur* : *Uti nunc possidetis...* » Festus, Vᵒ *Possessio*.

L'interdit n'est pas une *legitima actio*. Comme nous l'avons dit tout à l'heure, les paroles solennelles prononcées par le magistrat jouent à propos de l'interdit un rôle analogue à celui des formules consacrées, que répètent les plaideurs dans la *legis actio*. Si l'interdit ne figure pas au nombre des *legitimae actiones*, comment admettre que le droit primitif l'ait connu? Quand un procès s'engage entre deux particuliers, on ne conçoit guère qu'une coutume donnée réglemente deux procédures distinctes, dont une seule portera le nom de procédure conforme à la coutume.

Pour combattre cet argument, il faudrait soutenir ou bien qu'il n'a jamais été possible de se passer des interdits ou bien que ces derniers ne supposent pas un procès entre particuliers.

Dans notre Ch. III l'occasion se présentera de réfuter ces deux affirmations [1], lorsque nous nous occuperons des opinions opposées à la nôtre. Bornons-nous, pour le moment, à dire, qu'à notre sens, le plaideur avait, à sa disposition, une autre voie de recours, dans les hypothèses, pour lesquelles la pratique imagina les premiers interdits et que, par suite, le droit antérieur protégeait déjà les intérêts, auxquels il s'agissait de donner satisfaction.

---

1. Nous avons déjà combattu la seconde en ce qui concerne l'époque classique.

III. — Parmi les interdits, dont parlent nos sources, il en est qui sont relatifs soit aux *res divini juris* soit aux *res publicae*.

« *Sciendum est*, dit Ulpien dans la L. 1, D. *de interd.*, XLIII, 1 (*lib. 67 ad Ed.*) *interdicta aut de* DIVINIS REBUS *aut de* HUMANIS *competere. Divinis, ut de locis sacris vel de locis religiosis. De rebus hominum interdicta redduntur : aut de his quae sunt alicujus : aut de his quae nullius sunt. Quae sunt nullius, haec sunt: liberae personae de quibus exhibendis, ducendis, interdicta competunt. Quae sunt alicujus : haec sunt aut* PUBLICA *aut* SINGULORUM. PUBLICA *de locis publicis, de viis, deque fluminibus publicis...* ».

Les interdits de cette classe sont-ils plus anciens que les autres ? La plupart des auteurs le croient et il convient de reconnaître, que cette opinion paraît vraisemblable, quand on confond l'interdit avec la *cognitio praetoris* et qu'on voit une simple mesure de police dans l'ordre émané du magistrat. Si les interdits n'ont pas existé de tout temps, le préteur en créa sans doute, de bonne heure, afin de protéger les temples et le domaine public contre les entreprises des particuliers. Le grand égout de Rome remontait à une époque très reculée. Comment concevoir, que des précautions n'aient pas été prises, pour en assurer la conservation ?

A côté de cette première doctrine, que nous combattrons plus loin, il en est une autre, dont nous devons également dire un mot. Sans reconnaître à l'interdit le caractère d'une mesure de police, M. Schmidt[1] et M. Ubbelohde[2] arrivent à la même conclusion et estiment que, selon toutes les apparences, les interdits relatifs aux *res divini juris* et aux *res publicae* précédèrent les autres, dans l'ordre du temps. Le dernier de ces auteurs s'appuie sur cette considération à savoir, que, le magistrat, puisant dans son

---

1. *Interdiktenverfahren*, p. 158 et 159.
2. *Interd.*, t. 2, p. 321 et suiv.

imperium tous les pouvoirs nécessaires pour sauvegarder les *res divini juris* et les *res publicae*, pouvait connaître lui-même de l'affaire et procéder administrativement. Il ajoute que les premiers interdits furent probablement imaginés, dans des hypothèses où une autre voie de recours était déjà ouverte ; la portée de la réforme étant moins grande, elle sembla moins difficile à réaliser. D'autre part, comme chaque citoyen devait se garder de porter atteinte aux *res divini juris* et aux *res publicae*, le magistrat n'imposait aucune obligation nouvelle au défendeur, en créant, à côté de la procédure administrative, seule en usage jusque-là, une autre procédure, celle de l'interdit ; il se bornait à faire appel à la vigilance des particuliers, afin de suppléer à l'insuffisance du nombre de ses auxiliaires et de donner une sanction plus efficace à une obligation déjà existante. Comment dès lors ne pas croire que nos interdits apparurent les premiers ?

Cet argument serait excellent, si M. Ubbelohde parvenait à démontrer que les premiers interdits ne rentrant pas dans la catégorie dont il s'agit, créaient une obligation nouvelle à la charge de l'une des parties et que le droit ancien ne mettait aucune voie de recours à la disposition de son adversaire. Or, nous nous efforcerons de prouver le contraire.

Arrivons maintenant à une seconde considération, que M. Ubbelohde emprunte à M. Schmidt.

Ce romaniste rapproche l'une de l'autre un certain nombre de formules d'interdit, en les répartissant en deux groupes.

1ᵉʳ GROUPE.

Qui quaeve in potestate Lucii Titii est, si is eave apud te est, DOLOVE MALO TUO FACTUM EST, *quominus apud te esset*...

Quod precario ab illo habes AUT DOLO MALO FECISTI, *ut desineres habere.*

Quas tabulas Lucius Titius reliquisse dicetur, si hae penes te sunt aut DOLO MALO TUO FACTUM EST, *ut desinerent esse.*

Quod de his bonis legati nomine possides quodque uteris frueris,QUODQUE DOLO MALO FECISTI, *quominus possideres, utereris, fruereris.*

2ᵉ GROUPE.

Quod in via publica itinereve publico factum, immissum habes, quo ea via idve iter deterius sit, fiat, restituas.

Quod in flumine publico ripave ejus factum sive quid in id flumen ripamve ejus immissum habes, si ob id aliter aqua fluit, atque uti priore aestate fluxit, restituas.

Comme on le voit, les interdits du second groupe, qui sont relatifs aux *res publicae*, ne contiennent pas de clause relative à l'hypothèse, où le défendeur a cessé par dol de posséder et ne peut, par suite, opérer la restitution ordonnée sous condition, par le préteur. Faut-il reconnaître là l'indice d'une différence entre nos interdits et les autres? Assurément non. Malgré le silence de la formule, Labéon traitait déjà celui qui a cessé par dol de posséder comme s'il possédait encore [1]. Aucune explication rationnelle ne saurait donc être fournie ; ne convient-il pas dès lors de recourir à l'histoire? Si les interdits relatifs soit aux *res publicae*, soit aux *res divini juris* sont rédigés d'une façon spéciale, c'est qu'ils remontent plus haut que les autres ; l'absence de toute clause relative au dol révèle leur antiquité relative.

Malgré son caractère ingénieux, ce raisonnement ne semble pas convaincant. A supposer que, parmi les interdits restitutoires, les plus anciens soient relatifs aux *res publicae* et aux *res divini juris*, comment en conclure que les premiers interdits prohibitoires n'avaient pas trait à des *res privatae*?

Les partisans de la doctrine, que nous combattons, ne

---

[1]. L. 2, § 2, D. *ne quid in loco publ.*, XLIII, 8 (Ulpien, *lib.* 68 *ad Ed.*), L. 1, § 13, D. *ne quid in flum. publ.*, XLIII, 12 (Ulp., *lib.* 68 *ad Ed.*), L. 157, § 1, D. *de reg. jur.* L, 17 (Ulp., *lib.* 71 *ad Ed.*). Ce dernier texte vise les interdits, comme le montre le livre du commentaire sur l'Edit, auquel il est emprunté. Comp. Ubbelohde, *Interd.*, t. 1, p. 337, n. 19.

démontrent donc pas que les interdits relatifs aux *res publicae* et aux *res divini juris* furent imaginés tout d'abord.

Devons-nous néanmoins affirmer d'une façon formelle que le préteur s'occupa seulement plus tard des temples, des routes et des fleuves, alors qu'il existait déjà d'autres interdits ? M. Pfersche [1], qui le soutient, se fonde sur ce que les censeurs recevaient la mission spéciale de veiller à la conservation des *res divini juris* et des *res publicae*. N'est-il pas vraisemblable, dit-il, que le préteur urbain songea, avant tout, à protéger les intérêts des particuliers dans leurs rapports entre eux, ce qui était sa tâche essentielle ?

Selon M. Pfersche [2], l'origine de nos interdits se rattacherait à la *nuntiatio operis novi*, institution civile avant d'avoir été adoptée et remaniée par le préteur. Ce dernier aurait imaginé nos interdits, afin de permettre à celui, auquel la sommation a été faite, d'en paralyser l'effet.

Je ne saurais m'approprier purement et simplement la doctrine de M. Pfersche. D'une part, d'après mon opinion comme d'après la sienne [3], la procédure de l'interdit comporte invariablement une lutte entre deux plaideurs et tend à défendre des intérêts privés, même quand le triomphe du demandeur sauvegarde les droits des dieux ou ceux du peuple ; dans aucun cas, le préteur, créant un interdit, ne dépassait donc le cercle de ses attributions normales.

D'autre part, la *nuntiatio operis novi* dériva vraisemblablement du droit civil, je l'accorde volontiers [4]. Une *legis actio* précéda sans doute l'*interdictum demolitorium*

1. *Interd.*, p. 51.
2. *Interd.*, p. 67. M. Pfersche pense du reste, en se fondant sur la L. 1, § 2, D. *de via publica et itin. publ. reficiend.*, XLIII, 11 (Ulp., *lib.* 68 *ad Ed.*), qu'au lieu de recourir à l'*operis novi nuntiatio* chaque citoyen pouvait impunément détruire par la force les constructions élevées sans droit sur le domaine public.
3. *Interd.*, p. 52.
4. Cette opinion est enseignée par un grand nombre d'auteurs. V. la bibliographie dans Pfersche, *op. cit.*, p. 61. M. Karlowa, *Röm. Rechtsgeschichte*, t. II, p. 471 et suiv., vient tout récemment de soutenir la même thèse avec beaucoup de force.

de l'Edit[1]. Néanmoins, les objections contre la conjecture de M. Pfersche ne manquent pas de valeur. L'*operis novi nuntiatio* utilisée certainement, à l'époque classique, en vue de sauvegarder les *res divini juris* et les *res publicae* remplissait-elle déjà cette fonction, avant la création de nos interdits ? il est permis d'en douter, puisque la sommation servait à empêcher provisoirement l'exécution du travail, sauf à établir en justice que ce travail constituerait la violation d'un droit. Enfin notre auteur croit que l'occupant de la *res sacra* ou de la *res publica* prenait l'initiative et cependant les textes le montrent jouant le rôle de défendeur.

La doctrine de M. Pfersche écartée, convient-il cependant de considérer, avec lui, les interdits relatifs aux *res divini juris* et aux *res publicae*, comme ayant été introduits dans la pratique romaine, à un moment où d'autres interdits existaient déjà ? Je le crois probable, tout en reconnaissant que, dans l'état des sources, la question est très délicate.

Ce qui me détermine, non sans hésitations, à proposer cette conjecture, c'est que l'on ne voit pas quelle eût été l'utilité spéciale de l'interdit au milieu des moyens de protection multiples et variés organisés par la loi civile dans l'intérêt des *res divini juris*[2] et des *res publicae*.

---

1. Voy. Karlowa, *op. cit.*, p. 474.
2. M. Ed. Cuq, *Les institutions juridiques*, t. I, p. 481, s'exprime de la façon suivante : « S'il s'agissait non plus d'une usurpation, mais d'une simple violation d'un lieu sacré, il n'y avait pas à proprement parler de sanction. Si la violation commise n'était pas susceptible d'être expiée, le coupable était déclaré « impie ». (En note, l'auteur ajoute : il est probable que les pontifes, en vertu de leur droit de surveillance sur les lieux sacrés, pouvaient lui défendre de sacrifier aux dieux : c'était une espèce d'interdit. Arg. Cic., *de leg.*, II, 9). Si, dans le cas contraire, le coupable ne fournissait pas l'expiation prescrite, le pontife ne pouvait l'y contraindre ; il n'y avait d'autre châtiment à redouter que la colère de la divinité outragée. Toutefois, en vertu de règlements particuliers à certains lieux sacrés, le coupable pouvait encourir une peine pécuniaire. Ce système de répression était très insuffisant, surtout dans le cas où l'acte consistait en un fait matériel

En dehors du droit de coercition du magistrat, des lois spéciales prononçaient des amendes déterminées contre celui qui avait accompli certains actes contraires au respect dû à la *res sacra* ou compromettant l'usage de la *res publica*. Chaque citoyen mâle et pubère pouvait recouvrer cette amende fixe au moyen de la *legis actio per manus injectionem*. L'inscription de Luceria, qui nous a conservé une loi faite pour une colonie latine dans la première moitié du sixième siècle de Rome mérite, à cet égard, toute notre attention. Les renseignements fournis par ce texte comptent assurément parmi les plus précieux.

« *In hoce loucarid stircus ne quis fundatid, neve cadaver projecitad, neve parentatid. Sei quis arvorsu hac faxit, ceivium quis volet pro joudicatod n(umum) L manum injectio estod. Seive magisteratus volet moltare, licetod*[1]. »

Pour emprunter ses expressions mêmes à M. Girard, la loi « défend de déposer des immondices, de porter un cadavre ou de faire un sacrifice funéraire dans un bois sacré, de nature à nuire à la beauté du lieu sacré ou à le rendre moins commode. Le préteur estima qu'il était de l'intérêt public d'empêcher l'acte d'être accompli, et au cas où il l'aurait déjà été, d'ordonner que les lieux fussent remis dans leur état antérieur. Cette intervention du préteur dans les *res divini juris* doit remonter à une époque très ancienne, il a peut-être recueilli ici une attribution précédemment exercée par les consuls ». Ce passage appelle, à mon avis, les trois observations suivantes : 1° Les textes permettent de considérer comme arbitraire la distinction faite entre l'usurpation et la simple violation d'un lieu sacré. Si le *curator sacellorum publicorum*, dont parle une inscription de l'époque impériale, doit être considéré comme un des héritiers des censeurs, ces derniers jouissaient d'un droit général de surveillance, relativement aux *res sacrae* et le préteur devait dès lors s'abstenir d'empiéter sur leur domaine. 2° Comment comprendre que le même pouvoir n'appartînt pas aux pontifes dans l'hypothèse où le coupable ne fournissait pas l'expiation prescrite et dans celle où la violation commise n'était pas susceptible d'être expiée. 3° Pourquoi certains lieux sacrés auraient-ils été protégés d'une façon particulièrement énergique ? Si, dans une de nos villes, on trouvait un écriteau défendant de marcher sur les gazons de telle promenade, en conclurait-on que cette interdiction était spéciale à cette promenade ? L'inscription de Luceria, celle du *pagus Montanus* et les autres tendaient de même à éviter la contravention, en avertissant le coupable du châtiment qui l'attendait.

1. Girard, *Textes*, p. 22.

et, comme sanction, elle porte contre le contrevenant, soit une amende arbitraire prononcée sans jugement par le magistrat, soit une amende judiciaire fixe, probablement de 50 sesterces (L ; la pierre : I) qui pourra être réclamée par le premier venu au moyen de la *manus injectio pro judicato*.

Tandis que l'amende arbitraire, *multa*, tendait à sauvegarder le droit de la cité, la *legis actio per manus injectionem* servait à chaque citoyen de Luceria à obtenir vengeance du tort que lui causait le contrevenant, en attirant la colère du dieu sur le peuple tout entier et sur chacun de ses membres. Le demandeur acquérait donc l'amende légale pour lui-même et non pour le Trésor public[1]. Cette doctrine repoussée par M. Mommsen[2] me paraît justifiée par la nature même de la *legis actio per manus injectionem*; pour admettre que le prix de la lutte n'appartenait pas au vainqueur, il faudrait un texte qui fait défaut[3].

De nombreux indices ne permettent pas d'ailleurs de douter, que les institutions de Luceria ne reproduisissent celles de Rome, au point de vue qui nous occupe.

Existait-il des lois formulant des règles générales applicables à toutes les *res divini juris* et à toutes les *res publicae* ou au contraire une disposition spéciale intervenait-elle à propos de chaque bois sacré, de chaque aqueduc, de chaque voie prétorienne ? Cette dernière solution paraît la plus vraisemblable.

Dans tous les cas, si la législation romaine accordait à chaque citoyen pubère la faculté de se faire attribuer l'amende encourue par le contrevenant, on conçoit que l'usage exclusif de la *legis actio* se soit maintenu pour les *res*

---

1. Bruns, *Kl. Schrift.*, t. II, p. 311 et suiv.
2. *Ephem. ep.*, II, 298.
3. Rapprochez de l'inscription de Luceria d'une part le sénatus-consulte *de pago Montano* (Girard, *Textes*, p. 112), d'autre part les lois qui accordent des actions appelées par les auteurs actions populaires légales ou actions populaires procuratoires (Voy. notamment Henri Robert, *Les actions populaires*, p. 29 et suiv.). Je renvoie d'ailleurs à la démonstration de Bruns, démonstration qui me paraît décisive.

divini juris et les *res publicae*, à une époque où la pratique avait déjà imaginé les premiers interdits.

Plus tard, au contraire, notre procédure s'introduisit, dans cette nouvelle sphère d'application, pour les motifs suivants. D'une part, tandis que les lois antérieures déterminaient d'une façon limitative les infractions motivant l'amende, le préteur rédigea des formules d'interdit conçues dans des termes plus larges et permettant de protéger, d'une façon plus efficace, les *res divini juris* et les *res publicae*. J'ajoute que l'on évitait de cette façon le recours aux comices, que le droit prétorien pouvait plus aisément que le droit civil s'adapter aux circonstances et donner satisfaction aux besoins nouveaux et enfin que l'édit s'appliquait à toutes les *res divini juris* et à toutes les *res publicae*, actuelles ou futures. Il pouvait se faire enfin que le demandeur, désirant seulement faire constater l'abus, préférât recourir à la procédure par le pari, qui n'avait aucun caractère pénal[1].

§ 2. — Comment notre réforme put-elle se réaliser ?

SOMMAIRE.— I. La procédure des interdits est une procédure par le pari.— II. Les parties fixaient, d'un commun accord, l'enjeu du pari. — III. Nature et utilité de l'intervention du magistrat. — IV. A notre époque, le magistrat ne disposait d'aucun moyen de contraindre l'un des plaideurs à participer à la procédure.

I. — La création des interdits semble le coup d'essai du préteur, dans la carrière qu'il devait parcourir avec tant de succès. Seulement, à ses débuts, le magistrat se montra beaucoup plus timide, qu'il ne le fut plus tard ; il se bornait à offrir son intervention sans l'imposer. C'était

---

1. M. Mommsen, *Droit public romain*, trad. Girard, t. IV, p. 151 et suiv., enseigne lui aussi que des actions populaires furent d'abord créées dans les hypothèses où existèrent plus tard des interdits relatifs aux *res publicae* ; mais notre doctrine s'écarte, à plusieurs points de vue, de celle de cet auteur.

seulement, d'un commun accord, que les parties recouraient à l'interdit.

Ceci posé, examinons successivement le rôle des plaideurs et celui du magistrat, sans entrer bien entendu dans les détails du sujet.

Telle que nous la concevons, la procédure des interdits consiste essentiellement dans un pari, conclu entre les deux adversaires, sur la base d'une formule solennelle prononcée par le préteur ; le juge décidera qui a gagné le pari [1].

Que la procédure des interdits soit une procédure par le pari, les textes l'établissent de la façon la plus nette.

Gaius, IV, 141 «... *et modo cumpoena agitur, modo sine poena : cum poena, veluti* CUM PER SPONSIONEM AGITUR, *sine poena veluti cum arbiter petitur, et quidem ex prohibitoriis interdictis semper* PER SPONSIONEM AGI *solet* ; *ex restitutoriis vero vel exhibitoriis* MODO PER SPONSIONEM, MODO PER FORMULAM AGITUR, QUAE ARBITRARIA VOCATUR. »

IV, 165 « ..... *sed actor sponsionis formulae subicit et aliud judicium de re restituenda vel exhibenda, ut si* SPONSIONE VICERIT, *nisi ei res exhibeatur aut restituatur..* »

---

1. Lorsque l'interdit est un interdit double, les plaideurs concluent deux paris. Gaius, IV, 166 « ... *postea* ALTER ALTERUM *sponsione provocat, quod adversus edictum praetoris possidenti sibi vis facta sit, et* INVICEM AMBO *restipulantur adversus sponsionem.* » A cela rien d'étonnant : il y a deux affirmations distinctes ; l'exactitude de chacune d'elles doit être vérifiée séparément. M. Ubbelohde, *Interd.*, t. 2, p. 108 et n. 36 conjecture, que peut-être les parties pouvaient, en additionnant les sommes qui devaient être promises, se contenter de deux stipulations, au lieu de quatre, conclure un pari au lieu de deux. Il se fonde sur les mots suivants qui ont été déchiffrés dans le manuscrit de Vérone, à la suite du passage reproduit plus haut « *vel una inter eos sponsio itemque restipulatio una ad eam fit* ». M. Huschke (*Jurispr. antejust.*, ad *h. l.*) restitue le texte de la façon suivante : « *vel stipulationibus junctis duabus una inter eos sponsio itemque restipulatio una alterius adversus eam fit.* » MM. Krüger et Studemund, *Gai Institut.* (2ᵉ éd.) préfèrent « ... *restipulatio una tantum ad eam fit* ». Dans l'état actuel du manuscrit, il convient d'être très réservé ; en tout cas, si cette faculté de simplifier la procédure fut reconnue aux parties, ce qui nous paraît très douteux, l'innovation n'était certainement pas admise, à l'époque dont nous nous occupons.

Ulpien, *Fragm. Vindob.* V « *aut per formulam arbitrariam explicantur aut* PER SPONSIONEM, *prohibitoria vero semper* PER SPONSIONEM EXPLICANTUR : *restitutorio vel exhibitorio interdicto reddito, si quidem arbitrum postulaverit is, cum quo agitur, formulam accipit arbitrariam, per quam arbiter...* »

Ces fragments n'ont guère besoin de commentaire. Quand une *formula arbitraria* est délivrée par le préteur, elle sert de base au débat ; c'est elle qui pose la question sur laquelle le juge devra se prononcer. Or, le premier et le troisième de nos textes montrent clairement que le pari, *sponsio*, remplit la même fonction que la *formula arbitraria*. Comment donc ne pas en conclure que, dans notre matière, comme dans celle de la *legis actio per condictionem*, la *sponsio* n'a pas seulement pour but d'infliger une peine au perdant, mais qu'elle tend, avant tout, à circonscrire le champ de la discussion et à tracer au juge son devoir?

A quoi bon du reste insister ? Le paragraphe 165 du C. IV de Gaius ne dit-il pas clairement que la condamnation encourue, en vertu du *judicum secutorium*, dépendra de la perte du pari « *ut si sponsione vicerit* [1] » ?

Comme on le voit, même sous l'empire de la jurisprudence classique, les plaideurs pariaient encore l'un contre l'autre.

---

1. Le discours de Cicéron pour Caecina est également significatif, VIII, 23 « *Restituisse se dixit. Sponsio facta est.* HAC DE SPONSIONE VOBIS JUDICANDUM EST. » XXXII, 92 « VINCIT TAMEN SPONSIONEM. » En ce sens, K. A. Schmidt, *Das Interdiktenverfahren der Römer in geschichtlicher Entwickelung*, 1853, p. 237. D'après Kappeyne van de Coppello, *op. cit.*, p. 308 et 309, la *sponsio* aurait été d'abord simplement préjudicielle en matière d'interdits ; c'est seulement après le vote de la loi Silia qu'elle serait devenue pénale. Pour réfuter cette opinion, il suffit de renvoyer aux développements dans lesquels nous sommes entré et à ceux dans lesquels nous entrerons plus tard : la législation se développa dans une direction tout opposée à celle que signale M. Kappeyne. Qui dit pari dit enjeu ; avant de devenir seulement une apparence, l'opération fut réelle. On ne peut enfin affirmer que la procédure des interdits remontait à une époque antérieure à la loi Silia.

A la vérité, si l'interdit figurait parmi les interdits restitutoires ou exhibitoires, il était loisible au défendeur de solliciter la délivrance d'une formule arbitraire, pourvu qu'il le fît lors de sa première comparution devant le magistrat, quand l'interdit venait d'être prononcé ; mais cette faculté constituait une innovation imaginée, à une époque relativement récente, dans l'intérêt du défendeur. Nous verrons plus tard quand et pour quels motifs la pratique innova sur ce point ; qu'il y ait eu réforme, c'est ce qui résulte notamment des paragraphes 162 et 164 du C. IV de Gaius. Le paragraphe 162 prouve que Proculus ne l'admettait pas encore, le paragraphe 164 présente la possibilité de plaider sans pari, comme une faveur, dont il convient que la partie profite sans délai « *sero enim petentibus non* INDULGETUR [1]. »

II. — Quel était l'enjeu de la gageure ? Abstraction faite de ceux qui, dans l'état de nos textes, considèrent la question comme insoluble [2], les auteurs ont formé, sur ce point, des conjectures diverses, en harmonie avec leurs conceptions personnelles relativement à l'origine historique des interdits.

Prenant également comme point de départ l'idée générale, qui me sert de guide, je considère comme vraisemblable, que les parties fixaient d'un commun accord le montant de l'enjeu [3]. Si le recours à la procédure de l'interdit suppose, comme j'essaierai de l'établir, le consentement des plaideurs, ces derniers s'entendront sans doute aisément, sur le point qui nous occupe, car, s'il en était autrement, le droit commun s'appliquerait et ils veulent précisément éviter l'application de ce droit commun.

---

1. Malgré ces arguments qui nous paraissent décisifs, M. Kappeyne van de Coppello, *op. cit.*, p. 297, croit cependant que la demande d'un arbitre remonte à l'époque antérieure à la loi Aebutia.

2. Accarias, *Précis*, t. 2, p. 1212.

3. Dans le même sens, F. Buonamici, *Storia della Procedura civile romana*, p. 470, qui cite le livre de M. Cugino sur la procédure civile des Romains, p. 345.

Que l'on n'objecte pas, avec M. Voigt[1], que dans les législations primitives tout est réglé et fixé d'avance. Tandis que la loi Silia traçait d'une façon précise la marche de la procédure, les interdits ne reposaient pas sur la loi ; leur naissance correspondait à une réforme due à la pratique[2]. Si l'idée du contrat judiciaire domine, comme on le sait, l'histoire de la procédure romaine, la volonté des parties jouait un rôle particulièrement considérable, en notre matière ; car c'était elle qui, se joignant à l'esprit d'initiative du préteur, avait contribué à créer l'institution nouvelle.

Notre conjecture cadre enfin, avec la doctrine ingénieuse de M. Lenel[3], doctrine adoptée aujourd'hui par la plupart des romanistes et d'après laquelle la L. 1, *pr.* D. *Uti possidetis*, XLIII, 17, Ulp., *lib.* 69 *ad Ed.* contiendrait une interpolation due aux commissaires de Justinien.

« *Neque pluris, quam quanti res erit, intra annum, quo primum experiundi potestas fuerit, agere permittam* ».

C'est ainsi que se serait exprimé l'*Edictum perpetuum* de Julien, si on en croyait les rédacteurs du Digeste. Or, comme le remarque M. Lenel, l'expression « *agere permittam* » ne se trouve nulle part dans les sources classiques. Comment en outre ne pas être frappé par la naïveté de ces paroles mises dans la bouche du préteur : « Je ne permettrai pas d'agir en justice pour une somme supérieure au montant de la valeur en litige » ?

M. Lenel estime donc avec raison, qu'il convient de

---

1. *Jus naturale*, t. 3, p. 520, n. 858. Pour M. Voigt, la *poena* est également ici d'un tiers de la valeur en litige, et c'est le préteur qui détermine quelle est cette valeur.

2. Si le montant de l'enjeu s'élevait proportionnellement à la valeur en litige, Gaius qui ne manque pas de noter le chiffre de la proportion, à l'occasion du *judicium calumniae*, eût sans doute pris le même soin relativement aux interdits : or il ne l'a pas fait ; car on doit considérer comme tout à fait invraisemblable que cette mention figurât dans un des passages perdus. J'emprunte à M. Buonamici cette observation, qui me paraît juste.

3. *Edictum perpetuum*, § 247, p. 378 et 379 et *Palingenesia*, Ulpien, n° 4.

corriger la L. 1, *pr.*, si on veut rétablir l'*Edictum perpetuum* dans sa teneur primitive. A la place de « *agere permittam* » il lit « *sponsionem restipulationemque* [1] *facere permittam* ». Conjecture soit, mais conjecture infiniment vraisemblable, puisque, grâce à elle, on comprend l'acte des commissaires de Justinien, qui se trouvaient en présence d'une institution hors d'usage. Ainsi corrigée, la L. 1, *pr.* révélerait l'existence d'une clause nouvelle de l'édit du préteur ; en vertu de cette clause, l'enjeu ne pourrait pas dépasser le montant de la valeur en litige.

Cette innovation prétorienne ne se concilie pas avec les doctrines, d'après lesquelles le chiffre du pari serait, soit fixé une fois pour toutes [2], soit proportionnel à la valeur du litige [3], ni avec celle qui attribue au magistrat le pouvoir de donner des ordres à cet égard [4]. Au contraire elle s'harmonise sans difficulté avec la nôtre. Comme le remarque M. Exner [5],

---

1. Je considère du reste comme n'étant nullement justifié le mot *restipulationemque* placé par M. Lenel après le mot *sponsionem*. *Sponsionem facere* signifie conclure un pari. Nous avons eu, à différentes reprises, l'occasion de citer des textes qui le démontrent. Les passages, qui font allusion à nos deux stipulations, se contentent de dire *sponsionem facere*, Cic., *Pro Caec.*, VIII, 23, XVI, 45. Gaius, IV, 171. Où trouve-t-on au contraire *sponsionem restipulationemque facere permittam*?

2. Kappeyne van de Coppello, *op. cit.*, p. 309. M. Barckhausen, *Du rôle des interdits dans la procédure romaine.* Thèse Paris, 1860, p. 16, déclare également que le montant de la *sponsio* n'était pas proportionnel à la valeur du litige, que rien au moins ne le prouve.

3. Bruns, *Besitzklagen*, 1874, p. 33. Voigt, *op. et loc. cit.* M. Voigt estime cependant que, s'il y a des difficultés sur le point de savoir quel est le tiers de la valeur en litige, c'est le préteur qui les tranchera. M. Machelard, *Interdits*, p. 21, dit de même, à propos du montant de la *sponsio* : « Était-il fixe ou variait-il suivant l'importance de l'affaire ? La dernière supposition est la plus vraisemblable, et sans doute il appartenait au magistrat d'en régler la quotité ».

4. Karlowa, *Röm. Rechtsgeschichte*, t. 2, p. 325. D'après Schmidt, *Interdiktenverfahren*, p. 302, c'était le magistrat qui déterminait le chiffre de la *sponsio* mais seulement si les parties n'avaient pas pu se mettre d'accord. L'opinion de M. Schmidt est donc celle qui se rapproche le plus de la nôtre.

5. *Die imaginäre Gewalt im altrömischen Besitzstörungsverfahren* (*Zeitschrift der Sav. Stift. Röm. Abth.*, t. VIII, p. 117, n. 16).

les rapports entre voisins tournent aisément à l'aigreur ; afin de protéger les plaideurs contre leur propre entraînement, on conçoit que le préteur soit intervenu ; que ce maximum n'ait pas toujours existé, cela va du reste de soi ; selon toute apparence, l'innovation dont nous nous occupons n'appartient pas à notre période historique.

M. Lenel n'adopte cependant pas notre opinion. Sa thèse, qui a rencontré une approbation presque générale [1], consiste à permettre au demandeur de trancher lui-même, sous la foi du serment, la question de savoir quelle somme son adversaire et lui se promettront réciproquement, en cas d'échec. A la condition de prêter le *jusjurandum calumniæ* et de ne pas dépasser la valeur en litige, le demandeur sera donc le maître de la situation.

En résumé, M. Lenel restitue notre passage de la façon suivante :

« *Quanti uter juraverit non calumniæ causa se postulare* [2] *sponsionem fieri, neque pluris quam quanti res erit, intra annum, quo primum experiundi potestas fuerit, sponsionem restipulationemque facere permittam.* »

A l'appui de sa conjecture [3], notre auteur rappelle que les choses se passaient de cette façon, quand il s'agissait de s'engager, vis-à-vis de son adversaire, à comparaître de nouveau devant le magistrat, *se certo die sisti*. Dans l'hypothèse du *vadimonium*, le demandeur fixait, sous la foi du serment, le chiffre de la somme d'argent, qui devait lui être payée par l'autre partie, si elle ne comparaissait pas au jour dit, Gaius, IV, 186. N'y a-t-il pas une grande ana-

---

1. Exner, *op. et loc. cit.* Pfersche, *Interdicte*, p. 100. Ubbelohde, *Interd.* t. 2, p. 105, n. 32.
2. Dans le même sens Huschke, *Jurispr. antejustin.*, ad G. IV, 165, ed. V., p. 400, n. 2.
3. Cette doctrine admise, l'enjeu des deux paris peut ne pas être le même, quand l'interdit est double ; chacun des plaideurs joue le rôle de demandeur et est autorisé à fixer sous la foi du serment un chiffre différent (Ubbelohde, *Interd.*, t. 2, p. 107). Dans notre système, il est évident qu'en fait, les parties conviendront du même enjeu pour les deux gageures.

logie entre l'hypothèse, qui nous occupe, et celle du paragraphe 186 du C. IV de Gaius?

J'avoue que cette analogie ne me frappe pas. Quand le demandeur n'obtient pas immédiatement l'organisation de l'instance, il est naturel, que certaines garanties lui soient accordées. La remise à un autre jour constitue une faveur pour le défendeur; c'est, à titre de compensation pour cette faveur, que son adversaire jouit du droit dont il s'agit. La situation n'est en aucune façon la même, en matière d'interdits.

Un partisan de la doctrine de M. Lenel, M. Ubbelohde a enfin lui-même constaté qu'une notable différence existait, dans la détermination du maximum, entre la théorie du *vadimonium* et celle des interdits [1].

III. — Comme on le voit, les parties pariaient ensemble et nous venons de rechercher quel était l'enjeu de leur pari.

La procédure de l'interdit consistait-elle donc, purement et simplement dans un pari? en aucune façon. Le magistrat intervenait d'abord, en donnant l'investiture officielle au juge ou aux récupérateurs, puis à un second point de vue, en prononçant les paroles solennelles, qui déterminaient l'objet de la gageure, bien que d'une façon indirecte, à la vérité. Les deux stipulations renvoyaient à la formule de l'interdit.

Comment le magistrat a-t-il pu jouer un rôle dans la procédure et quelle était l'utilité de son intervention? Avant la loi Æbutia, le magistrat n'a pas le pouvoir de donner directement des ordres au juge, au moins dans les procès entre citoyens. Ce sont les paroles solennelles de la *legis actio*, qui ont seules la vertu de lui permettre de trancher le différend. Les actions sont toutes civiles, pour employer la terminologie usitée plus tard.

« *Actiones, quas in usu veteres habuerunt, legis actiones*

---

1. Ubbelohde, *Interd.*, t. 2, p. 106. Gaius, IV, 186.

appellabantur vel ideo quod legibus proditae erant (QUIPPE TUNC EDICTA PRAETORIS QUIBUS COMPLURES ACTIONES INTRODUCTAE SUNT NONDUM IN USU HABEBANTUR) *vel ideo quia...»* Gaius, IV, 11.

D'autre part, en vertu de son *imperium*, le préteur commande aux citoyens ; il leur enjoint légitimement, sous sa responsabilité, d'accomplir un acte ou de s'en abstenir. S'adressant à l'un des plaideurs ou à tous les deux, il s'exprimera par exemple de la façon suivante :

Glandem, quae ex illius agro in tuum cadat, quominus illi tertio quoque die legere auferre liceat, vim fieri veto.

Quem liberum dolo malo retines, exhibeas.

Si Lucius Titius in potestate Lucii Titii est, quominus eum Lucio Titio ducere liceat, vim fieri veto.

Unde in hoc anno tu illum vi dejecisti aut familia tua dejecit, cum ille possideret, quod nec vi nec clam nec precario a te possideret, eum illum quaeque ille tunc ibi habuit restituas.

Uti nunc possidetis eum fundum, quo de agitur, quod nec vi nec clam nec precario alter ab altero possidetis, quominus ita possideatis, adversus ea vim fieri veto.

Je reproduis ces formules, seulement à titre d'exemples, en vue de rendre cet exposé plus clair, et, sans qu'il y ait aucune conclusion à tirer de l'ordre dans lequel je les cite. Dans le détail, la rédaction de quelques-uns de ces interdits différait, en outre, à l'origine, de celle que nous avons empruntée à l'*Edictum perpetuum* de Salvius Julianus ; envisagée dans l'ensemble, elle a, au contraire, conservé son allure primitive, même au second siècle de l'ère chrétienne et cela suffit, étant donné notre but.

Comme on le voit, l'interdit se présente, sous l'apparence d'un ordre adressé à un ou à plusieurs citoyens ; en réalité, il contient des instructions données au juge ou aux récupérateurs. Le préteur ne saurait créer de toutes pièces une *legis actio* ; mais la procédure, qu'il organise avec le concours des parties, se rapproche de la *legis actio*, dans la mesure du possible. A l'imitation de cette dernière, des paroles solennelles circonscriront le débat ; seulement elles émaneront du magistrat et non des plaideurs.

De cette première différence, en découle une seconde. Etudiant, à titre d'introduction à ce travail, les caractères généraux des *legis actiones*, nous avons montré que la formule prononcée par le demandeur produisait, par elle-même, des conséquences juridiques, si ses effets n'étaient pas paralysés immédiatement par une autre formule émanant du défendeur. La *legis actio* ne suppose pas une contestation. Rien de semblable, au contraire, en matière d'interdits. Ici encore, la procédure par le pari servit de transition entre la procédure primitive et une procédure plus moderne. Pour qu'elle soit utilisée, il faut qu'un différend existe entre deux particuliers. Ceux-ci ont pour but de faire trancher la question litigieuse, *controversia*, sur laquelle ils ne sont pas d'accord. Même si on compare l'interdit à la *legis actio per condictionem*, ce caractère des interdits, dont je m'occuperai de nouveau, sans tarder, apparaîtra en pleine lumière ; car le *jusjurandum necessarium* ne figure pas, dans notre procédure [1], dans laquelle le demandeur n'est pas autorisé à mettre son adversaire en demeure de jurer qu'il a le bon droit pour lui ou de lui référer le serment.

En somme, le préteur dissimule, sous l'apparence d'une mesure administrative, l'aide qu'il prête aux parties, en vue de leur permettre de s'affranchir de la *legis actio*.

Demandons-nous maintenant, pourquoi les plaideurs recoururent à l'intervention du magistrat, au lieu de conclure purement et simplement un pari et de s'en remettre à la décision de l'arbitre choisi par eux d'un commun

---

1. Je suppose d'ailleurs admis le système de M. Demelius, qui a été développé plus haut, sect. I, chap. VI, § 1. M. Ubbelohde interprétant au contraire la L. 34, *pr.* D. *de jurejur.*, XII, 2, comme le fait l'opinion générale, enseigne que le serment décisoire pouvait être déféré en notre matière, *Interd.*, t. II, p. 10.

accord? C'est que, grâce à cette méthode, aucune procédure ne pourra plus être entamée en vue de trancher la même question litigieuse, *bis de eadem re ne sit actio*. Assurément cette maxime n'était pas, dans sa lettre, applicable à notre hypothèse ; mais, on conçoit que cette extension du domaine d'application de la règle ait été aisément consacrée par la pratique.

IV. — Le seul fait de mettre à la disposition des parties les paroles solennelles de l'interdit constituait une innovation fort importante ; le magistrat n'alla pas d'abord jusqu'à imposer l'usage de la nouvelle méthode. C'est seulement plus tard que des interdits furent imaginés, pour des hypothèses, où il n'existait auparavant aucune voie de recours et que l'un des plaideurs put être contraint de figurer dans les stipulations, qui étaient auparavant conclues en pleine liberté.

Malgré la hardiesse de cette conjecture, elle mérite, croyons-nous, de ne pas être repoussée sans examen.

Les recherches de l'érudition contemporaine démontrent, de plus en plus, le rôle considérable attribué chez les Romains à l'accord des parties dans l'administration de la justice civile [1]. Il n'y a rien d'étonnant à ce qu'elles aient eu le droit de choisir entre l'institution ancienne et l'institution nouvelle, qui s'était formée à côté de la pre-

---

1. Comp. Wlassak, *Röm. Processgesetze*, t. I. Que le rôle des parties soit, en matière d'interdits, tout à fait prédominant et celui du magistrat particulièrement effacé, la *fructus licitatio* de l'interdit *uti possidetis* le démontre. Le magistrat se bornera, dans tous les cas, à enregistrer le résultat des enchères ouvertes entre les plaideurs ; il accordera la possession intérimaire à celui qui offrira le prix le plus élevé ; « *is tantisper in possessione constituitur* », Gaius, IV, 166. Dira-t-on, avec M. Bekker (*Zu den Lehren von Legis actio sacramento, dem Uti possidetis und der possessio* (Zeitschrift der Sav.-Stift. für Rechtsgesch., t. V (1884). R. A., p. 150), qu'à propos de l'interdit *uti possidetis*, le procès portant précisément sur la possession, il fallait bien trouver un expédient qui permit de sortir d'embarras ? Ce serait, semble-t-il, une mauvaise raison : le préteur aurait pu se décider en faveur de celui qui a le plus de chances de succès ou qui présente les garanties les plus sérieuses.

mière. L'arbitrage purement volontaire se trouve, on le sait, à l'origine de l'histoire de l'organisation judiciaire et de la procédure. Tandis que, d'après nos conceptions modernes, rien ne s'éloigne plus d'un contrat qu'un procès, les jurisconsultes classiques disent encore : *judicio contrahimus*. Pour que la lutte judiciaire s'engage, il faut que les deux adversaires consentent à porter leur différend devant un arbitre choisi par eux, d'une façon directe ou indirecte. Sans doute, le magistrat disposera de moyens de coercition destinés à peser sur la volonté du plaideur, le principe subsiste néanmoins. Comment dès lors considérer comme surprenant qu'au cinquième ou au sixième siècle de l'ère romaine le pari ait semblé indispensable ? Seulement, comme le demandeur ne prononce pas les paroles consacrées de la *legis actio*, il ne pourra pas contraindre l'autre partie à le suivre sur le terrain choisi par lui ; il faudra que cette dernière joue volontairement son rôle dans les deux stipulations ou sinon il n'y aura pas d'autre ressource que de se conformer à la coutume.

Allait-on trouver dans l'*imperium* du représentant de la cité le moyen de coercition, que ne fournissait pas la loi ? En aucune façon. « Sans doute, comme le dit très bien M. Girard[1] répondant à M. Jörs[2] et à M. Wlassak[3], l'*imperium* est aussi vieux que la magistrature. Seulement il s'agit de savoir comment le magistrat doit l'exercer, s'il peut en user à sa guise, ou s'il doit le faire conformément à des lois. Or Gaius, entendu dans son sens naturel, affirme qu'en matière de procédure l'exercice en était, à l'époque ancienne, rigoureusement réglé par la loi et c'est aussi la tradition romaine ». En d'autres termes, il convient de ne pas confondre les conceptions des anciens Romains relati-

---

1. *La date de la loi Aebutia*, p. 15, n. 1.
2. *Röm. Rechtswissenschaft zur Zeit der Republik*, t. I, 1888, p. 179.
3. *Röm. Processgesetze*, t. II, p. 303 et suiv. *Zur Geschichte der Cognitur*, 1892, p. 59 et suiv. Ces auteurs croient à l'existence d'actions prétoriennes antérieurement à la loi Aebutia.

vement à la magistrature et relativement à la justice. Tous les textes démontrent, qu'en ce qui concerne cette dernière, le régime des clans produisit les mêmes conséquences à Rome et dans les autres sociétés organisées sur les mêmes bases.

Si le préteur avait puisé, dans son *imperium*, le moyen de contraindre les plaideurs à s'engager vis-à-vis l'un de l'autre à payer, en cas d'échec, l'enjeu de la gageure, la délivrance de l'interdit devenait parfaitement inutile ; la stipulation prétorienne eût été imaginée plus tôt, voilà tout. C'était déjà une grande hardiesse, de la part du magistrat, que de combiner la formule destinée à servir indirectement d'instructions aux récupérateurs et de donner l'investiture à ces derniers, de prêter ainsi son concours à deux citoyens pour l'organisation d'une instance judiciaire, alors qu'aucune *legis actio* n'avait été accomplie ; aller immédiatement plus loin eût paru téméraire.

Comment d'ailleurs le représentant de la cité eût-il pu user d'autorité en cette matière, par quel moyen eût-il vaincu la résistance d'un plaideur récalcitrant et l'eût-il amené, malgré lui, à participer à la procédure par le pari ?

Exposons d'abord, en quelques mots, la jurisprudence classique à titre d'introduction. Sans entrer dans les difficultés de la matière, constatons que la lecture par M. Studemund d'une partie du paragraphe 170 du C. IV de Gaius a, dans ces dernières années, renouvelé le sujet.

D'après l'opinion aujourd'hui dominante, il convient de distinguer entre les interdits simples et les interdits doubles. L'interdit appartient-il à la première classe, le préteur enverra le demandeur en possession des biens de son adversaire, avec faculté de procéder à la vente en bloc de ces biens, *venditio bonorum* ; telle sera la sanction du refus de conclure le pari[1]. On s'appuie sur le ch. XXII de la loi Rubria de Gallia Cisalpina.

---

1. Demelius, *Confessio*, p. 154 et suiv. Ubbelohde, *Interd.*, t. II, p. 117.

« *Praetor... in eum et in heredem ejus... ita jus deicito decernito, eosque duci bona eorum possideri proscreibeive venereique jubeto, ac sei is heresve ejus de ea re in jure apud praetorem... neque se judicio utei oportuisset defendisset.* »

Si celui qui a figuré comme stipulant dans la *sponsio poenalis* refusait de s'engager à son tour par la *restipulatio*, il n'obtiendrait pas la délivrance des formules d'actions nées de la *sponsio* [1], *denegatio actionum ex sponsione*.

Quand il s'agit d'un interdit double, le paragraphe 170 du C. IV de Gaius révèle, à propos de l'interdit *uti possidetis*, une procédure, dont nul ne soupçonnait l'existence, avant la dernière recension du manuscrit de Vérone.

« *Sed quia nonnulli interdicto reddito cetera ex interdicto facere nolebant, atque ob id non poterat res expediri, praetor in eam rem prospexit et comparavit interdicta quae secundaria appellamus, quod secundo loco redduntur.* »

Grâce à l'interdit secondaire, chacune des parties obtiendra gain de cause, à la seule condition de prouver que son adversaire n'a pas voulu participer à la procédure postérieure à la délivrance de l'interdit, s'est refusé à accomplir un des actes rentrant dans les « *cetera ex interdicto* ».

Que ce système de sanctions ne remonte pas à notre période, cela paraît certain. Le récit de Gaius attribue à l'interdit secondaire une origine relativement récente et la *venditio bonorum* appartient essentiellement à la procédure formulaire [2].

Comment alors résoudre le problème? Indépendamment de la nôtre, j'aperçois seulement deux solutions [3], ou bien

---

1. Ubbelohde, *Int.*, t. II, p. 118.
2. Voy. Girard, *La date de la loi Aebutia*, p. 32 et suiv.
3. M. Bekker, *Die Aktionen des röm. Privatrechts*, t. I, p. 259, considère comme hors de doute que le magistrat pût contraindre le défendeur à conclure le pari ; mais il ne s'explique pas sur les moyens de contrainte qui pouvaient être employés. Comp., t. II, p. 53. Voy. également Karlowa, *Der röm. Civilprozess zur Zeit der Legisactionen*, p. 246, qui se borne à affirmer qu'en vertu de sa *jurisdictio*, le préteur pouvait forcer les plaideurs à conclure les *sponsiones*.

considérer comme ayant succombé, *judicatus*, celui qui ne s'est pas défendu comme il le fallait, ou bien permettre au magistrat de recourir à ses moyens habituels de coercition contre ceux qui n'obéissent pas à ses ordres, la *multae dictio* et la *pignoris capio*.

La première conjecture[1] doit être repoussée, croyons-nous, pour une double raison. Si, dans la *legis actio per sacramentum*, le défendeur ne se conforme pas aux rites, son adversaire exercera le droit, qu'il allègue, mais ce sera en raison de la formule solennelle qu'il a prononcée, par la vertu des cérémonies traditionnelles. La demande produit son effet, à moins d'être paralysée comme il convient. Rien de semblable, au contraire, à propos des interdits. De plus, la création de l'interdit secondaire ne s'expliquerait en aucune façon, puisque le résultat obtenu par sa délivrance eût déjà été acquis.

Reste enfin l'hypothèse de la coercition administrative par *multae dictio* ou *pignoris capio*. Bien qu'elle séduise plusieurs[2], je n'hésite pas un instant à la rejeter. C'est commettre une erreur fondamentale que de confondre l'interdit avec la *cognitio magistratus*. Il s'agit ici d'un procès entre deux particuliers, *contendere interdicto cum aliquo*. Or, les Romains, comme les autres peuples primitifs, se

---

1. Avant la découverte de M. Studemund, M. A. Schmidt, *Interdiktenverfahren*, p. 246, se plaçant à l'époque classique, proposait de considérer comme ayant avoué, *confessus*, le défendeur qui se refusait à jouer son rôle.

2. M. Witte, *Das interdictum uti possidetis als Grundlage des heutigen possessorium ordinarium*, p. 27 et 28, croit que, au moins dans certains cas, le magistrat usait contre le défendeur récalcitrant des pouvoirs de coercition qu'il puisait dans son *imperium*. La crainte de la *multae dictio* et de la *pignoris capio* conduira sans doute la partie à figurer dans les stipulations. Si néanmoins la résistance continuait, le magistrat pourrait attribuer au demandeur sur la valeur du bien saisi une somme égale à celle qui eût été fixée comme enjeu du pari. M. A. Pernice, *Parerga*, II (*Zeitschr. der Sav.-Stift.*, t. V, 1884, R. A., p. 33), se prononce également en faveur de la doctrine de la coercition administrative. M. Girard, *La date de la loi Aebutia*, p. 29, se borne à dire : « Sans vouloir ici chercher dans quelle mesure les interdits ont pu primitivement être protégés en dehors de *l'ordo judiciorum* par des *multae...* »

sont formé de la lutte judiciaire une idée tellement nette et tellement spéciale que la confusion avec la procédure administrative paraît impossible. J'ajoute, que pour être logique il faudrait permettre au magistrat d'employer les mêmes moyens, en vue de contraindre le vaincu à obéir à l'ordre conditionnel qu'il avait reçu et plusieurs auteurs enseignent en effet cette dernière doctrine. Seulement, si cette conséquence découle du principe, elle se trouve en contradiction avec les sources, notamment avec la L. 3, § 13, D. *de hom. lib. exhib.*, XLIII, 29 (Ulp., *lib. 71 ad Ed.*)[1] ; d'après ce fragment, le défendeur à l'interdit *de homine libero exhibendo*, qui préfère payer le montant de la condamnation, plutôt que de relâcher l'homme libre séquestré par lui dolosivement, pourra être poursuivi de nouveau par le même interdit. Le texte ne manque pas de saveur, on l'avouera. J'aurai d'ailleurs plus tard l'occasion de revenir sur ce point.

Le système, que je viens d'exposer, ne doit pas être confondu avec celui de M. Huschke sur la *multae certatio*, dont je dirai un mot ci-après[2]. D'après M. Huschke, l'amende prononcée par le magistrat tient la place du *sacramentum* ; elle sera encourue par l'un des plaideurs, celui qui succombera[3]. Sans doute, aucun auteur n'a suivi le savant romaniste dans cette voie et il est vrai que les arguments avancés par lui n'ont pas résisté à la critique. Au moins, cette théorie témoigne-t-elle d'une notion exacte du procès civil chez les Romains[4].

---

1. « ...*Si tamen reus condemnatus* MALIT *litis aestimationem sufferre* QUAM HOMINEM EXHIBERE, *non est iniquum saepius in eum interdicto experiri vel eidem sine exceptione vel alii* ».

2. Chap. II, § 2, n° VIII.

3. La procédure *per multae dationem* aurait précédé la procédure *per sponsionem*.

4. Nul n'a plus nettement que M. Huschke, *Multa*, p. 62, repoussé la doctrine de la coercition administrative. Cette doctrine, dit-il avec raison, attribue au droit ancien des idées, qui appartiennent, en réalité, à la législation impériale. Voy. également une magistrale démonstration de M. Ubbelohde, *Interd.*, t. II, p. 381 et suiv.

§ 3. — **Les interdits les plus anciens concouraient-ils avec d'autres moyens de procédure ? Preuve de l'affirmative pour un certain nombre d'interdits.**

Sommaire. — I. Classification. — II. Interdits *de liberis exhibendis* et *de liberis ducendis*. — III. Interdit *de arboribus caedendis*. — IV. Interdit *de glande legenda*. — V. Interdits relatifs aux servitudes prédiales. — VI. Interdits *de mortuo inferendo* et *de sepulchro aedificando*. — VII. Interdit *de libero homine exhibendo*. — VIII. Réponse à une objection.

I. — L'idée fondamentale qui sert de base à notre doctrine, c'est que, si les deux parties n'étaient pas d'accord pour recourir à la procédure de l'interdit, une autre procédure pouvait être entamée.

Pour essayer de justifier cette conjecture passons successivement en revue les interdits, que l'on peut considérer comme les plus anciens. Ils figurent, nous l'avons enseigné, parmi ceux qui ne visent ni une *res divini juris* ni une *res publica*.

Les interdits de cette classe concouraient, à notre sens, avec la *legis actio per sacramentum*. Quand les plaideurs s'en tenaient à la procédure ancienne, au lieu d'utiliser l'expédient nouveau mis à leur disposition par la jurisprudence, ils prononçaient d'ailleurs des paroles solennelles, qui variaient, suivant les cas ; la procédure correspondait à l'action en revendication, à l'action négatoire, à l'action confessoire, à la *causa liberalis* des temps postérieurs.

II. — Parmi les interdits appartenant à notre période historique, plusieurs vinrent, disons-nous d'abord, prendre place à côté de l'action en revendication intentée dans la forme de la *legis actio sacramenti*. Citons les interdits *utrubi*, *uti possidetis*, *unde vi*, *de precario*, *de liberis exhibendis*, *de liberis ducendis*. Devant consacrer aux autres une étude spéciale, je parlerai seulement ici des deux derniers.

Les interdits *de liberis ducendis* et *de liberis exhibendis*[1]

---

1. Les formules de ces interdits sont les suivantes : « *Si Lucius Titius in*

ne triomphent, que si le demandeur prouve sa qualité de *paterfamilias*[1]. A-t-il la faculté de revendiquer comme son fils de famille l'homme dont il s'agit, au lieu de recourir aux interdits ? A l'époque classique, la doctrine générale ignorait, selon nous, la revendication du fils de famille.

L. 1, § 2, D. *de rei vindicat.*, VI, 1 (Ulp., *lib.* 16 *ad Ed.*).

« PER HANC AUTEM ACTIONEM *liberae personae quae sunt juris nostri ut puta liberi, qui sunt in potestate*, NON PETUNTUR. *Petuntur igitur aut praejudiciis aut interdictis aut cognitione praetoria* ».

Telle est la règle, semble-t-il, règle formulée avec une parfaite précision et une grande fermeté.

Le texte ajoute cependant :

potestate Lucii Titii est, quo minus eum Lucio Titio ducere liceat, vim fieri veto », L. 3, pr. D. *de lib. exhib. item duc.*, XLIII, 30 (Ulp., *lib.* 71 *ad Ed.*). « *Qui quaeve in potestate Lucii Titii est, si is eave apud te est dolove malo tuo factum est, quo minus apud te esset, ita eum eamve exhibeas* ». L. 1, pr. D. *de lib. exhib. item duc.*, XLIII, 30.

1. Indépendamment des formules de nos deux interdits, citons à l'appui de cette affirmation la L. 1, § 1, D. *de lib. exh.*, XLIII, 30 (Ulp. *lib.* 71 *ad Ed.*) et la L. 3, § 1 et 4, D. *eod. tit.* «... *aut alienae potestati paterfamilias addicatur aut filius alienus patrisfamilias loco constituatur* ». Le demandeur qui triomphe sera vis-à-vis de son adversaire considéré comme titulaire de la *patria potestas*. En notre sens, Demelius, *Exhibitionspflicht.*, 1872, p. 246, Ubbelohde, *Interd.*, t. 1, p. 101 et 102. Ce serait d'ailleurs sortir de notre sujet que de rechercher pourquoi le préteur a imaginé deux interdits et non un seul, quel est d'une façon précise le domaine d'application de l'interdit *de liberis ducendis* et quel est celui de l'interdit *de liberis exhibendis*. Je me borne à dire, qu'à mon sens la dualité des interdits dérive du caractère solennel de leurs formules. Le magistrat prononcera des paroles différentes, selon les circonstances de fait, suivant que le prétendu *paterfamilias* aura rencontré sur la voie publique l'homme qu'il veut traiter comme son subordonné, ou suivant, au contraire, que ce dernier sera caché dans la maison d'un autre citoyen. Peu importe d'ailleurs, que l'adversaire du demandeur réclame pour lui-même la *patria potestas*, ou veuille soutenir que l'individu, dont il s'agit, est *sui juris*. On trouvera un résumé des différents systèmes proposés dans : Emile Chauvin, *Des droits du père sur la personne de ses enfants légitimes en droit romain et en droit français*, thèse Paris, 1893, p. 34.

« *Et ita Pomponius lib.* XXXVII. *Nisi forte, inquit, adjecta causa quis vindicet. Si quis ita petit « filium suum » vel « in potestate ex jure romano » videtur mihi et Pomponius consentire recte eum egisse; ait enim adjecta causa ex lege Quiritium vindicare posse* ».

Quelle est au juste la portée de cette fin du texte? nous trouvons-nous en présence d'un remaniement dû aux commissaires de Justinien [1]? Nous pouvons nous abstenir de traiter à fond cette question ; comme le fragment ne saurait être en contradiction avec lui-même, la restriction apportée à la règle apparaît, tout au plus, comme l'expression d'une opinion individuelle [2].

Ainsi, la pratique des premiers siècles de l'ère chrétienne n'admettait pas la revendication des fils de famille ; mais on ne doit pas en conclure qu'il en était de même pendant notre période. La *legis actio*, qui s'est maintenue dans la procédure de l'adoption proprement dite [3], fut réelle avant d'être fictive [4]. Au moment où l'on imagina les interdits *de liberis exhibendis* et *de liberis ducendis*, le chef de famille, qui voulait faire reconnaître sa puissance paternelle sur un tiers, devait recourir à la procédure par le dépôt d'une amende, *legis actio per sacramentum* ; c'est là ce qui importe, au point de vue de notre démonstration actuelle. Que le demandeur ait prononcé, à propos d'un homme libre, la formule : HUNC HOMINEM ESSE MEUM EX JURE QUIRITIUM, nous n'en sommes pas, du reste, choqué, sachant la pratique primitive peu scrupuleuse, dans l'emploi des instru-

---

1. Il est certain, du reste, qu'Ulpien avait écrit *ex jure* QUIRITIUM au lieu de *ex jure* ROMANO et de *ex* LEGE *Quiritium*. Lenel, *Palingenesia*, Ulpien, n° 546.

2. Pour l'interprétation de la L. 1, § 2, D. *de rei vindic.*, je renvoie notamment à Demelius, *Exhibitionspflicht*, p. 245, et à Ubbelohde, *Interd.*, t. 1, p. 101, n. 17.

3. Gaius, I, 134 « ...*et ab eo is qui adoptat*, VINDICAT *apud praetorem filium suum esse, et* ILLO CONTRA NON VINDICANTE (*a*) *praetore* VINDICANTI *filius addicitur* ».

4. En ce sens Demelius, *Exhibitionspflicht*, p. 244.

ments qui lui sont nécessaires. Cependant rien n'empêche d'admettre qu'à partir d'une certaine époque, une formule spéciale [1] dut être prononcée dans notre hypothèse.

III. — Dans un second groupe d'interdits plaçons l'interdit *de arboribus caedendis*.

« *Quae arbor ex aedibus tuis in aedes illius impendet, si per te stat, quo minus eam adimas, tunc quo minus illi eam arborem adimere sibique habere liceat, vim fieri veto* ». L. 1, pr., D. *de arbor. caed.*, XLIII, 27 (Ulp., *lib.* 71 *ad. Ed.*).

« *Quae arbor ex agro tuo in agrum illius impendet, si per te stat, quo minus pedes quindecim a terra eam altius coerceas, tunc, quo minus illi ita coercere lignaque sibi habere liceat, vim fieri veto* ». L.1, § 7, D. *de arbor.caed.*,XLIII, 27 (Ulp., *lib.* 71 *ad Ed.*).

Grâce à cet interdit, le propriétaire d'un immeuble, sur lequel s'étendent les branches des arbres du voisin, pourra, sous certaines conditions, pénétrer chez ce dernier et couper lui-même les branches qui le gênent. Le demandeur devra prouver non seulement l'existence des faits, mais encore [2] sa qualité de propriétaire ou, au moins d'après la jurisprudence classique, celle d'usufruitier [3] de l'immeuble sur lequel s'étendent les branches.

L'obligation sanctionnée par l'interdit remontait d'ailleurs à la loi des XII Tables [4] et les textes ne permettent

---

1. Cette conjecture est même appuyée par le passage de Gaius « *vindicat...* FILIUM SUUM *esse* ».
2. Le texte de nos deux formules est par lui-même significatif « *aedes* ILLIUS », « *in agrum* ILLIUS ». V. en outre Paul, V, 6, 13.
3. L. 1, § 4, D. *de arbor. caed.*, XLIII, 27 (Ulpien, *lib.* 71 *ad Ed.*).
4. L. 1, § 8, D. *eod. tit.* M. Schmidt, *Interdiktenverfahren*, p. 299 et 300, signale deux différences entre la législation des XII Tables et celle de l'Edit. D'après cette dernière seulement, le voisin jouirait du droit de couper lui-même les branches qui s'étendent sur son immeuble ; ce droit lui appartiendrait en outre, à la seule condition d'établir qu'il a la chose *in bonis* ; la preuve du *dominium ex jure Quiritium* ne serait pas exigée. La première affirmation ne repose absolument sur rien et il est très invraisemblable que la loi des XII Tables ait restreint dans de plus étroites limites que

pas de douter, selon nous, que la *legis actio per sacramentum* pût être entamée aux lieu et place de l'interdit.

L. 2, D. *de arbor. caed.*, XLIII, 27 (Pomponius, *lib.* 33 *ad Sabinum*) : « *Si arbor ex vicini fundo vento inclinata in tuum fundum sit, ex lege XII Tabularum de adimenda ea recte agere potes*, JUS EI NON ESSE, ITA ARBOREM HABERE ».

Comme on le voit, nous possédons la formule même de la *legis actio* et elle correspond à celle de l'*actio negatoria* des temps postérieurs [1].

IV. — C'est au contraire l'*actio confessoria* de la procédure formulaire, que rappellent les paroles solennelles prononcées par le préteur, en délivrant les interdits *de glande legenda, de itinere actuque privato, de itinere actuque reficiendo, de aqua cottidiana, de aqua aestiva, de rivis reficiendis, de fonte, de cloacis privatis, de mortuo inferendo, de sepulchro aedificando.*

L'interdit *de glande legenda* permet au propriétaire d'un fonds de terre de pénétrer sur un fonds voisin et d'y ramasser les fruits, qui sont tombés de ses arbres, pourvu qu'un délai de trois jours ne se soit pas encore écoulé depuis ce moment.

« *Glandem, quae ex illius agro, in tuum cadat, quomi-*

---

l'Edit le droit de se faire justice à soi-même. La loi 2 à notre titre vise simplement l'énoncé de la prétention du demandeur ; mais quand cette prétention a été reconnue exacte, qu'arrive-t-il ? le jurisconsulte ne le dit pas. A supposer du reste que la conjecture de M. Schmidt fût exacte, cela n'infirmerait pas notre argumentation. Quant à la seconde différence, elle n'expliquerait pas, en tout cas, la naissance de l'interdit ; car cette dernière est probablement antérieure à l'époque où la théorie de la propriété prétorienne fut définitivement consacrée ; et puis, pourquoi l'interdit protégerait-il le *dominus ex jure Quiritium* ?

1. M. Pfersche, *Interd.*, p. 55 et suiv., conteste à la vérité l'interprétation que nous donnons à ce fragment ; il s'agit là, dit-il, de l'*actio negatoria* de la procédure formulaire ; la mention de la loi des XII Tables s'explique par ce fait que la règle sanctionnée figurait dans la loi : « *substantiam capere ex lege* », dit Gaius, IV, 118. Répondons que, d'après notre texte, ce n'est pas seulement le droit, mais aussi la sanction du droit qui sont empruntés à la loi des XII Tables. Le fragment vise en outre une formule solennelle prononcée par le demandeur lui-même.

nus illi tertio quoque die legere auferre liceat, vim fieri veto ». L. 1, *pr.* D. *de glande legenda*, XLIII, 28 (Ulp., lib. 71 ad Ed.).

Comme pour l'interdit *de arboribus caedendis*, la preuve de son droit de propriété, sur les arbres qui ont produit les fruits, sera exigée du demandeur [1].

Notre règle sur les rapports entre voisins remontait-elle, elle aussi, à la loi des XII Tables ? aucun texte formel ne l'atteste. Cependant, le fait que, dans son commentaire de cette loi, Gaius expliquait le mot *glans* [2], la couleur archaïque de l'expression « *glandem legere* », dans le sens de ramasser des fruits tombés, enfin et surtout l'étroite connexité de la disposition précédente relative aux arbres et de la disposition actuelle constituent un ensemble de présomptions, qui rendent très vraisemblable l'existence d'une clause spéciale de la loi des XII Tables concernant notre sujet. Nous pensons, qu'en s'appuyant sur cette clause les pontifes rédigèrent une formule spéciale de *legis actio per sacramentum* ; le demandeur affirmait son droit de pénétrer chez son voisin et d'y ramasser les fruits, tombés de ses arbres depuis moins de trois jours. Même si cette dernière conjecture paraît téméraire, on ne saurait nier sérieusement, que le droit aux fruits tombés ne fût reconnu, au temps des *legis actiones*, avant toute innovation prétorienne, au profit du propriétaire des arbres qui les avaient produits [3]. Pour lui défendre de recourir à la

---

1. «... *quae ex illius agro* IN TUUM *cadat* ». En ce sens Ubbelohde, *Interd.*, t. 1, p. 162.
2. L. 236, § 1, D. *de verb. signific.* L. 16 (Gaius, lib. 4 ad legem XII Tabularum). « *Glandis appellatione omnis fructus continetur...* »
3. D'après M. Schmidt, *Interdiktenverfahren*, p. 300, ce serait l'Edit qui, ici encore, aurait accordé au propriétaire des arbres le droit de pénétrer chez le voisin et de ramasser lui-même les fruits tombés ; mais les objections que nous avons présentées plus haut, à propos de l'interdit *de arboribus caedendis*, s'appliqueraient avec une force égale à notre interdit. Pour d'autres, l'innovation prétorienne consisterait dans le délai de trois jours ; mais M. Pfersche (*op. cit.*, p. 53) répond avec raison que c'est là une pure hypothèse ne reposant sur aucune base.

legis actio per sacramentum, il faudrait alors enseigner, que l'interdit *de glande legenda* remonte aux origines du droit romain, semblable en cela à la plupart des autres interdits. C'est là une doctrine, qui compte à la vérité de nombreux partisans et que nous devrons combattre avec soin ; mais, qu'il nous soit permis, dès maintenant, de rappeler la L. 2, D. *de arbor. caed.*, citée plus haut. Si, sous l'empire de la loi des XII Tables, le propriétaire d'un immeuble entamait la *legis actio per sacramentum*, en vue d'arriver à émonder les arbres de son voisin et si par suite l'interdit *de arboribus caedendis* n'était pas encore connu, pourquoi en serait-il autrement de l'interdit *de glande legenda*?

V. — Les interdits, dont nous allons maintenant nous occuper, tendent à protéger l'exercice des servitudes prédiales, rurales ou urbaines. Leur création jette, à notre avis, un jour intéressant sur l'histoire de la formation de la théorie des interdits. L'un des plus curieux, à cet égard, c'est l'interdit *de itinere actuque reficiendo*, qui assure au titulaire d'une servitude de passage la faculté d'entreprendre, sur le fonds servant, les travaux nécessaires pour lui permettre de retirer de son droit toute son utilité ; le terrain défoncé par les pluies sera consolidé, le chemin remis en bon état de viabilité[1]. Pour triompher, le demandeur devra établir judiciairement que la servitude de passage existe au profit de son immeuble[2]. A cet égard, notre inter-

---

1. La L. 4, § 5, D. *Si servit. vindic.*, VIII, 5 (Ulp., *lib.* 17 *ad Ed.*) constate expressément, pour l'époque classique, le concours de l'*actio confessoria* et de l'interdit *de itinere actuque reficiendo* : « .., *Si quis mihi itineris vel actus vel viae controversiam non faciat, sed reficere sternere non patiatur, Pomponius, libro eodem, scribit confessoria actione mihi utendum : nam et si arborem impendentem habeat vicinus, qua viam vel iter invium vel inhabile facit, Marcellus quoque apud Julianum notat iter petendum vel viam vindicandam. Sed et* DE REFECTIONE VIAE ET INTERDICTO UTI POSSUMUS, QUOD DE ITINERE ACTUQUE REFICIENDO COMPETIT... » La même solution était admise, croyons-nous, pendant notre période.
2. L. 3, § 11, 13, D. *de itin. actuque priv.*, XLIII, 19 (Ulpien, *lib.* 70

dit se sépare de l'interdit *de itinere actuque privato*, auquel il ressemble, au point de vue des autres conditions de succès. Ce dernier protège celui qui, pendant 30 jours au moins, a exercé le droit de passage, au cours de l'année, qui finit le jour de la délivrance de l'interdit [1]. Il faut en outre, bien entendu, que sa quasi-possession ne soit pas vicieuse vis-à-vis de son adversaire.

Relativement aux servitudes d'aqueduc et de puisage (*aquae ductus* et *aquae haustus*), les interdits sont nombreux et l'importance de la jouissance de l'eau, dans un pays méridional, s'accuse par des traits saillants. Citons les interdits : *de aqua cottidiana* [2], *de aqua aestiva* [3], *de rivis reficiendis* [4], *de fonte* [5], *de fonte reficiendo* [6]. Sans entrer dans les détails, bornons-nous à noter, que le demandeur

ad Ed.). Ubbelohde, *Interd.*, t. 1, p. 100. Karlowa, *Röm. Rechtsgesch*, t. II, p. 499.

1. L. 1, *pr.* et § 2. D. *de itin. actuque priv.*, XLIII, 19 (Ulpien, *lib.* 70 *ad Ed.*).

2. « *Uti hoc anno aquam, q. d. a., non vi non clam non precario ab illo duxisti, quominus ita ducas, vim fieri veto* ». L. 1, pr. D. *de aq. cottid. et aest.*, XLIII, 20 (Ulp., *lib.* 70 *ad Ed.*).

3. L. 1, § 29, D. *eod. tit.*

4. « *Rivos specus septa reficere purgare aquae ducendae causa quo minus liceat illi, dum ne aliter aquam ducat, quam uti priore aestate non vi non clam non precario a te duxit, vim fieri veto* ». L. 1, *pr.* D. *de riv.*, XLIII, 21 (Ulpien, *lib.* 70 *ad Ed.*). Comp. L. 1, § 5, D. *eod. tit.* « *Sed et fossae et putei hoc interdicto continentur* ». V. sur les corrections à faire au texte de la L. 1, *pr.* D. *de rivis*, Lenel, *Palingen.* Ulpien, n° 1378 et Girard, *Textes*, p. 136 et sur les conjectures, émises relativement à la rédaction primitive de l'interdit, Karlowa, *Röm. Rechtsgesch.*, t. II, p. 511. On appelle d'une façon générale *rivus* la conduite d'eau faite de main d'homme, qu'elle soit à ciel ouvert, *fossa* ou souterraine, *specus*.

5. « *Uti de eo fonte, quo de agitur, hoc anno nec vi nec clam nec precario ab illo usus es, quominus ita utaris, vim fieri veto. De lacu puteo piscina ita interdicam* ». L. 1, *pr.*, D. *de fonte*, XLIII, 22 (Ulp., *lib.* 70 *ad Ed.*). L. 1, § 6, D. *eod. tit.* Les deux interdits *de fonte* et *de fonte reficiendo* protègent du reste à l'époque classique non seulement le titulaire de la servitude de puisage proprement dite, mais aussi celui de la servitude appelée *servitus pecoris ad aquam appulsus*.

6. L. 4, D. *de riv.*, XLIII, 21 (Venuleius, *lib.* 1 *Interdictor.*). Notons aussi que l'exercice de nos servitudes pendant l'année suffit ; on n'exige pas que cet exercice ait duré pendant un temps déterminé.

à l'interdit *de rivis reficiendis* n'est pas tenu de prouver sa qualité de titulaire de la servitude d'aqueduc; il y a un intérêt de premier ordre, à ce que l'on ne détourne pas, à la légère, le cours de l'eau, qui sert à la culture ou à l'alimentation.

Grâce à l'interdit *de cloacis privatis*, le titulaire de la servitude d'égout, *jus cloacae mittendae*, contraindra le propriétaire du fonds servant à le laisser pénétrer chez lui pour réparer et nettoyer les canaux ou les tuyaux de conduite[1]. Pour obtenir gain de cause, le demandeur devra prouver qu'il existe des canaux ou des tuyaux servant à l'écoulement des eaux d'égout de sa maison sur l'immeuble voisin, que ces canaux et tuyaux ont besoin d'être réparés ou nettoyés, enfin qu'il est soit propriétaire soit usufruitier de la maison, au service de laquelle sont affectés les canaux et tuyaux. Sur ce dernier point, il existe, à la vérité, des controverses entre les auteurs. Si nous nous rangeons à l'avis de M. Karlowa [2], c'est en nous appuyant sur la formule de l'interdit, *ex aedibus ejus* et surtout sur l'analogie qui existe entre notre interdit et l'interdit *de arboribus caedendis*. On ne voit vraiment pas pourquoi la règle serait différente dans les deux hypothèses.

VI. — Comme rentrant dans notre troisième catégorie d'interdits, il ne reste plus qu'à signaler l'interdit *de mortuo inferendo* et l'interdit *de sepulchro aedificando*.

---

1. « *Quo minus illi cloacam quae ex aedibus ejus in tuas pertinet, q. d. a., purgare reficere liceat, vim fieri veto. Damni infecti, quod operis vitio factum sit, caveri jubebo* ». L. 1. pr. D. *de cloacis*, XLIII, 23 (Ulp., *lib.* 71 *ad Ed.*). M. Karlowa, *op. cit.*, p. 516, vient du reste de démontrer, à mon avis, qu'à côté de cet interdit prohibitoire, le seul dont le Digeste nous ait conservé le souvenir, il existait un interdit restitutoire relatif aux égouts privés. Au moyen de cet interdit, le demandeur pouvait contraindre le propriétaire du fonds servant à faire disparaître les obstacles qui l'empêchaient de réparer ou de nettoyer les canaux et tuyaux.

2. *Op. cit.*, t. II, p. 516 et 517. Indépendamment de celle qui a été signalée à propos de l'usufruitier, d'autres atténuations à la règle primitive furent sans doute admises ; mais la question est de savoir, si le demandeur triomphera, à la seule condition de prouver qu'il possède la maison desservie par les canaux et tuyaux.

« *Quo quave illi mortuum inferre invito te jus est, quo minus illi eo eave mortuum inferre et ibi sepelire liceat, vim fieri veto* ». L. 1, pr. D. *de mort. infer.*, XI, 8 (Ulp., lib. 68 *ad Ed.*).

« *Quo illi jus est invito te mortuum inferre, quo minus illi in eo loco sepulchrum sine dolo malo aedificare liceat, vim fieri veto.* » L. 1, § 5, D. *de mort. infer.*, XI, 8.

Le premier interdit protégera celui qui a le droit d'enterrer un mort, dans un lieu déterminé ; grâce au second, il lui sera loisible de faire construire d'avance le monument funéraire destiné à lui et aux siens. Quand aucun cadavre n'a encore été inhumé dans l'immeuble, qui porte alors le nom de *locus purus*, son propriétaire ou son copropriétaire jouit seul de la faculté de le rendre religieux, en y déposant un cadavre et encore faut-il le consentement des autres copropriétaires ou de l'usufruitier [1], si le bien est grevé d'usufruit ; il ne peut pas davantage gêner l'exercice d'une servitude prédiale, d'un droit de passage par exemple. La loi des XII Tables lui interdit enfin d'enterrer le mort trop près de la maison du voisin [2] ; si une controverse s'élève, relativement à l'application de la loi, elle sera tranchée, grâce à notre interdit.

Se trouve-t-on déjà en présence d'un *locus religiosus,* le droit pour le défunt de reposer dans le monument devra être démontré. Ce droit que l'on appelle droit au sépulcre, *jus sepulchri*, puisera, suivant les cas, son origine dans la qualité de membre de telle famille, qui appartenait au mort ou dans celle d'héritier de telle personne, peut-être enfin dans un legs émanant du constructeur du tombeau [3].

1. L. 2, § 7, D. *de relig.*, XI, 7 (Ulpien, *lib.* 25 *ad. Ed.*).
2. L. 3, § 1, D. *de mort. infer.*, XI, 8 (Pomponius, *lib.* 9 *ad Sab.*). « *Si propius aedificium alienum* INTRA LEGITIMUM MODUM *mortuus illatus sit...* » L. 13, § 7, D. *de damn. inf.*, XXXIX, 2 (Ulp., *lib.* 53 *ad. Ed.*). Cicéron, *de legibus*, II, 24, 61. Comp. M.Voigt, *Die XII Tafeln*, I, p.725, II, p.636. Pfersche, *Interd.*, p. 59, 60.
3. L. 5, D. *de relig.*, XI, 7 (Gaius, *lib.* 19 *ad Ed. provinc.*) « *Familiaria sepulchra dicuntur quae quis sibi familiaeque constituit. Hereditaria au-*

L'Edit impose au demandeur à l'interdit *de mortuo inferendo* l'obligation de prouver soit sa propriété ou sa copropriété, soit l'existence du *jus sepulchri*[1].

Comme l'interdit *de sepulchro aedificando* protège également celui qui a le droit d'inhumer, la même preuve sera exigée[2].

Ayant ainsi défini nos deux interdits, demandons-nous comment le litige était vidé, avant leur création par le préteur. Soutenir que le droit d'inhumer manquât de protection paraît absolument invraisemblable. C'est la loi des XII Tables, nous venons de le dire, qui avait fixé la zone dans laquelle la construction de tombeaux était interdite. En cas de violation de la loi, le recours à la justice s'imposait. Pourquoi ne pas admettre que la *legis actio per sacramentum* était encore ici mise à profit ? Ne peut-on même pas retrouver dans les formules de nos interdits la

---

tem quae quis sibi heredibusque suis constituit ». L. 6, D. *eod*. (Ulpien, *lib.* 25 *ad Ed.*), « *vel quod paterfamilias jure hereditario adquisiit...* ». L. 4, 8, 13, C. *de relig.*, III, 44. Cf. Schilling, *Institut.*, t. 2, p. 216.

1. L. 43, D. *de relig.*, XI, 7 (Papinien, *lib.* 8, *Quaestion.*) « ... *Sed si prohibeatur utiliter interdicto, qui* DE JURE DOMINII QUAERITUR, *aget* ».Comp. la formule de l'interdit,« *quo quave illi mortuum inferre invito te* JUS *est* ». Schmidt, *Interdiktenverfahren*, p. 82 et 83.M. Ubbelohde (*Interd.*, t. 1, p.105 et suiv.) enseigne du reste que l'interdit triomphait même si l'usufruitier ou le copropriétaire ne consentait pas à l'inhumation, sauf à ces derniers à intenter plus tard une *actio in factum* tendant à obtenir soit l'enlèvement du cadavre, soit le paiement du prix de la parcelle occupée par lui. L. 43, L. 8, § 4, D. *de relig.*, XI, 7. L. 6, § 6, D. *comm. divid.*, X, 3. L. 7, *pr.*, D. *de relig.*, XI, 7. Pour l'époque classique, le texte de Papinien paraît en effet formel ; mais, qu'il en ait toujours été ainsi, nous ne le croyons pas. D'après la formule de l'interdit, le demandeur, qui a obtenu gain de cause, jouit du droit d'inhumer le cadavre contre le gré de son adversaire. On ne conçoit pas que ce dernier intente après sa défaite une *actio in factum* contre le vainqueur ; la question a été tranchée définitivement. Nous n'insistons pas d'ailleurs sur l'âge relativement moderne des actions *in factum*.

2. En se fondant sur les mots *sine dolo malo* qui figurent dans la formule de l'interdit telle qu'elle nous a été conservée, M. Ubbelohde reconnaît du reste, que le demandeur ne triomphera qu'à la condition de produire le consentement de l'usufruitier ou du copropriétaire (*Interd.*, t. I, p. 107 et suiv.).

formule de la *legis actio* « AIO MIHI MORTUUM INFERRE INVITO TE JUS ESSE » ?

VII. — Occupons-nous maintenant de l'interdit *de libero homine exhibendo*.

« *Quem liberum dolo malo retines, exhibeas* ». L. 1, pr. D. *de hom. lib. exh.*, XLIII, 29 (Ulpien, *lib.* 71 *ad Ed.*).

Grâce à cet interdit, celui qui séquestre dolosivement un homme libre sera contraint de lui ouvrir les portes de sa prison[1]. A la vérité, un des parents ou un des amis de la victime pourrait se porter accusateur du coupable devant la *quaestio perpetua* compétente et le faire condamner à une amende, en vertu de la loi Fabia[2]. Peut-être, cependant, ne se trouve-t-il personne qui consente à courir les risques d'une accusation au criminel ; peut-être celui qui prend l'initiative se préoccupe-t-il moins de châtier le coupable que de délivrer au plus vite le prisonnier. Dans ce cas, le préteur accordera l'interdit *de libero homine exhibendo*[3].

Pour qu'il le fasse néanmoins, la qualité d'homme libre doit appartenir, de l'avis de tous, à celui en faveur duquel intervient le demandeur. Si son adversaire conteste cette qualité, s'il reconnaît que tel individu se trouve sur son domaine rural ou dans sa maison de ville, mais qu'il s'en

---

[1]. L. 1, § 1, D. *de hom. lib. exhib.*, XLIII, 29 (Ulpien, *lib.* 71 *ad Ed.*). « *Hoc interdictum proponitur tuendae libertatis causa videlicet ne homines liberi retineantur a quoquam...* ». L. 3. D. *eod.* « *quod et lex Fabia prospexit* ».

[2]. Paul, *Sent.*, V, 6, § 14. « ..... *et interdicto quidem id agitur, ut exhibeatur is qui detinetur, lege autem Fabia, ut etiam poena nummaria coerceatur* ».

[3]. M. Bruns avait déjà signalé le rapport qui existe entre notre interdit et les *judicia publica*, (*Die römischen Popularklagen, Kleine Schriften*, t. 1, p. 313). Comp. L. 3, § 11 et 18, D. *de hom. lib. exhib.* D'après les textes de l'époque classique tout au moins, celui qui a intenté l'interdit peut ensuite recourir à la procédure criminelle de la loi Fabia et inversement l'interdit n'est pas exclu par une procédure criminelle antérieure. La rédaction de la L. 3, pr. D. i. f. est cependant significative « ... *et versa vice qui egit Fabia, poterit nihilominus etiam hoc interdictum habere* PRAESERTIM *cum alius interdictum, alius Fabiae actionem habere possit* ». Ubbelohde, *Interd.*, t. 2, p. 294 et 295.

prétende le maître, la *causa liberalis* s'engagera ; les parties ne sauraient au contraire recourir à notre interdit [1].

Le débat portera valablement, au contraire, non seulement sur le fait du séjour de l'homme libre, mais encore sur d'autres points. Le défendeur soutiendra, par exemple, que le citoyen romain, dont il s'agit, reste chez lui de son plein gré ou encore, avouant qu'il le retient contre sa volonté, il affirmera en avoir le droit et écartera ainsi tout reproche de dol : « *quia dolo malo non videt habere qui suo jure utitur* [2] ».

Dans la pratique romaine, la lutte devait, sans doute, s'engager fréquemment sur ce dernier terrain. Bornons-nous à citer deux exemples. Celui qui avait payé la rançon du prisonnier de guerre pouvait d'abord le garder chez lui jusqu'au remboursement de ses avances ; jusque-là l'interdit *de homine libero exhibendo* échouerait [3].

Si le Digeste mentionne encore cette hypothèse, les jurisconsultes classiques signalaient, selon toutes les apparences, un autre moyen de paralyser l'interdit *de homine libero exhibendo*, moyen qui, à mon sens, joua un rôle capital dans l'histoire de notre interdit. Je fais allusion, on le devine, au cas où le défendeur se trouvait être un créancier prétendant garder son débiteur dans sa prison privée, tant qu'il n'aurait pas été payé. Comme la législation du Bas-Empire enfermait les insolvables dans des prisons publiques, les commissaires de Justinien firent

---

1. L. 3, § 7, h. t. « *Plane si dubitat, utrum liber an servus sit, vel facit status controversiam, recedendum erit ab hoc interdicto et agenda causa libertatis; etenim recte placuit tunc demum hoc interdictum locum habere quotiens quis pro certo liber est* ». Malgré un passage de Théophile conçu en sens inverse (*paraphr.* ad § 1, *Inst.*, IV, 15), la solution ne saurait être mise en doute. Demelius, *Exhibitionspflicht*, p. 239. Ubbelohde, *Interd.*, t. 1, p. 110.

2. L. 3, § 2, D. *de hom. lib. exhib.*, XLIII, 29 (Ulp., *lib.* 71 *ad. Ed.*).

3. L. 3, § 3, D. *eod. tit.* « *Si quis enim quem ab hostibus redemit retineat, in ea causa est, ut interdicto non teneatur : non enim dolo malo facit...* » Il est possible également que le défendeur réclame la *patria potestas* sur l'homme libre. L. 3, § 2, D. *eod tit*. Conf. L. 3, § 7, *i. f.*

disparaître du Digeste les allusions à la contrainte par corps, telle que le droit ancien l'avait connue. Néanmoins, la solution donnée par la loi 4, § 3, D. *de homine lib. exhib.*, XLIII, 29 (Venul., *lib. 4, Interd.*) ne se comprend guère, si le jurisconsulte ne parlait pas antérieurement de la faculté d'intenter l'interdit contre l'ancien créancier qui a été payé[1].

Ayant ainsi défini l'interdit *de homine libero exhibendo*, voyons comment le droit civil protégeait les hommes libres contre le danger de la séquestration arbitraire. Que la *legis actio per sacramentum* pût être entamée dans les hypothèses où le préteur donnait l'interdit *de homine libero exhibendo* cela ne paraît pas douteux. Les agnats pouvaient d'abord se considérer, à juste titre, comme offensés, quand un tiers retenait sans droit un membre de leur famille. La loi des XII Tables les autorisant dès lors à réclamer au moyen de la *legis actio per sacramentum* l'amende dont parle Gaius dans le paragraphe 223 du C. III, ils faisaient trancher, de cette façon détournée, la question de savoir si l'emprisonnement subi par leur parent était ou non légitime.

A côté de cette première méthode, j'en conçois une autre, qui devait aboutir au même résultat. Qui peut empêcher un ami d'un citoyen séquestré arbitrairement d'entamer la *vindicatio in libertatem* au moyen de la *legis actio per sacramentum*[2]? Se portant *assertor libertatis*, il affirme que l'homme, sur lequel il pose la main *in jure*, est un homme libre. Comme, par hypothèse, aucun doute ne saurait s'élever à ce sujet, l'autre partie ne prononcera pas la formule solennelle de la *contra vindicatio* et ne dira pas : « AIO HUNC HOMINEM ESSE MEUM EX JURE QUIRITIUM ». L'as-

---

1. Le jurisconsulte Ulpien interprétant d'une façon large les mots *dolo malo* de la formule écarte notre interdit, s'il convient d'approuver la conduite du défendeur, qui veut retenir l'homme libre, sans en avoir rigoureusement le droit « ... *et generaliter qui justam causam habet hominis liberi apud se retinendi, non videtur dolo malo facere* ». L. 3, § 4, D. *eod. tit.*

sertor libertatis emmènerait donc, sans difficultés, son parent ou son ami si son adversaire, prenant l'initiative, ne mettait pas à son tour la main sur ce dernier comme sur son *addictus*, son *redemtus ab hoste* ou son *filiusfamilias*. Sur ce terrain, un nouveau procès s'engagera ; les plaideurs observeront encore ici les formes de la *legis actio sacramenti*.

En résumé, le droit civil protégeait déjà, d'une autre façon, les intérêts sauvegardés par les interdits les plus anciens. Pour combattre cette doctrine, il ne suffit pas de citer des textes tels que la L. 1, § 1, D. *de rivis*, XLIII, 21, la L. 1, § 2, D. *de cloacis*, XLIII, 23, la L. 1, § 1, D. *de hom. lib. exib.*, XLIII, 29 et d'autres analogues. Ulpien commente l'*Edictum perpetuum* de Salvius Julianus ; son but est de justifier les dispositions du document qu'il explique et non de rechercher si le droit civil ancien n'atteignait pas le même but par une autre voie. La création des interdits remontait à près de cinq siècles, au moment où écrivait le préfet du prétoire d'Alexandre Sévère [1] et il se proposait de faire œuvre pratique et non d'étudier les lointaines origines historiques de l'institution.

§ 4. — Quelle fut l'utilité de la création des interdits ?

SOMMAIRE. — I. Substitution à l'action pénale des temps anciens d'une procédure ayant seulement pour objet de faire trancher une question litigieuse. — II. La procédure de l'interdit présente en outre l'avantage de circonscrire le débat. — III. C'est le préteur qui prononce les paroles solennelles destinées à donner au juge ses instructions. — IV. L'interdit organise la lutte judiciaire d'un individu contre un individu, au lieu de la lutte d'un groupe contre un autre groupe. — V. Innovation relative à la preuve. — VI. Les parties pourront plus promptement, et cela pour deux motifs, obtenir la solution du litige. — VII. Peut-être les récupérateurs chargés de statuer n'appartenaient-ils pas nécessairement à la classe des sénateurs. — VIII. Suivant les circonstances, les parties recourront à l'une ou à l'autre des procédures, entre lesquelles elles peuvent choisir. — IX. Pourquoi la réforme procédurale, à laquelle correspond la création des interdits, ne s'étendit-elle pas à toutes les matières du droit ?

I. — Ayant ainsi achevé cette revue un peu longue mais

1. Je n'entends pas, bien entendu, trancher la question controversée de

indispensable des interdits les plus anciens et rendu au moins vraisemblable, croyons-nous, le concours de la *legis actio* et de l'interdit, demandons-nous maintenant, pourquoi celui-ci fut imaginé. C'était seulement d'un commun accord, avons-nous dit, que les parties entamaient la procédure de l'interdit de préférence à la *legis actio*. Comment cette préférence se justifiait-elle ?

La procédure par le pari apparaît comme une forme de transition entre la procédure primitive et la procédure formulaire parvenue à son complet développement. Si elle a été imaginée à une époque relativement reculée, comme en témoignent la notion du défi entre les plaideurs et la peine encourue par le perdant, elle représente cependant une tentative faite en vue de substituer à la conception ancienne de la lutte judiciaire une conception plus moderne.

Ce caractère se retrouve, dans la variété de procédure par le pari, dont nous nous occupons en ce moment. A côté de la *legis actio*, dans laquelle le demandeur accuse son adversaire de lui avoir causé méchamment un tort, la procédure de l'interdit tend simplement à la constatation d'un fait ou d'un droit. Pour employer des expressions modernes, l'action, pénale dans le premier cas, ne l'est pas dans le second.

Selon nous, comme on le voit, le préteur n'eut pas pour but, en créant les interdits, de punir des faits qui n'étaient pas réprimés par la loi civile et qu'il lui paraissait équitable de châtier. La première réforme prétorienne ne consista pas à imaginer de nouveaux délits. A cela rien d'étonnant, si on songe que, d'après notre doctrine, l'accord des parties était indispensable à la marche de la procédure. Le magistrat prêta seulement son concours aux plaideurs,

---

savoir à quel moment fut écrite la dernière partie du commentaire, dont les 50 premiers livres appartiennent au règne de Caracalla.

en vue de leur permettre d'aboutir à la solution judiciaire du litige qui les divisait [1].

Notre procédure tendait seulement, pendant notre période, à faire résoudre une question déterminée ; le pari gagné, tout était fini, au moins pour le moment ; on ne connaissait pas encore le *judicium secutorium*.

L'introduction de ce dernier dans la pratique et la classification scientifique des actions en actions pénales et en actions reipersécutoires donnèrent naissance à de nouveaux problèmes ; on se demanda notamment si la même condamnation devait être prononcée contre l'auteur de la dépossession violente et contre son héritier ; le résultat fut de ranger quelques interdits au nombre des actions *ex delicto*. La règle d'après laquelle la condamnation n'entraînait pas l'infamie, quand elle intervenait, à la suite de la délivrance d'un interdit, continua cependant à conserver le souvenir d'une époque, pendant laquelle aucun interdit n'avait pour objet la répression d'un délit[2].

II. — J'ajoute que, grâce à l'interdit, la question litigieuse pourra être circonscrite de la façon la plus précise ; il s'agit simplement de savoir, par exemple, si le chemin, les tuyaux de conduite d'eau, le canal d'égout ont réellement besoin d'être réparés et nettoyés ou si au contraire le propriétaire du fonds dominant veut simplement vexer le propriétaire du fonds servant. Le projet de travaux est-il en outre conçu de façon à ménager, autant que possible, les intérêts de ce dernier ou au contraire met-il en péril la culture du domaine ou la sécurité des personnes ? La procédure de l'interdit présentera l'avantage de circonscrire le débat[3].

III. — Comme troisième différence avec la *legis actio*,

---

1. Voy. plus haut, ch. I, § 3, n° V, p. 232.
2. V. p. 231.
3. Cette utilité de l'interdit apparaît notamment dans des textes de l'époque classique, tels que la L. 4, § 5, D. *si serv. vindic.*, VIII, 5 (Ulp., *lib.* 17 *ad Ed.*).

différence qui peut être rattachée à la première, notons que la procédure des interdits échappait à l'application de certaines règles primitives qui n'étaient plus en harmonie avec les mœurs. Tandis que les plaideurs doivent, sans se tromper d'une syllabe, répéter les paroles consacrées de la *legis actio* et n'omettre, sous peine de nullité de la procédure, aucune des formalités prescrites, ils éviteront ce danger, en recourant à l'interdit. Quand ils auront exposé, *in jure*, la controverse qui les divise, c'est le préteur qui prononcera les paroles solennelles destinées à donner au juge ses instructions, c'est lui qui pèsera la valeur de chaque terme. Tandis que chacune d'elles ne saurait guère se passer, dans la *legis actio*, de l'assistance d'un homme de l'art, d'un pontife d'abord, d'un jurisconsulte ensuite, cette assistance ne s'impose nullement en notre matière.

IV. — La *legis actio* est plutôt la lutte judiciaire d'un groupe contre un groupe que celle d'un individu contre un autre individu. Un *paterfamilias* demeure, s'il n'est soutenu par ses agnats, ses amis, son patron, impuissant à figurer jusqu'au bout devant le magistrat et à accomplir les cérémonies prescrites. A partir du moment où l'amende ne se consignait plus au préalable, il lui fallait en effet trouver, dans tous les cas, des *praedes sacramenti* et quelquefois en outre des *praedes litis et vindiciarum*. Ces *praedes* sont des répondants, qui encourent, nous le verrons, une lourde responsabilité et s'exposent à un traitement fort dur ; on conçoit dès lors que, si le plaideur reçoit un service, c'est à charge de revanche ; on conçoit, en outre, que les *praedes* ne s'engagent pas, sans un examen préalable de la cause ; celui qui recourt à eux doit se soumettre à leur contrôle. Grâce à l'interdit, les parties se soustrairont au contraire aux inconvénients et aux charges de cette solidarité, qui ne leur semble plus aussi nécessaire qu'à leurs ancêtres. Secouant des liens devenus lourds, elles lutteront seules à leurs risques et périls.

V. — Relativement à la charge de la preuve, la procédure par le pari constitue de plus, nous l'avons conjecturé, la première application du principe moderne. Tandis que le défendeur avait autrefois le droit et le devoir de se justifier par son serment, fortifié par celui des cojureurs, le demandeur dut désormais prouver qu'il avait gagné son pari en s'appuyant sur des témoignages ou sur des présomptions.

VI. — Dirons-nous enfin que les parties arrivaient plus promptement à la solution de la difficulté au moyen de l'interdit qu'au moyen de la *legis actio* ? Pour qui se souvient de l'extrême complication de la procédure de l'interdit, la question paraîtra surprenante ; néanmoins, les recherches récentes des historiens du droit romain ont abouti, sur ce sujet, à des conclusions qui méritent de nous arrêter un instant.

Dès 1851, M. O. E. Hartmann[1] appelait l'attention sur certains textes laissés jusque-là dans l'ombre et montrait qu'à la pratique de la session judiciaire, *conventus*, présidée par le gouverneur de la province correspondaient des usages analogues, qui se maintinrent à Rome même, pendant fort longtemps. Dans un ouvrage postérieur[2], il reprenait cette thèse et établissait, qu'à partir d'une époque difficile à préciser, de bonne heure cependant, la multiplicité des procès conduisit à organiser deux sessions judiciaires, *rerum actus*[3], séparées par des vacances, et cela, en vue surtout de diminuer les charges des citoyens appelés à remplir la fonction de *judex unus*, des sénateurs tout d'abord[4].

---

1. *Ueber das römische Contumacialverfahren*, p. 215 et suiv., p. 85 et suiv.

2. *Der Ordo judiciorum und die Judicia extraordinaria der Römer.*, t. 1, *Ueber die röm. Gerichtsverfassung*, 1859. En 1886, M. Ubbelohde a publié la fin de ce premier volume, en s'aidant des notes laissées par Hartmann, p. 337 et suiv.

3. G. III, 279. « *Item de fideicommissis semper in urbe jus dicitur, de legatis vero*, CUM RES AGUNTUR », et les nombreux textes cités dans Hartmann-Ubbelohde, p. 179 et suiv., p. 337 et suiv.

4. Sur le *rerum actus*, voy. également. Karlowa, *Der röm. Civilprozess*

S'agit-il, au contraire, d'un interdit, le demandeur s'adressera valablement au magistrat, même en dehors du *rerum actus*[1]. Le magistrat, en délivrant l'interdit, use en apparence de son pouvoir de police ; par suite les règles sur les sessions judiciaires ne le concernent pas. Un texte peut, en outre, être cité à l'appui de cette conjecture.

L. 9, D. *de relig.*, XI, 7 (Gaius, *lib.* 19 *ad Ed. prov.*).

« *Liberum est ei, qui prohibetur mortuum ossave mortui inferre aut* STATIM INTERDICTO UTI, *quo prohibetur ei vis fieri, aut alio inferre et* POSTEA IN FACTUM AGERE, *per quam consequetur actor, quanti ejus interfuerit prohibitum non esse.....* »

Le texte semble bien accorder toujours le choix entre l'interdit *de mortuo inferendo* et l'action *in factum*, qui remonte beaucoup moins haut. Comme l'interdit figure parmi les interdits prohibitoires, l'ensevelissement sera d'ailleurs suspendu jusqu'à la décision du magistrat et cette considération suffit à établir qu'il ne pouvait être question ici de vacances judiciaires.

Comme le magistrat ne prononcera aucune des paroles sacramentelles, *do, dico, addico*, le particulier intéressé pourra obtenir l'interdit, même en dehors des *dies fasti*.

Cependant, au moins à l'époque de Cicéron, le préteur réservait sans doute certains jours aux interdits, afin d'ap-

---

zur Zeit der Legisactionen, p. 252 et suiv. Schulin, *Lehrbuch der Geschichte des röm. Rechts*, 1889, pp. 513, 548 et suiv. E. Cuq, *Les institutions juridiques des Romains*, t. I, p. 419. Nous n'entendons pas d'ailleurs prendre parti en faveur de la thèse de Hartmann, d'après lequel les *judicia extraordinaria* sont les instances qui peuvent être organisées en dehors du *rerum actus* et ne doivent pas être confondues avec les *cognitiones extraordinariae*, thèse qui s'appuie sur un passage de Théophile, *Paraphr. ad pr. I. de success. subl.*, III, 12.

1. En ce sens Ubbelohde, *Interd.*, t. II, p. 1 et suiv. Pflüger, *Die sogenannwen Besitzklagen des röm. Rechts*, 1890, p. 367. Karlowa, *Röm. Rechtsgesch.*, t. II, p. 319. E. Cuq, *Recherches sur la possession à Rome sous la République et aux premiers siècles de l'Empire. Nouv. rev. hist. du dr.*, 1894 et *tirage à part*, p. 17. Je n'accepte pas d'ailleurs la formule de ces auteurs, d'après lesquels l'interdit figure parmi les *judicia extraordinaria*.

porter plus de méthode dans l'exercice de ses fonctions. M Ubbelohde l'a finement déduit d'un passage de Cicéron.

« *Qui (sc. praetor)* DIES TOTOS *aut vim fieri vetat aut restitui factam jubet* ». Pro Caec., XIII, 36.

Malgré cette assignation de jours, qui disparaissait probablement en cas d'urgence, les plaideurs s'adressaient avec plus de facilité à la justice, quand il s'agissait d'un interdit.

Ajoutons que d'après Gaius, IV, 141, le litige sera vidé, soit par un *judex unus* soit par des récupérateurs[1]. Les sources ne permettent pas, du reste, de déterminer avec certitude, pour l'époque classique, suivant quels principes le *judex unus* et les récupérateurs se partageront la compétence, en matière d'interdits.

Nous plaçant maintenant au moment de la création de l'institution, considérons comme vraisemblable que l'affaire était toujours renvoyée devant un jury de récupérateurs et non devant un *judex unus*, comme après la *legis actio*[2]. Sans avoir la prétention de tirer de ce fait un argument décisif, notons aussi que, dans le *Pro Caecina*, notre source la plus ancienne d'informations, Cicéron plaide devant des récupérateurs. A cela rien d'étonnant, la jurisprudence imagina l'interdit afin d'échapper à la *legis actio*; dissimulant le procès sous les espèces d'un pari, en vue de se soustraire à l'application du droit civil, elle recourut naturellement aux jurés employés dans les litiges du droit international et dans les procès entre pérégrins ou entre pérégrins et citoyens[3]. Or, même plus tard,

---

1. A. Schmidt, *Interdiktenverfahren*, p. 252. Lenel, *Edictum perpetuum*, p. 361.

2. La connexité de la *legis actio* et de l'institution du *judex unus* résulte, à mon avis, des textes. Si le *legitimum judicium* tint, comme je le crois, dans la procédure formulaire, la place de l'ancienne *legis actio*, le paragraphe 107 du C. IV de Gaius ne permet guère d'hésiter. Quand la procédure est essentiellement romaine, la sentence émanera d'un *judex unus*. En ce sens, Wlassak, *Röm. Processgesetse*, t. I, p. 134, n. 6, t. II, p. 301.

3. Comp. Liv. XXVI, 48, Cic., *de off.*, III, 19, 77. Wlassak, t. II, p. 311. Lenel, *Ed. perpet.*, p. 20 et suiv.

lorsque les récupérateurs jugèrent ouvertement des procès entre citoyens, ils rendaient leur sentence plus promptement qu'un *judex unus*. Les textes ne permettent pas d'en douter.

« ...*et recuperatores dare*, UT QUAM PRIMUM RES JUDICARETUR ». Cic., *Pro Tullio*, V, 10.

« *Ratio* : *Non enim oportet*, IN RECUPERATORIO JUDICIO, *ejus maleficii, de quo inter sicarios quaeritur, praejudicium fieri. Infirmatio rationis* : *Ejusmodi sunt injuriae, ut de his indignum sit*, NON PRIMO QUOQUE TEMPORE JUDICARI ». Cic., *de inventione*, II, 20, § 60.

« *Recuperatoribus suppositis id est ut qui non steterit is* PROTINUS *a recuperatoribus in summam vadimonii condemnetur* ». Gaius, IV, 185 [1].

Même si ce phénomène ne pouvait pas être expliqué dans l'état actuel de nos connaissances, ce ne serait pas une raison suffisante pour le nier. Je ne crois pas, d'ailleurs, qu'il convienne de renoncer à trouver la justification cherchée. Encore d'après la jurisprudence classique, le magistrat contraignait les récupérateurs à aborder immédiatement l'examen de l'affaire et à rendre promptement leur sentence [2]. Les débats étaient, en outre, abrégés par cela même que la coutume limitait le nombre des témoins, que chacun des plaideurs avait la faculté de faire entendre [3]. Enfin, d'après M. Hartmann suivi par M. Ubbelohde et par M. Pflüger, les procès, qui devaient être renvoyés devant

---

1. Hartmann-Ubbelohde, *Ordo judiciorum*, p. 257. Comp. Wlassak, *Röm. Processgesetze*, t. II, p. 298 et suiv.

2. Lenel, *Edict. perpet.*, p. 22. Hartmann-Ubbelohde, p. 258, n. 45. Ubbelohde, *Interdicte*, t. II, p. 235. Pflüger, *op. et loc. cit.*, Pline, *Epist.*, III, 20, § 9. Lex colon. Genet. Jul., XCV : « *Qui reciperatores dati erunt, si* EO DIE QUO JUSSI ERUNT NON JUDICABUNT, *II vir praefectusve ubi ea res agitur eos reciperatores eumque cujus res agitur adesse jubeto diemque certum dicito, quo die atsint, usque ateo, dum ea res judicata erit, facitoque, uti ea res* IN DIEBUS XX PROXIMIS, *quibus de ea re reciperatores dati jussive erunt judicare, judicetur, uti quod recte factum esse volet* ».

3. *Pro Caec.*, X, 28. Valer. Prob. *in ed. perpetuis*, n° 8, etc.

des récupérateurs, jouissaient d'un tour de faveur ; on commençait par s'en occuper, au début de la session judiciaire, *rerum actus*[1]. Sur ce dernier point du reste, M. Hartmann ne semble pas avoir fait sa preuve ; que le tour de faveur, dont il s'agit, ne présente en lui-même rien de surprenant et soit conforme à l'esprit de l'institution des récupérateurs, cela paraît certain ; mais aucun texte n'en parle.

Si maintenant nous nous plaçons à l'époque de la création des interdits, il sera permis de conjecturer que la nomination des récupérateurs pouvait avoir lieu, même en dehors de la session, *rerum actus*.

VII. — En résumé, si la jurisprudence prétorienne réserva aux récupérateurs le soin de décider, qui avait gagné le pari conclu à la suite de la délivrance de l'interdit et si d'autre part les récupérateurs jugeaient plus vite que le *judex unus*, une nouvelle différence fort importante existe entre la *legis actio* et la procédure de l'interdit. Si, enfin, cette dernière apparaît comme dissimulée sous un pari, peut-être les récupérateurs n'appartenaient-ils pas nécessairement à la classe des sénateurs ; cette solution, en harmonie avec l'origine historique de notre jury, jetterait une vive lumière sur le sujet tout entier.

VIII. — Ces différences entre nos deux procédures une fois admises, on conçoit que les parties puissent se mettre d'accord pour recourir de préférence à l'interdit. Peut-être tiennent-elles, avant tout, à vivre en paix et à faire trancher rapidement le différend, qui les divise, et ne sont-elles animées d'aucun sentiment d'animosité l'une contre l'autre. Peut-être, s'agit-il de gens d'humble condition qui hésitent à s'adresser à leurs parents et amis, surtout si l'affaire de peu d'importance ne semble pas comporter une grande solennité. Il est encore permis de conjecturer que fréquemment les plaideurs mettaient à profit la juris-

---

1. P. 259 et suiv., p. 446.

prudence prétorienne avec le désir, que le juge statuât sur une question précise et d'ordre technique. Le propriétaire du fonds dominant ne change-t-il pas la direction du chemin, sous prétexte de le réparer ? Les travaux projetés n'auraient-ils pas pour résultat d'aggraver la servitude d'aqueduc ? Les tuyaux de conduite ne fourniraient-ils pas une quantité d'eau supérieure à la quantité due ? D'après un passage de Cicéron, qui mérite toute notre attention, les interdits délivrés par le préteur avaient souvent pour but de faire trancher des questions du genre de celles dont nous venons de parler.

« *Qui dies totos aut vim fieri vetat aut restitui factam jubet, qui de fossis, de cloacis, de* MINIMIS AQUARUM ITINERUMQUE CONTROVERSIIS *interdicit....* » Pro Caec., XIII, 36.

Comment enfin les plaideurs n'auraient-ils pas eu intérêt à éviter le danger des vices de forme et à se dispenser du concours d'un homme de l'art ?

IX. — Si nous concevons donc parfaitement que l'offre faite par le magistrat ait été souvent acceptée, pourquoi le préteur n'étendit-il pas à tous les différends entre particuliers la réforme procédurale, à laquelle correspondait, selon nous, la création des interdits ? Suivant quels principes traça-t-il le domaine de l'institution nouvelle ?

En cette matière comme dans les autres, le magistrat n'agit pas suivant un plan préconçu et se borna à donner satisfaction aux besoins nouveaux de la pratique, au fur et à mesure qu'ils se révélèrent à lui. La sphère d'application de la réforme finit du reste, même pendant notre période, par embrasser une notable partie de la législation. Si les interdits ne furent pas délivrés pour sanctionner les obligations, le motif s'en trouve, relativement aux obligations nées d'un contrat, dans l'existence de la *legis actio per condictionem*, qui constituait elle-même une procédure par le pari et relativement aux obligations délictuelles dans le caractère même de notre procédure. Quand un des délits privés, dont parlent les textes, avait été commis, le désir de la vengeance paraissait légitime chez l'offensé, il n'y avait pas lieu de recourir à notre expédient.

A la vérité, il reste à se demander pour quels motifs, à côté des interdits *de liberis exhibendis* et *de liberis ducendis*, le préteur se contenta de créer l'interdit *de homine libero exhibendo*, qui suppose la qualité d'homme libre hors de contestation. Puisque les récupérateurs nommés à la suite de la délivrance des interdits *de liberis exhibendis* et *de liberis ducendis*, trancheront, d'une façon définitive, la question de savoir si telle personne est ou non *sui juris* ou encore appartient en qualité de *filius familias* à telle ou à telle famille romaine, pourquoi imposer à l'*assertor libertatis* et au prétendu maître l'observation des formes de la *legis actio* lorsqu'il s'agit d'une *causa liberalis* ? Peut-être pourrait-on dire que la question de liberté intéresse au plus haut point la cité [1], et que, dès lors, la jurisprudence crut devoir maintenir, dans ce cas, la procédure traditionnelle ; nous ne nous dissimulons pas, que la raison paraîtra sans doute insuffisante ; mais il n'y a là aucun vice spécial à notre doctrine ; quel que soit le système adopté, il est difficile de comprendre la différence établie par les sources, suivant que le litige porte sur la *patria potestas* ou sur la liberté.

Examinons maintenant les doctrines opposées à la nôtre, en recherchant successivement d'abord si les interdits existèrent de tout temps ou si au contraire leur création constitua un progrès et ensuite quelle fut leur raison d'être.

---

[1]. Cet argument ne paraît pas d'ailleurs en contradiction avec l'existence des interdits relatifs aux *res divini juris* et aux *res publicae*. Après la sentence rendue sur l'un de ces interdits, le magistrat peut en effet intervenir administrativement dans l'intérêt public.

CHAPITRE III

CRITIQUE DES DOCTRINES OPPOSÉES A LA NOTRE.

§ 1. — Les interdits constituent-ils une création prétorienne ou appartenaient-ils déjà à l'ancien droit civil ?

SOMMAIRE. — I. Arguments en faveur de la doctrine, d'après laquelle l'ancien droit civil connaissait les interdits. — II. Critique de ces arguments.

I. — La thèse, d'après laquelle l'origine de la procédure des interdits doit être cherchée dans l'Edit du préteur compte aujourd'hui de nombreux partisans. D'après M. Schmidt[1] notamment, le préteur ne pouvant pas, avant la loi Aebutia, créer de nouvelles actions, imagina notre procédure, afin de combler les lacunes du droit civil ; la doctrine, d'après laquelle notre institution appartient au droit civil ancien est cependant défendue par d'éminents romanistes et il importe d'apprécier la valeur de leurs arguments.

Selon M. Barckhausen[2], les interdits et les *legis actiones* ont toujours coexisté ; les premiers présentaient une utilité spéciale, qui sera indiquée ci-après. Cet auteur combat, avec beaucoup de vigueur, la théorie de Schmidt, à laquelle nous nous rallions, on le voit, avec cette différence que, d'après notre doctrine, la réforme du préteur fut une réforme de procédure et que le magistrat n'imposait pas sa volonté.

---

1. *Interdiktenverfahren*, p. 298 et suiv.
2. *Du rôle des interdits dans la procédure romaine*. Thèse, Paris, 1860, p. 4 et suiv. Keller, *Procédure civile* (traduct. Capmas), § 22, p. 90, pense également que les interdits ont toujours existé. Dans le même sens, Massin, *Du caractère pécuniaire des condamnations chez les Romains*. Thèse, Paris, 1893, p. 100. Quand, comme ces derniers auteurs, on confond la *cognitio magistratus* et l'interdit, le système se présente du reste sous un aspect particulier.

Le système soumis à notre examen s'appuie sur deux considérations générales et sur un certain nombre de textes.

Il est impossible de supposer, affirme-t-on d'abord, qu'à aucune époque les intérêts sauvegardés par quelques interdits aient pu demeurer sans protection. « Comment, dit M. Barckhausen, les rues, les fleuves, les monuments publics, les tombeaux et les temples auraient été, pendant plusieurs siècles, à la merci des passants ! Quand un malfaiteur aurait chassé quelqu'un, à main armée, de sa maison, celui-ci n'aurait pu rentrer chez lui qu'après avoir prouvé judiciairement son droit de propriété ! Enfin, — (ce qui serait plus grave encore) — un simple particulier aurait pu arrêter un homme libre, et le retenir indéfiniment captif, sans craindre une répression légale ! »

Non seulement, on ne comprend pas, la théorie de M. Schmidt admise, que les interdits n'aient pas pris naissance plus tôt ; mais encore leur maintien sous la procédure formulaire est absolument inexplicable. Les interdits occupent, dans les écrits des jurisconsultes classiques, une place importante, de nouveaux interdits furent créés non seulement à la fin de la République, alors que la procédure formulaire était parvenue à son entier développement mais même sous l'Empire. Si l'apparition de notre procédure se justifiait seulement par un incident de l'histoire de la pratique judiciaire des Romains et se rattachait étroitement au système des *legis actiones*, les destinées de l'interdit auraient été différentes, il aurait joui d'une moins longue faveur.

Consultons enfin les textes, ajoute-t-on. Qu'y trouvons-nous ? Pline l'Ancien, Pomponius, Ulpien, attestent que la loi des XII Tables formulait les règles sanctionnées par l'interdit *de glande legenda* et par l'interdit *de arboribus caedendis*[1]. Quant à Cicéron, il parle des dispositions rela-

---

1. V. plus haut n°ˢ III et IV, ch. I, § 3, M. Barckhausen, *op. cit.*, p. 9, cite enfin un fragment de Paul « qui prouverait que l'ancien droit prévoyait un cas particulier de l'interdit *ne quid in loco publico fiat*: « *Si per publicum*

tives aux interdits, de façon à ne pas laisser douter de leur très haute antiquité : « *quodque* CONSTITUTUM SIT A MAJORIBUS, *conservatum usque ad hoc tempus* ». *Pro Caecina,* II, 5. « *Quid, inquam, prodest fundum habere, si quae diligentissime descripta* A MAJORIBUS JURA *finium,* POSSESSIONUM, *aquarum itinerumque sunt, haec perturbari aliqua ratione commutarique possunt* » ? *Pro Caec.*, XXVI, 74. Comp. également le même discours, XIV, 40, *in f.* L'expression JURA POSSESSIONUM ne démontre-t-elle même pas que la théorie de la possession appartient au droit civil ?

II. — Malgré cette argumentation, très sérieuse assurément, je ne saurais adopter la doctrine qui vient d'être exposée.

Si les interdits remontent aux origines du droit, pourquoi les oppose-t-on aux *legis actiones* ? Je ne conçois pas que l'on refuse le nom de *legis actio* à une procédure sanctionnée par la loi civile.

Abstraction faite de cette première objection, comment se fait-il que la procédure de l'interdit ait un caractère plus moderne que la *legis actio per sacramentum*, si elle remonte aussi haut qu'elle ? Pourquoi est-ce le préteur, qui prononce les paroles solennelles destinées à tracer au juge ses devoirs ? D'où vient que les parties peuvent se servir de termes quelconques en vue de saisir le magistrat de leur différend ?

Sans insister davantage sur ce point, à cette place, j'ajoute que la théorie de la possession, telle qu'on la trouve formulée dans les livres des jurisconsultes classiques, témoigne d'une culture trop élevée, pour qu'il soit possible de la considérer comme contemporaine de la loi des XII Tables.

Il conviendrait enfin d'expliquer l'utilité spéciale, que présente l'interdit, à côté de la *legis actio*, le motif pour

---

locum rivus aquaeductus privato nocebit, erit actio privato ex lege XII Tabularum, ut noxa domino caveatur ». L. 5, D. *ne quid in loco publ.*, XLIII, 8 (Paul, *lib.* 16 *ad Sabin.*).

lequel on ne s'est pas borné à rédiger de nouvelles formules solennelles ? A la vérité, M. Barckhausen trouve la raison d'être de l'interdit dans ce fait que la sentence du juge aurait été exécutée en nature ; mais, on verra que cette idée doit être repoussée. J'ai du reste déjà eu l'occasion de reproduire un texte, la L. 3, § 13, D. *de hom. lib. exhib.*, XLIII, 29, qui la condamne, à mon sens, de la façon la plus nette.

Arrivant maintenant au passage de M. Barckhausen reproduit plus haut, il me suffit de renvoyer au ch. I. Les intérêts sauvegardés par notre procédure le furent de tout temps, soit, mais comment le furent-ils ? L'argument de mes adversaires tombe si, avant la création des interdits, les plaideurs pouvaient saisir la justice d'une autre façon. Je ne reviens pas sur la protection des *res divini juris* et des *res publicae*. Comment, ajoute-t-on, admettre que la victime de la violence ne puisse pas rentrer chez elle avant d'avoir établi judiciairement sa qualité de propriétaire ! C'est résoudre la question par la question. Dans les coutumes primitives, l'emploi de la violence paraît parfaitement légitime, en vue de faire triompher le bon droit. Ces coutumes ne protègent pas la possession envisagée en elle-même. Si l'usurpateur violent reconnaît les faits mais affirme sa propriété sur l'immeuble, le juge nommé à la suite de la *legis actio per sacramentum* décidera si le défendeur a commis vis-à-vis de son adversaire une grave offense ou si au contraire il s'est seulement rendu justice par ses propres mains. L'interdit *de homine libero exhibendo* ne fournit pas un meilleur terrain de discussion que les autres. M. Barckhausen a raison de dire que la liberté du citoyen romain devait être protégée, seulement elle l'était, grâce à une *actio injuriarum* ou à une *vindicatio in libertatem* exercées dans la forme de la *legis actio sacramenti*. Avant la loi Fabia, le droit criminel ne fournissait-il pas en outre de moyen permettant de punir la séquestration arbitraire d'un citoyen ? Je n'ai même pas besoin de le rechercher[1].

La seconde objection formulée par mes adversaires ne semble pas plus décisive que la première. Une institution ne peut-elle donc pas se maintenir dans la pratique, pour des motifs fort différents de ceux auxquels elle doit son origine ? En étudiant les périodes postérieures de l'histoire de la procédure romaine, il conviendra d'examiner pourquoi les interdits furent conservés et quel fut exactement leur rôle. A l'heure actuelle, la solution du problème peut, sans inconvénient, être ajournée.

Comme l'interdit *unde vi* remontait, au temps de Cicéron, à un siècle ou à un siècle et demi, cette histoire déjà longue justifie amplement les paroles de l'orateur du *Pro Caecina*. Enfin, je m'appuie moi-même sur plusieurs textes cités par M. Barckhausen ; je reconnais, avec lui, que la loi des XII Tables formulait déjà les règles, que devaient plus tard sanctionner les interdits *de glande legenda* et *de arboribus caedendis*. Cet aveu me contraint-il à admettre que ces interdits existaient déjà ? en aucune façon.

§ 2. — Origine et caractère primitif des interdits.

SOMMAIRE. — I. Classification des doctrines opposées à la nôtre. — II. Exposé du système qui envisage l'interdit comme une mesure administrative prise dans l'intérêt du bon ordre et de la paix publique. — III. Critique de ce système. — IV. Opinion d'après laquelle on doit considérer l'interdit comme un expédient destiné à engendrer indirectement une action et à combler ainsi une lacune du droit civil. — V. Critique de cette idée. — VI. Les interdits, qui ne sont relatifs ni aux *res divini juris* ni aux *res publicae*, se rattachent-ils tous à la procédure ? — VII. Arguments en faveur de la négative. — VIII. La création des interdits s'explique-t-elle par la nature de l'avantage qu'il s'agit de procurer au demandeur ? — IX. Critique des systèmes qui se prononcent pour l'affirmative.

I. — Les nombreuses conjectures, qui ont été proposées relativement à l'origine et au caractère primitif des inter-

---

1. M. Girard, *La date de la loi Aebutia*, p. 24, emploie une méthode analogue à la nôtre, en vue de démontrer que l'action d'injure estimatoire

dits, peuvent se ramener à quatre ; suivant les uns, l'interdit est une mesure administrative prise, dans l'intérêt du bon ordre et de la paix publique ; pour d'autres, le but essentiel de l'interdit consiste à donner indirectement naissance à une action, dans une hypothèse où il n'en existe pas et à combler ainsi une lacune du droit civil. C'est dans la procédure, que les systèmes du troisième groupe cherchent la solution du problème. Enfin certains auteurs expliquent la création des interdits par la nature de l'avantage, qu'il s'agit de procurer au demandeur.

II. — Selon la première doctrine, disons-nous d'abord, l'interdit est une mesure administrative, prise dans l'intérêt du bon ordre et de la paix publique. A cette doctrine se rattachent les noms de Keller [1], de Bethmann-Hollweg [2], de Leist [3] et d'autres auteurs [4] ; certaines nuances pourraient être relevées, entre les différentes opinions individuelles ; choisissons celle de M. Sohm qui se recommande par sa parfaite netteté.

D'après M. Sohm [5], la procédure de l'interdit se confond purement et simplement, à l'origine, avec la procédure administrative, *cognitio magistratus, cognitio extra ordinem*. Afin d'éviter les voies de fait entre particuliers et de sauvegarder le domaine public, le magistrat use des pouvoirs de police, qu'il puise dans son *imperium*. Il cite devant lui le citoyen contre lequel un autre a porté plainte, exa-

---

n'existait pas, au temps de Plaute, malgré le rapprochement saisissant au premier abord d'un passage de l'*Asinaria*, II, 2, 104 et de la *Collatio leg. mos. et rom.*, II, 6, 4. Comme il le remarque spirituellement, « longtemps avant l'édit, il y a eu des poings qui sont tombés sur des visages et qui y sont même tombés contrairement à la loi des XII Tables ».

1. *La Procéd. civ. des Romains* (Trad. Capmas), § 22, I.
2. *Röm. Civilproc.*, t. I, § 54, p. 201 et suiv., t. II, § 70, p. 94, § 98, p. 345.
3. *Bonorum Possessio*, t. I, p. 343, n. 6 et *Versuch einer Geschichte der röm. Rechtssysteme*, 1850, p. 21.
4. J. Muirhead, *Introduction historique au droit privé de Rome* (traduct. Bourcart, 1889), p. 280 et suiv.
5. *Institutionen* (4e édit.), 1889, § 43, p. 201.

mine lui-même l'affaire, et, s'il reconnaît l'exactitude des faits allégués, il donne au comparant l'ordre pur et simple [1] de s'abstenir désormais de toute violence ou d'opérer telle restitution. Enfin, grâce à une *multae dictio* ou à une *pignoris capio*, le magistrat triomphera, au besoin, de la résistance d'un justiciable récalcitrant et le contraindra à exécuter, en nature, l'ordre qu'il a reçu [2].

Plus tard, en raison des occupations multiples du magistrat, l'interdit se sépara de la décision administrative proprement dite; l'ordre, qui était pur et simple, devint conditionnel; il se transforma en une règle administrative spéciale aux deux parties et formulée par le préteur. Pour savoir si les conditions d'application de cette règle administrative se trouvent réunies, une autre procédure doit se greffer sur celle de l'interdit. La *sponsio* et la *restipulatio* seront conclues; de ces stipulations naîtront des actions, dont le nom variera du reste, suivant les époques, *legis actio per condictionem* pendant notre période, *condictio certae pecuniae* plus tard [3].

En résumé, comme l'intérêt public est principalement en jeu, l'intervention de l'autorité se justifie; au lieu de laisser la loi produire ses effets, le magistrat agit, pour le mieux, dans l'intérêt de la cité; en vue d'atteindre ce but,

---

1. « Tous les interdits ont commencé par être individuels, *decretales*, comme les premières *bonorum possessiones* », dit M. Massin, *Du caractère pécuniaire des condamnations chez les Romains*, p. 107.

2. « C'est seulement à l'époque suivante, dit M. Bethmann-Hollweg, t. I, p. 204, que s'accomplit le progrès consistant à éviter, autant que possible, l'intervention violente de l'autorité ». L'observation jette une vive lumière sur ce premier système; elle le condamne en même temps, à mon avis; car l'histoire générale du droit démontre, de la façon la plus nette, que l'évolution de la procédure se produisit dans un sens tout opposé. Bien loin de diminuer, les pouvoirs des représentants de l'État, en matière judiciaire, augmentent avec les progrès de la civilisation. M. Huschke, *Die Multa und das Sacramentum*, p. 73, n. 174, dit de même très justement, que considérer l'interdit comme introduit dans l'intérêt de la paix publique, c'est le confondre avec la *cognitio extra ordinem* de l'Empire.

3. Sur ce dernier point seulement, nous complétons quelque peu la pensée de M. Sohm, que nous avons suivi de très près jusqu'ici.

il rend d'abord une décision [1], plus tard il se borne à promulguer une règle administrative, applicable dans les rapports des deux parties entre elles.

III. — Pour combattre cette doctrine, nous nous placerons successivement à deux points de vue. Si l'interdit dérive de la *cognitio magistratus*, la transformation, qu'il a subie, dépasse toute vraisemblance. Est-ce en raison des occupations croissantes du magistrat, que l'*in jus vocatio* remplaça la citation directe, que la présence des parties *in jure* devint indispensable, que la lutte s'engagea entre les deux particuliers, que l'exécution par voie de *multae dictio* ou de *pignoris capio* disparut, que le préteur enfin remplaça les censeurs dans la surveillance des *res divini juris* et des *res publicae* ?

Même s'il était démontré, ce qui n'est pas, qu'à une certaine époque le magistrat procédait administrativement dans des hypothèses, où, plus tard, il délivrait des interdits, nous dirions que notre institution fut précédée par une autre, mais non que la première tira son origine de la seconde. Indépendamment des règles qui viennent d'être rappelées, le caractère conditionnel de l'ordre apparaît, dans les textes classiques, comme le trait distinctif de l'interdit; là où ce trait essentiel fait défaut il ne peut y avoir rien de commun avec notre procédure [2].

Si l'interdit ne saurait être confondu avec la *cognitio extra ordinem*, reconnaîtrons-nous qu'il a un but analogue ? en aucune façon. Après la délivrance de l'interdit *uti possidetis* et le pari étant conclu, les plaideurs doivent violer formellement l'ordre qui leur a été dressé par le magistrat ; c'est là une des formalités qui constituent la pro-

---

[1]. La plupart des partisans de cette première doctrine considèrent que, dès l'origine, le mot *interdictum* s'appliquait proprement aux interdits prohibitoires, tandis que le terme *decretum* désignait les autres. La conclusion semble logique ; seulement, comme son inexactitude paraît bien établie, elle constitue une objection de plus contre le principe dont elle dérive.

[2]. En ce sens Schmidt, *Interdiktenverf.*, p. 318, n. 43.

cédure ; si l'une des parties se refuse à l'accomplir, elle y sera contrainte par la menace d'un interdit secondaire[1]. Singulière mesure de police que cette défense, à laquelle le magistrat vous force à désobéir!

J'ajoute que, pour éviter les violences, le magistrat n'avait nul besoin d'interdits produisant des effets définitifs ; une solution provisoire suffisait dans tous les cas. Or, même sans compter ceux qui sont relatifs aux *res divini juris* et aux *res publicae*, de nombreux interdits tendent à vider, une fois pour toutes, la question litigieuse[2].

Enfin, comment expliquer les conditions auxquelles est subordonnée la protection de la possession ? L'intérêt du bon ordre n'exigerait-il pas toujours le maintien de l'état de fait ? Pourquoi ne pas permettre au simple détenteur de se défendre ? A quoi bon restreindre la théorie de la possession aux *res in commercio* et exiger du possesseur certaines conditions de capacité[3] ?

IV. — Une seconde opinion, qui a obtenu, elle aussi, un grand succès, voit dans l'interdit un expédient, destiné à engendrer indirectement une action et à combler ainsi une lacune du droit civil. A l'époque, où les *legis actiones* existaient seules, les interdits donnèrent satisfaction aux besoins de la pratique et tinrent la place de *legis actiones*, qui faisaient défaut[4].

---

1. Gaius, IV, 170, « .... *veluti qui* VIM NON FACIAT... » Comp. ci-après, sect. IV, ch. IV, § 6.
2. M. Ubbelohde, *Interd.*, t. 1, p. 170, 171, estime que, sur 61 interdits dont les textes ont conservé le souvenir, 28 produisent un effet définitif ; sur ces 28 interdits il n'y en a pas moins de 10 qui soient des *interdicta rei familiaris*. Les conclusions de M. Ubbelohde peuvent être contestées sur quelques points ; il n'en était pas moins intéressant de les faire connaître.
3. Comp. Ubbelohde, *Interdicte*, t, 2, p. 299 et 300, et Ihering, *Fondement des interdits possessoires* (traduct. de Meulenaere, p. 12 et suiv.).
4. *Interdiktenverfahren*, p. 298 et suiv. Dans le même sens, Machelard, *Interdits*, p. 41, de Fresquet, *Traité élémentaire de dr. rom.*, t. II, p. 530, G. May, *Éléments de droit romain*, 1890, t. II, p. 590, Ed. Petit, *Traité élémentaire de droit romain*, p. 707, Saleilles, *Le domaine public à Rome*, p. 530.

D'après M. Schmidt, dont nous allons examiner la doctrine, d'une façon particulière, l'interdit doit être considéré comme une règle de droit, spéciale aux deux parties en cause, règle formulée par le préteur en vertu de son *imperium*. Plus tard, le magistrat sanctionnera, dans son *Edictum perpetuum*, des principes nouveaux, qui, pendant l'année de sa charge, s'imposeront au respect de tous, *lex annua*. Avant la loi Aebutia, au contraire, ses pouvoirs sont moins considérables ; c'est seulement l'interdit, qui crée une obligation à la charge de l'une des parties ou à la charge de chacune d'elles ; un droit sera désormais sanctionné, alors qu'il ne l'était pas. Quelquefois cependant, le magistrat se bornera à étendre le domaine d'application de la législation civile.

Quand la règle a été posée et qu'un débat s'élève sur le point de savoir, si un de ceux pour lesquels elle était obligatoire y a contrevenu, une procédure entièrement nouvelle commence ; le magistrat contraint les plaideurs à conclure deux ou plusieurs stipulations et, dès lors, il a atteint son but. Pouvant, désormais, s'appuyer sur un acte juridique reconnu par le droit civil, le plaideur entamera régulièrement la *legis actio per sacramentum*, plus tard la *legis actio per condictionem*.

A l'appui de sa théorie, M. Schmidt cite les textes qui justifient par des considérations d'équité la création de plusieurs de nos interdits ; *utilitas, aequitas, necessitas*, ces expressions, dont se servent les sources, s'harmonisent à merveille avec l'idée, d'après laquelle les interdits tendent à combler les lacunes du droit civil.

Comment, en outre, ne pas être frappé de cette circonstance, que, sous la procédure formulaire, l'interdit joue un rôle identique à celui de l'action *in factum* ? Partout, où existe un interdit, le préteur aurait pu donner une action *in factum*, et inversement. C'est là un fait qui ne saurait s'expliquer que par l'histoire ; si les actions *in factum* avaient été connues plus tôt, les interdits n'auraient pas été imaginés.

Quelquefois enfin, les jurisconsultes classiques disent nettement, que le besoin d'un interdit s'est fait sentir, parce qu'il n'existait pas d'action civile.

Bien que se rattachant au système général, dont nous nous occupons en ce moment, M. Ubbelohde[1] lui donne cependant une physionomie particulière. Considérant comme les plus anciens, les interdits relatifs aux *res divini juris* et aux *res publicae*, cet auteur pense que le préteur les imagina afin de renforcer l'action de la police, impuissante à protéger le domaine public d'une façon efficace ; de sa nature, l'affaire était purement administrative ; afin de mettre à profit le concours volontaire des citoyens, on autorisa ces derniers à engager un procès, qui, dans la forme, apparaissait comme un procès privé, comme une lutte judiciaire entre deux particuliers, mais qui, au fond, concernait la cité. Ce qui démontre, d'après M. Ubbelohde, l'exactitude de cet aperçu, c'est que, pour les rues de Rome, la surveillance des nombreux agents auxiliaires, dont disposaient les magistrats, paraissant suffisante, l'interdit *ne quid in via publica itinereve publico fiat quo ea via idve iter deterius sit fiat*[2] n'était pas délivré.

En résumé, d'après M. Ubbelohde, le magistrat était chargé, déjà, de sauvegarder les intérêts du domaine public ; en créant les interdits, il se borna à imaginer des moyens nouveaux destinés à donner satisfaction à ces mêmes intérêts ; à côté de la procédure administrative qui subsista, une procédure, que l'on pourrait qualifier de procédure judiciaire, vint concourir au même but. Sa conception est donc diamétralement opposée à celle de M. Bethmann-Hollweg ; bien loin de considérer l'interdit comme une mesure de police prise, en vue de mettre fin à un différend entre deux particuliers, il y voit le premier acte d'une procédure judiciaire destinée en réalité à résoudre une question administrative.

---

1. *Interd.*, t. 2, p. 319 et suiv.
2. L. 2, § 24, D. *ne quid in loco publico*, XLIII, 8.

V. — La théorie de M. Schmidt frappe, tout d'abord, par le singulier manque d'unité de la procédure. A en croire l'éminent auteur, celle-ci se décomposait en trois procédures distinctes, dont l'une tendait à faire promulguer par le préteur la loi spéciale à l'affaire ; grâce à la seconde, qui, d'après M. Schmidt, ne pouvait jamais commencer qu'à l'expiration d'un certain délai, une obligation reconnue par le droit civil prenait naissance ; la dernière enfin sanctionnait cette obligation.

Or, d'une façon générale les textes établissent l'unité de la procédure.

Cic., *Pro Caec.*, VIII, 23. « *His rebus ita gestis, P. Dolabella praetor interdixit, ut est consuetudo,* DE VI HOMINIBUS ARMATIS *sine ulla exceptione, tantum ut, unde dejecisset, restitueret. Restituisse se dixit. Sponsio facta est. Hac de sponsione vobis judicandum est* ».

Comment ne pas être frappé de ce récit ? Tous les actes de la procédure s'enchaînent les uns aux autres, il n'y a qu'une seule procédure.

G. IV, 141. « *Nec tamen cum quid jusserit fieri aut fieri prohibuerit, statim* PERACTUM EST NEGOTIUM.... *Et modo* CUM POENA AGITUR, *modo* SINE POENA : *cum poena, veluti cum* PER SPONSIONEM AGITUR.... »

G. IV, 170. « *Sed quia nonnulli* INTERDICTO REDDITO CETERA EX INTERDICTO *facere nolebant atque ob id non poterat* RES *expediri....* »

Etudions maintenant l'une après l'autre les deux dernières procédures indépendantes reconnues par nos adversaires.

Bien loin de faire mention de la seconde, les sources contredisent son existence. On doit considérer, comme ne reposant sur aucun fondement, l'affirmation de M. Schmidt, d'après laquelle un délai séparerait toujours les deux premières phases de la procédure. S'il s'agit de l'interdit *uti possidetis*, les parties doivent ouvertement violer l'ordre du magistrat, afin de circonscrire le champ du débat ; la procédure sera nécessairement suspendue par suite de l'obligation imposée aux parties d'accomplir sur l'immeuble la *vis ex interdicto*. Je n'ai pas à rechercher en ce moment, si le même phénomène se reproduira toutes les fois que l'interdit appartient à la classe des interdits prohibitoires, me bornant à dire que, pour l'interdit *utrubi*, la *vis ex interdicto* s'accomplissait, à mon avis, *in jure* et pouvait suivre immédiatement la délivrance de l'interdit. Au contraire à propos des interdits restitutoires et exhibitoires, comment justifier la suspension forcée de la procédure, quelles que soient les circonstances de fait [1] ?

En admettant enfin, ce qui paraît du reste probable, qu'à l'époque classique le magistrat accordât généralement un court délai au défendeur; pour obéir à l'ordre reçu, cette règle recevait quelquefois une exception [2] et même, quand elle s'appliquait, il en résultait seulement une suspension momentanée de la marche de la procédure, suspension qui ne compromettait pas l'unité de cette dernière. L'argument suivant achève, à mon avis, d'établir cette unité. La doctrine de M. Schmidt admise, la *vis ex interdicto* de l'interdit *uti possidetis* constituerait non un acte de procédure, mais une violation de la règle spéciale formulée par le préteur, règle obligatoire dans les rapports des deux parties; elle donnerait naissance à la procédure, loin d'en faire déjà partie. Or le paragraphe 170 du C. IV de Gaius range le *vim facere* parmi les actes de procédure, *cetera ex interdicto*, immédiatement avant la *fructuum licitatio*.

La troisième procédure de M. Schmidt n'offre pas plus de réalité que la seconde. Où voit-on que la procédure de l'interdit servît simplement à rendre possible la *legis actio* ? Les textes disent, au contraire, qu'elle vidait le litige et non pas qu'elle préparait le procès.

---

1 Dans le procès entre Caecina et Aebutius, on ne voit guère l'utilité de la suspension de la procédure, « RESTITUISSE SE DIXIT ».

2. L. 4, § 2, D. *de lib. hom. exib.*, XLIII, 29 (Venuleius, *lib. 4 Interd.* « *Nullo tempore dolo malo retineri homo liber debet*, adeo ut quidam putaverint NEC MODICUM TEMPUS AD EUM EXHIBENDUM DANDUM ».

G., IV, 139 «... *praetor aut proconsul principaliter auctoritatem suam* FINIENDIS CONTROVERSIIS *interponit.* »

Nos adversaires confondent la procédure par le pari avec les stipulations prétoriennes, qui sont de date plus récente [1] et que les textes ne désignent jamais au moyen des mots « *agere per sponsionem* ».

Comment enfin ne pas reculer devant les conséquences de la doctrine, que nous combattons? Après la loi Silia, il faudrait obtenir la délivrance de l'interdit, puis, après l'expiration d'un certain délai, recourir à une seconde *in jus vocatio*; les paroles solennelles des stipulations une fois échangées, la *condictio* c'est-à-dire la sommation de payer serait accomplie; nouvelle attente de 30 jours, nouvelle comparution devant le magistrat, nouveau pari et enfin nomination du juge. Que de retards, que d'enjeux, que de complications de toute sorte! N'est-il pas évident que l'opinion générale accumule les procédures, l'une sur l'autre? La seule solution de la difficulté consiste à admettre l'existence de la procédure par le pari, telle que nous l'avons déjà définie plusieurs fois.

Quant à la conjecture particulière de M. Ubbelohde, elle doit également être rejetée. Il convient de ne pas oublier que la police du domaine public appartenait non pas au préteur mais aux censeurs; ayant déjà réfuté l'argument tiré de la L. 2, § 24, D. *ne quid in loco publico*, nous n'y revenons pas.

VI. — Dans une troisième catégorie de systèmes figurent ceux qui expliquent la création des interdits par des considérations tirées de la procédure.

---

1. B. W. Leist, dans une de ses premières œuvres, que j'ai déjà eu l'occasion de citer, *Versuch einer Geschichte der röm. Rechtssysteme*, p. 26, n. 7 et p. 83, considère, à la vérité, comme certain que les stipulations prétoriennes remontent à une époque antérieure à la formation de la procédure formulaire et plusieurs, notamment Keller, *Röm. Civilprocess*, § 22, adoptent son opinion; mais cette conjecture ne s'appuie absolument sur rien, elle rend en outre inexplicable la création des interdits.

D'après M. Bekker[1], la solution du problème doit être cherchée dans ce fait que le préteur était appelé à présider à l'administration de la justice civile et à sauvegarder les intérêts autres que les intérêts privés. Les interdits, qui ne sont relatifs ni aux *res divini juris* ni aux *res publicae*, se rattachent tous à la procédure ; ils sont destinés à préparer une instance, à résoudre un incident, à assurer l'exécution d'un jugement. Le préteur les imagina au fur et à mesure des besoins de la pratique[2].

VII. — Nous reconnaissons volontiers, qu'à l'époque classique certains interdits présentent le caractère que leur assigne M. Bekker ; l'interdit *utrubi* et l'interdit *uti possidetis* notamment préparent l'action en revendication ; les plaideurs s'en servent pour déterminer lequel d'entre eux jouera le rôle de défendeur à cette action.

Comment au contraire en dirait-on autant de l'interdit *unde vi*, qui peut être intenté contre l'usurpateur violent, même s'il a cessé d'être en possession de l'immeuble ? En quoi l'interdit *de libero homine exhibendo* facilite-t-il la marche du procès, puisqu'il ne peut être intenté, si le défendeur conteste l'état de l'homme, dont il s'agit ? Comment l'interdit *de liberis ducendis* se rattacherait-il à la procédure, alors que, grâce à lui, la question de l'existence de la *patria potestas* sera tranchée d'une façon définitive ?

En ce qui concerne la police des *res divini juris* et des *res publicae*, le préteur manquait de compétence et, à ce point de vue encore, une objection grave peut être formulée contre la doctrine de M. Bekker.

VIII. — Arrivons enfin à la doctrine de M. Huschke ; cet auteur explique la création des interdits par la nature de l'avantage, qu'il s'agit de procurer au demandeur et

---

1. *Die Aktionen*, t. 2, p. 58.
2. M. Ubbelohde cite, comme se rattachant à la doctrine de M. Bekker, M. Pfersche et ce n'est pas sans raison. Pour cet auteur en effet, *Interd.*, p. 12, la plupart des interdits sont des formules de jugements subordonnés à l'arrivée d'une condition.

leur forme par sa théorie particulière de la *multae certatio*.

Selon M. Huschke[1], notre procédure tend à imposer à un particulier un fait ou une abstention. Comme il semblait désirable d'atteindre ce but, au point de vue de l'équité, et que, d'autre part, le droit civil ne fournissait aucun moyen de contraindre quelqu'un à faire ou à ne pas faire, le magistrat intervint. En vue de protéger la situation de fait de ses concitoyens, il publia un *decretum* ou un *interdictum*, suivant les cas, et prononça une amende au profit de la cité, *multa*, contre celui qui lui avait désobéi soit en contrevenant à l'ordre, soit en accusant à tort son adversaire d'y avoir contrevenu. Comme dans la *legis actio sacramento*, le débat portera sur le point de savoir qui paiera l'amende, *multae certatio*. Si par son *decretum* ou son *interdictum* le magistrat imposait un devoir civique à un de ses subordonnés, on conçoit cependant que son intervention ait eu pour effet de créer des relations juridiques entre deux particuliers ; mais cette conséquence se produisit seulement d'une façon indirecte.

Le système de M. Ed. Cuq doit être considéré comme une variété de celui de M. Huschke. Rejetant, sans même en parler, la *multae certatio*, qui n'a pas fait fortune, notre savant collègue part de cette idée que le droit civil ancien n'accordait au créancier aucun moyen de contrainte contre le débiteur, quand il s'agissait d'une obligation de faire ou de ne pas faire. Après avoir exposé le rôle joué en cette matière par la *stipulatio poenae*, M. Cuq arrive au cas « où l'on voulait obtenir d'un citoyen un fait ou une abstention en dehors de tout engagement préalable ». « On ne pouvait pas, dit-il, soumettre la question au juge sous cette forme ; il n'avait pas qualité pour forcer le défendeur à faire ou à s'abstenir.... La difficulté fut pourtant résolue sans porter atteinte à la règle, au moyen d'un expédient : la transformation qu'on ne pouvait faire par

---

1. *Die Multa und das Sacramentum*, p. 73 et suiv.

avance, on la fit après coup, grâce à l'intervention du préteur. En vertu de son *imperium*, le préteur rendait un décret pour inviter le défendeur à accomplir un certain fait ou un interdit pour lui défendre de faire quelque chose. En cas de contravention, le demandeur provoquait son adversaire à promettre une peine s'il était démontré qu'il ne s'était pas conformé à l'édit. Le défendeur stipulait à son tour une peine pour le cas inverse. Grâce à ces stipulations et restipulations pénales qui étaient réglementées par l'édit, la question soumise au juge avait pour objet la répression d'un tort, la punition d'une désobéissance à l'ordre du préteur [1] ».

IX. — La théorie de M. Huschke à propos de la *multae certatio* reposant essentiellement sur une lecture de la loi osque de Bantia, lecture aujourd'hui condamnée, nous croyons, comme M. Pfersche [2], inutile d'approfondir la matière. Examinons au contraire, abstraction faite de cette idée, la valeur de la conjecture, dont il s'agit.

Cette conjecture doit être rejetée, tout d'abord, comme ne se conciliant pas avec l'existence des interdits qui produisent un effet définitif. Si le magistrat avait voulu simplement, comme le dit M. Huschke, protéger la situation de fait de ses concitoyens, il lui eût suffi de prendre des mesures provisoires.

Si la création de l'interdit s'explique en outre par la nature de l'avantage, qu'il s'agit de procurer au demandeur, il ne devrait jamais concourir avec un autre moyen de procédure. Sans revenir sur son concours avec la *legis actio* que j'ai essayé d'établir, les parties pouvaient très souvent, à l'époque classique, choisir entre la voie de

---

1. *Les institutions juridiques des Romains*. t. 1, p. 675.
2. *Interd.*, p. 9, n° 1. Je renvoie, au surplus, à la discussion approfondie de Pernice, *Parerga*, II (*Zeitschr. der Sav.-Stift.*, t. V, p. 33) et d'Ubbelohde, *Interd.*, t. II, p. 328 et suiv. Ces auteurs ont établi que M. Huschke s'appuie à tort sur Plaute, *Poen.*, V, 5, 55 et suiv. et sur Cic., *de Or.*, I, 10, 41. Comp. aussi relativement au passage du *Poenulus*, Costa, *Il Diritto privato romano nelle comedie di Plauto*, p. 409, n. 230.

l'interdit et une autre voie, je n'ai même pas besoin d'insister, tant le fait est connu[1].

J'ajoute que le droit civil ancien et nouveau trouvait dans la *rei vindicatio* et les actions confessoire et négatoire le moyen de contraindre à l'inaction un particulier[2]. Si on soutenait, du reste, que la supériorité de l'interdit consiste dans l'exécution en nature de la condamnation, on retomberait dans la doctrine de M. Barckhausen et il me suffirait de renvoyer au tit. II.

Les deux dernières objections, que je viens de développer, s'appliquent au système de M. Cuq, auquel j'adresserai de plus les reproches suivants. Si le préteur pouvait, en vertu de son *imperium*, contraindre les plaideurs à conclure les stipulations de peine, à quoi bon la délivrance préalable de l'interdit? D'autre part, en supposant que l'interdit ne fût pas double, quand le demandeur succombait, il payait la somme fixée ; cependant il n'avait pas désobéi à l'ordre du préteur, ce n'était pas lui que visaient les paroles consacrées, *vim fieri veto, restituas, exhibeas*. L'idée de désobéissance au magistrat ne suffit donc pas pour rendre compte des solutions des textes, parfaitement claires si on admet l'existence d'un pari.

1. Comment en outre comprendre la création de l'action *ad exhibendum* à côté des interdits exhibitoires ?
2. Comp. Ubbelohde, *Interd.*, t. II, p. 315 et suiv.

SECTION IV

LA PROCÉDURE PAR LE PARI EN MATIÈRE
D'ACTION IN REM.

———

Les jurisconsultes romains appellent, on le sait, actions *in rem* celles qui sanctionnent le droit de propriété, un droit réel démembré de la propriété ou enfin le droit à l'hérédité de telle personne. Par la force même des choses, les actions de cette nature font naître des problèmes particuliers, spécialement en ce qui concerne la possession intérimaire du bien revendiqué ou des choses comprises dans l'hérédité. Ce fut, nous le verrons, pour corriger les solutions données à ces problèmes par la législation civile, que la jurisprudence imagina une nouvelle application de la procédure par le pari. Bien que Cicéron y fît déjà allusion, les Institutes de Gaius constituent le document le plus précieux que nous possédions sur ce sujet.

« *Si quis testamento se heredem esse arbitraretur, quod tum non extaret, lege ageret in hereditatem aut, pro præde litis vindiciarum cum satis accepisset,* SPONSIONEM FACERET et ITA DE HEREDITATE CERTARET. *Hoc, opinor, jure et majores nostri et nos semper usi sumus* », Cic., *in Verr.*, Act. II, Lib. I, 45, 115. « *Ceterum cum in rem actio duplex sit, aut enim per formulam petitoriam* AGITUR AUT PER SPONSIONEM », Gaius, IV, 91. « PER SPONSIONEM *vero hoc modo* AGIMUS : *provocamus adversario tali sponsione si homo quo de agitur ex jure Quiritium meus est, sestertios XXV nummos dare spondes? deinde formulam edimus qua intendimus spon-*

sionis summam nobis dari oportere ; *qua formula ita demum vincimus, si probaverimus rem nostram esse* », Gaius, IV, 93.

Comme on le voit, ces textes ne permettent pas de douter de l'emploi de la procédure par le pari en matière d'actions *in rem*. La section IV sera consacrée à l'étude des origines historiques et des caractères de cette procédure.

En raison même des motifs assignés à sa création, la nécessité s'impose de rechercher quelle était la législation romaine, au moment où la pratique admit cette nouvelle forme de trancher judiciairement les contestations relatives à la propriété et aux successions ; cette enquête préliminaire permettra seule de comprendre pourquoi le besoin d'un changement se fit sentir. En outre, bien que l'action *in rem per sponsionem* se soit placée à côté de la *legis actio sacramenti in rem* dont on ne saurait la considérer comme une transformation, bien que, en d'autres termes, nous abordions l'étude d'une institution ayant joui d'une individualité propre, le nom même de la *stipulatio* PRO PRAEDE LITIS ET VINDICIARUM montre quels liens étroits unirent la procédure nouvelle à la procédure ancienne. Ce ne sera donc, en aucune façon, sortir des bornes de notre sujet, que de consacrer des développements étendus à la revendication et à la pétition d'hérédité primitives, particulièrement à celle-là.

Comme, au point de vue de l'histoire générale du droit, les destinées de la revendication des meubles se séparèrent profondément de celles de la revendication des immeubles, je parlerai d'abord de la première et seulement ensuite de la seconde qui, soumise en droit romain aux mêmes règles générales, présente néanmoins quelques singularités. L'expression de *legis actio sacramenti in rem*, dont je me sers pour me conformer à l'usage ne me satisfait d'ailleurs en aucune façon. Quand Gaius dit, au commencement du paragraphe 16 du C. IV : « *si in rem agebatur* », il emploie la terminologie de son époque, pour décrire une institution ancienne. Dans les hypothèses, où on intentait une action *in rem* au second siècle de l'ère chrétienne, certaines formalités particulières devaient être accomplies, au temps des *legis actiones*, le jurisconsulte n'a pas voulu dire autre chose. La classification théorique des actions en actions *in rem* et en actions *in personam* ne remonte pas très haut.

Après avoir ainsi exposé les solutions du droit civil ancien, la création des interdits possessoires apparaîtra comme une première tentative de réforme. Restera, dès lors, à montrer comment, cette réforme demeurant inefficace, la jurisprudence imagina l'action *in rem per sponsionem*, par quels procédés s'introduisit la nouvelle méthode et à quelle date, quels furent enfin les traits distinctifs de l'institution.

La section IV comporte donc une division en six chapitres :

Chap. I. *Legis actio sacramenti in rem*. Revendication mobilière.

Chap. II. *Legis actio sacramenti in rem*. Revendication immobilière.

Chap. III. *Legis actio sacramenti in rem*. Autres cas d'application.

Chap. IV. Les interdits destinés à protéger la possession ou à la faire recouvrer (*Interdicta retinendae vel recuperandae possessionis causa*).

Chap. V. L'action *in rem per sponsionem*. Exposé de notre doctrine.

Chap. VI. L'action *in rem per sponsionem*. Systèmes opposés au nôtre.

CHAPITRE I

LEGIS ACTIO SACRAMENTI IN REM. REVENDICATION MOBILIÈRE.

§ 1. Caractères généraux de la revendication mobilière.

SOMMAIRE. — 1. L'action en revendication du droit classique. — II. Coutumes françaises et allemandes du moyen âge. *Demande de chose emblée. Klage mit Anefang.* — III. Dans la vieille procédure romaine, l'action en revendication se distingue des actions nées du vol. — IV. Elle peut néanmoins, comme toutes les actions primitives, être considérée comme une action pénale. — V. Ce n'est pas une action *in rem*, dans le sens du droit classique. — VI. Le nom d'action *in rem* ne s'explique pas davantage par ce fait que la procédure serait dirigée contre la chose litigieuse elle-même. — VII. Le droit ancien n'envisageait pas la revendication comme une action double.

I. — A l'époque classique du droit romain, l'action en revendication est une action par laquelle le demandeur se prétend propriétaire d'une chose, d'après le droit civil, *dominus ex jure Quiritium*. Gaius, IV, 3. Comp. *Inst.*, § 1, *de action.*, IV, 6.

A cette époque, le demandeur n'accuse pas nécessairement son adversaire d'être de mauvaise foi ; il se propose uniquement de faire reconnaître son droit ; l'action, qui repose sur une conception abstraite et savante du droit de propriété, ne présente, à aucun degré, le caractère pénal : c'est une action reipersécutoire.

Dans la lutte qui s'engage devant la justice, l'égalité sera du reste rompue, au profit de celui des deux plaideurs qui possède la chose litigieuse, au moment de la *litis contestatio*.

L'état de fait sera maintenu, tant que le demandeur n'aura pas démontré qu'il est contraire à l'état de droit ; jusqu'au moment où la preuve aura été fournie, on n'attachera pas à la demande plus de valeur qu'à une simple affirmation.

J'ajoute que le défendeur gardera la chose, au même titre, après comme avant la *litis contestatio*. Sans doute, il risque, en cas d'échec, d'être tenu de payer des dommages-intérêts, s'il accomplit désormais certains actes qui seraient permis à un propriétaire ; sans doute aussi, il perdrait la qualité de défendeur, s'il se refusait à fournir à son adversaire la *cautio pro praede litis et vindiciarum* ou la *cautio judicatum solvi*; mais, abstraction faite de cette dernière obligation imposée au possesseur, les Codes modernes ont pu reproduire la théorie de l'action en revendication, telle que l'exposent le Digeste et le Code de Justinien.

II. — Si tel a été le résultat du développement du droit romain en notre matière, quel a été le point de départ?

Les lois barbares et les coutumiers français et allemands du moyen âge ne connaissent pas l'action en revendication mobilière, dans le sens du droit classique [1]. A côté de l'accusation directe de vol, les textes français parlent de la *demande de chose emblée* [2], les textes allemands de l'action que les historiens du droit appellent : *Klage mit Anefang* [3]. Dans cette procédure, qui débute par une saisie extra-judiciaire, le demandeur soutient que le meuble lui a été volé; tout en contraignant son adversaire à se justifier du soupçon de vol, qui pèse sur lui en raison de ce fait qu'il a été trouvé nanti du bien volé, il se propose, avant tout, de recouvrer ce dernier; néanmoins, l'action doit être considérée comme une action pénale,

---

1. M. Van Bemmelen, *Système de la propriété mobilière*, 1887, combat néanmoins la doctrine, généralement adoptée et à laquelle nous nous sommes rallié, dans notre *Etude historique sur la revendication des meubles en droit français*.

2. V. notre *Etude historique sur la revendication des meubles en droit français*, p. 112 et suiv.

3. V. notamment H. Brunner, *Deutsche Rechtsgeschichte*, t. 2, § 118, p. 495 et suiv.

attendu qu'elle a sa source dans le délit et qu'elle aboutit à faire appliquer la peine du vol au défendeur, qui ne parvient pas à présenter un garant.

III. — A Rome, aussi loin que les textes permettent de remonter, nous trouvons une action en revendication, qui s'exerce dans la forme de la *legis actio per sacramentum* et qui ne doit pas être confondue avec les actions exercées par la victime du vol. Chez les anciens Romains, comme dans les autres sociétés primitives, celle-ci, accompagnée de ses voisins et de ses parents, suivra à la piste l'animal volé ; si les traces conduisent les poursuivants à une maison et que la perquisition domiciliaire accomplie suivant les rites amène la découverte de la chose volée, le propriétaire de la maison sera considéré comme pris en flagrant délit ; traîné devant le magistrat, auquel le volé et ses compagnons montrent la bête, il sera adjugé à l'offensé et devra, s'il veut échapper à sa vengeance, transiger avec lui et lui verser une rançon fixée d'un commun accord. G., III, 192, 189. Si la piste de l'animal avait été perdue et que plus tard, sans perquisition domiciliaire préalable, on le trouve en possession d'un tiers, la loi des XII Tables, atténuant sans doute déjà la coutume ancienne, oblige le possesseur actuel de la chose volée à payer une rançon égale au triple de la valeur de celle-ci, *furtum conceptum*, sauf à lui à se retourner contre son auteur et à exiger le remboursement de ce qu'il a payé, *furtum oblatum*. G., III, 191. Quand enfin l'animal ne peut être retrouvé ou quand il est mort, l'*actio furti nec manifesti* constitue une dernière ressource, offerte à la victime du délit.

A la différence des actions que je viens d'énumérer, l'action en revendication ne suppose pas nécessairement qu'un vol ait été commis ; peut-être le propriétaire du meuble l'a-t-il égaré ou l'avait-il prêté à un tiers ou déposé chez quelqu'un ; peut-être l'esclave s'est-il enfui. J'ajoute que la notion du *furtum* ne paraît pas avoir été, dès l'origine, aussi large qu'à l'époque classique ; pour qu'il y eût vol, il fallait, à notre époque, qu'une soustraction frauduleuse eût été commise[1]. Pour achever de montrer l'utilité de l'action en revendication, rappelons que, grâce à elle, le demandeur sera dispensé de prouver l'existence du vol, même s'il y en a eu un et insistons enfin sur ce fait, que la revendication s'applique aux immeubles comme aux meubles.

Comme on le voit, l'action en revendication ne doit pas être confondue avec les actions, auxquelles donne naissance le délit de vol.

Malgré l'opinion contraire de quelques-uns, l'action en revendication mobilière des Romains se sépare profondément de la *demande de la chose emblée* et de la *Klage mit Anefang* ; elle ne débute pas, comme ces dernières, par une saisie extra-judiciaire.

IV. — Est-ce à dire néanmoins qu'au IVe ou au Ve siècle de l'ère romaine, la procédure eût déjà dépouillé tout caractère criminel et que le demandeur se bornât à affirmer l'existence de son droit de propriété, sans mettre nécessairement en doute la bonne foi de son adversaire ? Nous ne le croyons pas. La vieille procédure romaine ne distingue pas entre le possesseur de bonne foi et le possesseur de mauvaise foi de la chose litigieuse. Le demandeur accuse son adversaire, sinon d'avoir commis un vol, au moins de se rendre coupable d'une offense, à son égard, en résistant à ses prétentions et en ne lui rendant pas la chose qu'il réclame. Par l'effet même de la poursuite, un soupçon pèse sur le défendeur, abstraction faite de toute preuve fournie par son adversaire ; s'il succombe, la perte de son *sacramentum* donnera satisfaction au sentiment de vengeance de l'autre partie et, dans le cas contraire, la confiscation du *sacramentum* du demandeur constituera un châtiment de l'accusation injuste qu'il a formulée.

A la vérité, la formule prononcée par le demandeur,

---

1. Ubbelohde, *Zur Geschichte der benannten Realcontracten*, 1870, p. 37, et notre *Etude historique sur la revendication des meubles, en droit français*, p. 16, n. 3.

telle que la rapporte Gaius, au paragraphe 6 de son C. IV, contient seulement une affirmation du droit de propriété. « Hunc ego hominem ex jure Quiritium meum esse aio secundum suam causam »; mais, la source de l'action se trouve bien, d'après nous, dans le droit de propriété ; c'est seulement, en se prétendant lui aussi propriétaire du même meuble et en se refusant à acquiescer à la demande, que le défendeur commet une offense envers son adversaire. « Quando tu injuria vindicavisti », l'expression paraît significative. Renvoyant pour le surplus au Liv. prélim., ch. I, n° VII, concluons, que la revendication, comme toutes les actions primitives, figurait au nombre des actions pénales.

V. — A côté de cette doctrine, il convient d'en signaler deux autres, relativement au caractère de l'action en revendication mobilière pendant notre période. D'après l'opinion générale, elle doit être rangée parmi les actions *in rem*, dans le sens que le droit classique attribuait à cette expression [1]. Comment le nier, dit-on, en présence du paragraphe 16 du C. IV de Gaius « *si in rem agebatur* » ? La définition même de l'action *in rem* ne s'applique-t-elle pas, en outre, de la façon la plus nette, à notre hypothèse, puisque la *legis actio sacramenti in rem* sanctionne le droit de propriété et qu'elle se sépare de l'*actio furti concepti?*

Sans revenir sur l'interprétation du paragraphe 16 de Gaius, bornons-nous à objecter, que l'histoire du droit français prouverait, au besoin, avec quelle difficulté s'est

---

1. M. Brinz, *Zur Contravindication der legis actio sacramento*, 1877, p. 140, a clairement vu que la revendication primitive ne saurait être une action pétitoire semblable à la revendication des temps postérieurs. Pour lui, c'était une action préjudicielle ; quand le juge avait tranché la question de savoir auquel des deux adversaires appartenait l'objet litigieux, le gagnant pouvait entamer des poursuites contre les *praedes litis et vindiciarum*, s'il ne jouissait pas de la possession intérimaire. Comp. Leist, *Graeco-italische Rechtsgeschichte*, 1884, p. 490. Cette conception nous paraît exacte, en ce sens que le juge devait se prononcer sur le point de savoir si le défendeur avait injustement repoussé la demande de son adversaire, se rendant ainsi coupable d'une offense vis-à-vis de ce dernier.

introduite la distinction des actions en actions réelles et en actions personnelles, telle qu'on l'entend aujourd'hui. Nous partageons le scepticisme de M. Bechmann [1], en ce qui concerne l'existence à une époque reculée d'une classification des actions, reposant sur la nature juridique du droit sanctionné.

VI. — Partant du même point de départ que nous, cet auteur aboutit, d'ailleurs, à une conclusion inverse et c'est sa doctrine, qu'il convient maintenant de faire connaître.

D'après lui, le droit ancien appelait l'action, *actio in rem*, parce que la procédure était dirigée contre la chose litigieuse elle-même. Pour raisonner sur l'exemple de la revendication mobilière, le meuble revendiqué sera saisi par le demandeur et porté ou conduit devant le magistrat ; là, le revendiquant affirmera, qu'il est propriétaire de la chose ; si un tiers se présente et oppose une *contravindicatio* à la *vindicatio* du saisissant, alors mais seulement alors, ce dernier aura un adversaire déterminé ; une procédure contradictoire se liera à la première procédure ; dans celle-ci, au contraire, il n'y a de rôle que pour une seule partie.

A l'appui de cette idée qui compte déjà comme adhérents M. Hugo Krüger [2] et M. Wlassak [3], M. Bechmann cite des textes, tels que le passage suivant de Cicéron : « *lege ageret* IN HEREDITATEM », *in Verr. Act. sec.*, I, XLV, 115. La procédure peut, en outre, dit-on, expliquer le paragraphe 16 du C. IV de Gaius « *si* IN REM *agebatur* », puisque les données de l'histoire générale du droit ne permettent guère d'entendre ces mots de la même façon, qu'il s'agisse de l'époque des *legis actiones* ou au contraire de l'époque classique.

---

1. *Studie im Gebiete der legis actio sacramenti in rem*, 1889, § 11, p. 24.
2. *Zeitschrift der Sav.-Stiftung für* R. G. Rö. Abth., t. X (1889), p. 169.
3. *Paulys Real Encyclopädie der classischen Altertumswissenschaft*. Neue. Bearb., t. 1 (1893), V° *Actio*, p. 314.

Je n'hésite pas à repousser, de la façon la plus nette, cette théorie nouvelle. La marche de la procédure n'est pas celle, que lui assigne M. Bechmann; au moins essaierai-je de le démontrer. Ce serait, en outre, un phénomène étrange, dans l'histoire du droit comparé, que cette procédure, dans laquelle une seule partie jouerait un rôle ; même dans la *pignoris capio*, le saisissant connaît son adversaire, et c'est lui, en réalité, qu'il poursuit ; il se propose d'agir sur sa volonté et de l'amener à exécuter son obligation.

VII. — Ayant résolu ce premier problème demandons-nous, si le droit ancien envisageait la revendication comme une action double.

La législation classique appelle actions doubles, on le sait, celles dans lesquelles les deux parties jouent à la fois le rôle de demandeur et celui de défendeur. Déjà, pendant notre période, les interdits *uti possidetis* et *utrubi* présentent assurément ce caractère.

D'après une doctrine, qui compte de nombreux partisans[1], la revendication primitive figurait, elle aussi, parmi les actions doubles. Pour soutenir, que la procédure embrasse en réalité deux demandes juxtaposées, on insiste sur ce fait, que les textes ne distinguent pas entre les plaideurs, auxquels ils assignent un rôle sensiblement identique ; à la *vindicatio* de l'une des parties répond la *contravindicatio* de l'autre ; cette dernière ne se borne pas à nier le droit de son adversaire ; elle affirme, elle aussi, son droit de propriété sur la chose. Cette égalité des deux adversaires s'accuse encore dans le double dépôt du *sacramentum*, dans l'ordre adressé à tous les deux par le magistrat : MITTITE AMBO HOMINEM, enfin dans ce fait, que chacun d'eux peut, au même titre que l'autre, obtenir la possession de la chose litigieuse pendant les débats.

---

1. Eck, *Die sogenannten doppelseitigen Klagen des röm. und gemeinen deutschen Rechts*, 1870, § 2, p. 7 et suiv. et les auteurs qu'il cite.

Dès l'année 1855, M. Huschke [1] repoussait résolument cette prétendue dualité de la revendication primitive et avec raison, selon nous. Tandis que la procédure double des interdits *uti possidetis* et *utrubi* comporte deux paris distincts, réalisés au moyen de quatre stipulations, chacune des parties ne déposera qu'un *sacramentum* de 50 as ou de 500 as, même s'il s'agit d'un procès relatif à l'existence de la propriété. La *contravindicatio* se concilie parfaitement, on le verra, avec notre doctrine ; de ce que le défenseur doit, pour repousser l'attaque, affirmer son droit de propriété, il ne résulte nullement, qu'il attaque lui-même son adversaire. Ajoutons, que les partisans de la dualité de la revendication éprouvent un réel embarras, quand il s'agit de déterminer, à qui incombe la charge de la preuve et quels sont les devoirs du juge ; cet embarras s'accuse par le nombre même des solutions qui ont été proposées.

§ 2. — La procédure débute-t-elle par la saisie extrajudiciaire du meuble litigieux ?

Sommaire. — I. La *legis actio* suppose, pour être accomplie, la présence de la chose litigieuse. — II. Comment le demandeur s'y prendra-t-il pour la porter ou la conduire devant le magistrat, contre le gré de son adversaire ? Hypothèse où il trouve l'esclave ou l'animal sur la voie publique. — III. Hypothèse où un doute existe soit sur l'identité de l'esclave ou de l'animal, soit sur le lieu où on le cache. — IV. Exposé de la doctrine de M. Bechmann. — V. Critique de cette doctrine.

I. — Une première idée essentielle, qu'il convient de mettre en lumière, c'est que la *legis actio* suppose, pour être accomplie, la présence de la chose litigieuse. On conduira, devant le magistrat, l'animal ou l'esclave, que le demandeur prétend lui appartenir ; ce sera un des accessoires indispensables du drame judiciaire.

Comment expliquer cette curieuse règle, qui se retrouve

---

1. Gaius, *Beiträge zur Kritik und zum Verständniss seiner Institutionen*, 1855, p. 188.

dans beaucoup de législations primitives et notamment dans les lois barbares et dans nos coutumiers français du moyen âge ? par ce fait qu'il est conforme à l'esprit de ces vieilles législations de donner une base matérielle aux débats et de ne pas se contenter d'une simple description de l'objet ; il faut que les plaideurs puissent dire : « cet homme est à moi ». Ce n'est pas tout ; si, à la vérité, la revendication mobilière se conçoit, abstraction faite de tout vol, le demandeur accuse implicitement son adversaire de détenir injustement l'animal ou l'esclave ; de là à prendre certaines précautions, afin d'éviter le détournement du meuble, il n'y a pas loin ; à ce point de vue encore, il faut que le magistrat voie l'objet.

II. — Reste à déterminer comment le demandeur s'y prendra pour obtenir ce premier résultat, même contre le gré de l'autre partie. Ce problème n'avait guère préoccupé les historiens, avant ces derniers temps.

A notre avis, de deux choses l'une : ou le défendeur reconnaît qu'il a le meuble entre les mains, ou, au contraire, il le nie. Dans le premier cas, le demandeur recourt purement et simplement à l'*in jus vocatio* ; il somme l'autre partie de le suivre sans délai, devant le magistrat, avec l'esclave, qui l'accompagne ou qu'il aura au préalable envoyé chercher. Se heurte-t-il à un refus, la coutume l'autorise à employer la force et à traîner son adversaire sur le Forum. Si ses amis et ceux qui assistent à la scène peuvent s'emparer, en même temps, de l'esclave ou de l'animal, la *vindicatio* et la *contravindicatio* s'accompliront sans difficultés ; mais, la saisie de l'esclave sera seulement la conséquence du refus d'obéir à l'*in jus vocatio*. Supposons maintenant, que le possesseur parvienne à se sauver avec le meuble, ou bien que, pris lui-même, il réussisse à faire échapper l'esclave ou l'animal, son acte constitue le délit de vol et désormais le châtiment réservé aux voleurs le menace.

Assurément, la jurisprudence classique n'aurait pas admis, sans distinction, cette doctrine ; mais, que notre solution soit celle du droit ancien, cela résulte, semble-t-il, de plusieurs textes [1].

« *Atque id etiam, quod magis inopinabile est, Sabinus dicit furem esse hominis judicatum qui cum fugitivus praeter oculos forte domini iret obtentu togae, tamquam se amiciens, ne videretur a domino, abstitisset* ». Aulu-Gelle, *Noct. Att.*, XI, 18, n° 14.

« ... *Thr. Tun me prohibeas meam ne tangam? Ch.* PROHIBEBO, *inquam. Gn. Audin tu* ? HIC FURTI SE ADLIGAT : *sat hoc tibist.* » Térence, *Eun.*, IV, 7, v. 808 et 809.

D'après l'interprétation donnée à ce dernier passage par M. Albert Desjardins [2], Gnatho le parasite dit à Thraso : « entends-tu ? celui-ci (Chrémès) va être obligé vis-à-vis de toi comme le serait un voleur, s'il t'empêche de mettre la main sur Thaïs, que tu prétends être ton esclave, cela te suffit ». M. Bekker [3] pense au contraire que Gnatho s'adresse à Chrémès et lui dit : « que crains-tu ? Si Thraso ne prouve pas qu'il est le maître de Thaïs, il se sera emparé d'une femme libre et aura par suite commis le délit de vol ; c'est, pour toi, une garantie suffisante » ; mais, comment M. Bekker explique-t-il les mots *audin tu* ? Thraso n'a nullement dit qu'il serait traité comme voleur, s'il agissait sans droit. Où voit-on, en outre, que celui qui s'empare d'une femme libre commette un vol ?

---

1. Comp., Albert Desjardins, *Traité du vol dans les principales législations de l'antiquité et spécialement dans le droit romain*, 1881, p. 119 et suiv., n°s 135 et suiv. Voy. également L. 62. D. *de furtis*, XLVII, 2 (Marcien, *lib.* 4 *Regular.*) L. 1, *pr.* et § 2, D. *de servo corrupto*, XI, 3 (Ulpien, *lib.* 23 *ad Ed.*). Comp. P. Maria, *Le vindex dans la legis actio per manus injectionem et dans l'in jus vocatio*, Thèse Paris, 1895, p. 178, n. 31.

2. *Op.* et *loc. cit.*

3. *Die römischen Komiker als Rechtszeugen*, (*Zeitschr. der Sav-Stiftung. Rö. Abth.*, XIII (1892), p. 92). M. Costa, *Il diritto privato nelle comedie di Terenzio* (*Archivio Giurid.*, t. 50 (1893), p. 498) ne s'explique pas sur l'interprétation de ce passage.

III. — Plaçons-nous maintenant, dans l'hypothèse, où il y a doute sur l'identité de l'esclave ou de l'animal ou sur le lieu où il se trouve. Le propriétaire n'a pas reconnu sa chose, entre les mains d'un tiers ; il soupçonne cependant, qu'elle est dans telle maison ; mais le maître de celle-ci n'a pas pu ou n'a pas voulu se prononcer, sur le point de savoir, si oui ou non il avait le meuble en son pouvoir, malgré la description, qui lui en a été faite, l'indication des marques notamment ; en outre, quand il s'agit d'un esclave, rien ne remplace la confrontation individuelle [1]. Si le chef de famille consent à faire défiler ses esclaves devant le revendiquant, à lui montrer son troupeau et ses bêtes de somme, à soumettre à son examen les objets qui pourraient avoir quelque ressemblance avec celui qu'il cherche, aucune difficulté. La procédure de la revendication, si elle est entamée, débutera comme dans l'hypothèse précédente.

Comment, au contraire, résoudre la difficulté, si le propriétaire de la maison refuse d'accéder à la demande, qui lui est faite et soutient que l'homme, dont il s'agit, n'est pas chez lui ? La perquisition domiciliaire sera permise, dans ce cas, croyons-nous, et elle produira ses effets ordinaires, si elle aboutit à la découverte du meuble revendiqué ; on traitera, comme voleur pris en flagrant délit, celui dont l'affirmation aura été reconnue contraire à la vérité, mais, c'est qu'en cachant la chose il s'est rendu coupable de vol ; la perquisition domiciliaire se justifie encore ici, par le fait qu'un vol a été commis ; il n'y a de différence, que relativement à la date du délit.

Peut-être cependant, déjà à notre époque, la jurisprudence permettait-elle au demandeur de faire abstraction du vol et de se borner à intenter l'action, que les textes classiques appellent *actio ad exhibendum* ; celle-ci figurait, en effet, parmi les actions civiles, bien que

---

1. Il faut que le poursuivant voie l'esclave de près, qu'il entende sa voix, qu'il lui pose au besoin certaines questions.

certains auteurs lui dénient ce caractère[1]. Les Grecs connurent de bonne heure une action analogue[2].

En résumé, l'action en revendication ne débute pas par une saisie extra-judiciaire, bien que l'obligation imposée au défendeur de produire l'objet litigieux devant le magistrat constitue, pour le poursuivant, une sérieuse garantie.

IV. — Si telle est notre doctrine, M. Bechmann[3] soutient, au contraire, que l'ancien droit romain autorisait le revendiquant à s'emparer du meuble litigieux, sauf à le porter, sans délai, devant le magistrat, afin de se soustraire à l'accusation de vol. L'emploi de la force brutale ne doit en aucune façon nous surprendre, dit-on à l'appui de ce système, puisque l'ancien droit romain ne protégeait pas la possession. Ne fallait-il pas que celui qui avait opéré la perquisition domiciliaire se justifiât d'avoir violé le domicile d'un citoyen et conduisît immédiatement devant le tribunal l'esclave ou l'animal trouvé par lui, en affirmant qu'il en était le propriétaire. Et comment aurait-on évité, dans notre hypothèse, la perquisision domiciliaire, si le revendiquant ne trouvait pas l'occasion de s'emparer de la chose sur la voie publique[4] ?

---

1. L. 16, *pr.* et § 1, D. *de praescr. verb.*, XIX, 5 (Pomponius, *lib.* 22 *ad Sab.*). Les mots « *nullam juris civilis actionem esse Aristo ait* » du paragraphe 1 rapprochés de la fin du *pr.* montrent que l'*actio ad exhibendum* est une action civile. En ce sens, Demelius, *Die Exhibitionspflicht in ihrer Bedeutung für das classische und heutige Recht*, 1872, p. 20 et suiv. Lenel, *Edictum Perpetuum*, § 90, p. 176, *in f.* En sens contraire, Mor. Voigt, *Röm. Rechtsgesch.*, t. 1, § 66, p. 750, n. 32.

2. Comp. Leist, *Graeco-italische Rechtsgeschichte*, 1884, p. 490, 494.

3. *Op. cit.*, p. 12, 13, 14.

4. M. van Bemmelen, *Le système de la propriété mobilière* (1887), p. 78, dit également : « A Rome la nécessité de la saisie en justice pour exercer la revendication donnait anciennement la même importance à la recherche et aux visites domiciliaires et à l'appréhension extra-judiciaire (*furtum* CONCIPERE, c'est-à-dire SAISIR la chose furtive) qui se faisaient d'une manière solennelle et en présence de témoins. Mais le *per lancem et licium quaerere* et le *concipere furtum* ne faisaient pas partie de la revendication ou n'y formaient pas une introduction ». C'est résoudre la question par la ques-

Pour le très ancien droit, il ne saurait être question de l'action *ad exhibendum*. Quant à l'*in jus vocatio* et à l'obligation pour le possesseur de se faire accompagner par l'esclave litigieux auprès du préteur, les textes n'en parlent en aucune manière et, par suite, la doctrine adverse ne repose sur aucune base [1].

V. — Notre premier soin doit être de répondre à ce dernier reproche qui ne paraît pas mérité. Que l'*in jus vocatio* constitue le droit commun, qui pourrait le nier ? Or, où trouve-t-on, pour notre hypothèse spéciale, une dérogation à ce droit commun ? Quant à l'obligation pour le défendeur de produire en justice l'animal ou l'esclave, elle est une conséquence naturelle des idées qui dominent la procédure romaine ; nous ne revenons pas sur ce dernier point, nous bornant à rappeler que la *legis actio* suppose, non seulement la présence des deux parties, mais encore des cérémonies accomplies sur la chose même ; si le possesseur est contraint par la formule de l'*in jus vocatio* de suivre son adversaire en justice, comment ne serait-il pas tenu de produire le meuble [2] ?

---

tion ; ce que nous soutenons précisément, en nous fondant sur le sens du mot *furtum*, c'est que le propriétaire doit, s'il veut recourir à la saisie extra-judiciaire et à la perquisition domiciliaire, affirmer qu'un vol a été commis à son préjudice ; mais alors il ne s'agit plus de *rei vindicatio*.

1. Ces raisonnements de M. Bechmann sont approuvés par M. Hugo Krüger dans son compte rendu de la brochure de notre auteur, *Zeitschr. der Sav.-Stift. für Rechtsgeschichte*, R. A., t. X (1889), p. 167 et suiv., spécialement, p. 168 et 170. Avant M. Bechmann, M. Bernhöft avait, du reste, déjà enseigné, mais sans entrer dans aucun développement, que « la *vindicatio* semblable en cela à la *manus injectio* a commencé par être un acte extra-judiciaire ». *Staat und Recht der römischen Königszeit*, 1882, § 40, p. 224.

2. Pour fortifier cet argument, nous pouvons citer la L. 1, § 1, D. *Si quis jus dicenti non obtemperaverit*, II, 3 (Ulpien, *lib. I ad Ed.*) : « *Is videtur jus dicenti non obtemperasse qui quod extremum in jurisdictione est non fecit ; veluti* SI QUIS REM MOBILEM VINDICARI A SE PASSUS NON EST *sed* DUCI EAM *vel* FERRI *passus est : ceterum si et sequentia recusavit, tunc non obtemperasse videtur.* » Comparer la L. 2, D. *si quis in jus vocatus...*, II, 5 (Paul, *lib. I ad Ed.*).

Examinant maintenant, en elle-même, la conjecture de M. Bechmann, nous la repoussons, comme contredite par le paragraphe 16 du C. IV de Gaius. De ce paragraphe résulte, en effet, on le verra, qu'il y a égalité parfaite entre les plaideurs, lorsqu'ils comparaissent devant le magistrat ; ce dernier confie à l'un d'eux, suivant des règles, que nous étudierons, la garde de la chose litigieuse, pendant les débats, «... *id est interim aliquem possessorem constituebat* ». Ce rôle de séquestre pouvait échoir, aussi bien au défendeur qu'au demandeur ; si ce dernier l'emportait, il tenait son droit du décret du préteur et non pas d'une prétendue saisie extra-judiciaire antérieure à ce décret. Quelle aurait été, par suite, l'utilité de cette saisie, alors que le citoyen touché par l'*in jus vocatio* devait immédiatement se rendre sur le Forum et y porter le meuble[1] ?

Ce sont là les raisons qui nous conduisent à rejeter, pour le droit romain, la thèse, d'après laquelle la revendication mobilière débute par une saisie extra-judiciaire.

Elle se sépare ainsi de l'*Anefangsklage* du vieux droit allemand et de la *demande de chose emblée* des coutumes françaises du moyen âge. MM. Leist[2] et Bernhöft[3], qui affirment son étroite analogie avec la première procédure en se fondant sur l'existence dans la *legis actio sacramenti* du combat fictif, dont nous allons parler, oublient que, chez les Romains, ce combat fictif se déroulait en présence du magistrat, tandis que d'après les lois barbares et les

---

1. Que l'on ne nous objecte pas, du reste, la saisie extra-judiciaire opérée par M. Claudius sur la personne de Virginia. Liv. III, 44. Il est certain que, si le maître rencontre son esclave sur la voie publique, il peut s'en emparer et le conduire chez lui, dans le cas où personne ne s'y oppose ; c'est ce qu'eût fait M. Claudius, si les parents et amis de Virginia n'étaient pas intervenus. Schlossmann, *Ueber die proclamatio in libertatem* (*Zeitschr. der Sav.-Stift. für Rechtsgeschichte*, t. XIII (1892), R. A., p. 236).

2. *Civilistische Studien auf dem Gebiete dogmatischer Analyse*, t. IV. *Die realen Grundlagen und die Stoffe des Rechts*, 1877, p. 102 et 103 et *Graeco-italische Rechtsgeschichte*, § 38, p. 250, n. e.

3. *Staat und Recht der römischen Königszeit*, § 40, p. 223 et suiv.

textes allemands et français des XIe, XIIe et XIIIe siècles[1], la scène se passait au moment où la victime du vol retrouvait la chose volée[2].

§ 3. — Les vindicationes.

SOMMAIRE. — I. Affirmation solennelle de son droit par chacune des parties. Sens des expressions *adserere manu* et *conserere manus*. — II. Intervention du magistrat. — III. La cité ne devient pas propriétaire du bien litigieux, comme le soutiennent quelques-uns ; on ne doit même pas considérer ce dernier comme placé sous la main de la justice. — IV. Procédure postérieure. Renvoi.

I. — Supposons maintenant les parties devant le magistrat ; l'esclave litigieux se tient debout, auprès du tribunal. Le premier acte de la procédure consiste dans l'affirmation de son droit de propriété par chacune des parties ; chacune d'elles prend position, en prononçant une formule solennelle et en accomplissant certains rites ; on appelle *vindicatio*[3] l'ensemble des cérémonies par lesquelles l'un des plaideurs manifeste sa volonté de se comporter comme propriétaire de l'esclave et de faire respecter sa qualité par son adversaire ; à la *vindicatio* du demandeur succède immédiatement celle du défendeur.

« *Qui vindicabat, festucam tenebat ; deinde ipsam rem*

---

1. Comp. notre *Etude historique sur la revendication des meubles en droit français*, p. 38 et suiv., p. 115 et suiv.

2. Notons encore que, d'après les lois barbares et les vieilles coutumes allemandes, la main-mise sur le meuble par le poursuivant contraignait le détenteur à une réponse immédiate; il devait prendre position sans plus attendre. Aussi M. Brunner, *Deutsche Rechtsgeschichte*, § 118, t. 2, p. 501, dit-il très exactement, que l'*Anefang* doit être considéré, comme le début de l'action et non comme un préliminaire de l'action. En sens contraire, Van Bemmelen, *De la propriété mobilière*, p. 73 notamment.

3. Sur les différentes opinions relatives à l'étymologie du mot *vindicatio* on peut consulter Gauckler, *Etude sur le vindex* (*Nouv. Rev. hist. du dr.*, t. XIII, 1889, p. 605 et suiv.) et P. Maria, *op. cit.* p. 8 et suiv. Si *vindicare* signifiait se plaindre d'un acte de violence, cette étymologie constituerait un argument de plus en faveur de notre doctrine sur le caractère primitif de la revendication.

adprehendebat, veluti hominem, et ita dicebat : HUNC EGO HOMINEM EX JURE QUIRITIUM MEUM ESSE AIO SECUNDUM SUAM CAUSAM. SICUT DIXI, ECCE TIBI VINDICTAM IMPOSUI, *et simul homini festucam imponebat ;* ...*Festuca autem utebantur quasi hastae loco, signo quodam justi dominii, quod maxime sua esse credebant quae ex hostibus cepissent; unde in centumviralibus judiciis hasta praeponitur.* », Gaius, IV, 16.

En prononçant les paroles consacrées, le plaideur saisit d'une main la chose, tandis que de l'autre il étend sur elle la baguette, qui représente la lance [1].

A l'autre partie incombe l'obligation de faire immédiatement les mêmes gestes et de prononcer les mêmes paroles ; elle ne se contente pas de nier le droit du demandeur, elle affirme qu'elle est propriétaire de la chose. La *vindicatio* de l'un ne peut être, même temporairement, paralysée que par la *vindicatio* de l'autre. Qu'au point de vue procédural les rôles des deux adversaires soient les mêmes, c'est ce que les textes [2] établissent, de la façon la plus nette,

---

1. Rapprochez du paragraphe 16 du C. IV de Gaius le tit. XXXIII, § 1 de la loi des Ripuaires et la loi galloise d'Hoel le Bon citée dans notre *Étude historique sur la revendication des meubles en droit français*, p. 69, n. 1. D'après cette loi galloise, si le demandeur revendique un animal, il doit saisir de la main gauche l'oreille droite de la bête ; son adversaire prend à son tour l'oreille gauche, de la main droite. D'après les coutumiers allemands et scandinaves, les plaideurs ne se contentent pas de saisir l'animal par les oreilles, le propriétaire pose le pied droit sur le pied gauche de celui-ci et le défendeur à son tour marche du pied gauche sur le pied droit de la bête (J. Grimm, *Rechtsalterthümer*, p. 589, 591). M. B. W. Leist, *Civil. Stud.*, t. IV, p. 103 dit du reste, avec raison, que le récit de Gaius peut être complété, au moyen des coutumiers allemands et scandinaves ; le plaideur romain tenait certainement la *festuca* de la main droite et le meuble litigieux de la main gauche.

2. Gaius, IV, 16 : « .....*adversarius* EADEM *similiter dicebat et faciebat; cum* UTERQUE VINDICASSET... » Aulu-Gelle, XX, 10, 9 « ...*in jus in urbem ad praetorem deferrent et in ea gleba, tamquam in toto agro,* VINDICARENT ». Boèce, *Comm. sur les Topiques*, III, 5, § 28 (Orelli), t. V, p. 322, l. 20 : « *Deinde, postquam hic vindicaverit, praetor interrogat eum qui cedit an* CONTRAVINDICET. *Quo negante aut tacente...* » Cicéron, *pro Murena*, XII, 26 : « *Quum hoc fieri bellisime posset* : « *Fundus Sabinus meus est* » « IMMO MEUS ». Plaute, *Rudens*, IV, 3, 86. Gr. *Nescio : neque ego*

malgré les dénégations de M. Lotmar[1]. Cette solution, confirmée par les données de l'histoire générale[2] du droit, ne saurait, en outre, nous étonner. Les législations primitives ne connaissent pas nos analyses savantes et ne conçoivent pas que le défendeur soit maintenu en possession, même s'il reconnaît n'avoir pas personnellement de droit et se borne à nier celui de son adversaire. Pour qu'il y ait lutte juridique, il faut qu'il y ait deux droits en conflit. Entre deux personnes, dont l'une n'hésite pas à soutenir la justice de sa cause devant le magistrat, à ses risques et périls, et dont l'autre n'ose pas aller jusqu'à se dire propriétaire, la procédure antique ne saurait hésiter[3].

Comment interpréter les cérémonies, que décrit le paragraphe 16 du C. IV de Gaius ? En les accomplissant, chacune des parties se borne, selon nous, à affirmer solennellement son bon droit. Pour atteindre ce but, de simples paroles sembleraient insuffisantes ; le geste vient naturellement se joindre à la parole, pour lui donner plus de force. Comme le plaideur se prétend propriétaire de l'esclave, il fait acte de maître, en le saisissant, par le bras par exemple ; s'il étend la baguette, c'est pour montrer qu'il défendrait au besoin son droit, les armes à la main[4]. Les textes désignent par l'expression *asserere*

---

istas vestras leges urbanas scio nisi quia hunc meum esse dico. Tr. Et ego item esse aio meum. En notre sens, Brinz, *Zur Contravindication der legis actio sacramento*, 1877. *Festschrift für L. von Spengel*, p. 97 et suiv.

1. V. notamment *Zur legis actio sacramento in rem*, 1876, pp. 38, 69.
2. V. Brinz, *Zur Contravindication der legis actio sacramento*, p. 143 et suiv. et notre *Etude historique sur la revendication des meubles en droit français*, p. 198 et suiv. On doit d'ailleurs considérer comme très significatif le nom de la procédure *d'adveu* et de *contre-adveu* à laquelle font allusion certaines coutumes françaises du XVIe siècle.
3. Fr. Bücheler et E. Zitelmann, *Das Recht von Gortyn.* (1885), p. 86.
4. M. Sumner Maine, *L'Ancien Droit* (trad. Courcelle Seneuil, p. 356) et *Etudes sur l'histoire des institutions primitives* (trad. Durieu de Leyritz, p. 312), voit, dans notre procédure, « un drame symbolisant l'origine de la justice » et les historiens modernes du droit romain s'approprient très généralement cette notion du combat fictif. Pour M. Gradenwitz, au contraire, *Zwangsvollstreckung und Urtheilssicherung* (Festgabe von R. von Gneist,

manu cette affirmation de la propriété par la main-mise sur la chose : « *quos (pisces) quom capio, siquidem cepi, mei sunt* : *habeo pro meis. Nec* MANU ADSERUNTUR *neque illinc partem quisquam postulat* », dit Gripus dans le *Rudens* de Plaute, IV, 3, 33 et 34.

Citons encore les passages, assez nombreux, dans lesquels se trouvent les mots « *asserere in servitutem* [1] » « *asserere in libertatem* [2] ». Il s'agit là de l'affirmation solennelle, que telle personne appartient à l'un des plaideurs, suivie de l'affirmation solennelle de sa liberté.

« *Hinc* ADSERERE MANU *in libertatem*, CUM PRENDIMUS », dit Varron, *de ling. lat.*, VI, 64 [4].

Si le terme « *adserere manu* » vise la *vindicatio* opérée par chacune des parties, celui de « *conserere manus* » désigne l'acte procédural envisagé dans son ensemble [5].

1888, p. 289), Gaius décrit non pas un combat fictif, mais le commencement d'un combat véritable. Sans attacher une importance exagérée à cette discussion, objectons à M. Gradenwitz, que, quand les parties se présentent devant le magistrat, elles sont déjà décidées à soumettre leur différend à un arbitre. Indépendamment de l'affirmation matérielle de leurs droits respectifs par les parties, nous ne verrions tout au plus, dans les rites dont nous nous occupons, que la manifestation de la volonté de recourir aux armes, si le magistrat n'organise pas l'instance. Notre conception se rapproche du reste très sensiblement de celle de M. Bethmann-Hollweg, *Röm. Civilprocess*, t. 1, p. 131.

1. *Liv.* III, 44, 5.
2. *Liv.* III, 45, 2.
3. En prononçant les paroles consacrées les deux plaideurs saisissent encore ici l'homme, objet du débat.
4. « *Lu. Memento promississe te si quisquam hanc liberali caussa* MANU ADSERERET..... », Plaute, *Curculio*, IV, 2, 4. « *Syncer..... quo id facilius fiat*, MANU EAS ADSERAT SUAS *popularis, liberali causa...* Plaute, *Poenulus*, IV, 2, 83. Voy. également les autres passages de Plaute cités par Costa, *Il diritto priv. rom. nelle comedie di Plauto*, p. 434 et 435 et Térence, *Adelphi*, II, 1, 40. Comp. Festus, Vº *Sertorem*. « *Sertorem quidam putant dictum a prendendo, quia cum cuipiam* ADSERAT MANUM, *educendi ejus gratia ex servitute in libertatem, vocetur adsertor.....* » Ce qui démontre à notre avis l'inexactitude de l'interprétation donnée par Festus, c'est que chacune des deux parties met la main sur l'homme, dont la liberté est en question. Comp. Voigt, *Die XII Tafeln*, § 74 et § 76, n. 14 et 15, t. 2, p. 47 et 68.
5. Comp. ci-après, ch. II, nº III.

II. — Jusqu'à présent, les parties seules ont agi ; leur volonté de défendre leur droit s'est manifestée par ce fait, qu'elles se sont l'une et l'autre comportées en propriétaires. Il ne faut pas oublier cependant que, chez les Romains, la scène se passe devant le magistrat, son intervention ne doit donc pas nous étonner ; en prononçant la formule : « MITTITE AMBO HOMINEM » « lâchez l'homme l'un et l'autre », le représentant de la cité accepte d'organiser l'instance et de donner l'investiture à l'arbitre, choisi d'une façon directe ou indirecte par les deux plaideurs.

III. — Si telle est notre interprétation des mots « MITTITE AMBO HOMINEM », M. Münderloh[1] et M. Maschke[2] leur font produire un effet juridique d'une importance considérable ; par leur vertu la cité deviendrait propriétaire du bien litigieux, sauf à elle à assurer par des moyens, que nous indiquerons, le paiement d'une somme représentant sa valeur, à celle des parties qui triompherait.

D'autres[3], sans aller aussi loin, estiment que le magistrat est désormais chargé de la garde du meuble, jusqu'à la sentence ; ce dernier est sous la main de la justice ; c'est à elle que le vainqueur devra s'adresser ; à la vérité, la puissance sociale confiera la possession intérimaire à l'un des plaideurs, mais comme elle l'eût confiée à un tiers et en exigeant des garanties contre sa négligence ou sa mauvaise foi.

---

1. *Ueber Schein und Wirklichkeit an der legis actio sacramenti in rem* (*Zeitschrift für Rechtsgeschichte*, t. XIII, 1878, p. 473 et 474).

2. *Der Freiheitsprozess im Klassischen Alterthum, insbesondere der Prozess um Verginia*, 1888, p. 131 et 132 (*Historische Untersuchungen von J. Jastrow, Heft*, 8).

3. Gradenwitz, *Zwangsvollstreckung und Urtheilssicherung* (*Festgabe von R. von Gneist*), 1888, p. 286. Bechmann, *Studie im Gebiete der legis actio sacramenti in rem*, p. 31. C'est également en ce sens que semble se prononcer M. Cüenot, bien qu'il parle de confiscation, *De la sentence du juge et de sa réalisation dans l'actio sacramenti in rem* (*N. Rev. hist. du droit*, t. XVII (1893), p. 345). Du même auteur : *De la condamnation civile à l'époque des actions de la loi en droit romain*, 1892 (Thèse), p. 144, n. 1, et p. 145.

A l'appui de ces deux doctrines, on présente un argument commun. Les *praedes,* dit-on, s'engagent toujours vis-à-vis de la cité et jamais vis-à-vis d'un simple particulier ; comme des *praedes litis et vindiciarum* seront fournis par celui, qui aura la chose pendant les débats, à titre de propriétaire, d'après la première doctrine, à titre de possesseur intérimaire, d'après la seconde, il faut en conclure, que l'Etat joue un rôle dans la procédure. Puisque les *praedes* s'obligent vis-à-vis du magistrat, c'est donc que le gagnant s'adressera à lui.

Nous allons, ci-après, combattre cette affirmation fort répandue, à savoir que l'institution des *praedes* appartient exclusivement au droit public. Adressons néanmoins, dès maintenant, deux objections à nos adversaires. *A priori*, il semble peu conforme à l'esprit de la vieille procédure romaine de faire intervenir aussi directement la cité, dans la lutte engagée entre deux particuliers. De plus c'est toujours l'un des plaideurs, qui gardera la chose pendant les débats et qui fournira les *praedes litis et vindiciarum* : « *postea praetor secundum* ALTERUM EORUM *vindicias dicebat, id est* INTERIM *aliquem* POSSESSOREM *constituebat* », Gaius, IV, 16. Ce passage de Gaius condamne, on le verra, l'opinion de M. Münderloh, acceptée par M. Maschke. Ajoutons qu'il se concilie difficilement avec le second système; car, si au magistrat incombe la mission de veiller à la conservation de la chose, pourquoi limiter sa liberté d'appréciation, pourquoi ne pas lui permettre de choisir comme séquestre un tiers, qui inspirerait plus de confiance que les plaideurs ou qui présenterait des répondants plus riches et plus considérés ?

IV. — Lorsque le préteur avait prononcé la formule : MITTITE AMBO HOMINEM, le dialogue continuait entre les deux plaideurs :

« *Illi mittebant ; qui prior vindicaverat, ita alterum interrogabat* : POSTULO ANNE DICAS QUA EX CAUSA VINDICAVERIS; *ille respondebat* : JUS FECI SICUT VINDICTAM IMPOSUI ; *deinde qui prior vindicaverat dicebat*; QUANDO TU INJURIA VINDICAVISTI, D AERIS SACRAMENTO TE PROVOCO ; *adversarius quoque dicebat similiter :* ET EGO TE ». Gaius, IV, 16.

Il ne rentre pas dans notre plan de commenter cette partie du paragraphe 16 de Gaius. Au contraire, en se plaçant à l'époque postérieure au dépôt du *sacramentum*, plus tard, après la constitution des *praedes sacramenti*, la procédure reprend, pour nous, un vif intérêt ; car il s'agit de se prononcer sur le sort du meuble litigieux, pendant les débats devant le juge, et la solution donnée à ce problème par le droit antérieur à la loi Aebutia explique, à notre avis, le recours à la procédure par le pari, *agere per sponsionem*. Le nom même de la *stipulatio* PRO PRAEDE LITIS ET VINDICIARUM justifie d'ailleurs notre étude.

§ 4. — Qui gardera le meuble jusqu'à la sentence ?

SOMMAIRE. — I. Le préteur n'adjugeait pas la propriété du meuble litigieux au plus offrant et dernier enchérisseur, à la charge de payer le prix de vente à celui des deux plaideurs qui obtiendrait gain de cause. — II. En sens inverse, le défendeur ne conservait pas toujours la possession intérimaire, à la seule condition de fournir des *praedes litis et vindiciarum*. — III. Suivant quels principes le magistrat rendra-t-il son décret ? Exposé des différentes doctrines. — IV. Rejet d'une conjecture, à laquelle on pourrait songer. — V. Système proposé. Hypothèse où les parties se mettent d'accord. — VI. Hypothèse inverse.

1. — Commençons par reproduire les deux passages suivants sur lesquels roulera la discussion :

« *Postea praetor secundum alterum eorum* VINDICIAS DICEBAT, *id est* INTERIM ALIQUEM POSSESSOREM CONSTITUEBAT, *eumque jubebat* PRAEDES ADVERSARIO DARE LITIS ET VINDICIARUM, ID EST REI ET FRUCTUUM ». Gaius, IV, 16.

« *Ideo autem appellata est pro praede litis vindiciarum stipulatio, quia in locum praedium successit, qui olim, cum lege agebatur*, PRO LITE ET VINDICIIS, ID EST PRO RE ET FRUCTIBUS, *a possessore petitori dabantur*. ». Gaius, IV, 94.

M. Münderloh, partant de la doctrine de la confiscation du meuble litigieux, enseigne que, tout au moins à l'origine, le préteur en adjugeait la propriété au plus offrant et dernier enchérisseur, à la charge de payer le prix de vente à celui des deux plaideurs, qui obtiendrait gain de cause ; à égalité d'offres, une des parties l'emportait sur un tiers et celui qui était en possession sur son adversaire.

On peut objecter à M. Münderloh, que le texte de Gaius écarte toute éventualité de l'attribution de la chose litigieuse à un tiers. Comment expliquer, de plus, dans cette doctrine, le nom de *praedes* LITIS *et vindiciarum* donné aux répondants ?

II. — C'est, dans un ordre d'idées diamétralement opposé, que se place M. Bekker[1], d'après lequel le défendeur conservait toujours la possession intérimaire, à la seule condition de fournir des *praedes litis et vindiciarum*. Tant que le demandeur n'a pas fait sa preuve, pourquoi ne pas maintenir la situation de fait ? L'équité exige que les avantages de sa situation ne soient pas enlevés au possesseur, puisque son adversaire n'a pas encore démontré l'exactitude de ses allégations. La jurisprudence classique formulait cette solution[2] et il ne reste aucune trace d'une législation différente qui l'aurait précédée. Ajoutons que Gaius dit, au paragraphe 94 : « A POSSESSORE PETITORI *dabantur* ».

Je réponds que, dans le paragraphe 16, se trouve la description de la procédure ; dans le paragraphe 94, Gaius renvoie à des explications déjà données. Or, les expressions dont se sert le paragraphe 16 ne peuvent guère laisser de doute : « INTERIM *aliquem possessorem* CONSTITUE-

---

1. *Zu den Lehren von Legis actio sacramento, dem Utipossidetis und der Possessio* (Zeitschrift der Sav.-Stift. für R. G., t. V (1884), R. A., p. 151) Dans le même sens, Cuq, *Les institutions juridiques des Romains*, t. I. Droit ancien, p. 411, n. 1. Du même auteur, *Recherches sur la possession*. N. Rev. hist. du dr., t. XVIII (1894), p. 13.

2. Gaius, IV, 148, 152. L. 1, § 2, 3. D. *Uti possidetis*, XLIII, 17 (Ulp., lib 69 *ad Ed.*).

BAT », la possession du plaideur aura sa source dans le décret du magistrat et ce sera une possession provisoire ; s'il possédait antérieurement, une possession nouvelle commencera pour lui, elle différera de l'ancienne, quant à sa nature. Le magistrat déclare, par son décret, non pas qui possédait avant le commencement de la *legis actio*, mais qui doit posséder jusqu'à la sentence, « *quis* DEBEAT *esse possessor* », dit le Pseudo-Asconius (*in Verr*., II, 1, 115. Orelli, t. V, p. 191) et non pas « *quis* SIT *possessor* »[1].

III. — Considérant maintenant comme établi, que le plaideur, auquel sera confiée la chose, en aura seulement la possession à titre provisoire et qu'il puisera son droit dans le décret du magistrat, demandons-nous suivant quels principes ce dernier rendra son décret.

Les conjectures sont encore ici fort nombreuses. Le préteur se décidera, suivant les uns, en faveur de celui qui, après un examen sommaire de la cause, paraît avoir pour lui le bon droit[2]. C'est au propriétaire probable, que le magistrat confiera la garde de la chose litigieuse pendant le procès. M. Jordan, l'un des partisans de ce système, s'appuie sur un passage de Cicéron *Pro Milone*, XXVII, 74, passage, que nous étudierons plus loin, mais qui ne paraît, à aucun degré, favorable à sa thèse. Il cite en outre quelques lignes d'un polémiste chrétien de la fin du IIIe siècle, Arnobe (*adv. gentes*, IV, 16).

« *Quis quaesitor, quis arbiter cervicibus tantis erit qui inter personas hujusmodi aut* VINDICIAS JUSTAS DARE *aut sacramenta conetur pronuntiare non justa*[3] ».

---

1. G. W. Wetzell, *Der römische Vindicationsprocess*, 1845, p. 45 et 46. Lotmar, *Zur legis actio sacramento in rem*, p. 85 et 86. Brinz, *Zur contravindication in der legis actio sacramento*, p. 129 et 130. Karlowa. *Röm. Rechtsgeschichte*, t. II, p. 318.

2. G. Jordan, *De praedibus litis et vindiciarum et stipulatione pro praede litis et vindiciarum, dissert. inaugur.*, 1860, p. 37. Dans le même sens, notamment Ortolan, *Instituts*, t. III, § 1866 ; Accarias, *Précis*, t. II, 742, p. 677.

3. Il convient d'ailleurs de considérer comme technique l'expression « *vin-*

M. C. Appleton[1] ajoute que le magistrat suivait la même méthode, à propos de la *rei vindicatio* et de la pétition d'hérédité et que, sans aucun doute, le magistrat attribuait la possession intérimaire des biens héréditaires à « celui qui, *prima facie*, paraissait avoir le meilleur droit ».

Pour d'autres auteurs, le préteur se préoccupait, avant tout, des garanties offertes par les parties ; celui-là l'emportait, qui présentait les répondants les plus nombreux et les plus riches. M. Bechmann[2] croit que cette considération devait peser d'un grand poids dans la balance, tout en estimant, que la possession intérimaire pouvait aussi être attribuée à celui, en faveur duquel militaient les plus fortes présomptions.

Rappelons encore l'opinion fort connue de M. de Ihering[3], d'après lequel la jurisprudence établie à l'occasion de la « *datio vindiciarum* » aurait servi plus tard en matière d'*interdicta retinendae possessionis causa* ; ces interdits tireraient leur origine de cette jurisprudence et les arguments, qui, à l'époque classique, entraînaient la conviction du juge de l'interdit *utrubi* ou de l'interdit *uti possidetis* déterminaient déjà le magistrat au temps des *legis actiones*.

Selon M. C. Appleton[4] enfin, « dans les *vindiciae*, il y

---

dicias justas dare ». M. Contardo Ferrini (*Die juristischen Kenntnisse des Arnobius und des Lactantius* (*Zeitsch. der Sav. Stift. für* R. G. R. A., t. XV, 1894, p. 343 et suiv.) vient en effet de soutenir que les Institutes de Gaius constituent la principale source de la doctrine juridique d'Arnobe ; en tout cas, les passages cités par M. Ferrini prouvent que cet écrivain parlait correctement la langue du droit.

1. *Histoire de la propriété prétorienne et de l'action publicienne*, 1889, t. 1, § 11, p. 35.
2. *Op. cit.*, p. 31 et suiv. D'après M. Dernburg, le préteur se décidait, en première ligne pour le propriétaire probable, subsidiairement pour celui qui offrait le plus de garanties. *Entwicklung und Begriff des jurist. Besiztes*, p. 41. Comp. E. J. Bekker, *Zu den Lehren von Legis Actio sacramento, dem Utipossidetis und der Possessio*, p. 150.
3. V. ci-après, ch. IV, § 5, n° 3.
4. *Op. cit.*, p. 37.

avait un mélange de possessoire et de pétitoire, en ce sens que les motifs sur lesquels le préteur pouvait s'appuyer pour attribuer la possession intérimaire à l'un plutôt qu'à l'autre étaient tantôt empruntés au fond du droit, à la propriété apparente et tantôt à l'état actuel de la possession. De là devait résulter un arbitraire fâcheux, et les solutions variaient suivant que le magistrat en exercice attribuait plus d'importance à la possession actuelle qu'au titre ou réciproquement ».

IV. — Quel jugement porter sur toutes ces doctrines? Avant d'exposer la conjecture à laquelle nous nous rattachons, reconnaissons que la disposition du paragraphe 16 du C. IV de Gaius peut, au premier abord, soulever un étonnement légitime. Dans l'ensemble de la procédure, le magistrat apparaît comme un simple juge du camp, dont l'intervention tend à rendre publique et loyale la lutte qui s'engage entre deux particuliers. Comment alors expliquer le pouvoir de décision propre et l'initiative, que semble supposer chez lui l'attribution de la possession intérimaire à l'une des parties?

Ajoutons, que Gaius ne laisse nullement supposer un temps d'arrêt dans la marche de la procédure, « *postea praetor secundum alterum eorum vindicias dicebat, id est interim aliquem possessorem constituebat* ». S'il confiait la possession intérimaire à celui qui avait le plus de chances de succès, le préteur ne pouvait cependant échapper à la nécessité d'un examen au moins sommaire du procès[1]. A plus forte raison, une discussion préalable s'imposait-elle, si la solution dépendait du point de savoir, qui possédait la chose litigieuse, avant le procès.

Pour ces deux raisons, j'ai été, quelque temps, séduit par

1. Comp. notamment ce que dit M. C. Appleton, *op. cit.*, t. I, p. 35. « S'il s'agissait d'une chose *nec mancipi*, le préteur préférait sans doute au plaideur qui ne produisait aucun titre, celui qui *prouvait avoir acheté et reçu tradition* : la question de savoir s'il avait acquis *a vero domino*, restant réservée pour le fond du procès ».

l'idée d'interpréter le paragraphe 16 au moyen des paragraphes 165, 166, 167, du même C. IV. D'après ces derniers textes, qui sont relatifs à l'interdit *uti possidetis*, la possession intérimaire de l'immeuble demeure à celui des deux adversaires, qui en offre le prix le plus élevé, *fructus licitatio*. Celui qui l'aura emporté, dans cette mise aux enchères, s'engagera, dans la forme de la stipulation, à payer, s'il succombe, la somme, qui représente la jouissance pendant les débats, *fructuaria stipulatio*; sous cette condition, la garde de la chose lui sera provisoirement confiée par le préteur. De même, en matière de *legis actio sacramenti in rem*, le magistrat se serait borné à consacrer par sa décision le résultat d'enchères portant, non pas sur la propriété, comme le veut M. Münderloh, mais sur la possession intérimaire pourvu que, bien entendu, le vainqueur fournît des *praedes litis et vindiciarum*.

En faveur de cette hypothèse militaient les principes généraux, tels que je viens de les rappeler, l'étroite connexité existant entre la procédure de l'interdit *uti possidetis* et la *legis actio sacramenti in rem*, enfin l'identité des expressions employées par le paragraphe 16 et par le paragraphe 166 du C. IV : « *interim aliquem* POSSESSOREM CONSTITUEBAT », « *is tantisper* IN POSSESSIONE CONSTITUITUR ».

Malgré ces arguments, les traditions romaines relatives au procès de Virginie ne permettent pas de nier que le magistrat disposât d'un certain pouvoir d'appréciation, à défaut d'accord intervenu entre les parties. Etant donné notre conception des interdits, il n'est pas, en outre, étonnant que, dans la *legis actio*, le rôle du représentant de la cité soit plus considérable. La procédure de l'interdit *uti possidetis* fut réglementée en prenant pour modèle la *legis actio sacramenti in rem*; seulement la jurisprudence imagina la *fructus licitatio*, parce que le concours des plaideurs était indispensable.

V. — Rejetant cette conjecture, arrivons à celle qui paraît la plus vraisemblable. Plusieurs passages de Tite-Live[1] montrent, que M. Claudius aurait pu s'entendre, à l'amiable, avec Virginius, relativement à la possession intérimaire. Il importe donc de distinguer suivant qu'avant leur comparution *in jure* les parties se sont ou non déjà mises d'accord sur le sort du bien litigieux pendant les débats.

Sans doute, quand il s'agissait d'un esclave, ce n'était pas un médiocre avantage de le tenir en son pouvoir jusqu'à la sentence ; pour qui avait confiance dans son bon droit, ce premier succès permettait d'attendre le triomphe définitif, sans qu'il y eût à craindre la mauvaise foi d'un adversaire peu scrupuleux ou sa négligence. Grâce à la surveillance des *praedes litis et vindiciarum*, les chances de perte s'atténuaient notablement dans la pratique ; néanmoins, il valait encore mieux s'en rapporter à sa propre vigilance, d'autant que le plaideur pouvait être animé de sentiments autres que celui du gain, amour pour une concubine, affection pour un enfant issu de son *contubernium* avec une de ses esclaves.

Comment, d'autre part, ne pas comprendre, qu'un plaideur tienne, avant tout, à être déchargé de l'obligation de trouver des répondants et à éviter l'ennui de leur contrôle ? De plus, grâce à une prudente abstention, il échappera à toute responsabilité et cependant sa sécurité peut être complète, en raison de la solvabilité des *praedes litis et vindiciarum*, présentés par son adversaire.

Ainsi, une convention se conçoit entre les deux adversaires relativement à la possession provisoire du bien litigieux. Dans cette hypothèse ils fixeront, en même temps, la somme que paiera, à titre d'amende, le possesseur intérimaire, s'il succombe et doit par suite restituer la chose. Je reviendrai sur cette amende, à laquelle les textes don-

---

1. Liv. III, 44 «... neque *cederet* secundum libertatem postulantibus vindicias... »; III, 45 «...cui dominus *possessione cedat*...» «...Si hujus *vindiciis cesserit* ».

nent le nom de *vindiciae* et qui correspond à la *summa fructus licitationis* de l'interdit *uti possidetis*. Un danger menace donc celui qui est constitué gardien et ce danger forme la contre-partie de l'avantage dont il jouit; ce trait s'harmonise à merveille avec l'ensemble du droit ancien.

Même quand les adversaires se sont entendus, le magistrat promulguera son décret, qui servira à accentuer le caractère particulier et provisoire de la possession du plaideur. S'il possédait déjà avant la *legis actio*, sa situation sera toute nouvelle; des devoirs spéciaux lui incomberont, en qualité de gardien d'une chose litigieuse.

VI. — Plaçons-nous maintenant dans l'hypothèse où les plaideurs comparaissant *in jure* veulent, l'un et l'autre, se faire attribuer la garde du bien jusqu'à la sentence. Le représentant de la cité conserve alors toute sa liberté d'action et il en usera pour le mieux, suivant les circonstances. Quelquefois il se laissera influencer par la supériorité des garanties offertes par l'une des parties en raison de sa situation sociale, de sa bonne renommée, du nombre et de la solvabilité des *praedes* qui consentent à s'obliger pour elle; quelquefois il donnera la préférence à celui qui offre de payer l'amende la plus forte, en cas d'échec; si enfin il se trouve en mesure de se faire une opinion, au moins provisoire, sur le fond de l'affaire, ce qui arrivera rarement, il ne lui sera pas interdit d'en tenir compte. Pour donner une autre forme à notre pensée, le préteur se prononcera en faveur du propriétaire probable[1]; seulement, comme le temps et les moyens d'information lui manquent, il s'en tiendra en général à des présomptions tirées, de la condition sociale, de la réputation du plaideur ou de ceux qui l'assistent, de la confiance dans son bon droit témoignée par celui qui s'expose à payer une somme élevée, en cas d'échec. Comme cette méthode ne comporte guère de divergences d'appréciation, on saura d'avance presque toujours,

---

1. Cela suffit pour expliquer les expressions « *justas vindicias dare* » du passage d'Arnobe.

dans quel sens se prononcera le magistrat et cette conviction amènera sans doute les parties à s'entendre au préalable, dans la plupart des cas. Si cependant la lutte s'engage, *in jure*, sur la question de la possession intérimaire, le décret y mettra fin et fixera le montant des *vindiciae* que devront promettre les *praedes* du possesseur provisoire ; ces *vindiciae* seront, le plus souvent, celles qu'il offrait lui-même ; tout au moins, les offres faites guideront-elles le magistrat.

§ 5. — Sens des mots vindicia et vindiciae.

Sommaire. — I. *Vindicia*, la chose litigieuse. — II. *Vindicia*, la motte de terre représentant l'immeuble *in jure*. — III. *Vindiciae*, la possession intérimaire, le droit de jouir de la chose pendant les débats et de recueillir les fruits. — IV. *Vindiciae*, l'amende formant la contre-partie de la possession intérimaire.

I. — On appelle *vindicia* la chose litigieuse, sur laquelle les deux plaideurs ont accompli les cérémonies consacrées de la *vindicatio* et de la *contravindicatio*[1].

« *Vindiciae appellantur* res eae, de quibus controversia est.... *At Ser. Sulpicius nomine etiam singulariter formato vindiciam esse ait eam rem* qua de re controversia est, ab eo quod vindicatur.., » *Festus*, V° *Vindiciae*.

«... *Cum adversario simul manu prendere et* in ea re *sollemnibus verbis vindicare* id est vindicia [2] ». Aulu-Gelle, XX, 10, 7.

---

1. En ce sens Bechmann, *Studie im Gebiete der legis actio sacramenti in rem*, p. 31 et 32.

2. Dans ce texte les mots « *id est vindicia* » me paraissent se rapporter à *in ea re* et non pas à *vindicare*, comme le veut entre beaucoup d'autres M. K. E. Georges, *Lat. Handwörterb.*, *hoc verbo*. M. Gauckler, *Etude sur le vindex*, p. 606, 607, reproduisant le texte d'Aulu-Gelle de la façon suivante : « *Vindicia, id est correptio manus in re atque in loco præsenti apud practorem* », arrive à des conclusions opposées aux miennes ; mais les meilleures éditions condamnent cette leçon. Une nouvelle phrase commence certainement avec les mots « *correptio manus.* »

Détruire ou détourner une chose litigieuse paraît particulièrement grave.

« *Nemo hic* VINDICIAS *neque sacra neque numen veretur* », dit Lucilius reproduit par Festus dans le passage cité plus haut.

On appelle donc *vindicia, vindiciae* au pluriel, la chose litigieuse elle-même, c'est là le sens originaire.

II. — A ce premier sens se rattache, par un lien facile à apercevoir, celui qui est signalé par Festus, d'après Cincius.

« .... *De quo verbo Cincius sic ait* : *Vindiciae olim dicebantur glaebae illae quae ex fundo sumptae in jus adlatae erant* ».

Les mottes de terre, dont nous aurons à parler ci-après à propos de la revendication immobilière, tenaient la place des immeubles litigieux ; c'était sur elles, que s'accomplissaient la *vindicatio* et la *contravindicatio* ; rien d'étonnant, par suite, à les voir appeler *vindiciae*.

III. — Jusqu'à présent nous nous sommes occupé du mot *vindicia*. Arrivons à la forme *vindiciae,* à laquelle ne correspond aucun singulier.

Les textes désignent d'abord par *vindiciae* la possession intérimaire, le droit de jouir de la chose et d'en percevoir les fruits pendant les débats.

Le préteur attribue les *vindiciae* à l'un des plaideurs, « *secundum aliquem vindicias dat*[1], *decernit*[2], *dicit*[3] ». Avant la décision du magistrat, les plaideurs se disputent les *vindiciae*, *vindicias contendere*[4], *postulare*[5]. Dans

---

1. Liv. III, 56, 4. Asconius, *in Cornelianam* (Or., t. 5, p. 77). Arnobe, *adv. gentes*, IV, 16.
2. Liv. III, 47, 5.
3. Gaius, IV, 16. Festus, V° *Vindiciae*. « *Cato in ea, quam scribsit L. Furio de aqua* : ..... *s praetores secundum populum vindicias dicunt* ». Pomponius, L. 2, § 24. D. *de orig. jur.*, I, 2 « ... *vindicias filiae suae a se abdixisse et secundum eum, qui in servitutem ab eo suppositus petierat dixisse*... »
4. Aulu-Gelle, XX, 10.
5. Liv. III, 44, 5.

ce premier sens, les *vindiciae* de la *legis actio sacramenti* correspondent aux *fructus* de la *fructuum licitatio* dans la procédure de l'interdit *uti possidetis*[1].

IV. — Le terme « *vindiciae* » désigne encore, à mon sens, une somme d'argent que devra payer le possesseur intérimaire après la défaite, indépendamment de la restitution de la chose. Cette somme joue le même rôle que la *summa licitationis* dans la *fructuaria stipulatio* de l'interdit *uti possidetis*. Elle représente l'amende qu'encourt le plaideur pour s'être fait attribuer, sans droit, la possession intérimaire.

« *Summa enim fructus licitationis non pretium est fructuum, sed poenae nomine solvitur, quod quis alienam possessionem per hoc tempus retinere et facultatem fruendi nancisci conatus est* ».

Ce passage de Gaius, IV, 167 s'applique avec autant de force, à notre avis, à la *legis actio per sacramentum* qu'à l'interdit *uti possidetis*, pour lequel le jurisconsulte l'écrivit. S'il succombait, celui qui, confiant dans son bon droit, s'était fait confier la garde de la chose portait la peine de sa témérité. L'acte libre du plaideur joue, dans la vieille procédure, un rôle très important ; mais, s'il échoue, il se sera frappé lui-même ; à lui de choisir entre l'acte et les risques qu'y attache la coutume.

Même si la chose litigieuse ne produit pas de fruits ou si le peu de durée du procès n'a pas permis d'en percevoir, hypothèse qui se réalisera fréquemment pendant notre période, le gagnant exigera le montant des *vindiciae* ; il n'exigera pas davantage si des fruits ont été perçus. A la vérité, Gaius donne une solution opposée, à propos de

---

1. A ce point de vue, je me rallie, on le voit, à l'opinion générale. M. Bechmann, qui la combat, objecte, que, pour désigner la possession intérimaire, l'expression technique eût été *fructus* ; mais, si les Romains se servaient d'un mot spécial à propos de la chose litigieuse, pourquoi n'auraient-ils pas fait de même, relativement au droit d'en jouir jusqu'à la sentence ?

l'interdit *uti possidetis* : « *et hoc* AMPLIUS *fructus quos interea percepit, reddit* », IV, 167. Seulement, le droit du second siècle de l'ère chrétienne ne reproduisait pas, sur ce point, le droit primitif ; ce dernier aime par-dessus tout les règles d'une application simple et facile. La restitution des fruits eût soulevé des problèmes compliqués, il valait infiniment mieux fixer la somme qui serait due au cas d'échec. Plus tard, lorsque le sentiment de l'équité fut devenu plus délicat, une institution d'un caractère plus moderne se superposa à l'ancienne ; mais le terme *fructuaria stipulatio* demeura comme un vestige de l'état de choses antérieur.

Si le possesseur intérimaire devait, dans tous les cas, une amende, quand il succombait, pourquoi n'en aurait-il pas été de même, lorsqu'il s'agissait de la *legis actio sacramenti in rem* ? Cette dernière servit en effet de modèle à la procédure de l'interdit *uti possidetis* et il semble impossible d'expliquer pour quel motif la copie aurait, à cet égard, différé de l'original. Si la nécessité d'un forfait, relativement à la valeur de la jouissance pendant les débats, s'imposa à la pratique, quand elle imagina l'interdit, à plus forte raison cette nécessité se fit-elle sentir au temps des XII Tables.

Que mes adversaires n'objectent pas le texte de Gaius, « *praedes litis et* VINDICIARUM *id est rei et* FRUCTUUM » ; les *vindiciae*, telles que je les conçois, forment la contre-partie de la jouissance intérimaire. Gaius pouvait très légitimement donner comme synonyme de ce mot vieilli celui de *fructus* ; le même jurisconsulte employait bien l'expression de FRUCTUARIA *stipulatio*, à propos de la stipulation ayant pour objet la *summa licitationis* ; dans les deux hypothèses, la valeur de la jouissance, pendant les débats, était déterminée d'avance et à forfait.

J'aurai d'ailleurs l'occasion de combattre, plus tard, la doctrine générale, qui respecte moins fidèlement les paragraphes 16 et 94 du C. IV de Gaius, puisqu'elle impose au possesseur intérimaire vaincu l'obligation de payer le double des fruits.

Comme on le voit, le mot « *vindiciae* » s'emploie dans son second sens, lorsqu'il entre dans la composition du nom donné aux *praedes litis et vindiciarum*. Doit-on le traduire par amende représentant la jouissance ou par possession intérimaire dans le passage suivant de Cicéron, *Pro Milone*, XXVII, 74 ?

« *Qui non calumnia litium, non* INJUSTIS VINDICIIS AC SACRAMENTIS *alienos fundos, sed castris, exercitu, signis inferendis petebat*[1] ».

Tout en jugeant plus prudent de laisser la question indécise, le premier parti me tente fort, je l'avoue, à cause du rapprochement fait avec le *sacramentum*. Comme le *sacramentum*, les *vindiciae* constitueraient une amende encourue par le perdant.

§ 6. — Des praedes litis et vindiciarum.

SOMMAIRE. — I. Définition. — II. Exposé de la doctrine, d'après laquelle les *praedes* sont des cautions, qui s'obligent vis à vis de l'Etat et seulement vis à vis de lui. — III. Critique de ce système. — IV. Les cautions primitives, *praedes, vades, sponsores*. — V. Rôle des *vades*. — VI. Rôle des *praedes* en général. — VII. Rôle des *praedes litis et vindiciarum*. — VIII. Dans quelle forme aura lieu la *datio praedum* ? — IX. Fixera-t-on d'avance la somme d'argent, que les *praedes* paieront, si leur parent ou ami n'exécute pas la sentence de condamnation ?

I. — Le décret du préteur, qui attribuait à l'un des deux adversaires la garde de la chose litigieuse jusqu'à la sentence, faisait courir à l'autre un danger sérieux. Aussi le magistrat imposait-il au possesseur intérimaire l'obligation de fournir à ce dernier des cautions, responsables de la

---

1. M. Voigt, *Die XII Tafeln.*, t. 2, p. 53, § 74, n. 41 croit que Cicéron s'exprime ainsi, par abréviation, et qu'il faut lire, comme s'il y avait : « *non* FALSIS VINDICIIS *ac* INJUSTIS SACRAMENTIS » ; mais, c'est là une simple affirmation, qui ne semble reposer sur aucune base.

chose litigieuse elle-même et du paiement de l'amende, *praedes litis et vindiciarum*. Gaius, IV, 16, 94.

Les parents et amis du plaideur devront prendre fait et cause pour lui, consentir à être eux-mêmes poursuivis en son lieu et place, si, en cas d'échec, la chose litigieuse n'est pas restituée et le montant de l'amende payé. Pour inspirer confiance à son adversaire et au magistrat, il faut qu'il obtienne l'appui des membres du groupe social, auquel il appartient ; que ces derniers se solidarisent avec lui, ou sinon, quelles que soient les circonstances, la balance penchera du côté de l'autre partie.

L'intervention des *praedes litis et vindiciarum* paraît, du reste, en parfaite harmonie avec l'ensemble de la procédure de notre époque ; on sait quel rôle important joue le cautionnement dans les législations primitives ; en matière judiciaire spécialement, l'homme isolé fut longtemps battu d'avance.

II. — Les historiens du droit romain discutent, au contraire, sur la nature de notre forme de cautionnement. Par quel trait distinctif se sépare-t-elle des autres et en quoi consiste son utilité particulière? Entre les *praedes* enfin, quelle situation le vieux droit réservait-il aux *praedes litis et vindiciarum* ? quelle sûreté procuraient-ils au plaideur, qui n'avait pas obtenu la possession intérimaire ?

D'après une doctrine qui compte de nombreux partisans, les *praedes* sont des cautions qui s'obligent, envers l'Etat et seulement envers lui ; c'est exclusivement à propos des rapports des particuliers et de l'Etat qu'on les rencontre ; l'institution appartient au droit public et un particulier ne saurait s'engager en qualité de *praes* vis-à-vis d'un autre particulier. C'est nécessairement devant le magistrat, que le *praes* fait connaître son consentement ; interrogé par le représentant de la cité, s'il consent à intervenir, il répond : « *praes* ».

« *Praes est is, qui* POPULO SE OBLIGAT *interrogaturque a magistratu, si praes sit; ille respondet : praes* », Paul Diacre, h. v. comp. le même auteur au mot « *Manceps* ».

« *Sponsor et praes et vas neque idem, neque res a quibus hi, sed e re simile. Itaque* PRAES, *qui a* MAGISTRATU INTERROGATUS, IN PUBLICUM UT PRAESTET; *a quo et, cum respondet, dicit* : *praes* ». Varro, *de ling. lat.*, VI, 74.

III. — Quelle que soit la haute autorité scientifique des partisans de ce premier système, nous le croyons condamné par le passage de Gaius cité plus haut : « *praedes* ADVERSARIO *dare litis et vindiciarum*. Comment nier, en présence de ce texte, qu'une relation juridique pût être créée entre les *praedes* et un simple citoyen? Aucune des explications proposées ne suffit pour rendre compte de l'existence même des *praedes litis et vindiciarum*, si on donne de notre forme de cautionnement la définition que nous combattons.

Pour M. Mommsen[1], c'est le peuple qui intente l'action par l'intermédiaire d'un citoyen, et de là le recours à des *praedes*; la question consiste en effet à savoir qui des deux plaideurs perdra son *sacramentum* et celui-ci profitera au trésor public.

Sans revenir sur la *legis actio per sacramentum* et la conception primitive du procès[2], rappelons que des *praedes sacramenti* s'engageront à côté des *praedes litis et vindiciarum*; ces derniers au contraire assurent au gagnant l'exécution de la sentence.

M. Muther[3] et quelques autres enseignent, que par l'effet de la formule: « MITTITE AMBO HOMINEM », la chose litigieuse se trouve sous la main de la justice; la cité s'est implicitement engagée à la rendre au gagnant. Gardien nommé par

---

1. *Die Stadtrechte der latinischen Gemeinden Salpensa und Malaca in der Provinz Baetica*, 1855, p. 467.

2. V. Liv. prélim. ch. I, n° V. Il faut avouer de plus que, si c'est le peuple romain, qui intente l'action, par l'intermédiaire d'un citoyen, sa situation est remarquablement heureuse; car, il gagnera, dans tous les cas; quelle que soit l'issue du procès, le trésor public percevra 50 as ou 500 as, montant d'un *sacramentum*.

3. *Sequestration und Arrest im röm. Recht.*, 1856, p. 137, 140, 141.

le magistrat, le possesseur intérimaire doit, naturellement, lui fournir des *praedes litis et vindiciarum*. Quant à Gaius, il envisage l'opération au point de vue de son résultat économique, plutôt qu'au point de vue juridique; les mesures de précaution, dont il s'agit, profiteront, en définitive, à l'autre plaideur, le jurisconsulte ne veut pas dire autre chose.

Nous répondons que si telle est l'intention de Gaius, l'expression l'a singulièrement trahi : « *praedes* ADVERSARIO *dare litis et vindiciarum* », cela vise, non pas le résultat économique de l'opération, mais l'opération elle-même ; M. Muther[1] reconnaît que la *datio praedum* équivaut à paiement ; c'est donc à son adversaire que le possesseur intérimaire doit fournir la satisfaction qui consiste dans l'engagement des *praedes*[2].

La même objection suffit à écarter une dernière explication du paragraphe 16 de Gaius, d'après laquelle la sentence de condamnation vaudrait cession des droits de l'État contre les *praedes*, cession consentie d'avance au profit du vainqueur[3].

Indépendamment du paragraphe 16 de Gaius, citons encore un passage d'une lettre de Cicéron à Atticus, XII, 52, dans laquelle se trouve une allusion à l'obligation d'un *praes* vis-à-vis d'un autre particulier.

---

1. *Op. cit.*, p. 134.
2. Comme le dit en outre fort bien M. Jordan, *op. cit.*, p. 40, il est absolument contraire à l'esprit du droit romain, que la république soit responsable vis-à-vis du gagnant et on ne trouve pas trace dans les textes de cette prétendue responsabilité.
3. En ce sens, Gradenwitz, *Zwangsvollstreckung und Urtheilssicherung*, *Festgabe von R. von Gneist*, 1888, p. 286, M. Cüenot, *De la sentence du juge et de sa réalisation dans l'actio sacramenti in rem* (*Nouv. Rev. hist. du droit*, t. XVII, 1893, p. 346). Réfutant la doctrine de MM. Gradenwitz et Cüenot, M. Vincent, *Les origines du cautionnement judiciaire à Rome*, Thèse Paris, 1892, dit avec raison p. 20. « Si l'Etat cède ses *praedes* à un particulier, c'est que les *praedes* peuvent avoir pour créancier un particulier ; s'ils peuvent avoir pour créancier un particulier, pourquoi ne pas admettre tout de suite qu'ils s'engagent vis-à-vis du particulier lui-même ».

« *L. Tullium Montanum nosti, qui cum Cicerone profectus est. Ab ejus sororis viro litteras accepi, Montanum* Planco *debere, quod praes pro Flaminio sit*, HS. XXV ».

Quant aux passages de Varron et de Paul Diacre, il convient seulement d'en conclure, qu'au temps de Verrius Flaccus et de Varron le *praes* s'engageait le plus souvent, dans la pratique, vis-à-vis de l'État ; l'institution des *praedes* conserva, grâce à la création de la *cautio praedibus praediisque*, une grande importance, en matière de droit public, tandis que la transformation de la procédure civile restreignait de plus en plus son rôle, dans les rapports des particuliers entre eux ; on conçoit, dès lors, que les lexicographes aient pensé, tout d'abord, au *praes* qui s'engageait vis-à-vis de la cité et l'aient considéré comme le type du *praes* ; mais nous nous refusons à trouver, dans leur définition, une condamnation décisive de notre doctrine.

IV. — Quelle fut donc la marche des idées romaines relativement aux *praedes* ? Comme les *vades*, les *praedes* répondent de l'accomplissement d'un certain fait par un tiers ; comme celle des *vades*, leur origine remonte à une haute antiquité. Le *sponsor*, on le sait, s'oblige, dans la forme de la stipulation, à payer une certaine somme que le débiteur principal a promis également, dans la même forme ; à ne considérer que l'aspect extérieur de l'acte juridique, le *sponsor* apparaît comme l'un des débiteurs du service, que le créancier peut exiger de l'un ou de l'autre de ceux qui ont prononcé les paroles solennelles. Il faudra les efforts persévérants de la jurisprudence, pour séparer de plus en plus le débiteur accessoire du débiteur principal et construire la théorie de l'*adpromissio* telle que la décrivent les textes classiques.

Les *praedes* et les *vades* au contraire appartiennent à une phase plus ancienne de l'histoire du cautionnement ; il convient de les comparer aux otages[1], que connaissent encore nos guerres étrangères et civiles, et

---

1. M. G. Jordan, *De praedibus litis et vindiciarum et stipulatione pro*

qui furent, au moyen âge, donnés par le débiteur au créancier. Comme la constitution des otages[1], celle des *praedes* ou des *vades* tendait à rendre plus probable l'arrivée d'un certain événement. Si la satisfaction attendue n'est pas fournie, les otages, les *praedes* et les *vades* seront traités d'une façon rigoureuse[2] ; afin de les préserver du sort qui les attend, leurs compatriotes, les membres de leur parti, leur parent ou leur ami hésiteront sans doute à tromper l'attente de ceux qui tiennent les otages en leur pouvoir. Dans les trois hypothèses enfin, c'est la caution et elle seule, qu'atteindra la vengeance de l'autre partie, si l'acte prévu ne s'accomplit pas[3] ; on ne saurait parler ici d'obligation principale et d'obligations accessoires.

praede litis et vindiciarum. Diss. inaug. Berol., 1860, p. 20, dit que les *praedes* sont des otages ; c'est aller un peu loin, mais la même idée domine les deux institutions. M. de Ihering, *Geist des röm. Rechts* (*Vierte Auflage*), 1888, t. III, p. 192, n. 240, rapproche également les *praedes* et les *vades* des otages du droit international. « Le répondant de l'ancien droit, dit l'américain Holmes (*The common law*, 1881, p. 249) n'était qu'une sorte d'otage ». Max. Kovalewsky, *Coutume contemporaine et loi ancienne. Droit coutumier ossétien éclairé par l'histoire comparée*, 1893, p. 152.

1. Liv. IX, 15. « ... *equitibus recuperatis, quos* PIGNORA PACIS *custodiendos Luceriam Samnites dederant* ». Liv. XXXIV, 85. « ... *obsides,* EA ITA FUTURA, *daret quinque, quos imperatori romano placuisset, filium in his suum* ». Caesar, *De bello gallico*, VI, 2 : « *civitates jurejurando inter se confirmant, obsidibusque de pecunia cavent* ».

2. Liv. IX, 5 « ... *sexcenti equites imperati, qui* CAPITE LUERENT, *si pacto non staretur* ». « Le *Mirror of justice* atteste que Canut avait puni des répondants de voleurs, comme les voleurs eux-mêmes. A l'époque d'Edouard III, un juge nommé Charde soumettant un répondant à une responsabilité matérielle, telle qu'elle existe de nos jours, ajoutait encore : « il existe une opinion, qu'il faudrait pendre le répondant ». Comme l'otage, l'ancien répondant germain remplaçait, en tout, le débiteur principal et il subissait en conséquence le même sort que celui-ci, lorsque l'obligation n'était pas exécutée ». Max. Kovalewski, *op. cit.*, p. 153.

3. Les recherches récentes sur l'histoire générale du droit démontrent, semble-t-il, que la caution primitive s'obligeait seule. V. Esmein, *Les contrats dans le très ancien droit français* (*Nouv. Rev. hist. du dr.*, t. VII, 1883, p. 105 et suiv.). Vincent, *op. cit.*, p. 26. En ce qui concerne spécialement les *praedes* du droit romain, les textes établissent, à notre avis, que, seuls, ils pouvaient être poursuivis ; celui, en faveur duquel ils étaient intervenus, engageait gravement sa responsabilité morale, si, par sa faute, la

V. — Les *vades*[1] promettent de faire comparaître de nouveau un plaideur devant le magistrat, à un jour déterminé, ils répondent qu'il ne fuira pas et que son adversaire, le trouvant devant lui, pourra engager la procédure. Employée en matière criminelle et en matière civile, la constitution des *vades* présente une utilité nettement déterminée ; à l'époque historique, les *vades* ne prennent pas du reste la place du défaillant ; si l'homme placé sous leur

ruine atteignait ses répondants ; mais, au point de vue juridique, il avait satisfait son adversaire en lui faisant agréer des *praedes*. *Lex agrar.*, I. 47, 84. Gell., VI, 19. Cic., *pro Rabirio Postumo*, IV, 8, XIII, 37, *ad famil.*, V, 20, Paul Diacre, V° *Manceps*. En ce sens, Mommsen, *Stadtrechte*, p. 471, n. 41. Jordan, *De praedibus l. et vind.*, p. 23. Ihering, *Geist. des röm. Rechts.*, t. III. *Vorrede zur vierten Auflage*, p. 14. Vincent, *Orig. du cautionn. judic.*, p. 26. Peltier, *De la caution praedibus praediisque*, Thèse Paris, 1893, p. 31 et suiv. Relativement aux *praedes litis et vindiciarum*, le paragraphe 94 du C. IV de Gaius fournit selon moi, un argument sérieux en faveur de cette doctrine : « *ideo autem appellata est pro praede litis vindiciarum stipulatio, quia in* LOCUM PRAEDIUM SUCCESSIT, *qui olim...* » Les *praedes* constituaient donc, à eux seuls, la sûreté conférée aux plaideurs ; leur obligation correspondait à la *stipulatio pro praede litis et vindiciarum* tout entière et non pas seulement à l'engagement des fidéjusseurs. M. Göppert, *Zur Lehre von den praedes*, (*Zeitschr. für Rechtsgeschichte* (1864), t. IV, p. 274), qui combat d'une façon générale la thèse de M. Mommsen, lui oppose à propos des *praedes litis et vindiciarum* les deux objections suivantes. L'une paraît constituer une pure pétition de principe ; car M. Göppert s'appuyant sur le paragraphe 89 du C. IV de Gaius, où le jurisconsulte parle de la *stipulatio pro praede l. et vindic.* et dit : « *...sit mihi potestas aut tecum agendi, aut cum sponsoribus tuis* », se borne à affirmer que la situation devait être la même dans la *legis actio*. Quant au second argument de M. Göppert, qui est tiré d'un passage connu de Festus, je le trouverais sans réplique, si j'interprétais ce passage, comme le font la plupart des auteurs. Festus, V° *Vindiciae* « *...ut et in XII Tab. : si vindiciam falsam tulit, si velit is..... tor arbitros tres dato, eorum arbitrio..... fructus duplione damnum decidito* ». Si on rapporte à la constitution de la possession intérimaire ce fragment mutilé et obscur, *vexatissimus locus*, dit M. Giraud (*Novum Enchiridion*, p. 25), comment écarter l'affirmation de M. Göppert, d'après lequel c'est le plaideur lui-même qui devra payer le double de la valeur des fruits ?

1. Varro, *De ling. lat.*, VI, 74 « *Vas appellatus qui pro altero vadimonium promittebat* ». Plaute, *Rudens*, III, 4, 72 et suiv., « *promisimus aut talentum magnum aut hunc hodie sistere* ». Liv. III, 13, 6 et suiv. Mor. Voigt, *Ueber das vadimonium*, 1881. Schulin, *Lehrbuch der Geschichte des röm. Rechts.*, 1889, p. 348.

surveillance se soustrait aux poursuites, celui qui désormais ne pourra plus obtenir justice sera seulement autorisé à exiger de chacun des *vades* une amende, dont le chiffre aura été fixé d'avance, à l'époque du cautionnement.

VI. — Si, comme on le voit, les textes tracent, d'une façon assez nette, le domaine d'application de l'institution des *vades*, il n'en est pas de même relativement à celle des *praedes* et les historiens du droit romain discutent vivement la question.

Tandis que les *vades* répondaient de la comparution du plaideur, les *praedes* promettaient qu'un tiers fournirait une prestation, dont la nature variait suivant les cas [1] ; l'entrepreneur de travaux publics bâtira le temple conformément aux conditions du marché ; le fermier d'impôts paiera le prix d'adjudication ; en cas de perte du procès, le *sacramentum* de 50 ou de 500 as sera versé au trésor public ; celui auquel le magistrat accorde la possession intérimaire de la chose litigieuse rendra cette dernière en bon état et acquittera les *vindiciae*, si le juge lui donne tort. *Praedes* de la *cautio praedibus praediisque*, *praedes sacramenti*, *praedes litis et vindiciarum*, telles sont les trois variétés de *praedes* que mentionnent les sources.

Que des *praedes* aient pu intervenir dans d'autres hypothèses, cela paraît très vraisemblable ; mais dans quelles hypothèses ?

D'après M. de Ihering [2], les *praedes* étaient toujours

---

1. Il ne faudrait pas prendre, au pied de la lettre, la définition du *vas* et du *praes* donnée par un poète, Ausone, à une époque où nos deux formes de cautionnement n'étaient plus depuis longtemps qu'un souvenir. « *Quis subit in poenam capitali judicio ? vas. Quid si lis fuerit* NUMMARIA *? quis dabitur ? praes.*, XXVII, *Technopaegnion* (*Edyll.* XII), 11, fr. 347, *per interrogationem et responsionem.* » Le *vas* figurait en effet dans la *legis actio* et ne jouait pas exclusivement son rôle dans la procédure criminelle ; mais ce qui est vrai c'est que le *vas* s'engageait à faire comparaître un tiers en justice tandis que la prestation promise par le *praes* avait un caractère pécuniaire.

2. *Geist des röm. R.*, t. III. *Vorrede zur vierten Auflage*, p. 23, 26.

constitués sur l'ordre du magistrat; mais il admet le recours aux *praedes* en matière de *damnum infectum*, de *cautio usufructuaria*, de nomination de tuteur par application de la loi Atilia.

Selon M. Göppert[1] enfin, il convient d'aller beaucoup plus loin. Peu importait la cause pour laquelle les *praedes* s'engageaient ; la présence du magistrat n'était pas nécessaire ; les Romains employèrent notre forme de cautionnement, même pour garantir une dette ordinaire, alors qu'il ne s'agissait nullement d'assurer la marche de la procédure.

Parmi les nombreux textes cités par M. Göppert il en est beaucoup, qui ne semblent pas décisifs ; quelques-uns, au contraire, méritent plus d'attention qu'on ne leur en accorde généralement. Je fais allusion à deux passages des lettres de Cicéron à Atticus, IX, 9, 4[2] et XIII, 3, 1[3]. Même si on se refusait à interpréter ces lettres de Cicéron, comme le fait notre auteur, nous serions porté à considérer sa doctrine comme la plus vraisemblable, au moins pour les premiers siècles de Rome. Pour la rejeter, il faudrait enseigner, avec M. Jordan[4] et M. de Ihering[5], que les *praedes* promettaient une prestation qui ne pouvait être l'objet d'une obligation véritable ; mais c'est oublier l'existence

---

1. *Zur Lehre von den praedes* (*Zeitschr. für R. G.*, t. IV (1864), p. 266 et suiv.).
2. « *Volui HS decem milia*. EGI PER PRAEDEM, *ille daret, Antii cum haberet venale ; noluit* ».
3. « *Praes quidem aliquando factus esses et in his quidem tabulis* ». Pour comprendre de quelle affaire il s'agissait, il convient de rapprocher de ce fragment d'autres passages des lettres à Atticus. Dans le même sens que M. Göppert, citons Danz, *Lehrbuch der Geschichte des röm. Rechts. Zweite Auflage*, 1871, t. 1, p. 234, n. 136. Baron, *Geschichte des röm. Rechts*, 1884, t. 1, § 112, p. 198.
4. *Op. cit.*, notamment, p. 40.
5. *Geist des röm. Rechts*, t. III, *Vorrede zur vierten Auflage*, p. 12, 23. L'ancien droit ne connaît pas les obligations de faire ; d'après Ihering, la constitution de *praedes* a pour but de remédier à cet inconvénient.

des *praedes sacramenti*[1]. Le rapprochement fait entre les *praedes* et les *vades* ne prouve pas que, comme les derniers, les premiers s'engageassent toujours en présence du magistrat ; car le domaine d'application de l'une des institutions fut beaucoup plus étendu que celui de l'autre. D'autre part, ne perdons pas de vue le caractère du procès primitif, le rôle tout à fait prééminent qu'y jouaient les plaideurs. Il serait étonnant que les actes juridiques accomplis en présence du magistrat ne fussent pas empruntés à la vie de tous les jours ; ce sont les deux particuliers, qui luttent l'un contre l'autre ; gardons-nous d'attacher trop d'importance à ce fait, que le représentant de la cité assiste au combat.

En résumé, l'institution des *praedes* se distingue par son caractère archaïque. Son origine remonte à l'époque où l'on ne séparait pas encore les obligations nées d'un contrat et les obligations nées d'un délit. Le *praes* s'engage pour le cas où un tiers n'accomplirait pas un certain fait, qui peut consister dans le paiement d'une somme d'argent mais qui peut aussi être d'une nature très variée. Ajoutons que la caution est seule tenue et que son engagement produit des effets très rigoureux à son égard.

VII. — Après avoir défini les *praedes*, occupons-nous de plus près des *praedes litis et vindiciarum* ; montrons comment leur intervention s'harmonise avec l'organisation sociale et l'ensemble de la procédure. Dans la société romaine des premiers siècles, le plaideur isolé ne saurait triompher ; avant de persuader le juge de l'existence de son droit, il faut qu'il en persuade les siens ; c'est seulement avec l'appui du groupe social, auquel il appartient [2],

---

1. Voy. en outre, Liv. XXXVIII, 58 « ..... *Hostilius et Furius damnati praedes eodem die quaestoribus urbanis dederunt* ».

2. Que le procès primitif apparaisse comme la lutte d'un groupe contre un autre groupe, l'usage de se faire accompagner au Forum par des *advocati* l'atteste encore, à la fin de la République. M. G. Tarde, *Les transformations du droit*, p. 31, dit de même. « L'habitude de se faire escorter au Palais de justice par une longue suite de parents et d'amis, dont la présence

qu'il peut espérer obtenir gain de cause. Quoi qu'il arrive, ses parents seront moralement solidaires de ses actes ; on leur accorde, en fait, un contrôle sur sa conduite. Si donc il a obtenu la possession intérimaire de la chose litigieuse, il faut, que quelques-uns de ses agnats, de ses *gentiles*, de ses protecteurs ou de ses amis politiques, son patron s'il fait partie de la clientèle d'une grande famille, consentent à prendre fait et cause pour lui, à se constituer *praedes litis et vindiciarum*[1].

En raison de la grave responsabilité, qu'ils encourraient, si la sentence de condamnation n'était pas loyalement exécutée, l'adversaire de leur parent ou ami peut s'en fier à leur zèle ; il trouvera en eux des gardiens vigilants, des surveillants actifs et consciencieux[2]. Pénétrant à toute heure, chez le possesseur intérimaire, ils verront comment il s'acquitte de sa tâche et ne lui ménageront au besoin ni les avertissements ni les conseils. Peut-être même, le plaideur ne sera-t-il possesseur intérimaire que de nom ; les *praedes* confieront à l'un d'eux l'esclave ou le troupeau et, grâce à cette mesure de précaution, ils n'auront rien à redouter ; qu'on ne craigne pas du reste la résistance de leur parent ou ami ; il est entre leurs mains, car leur concours a pu être subordonné à certaines conditions ; il s'expose-

---

seule était une attestation muette et solennelle d'honorabilité a persisté jusqu'au XVIIIe siècle. De nos jours, le penchant à invoquer ces attestations en masse est encore si puissant que, dans la plupart des affaires correctionnelles et devant les assises, les prévenus ou les accusés font lire par leur avocat des certificats revêtus d'innombrables signatures ».

1. Sur le devoir de solidarité que remplit le *praes* en s'obligeant on peut consulter Térence, *Phormio*, II, 1, 36-7 : « *Hic in noxiast, iste ad dicendam causam adest : quum illest, hic praestoest* ; TRADUNT OPERAS MUTUAS ».

2. M. de Ihering, *op. cit.*, t. III. *Vorrede*, p. 15, met en relief, avec un remarquable talent, le rôle des *vades* et des *praedes*. Nous ne nous séparons de lui, qu'à un seul point de vue. D'après son opinion, les *vades* et les *praedes* remplissaient la fonction de serviteurs de l'autorité judiciaire, dans la maison romaine. Pour nous, ils représentaient le groupe social auquel appartenait le plaideur ; par leur intervention, ce groupe se déclarait solidaire de la conduite de celui de ses membres, qui était engagé dans un procès ; son autorité devait naturellement croître avec sa responsabilité.

rait de plus, en ne se soumettant pas, à encourir la désapprobation des siens et à se priver pour l'avenir de leur assistance ; or, ce serait là pour lui un grand malheur.

Plus la situation sociale des *praedes* sera élevée, plus leur autorité sera grande, mieux ils rempliront leur mission ; c'est dans cet esprit, que l'adversaire du possesseur intérimaire désirera voir choisir les *praedes*. Qu'ils doivent être, au moins implicitement, agréés par lui, cela paraît très probable, je le répète, mais gardons-nous de juger les pratiques anciennes avec nos idées modernes. L'opinion publique désignera d'avance ou à peu près les *praedes* du plaideur ; il les prendra dans un cercle restreint ; la coutume limitera étroitement sa liberté ; s'il essuie des refus et se trouve hors d'état de présenter, comme répondants, ceux sur lesquels son adversaire compte légitimement, mieux vaut pour lui renoncer à se faire attribuer provisoirement la chose litigieuse, car même si ses cautions étaient acceptées, ce premier échec subi lui en présagerait un plus complet devant le juge.

VIII. — Dans quelle forme aura lieu la *datio praedum* ? L'état des textes ne permet pas de rien affirmer. Assurément, il fallait bien que les *praedes* consentissent à intervenir ; sans doute aussi la manifestation de volonté se produisait devant le magistrat et au moyen de paroles solennelles[2]. Au delà, le terrain cesse d'être suffisamment solide. Le plaideur, auquel la sûreté profitera, interrogeait-il chacune des cautions qui répondait : « *praes* » ? Était-ce plutôt le représentant de la cité, qui, même dans notre cas, prenait la parole et recueillait la réponse ? Des céré-

---

1. Ihering, *op. cit.*, t. III, *Vorrede*, p. 18. Cüenot, *De la sentence du juge......*, p. 350, n. 1.

2. M. Mommsen, *Stadtrechte*, p. 467 affirme l'absence de tout formalisme ; pour la *cautio praedibus praediisque*, à l'époque où la législation romaine relative à ce sujet fut parvenue à son entier développement, il est en effet probable que l'obligation avait sa source dans la manifestation de volonté et non dans des paroles solennelles ; mais il serait bien étonnant qu'il en eût été de même dans la *legis actio*.

monies plus compliquées accompagnaient-elles l'échange des paroles solennelles[1] ? Sur tous ces points il est prudent de réserver son opinion.

IX. — Pour terminer, notons que, d'après certains auteurs, on fixera à l'avance la somme d'argent que les *praedes* paieront, si leur parent ou ami n'exécute pas la sentence de condamnation. Cette conjecture s'appuie sur un argument d'analogie tiré de la législation relative aux *vades*; elle présente, de plus, l'avantage de donner une solution facile au problème de l'exécution du jugement en matière d'action en revendication[2].

Sans aborder, pour le moment, ce problème, bornons-nous à répondre que les *vades* s'engageant à faire comparaître un tiers en justice, le choix entre les deux méthodes suivantes s'imposait : ou contraindre les cautions à prendre à l'instance la place du défaillant ou leur infliger une amende. Les *praedes* au contraire promettent de représenter la chose litigieuse et de payer le montant des *vindiciae*; or, la *legis actio per manus injectionem* constituait, à notre avis, dans ce cas, une ressource suffisante. A qui incomberait, en outre, la mission d'évaluer la chose litigieuse, si cette évaluation précédait les débats ? A la vérité, le magistrat appréciera si les parties doivent un *sacramentum* de 50 as ou de 500 as, mais cela ne prouve rien, j'aurai l'occasion de le montrer ci-après, § 10, n° VI.

1. D'après M. Göppert, *op. cit.*, p. 264 l'obligation du *praes* est une obligation *verbis* ordinaire ; elle suppose une interrogation et une réponse concordantes et solennelles, mais M. Göppert ne cite aucun argument en faveur de cette doctrine.
2. En ce sens, Ihering, *op. cit.*, t. III, *Vorrede*, p. 16. Cüenot, *De la sentence du juge et de sa réalisation dans l'actio sacramenti in rem*, p.355. M. Maschke, *Der Freiheitsprozess im klassischen Alterthum*, 1888, p. 147 dit également que l'obligation des *praedes* avait pour objet le paiement d'une somme d'argent. Ils ne pouvaient pas être tenus, affirme-t-il, de restituer une chose qui n'était pas en leur pouvoir. L'argument ne porte pas, car nous soutenons précisément que les *praedes* avaient, en fait, à leur disposition des moyens très puissants d'agir sur la volonté de leur parent ou ami ; il pouvait se faire en outre, nous l'avons dit, que le bien litigieux fût confié par les *praedes* à l'un d'eux.

§ 8. — Comment étaient distribués les rôles dans la procédure ?

Sommaire. — I. Le rôle de défendeur n'appartenait pas nécessairement à celui qui était possesseur au début de la *legis actio*. — II. Les rôles ne seront pas intervertis, si le demandeur obtient la possession intérimaire.

I. — Qui sera demandeur ? A qui la coutume réservera-t-elle la qualité de défendeur ? En raison des règles sur la possession intérimaire, règles exposées plus haut, la question présentait un moindre intérêt dans le vieux droit romain que dans le droit classique et dans les législations modernes, puisque le défendeur ne jouissait pas nécessairement de la chose, pendant les débats. Néanmoins le problème doit être résolu ; car, de la situation occupée par chacun des adversaires dépendent les obligations, qui lui incombent, au point de vue de la preuve.

D'après M. Lotmar[1], l'action doit être intentée contre celui auquel appartenait la possession, au début de la *legis actio*. Les interdits *utrubi* et *uti possidetis* serviront, au besoin, à trancher la difficulté. Avant leur introduction dans la pratique romaine, on recourait, peut-être, à une *cognitio praetoris*; le magistrat décidait, lui-même, en vertu de son *imperium*, qui était possesseur, sauf à attribuer à son adversaire la possession intérimaire.

A l'appui de cette thèse, M. Lotmar raisonne de la façon suivante. Du moment qu'il s'agissait d'une action *in rem*, le débat s'engageait nécessairement entre un possesseur et un demandeur; la définition même de l'action *in rem* l'exigeait : « *Quia civilis et naturalis ratio facit ut alius possideat, alius a possidente petat* », disent les Institutes, § 4, *de interdictis*, IV, 15. Gaius oppose, de même, au « *petitor* » le « *possessor* », dans le paragraphe 94 du C. IV; dans le paragraphe 148 du même commentaire, il enseigne que les interdits *uti possidetis* et *utrubi* furent

---

1. *Zur Legis actio sacramento in rem*, p. 80-83.

imaginés, afin de déterminer les rôles en matière d'action en revendication.

« *Retinendae possessionis causa solet interdictum reddi, cum ab utraque parte de proprietate alicujus rei controversia est, et ante quaeritur*, UTER EX LITIGATORIBUS POSSIDERE ET UTER PETERE *debeat : cujus rei gratia* COMPARATA SUNT *uti possidetis et utrubi*. »

Le premier argument ne nous touche en aucune façon. Nul ne songe à nier que la doctrine de M. Lotmar ne soit celle de la jurisprudence classique ; mais, est-ce une raison pour qu'elle ait été déjà connue au temps des *legis actiones* ? Bien au contraire, il y a des motifs plausibles de croire que le droit romain s'est modifié, sur ce point, au cours de son histoire. La notion de la possession appartient à une phase relativement récente du développement juridique ; même à partir du moment où la possession fut protégée, grâce aux interdits *uti possidetis* et *utrubi*, il se passa encore beaucoup de temps, avant que la jurisprudence attribuât au possesseur le rôle de défendeur à l'action en revendication. A l'époque de Gaius, les interdits *retinendae possessionis* servaient de préliminaire à l'action en revendication ; mais, qu'ils aient été imaginés dans ce but, nous le nions ; leur origine fera d'ailleurs l'objet d'un chapitre spécial, dans lequel nous aurons l'occasion de nous expliquer sur le paragraphe 148 du C. IV de Gaius ; l'argument que M. Lotmar en tire prouverait trop, au surplus ; car, s'il fallait prendre ce texte à la lettre, le possesseur conserverait toujours la chose, pendant les débats, ce que notre auteur nie, avec raison.

Concluons donc, que la qualité de demandeur appartient à celui qui, se sentant lésé, prend l'initiative, cite son adversaire devant le magistrat et prononce le premier la formule consacrée.

II. — Les rôles seront-ils intervertis dans le cas où il obtiendrait la possession intérimaire? Indépendamment du droit de garder la chose, le décret du magistrat conférerat-il à celui au profit duquel il est rendu, la qualité de défendeur ? Malgré le dissentiment persistant de quelques-uns [1], je considère la question comme tranchée dans le sens de la négative [2] ; le possesseur intérimaire ne retirera pas d'autre avantage du décret, que celui de jouir du bien litigieux jusqu'à la sentence et d'être assuré de le garder, si le jugement lui est favorable. Avant l'organisation de l'instance, chacun connaît déjà son rôle ; celui-ci ne changera pas, quoiqu'il arrive. Comment, en effet, comprendre autrement les dispositions exceptionnelles relatives au procès de liberté [3] ? Celui, dont la liberté est en question, sera, pendant les débats, traité comme homme libre ; le préteur le placera, du reste, sous la surveillance des *praedes litis et vindiciarum* fournis par l'*assertor libertatis*. Cette dérogation aux règles ordinaires se justifie aisément, par des considérations d'humanité et de justice. Pourquoi au contraire modifier le droit commun en matière de preuve, quel qu'il soit du reste ? Les textes classiques [4] distinguent nettement la question de la preuve et celle de la situation de fait jusqu'à la sentence ; on ne voit aucun motif, pour admettre, sur ce point, une différence entre le droit ancien

---

1. Bonjean, *Traité des actions*, 2ᵉ édit., 1845, t. 1, p. 387. Huschke, *Gaius*, p. 188. Keller, *La procédure civile* (trad. Capmas), § 14, n. 210. Comp. la note de A. Wach, dans la sixième édition allemande. Bethmann-Hollweg, *Röm. Civilproz.*, t. 1, p. 143.

2. Karlowa, *Beiträge zur Geschichte des römischen Civilprozesses*, 1865, p. 53 et *Der röm. Civilprozess zur Zeit der Legis actiones*, 1872, p. 82. Ihering, *Le fondement de la protection possessoire* (traduction de Meulenaere), p. 66. Eck, *Die sog. doppelseitigen Klagen*, 1870, p. 10 et suiv. Paul Krüger, *Kritische Versuche im Gebiete des röm. Rechts*, 1870, p. 74, 75, 100. Lotmar, *Zur Legis actio sacramento in rem*, p. 90. Dernburg, *Entwicklung und Begriff des juristischen Besitzes*, p. 41 et 42. Bechmann, *Studie im Gebiete der legis actio sacramenti in rem*, p. 31. Ce dernier auteur considère l'opinion contraire comme abandonnée.

3. Lotmar, *op. cit.*, p. 91.

4. Sur la charge de la preuve v. la L. 7, § 5, D. *de liber. causa*, XL, 12 (Ulp., lib. 54 *ad Ed.*). D'autre part, pendant les débats, celui, dont la liberté est en question, sera toujours, en fait, traité comme homme libre.

et le droit nouveau[1]. Allons plus loin ; la doctrine, d'après laquelle la possession intérimaire confèrerait, par cela même, la qualité de défendeur, ne paraît en harmonie, ni avec le texte de Gaius, ni avec l'esprit de la procédure primitive. Le jurisconsulte dit simplement : « *interim aliquem possessorem constituebat* » ; si les rôles avaient été intervertis par cette décision du préteur, il n'eût sans doute pas omis de relever un fait d'une telle importance[2]. Ajoutons que dans la *legis actio per sacramentum*, l'une des parties se plaint d'un tort qui lui a été causé par l'autre, telle est au moins notre doctrine ; le caractère pénal de l'action conduit à reconnaître, que le plaignant et son adversaire conservent respectivement leur qualité jusqu'à la fin.

§ 8. — A qui incombait la charge de la preuve ?

Sommaire. — I. Critique de la doctrine générale, d'après laquelle la charge de la preuve incombait à chacune des parties. — II. Critique du système de M. Bechmann. — III. Le problème ne doit pas être résolu par l'interprétation des formules des deux *vindicationes*. Renvoi à l'histoire de la théorie des preuves.

I. — La plupart des auteurs, croyant la revendication primitive une action double, enseignent que la charge de la preuve incombait à chacune des parties[3]. Ils ne s'entendent pas, au contraire, sur la sanction de cette obligation imposée, selon eux, aux deux plaideurs. On le verra, de graves difficultés s'élèvent, la doctrine dominante une fois admise, lorsque le juge ne considère aucune des deux preuves comme fournie.

---

1. Le raisonnement, qui vient d'être mis en lumière, pourrait être répété, à propos de l'hypothèse où la lutte s'engage entre le peuple et un particulier. Ici encore la possession intérimaire appartiendra toujours au peuple.
2. Comme le remarque M. Dernburg, *op. cit.*, p. 12, si la doctrine combattue était exacte, l'attribution de la possession intérimaire constituerait le point culminant de la procédure.
3. Accarias, *Précis* (4), t. 2, p. 677, 813.

Cette théorie repose sur les formules de la *vindicatio* et de la *contravindicatio* et sur cette idée *à priori* à savoir que, qui avance un fait doit établir son existence. Par cela même que le défendeur affirme, lui aussi, son droit de propriété sur la chose litigieuse, il s'engage implicitement à le prouver. S'il en était autrement, à quoi servirait de le contraindre à prononcer une formule, du genre de celle que les textes mettent dans sa bouche? Comme la coutume ne lui permettait pas de se tenir sur la défensive, elle lui interdisait de se borner à nier les allégations de son adversaire. Entre ces deux prescriptions règne une évidente connexité. Partant de la règle « *actori incumbit probatio* », qu'ils estiment s'imposer à toutes les législations, en raison de son équité, les partisans de cette première doctrine arrivent néanmoins à reconnaître une différence profonde, entre la théorie de la preuve à l'époque des *legis actiones* et la même théorie à l'époque classique.

II. — A côté de ce premier système, qui recueille la quasi-unanimité des suffrages, M. Bechmann[1] en a proposé un autre, d'après lequel la charge de la preuve pèserait sur le défendeur et sur lui seul. Cet auteur admet, lui aussi, que de l'examen des formules de la *vindicatio* et de la *contravindicatio* on peut légitimement déduire les principes en vigueur, relativement à la preuve. Seulement, l'emploi de la même méthode le conduit à une solution diamétralement opposée. La procédure débute, d'après lui, on s'en souvient, par une saisie extra-judiciaire pratiquée par le demandeur, qui conduit la bête revendiquée devant le tribunal du magistrat, afin de n'être pas lui-même accusé de vol. C'est alors au défendeur, qu'il appartient de prendre l'initiative et d'affirmer *in jure*, au moyen des paroles consacrées, qu'il est propriétaire de la chose saisie. Selon M. Bechmann, la *legis actio sacramento* repose sur un pari, mais il convient de remarquer, dit-il, que les plai-

---

1. *Studie im Gebiete der legis actio sacramento in rem*, p. 29 et 30.

deurs concluent un pari et non pas deux. Reste à déterminer, sur quoi porte ce pari. Or, la formule même de provocation au dépôt du *sacramentum* donne la réponse cherchée : « QUANDO TU INJURIA VINDICAVISTI, D AERIS SACRAMENTO TE PROVOCO ». C'est ainsi que s'exprime le demandeur s'adressant au défendeur. Le premier parie donc que le second a revendiqué sans droit. Le juge devra se prononcer implicitement sur la légitimité de la *contravindicatio* ; comment s'étonner dès lors, que le défendeur soit tenu d'établir l'existence de son droit de propriété? Que l'on n'objecte pas la règle « *actori incumbit probatio* », cette maxime, que les textes ne connaissent pas, du reste, sous cette forme, apparaît pour la première fois à propos de la procédure criminelle, dans une constitution impériale du commencement du troisième[1] siècle ; en tout cas, ce principe se rattache à la procédure formulaire et il faudrait démontrer que les Romains le connaissaient déjà au temps des *legis actiones*.

III. — Nous repoussons la méthode, dont use M. Bechmann, qui imite en cela les partisans de la première doctrine. De ce que le défendeur affirmait l'existence de son droit de propriété sur la chose litigieuse, ne résultait nullement pour lui l'obligation de le prouver. Se borner à nier les allégations de son adversaire eût constitué une défense insuffisante, d'après les idées primitives. Quant à la conception de M. Bechmann, elle soulève des objections spéciales. Le récit de Gaius ne permet pas d'attribuer au possesseur de la chose litigieuse, le rôle qu'il lui assigne. Les deux formules solennelles de la *vindicatio* et de la *contravindicatio* sont prononcées, l'une après l'autre, sans aucun intervalle ; elles tendent au même but, les cérémo-

---

1. L. 4, C. *de edendo*, II, 1, Antonin Caracalla, a. 212 « *actore enim non probante, qui convenitur, etsi nihil ipse praestarit, obtineat* ». Il convient d'ailleurs de remarquer que, déjà au second siècle, Gaius formule la doctrine du droit classique en matière de preuve de la façon la plus nette. L. 24, D. *de rei vndi.*, VI, 1 (Gaius, *lib. 7 ad Ed. prov.*).

nies accomplies par les deux adversaires constituent les éléments d'une cérémonie unique. M. Bechmann se met en contradiction avec les termes du paragraphe 16 du C. IV de Gaius, lorsqu'il montre l'ancien possesseur du meuble prenant l'initiative après la saisie extra-judiciaire et venant revendiquer le bien devant le magistrat. D'après le texte au contraire, il imite l'autre partie « *adversarius* EADEM SIMILITER *dicebat et faciebat*; *cum* UTERQUE *vindicasset* [1].... »

IV. — En résumé, la question de la preuve ne saurait être résolue par l'examen des formules de la *legis actio*. Conformément aux idées générales développées plus haut Liv. prélim., ch. I, n° VII, nous croyons probable que pendant la première partie de l'histoire de la procédure romaine, le défendeur obtenait gain de cause en se justifiant par son serment appuyé par ceux de ses co-jureurs. C'est assurément là une conjecture; mais elle se fonde sur les données de l'histoire générale du droit, tandis qu'aucune législation ne paraît avoir imposé la charge de la preuve aux deux parties.

Rien ne s'opposait d'ailleurs à ce que le système des preuves se modifiât peu à peu, puisque, nous l'avons dit, l'obligation pour chacune des parties d'affirmer son droit de propriété, dans la *legis actio sacramenti in rem*, se conciliait avec la règle : « *actori incumbit probatio* ».

---

1. L'argument tiré par M. Bechmann du mot « *vindicavisti* » de la formule, ne prouve évidemment rien ; l'affirmation solennelle de son droit par chacune des parties s'appelle *vindicatio* ; si, après beaucoup d'autres, j'emploie, relativement au défendeur, l'expression « *contravindicatio* », c'est dans un intérêt de clarté. Ceci posé, le demandeur, prenant l'initiative de la provocation au dépôt du *sacramentum* après la *vindicatio* de son adversaire, doit nécessairement parler comme il le fait. Reste à expliquer pourquoi la direction de la procédure appartient évidemment à celui qui a opéré la prétendue saisie extra-judiciaire, alors que, d'après l'hypothèse de M. Bechmann, son rôle *in jure* devrait être passif.

§ 9. — De la sentence du juge.

Sommaire. — I. Si le juge estimait que le meuble n'appartenait ni au demandeur ni au défendeur, comment se terminait le procès? Exposé critique des différentes doctrines. — II. Le juge doit toujours décider qui des deux adversaires a tort, qui a raison.

I. — Pendant notre période, le juge ne prononçait pas de condamnation, dans le sens de la procédure de l'époque classique. Arbitre choisi d'une façon directe ou indirecte par les plaideurs, il se bornait à statuer sur le point de savoir qui avait tort, qui avait raison, en déclarant quel était le *sacramentum* déposé sans droit, *sacramentum injustum*.

Si le juge estimait, que le meuble n'appartenait ni au demandeur ni au défendeur, comment se terminait le procès? Partant de cette idée, que la *rei vindicatio* figurait, au temps des *legis actiones*, parmi les actions *in rem* et parmi les actions doubles, les historiens du droit romain donnent à ce problème les solutions les plus variées. De leur examen résultera, peut-être, une présomption de plus en faveur de la thèse, d'après laquelle l'action en revendication commença, elle aussi, par être une action pénale.

Ne peut-on pas, en effet, considérer comme significative l'opinion de M. Paul Krüger [1], d'après lequel le meuble litigieux appartenait à l'Etat, si aucun des deux adversaires ne parvenait à établir l'existence de son droit de propriété? Une doctrine, qui conduit logiquement à de pareilles conséquences, donne, par cela même, prise à la critique.

D'après M. Karlowa [2] et M. de Ihering [3], le juge déclarera *injusta* les deux *sacramenta* et celui, auquel le magis-

---

1. *Processualische Consumtion*, 1864, p. 152.
2. *Der röm. Civilprozess zur Zeit der Legisactionen*, 1872, p. 86 et 87.
3. *Esprit du Droit romain* (trad. de Meulenaere). Liv. II, 1re part., tit. III, § 62, t. IV, p. 88 et suiv., notamment, n. 130 et 149.

trat aura attribué la possession intérimaire, la gardera, puisque son adversaire n'aurait aucun titre à la lui enlever.

Indépendamment de ce fait, que, d'après le récit de Gaius, le magistrat conférait seulement à l'un des plaideurs la garde de la chose pendant les débats, « INTERIM *aliquem possessorem constituebat* » et de cette considération que la « *datio vindiciarum* » aurait, dans ce cas, une importance, que les textes ne lui attribuent pas, objectons à cette doctrine, qu'elle ne paraît aucunement en harmonie avec la conception primitive du procès. Si l'on a commencé par considérer ce dernier comme une lutte entre deux particuliers, il faut qu'elle se termine par la victoire de l'un et la défaite de l'autre.

M. Eck[1] enseigne que, si aucun des deux adversaires ne prouve l'existence de son droit de propriété, le juge donnera gain de cause à celui d'entre eux, qui l'emporte sur l'autre, en ce sens qu'il est entré le dernier en possession. Les formules prononcées par les deux plaideurs posent, en réalité, au juge une question relative et non pas une question absolue ; c'est, entre deux particuliers, qu'il doit choisir. Cette doctrine admise, on comprend la naissance tardive de l'action Publicienne ; du temps des *legis actiones*, la *rei vindicatio* jouait le rôle réservé plus tard à cette action.

M. Karlowa adresse à M. Eck un reproche, qui paraît juste, si l'on croit, comme ce dernier, que chacune des parties doit, en principe, prouver son affirmation. A examiner les paroles solennelles prononcées par elles, il semble bien, en effet, que le juge soit appelé à décider non pas si Aulus Agerius a sur l'esclave un droit plus fort que Numerius Negidius ou inversement, mais si l'un d'eux est propriétaire, *dominus ex jure Quiritium*. Pour écarter l'argument, il faut, comme nous le faisons, repousser la

---

1. *Die doppelseitigen Klagen*, p. 17 et 18.

méthode d'interprétation dont se servent la plupart des auteurs.

D'après M. Dernburg[1], la mission du juge consiste exclusivement à déclarer propriétaire soit le demandeur soit le défendeur, quelle que soit son opinion intime sur la valeur des arguments produits. Un procès, dit cet auteur, présente par définition un caractère relatif, nettement accusé. Le juge ne connaît que les plaideurs. L'un des deux doit succomber et, par cela même, les allégations de l'autre seront considérées comme démontrées, dans les rapports des parties. Or, ce qu'affirmait le gagnant, c'est qu'il était propriétaire.

M. Dernburg semble oublier, qu'il range la revendication primitive parmi les actions doubles. Pour qui voit dans la revendication une juxtaposition de deux poursuites distinctes et impose, au même titre, aux deux particuliers l'obligation de prouver leurs assertions, la meilleure solution du problème se trouve, à notre avis, dans le système de MM. de Ihering et Karlowa. Ajoutons que cette constatation condamne en même temps la prétendue dualité de l'action.

II. — Selon nous au contraire, la question, qui a engendré tant de divergences de vues, ne pouvait même pas se poser. Comme le juge devait simplement décider, si le demandeur accusait à tort ou à raison le défendeur de se refuser sans droit à la restitution de la chose, comme il s'agissait pour lui de se prononcer entre les deux adversaires, il ne déclarait jamais *injusta* les deux *sacramenta*. La lutte judiciaire n'aboutissait, dans aucun cas, à la défaite des deux plaideurs. D'autre part, ou bien le défendeur avait fourni la preuve formaliste exigée de lui ou il ne l'avait pas fournie, aucune autre alternative n'était possible.

1. *Entwicklung und Begriff des jurist. Besitzes des röm. Rechts*, p. 45 et suiv.

§ 10. — Quels sont les effets de la sentence du juge ?

Sommaire. — I. Cas où le juge se prononce en faveur de celui auquel le magistrat a confié la garde de la chose. — II. Que décider, au contraire, si le meuble litigieux se trouve entre les mains du vaincu ? Exposé de la doctrine généralement adoptée. — III. Examen critique du passage de Festus « *Si vindiciam falsam tulit...* ». — IV. Objections qui peuvent être adressées au système le plus répandu. — V. Objet de l'obligation des *praedes*. — VI. La chose litigieuse était-elle estimée d'avance ? — VII. S'il convient de se prononcer pour la négative, comment opérer l'évaluation en argent du meuble revendiqué ? — VIII. Que décider si ce dernier a péri par cas fortuit ? — IX. La procédure de la *legis actio per manus injectionem* devait-elle être suivie purement et simplement contre les *praedes* ?

I. — Si le juge se prononce en faveur de celui auquel le magistrat a confié la garde de la chose, aucune difficulté. Comme le fait remarquer avec raison M. Esmein [1], il ne saurait être question pour le gagnant de se faire restituer les fruits perçus par son adversaire, pendant une possession antérieure à la « *datio vindiciarum* ». Ce dernier perdra son *sacramentum*, que l'autre partie n'acquerra même pas ; celle-ci n'obtiendra aucune autre satisfaction, au moins à l'époque à laquelle nos textes permettent de remonter.

II. — Que décider au contraire, si le meuble litigieux se trouve entre les mains du vaincu ? Déterminons d'abord l'objet de la prestation due, sauf à rechercher ensuite de quelles voies de recours disposait le vainqueur, s'il n'obtenait pas complète satisfaction.

La première obligation, qui s'impose au possesseur intérimaire, après sa défaite, c'est de restituer la chose litigieuse, dont la garde lui fut confiée.

Comme j'ai essayé de le démontrer plus haut [2], une seconde obligation s'impose au vaincu, celle de payer une

---

1. *Sur l'histoire de l'usucapion* (*Nouvelle Revue historique*, t. IX, 1885), p. 277 et *Mélanges d'histoire du droit et de critique* (*Droit romain*), 1886, p. 190.
2. § 5, n° IV.

somme d'argent fixée d'avance, *vindiciae*, qui représente l'amende encourue par lui. Peu importe qu'il ait ou non récolté des fruits, qu'il en ait récolté plus ou moins, que les fruits subsistent ou non en nature. L'objet de l'obligation restera le même, dans tous les cas.

L'opinion générale enseigne, au contraire, que la dette variera, suivant les circonstances, et que des arbitres en évalueront le montant.

On se fonde sur le texte suivant :

Festus, V° *Vindiciae* : «..... *et in XII* : *Si vindiciam falsam tulit, si velit is* ..... *tor* ARBRITOS TRES DATO *eorum arbitrio*..... FRUCTUS DUPLIONE DAMNUM DECIDITO [1] ».

La plupart des auteurs considèrent ce texte comme se référant à l'hypothèse, où le juge se prononce contre celui, entre les mains duquel se trouve la chose litigieuse, « *si vindiciam falsam tulit* », si quelqu'un a obtenu à tort la possession intérimaire. Les uns [2] pensent, du reste, que le gagnant aura droit, dans tous les cas, à une somme représentant le double des fruits ; d'autres [3] enseignent que les trois arbitres tiendront compte seulement de ceux, que le possesseur ne restituera pas en nature ; ils fixeront la somme représentant le double de la valeur des fruits, que le plaideur négligea de percevoir ou qu'il a consommés depuis leur perception. A l'appui de ce dernier système, on cite un certain nombre de textes de l'époque classique, Paul, *Sent.* I, 13 *b*, § 8, V, 9, § 1. L. 12, D., *qui satisdare cogantur* (II, 8) (Ulp., *lib.* 77 *ad Ed.*). L. 9, § 6, *ad exhibendum*, X, 4 (Ulp., *lib.* 24 *ad Ed.*).

III. — Réservant l'examen de ces derniers fragments pour le moment où nous nous occuperons du droit des premiers siècles de l'ère chrétienne, concentrons notre

---

1. Voyez sur les différentes leçons de ce passage qui nous est parvenu, seulement d'une façon incomplète, les *Fontes juris romani antiqui* de Bruns (5ᵉ édit.), p. 376, n. 27 et suiv.

2. Accarias, *Précis de droit romain* (4), t. II, n. 807, p. 828, n. 4.

3. Lenel, *Edictum perpetuum*, p. 411. Esmein, *Sur l'histoire de l'usucapion*, p. 279 et 280.

attention sur le passage de Festus. Dès 1878, M. Brini[1] soulevait les objections les plus fortes contre la traduction généralement donnée au passage de la loi des XII Tables reproduit par Festus. Au point de vue de la langue, il faisait observer que l'expression « *falsa vindicia* », dans le sens de possession intérimaire attribuée à tort, ne se trouve dans aucune de nos sources. Cicéron et Arnobe parlent d'*injustae* et de *justae vindiciae* et non de *falsa vindicia*. Le mot *vindicia*, au singulier, désigne la chose litigieuse elle-même ; enfin le mot « *ferre* » ne saurait être traduit par « obtenir [2] ».

Partant de la démonstration faite par M. Brini, M. Buonamici[3] s'est efforcé de trouver une hypothèse autre que la nôtre, à laquelle s'adapterait le fragment des XII Tables. D'après lui, ce dernier vise le cas où le possesseur intérimaire tente, frauduleusement, de substituer, après son échec, un autre meuble à celui dont il avait la garde ; il livre un esclave ou un animal ayant sans doute une moindre valeur ou auquel il tient moins. La loi des XII Tables le déclare alors coupable d'un délit analogue à celui de *furtum nec manifestum* et fixe au double de la valeur de la chose et des fruits le montant de l'amende, à laquelle il sera condamné.

Pour rendre cette conjecture vraisemblable, M. Buonamici insiste sur cette considération, qu'elle restitue leur sens normal aux mots *falsa, vindicia, ferre*. En outre, la l. 3 D. *de litigiosis*, XLIV, 6 (Gaius, *lib. 6 ad Legem XII Tab.*) montre, que la loi des XII Tables se préoccupait des fraudes commises au détriment de l'autre par celui des deux plaideurs qui tient en son pouvoir la chose litigieuse. S'il consacre

---

1. *Della condanna nelle legis actiones* (*Archiv. Giurid.*, t. XXI, 1878), p. 246 et 247).

2. M. Cüenot, *De la sentence du juge et de sa réalisation dans l'action sacramenti in rem*, p. 329, n. 2, reproduit cette partie de l'argumentation de M. Brini, en paraissant se l'approprier.

3. *Intorno ad un frammento delle XII Tavole* (*Archiv. Giurid.*, t. XLIV, 1890, p. 381 et suiv.).

cette dernière aux dieux pour en priver son adversaire, le juge le condamnera à une somme représentant le double de la valeur de l'objet. M. Buonamici observe que les éditeurs des XII Tables placent la disposition visée par la L. 3, D. *de litigiosis,* immédiatement après celle qui nous occupe ; il ne serait pas étonnant qu'une pensée commune eût inspiré les rédacteurs des deux passages. Enfin, si Festus ne parle que du double des fruits, une lacune se trouve dans le texte avant le mot « *fructuum* » que l'on pourrait, sans témérité, faire précéder de « *rei* ».

M. Cuq[1] répond à M. Buonamici : il est difficile de croire qu'on ait autorisé un arbitrage pour réprimer un acte frauduleux, cela serait sans exemple. Il serait non moins étrange, qu'on eût exigé la présence de trois arbitres, c'est-à-dire qu'on eût multiplié les garanties en faveur d'un malhonnête homme.

Reste à examiner si la difficulté est écartée par le système généralement adopté et auquel se rallie M. Cuq. Si les trois arbitres condamnent le possesseur intérimaire au double des fruits, ou même, comme l'enseigne notre auteur, au double de la valeur de la chose et des fruits[2], il s'agit bien là d'une peine frappant le délit de celui qui a plaidé à tort et qui, de plus, s'est fait attribuer sans droit la garde de la chose. Comment alors expliquer l'intervention des arbitres ?

Nous croyons, cependant, plus prudent d'écarter purement et simplement du débat le fragment de Festus. Ce

---

1. *Les Institutions juridiques des Romains,* t. 1. *L'ancien droit,* p. 417, n. 2.

2. *Op. cit.,* p. 358, n. 9. M. Cuq rétablit le passage de Festus de la façon suivante « *Si vindiciam falsam tulit, si velit is (prae) tor arbitros tres dato. Eorum arbitrio (rei) fructus duplione damnum decidito* ». A la page 417, note 2, il dit également : « Les XII Tables donnent à celui qui a obtenu à tort la chose litigieuse la faculté d'échapper à la *manus injectio*, en demandant trois arbitres, pour évaluer le préjudice causé et en payant le double de cette estimation ». Or, on ne saurait guère mettre en doute que la *legis actio per manus injectionem* fût une procédure pénale.

texte se trouve dans un tel état qu'il ne saurait lier l'historien ; le parti le plus sûr consiste à ne pas en tenir compte. Notons d'ailleurs que la plupart de nos adversaires suivent cette méthode, en ce qui concerne les mots : « *si velit is* » ou « *sive litis*[1] ».

IV. — Abstraction faite de ce document, quel jugement porter sur les systèmes qui imposent au possesseur intérimaire l'obligation de payer le double des fruits, qu'il a négligé de percevoir ou qu'il a consommés ? Ces systèmes semblent contredits par le paragraphe 16 du C.IV de Gaius: « *eumque jubebat praedes adversario dare litis et vindiciarum id est rei et* FRUCTUUM ». Où voit-on que la valeur des fruits ou de certains fruits doive être doublée ? On conçoit aisément que Gaius, même si notre conjecture est exacte, emploie le mot « *fructus* » comme synonyme de « *vindiciae* ». La somme d'argent due par les *praedes*, indépendamment de la chose litigieuse, correspond à la jouissance de cette dernière, bien qu'elle ne soit pas fixée d'après la valeur vénale de cette jouissance et qu'elle éveille l'idée d'une peine. Au contraire, il serait étrange que Gaius parlât seulement de la responsabilité des *praedes* quant aux fruits, si cette responsabilité s'élevait au double[2].

Examinons, en outre, de plus près, la doctrine de nos adversaires. Qu'entendent-ils par fruits ? S'il s'agit d'un meuble ne produisant pas de fruits, d'un bijou par exemple, celui, au profit duquel la *datio vindiciarum* a été prononcée, ne devra-t-il donc rien comme contre-partie de l'avantage dont il a joui ? Cette solution semblerait contraire à l'esprit du droit primitif. Si la revendication s'applique à un esclave ou à un bœuf de labour, estimera-t-on la valeur du travail accompli dans l'intervalle par l'esclave ou par le bœuf ?

Des deux doctrines discutées, celle de MM. Lenel et Es-

---

[1]. Il y a des auteurs qui préfèrent cette leçon.
[2]. M. Brini, *op. et loc. cit.*, insiste, avec raison, sur cet argument.

mein mérite d'ailleurs des critiques spéciales. Car le passage de Festus, même interprété comme le veulent ces auteurs, n'autorise nullement la distinction proposée, « *fructuum duplione damnum decidito* ». Ce système supprime, de plus, toute peine correspondant à ce fait, que le vaincu a obtenu sans droit la possession intérimaire ; l'objection présentée acquiert donc ici une force particulière.

V. — Supposons maintenant que le perdant omette de donner à l'autre partie la satisfaction à laquelle elle a droit; cette dernière poursuivra les *praedes*. Comme nous l'avons enseigné, ces derniers et eux seuls sont obligés ; on conçoit, d'ailleurs, que, par la force des choses, cette obligation disparaisse, si le véritable intéressé prend l'initiative et fournit la prestation, qui pourrait être exigée de ses parents et de ses amis. Nous ne pensons pas, au contraire, qu'une démarche auprès du plaideur lui-même soit un préliminaire indispensable des poursuites.

Précisons d'abord l'objet de l'obligation des *praedes*. Le nom même, que les textes leur donnent, *praedes litis et vindiciarum*, montre qu'ils doivent non seulement la chose litigieuse [1] mais encore les « *vindiciae* ». La conjecture émise relativement à ces dernières permet de résoudre une première difficulté. D'après notre doctrine, le décret du magistrat aura en effet, quelquefois à la suite d'un accord préalable des plaideurs, déterminé le montant de

---

1. M. Cüenot, *De la sentence du juge et de sa réalisation dans l'actio sacramenti in rem*, p. 359, écrit au contraire : « Le *praes* n'a promis que la restitution de la chose, cette restitution effectuée, son engagement cesse ». Dans la note 2 de la même page, il ajoute : « Pseudo Asconius (Orelli, p. 191) ne mentionne pas, en déterminant la responsabilité des *praedes*, une obligation relative aux fruits ». Nous répondons que le passage du Pseudo Asconius ne prouve rien ; il plaît à l'auteur d'insister sur l'utilité de l'engagement des *praedes*, au point de vue de la détérioration possible du bien litigieux ; on ne saurait en conclure que cet engagement ne présentait pas d'autre utilité. « *Pro praede litis* VINDICIARUM », disait Cicéron et répétait, après lui, Pseudo Asconius, *praedes litis* et VINDICIARUM, trouve-t-on dans Gaius, IV, 16 et 94. Cela paraît absolument décisif.

l'amende encourue, en raison de la possession intérimaire reconnue aujourd'hui illégitime. Au moyen de la *legis actio per manus injectionem*, exercée contre un des *praedes*, le plaideur se fera payer cette amende.

VI. — Que décider, au contraire, en ce qui concerne la chose litigieuse elle-même? D'après M. Cüenot[1], le préteur l'estime, au moment même où s'engagent les *praedes* ; ces derniers savent d'avance quelle sera l'étendue de leur responsabilité ; si leur parent ou ami succombe et s'il ne donne pas satisfaction à son adversaire, chacun d'eux pourra être contraint, au moyen de la *legis actio per manus injectionem*, de payer une certaine somme. A l'appui de cette doctrine, on se fonde sur l'analogie qui existe entre les *praedes* et les *vades* ; or, chacun de ces derniers s'oblige à faire comparaître le défendeur *in jure*, au jour fixé, ou à verser une amende, dont le magistrat détermine immédiatement le taux[2]. Cette estimation préalable ne présente, d'ailleurs, rien de surprenant, ajoute M. Cüenot, puisque le montant du *sacramentum* variait, suivant que la valeur du litige atteignait ou non 1000 as et que, dès lors, il fallait bien se prononcer sur le montant de cette valeur. Enfin, la simplicité même de cette solution constitue un argument en sa faveur ; grâce à elle, les difficultés s'évanouissent et la protection légitime due au gagnant se concilie avec la règle, en vertu de laquelle le juge ne prononçait pas de condamnation et se bornait à décider, qui avait tort, qui avait raison.

Nous ne pensons pas qu'il convienne d'étendre aux *praedes litis et vindiciarum* la méthode, dont les textes parlent à propos des *vades*. La chose revendiquée pouvait être appréciée en argent, tandis qu'il n'en était pas de même de la comparution du défendeur devant le magis-

---

1. *De la sentence du juge*, pp. 355-357.
2. Liv. III, 48, 8 : « ... *vades dare placuit, unum vadem MMM aeris obligaverunt, quot darentur, permissum tribunis est, decem finierunt, tot vadibus accusator vadatus est reum* » ; Plaute, *Rudens*, III, 4, v. 72 et suiv. « *Nam promisimus carnufici* AUT TALENTUM MAGNUM AUT HUNC HODIE SISTERE ». Comp. M. Voigt. *Ueber das vadimonium*, 1881, p. 10 et suiv.

trat. Dès lors, dans ce dernier cas, il fallait bien recourir à un procédé particulier et fixer d'avance l'amende, qui devrait être payée par les parents et amis du plaideur, si ce dernier échappait à leur surveillance ; dans la première hypothèse, il suffisait de recourir au droit commun. En dehors de cette considération, objectons à M. Cüenot, qu'il semble peu conforme au rôle du magistrat de lui confier l'estimation du meuble litigieux ; ce trait ne serait guère en harmonie avec l'ensemble du tableau ; on ne conçoit pas, comment le représentant de la cité jouirait d'un pouvoir aussi considérable, sans compter que le temps lui manquerait pour remplir sa tâche. Les institutions ont leur logique ; après avoir constaté combien la conception romaine de la justice différait de la nôtre, on ne saurait attribuer aux préteurs du cinquième ou du sixième siècle de l'ère romaine les mêmes fonctions qu'aux membres d'un de nos tribunaux de première instance[1]. L'argument tiré du chiffre du *sacramentum* ne prouve rien. Autre chose est d'apprécier si le bien atteint ou non une certaine valeur, sauf, en cas de doute, à exiger le dépôt du *sacramentum* le plus élevé, autre chose de limiter d'avance à une certaine somme le droit du gagnant. En fait, le magistrat accomplira sans difficulté la première mission, aucune des parties ne voulant reculer ni paraître avoir peu de confiance dans son bon droit. Comment enfin ne pas accorder qu'en fixant le chiffre du *sacramentum* le magistrat défendait les intérêts du trésor public et ne se bornait pas à présider à l'administration de la justice civile[2] ?

1. Cet argument ne nous met pas en contradiction avec nous-même. Nous avons, à la vérité, enseigné plus haut que, si les parties ne réussissent pas à se mettre d'accord, le magistrat fixera le chiffre des *vindiciae* ; mais, d'une part, il s'agit là d'une amende et non pas de l'évaluation de la chose litigieuse ; en outre, les parties s'entendront fort souvent ; enfin le représentant de la cité peut prendre pour base de sa décision les offres faites par chacune des parties, quand il n'attribue pas purement et simplement la possession intérimaire à celui qui s'engage à payer la somme la plus élevée, en cas d'échec.

(2) Comp. Ihering, *Scherz und Ernst*, p. 216 et suiv. et N. E. Politis, *Les Triumvirs capitaux*, Thèse Paris, 1894, p. 109 et suiv.

VII. — La thèse de M. Cüenot écartée, le problème reste entier. Comment opérer l'évaluation en argent du meuble revendiqué?

Discuter à fond cette question, ce serait sortir de notre sujet. Bornons-nous à dire, que, d'après une conjecture qui sera développée dans le tit. II, à propos de la marche de la procédure par le pari, le créancier d'un corps certain pouvait user de la *legis actio per manus injectionem*, en vue d'obtenir le paiement d'une somme d'argent qu'il fixait lui-même à ses risques et périls. Il mettait la main sur son débiteur pour tant de pièces de monnaie, sauf à ce dernier à trouver un *vindex* et à faire soutenir par lui qu'il y avait *plus petitio*.

VIII. — En résumé, les *praedes* doivent payer une somme d'argent correspondant à la possession intérimaire et restituer le meuble revendiqué. Cette restitution semble due par eux dans tous les cas ; la perte de la chose litigieuse survenue par cas fortuit ne les libèrerait pas. Que cette solution nous choque profondément aujourd'hui, cela est certain ; mais sans parler du peu de durée du procès, n'oublions pas que si les *praedes* encourent une lourde responsabilité, leur parent ou ami a joui d'un avantage auquel il dépendait de lui de renoncer. L'amour des solutions simples inspire enfin, on le sait, les coutumes primitives. Pour tous ces motifs, en présence de textes qui ne font aucune distinction, la doctrine qui vient d'être exposée paraît au moins vraisemblable.

Le plus souvent, les *praedes* s'entendront entre eux et avec le gagnant, afin de donner satisfaction à ce dernier et d'éviter ainsi le recours à la *legis actio per manus injectionem*.

Lorsque l'accord n'aura pu se faire, le créancier usera de son droit. Contre qui en usera-t-il? Tant qu'il n'aura pas obtenu justice complète, les *vindiciae* et la chose ou sa valeur, il poursuivra valablement chacun des *praedes* ; les poursuites dirigées contre l'un d'eux n'éteignaient pas en effet sa créance contre les autres ; autant de *praedes*, autant de créances distinctes. Praedes *litis et vindiciarum*, disent les textes ; le nombre des cautions constituera un élément essentiel de la sûreté procurée par leur engagement. Le *praes* est un gage vivant ; plus il y aura de ces gages vivants, pourvu bien entendu qu'ils remplissent certaines conditions, plus le créancier éventuel aura de chances d'éviter la perte, à laquelle l'expose l'attribution de la possession intérimaire à son adversaire. Lorsqu'une nouvelle forme de cautionnement, la *sponsio*, se fut introduite dans la pratique, une seule créance naquit, à la vérité, au profit de celui qui avait interrogé, au moyen de paroles solennelles, le débiteur principal et les débiteurs accessoires ; l'acte juridique n'engendra qu'une action en raison même de sa forme. A compter de la *litis contestatio*, on considéra le droit du demandeur comme épuisé ; il devait donc ne pas se décider à la légère et vérifier, à l'avance, la solvabilité de celui auquel il s'adressait, le débiteur principal ou l'un des *sponsores*. Cette règle nouvelle s'appliquait notamment à la *cautio pro praede litis et vindiciarum* de l'*actio in rem per sponsionem* ; mais précisément, les textes parlent de la *cautio pro praede litis et vindiciarum* et non pas de la *cautio pro* praedibus *litis et vindiciarum* ; les promesses du plaideur et de ses *sponsores* correspondaient à l'engagement d'un *praes*. Dans la *legis actio per sacramentum*, plusieurs *praedes* intervenaient, au contraire.

IX. — La procédure de la *legis actio per manus injectionem* devait être suivie, purement et simplement, contre les *praedes*. On n'aperçoit pas de motifs, pour les soumettre à un régime particulier ; s'ils tiennent la place de leur ami, leur situation ne doit pas être plus rigoureuse que ne l'aurait été la sienne.

M. Mommsen[1], dont M. Peltier[2] adopte sur ce point l'o-

1. *Die Stadtrechte von Salpensa und Malaca*, p. 466, 480.
2. *De la caution praedibus praediisque*, p. 39 et suiv.

pinion, croit, au contraire, que les adoucissements apportés par la loi des XII Tables à la *manus injectio* ne profitèrent pas aux *praedes*. Même après la loi des XII Tables, la main-mise sur la personne du *praes* constitua un acte extra-judiciaire ; ce dernier ne put pas, par l'intermédiaire d'un *vindex*, contester l'existence de la dette ; la loi autorisa à le vendre comme esclave *trans Tiberim* ou même à le mettre à mort, sans attendre l'expiration d'aucun délai. Comme les *praedes* s'engageaient exclusivement vis-à-vis de la cité et que cette dernière ne saurait plaider contre un de ses membres, ces solutions découlent de l'application des principes généraux, qui dominent la matière.

Malgré l'autorité de M. Mommsen, n'hésitons pas à repousser cette doctrine qui ne repose sur aucun texte et qui présente, comme arguments, de simples affirmations. La loi des XII Tables réglementait la procédure de la *legis actio per manus injectionem* exercée contre le *judicatus* : « *de quibus ut ita ageretur lege aliqua cautum est, veluti judicati lege XII Tabulorum* », dit Gaius, IV, 21 ; mais, ne sait-on pas, que la législation décemvirale, comparée avec raison par certains auteurs à la Grande Charte de l'Angleterre, se proposa, avant tout, de constater la coutume, dans la mesure où cela était particulièrement nécessaire, en vue de protéger la personne et les biens des plébéiens contre l'arbitraire des magistrats ? Si les XII Tables innovèrent en notre matière, nous ignorons, tout au moins, en quoi consista l'innovation. Admettons même, pour un instant, cette prétendue transformation de la *legis actio per manus injectionem*, il n'en résulte nullement, que, pendant notre période, les *praedes* fussent traités d'une façon spéciale. Comme l'existence de leur dette paraissait certaine, qu'ils figuraient même, en réalité, parmi les « *judicati* », la *legis actio per manus injectionem* s'exerçait valablement contre eux ; on ne voit pas, au contraire, pour quelles raisons la procédure ordinaire n'aurait pas été suivie. Les *praedes litis et vindiciarum* s'obligeaient en effet, d'après nous, vis-à-vis du plaideur lui-même et non pas vis-à-vis de la cité. Quant aux textes relatifs à la situation des *praedes* de la *cautio praedibus praediisque*, ils se rapportent à une époque postérieure à la nôtre et à une institution spéciale, qui n'existait pas encore au moment où nous nous plaçons.

Abordons maintenant l'étude de la revendication des immeubles.

CHAPITRE II

LEGIS ACTIO SACRAMENTI IN REM. — REVENDICATION IMMOBILIÈRE.

Sommaire. — I. Quelles étaient les règles spéciales à l'hypothèse où la revendication avait pour objet un immeuble ? — II. Examen du problème au point de vue de l'histoire générale du droit. — III. Exposé de notre doctrine, relativement à l'histoire du droit romain. Pendant une première période, une partie de la *legis actio* se déroula sur l'immeuble lui-même. Accompagnées de témoins, les parties accomplissaient, conformément à certains rites, une descente sur les lieux. — IV. Plus tard, la descente sur les lieux précéda la *legis actio* au lieu d'en faire partie. — V. La *deductio quae moribus fit* ne constituait pas un élément de la *legis actio sacramenti in rem*. Elle ne servait pas aux plaideurs, quand ils s'entendaient sur ce point, à éviter un déplacement inutile et à abréger par suite la procédure. — VI. Elle n'avait pas pour objet de déterminer, d'un commun accord, laquelle des parties aurait la possession intérimaire. — VII. Elle ne constituait pas une formalité supplémentaire ajoutée à la *manuum consertio*.

I. — La *legis actio sacramenti in rem* restait en principe la même, qu'il s'agît de meubles ou d'immeubles. Néanmoins, les textes signalent une particularité de la revendication immobilière, qui se rattache étroitement à l'histoire de la procédure par le pari et que nous devons, à ce titre, étudier avec soin.

Reproduisons d'abord ces textes, qui soulèvent d'assez sérieuses difficultés.

Cicéron, *Pro Murena*, XII, 27.

« *Quum hoc fieri bellissime posset* : « *Fundus Sabinus, meus est* » « *immo meus* », *deinde judicium* : *noluerunt*. Fundus, *inquit*, QUI EST IN AGRO, QUI SABINUS VOCATUR. *Satis verbose. Cedo, quid postea?* EUM EGO EX JURE QUIRITIUM MEUM ESSE AIO. *Quid tum?* INDE IBI EGO TE EX JURE MANUM CONSERTUM VOCO. *Quid huic tam loquaciter litigioso responderet ille, unde petebatur, non habebat. Transit idem jureconsultus, tibicinis latini modo* : UNDE TU ME, *inquit*, EX JURE MANUM CONSERTUM VOCASTI, INDE IBI EGO TE REVOCO. *Praetor interea ne pulchrum se ac beatum putaret atque aliquid ipse sua sponte loqueretur, ei quoque carmen compositum est, quum ceteris rebus absurdum, tum vero in illo* : SUIS UTRISQUE SUPERSTITIBUS PRAESENTIBUS ISTAM VIAM DICO : INITE VIAM. *Praesto aderat sapiens ille, qui inire viam doceret*. REDITE VIAM. *Eodem duce redibant.* »

Gaius, IV, 17. « *Similiter si de fundo vel de aedibus sive de hereditate controversia erat, pars aliqua inde sumebatur et in jus adferebatur et in eam partem perinde atque in totam rem praesentem fiebat vindicatio, veluti ex fundo gleba sumebatur et ex aedibus tegula, et si de hereditate controversia erat usque*... 48 lignes perdues ».

Aulu-Gelle, XX, 10, n[os] 8 et 9.

« *Correptio manus in re atque in loco praesenti apud praetorem ex duodecim tabulis fiebat, in quibus ita scriptum est* : SI QUI IN JURE MANUM CONSERUNT. *Sed postquam praetores propagatis Italiae finibus, datis juridictioni* (*hu*)*s negotiis occupati, p*[*rof*]*icisci vindiciarum dicendarum causa* [*ad*] *loginquas res gravabantur, institutum est, contra duodecim tabulas tacito* [*con*]*sensu, ut litigantes non in jure apud praetorem manum consererent, sed* « EX JURE MANUM CONSERTUM » *vocarent, id est alter alterum ex jure ad conserendam manum in rem, de qua ageretur, vocaret atque profecti simul in agrum, de quo litigabatur, terrae aliquid ex eo, uti unam glebam, in jus in urbem ad praetorem deferrent et in ea gleba, tamquam in toto agro, vindicarent* ».

Comme on le voit, ces textes, que nous allons étudier de plus près dans un instant, supposent des actes solennels accomplis par les plaideurs, soit sur la chose elle-même, soit au moins sur la motte de terre, qui la représente.

II. — A ce point de vue, l'ancien droit romain concorde avec un grand nombre de coutumes primitives. Les hommes peu civilisés ne conçoivent même pas, qu'un procès relatif à un immeuble puisse se dérouler, sans une visite contradictoire des lieux par les deux adversaires ; il faut qu'ils manifestent, sur le bien même et dans la forme traditionnelle, leur volonté de se comporter en maîtres. De même que l'esclave ou l'animal, la terre ou la maison joue un rôle dans la lutte qui s'engage ; plaider à propos d'une chose, que l'on n'a pas vue et touchée, paraît impossible. Ce sentiment se maintint pendant longtemps.

D'après la *lex Alamannorum*, LXXXVII, l'un des plaideurs commençait par placer des marques, au point où, suivant lui, finissait son domaine « *ponat signum ubi isti voluerint terminos* ». Puis, les deux parties se rendaient au milieu du champ litigieux et en arrachaient une motte de terre, qu'elles remettaient au comte, après y avoir planté des branches coupées aux arbres du fonds contesté. Le comte mettait la motte sous scellés : « *ille involvat fanonem et ponat sigillum* » et il la déposait, en attendant le jour du procès, entre les mains d'un tiers séquestre. Elle figurera au tribunal et, avant de combattre, les champions la toucheront de leur épée. Il convient de rapprocher de ce curieux passage de la loi des Alamans le Ch. XII, § 3 et le Ch. XVI, § 17 de la loi des Bavarois.

Chez les Lombards[1], la revendication immobilière dé-

---

1. Liutprand, 148.

butait, comme la revendication mobilière, par une saisie extra-judiciaire opérée par le demandeur ; elle se réalisait, de la même façon qu'autrefois la saisie-brandon en France[1], c'est-à-dire en dressant sur le champ revendiqué des faisceaux de paille[2]. Cette saisie se retrouve, à titre exceptionnel, dans un capitulaire[3] et dans quelques sources hollandaises et allemandes du moyen âge. S'il s'agissait d'une maison, le demandeur mettait la main sur un des montants de la porte, pour faire connaître son intention[4].

Les chartes françaises du XIe siècle décrivent également une remarquable procédure accomplie sur l'immeuble litigieux et qui confirme les idées exposées plus haut[5]. Il en est de même des nombreux documents des XIIIe et XIVe siècles, qui parlent de la « *montrée* ». Après que le tribunal avait accordé au défendeur le « *jour de vue ou de montrée* », il déléguait un ou plusieurs commissaires ou simplement un sergent, qui se rendait sur les lieux avec les deux parties ; si l'une de ces dernières faisait défaut, elle perdait son procès et ce trait donne à l'opération sa physionomie véritable. Le demandeur accomplissait alors sur le bien, en présence de son adversaire, des actes matériels destinés à donner à ses prétentions une forme con-

---

1. Garsonnet, *Traité théorique et pratique de procédure*, t. III (1888), § 584, p. 659. C. Pr. civ., art. 626 et suiv.
2. Chez les Lombards, le bouchon de paille pouvait d'ailleurs être remplacé par un signe analogue. On appelait *wiffatio* la main-mise, à laquelle nous venons de faire allusion. Comp. Brunner, *Deutsche Rechtsgeschichte*, t. II, § 118, p. 514. Rud. Hübner, *Der Immobiliarprozess der Fränkischen Zeit*, 1893, p. 24 et 25 (*Untersuchungen zur deutschen Staats-und Rechtsgeschichte herausgegeben von O. Gierke, Heft*, 42).
3. Boretius, *Capitularia*, I, p. 15.
4. Brunner, *op. et loc. cit.*, Rud. Hübner, *op. et loc. cit.*
5. « *Et sicut ei visum est, eam circumiens de locis quibus ei placuit partem terrae prout baculo designabat collegi fecit et in chirotheca reponi : quae usque ad praefinitam diem servata est* ». V. sur l'interprétation de cette charte notre *Etude historique sur la revendication des meubles en droit français*, p. 54, n. 2.

crête ; s'agissait-il d'une maison, il marquait d'une croix chacun des linteaux de la porte[1].

Dans l'ancienne Russie, la pratique judiciaire employait, dans les revendications immobilières, une forme particulière de serment, le serment par la terre. « Celui qui prête le serment (c'est le sort qui le désigne) ramasse de la terre dans le pan de son habit, fait le tour des limites de la portion litigieuse et y jette la poussière qu'il a ramassée en disant « que le serment par la terre que je prête retombe sur moi si cette portion bornée par ces limites ne m'appartient pas[2] ».

La procédure, en usage chez les Tchèques au XIVe siècle, mérite également notre attention. Lorsqu'un particulier se plaignait d'un dommage causé à son bien par une autre personne qui s'en prétendait propriétaire, l'affaire ne pouvait s'engager qu'après des cérémonies traditionnelles, accomplies par les parties sur le bien lui-même, en présence de délégués de la cour de justice. « Dès que le défendeur est arrivé, le demandeur entre, du pied droit, sur le terrain litigieux et dit : « Ecoutez, sergents ! Un tel que voici m'a fait tel dommage. Et j'évalue ce dommage à telle somme d'argent ». Alors le défendeur se dépouille à son tour, entre du pied gauche sur le terrain et dit : « Ecoutez, sergents ! Ce bien est à moi et non à lui[3] ».

A l'époque contemporaine enfin, les montagnards du

---

1. *Grand Coutumier de France* (édition Laboulaye et Dareste), p. 468. Claude Liger, n. 135 (*Coutumes et institutions de l'Anjou et du Maine*, édition Beautemps-Beaupré, F., t. II, p. 82). Tanon, L'*Ordre du procès civil au XIVe siècle* (*Nouv. Rev. hist. du dr.*, t. IX, 1885, p. 324). Glasson, *Histoire du droit et des institutions de la France*, t. VI, 1895, p. 509 et 510.

2. Max Kovalewsky, *Coutume contemporaine et loi ancienne*, p. 435. Comp. p. 426.

3. R. Dareste, *Etudes d'histoire du droit*, p. 175. Comp. la description de la même scène dans Kovalewsky, *Coutume contemporaine et loi ancienne*, p. 490 et 491.

Caucase[1] et les Kabyles du Djurjura[2] pensent encore qu'une contestation relative à un immeuble suppose nécessairement qu'une partie de la procédure, tout au moins, s'accomplit sur les lieux mêmes.

III. — Cette idée, qui joue un rôle incontestable dans l'histoire générale du droit, peut servir à interpréter les sources romaines.

Comme on l'a vu, Aulu-Gelle parle d'une époque où le magistrat se transportait lui-même sur le fonds litigieux, où se déroulait la *legis actio* tout entière. Bien que l'affirmation de cet auteur qui dit avoir consulté les livres des anciens jurisconsultes ne présente, en elle-même, rien de surprenant, n'insistons pas sur son témoignage. Même en négligeant cette première phase de l'histoire de la *legis actio sacramenti*, l'exposé de Cicéron permet d'en distinguer deux autres. Avant de perdre leur utilité, les formalités dont se moque l'avocat de Murena, eurent en effet une portée sérieuse ; cette observation faite, retraçons la marche du droit romain, telle que nous la concevons.

Pendant une première période, une partie de la *legis actio* se déroula sur l'immeuble lui-même. Après que les plaideurs avaient l'un et l'autre affirmé leur droit de propriété devant le magistrat, le demandeur s'adressait à son adversaire, en ces termes, « INDE IBI EGO TE EX JURE MANUM CON-

---

1. « Enfin les vieillards du village de Ratchinsk voulurent en finir : ils réunirent tous les habitants, invitèrent les Ossètes et, *après avoir planté un pieu sur la terre en litige*, placèrent un chapeau en haut de cette perche, disant à leurs adversaires que si la terre leur appartenait réellement ils devaient *enlever le chapeau*, qu'alors eux reconnaîtraient leur droit et n'élèveraient plus aucune prétention sur le terrain en litige. Bien que ce morceau de terre fût nécessaire aux Ossètes, ils s'en retournèrent sans rien dire ». Max Kovalewsky, *Coutume contemporaine et loi ancienne*, p. 437.

2. « S'il y a lieu à transport, ce qui arrive très souvent, la djemaa se rend elle-même sur les lieux ou délègue les ak'al et les anciens, soit pour juger eux-mêmes l'affaire sur place, soit pour faire leur rapport lors d'une prochaine séance. *Dans les questions de limites, d'enlèvement de bornes ou de dommages*, les dépositions sont toujours reçues *sur le lieu du litige*. » Hanoteau et Le Tourneux, *La Kabylie et les coutumes kabyles*, t. III, p. 8.

SERTUM VOCO », « en conséquence, je t'appelle sur les lieux en vertu du droit que j'ai de procéder à la jonction des mains, d'accomplir la *vindicatio* solennelle ».

Si je traduis ainsi ce passage, malgré Aulu-Gelle qui comprend « *ex jure voco* » « je t'appelle hors de la présence du préteur », c'est que le texte d'Ennius cité par Aulu-Gelle lui-même [1] m'y invite.

« *Non* EX JURE MANUM CONSERTUM, *sed magis ferro rem repetunt regnumque petunt, vadunt solida vi* ».

J'ajoute qu'il convient de voir dans « *manum consertum* [2] » un génitif et de rattacher ces deux mots à « *ex jure* [3] ».

A ce défi du demandeur, le défendeur répondait immédiatement par un défi contraire : « UNDE TU ME EX JURE MANUM CONSERTUM VOCASTI, INDE IBI EGO TE REVOCO. »

Puis, le magistrat prononçait, à son tour, la formule suivante : « SUIS UTRISQUE SUPERSTITIBUS PRAESENTIBUS ISTAM VIAM DICO : INITE VIAM ».

Occupons-nous, un moment, de ces *superstites*, qui méritent plus d'attention que la plupart des auteurs ne leur en accordent.

« *Superstites testes praesentes significat, cujus rei testi-*

---

1. *N. A.* XX, 10, 4. Comp. Cic., *Pro Mur.*, XII, 26. « *Quid tum ? inde ibi ego te* EX JURE MANUM CONSERTUM VOCO.... *Transit idem jureconsultus, tibicinis latini modo : unde tu me, inquit,* EX JURE MANUM CONSERTUM VOCASTI, *inde (ibi) ego te revoco* », *de Orat.*, I, 41 «..... *qui aut interdicto tecum contenderent aut te* EX JURE MANUM CONSERTUM VOCARENT, *quod in alienas possessiones tam temere irruisses* ». Valerius Probus, *Notae*, IV, 4, « E, I. M. C. V. EX JURE MANUM CONSERTUM VOCAVIT ». Aulu-Gelle, XX, 10, 8 «..... *ex duodecim tabulis fiebat, in quibus ita scriptum est : si qui* IN JURE MANUM CONSERUNT ».

2. Que la véritable leçon soit *manum consertum* et non pas *manu consertum*, comme le veulent Orelli, dans son édition du *Pro Murena* et Spengel dans son édition du *de lingua latina* de Varron, VI, 64 : « *Sic ex jure manu consertum vocare* », le passage d'Ennius joint à la « *nota* » de Valerius Probus le démontre.

3. Au point de vue de la langue, il vaudrait mieux, d'ailleurs, je ne me le dissimule pas, que la jonction des mains fût déjà accomplie, au moment où chacune des parties prononce la formule solennelle.

monium est, quod superstitibus praesentibus ii, inter quos controversia est, vindicias sumere jubentur », dit Festus, *hoc verbo.*

Le terme « *vindiciae* » s'applique ici dans le sens, que lui attribuait Cincius: « *vindiciae olim dicebatur glaebae illae, quae ex fundo sumptae in jus adlatae erant* ». Festus, *hoc verbo.*

Les parties recevaient donc du magistrat l'ordre d'aller chercher sur le bien litigieux [1] les mottes de terre destinées à le représenter en justice. Si le préteur le leur enjoignait en présence de témoins nommés *superstites*, ce fait ne peut s'expliquer, semble-t-il, que par la conjecture suivante. Les *superstites* accompagnaient les parties dans la descente sur les lieux et assistaient aux cérémonies traditionnelles accomplies à cet endroit, afin de constater, au besoin, par leur témoignage, qu'aucun rite n'avait été omis et que les mottes de terre portées devant le tribunal provenaient du bien revendiqué. Les *superstites* de la procédure romaine correspondraient donc aux sergents des coutumes françaises et tchèques. Seulement, à la différence de ces derniers, l'autorité judiciaire ne les choisissait pas, bien qu'elle leur donnât implicitement ou peut-être expressément l'investiture [2]; chacun des deux adversaires en présentait un certain nombre, sans que nous puissions dire combien ; les *superstites* de celui, auquel le magistrat con-

---

1. Le mot « *sumere* » paraît technique. Indépendamment des textes déjà cités, voy. Gaius, IV, 47 : « *Similiter si de fundo vel de aedibus sive de hereditate controversia erat, pars aliqua inde* SUMEBATUR *et in jus adferebatur....* ».

2. Cette investiture, au moins implicite, résulte de la présence obligatoire des *superstites* devant le tribunal du magistrat, au moment où ce dernier ordonne aux parties de se rendre sur les lieux. Il suffirait à des témoins ordinaires d'assister à la cérémonie elle-même. M. Accarias, Précis (4), t. II, n° 742, p. 676, note 4, dit également : « Dans ce départ et ce retour simulés, les parties sont accompagnées de témoins appelés *superstites* (Festus, v° *Superstites*, Cic. Pro Mur., 12). Cela permet de croire qu'il y eut une époque intermédiaire où le transport réel sur les lieux se faisait encore, mais où les témoins remplaçaient le magistrat ».

fiait la garde de la chose pendant les débats, cumulaient sans doute, le plus souvent, avec leurs fonctions celles de *praedes*. Nul ne s'étonnera, d'ailleurs, de cette règle particulière du droit romain, qui se trouve en parfaite harmonie avec l'ensemble de la théorie. Dans les idées romaines, les deux groupes, auxquels appartiennent les plaideurs, luttent l'un contre l'autre, en présence du magistrat ou, si on le préfère, chacun de ces derniers ne peut soutenir le combat judiciaire qu'avec l'appui des siens. Semblables aux *vades* et aux *praedes*, les *superstites* sont les seconds des deux champions; ils leur prêtent leur assistance.

Sur l'ordre du magistrat, les deux adversaires accompagnés de leurs *superstites* se rendaient donc sur l'immeuble litigieux. Comme il s'agissait d'une formalité essentielle, celui qui n'eût pas été présent au jour convenu eut sans doute perdu son procès. Le demandeur commençait peut-être par faire le tour du bien, indiquant ses limites et recueillant des parcelles de terre sur différents points; agissant ainsi, il affirmait, par cela même, son droit de propriété. Le défendeur l'imitait et, lui aussi, il contribuait à former la motte, qui devait être transportée au Forum[1]. Si cette conjecture ne repose sur aucun texte, elle a pour elle les données de l'histoire générale du droit; elle explique, en outre, la contradiction des sources, qui, les unes, parlent d'une motte unique[2], les autres de plusieurs mottes[3]. Telle que nous concevons la scène, on peut aussi bien employer le singulier que le pluriel; de tous les fragments détachés du sol, on formera une seule motte, qui, déposée devant le tribunal du magistrat, permettra d'accomplir la *vindicatio* et la *contravindicatio*. Ajoutons, que

1. Si la revendication porte sur une maison, c'est une tuile qui sera détachée, G. IV, 17 : « ... *et ex aedibus tegula* ».
2. G. IV, 17 : « ... *Similiter si de fundo vel de aedibus sive de hereditate controversia erat, pars aliqua inde sumebatur et in jus adferebatur et in eam partem perinde atque in totam rem praesentem fiebat vindicatio, veluti ex fundo* GLEBA *sumebatur...* ». Aulu-Gelle, XX, 10, 9.
3. Festus, v° *Superstites*.

les deux parties participent, de cette façon, à l'opération, ce qui est naturel, puisque l'ordre du magistrat les vise l'une et l'autre « *vindicias sumere* JUBENTUR ».

Ainsi, aucun combat fictif ne s'accomplit, d'après notre doctrine, sur l'immeuble litigieux ; il n'y a aucune apparence de violence. Aucun magistrat ne se trouve là, en effet, pour prononcer une formule analogue à : « MITTITE AMBO HOMINEM ». Comme, en outre, le combat fictif devrait se renouveler *in jure,* on ne voit pas quelle serait son utilité[1]. Sans doute, la visite du bien, telle que nous la comprenons, constitue, de la part de chacun des adversaires, une affirmation énergique et concrète de son droit de propriété ; elle diffère cependant de la *manuum consertio* par l'absence des paroles solennelles et de la main-mise sur un fragment de la chose.

La motte de terre une fois détachée du sol, les plaideurs et leur suite revenus au Forum la déposaient devant le tribunal du préteur. Chacun d'eux, la touchant de la baguette et mettant la main sur elle, prononçait les paroles consacrées. Puis, la procédure se déroulait, comme en matière de revendication mobilière et il suffit de renvoyer aux explications déjà données.

IV. — En résumé, nous considérons la descente sur les lieux, comme formant pendant cette période historique une partie de la *legis actio.* Les plaideurs, des voisins peut-être, dont l'un habite l'immeuble lui-même et l'autre à côté, ont dû accomplir un premier voyage, pour se

---

1. Ces arguments paraissent assez forts pour autoriser à ne pas tenir compte d'un passage d'Aulu-Gelle, que nous avons déjà eu l'occasion de critiquer et qui semble d'ailleurs se contredire lui-même « .... *ut litigantes non in jure apud praetorem manum consererent, sed ex jure manum consertum vocarent, id est alter alterum ex jure ad conserendam manum in rem, de qua ageretur, vocaret atque profecti simul in agrum, de quo litigabatur, terrae aliquid ex eo, uti unam glebam, in jus in urbem ad praetorem deferrent et in ea gleba, tamquam in toto agro vindicarent* », XX, 10, 9. Les numéros 6, 7, 8 du même chapitre montrent que la *manuum consertio* et les *vindicationes* solennelles constituent une même cérémonie. Or, Aulu-Gelle dit que cette cérémonie s'accomplit *in jure.*

rendre à Rome en vue de se faire donner l'ordre de procéder à la visite, puis revenir chez eux et obéir à l'ordre reçu, enfin retourner devant le magistrat. Malgré toutes ces démarches, ils auront seulement lié l'instance ; encore faudra-t-il qu'elle soit jugée.

Bien que, pendant longtemps, le citoyen romain, qui n'habitait pas Rome même, résidât dans la banlieue et vînt fréquemment à la Ville pour ses affaires et que la superficie de l'*ager romanus* fut médiocre, cette procédure entraînait de fâcheuses pertes de temps. Comme second inconvénient, plus grave peut-être, signalons le caractère formaliste de cette reconnaissance de l'immeuble litigieux; si l'une des parties ne se présentait pas au jour dit et n'accomplissait pas correctement les rites, elle perdait son procès.

Pour ces deux motifs, la jurisprudence réalisa un véritable progrès, lorsqu'elle enleva toute portée sérieuse aux formules, que les plaideurs et le magistrat continuèrent à prononcer. Pour les besoins de sa cause, Cicéron pourra dire : « *Haec jam tum apud illos barbatos ridicula, credo, videbantur ; homines, quum recte atque in loco constitissent, juberi abire : ut, unde abissent, eodem statim redirent,* » mais en parlant ainsi il oubliera que, du temps des *legis actiones*, les réformateurs n'avaient pas le choix des moyens.

En quoi donc consista la simplification apportée à la procédure ? Les plaideurs se rendaient, à titre officieux, sur l'immeuble revendiqué ; comme il n'y avait ni plan cadastral ni rien de semblable à nos exploits d'ajournement, cette visite dénuée de toute solennité et à laquelle ne participaient pas les *superstites* permettait de préciser le litige. Si, après cet examen personnel, le désaccord persistait, les deux adversaires détachaient une motte de terre et la déposaient sur le Forum, à quelques pas du tribunal. La *legis actio* commençait alors et alors seulement : « INITE VIAM », disait le préteur et ils allaient chercher la motte, « REDITE VIAM », ils l'apportaient *in jure*, avec l'assistance des *superstites*, qui jouaient un rôle de pure forme, puis venaient la *manuum consertio*, la double provocation au dépôt du *sacramentum* et le règlement de la possession intérimaire. Néanmoins, grâce à la nouvelle méthode, on évitait, souvent au moins, un voyage à Rome, les *superstites* ne se déplaçaient plus, enfin les chances de nullité pour vice de forme diminuaient, puisque la descente sur les lieux perdait le caractère d'acte solennel.

V. — Si telle est, d'après notre doctrine, la procédure de la *legis actio sacramenti in rem*, dans son dernier état, beaucoup d'auteurs y rattachent la *deductio quae moribus fit*, dont parle Cicéron, sans compter des dissentiments d'importance secondaire, déjà signalés ou qui peuvent être négligés sans inconvénient sérieux.

Reproduisons les textes relatifs à la *deductio quae moribus fit*.

Cic., *Pro Caecina*, VII, 20 : « *Cum hoc novae litis genus tam malitiose intenderet, placuit Caecinae de amicorum sententia constituere, quo die in rem praesentem veniretur et de fundo* CAECINA MORIBUS DEDUCERETUR ».

VIII, 22 : « *Quo loco depulsus Caecina tamen, qua potuit, ad eum fundum profectus est, in quo* EX CONVENTU VIM FIERI OPORTEBAT ».

Cic., *Pro Tullio*, VIII, 20 : « *Appellat Fabius, ut aut ipse Tullium* DEDUCERET AUT AB EO DEDUCERETUR. *Dicit* DEDUCTURUM SE *Tullius, vadimonium Fabio Romam promissurum* ».

Tous les auteurs, qui considèrent la *deductio quae moribus fit* comme une partie de la *legis actio sacramenti in rem*, ne s'entendent pas, d'ailleurs, sur son caractère.

D'après M. de Savigny [1], la *deductio quae moribus fit* servait aux plaideurs, quand ils se mettaient d'accord sur ce point, à éviter un déplacement inutile et à abréger par suite la procédure. Régulièrement, ils devaient comparaî-

---

1. *Ueber die lis vindiciarum und über das Verhältniss derselben zu den Interdicten* (Zeitschrift für geschichtliche Rechtswissenschaft, t. III, 1817, p. 427 et suiv.) et *Vermischte Schriften*, 1850, t. 1, p. 299 et suiv.).

tre d'abord devant le préteur, puis se rendre avec leurs témoins sur l'immeuble litigieux, afin de s'y livrer au combat fictif, *manuum consertio* et de recueillir la motte de terre nécessaire à la marche ultérieure de l'affaire. S'ils habitaient, l'un et l'autre, dans le voisinage du bien revendiqué, ils pouvaient commencer par accomplir la cérémonie symbolique de la *deductio quae moribus fit*, qui correspondait à la *manuum consertio* et recueillir immédiatement la motte de terre, supprimant ainsi un des actes de la *legis actio*. La *deductio quae moribus fit* consistait dans le simulacre de l'expulsion de l'une des parties par l'autre. Cette expulsion fictive et convenue, *vis ex conventu*, supposait, d'ailleurs, la présence de témoins.

Répondons à M. de Savigny que, selon nous, aucun combat fictif ne s'engageait sur l'immeuble et cela pour les motifs indiqués ci-dessus, que, d'autre part, on ne comprendrait pas la physionomie tout à fait différente prise, suivant les cas, par le combat fictif. Pourquoi un simulacre d'expulsion violente, dans l'hypothèse où les parties veulent abréger la procédure et seulement dans cette hypothèse? Le but poursuivi n'expliquerait pas les changements apportés aux cérémonies ordinaires. Il importait, en outre, de savoir, les textes le démontrent, qui exerçait la violence fictive et qui la subissait, qui en d'autres termes jouait le rôle de *deducens*, qui celui de *deductus*. Comment le comprendre, la théorie de M. de Savigny une fois admise?

VI. — M. Witte[1], tout en rattachant la *deductio quae moribus fit* à la *legis actio sacramenti in rem*, croit, avec raison, qu'il convient de ne pas perdre de vue, comme le

---

1. Pour la réfutation de la théorie de M. de Savigny consultez notamment Keller, *Ueber die deductio quae moribus fit und das interdictum uti possidetis* (*Zeitschrift für geschichtliche Rechtswissenschaft*, t. XI, 1842, p. 290 et suiv.). H. Witte, *Das interdictum uti possidetis als Grundlage des heutigen possessorium ordinarium*, 1863, p. 33. O. Karlowa, *Beiträge zur Geschichte des röm. Civilprozesses*, 1865, p. 20 et 21.

font certains auteurs, la forme essentielle de l'acte qu'il s'agit d'interpréter. L'un expulse l'autre ; le premier doit donc être en possession. Partant de cette remarque, M. Witte croit que la *deductio quae moribus fit* avait pour objet de déterminer, d'un commun accord, lequel des plaideurs aurait la possession intérimaire. L'intervention du magistrat ne se comprenait plus, dans l'hypothèse d'une convention intervenue entre les deux adversaires ; conformément à l'esprit du droit ancien, cette convention devait, d'ailleurs, se manifester d'une façon extérieure et concrète ; de là, la nécessité de la *deductio* [1].

Avec M. Witte, nous pensons que la *deductio* tenait la place de la *datio vindiciarum* ; mais, la rattachant à l'*actio in rem per sponsionem* et non à la *legis actio sacramenti in rem*, nous sommes très loin d'adopter sa doctrine. Sans développer, pour le moment, nos idées personnelles, objectons à M. Witte, que sa conjecture ne cadre pas avec les textes. Si les parties conviennent, que l'une d'entre elles aura la possession intérimaire, le magistrat ne saurait se prononcer en faveur de l'autre ; cela paraît en effet très probable ; mais à quoi bon imaginer une nouvelle cérémonie ? Bien que lié, le préteur n'en prononcera pas moins la formule de la *datio vindiciarum*. Gaius dit, en effet, de la façon la plus générale et sans faire aucune distinction : « *postea praetor secundum alterum eorum vindicias dicebat, id est interim aliquem possessorem constituebat.....* » IV, 16. Si la *deductio* constituait une partie de la *legis actio*, elle tirerait, en outre, son origine de la loi ; on ne comprendrait guère son nom, *deductio quae* MORIBUS *fit*, nom qui s'explique fort bien dans notre système.

VII. — Pour terminer, notons enfin que, d'après M. Accarias [3], la *deductio* constitue simplement une formalité

---

1. *Op. et loc. cit.*
2. Dans le même sens, Voy. J. Baron, *Geschichte des röm. Rechts*, t. I, *Institutionen und Civilprozess*, 1884, § 196, p. 387.
3. *Précis*, t. II, n° 742, p. 676, note 3.

supplémentaire ajoutée à la *manuum consertio*, lorsque, la revendication étant immobilière, le combat fictif s'engage sur le bien même, en présence du magistrat. « Il paraît, dit M. Accarias, que dans la revendication des immeubles la *manuum consertio* ne suffisait pas. L'usage voulait que le possesseur fût expulsé du fonds par son adversaire à l'aide d'une violence feinte. Cette expulsion s'appelait *deductio* ».

Cette conjecture doit être rejetée, à notre avis. D'une part on ne comprendrait pas, pour quels motifs il était important de savoir, qui exerçait la violence fictive et qui la subissait. D'autre part, Cicéron montre la *deductio* pratiquée, d'une façon courante, de son temps ; or, assurément, le magistrat ne se transportait plus sur l'immeuble litigieux, à supposer qu'il l'ait jamais fait.

En résumé, la *deductio quae moribus fit* ne se rattachait pas à la *legis actio sacramenti*. Indépendamment de la difficulté qu'on éprouve à expliquer son existence, en partant du système opposé, le silence de Cicéron dans le *Pro Murena* ne se comprendrait guère, puisqu'il eût trouvé là une nouvelle raison de railler les jurisconsultes.

CHAPITRE III

LEGIS ACTIO SACRAMENTI IN REM. — AUTRES CAS D'APPLICATION.

SOMMAIRE. — I. Pétition d'hérédité. — II. *Legis actio sacramenti* servant à faire reconnaître judiciairement l'existence d'un droit de puissance sur un homme ou une femme libre. — III. *Causa liberalis*. Entre qui s'engage la lutte ? *L'assertor libertatis*. — IV. Comment le plaideur trouvera-t-il un *assertor libertatis* ? — V. Les *vindicationes*. — VI. Règles spéciales à la *causa liberalis*. — VII. Procès relatifs à l'existence des servitudes prédiales, que connaissait déjà le droit ancien.

I. — La *legis actio sacramenti in rem* ne servait pas

seulement à revendiquer un meuble ou un immeuble. La pratique romaine utilisait la même procédure, sauf quelques modifications de détail, lorsque les circonstances permettaient, à la rigueur, la *vindicatio* et la *contravindicatio* et que se posait le problème de la garde de la chose litigieuse, pendant les débats. Elle ne se préoccupait pas de la nature juridique de la contestation et de l'analogie plus ou moins grande qu'elle présentait avec le procès relatif à la propriété.

Cette méthode, peu analytique assurément, se recommandait par sa simplicité, ce qui la fit préférer dans plusieurs matières. La pétition d'hérédité en fournit une première application assez remarquable. Bien que l'héritier continuât le culte domestique du défunt, qu'il succédât à ses droits de créance et fût tenu, au moins depuis une certaine époque, de ses obligations contractuelles, l'ancien droit romain étendit, pour des motifs d'utilité pratique, la théorie de l'*usucapio* [1] et celle de la *mancipatio* [2] à l'hérédité, envisageant ainsi cette dernière comme l'ensemble des choses corporelles laissées par le défunt ou même comme une chose corporelle distincte [3].

Comment dès lors s'étonner que la même conception se retrouvât en matière de pétition d'hérédité ? Si, par suite d'une lacune du manuscrit de Vérone, les développements dans lesquels entrait Gaius ne nous sont pas parvenus, la procédure peut néanmoins être retracée dans ses grandes lignes.

« *Similiter si de fundo vel de aedibus* SIVE DE HEREDITATE *controversia erat, pars aliqua inde sumebatur et in jus adferebatur et in eam partem perinde atque in totam rem praesentem fiebat vindicatio....* ET SI DE HEREDITATE CONTROVERSIA ERAT, AEQUE... » Gaius, IV, 17.

---

1. Gaius, II, 54.
2. Gaius, II, 102.
3. Comp. Gaius, IV, 17 : « *et in eam partem perinde atque* IN TOTAM REM PRAESENTEM ».

« *Si quis testamento se heredem esse arbitraretur, quod tum non extaret*, LEGE AGERET IN HEREDITATEM *aut....* » Cic., *in Verrem. Act. Sec.*, Lib. I, 45, 115.

Comme on le voit, les *vindicationes* seront accomplies sur un des biens héréditaires, fraction de l'hérédité, représentant le tout ; les plaideurs se conformeront aux rites ordinaires de la *consertio manuum*[1], en prononçant chacun une formule solennelle qui contenait les mots « AIO HANC HEREDITATEM ESSE MEAM EX JURE QUIRITIUM »[2]. La procédure se déroulait ensuite telle qu'elle a été décrite à propos de la revendication mobilière, avec la double provocation au dépôt du *sacramentum*, la constitution de la possession intérimaire et l'engagement des *praedes litis et vindiciarum*[3].

II. — La *legis actio sacramenti in rem* servit aussi à faire reconnaître judiciairement l'existence d'un droit de puissance sur un homme ou une femme libre, *patria potestas, manus, tutela, mancipium*. Ici encore, la *vindicatio* et la *contravindicatio* pouvaient avoir pour objet l'homme ou la femme, dont il s'agissait, sauf à caractériser le débat au moyen de paroles solennelles insérées dans la formule.

---

1. On trouve encore un vestige de la pratique ancienne dans un fragment d'Ulpien la L. 1, § 2, D. *Si pars heredit. pet.*, V, 4, « *cum unusquisque eorum partem dimidiam hereditatis sibi* ADSERAT » (Ulpien, *lib. 15 ad Ed.*).

2. L. 10, § 1, D. *de hered. petit.*, V, 3 « INTENDIT *quidem hereditatem* SUAM ESSE *totam vel pro parte* » (Gaius, *lib. 6 ad Ed. prov.*). Comp. L. 3, D. *eod. tit.* (Gaius, *eod. loc.*). L. 15, D. *de exc. rei jud.*, XLIV, 2 (Gaius, *lib. 30 ad Ed. prov.*).Les trois fragments de Gaius démontrent, qu'à l'époque de la procédure formulaire, le magistrat rédigeait de la façon suivante l'*intentio* de la formule de la *petitio hereditatis* : « *Si paret hereditatem qua de agitur ex jure Quiritium* A^1 A^i *esse* ». En ce sens Lenel, *Edictum Perpetuum*, § 65, p. 138. A plus forte raison, la même affirmation se trouvait-elle dans la formule usitée au temps des *legis actiones*. Comp. également Voigt, *Die XII Tafeln*, t. 2, § 105, p. 369. Cet auteur restitue, d'ailleurs, dans son entier la formule de la *vindicatio hereditatis* et celle de la *contravindicatio* ; mais nous ne croyons pas devoir le suivre sur ce terrain.

3. Comp. Bethmann-Hollweg, t. 1, § 41, p. 136 et suiv. Eck, *Die sogenannten doppelseitigen Klagen*, § 3, p. 19 et suiv. Karlowa, *Der röm. Civilprozess zur Zeit der Legisactionen*, § 10, p. 88 et suiv.

III. — Le débat portait-il sur la liberté ou la servitude d'une personne déterminée, *causa liberalis*, la procédure restait la même dans son ensemble, bien que certaines règles particulières eussent été formulées. La pratique avait, une fois de plus, mis à profit l'instrument, dont elle disposait, s'efforçant seulement de l'approprier à sa destination.

Le procès s'engagera entre le prétendu maître et tout citoyen romain pubère, qui viendra contester, devant le magistrat, les allégations de l'autre partie et soutenir que l'homme dont il s'agit est un homme libre. On appelle *assertor libertatis* celui qui n'hésite pas à engager personnellement la lutte dans l'intérêt d'autrui et son rôle s'explique par les motifs qui conduisirent les Romains à créer des actions populaires [1]. Ce ne sera nullement comme mandataire, que l'*assertor libertatis* figurera à l'instance et son intervention ne déroge pas à la règle « *nemo alieno nomine lege agere potest* [2] ». S'il s'oppose aux prétentions d'un tiers, c'est qu'il les croit injustes et sa participation à la procédure signifie qu'il accuse son adversaire de vouloir attenter à la liberté d'autrui, tandis que ce dernier lui reproche de s'opposer, sans droit, à ce qu'il accomplisse des actes de maître sur son esclave ; étant donné les idées primitives, le procès se comprend.

Si d'ailleurs l'homme, sur la liberté duquel roule ce dernier, ne peut défendre lui-même sa cause, il convient de voir là un effet de la formule solennelle prononcée par le demandeur ; dans l'ancienne procédure romaine, la demande en justice entraîne, abstraction faite de toute preuve,

---

1. Schlossmann, *Ueber die Proclamatio in libertatem* (*Zeitschr. der Sav. Stift. für R. G. R. A.*, t. XIII (1892), p. 245). Liv. III, 45, 2: « *in iis enim, qui adserantur in libertatem, quia* QUIVIS LEGE AGERE POSSIT, *id juris esse* ».

2. En ce sens E. J. Bekker, *Die Aktionen*, t. I, p. 39, à propos du *vindex* de la *legis actio per manus injectionem*. Voy. également E. Gauckler, *Etude sur le vindex* (*Nouv. Rev. hist. du droit*, t. XIII (1889), p. 614).

de notables conséquences[1]. Par cela seul qu'un doute existe sur la liberté de telle personne elle est mise hors de combat. Son rôle se réduit à celui d'objet du litige ; c'est sur sa tête que les plaideurs étendront leurs baguettes, en accomplissant la *vindicationes* ; à cet égard aussi, on comprend l'utilité de l'*assertor libertatis,* puisque sa présence permet seule la *manuum consertio.*

IV. — Comment le plaideur trouvera-t-il un *assertor libertatis* ? Vit-il en homme libre[2], son prétendu maître le rencontrant sur la voie publique mettra la main sur lui, comme sur son esclave fugitif. Soutenant qu'il est libre, il résistera à ce qu'il considère comme un acte de violence et il appellera les assistants à son aide ; il « *lèvera le cry* », pour employer une expression empruntée à nos sources françaises du moyen âge. Peut-être les termes *proclamare in libertatem* désignèrent-ils d'abord l'acte de réclamer ainsi à haute voix le secours d'un *assertor libertatis*[3]. En entendant ces cris, les passants s'attrouperont, sans doute et empêcheront l'assaillant d'emmener directement, chez lui, son prétendu esclave ; c'est ce qui arriva, lorsque

1. V. Liv. prélim., ch. I, nos V et VII.
2. S'il vit en esclave, il pourra s'échapper en vue de recourir à la *proclamatio in libertatem* (v. ci-après) et de faire trancher la question judiciairement ; mais, il pourra de même rechercher à loisir un *assertor libertatis* ; quand il l'aura trouvé, il se réfugiera chez lui ou bien ce dernier le rencontrant sur la voie publique le saisira et recherchera son prétendu maître pour le conduire, lui aussi, devant le magistrat. A l'époque classique, les règles relatives à la preuve variaient, suivant que celui, dont la liberté était en question, jouissait ou non de bonne foi de l'état d'homme libre. « *Et si forte apparuerit eum, qui de libertate sua litigat, in libertate sine dolo malo fuisse....* ». L. 7, § 5, D. *de liber. causa,* XXXX, 12 (Ulpien, *lib.* 54 *ad Ed.*). Un *praejudicium* spécial, le *praejudicium an in libertate sine dolo malo fuerit,* servait à vider ce litige préalable (Comp. Raymond Bufnoir, *Des praejudicia de statu,* Thèse Paris, 1893, p. 56 et suiv.). Pendant notre période, au contraire, aucun débat préliminaire ne précédait, croyons-nous, le procès de liberté.
3. En ce sens Schlossmann, *op. cit.,* p. 239. On trouve encore *proclamare* dans le sens d'appeler au secours dans Cic., *in Verr. actio sec.,* V, 42, 108 et dans un rescrit d'Hadrien reproduit par la L. 1, § 38, *de senatusc. Silan. et Claud.,* XXIX, 5.

Claudius commença ses poursuites contre Virginia[1]. Les parties se rendront au Forum, devant le tribunal du magistrat ; pour que le revendiquant lâche prise et laisse aller celui qui, à l'en croire, lui appartient, il faudra que, séance tenante, un *assertor libertatis* se présente et prenne part à la *legis actio sacramenti*. Quand les *vindiciae* auront été régulièrement constituées, alors mais seulement alors, le demandeur pourra considérer ses intérêts comme sauvegardés. M. Wlassak[2] et M. Schlosmann[3] conjecturent du reste, avec beaucoup de vraisemblance[4], que, pour faciliter l'organisation de l'instance, le magistrat faisait annoncer, à haute voix, par son *praeco* le sujet de la querelle et invitait tout citoyen romain pubère sachant tel individu homme libre à se présenter comme *assertor libertatis* ; cette publication portait le nom de *proclamatio in libertatem*[5].

V. — Lorsque les deux adversaires, l'*assertor libertatis* et le prétendu maître se trouvaient en présence devant le

---

1. « *Minister decemviri libidinis manum injecit serva sua natam servamque appellans, sequique se jubebat ; cunctantem vi abstracturum, pavida puella stupente,* AD CLAMOREM NUTRICIS FIDEM QUIRITIUM IMPLORANTIS FIT CONCURSUS..... IAM A VI TUTA ERAT, *cum adsertor nihil opus esse multitudine concitata ait :* SE JURE GRASSARI NON VI ». Liv. III, 44, 6-9.

2. *Zeitschr. fur Priv. und öffent. Recht*, t. XIX, p. 715 et suiv.

3. *Op. cit.*, p. 240, 241. Dans le même sens, Raymond Bufnoir, *Des praejudicia de statu*, p. 46, 47, 61, 62.

4. En ce sens, une constitution de Constantin de l'an 322, L. 5, *pr.* C. Th. *de liberali caussa*, IV, 8. Afin de ne pas répéter inutilement l'appel à l'intervention d'un *assertor libertatis,proclamatio*, l'empereur organise une procédure nouvelle, la *circumductio*, procédure ayant le même but que la *proclamatio in libertatem*. « *Si quis libertate utentes ejusque compotes inopinatos in discrimen ingenuitatis adducat, si eos forte assertio defecerit, circumductio praebeatur, assertorem quaeri titulo per literas indicante ; ne caussa per silentium ignoretur vel absurde etiam proclametur : ut, qui comperissent, vellent asserere vel cunctantes etiam cogerentur ; neu si assertor defuerit, vincti, multis eos scientibus liberos, a dominis ducantur* ».

5. Si tel était, semble-t-il, le sens primitif de ces expressions, M. Schlossmann, *op. cit.*, p. 243, reconnaît, avec raison, qu'elles doivent être, dans les fragments parvenus jusqu'à nous, traduits d'une façon générale « par revendication de la liberté devant le magistrat ».

magistrat, le combat fictif s'engageait ; les mots *adserere in servitutem*[1] s'appliquaient à l'acte du demandeur ; *liberali manu adserere*[2], *in libertatem adserere*[3] visaient celui du défendeur ; enfin, dans son ensemble, la cérémonie s'appelait *manuum consertio*[4]. A la formule du revendiquant, affirmant son droit de propriété sur l'homme dont il s'agit, répondait immédiatement celle de *l'assertor libertatis* : « HUNC EGO HOMINEM EX JURE QUIRITIUM LIBERUM ESSE AIO[5] ». Si les deux formules différaient l'une de l'autre dans notre hypothèse, au fond *l'assertor* affirmait qu'il avait le droit de s'opposer à ce qu'un particulier quelconque se comportât en maître du prétendu esclave[6] ; il ne se bornait pas à nier l'exactitude des allégations de l'autre partie.

VI. — Comme particularités de la *causa liberalis*, signalons encore le fait que, dans tous les cas, le montant du *sacramentum* se réduisait à 50 as[7] et que *l'assertor libertatis* obtenait toujours la garde de l'homme, sur la liberté duquel roulait le procès « *secundum libertatem vindicias dare*[8] ».

---

1. Liv. III, 44, 5. « *M. Claudio clienti negotium dedit, ut virginem* IN SERVITUTEM ADSERERET ».
2. Plaut., *Curc.*, V, 2, 68 et 3, 31. Comp. les expressions *aliquem liberali causa* MANU ADSERERE. Plaut., *Curc.*, IV, 2, 4, *Poen.*, IV, 2, 83, V, 2, 4 et 142. Ter. *Adelphi*, II, 1, 40 et MANU ADSERERE. Plaut., *Persa*, I, 3, 83, IV, 7, 6. Voigt, *Die XII Tafeln*, t. II, § 76, p. 68, n. 15.
3. Liv. III, 45, 2. Comp. Varro., *De ling. lat.*, VI. 64. « ... *Hinc* ADSERERE MANU IN LIBERTATEM *cum prendimus.* »
4. Comp. ch. I, § 3, n° 1.
5. Cette formule est, sinon certaine, au moins probable. Ter., *Eun.*, IV. 7, 35. Voigt, *Jus naturale*, III, p. 58 et suiv.
6. Nous répondons de cette façon à une observation faite par M. Bethmann-Hollweg. D'après cet auteur (*Der röm. Civilproc.*, t. 1, § 41, p. 138, n. 15), la formule elle-même montre que l'on dérogeait, dans notre hypothèse, à la règle « *nemo alieno nomine lege agere potest* ».
7. « *At si de libertate hominis controversia erat, etiamsi pretiosissimus homo esset, tamen ut L assibus sacramento contenderetur, eadem lege cautum est favore scilicet libertatis, ne onerarentur adsertores...* » Gaius, IV, 14.
8. L. 2, § 24, D. *de orig. jur.*, I, 2 (Pompon., *lib. sing. Enchirid.*). Liv. III, 44-48, 56, 57.

Bien que M. Maschke[1] soutienne le contraire, cette règle s'appliquait, dans tous les cas, quelle que fût la situation de fait antérieure au procès. Même si l'*assertor libertatis* se proposait de faire reconnaître judiciairement la liberté de quelqu'un, traité jusque là comme un esclave, le prétendu maître devait se résigner à ne pas exercer ses droits pendant les débats. Indépendamment de la généralité de la règle, telle que les textes la formulent[2], les motifs qui justifient la dérogation au droit commun ont autant de force dans cette hypothèse ; le droit classique enfin ne distinguait pas et les sources ne conservent aucune trace d'une modification qui aurait été, à cet égard, apportée au droit ancien.

Malgré le silence des textes, il paraît d'ailleurs certain que l'*assertor libertatis* devait fournir des *praedes litis et vindiciarum*.

VII. — Pour terminer le Chap. III, il ne reste plus qu'à dire un mot des procès relatifs à l'existence des servitudes prédiales, que connaissait déjà le droit ancien.

D'après une conjecture de M. Voigt[3], adoptée par M. Cuq[4], on commença par assimiler à des choses corporelles[5] les premières servitudes prédiales, *aqua*, *ri-*

---

1. *Der Freiheitsprozess im klassischen Alterthum, insbesondere der Prozess um Verginia*, 1888, p. 33 et suiv. (*Historische Untersuchungen* von Jastrow. Heft, 8). Dans le même sens, Schlossmann, *op. cit.*, p. 227, n. 1.

2. L. 25, § 2, D. *de liber. causa*, XXXX, 12 (Gaius, *lib.* 8 *ad Ed. praet. urb.*) « *Licet vulgo dicatur post ordinatum liberale judicium hominem, cujus de statu controversia est, liberi loco esse* ». L. 24, D. *eod. tit.* (Paul, *lib.* 51 *ad Ed.*) « *Ordinata liberali causa liberi loco habetur is, qui de statu suo litigat* ». L. 14, C. *de liber. causa*, VII, 16. Dioclétien et Maximien, a. 293.

3. *Ueber den Bestand und die historische Entwicklung der Servituten und Servitutenklagen, während der röm. Republik* (*Ber. der K. Sächsischengessellsch. der Wissensch. Hist. philol. Classe*, 1874), p. 165 et *Die XII Tafeln*, t. II, § 82, p. 119.

4. *Les institut. jurid. des Rom.*, t. 1, p. 270 et suiv.

5. La L. 17, D. *de except. rei jud.*, XLIV, 1 (Paul, *lib.* 70 *ad Ed.*), citée par MM. Voigt et Cuq ne semble d'ailleurs aucunement probante.

vus, iter, cloaca. Cette idée explique les textes, qui parlent de l'usucapion des servitudes d'après le droit civil ancien[1]; grâce à elle, on conçoit également la *mancipatio* des servitudes prédiales rurales. J'ajoute, que les mots « *vindicatio servitutis*[2] » paraissent de même très significatifs. La *vindicatio* suppose une main-mise sur un objet, une baguette étendue ; des fragments empruntés à l'aqueduc permettront d'accomplir *in jure* les cérémonies prescrites et chacune des parties prononcera la formule : « AIO HUNC RIVUM ESSE MEUM EX JURE QUIRITIUM ». « AIO HANC AQUAM ESSE MEAM EX JURE QUIRITIUM ».

A l'appui de cette doctrine, M. Voigt et M. Cuq citent la l. 2, *pr.* D. *Si servit. vindic.*, VIII, 5 (Ulp., *lib.* 17 *ad Ed.*).

De servitutibus in rem actiones competunt nobis AD EXEMPLUM EARUM QUAE AD USUMFRUCTUM PERTINENT, *tam confessoria quam negatoria...* ».

Si l'*actio confessoria* du droit classique fut imaginée d'abord, en vue de sanctionner le droit d'usufruit, il fallait qu'au temps des *legis actiones* le prétendu titulaire de l'une des anciennes servitudes prédiales prononçât une formule différente de la formule écrite de l'époque postérieure.

VIII. — La L. 2, *pr.* D. *Si servit. vindic.*, n'entraîne nullement notre conviction, parce que l'origine historique de nos actions ne paraît pas avoir préoccupé le jurisconsulte Ulpien.

Les paroles prononcées doivent, en outre, correspondre aux prétentions du demandeur et, à cet égard, une formule comme celle-ci : « AIO MIHI JUS ESSE PER FUNDUM ILLUM IRE AGERE[3] », semble plus conforme aux vraisemblances

---

1. L. 4, § 28, D. *de usurp. et usucap.*, XXXXI, 3 (Paul, *lib.* 54 *ad Ed.*).
2. D. VIII, 5, Si SERVITUS VINDICETUR *vel ad alium pertinere negetur*.
3. Comp. Karlowa, *Der röm. Civilprozess zur Zeit der Legisactionen*, p. 91. Eck, *Die sogenannten doppelseitigen Klagen*, p. 20. Ihering, *Esprit du droit romain* (trad. de Meulenaere), t. III, § 55, p. 310, n. 452.

que celle proposée par M. Voigt. Cette formule pourrait, d'ailleurs, se concilier avec la cérémonie de la *vindicatio*; on ne voit pas pourquoi la main-mise sur la chose et l'emploi de la baguette n'accompagneraient pas l'affirmation d'un droit de servitude. Dans l'état des documents, il convient cependant d'user de prudence, surtout relativement aux termes de la *contravindicatio*[1].

CHAPITRE IV

LES INTERDITS DESTINÉS A PROTÉGER LA POSSESSION OU A LA FAIRE RECOUVRER (*Interdicta retinendae vel recuperandae possessionis causa*).

La création des interdits *utrubi*, *uti possidetis* et *unde vi* constituait, à notre sens, une première tentative faite pour soustraire les parties à la nécessité de recourir à la *legis actio sacramenti in rem*. Ces voies de droit forment une transition entre la procédure ancienne et celle de l'*actio in rem per sponsionem*. A un second point de vue encore, les deux premiers interdits méritaient notre attention, puisqu'en raison de leur caractère double ils obligaient les parties à conclure deux paris, au lieu d'un seul. Enfin, beaucoup d'auteurs rattachent à l'interdit *uti possidetis* et non à l'*actio in rem per sponsionem* la *deductio quae moribus fit*, dont parle Cicéron dans le *Pro Tullio* et le *Pro Caecina*. Par suite, une occasion naturelle se présentait de réfuter leur doctrine et de commencer ainsi la démonstration de la nôtre. Pour tous ces motifs, il était essentiel

---

1. M. de Ihering, *Esprit du droit romain*, t. IV, § 62, p. 98, n. 144, nie à tort, semble-t-il, qu'il y eût une *contravindicatio* dans notre hypothèse, c'est-à-dire que le défendeur affirmât son droit et ne se bornât pas à nier celui de son adversaire.

de dire, après tant d'autres, au moins quelques mots sur un sujet, qui passionne profondément les romanistes contemporains et a, dans ces derniers temps, suscité des études si remarquables et si nombreuses.

§ 1. — Comment se pose le problème ?

SOMMAIRE. — I. Les deux rôles distincts de la possession, d'après l'histoire générale du droit. — II. Chez les Romains, les interdits *uti possidetis* et *unde vi* ne furent pas imaginés en vue de protéger les possesseurs des *agri occupatorii*.

I. — La possession a joué, dans l'histoire générale du droit, deux rôles distincts, qu'il importe de ne pas confondre. Si les anciens publicistes attribuaient beaucoup trop d'importance à l'occupation dans la formation de la propriété individuelle [1], on ne saurait nier, que le fait de défricher une terre inculte avec l'autorisation [2] de la communauté, de l'Etat, du souverain, auquel elle appartient [3], n'ait, chez un grand nombre de peuples anciens ou

---

1. Comp. H. Sumner Maine, *L'Ancien Droit* (traduction Courcelle Seneuil), 1874, p. 241 et suiv.
2. L'autorisation peut du reste être, soit individuelle, soit simplement subordonnée à l'accomplissement de certaines conditions.
3. Dans son livre, *Coutume contemporaine et loi ancienne*, p. 87 et suiv., et dans ses *Études sur le droit coutumier russe*, 2ᵉ article, De l'appropriation du sol par le travail en Petite Russie et en Ukraine (*Nouv. Rev. hist. du droit*, t. XV, 1891, p. 483 et suiv.), M. Kovalewsky a démontré, par de nombreux exemples, que, sous le régime de collectivité du sol, la simple occupation individuelle ne suffit pas à créer un droit à l'occupant et qu'il faut, de plus, l'autorisation de la communauté, des représentants de l'Etat, du souverain. Au Cambodge à l'heure actuelle, celui qui veut défricher une terre inculte, faisant à ce titre partie du domaine national proprement dit, doit se rendre auprès d'un fonctionnaire royal appelé le chef de la Brousse et se faire concéder, après enquête, moyennant le paiement de quelques piastres, le droit de cultiver le sol pendant un temps indéfini (A. Leclère, *Recherches sur la législation Cambodgienne* (*droit privé*), 1890, p. 261 et suiv. Conf. P. Ory, *La commune annamite au Tonkin*, 1894, p. 1-15. Sur la propriété foncière, d'après le droit musulman et spécialement en Egypte en vertu de l'ordonnance de Saïd Pacha de 1858, voy. E. de Laveleye, *De la propriété et de ses formes primitives*

modernes, conféré au possesseur un droit dont l'étendue varie, d'ailleurs. La possession tient, dans ce cas, la place de la propriété individuelle ; à côté du domaine éminent réservé à la communauté, à l'État, au souverain, elle correspond au domaine utile.

Lorsqu'une législation reconnaît, depuis longtemps, la véritable propriété individuelle sur la terre, telle que nous la concevons aujourd'hui et qu'elle régit une société bien organisée et d'une civilisation déjà avancée, les représentants de l'Etat protègent la possession, envisagée comme l'exercice de la propriété. Seulement, c'est là une institution distincte de la précédente et qui, par ses origines et par ses règles, n'appartient pas à la même période historique.

On ne résout pas, à notre avis, la difficulté, en disant, comme le font M. Capone [1] et M. Saleilles [2], que la possession précède la propriété, dans l'ordre des temps ; car il conviendrait de s'entendre sur le sens du mot possession ; il faudrait prouver que, des deux théories auxquelles nous avons fait allusion, la seconde se rattache à la première par les liens de la filiation historique. Or, quand la possession tient la place de la propriété, elle se justifie par une concession de la communauté ou des représentants de l'Etat ; rien de semblable, au contraire, dans l'hypothèse, où le pouvoir de fait s'exerce sur un bien, au-

---

(4ᵉ éd.), 1891, p. 325 et suiv., p. 355 et suiv. Consultez également Pouyanne, *La propriété foncière en Algérie*, Thèse Paris, 1895, p. 18 et suiv. Malgré les paroles de Mahomet : « quiconque vivifie une terre morte en devient, par le fait, propriétaire », les jurisconsultes musulmans du rite hanefite subordonnent à une concession préalable (*iktaa*) du représentant du pouvoir public les effets du défrichement de la terre inculte. Bien que les Malekites fassent une distinction, ils n'en reconnaissent pas moins, en principe, l'exactitude de la règle formulée par la première école.

1. *Saggio di richerche sulle vicende della proprieta e sulla origine storica del possesso in Roma* (*Archivio Giuridico*, t. L, p. 1 et suiv., t. LI (1893), p. 158 et suiv. et spécialement p. 191-195.

2. *Etude sur les éléments constitutifs de la possession*, 1894, p. 94 et p. 211.

quel s'applique la propriété individuelle et non pas la propriété collective.

II. — Les idées, qui viennent d'être exposées, conduisent à écarter l'hypothèse, d'après laquelle le préteur aurait créé les interdits *uti possidetis* et *unde vi*, en vue de protéger les possesseurs des *agri occupatorii* [1].

Les récents travaux sur le droit public romain ont mis en pleine lumière cette vérité, que les relations entre la cité et un de ses membres furent toujours réglées d'une façon spéciale et que l'on sépara nettement la justice administrative de la justice civile [2]. Or, l'*ager occupatorius* fait partie de l'*ager publicus* ; la compétence appartient dès lors aux censeurs et nous sommes sur le domaine de la justice administrative, non sur celui de la justice civile.

M. Cuq objecte, en vain, que le conflit s'élève entre les deux particuliers, qui se disputent la jouissance d'une parcelle de l'*ager publicus* et non pas entre l'un d'eux et l'Etat, qu'au surplus l'on ne saurait dénier à l'occupa-

---

1. Comme M. Garsonnet l'a démontré (*Histoire des locations perpétuelles et des baux à longue durée*, 1879, p. 116, n. 6), des romanistes du XVIe siècle avaient déjà proposé cette conjecture, que Niebuhr reprit plus tard. *Hist. rom.*, trad. de Golbéry, III, p. 200 et suiv., qu'adoptèrent Savigny, *Possession*, éd. Rudorff, trad. Staedtler (3e éd.), 1879, p. 179 et suiv., Ch. Giraud, *Recherches sur le droit de propriété chez les Romains*, t. I, p. 185 et suiv., et plusieurs autres auteurs, parmi lesquels je me bornerai à citer les plus récents : Dernburg, *Entwicklung und Begriff des juristischen Besitzes des römischen Rechts*, 1883, spécialement, § 5, p. 29 et suiv., Mor. Voigt, *Ueber die Staatsrechtliche Possessio und den ager compascuus der röm. Republik* (*Abhandl. der phil.-hist. Cl. der König. Sächs. Gesellschaft der Wissensch.*, t. X, n° 3), 1887, § 3, p. 241 et suiv., Auguste Dubois, *De l'occupation et de la concession par l'État ou par la « gens ». Leur rôle dans l'histoire de la propriété à Rome* (Thèse Lille), 1893, p. 139. M. Ed. Cuq, *Recherches sur la possession à Rome sous la République et aux premiers siècles de l'Empire* (*Nouv. Rev. hist. du droit*, t. XVIII (1894), p. 29) adopte l'opinion de Niebuhr, relativement à l'interdit *unde vi* : « mais pour l'*uti possidetis*, ajoute-t-il, les arguments qu'on a produits, ne sont pas décisifs ; cet interdit a pu être créé pour la protection de l'*ager privatus* puis étendu à l'*ager occupatorius* ».

2. Mommsen, *Le Droit public romain* (trad. Girard), t. I (2e édit.), p. 204 et suiv.

tion le caractère d'un acte privé[1]. L'occupation de l'*ager publicus* ne correspond pas, en effet, à l'occupation du droit classique ; le terme de concession conviendrait mieux, puisqu'un édit des censeurs[2] a dû autoriser expressément les citoyens romains, qui remplissent certaines conditions, à exploiter telle partie de l'*ager publicus*, moyennant le paiement d'une redevance du dixième des moissons et du cinquième des fruits[3]. Sans préciser davantage, considérons l'occupant comme un concessionnaire de l'Etat, bien que la concession ne soit pas faite à titre individuel. Si donc la victime de l'agression ne trouve pas dans le droit commun sur les délits privés le moyen de se défendre, elle peut s'adresser au censeur qui, s'il le juge à propos, tranchera administrativement la difficulté.

Nous n'oublions pas, du reste, que le préteur introduisit des interdits destinés à sauvegarder les *res publicae*, bien que la surveillance de ces dernières fût réservée aux censeurs par la constitution romaine. Il employa probablement la même méthode, dans notre matière, sans qu'il soit nécessaire de décider, s'il délivrait en vue de faire trancher le différend l'interdit *de loco publico fruendo* des textes classiques ou un interdit spécial[4], dont les sources ne conserveraient pas le souvenir, parce que les *agri occupatorii* disparurent de bonne heure. Au contraire, si le même interdit, l'interdit *uti possidetis* ou l'interdit *unde vi* avait servi, à la fois, à propos des *res publicae* et des *res in commercio*, ce serait là un phénomène unique dans l'histoire du droit romain. Comme on l'a vu, des interdits spéciaux furent imaginés afin de protéger les *res publicae*

---

1. Comp. également Voigt, *op. cit.*, p. 235 et 237.
2. Appien, *de bell. civ.*, I, 7, 18.
3. Marquardt (Traduction Vigié), *De l'organisation financière chez les Romains, Manuel des antiquités romaines* de Mommsen et Marquardt, t. X, p. 197.
4. En ce sens, Karlowa, *Röm. Rechtsgesch.*, t. II, p. 317.

et jamais les jurisconsultes ne songèrent à les étendre aux choses, qui appartenaient aux particuliers. Si les interdits *uti possidetis* et *unde vi* avaient été créés pour les *agri occupatorii*, ils auraient suivi la fortune de ces derniers, et nous ne les connaîtrions sans doute pas. *A priori*, leur passage d'une sphère juridique dans une autre semble très peu vraisemblable.

Ajoutons que la condition des fonds provinciaux présente d'étroites analogies avec celle des anciens *agri occupatorii*. En partant de la doctrine combattue, l'application de nos interdits aux fonds provinciaux n'aurait dû soulever aucune difficulté. Comme les textes démontrent le contraire [1], il y a là une preuve de plus en faveur de la thèse, d'après laquelle la possession se rattacha, chez les Romains, pas les liens les plus étroits au *dominium ex jure Quiritium*.

Quand M. Cuq essaie d'expliquer le passage de Frontinus, cité en note, par cette considération, à savoir que l'on considérait la possession d'un fonds provincial comme un usufruit et que l'usufruit fut protégé par des interdits utiles, seulement au second siècle de l'ère chrétienne, il prend trop à la lettre le paragraphe 7 du C. II de Gaius : « *nos autem possessionem tantum vel* USUMFRUCTUM *habere videmur* ». Sur le sol provincial coexistent deux droits, celui de l'Etat et celui du possesseur, de même que sur le bien soumis à l'usufruit portent le droit du nu-propriétaire et celui de l'usufruitier. Le jurisconsulte n'a pas voulu dire autre chose et la possession du fonds provincial doit, sans aucun doute, être considérée comme tenant la place de la propriété [2].

---

1. Frontinus, *de controvers. agror.* Lib. II (éd. Lachmann), p. 36, l. 12-15 : « *nam et controversias inter se tales movent, quales in agris immunibus et privatis solent evenire.* VIDEBIMUS TAMEN AN INTERDICERE QUIS POSSIT DE EJUS MODI POSSESSIONE ».

2. Parmi les auteurs qui ont combattu l'hypothèse de Niebuhr et de Savigny, citons seulement Puchta, *Institutionen*, t. 2, § 227, Ihering, *Du rôle de la volonté dans la possession* (traduct. de Meulenaere), 1891, VIII, p. 107, n. 53. Karlowa, *op.* et *loc. cit.*

Examinons maintenant les arguments de nos adversaires. M. Dernburg cite un certain nombre de textes à l'appui de l'hypothèse, d'après laquelle l'interdit *uti possidetis* joua, d'abord, relativement aux *agri occupatorii* le rôle réservé à l'action en revendication et fut imaginé par le préteur, précisément parce que la *legis actio sacramenti in rem* ne pouvait être utilisée, à propos de parcelles rentrant dans l'*ager publicus*. Cet auteur juge, du reste, l'interdit *unde vi* moins ancien que l'interdit *uti possidetis*.

Festus s'exprime de la façon suivante au mot *possessio*.

« *Possessio est, ut definit Ælius Gallus, usus quidem agri aut aedificii non ipse fundus aut ager; non enim possessio est e rebus, quae tangi possunt, neque qui dicit se possidere is suam rem potest dicere. Itaque in legitimis actionibus nemo ex jure Quiritium possessionem suam vocare audet, sed ad interdictum venit, ut praetor his verbis utatur: Uti nunc possidetis eum fundum quo de agitur quod nec vi nec clam nec precario alter ab altero possidetis, ita possideatis. Adversus ea vim fieri veto* ».

De ce passage que je reproduis en respectant la leçon adoptée par M. Dernburg, résulte, selon cet auteur, que le possesseur n'a pas d'autre voie de recours que l'interdit et ne saurait se servir de la *legis actio sacramenti in rem*. D'autre part, le terme *possessiones* désignait, on le sait, les *agri occupatorii*. Le vieux jurisconsulte Ælius Gallus pensait donc certainement à ces derniers, en parlant de *possessiones*, à propos desquelles la *legis actio sacramenti in rem* était hors de cause.

Cette interprétation du fragment de Festus paraît inexacte. Le texte se comprend à merveille, si on l'applique à la possession d'un immeuble rentrant dans le domaine des particuliers; il signifie simplement que la *legis actio* ne saurait être employée en vue d'établir l'existence de la possession [1].

---

[1]. M. Karlowa, *op. cit.*, p. 314, le remarque justement, il n'y a pas de raison, pour appliquer le fragment de Festus à l'*ager occupatorius*, sous ce

M. Dernburg s'appuie encore sur Cicéron, *de lege agraria*, III, 3, 11, et sur la loi agraire de l'an 643, 1. 18. Tandis que le premier passage ne semble nullement probant, il en serait différemment du second, s'il visait des *agri occupatorii* ; mais, les fonds, dont parle la loi, avaient cessé de faire partie de l'*ager publicus* et figuraient parmi les domaines des particuliers.

§ 2. — Dans quel ordre historique apparurent les interdits unde vi, uti possidetis et utrubi ?

Sommaire. — I. Controverses sur la constitution de la classe des *interdicta recuperandae possessionis causa*. — II. L'interdit *uti possidetis* précéda-t-il l'interdit *unde vi* ? Arguments en faveur de l'affirmative. — III. Arguments en faveur de la négative. — IV. Cette dernière opinion admise, l'interdit *de precario* doit-il être considéré comme antérieur ou postérieur à l'interdit *unde vi* ? — V. Selon nous, l'interdit *uti possidetis* et l'interdit *unde vi* naquirent, à peu près en même temps, sans qu'il soit possible de préciser davantage. — VI. Ils existaient au contraire déjà, quand la jurisprudence créa l'interdit *de precario*. — VII. Exposé du système, d'après lequel l'interdit *utrubi* serait moins ancien que l'interdit *uti possidetis*. — VIII. Critique de ce système.

I. — Tandis que les interdits *uti possidetis* et *utrubi* constituent, à eux seuls et sans aucun doute, la classe des *interdicta retinendae possessionis causa*, celle des *interdicta recuperandae possessionis causa* fournit aux romanistes contemporains l'occasion de vives controverses, dont notre programme ne comporte pas l'examen approfondi. Les uns citent, comme rentrant dans cette seconde catégorie, les interdits *unde vi, de precario, de clandestina possessione*. Pour les autres, l'interdit de *clandestina possessione* fut in-

---

prétexte, que nos sources emploient, à son propos, les mots *possessio, possessor* ; car, il faudrait dire aussi, que le dépositaire et le fermier jouissent de l'interdit *uti possidetis* ; le texte ne dit pas quand l'interdit *uti possidetis* sera valablement intenté, voilà la vérité. Enfin, comme le constate Ihering, le mot *fundus*, dont se servait l'*Edictum perpetuum*, désigne le domaine d'un particulier, ayant une contenance précitée et une individualité propre et non pas une parcelle plus ou moins étendue de l'*ager publicus*.

venté par les commentateurs et les sources l'ignorent[1]. Enfin, si l'existence de l'interdit *de precario* ne saurait être contestée, Ihering[2] soutient avec une grande force qu'on lui attribue à tort la fonction d'une action possessoire et que son but consiste uniquement à établir au besoin l'existence de la convention intervenue entre le concédant et le concessionnaire. Malgré les objections qui lui sont faites[3], cette théorie paraît fort séduisante.

II. — Ce premier point réglé, recherchons s'il est possible de déterminer dans quel ordre furent imaginés nos moyens de procédure.

D'après M. Dernburg[4], l'interdit *uti possidetis* aurait précédé l'interdit *unde vi*.

« *Uti nunc possidetis eum fundum, quo de agitur, quod nec vi nec clam nec precario alter ab altero possidetis...* » disait le préteur, au témoignage de Festus. Si donc l'une des parties avait perdu la possession par la violence, mais qu'elle eût pour adversaire l'usurpateur violent lui-même, elle triomphait au moyen de l'interdit *uti possidetis*. Comme ce dernier donnait satisfaction à tous les besoins, la jurisprudence romaine dut s'en contenter, fidèle en cela à sa méthode habituelle. Plus tard, la création d'un interdit spécial, l'interdit *unde vi*, permit de se servir dans l'hypothèse de la dépossession violente d'une procédure moins

---

1. La l. 7, § 5, D. *Comm. divid.*, X, 3 (Ulp., *lib.* 20 *ad Ed.*) viserait l'interdit *uti possidetis*.

2. *Fondement des interdits possessoires* (trad. de Meulenaere), VIII, p. 89, et suiv.

3. Voyez spécialement J. E. Labbé. Notes sur E. Machelard, *Dissertations de droit romain et de droit français*, 1882, note sur le paragraphe 6 des *Textes sur la possession, les hypothèques et les donations entre époux*, p. 97 et suiv. Voy. aussi Jean Appleton, *Essai sur le fondement de la protection possessoire* (Thèse de doctorat, Lyon), 1893, p. 63 et suiv. Comp. maintenant Ed. Vermond, *Théorie générale de la possession en droit romain*, 1895, p. 400 et suiv.

4. *Entwicklung und Begriff des jurist. Besitzes*, § 7, p. 33. Dans le même sens Bourcart, *Des interdits uti possidetis et utrubi* (Thèse Paris), 1880, p. 66, n. 1 et Pflüger, *Die sogenannten Besitsklagen des röm. Rechts*, 1890, p. 141.

compliquée que celle de l'interdit *uti possidetis*. En imaginant un instrument nouveau, on put en outre l'approprier à sa destination, lui faire produire des effets particulièrement énergiques, distinguer enfin, suivant que la violence avait eu lieu ou non à main armée [1].

III. — La doctrine opposée compte, cependant, un plus grand nombre d'adhérents. Défendue notamment par M. Witte[2] et par M. Cuq[3], pour me borner à citer les auteurs les plus récents[4], la thèse, d'après laquelle les interdits *recuperandae possessionis* apparurent les premiers se prévaut de nombreux arguments.

Indépendamment des passages de Cicéron, qui parlent de l'interdit *unde vi* comme d'une institution fort ancienne[5], il est naturel, dit-on, de penser, que le préteur songea d'abord à intervenir, lorsque la dépossession violente était déjà réalisée et n'était pas seulement à craindre, comme dans l'hypothèse de l'interdit *uti possidetis*. En d'autres termes, la dépossession violente excitait, chez la victime, un sentiment de vengeance plus vif que le simple trouble ; elle mettait à un plus haut degré l'ordre public en péril ; pour

---

1. D'après M. Bourcart l'interdit *vnde vi* serait sorti de l'interdit *uti possidetis*, de même que l'*exceptio metus* vint, à partir d'une certaine époque, prendre place à côté de l'*exceptio doli*, dont on s'était jusque-là contenté. L. 4, § 33, D. *de doli mali et metus except.*, XLIV, 4 (Ulpien, lib. 76 ad Ed.).

2. *Das interdictum uti possidetis als Grundlage des heutigen Possessorium ordinarium*, p. 44. Dans le même sens Bekker, *Die Aktionen*, t. II, ch. 17, p. 64, n. 23 et Karlowa, *Röm. Rechtsgesch.*, t. II, p. 320.

3. *Recherches sur la possession*, p. 25.

4. Signalons néanmoins l'opinion de M. Paul Krüger, *Kritische Versuche*, p. 78 et suiv., d'après lequel l'interdit *uti possidetis* remonterait seulement à la procédure formulaire et se serait développé, en même temps que l'*actio in rem per sponsionem*. La procédure de l'interdit, telle que la décrit Gaius, constitue, à mon sens, une objection décisive contre la doctrine de M. Krüger. Si elle était exacte, on ne constaterait pas une remarquable analogie entre notre procédure et la *legis actio sacramenti in rem*.

5. *Pro Tullio*, XIX, 44 : « *Fuit illud interdictum* APUD MAJORES NOSTROS *de vi, quod hodie quoque est* ». *Pro Caecina*, XI, 32. XXXII, 92, 93. La loi agraire de 643, l. 18, vise notre interdit.

empêcher l'expulsé de se faire justice à lui-même, le magistrat dut le protéger, de bonne heure, au moyen de l'interdit *unde vi*. M. Karlowa ajoute que si, à l'époque classique, l'interdit *uti possidetis* peut servir à recouvrer une possession perdue, ce qu'il accorde, on doit voir là le résultat d'un développement de jurisprudence relativement récent. La formule restitutoire de l'interdit *unde vi* se présenta la première à la pensée ; c'est, au contraire, au simple trouble que s'appliquait le plus naturellement la formule prohibitoire de l'interdit *uti possidetis* « *vim fieri veto* ».Qu'on l'ait étendue plus tard à l'hypothèse de la dépossession violente, en vue de donner satisfaction aux besoins de la pratique, cela se comprend ; mais il serait étrange, que l'on eût songé à ce détour, dès l'origine. Enfin, et M. Cuq insiste sur cette idée, les avantages de l'interdit *unde vi* sur l'interdit *uti possidetis* « suffisants pour expliquer la persistance d'interdits déjà établis, ne sauraient à eux seuls en justifier la création ».

IV. — Quant à l'interdit *de precario*, les partisans de la doctrine, que je viens d'exposer, paraissent disposés à lui reconnaître une origine, au moins aussi reculée qu'à l'interdit *unde vi*, plus reculée même probablement. Ils se fondent sur les liens existant entre la concession à titre de *precarium* et l'institution de la clientèle. Pour ceux qui admettent que les premières concessions à titre de *precarium* furent faites par des patriciens à leurs clients et s'appliquèrent à des *agri occupatorii*, il est difficile, dit-on, de nier la haute antiquité de notre interdit.

V. — Entre ces deux doctrines, laquelle choisir? La législation de l'interdit *unde vi*, telle qu'elle résulte des sources classiques, paraît le résultat d'un développement de jurisprudence, relativement moderne. Rien ne s'oppose, au contraire, à ce qu'une formule d'interdit ait été de bonne heure imaginée, en vue de servir de base à un pari sur le point de savoir si le défendeur a enlevé par la violence la possession de l'immeuble au demandeur, possession qui n'était d'ailleurs entachée à son égard ni de violence, ni de clandestinité, ni de précarité. Cette solution paraît même la plus probable, puisque, l'interdit *uti possidetis* étant un interdit double, chacune des parties doit faire sa preuve ; il ne suffit donc pas que la victime de la violence combatte l'affirmation de son adversaire, en démontrant l'existence du vice dont est affectée à son égard la possession de ce dernier ; il faut, de plus, qu'il établisse sa propre possession ; or, comment le pourrait-il, si, depuis longtemps, il n'a pas pénétré sur le bien ? Que les juges de l'époque classique ne se soient pas arrêtés à ces scrupules et aient considéré l'expulsé comme ayant encore la possession, dans ses rapports avec l'usurpateur, on le conçoit ; il semble fort douteux qu'il en ait été de même à l'origine.

Concluons donc, qu'à côté de l'interdit *uti possidetis* l'interdit *unde vi* présentait une utilité véritable, même avant que les interprètes l'eussent soumis à des règles spéciales, à un moment où ce n'était pas encore une action née d'un délit. D'après la conjecture à nos yeux la plus vraisemblable, les deux interdits naquirent, à peu près en même temps, sans qu'il soit possible de préciser davantage.

VI. — Nous considérons, au contraire, l'interdit *de precario* comme postérieur à l'un et à l'autre. Ihering[1] remarque en effet, avec raison, que la cité ne dut pas intervenir, de bonne heure, dans les rapports entre patron et clients. Le premier n'avait nul besoin, pour se faire obéir des seconds, de s'adresser au magistrat du peuple romain. Quand les mœurs commencèrent à se modifier, l'interdit *uti possidetis* servit peut-être quelque temps au concédant à titre de *precarium*, avant qu'on eût imaginé un interdit spécial.

M. de Ihering le dit très bien, le client, auquel son patron concédait un lot de terre à titre de *precarium*, « vivait

1. *Du rôle de la volonté dans la possession* (trad. de Meulenaere), 1891, p. 334.

à la façon des vassaux, manants ou serfs attachés à la glèbe du moyen âge, sur la terre du seigneur, dont une parcelle lui était abandonnée pour l'exploiter lui-même. Il faisait paître son bétail (petit bétail, *peculium* de *pecus*) sur les pâturages du patron [1] ». Si cette conception est exacte, le patron continuait en réalité à posséder, malgré la concession à titre de *precarium* et il pouvait dès lors triompher, là où aurait échoué la victime de la dépossession violente. La doctrine, exposée à propos de l'interdit *de precario*, ne semble donc pas en contradiction avec celle à laquelle nous nous rattachions plus haut, relativement à l'interdit *unde vi*.

Ayant ainsi comparé, au point de vue de leur antiquité relative, l'interdit *uti possidetis* et l'interdit *unde vi*, rapprochons maintenant le premier de ces interdits de l'interdit *utrubi* et demandons-nous, si l'un de ces moyens de procédure peut être considéré, dans l'état actuel des documents, comme ayant précédé l'autre.

VII. — D'après une opinion assez répandue et que défendent notamment MM. Kappeyne van de Coppello [2] et Ihering [3], l'interdit *utrubi* serait moins ancien que l'interdit *uti possidetis*.

M. Kappeyne van de Coppello, tout en admettant que la création du premier de nos interdits suivit sans doute d'assez près celle du second, insiste sur la considération suivante. On le sait, l'interdit *utrubi* fera triompher, d'après les règles de l'*Edictum perpetuum*, celui des deux adversaires qui aura possédé le meuble le plus longtemps, pendant l'année qui se termine le jour de la délivrance de la formule par le magistrat. Or, cette conception paraît moins

---

1. Festus, V° *Patres* « *atque* [*ii patres dicti sunt, quia*] *agrorum partes ad* [*tribuerant tenuioribus*] *perinde ac liberis* ».
2. *Abhandlungen zum röm. Staats und Privatrecht*, Heft II, Ueber das vim facere beim interdictum uti possidetis, p. 164 et 165.
3. *De la volonté dans la possession*, p. 106 et suiv. Dans le même sens, Karlowa, *Röm. Rechtsgeschichte*, t. II, p. 319.

simple, moins naturelle que celle sur laquelle repose l'interdit *uti possidetis*[1] ; le préteur ne l'imagina sans doute qu'après celle-ci, d'autant qu'il y a quelque chose d'artificiel à se servir d'un *interdictum retinendae possessionis*, en vue de recouvrer la possession.

M. de Ihering justifie sa doctrine par de tout autres considérations. La possession des immeubles fut, dit-il, protégée avant celle des meubles, parce que le besoin de cette protection se faisait sentir beaucoup plus vivement, à propos de la première catégorie d'objets. « Combien l'intérêt de la protection possessoire des choses mobilières est insignifiant en présence de celle des choses immobilières ! Que l'on se demande seulement où se manifeste aujourd'hui pratiquement cet intérêt ! » Le même auteur ajoute que les règles relatives à l'attribution de la possession intérimaire de la chose litigieuse, *vindiciae*, s'appliquèrent d'abord exclusivement à la revendication d'un immeuble, et que, la théorie de la protection possessoire étant sortie de l'attribution des *vindiciae*, le même phénomène dut se produire à l'occasion des interdits *retinendae possessionis*.

VIII. — Bien loin de me rendre aux raisons de M. Kappeyne van de Coppello et de M. de Ihering, j'inclinerais plutôt à accorder la priorité à l'interdit *utrubi*, mais, je me hâte d'ajouter, qu'il vaut infiniment mieux ne pas se prononcer[2] et constater, que les textes laissent dans l'ombre l'ordre dans lequel apparurent nos deux moyens de procédure. S'ils appartiennent à la même période et si la création de l'un ne fut séparée de celle de l'autre que par un temps assez court, le problème ne présente pas du reste un intérêt considérable.

1. Ce dernier est en effet basé, dit M. Kappeyne, sur ce principe très simple : « garde ce que tu as » tandis que l'autre suppose une réglementation quelque peu arbitraire.
2. En ce sens, E. J. Bekker, *Das Recht des Besitzes bei den Römern*, 1880, p. 96 et 97. Comp. Franz Klein, *Sachbesitz und Ersitzung*, 1891, p. 139 et 240.

Je réponds à M. Kappeyne van de Coppello que tout dépend des motifs attribués à la création de l'interdit *utrubi*. Si les plaideurs y recouraient à l'origine, afin d'éviter, d'un commun accord, l'emploi de la *legis actio sacramenti in rem*, il était naturel d'attribuer la victoire à celui, qui ayant possédé le plus longtemps pendant l'année prouvait par cela même sa supériorité relative.

Quant à M. de Ihering, il oublie, que les esclaves d'un citoyen romain constituaient une partie importante de sa fortune ; dès lors le problème ne se présentait pas, dans l'antiquité, sous le même aspect que de nos jours. Le dernier argument développé par le même auteur ne saurait enfin toucher ceux qui, comme nous, n'admettent ni sa conjecture relative aux *vindiciae*, ni son système sur l'origine des interdits *retinendae possessionis*.

§ 3. — Caractères généraux des interdits uti possidetis, utrubi et unde vi.

SOMMAIRE. — I. Les interdits *retinendae possessionis* sont prohibitoires. — II. Ils figurent parmi les interdits doubles. Définition de l'interdit double. — III. Pourquoi attribua-t-on le caractère double à nos deux interdits ? — IV. Analogies de la procédure des interdits *uti possidetis* et *utrubi* et de la *legis actio sacramenti in rem*. — V. Aucun des interdits *retinendae possessionis* ne tend à la répression d'un délit. — VI. L'interdit *unde vi*, restitutoire et simple, se sépare, à ces deux points de vue, des interdits *uti possidetis* et *utrubi*. Doit-on nier toute analogie entre sa procédure et la *legis actio sacramenti in rem* ? — VII. Le caractère pénal, que la jurisprudence classique reconnut à l'interdit *unde vi*, lui appartenait-il déjà, au moment de sa création ?

I. — Les interdits *retinendae possessionis* sont prohibitoires et doubles. Leur procédure présente de notables analogies avec celle de la revendication dans la forme de la *legis actio sacramenti* ; ce ne sont pas des actions nées d'un délit. Quant à l'interdit *unde vi*, c'est un interdit restitutoire et simple. Si, à l'époque classique, la plupart des règles spéciales aux actions *ex delicto* lui sont applicables, on ne l'imagina pas, à notre avis, en vue de donner satisfaction au sentiment de vengeance de la victime de l'expulsion violente ; notre procédure ne tendit pas, elle non plus, au moins à l'origine, à réprimer un délit.

Sans donner ici la définition bien connue de l'interdit prohibitoire, ajoutons quelques mots sur le caractère double attribué par les textes aux interdits *uti possidetis* et *utrubi*. Ce caractère double[1], qui ne saurait être nié, mérite une attention toute particulière. Faute d'y avoir pris garde, beaucoup d'auteurs n'ont pas bien compris le mouvement des idées romaines sur notre sujet.

II. — L'interdit est double, quand, dans la procédure, les deux parties jouent le même rôle, bien loin que la qualité de demandeur soit assignée à l'un et celle de défendeur à l'autre : « QUOD PAR UTRIUSQUE LITIGATORIS CONDICIO EST[1] ». Comme chacun des adversaires affirmait, qu'il avait la possession et se déclarait prêt à soutenir son dire par un pari, le magistrat rédigeait en conséquence la formule, qui servait ensuite d'instructions au juge. Dans cette formule, le préteur s'adressait indifféremment aux deux plaideurs, parce que ces derniers devaient conclure deux paris. La dualité des paris, tel était donc le trait distinctif de la procédure.

D'après une autre doctrine[2], nos interdits étaient doubles, en ce sens que le magistrat intimait ses ordres aux

---

1. G. IV, § 156, et spécialement § 160 : « *Duplicia sunt veluti uti possidetis interdictum et utrubi. Ideo autem duplicia vocantur quod par utriusque litigatoris in his condicio est, nec quisquam praecipue reus vel actor intelligitur sed unusquisque tam rei quam actoris partes sustinet ; quippe praetor pari sermone cum utroque loquitur ;...* » § 7, I, *de interd.*, IV, 15. Theoph. ad. h. l., L. 2, pr. D. *de interd.*, XLIII, 1 (Paul, *lib.* 63 *ad Ed.*). « *Interdictorum quaedam duplicia sunt, quaedam simplicia : duplicia dicuntur, ut uti possidetis....* » L. 37, § 1, D. *De oblig. et act.*, XLIV, 7 (Ulp., *lib.* 4 *ad Ed.*).

2. Dans le même sens : Paul Krüger, *Kritische Versuche im Gebiete des röm. Rechts*, p. 88 et suiv. Ubbelohde, *Interdicte*, t. 1, § 1836 b, p. 274 et suiv., O. Wendt, *Das Faustrecht oder Besitzvertheidigung und Besitzverfolgung (Jahrbücher für die Dogmatik* de Ihering, t. XXI, 1883, p. 211 et suiv.), Accarias, *Précis* (4), t. II, n° 965, p. 1230.

deux plaideurs, accolait en réalité l'un à l'autre deux interdits simples. Selon l'un des partisans de ce système, M. Eck, l'interdit *uti possidetis* apparut d'abord comme interdit simple [1] et, encore à l'époque classique, le magistrat s'exprimait de la façon suivante « *Uti possides...* » et non pas « *Uti possidetis* », lorsqu'en fait un seul particulier se plaignait d'un trouble, dont il avait été victime. « *Perpetuo autem hoc interdicto insunt haec : quodn ec vi nec clam nec precario ab illo possides* », dit la L. 1, § 5, D. *uti possid.*, XLIII, 17, ce qui permet de reconstituer l'interdit simple de la façon suivante.

« UTI NUNC POSSIDES EUM FUNDUM, QUOD NEC VI NEC CLAM NEC PRECARIO AB ILLO POSSIDES, QUOMINUS ITA POSSIDEAS VIM FIERI VETO ».

Je n'hésite pas à repousser cette doctrine. Les mots de Gaius « QUIPPE *praetor pari sermone cum utroque loquitur* » ne lui prêtent pas un sérieux appui. Car, comme M. Krüger le remarque avec raison, Théophile traduit « *quippe* » par « ἀμέλει ». « *Adeoque* », dit Reitz dans son édition. Que l'interdit *uti possidetis* ait commencé par être simple, cela paraît une pure affirmation, ayant contre elle toutes les vraisemblances. La procédure de l'interdit ne se compliqua pas, au cours des temps; elle était déjà suffisamment compliquée. Le caractère simple de l'interdit ou plutôt de l'action qui le remplace, c'est, au moins d'après certains auteurs, la solution du droit de Justinien [3], le point d'arrivée de l'é-

---

1. En ce sens, K. A. Schmidt, *Das Interdiktenverfahren der Römer*, p. 187. Eck, *Die sogenannten doppelseitigen Klagen*, p. 31.
2. En faveur de la doctrine, d'après laquelle notre interdit fut d'abord un interdit simple, citons indépendamment de Schmidt, *op. et loc. cit.*, Bekker, *Die Aktionen*, t. 2, p. 64, n. 23. On trouvera une bibliographie plus complète dans Klein, *Sachbesitz und Ersitzung*, p. 100, n. 27. D'après cet auteur, p. 130, l'interdit ne devint vraisemblablement double, qu'à partir du moment où il servit à déterminer les rôles dans l'action en revendication.
3. En ce sens notamment M. Wendt, *op. cit.*, p. 214. Cet auteur dit que le caractère double de nos interdits se rattachait, d'une façon si intime, à la procédure *per sponsionem* qu'il ne pouvait lui survivre. M. Brinz, *Pandekten*,

volution, bien loin d'être son point de départ. Voir dans l'*interdictum duplex* la jonction de deux interdits simples paraît impossible, puisque le juge doit, en réalité, résoudre une seule question, décider auquel des deux adversaires appartient la possession. Si le droit classique connaissait un « *interdictum simplex* » à côté de l' « *interdictum duplex* », les textes en parleraient, les commissaires de Justinien devaient, en effet, tendre plutôt à effacer la mention du second que celle du premier. Pour interpréter sainement le paragraphe 5 de la L. 1, D. *uti possidetis*, il suffit de le rapprocher du paragraphe 9 de la même loi ; dans le paragraphe 5, Ulpien ne reproduit pas le texte de l'*Edictum perpetuum*, se bornant à le commenter et visant un des deux adversaires.

III. — Pourquoi attribua-t-on le caractère double à nos deux interdits ? On ne résout pas le problème, en disant avec M. Accarias et M. Ubbelohde, que les deux plaideurs, se prétendant l'un et l'autre possesseurs, se trouvent dans une situation identique et qu'il n'y a pas de raison pour faire un choix entre eux[1]. Car l'un d'eux a pris l'initiative et la charge de la preuve pourrait lui être imposée[2].

§ 182, t. 1, p. 742, n. 14, enseigne, au contraire, que, même sous Justinien, il convient de reconnaître la qualité d'action double à celle qui remplace l'interdit *uti possidetis*. Comp. § 7, I. *de interd.*, IV, 15. Je n'ai pas, pour le moment, à examiner, à fond, la question.

1. Dans le même sens Saleilles, *La controversia possessionis*, p. 252. Voy. un autre essai d'explication rationnelle dans W. Kindel, *Die Grundlagen des röm. Besitzrechts*, 1883, p. 171. M. Wendt, *op. cit.*, p. 212 et 213, dit enfin que le magistrat devait nécessairement adresser sa défense de troubler la paix aux deux plaideurs, puisqu'on ignore quel est celui dont il convient de protéger la possession. M. Machelard, *Interdits*, p. 183, disait déjà : « quel que soit celui des deux qui possède régulièrement, vis-à-vis de son adversaire, le préteur défend qu'il soit apporté trouble à cette possession ». Sous une autre forme, cette explication se rapproche de celle de M. Ubbelohde et les mêmes objections pourraient lui être adressées.

2. Je reconnais du reste, qu'au point de vue de l'équité, la situation n'est pas la même en matière d'action en revendication et en matière d'interdit *uti possidetis* ; mais ce motif explique le maintien de la règle plutôt que son origine.

La difficulté ne saurait se résoudre que par l'histoire. D'accord sur ce point avec M. Krüger, je me sépare de lui, à propos de l'explication qu'il convient de donner. D'après cet auteur, l'interdit *uti possidetis* est double parce qu'il continue en quelque sorte, sous la procédure formulaire, la *legis actio sacramenti in rem*[1]. Selon nous au contraire, l'interdit *uti possidetis* et l'interdit *utrubi* appartiennent à la période antérieure au vote de la loi Aebutia. Ils prirent naissance à une époque où l'on ne concevait pas que le défendeur à l'action en revendication se contentât de nier le droit de son adversaire sans affirmer le sien. Créée à l'imitation de la *legis actio sacramenti in rem*, la procédure nouvelle s'inspira de la même idée[2].

IV. — Cette remarque servira de transition naturelle pour mettre en lumière un autre trait commun aux interdits *uti possidetis et utrubi*, je veux parler de l'analogie de leur procédure avec la *legis actio sacramenti in rem*. Cette analogie, plusieurs auteurs la signalent, sans s'entendre, d'ailleurs, sur sa raison d'être, ni sur toutes les ressemblances qu'il convient de relever entre les deux institutions. Je ne vois guère, en sens inverse, que M. Bekker qui l'ait formellement niée.

D'après M. Kappeyne van de Coppello[3], les *sponsiones* correspondent au dépôt du *sacramentum*, le *judicium secutorium* de l'interdit à l'*arbitrium litis aestimandae*, la *fructus licitatio* à l'attribution des *vindiciae* ; enfin, le pos-

---

1. Il faudrait d'ailleurs expliquer pourquoi l'interdit *uti possidetis* continua, sous la procédure formulaire, la *legis actio sacramenti in rem*.

2. Il importe, d'ailleurs, de ne pas se méprendre sur notre pensée qui est plus complètement développée ci-après. A notre sens, la *legis actio sacramenti in rem* n'était pas double, voy. ch. I, § 1, n° VII ; si ce caractère appartint aux interdits *retinendae possessionis*, ce fut en raison de l'emploi du pari. La jurisprudence empruntant à la *legis actio sacramenti in rem* cette idée, que chacune des parties devait affirmer son droit, aboutit naturellement à cette conclusion, que chacune d'elles appuierait son affirmation par un pari distinct.

3. *Abhandlungen, Heft* 2. *Ueber das vim facere beim interdictum uti possidetis*, p. 157 et 158.

sesseur intérimaire qui succombe encourt une peine spéciale, qu'il s'agisse de la *legis actio sacramenti in rem* ou au contraire soit de l'interdit *uti possidetis*, soit de l'interdit *utrubi*.

M. Dernburg[1] consacre de son côté des développements abondants et ingénieux à l'étroite parenté des interdits *retinendae possessionis* et de la *legis actio sacramenti in rem*. Cette étroite parenté se conçoit à merveille, puisque d'après lui l'interdit *uti possidetis* commença par tenir la place de l'action en revendication à propos des *agri occupatorii* et qu'il considère également l'interdit *utrubi* comme ayant, à l'origine, remédié au défaut de l'action en revendication.

Raisonnant sur l'interdit *uti possidetis*, M. Dernburg s'appuie sur le caractère double de cet interdit. Comme dans la *legis actio sacramenti in rem*, la *contravindicatio* suit immédiatement la *vindicatio*, à l'affirmation faite par l'une des parties de sa possession de l'immeuble répond une affirmation émanant de l'autre et ayant le même objet. Le combat simulé de la *legis actio* se retrouve, sous la forme de la violence fictive, dont parle le paragraphe 170 du C. IV de Gaius. Enfin, M. Dernburg appuie, lui aussi, sur la *fructus licitatio*, la *poena* résultant de la *fructuaria stipulatio* et enfin l'emploi des *sponsiones*.

Relativement à ce dernier argument, nous avons à peine besoin de dire que nous le repoussons. Sans compter que la *legis actio per sacramentum* ne doit pas être considérée comme une procédure par le pari, M. Bekker[2] objecte avec raison que l'emploi du pari ne constitue pas une particularité de nos interdits ; on en conclut deux au lieu d'un, voilà tout. Ecartons aussi ce que dit M. Kap-

---

1. *Entwicklung und Begriff des jurist. Bezitzes*, § 3, p. 15 et suiv. M. Esmein, *Sur l'histoire de l'usucapion* (*Mélanges d'histoire du droit et de critique. Droit romain*, p. 191), signale également, sans insister davantage, les analogies frappantes que présente la procédure de nos interdits avec l'*actio sacramenti in rem*.

2. *Zu den Lehren von L. A. sacramento, dem Utipossidetis und der Possessio* (*Zeitschr. der Sav. Stift. für R. G. R. A.*, t. V (1884), p. 146 et suiv.).

peyne van de Coppello de l'*arbitrium litis aestimandae*. Il suffit de noter que le *judicium secutorium* de l'interdit n'existait pas pendant la période antérieure à la loi Æbutia et ne fut même imaginé qu'après le complet épanouissement du système formulaire. Enfin, nous interprétons tout autrement que ne le fait M. Dernburg l'acte de violence visé par le paragraphe 170 du C. IV de Gaius.

Restent la nécessité de la double affirmation d'une possession non vicieuse, à l'égard de l'adversaire, la constitution de la possession intérimaire à la suite de la *fructuum licitatio*; ce sont là deux ressemblances frappantes qu'il suffit de relever, en n'oubliant pas d'ailleurs que l'interdit n'est pas une *legis actio* et que la pratique l'imagina précisément afin d'éviter l'emploi de cette dernière.

M. Bekker s'étonne sans motifs légitimes, que, si notre doctrine est exacte, nos interdits n'aient pas été restitutoires plutôt que prohibitoires. L'interdit restitutoire, dit-il, se fut rapproché encore davantage de la revendication. Indépendamment de ce fait qu'à notre époque le juge de l'action en revendication se prononçait seulement sur le point de savoir qui avait tort qui avait raison, la formule prohibitoire se conciliait seule avec le double pari.

V. — Pour terminer cette étude des caractères communs aux interdits *uti possidetis* et *utrubi*, démontrons enfin, qu'ils ne tendent nullement à la répression d'un délit. Ihering[1] a victorieusement réfuté sur ce point le système de Savigny[2] et de longues explications seraient inutiles, d'autant que la recension du manuscrit de Vérone a porté le dernier coup à la doctrine de l'illustre auteur du « Traité de la possession ». L'interdit *utrubi* triomphait, pourvu que le demandeur eût, pendant la dernière année, possédé

---

1. *Fondement des interdits possessoires* (trad. de Meulenaere, p. 16 et suiv.). On trouvera un résumé de l'argumentation d'Ihering dans Esmein, *Théorie de la possession en Allemagne. N. Rev. hist. du dr.*, t. I, 1877, p. 491 et dans Jean Appleton, *Essai sur le fondement de la protection possessoire*, p. 20 et suiv.

2. *Traité de la possession* (trad. Staedtler), § 37, p. 382 et suiv.

le plus longtemps l'esclave et que sa possession ne fût pas vicieuse à l'égard de son adversaire. Comment ce dernier aurait-il commis une violence contre quelqu'un dont il ne soupçonnait même pas l'existence ? Quant à l'interdit *uti possidetis*, le Digeste[1] montrait déjà, qu'il pouvait servir à résoudre simplement un différend relatif à la possession, *controversia possessionis* et ne supposait pas toujours un trouble souffert par l'un des plaideurs. Un trouble a-t-il été commis, ce sera peut-être l'auteur du trouble, qui prendra lui-même l'initiative et cela en raison du caractère double de l'interdit ; singulier délit, on en conviendra, qui ouvre l'accès de la justice au coupable comme à la victime ! Mettons les choses au mieux : celui qui demande la délivrance de l'interdit, se plaint d'avoir été troublé dans sa possession. Même dans cette hypothèse particulièrement favorable, la doctrine de Savigny ne saurait prévaloir. Car, la formule de notre interdit étant prohibitoire et non restitutoire ne procure pas la réparation du préjudice antérieurement subi ; l'ordre du magistrat vise l'avenir et non le passé[2]. Rudorff[3] répond, à la vérité, que l'obligation délictuelle naît seulement au moment de la violation de l'ordre du magistrat ; mais c'est oublier tout ce que nous savons sur le délit privé et sur l'*imperium* du préteur. Une désobéissance à l'ordre de ce dernier ne constitue pas un délit privé ; si les Romains envisageaient le trouble apporté à la possession d'autrui comme un délit privé, à quoi bon cette condition de la délivrance de l'interdit ? Enfin le paragraphe 170 du C. IV de Gaius, tel que l'a lu M. Studemund, achève le tableau. D'après ce passage, le trouble apporté à la possession, *vis*, apparaît comme une condition indispensable de la marche de la

1. Voy. notamment L. 1, § 3, D. *Uti possid.*, XLIII, 17 (Ulpien, *lib.* 69 *ad Ed.*).
2. Voy. notamment Ihering (trad. de Meulenaere), *Actio injuriarum. Des lésions injurieuses en droit romain*, 1888, p. 69 et suiv.
3. *Note sur le traité de la Possession* de Savigny (trad. Staedtler), p. 697.

procédure. Le magistrat emploie des moyens de contrainte, contre celui qui se refuse à troubler la possession de l'autre et à mettre ainsi le juge en mesure et en demeure de décider, s'il doit gagner son pari ou si au contraire l'acte accompli par lui sur l'immeuble a violé l'interdit. Quand on envisage, avec nous, la délivrance de l'interdit, comme un simple expédient destiné à servir d'introduction à la procédure par le pari, le paragraphe 170 du C. IV de Gaius ne présente rien de surprenant. Comment au contraire voir un délit dans un acte, qui constitue un des éléments de la procédure ? Si l'interdit visait la répression d'un délit, le magistrat ne contraindrait pas celui qui l'a commis à aggraver son offense en la renouvelant.

VI. — Ayant ainsi mis en lumière les caractères des interdits *uti possidetis et utrubi*, arrivons à l'interdit *unde vi*. Cet interdit se sépare, certainement, des premiers par la rédaction de sa formule, puisqu'il figure parmi les interdits restitutoires et parmi les interdits simples.

Doit-on dire, en outre, que la procédure de l'interdit *unde vi* ne présente, au point de vue de la possession intérimaire de l'immeuble litigieux, aucune ressemblance avec la *legis actio sacramenti in rem*, différant ainsi de celle de l'interdit *uti possidetis* ou de l'interdit *unde vi* ?

La plupart des auteurs ne se posent même pas la question ou enseignent, comme allant de soi, que le défendeur à l'interdit *unde vi* gardait l'immeuble, pendant les débats, sans être tenu de fournir aucune garantie spéciale. Les rôles des parties, étant distincts par la nature même des choses, les deux affirmations n'ayant pas le même objet, le possesseur actuel conservera sa qualité, jusqu'au moment où le juge du pari se sera prononcé, sur le point de savoir si l'ordre de restitution le vise ou non.

Ecartons d'abord ce dernier argument. Le mot « *restituas* » de la formule s'applique à la restitution définitive et à elle seule.

Il serait bien étrange en outre, qu'il n'existât ici rien

d'analogue aux *praedes litis et vindiciarum* de la *legis actio sacramenti in rem*, à la *satisdatio* ayant pour objet le montant de la *licitatio fructuum* de l'interdit *uti possidetis*, à la *stipulatio pro praede litis et vindiciarum* de l'*actio in rem per sponsionem*, à la *cautio judicatum solvi* de l'*actio in rem per formulam petitoriam*. Si ce phénomène se produisit, la jurisprudence romaine admit, cent ans peut-être avant Cicéron, relativement à l'interdit *unde vi*, une solution, qu'elle repoussa, pendant la plus grande partie de son histoire, à propos de la revendication. La doctrine moderne, d'après laquelle le possesseur garde la chose litigieuse jusqu'au jugement, sans être astreint à aucune sûreté particulière, aurait ainsi sa source dans la procédure des interdits, dont le caractère archaïque ne saurait cependant être nié.

Au point de vue de l'équité, cette situation privilégiée reconnue à l'usurpateur violent paraît peu justifiée; elle constituerait un danger sérieux pour le demandeur; on ne comprendrait guère enfin cette différence entre l'interdit *uti possidetis* et l'interdit *unde vi*.

Le silence des textes impose, à la vérité, beaucoup de circonspection; néanmoins, la doctrine générale soulève, à mon avis, les doutes les plus légitimes.

VII. — Reste à se demander si l'interdit *unde vi* réprime ou non un délit. Dans le droit classique, le problème ne se poserait même pas et il faudrait, sans hésitation, reconnaître le caractère délictuel de notre procédure[1]. Est-ce à

---

1. En ce sens notamment Jean Appleton, *Essai sur le fondement de la protection possessoire*, p. 81 et suiv., qui entre dans des développements assez étendus et qui vise de nombreux textes, parmi lesquels je relève Gaius, IV, 155 « *propter atrocitatem* DELICTI ». L. 7, D. *de vi*, XLIII, 16 (Paul, *lib. 24 ad Ed.*). L. 1, § 15 et § 40, D. *De vi*, XLIII, 16 (Ulp., *lib. 69 ad Ed.*), L. 18, § 1, D. *De vi*, XLIII, 16, (Papin., *lib. 26 Quaest.*). Ihering, *Fondement des interdits possessoires*, p. 16, admet également la nature délictuelle de l'interdit *unde vi*, sans distinguer, lui non plus, suivant les époques. Comp. enfin Vermond, *Théorie générale de la possession en droit romain*, 1895, p. 419.

dire que cette solution s'impose nécessairement pour notre époque ? Je ne le crois pas. Tout en ayant plus tard rempli une autre fonction, l'interdit *unde vi* a pu être imaginé d'abord, en vue de trancher judiciairement, sans recourir à la *legis actio*, la question litigieuse de savoir si le défendeur a expulsé de l'immeuble par la violence l'autre plaideur, dont la possession n'était pas d'ailleurs vicieuse vis-à-vis de lui.

A l'appui de cette conjecture citons d'abord la L. 13, D. *de vi*, XLIII, 16 (Ulp., *lib*. 8 *ad Sabin.*).

« *Neque Unde vi neque aliud interdictum famosum est* ».

Si notre interdit eut toujours pour but de permettre à la victime d'un délit privé d'en tirer vengeance, cette solution s'explique difficilement ; on ne comprend guère que le coupable n'encourût pas l'infamie [1]. L'étonnement cesse,

---

[1]. Comment concilier la l. 13, D. *de vi* avec les nombreux passages du *Pro Caec.*, dans lesquels Cicéron semble bien affirmer le caractère infamant de l'interdit *unde vi* ? II, 6 : « *ad summam illius existimationem hoc judicium pertinere* »; II.7: « *quia existimationis periculum est* »; III,8 : « *Est enim turpe judicium* »; IV, 9 : « *existimationis illius periculum.* » M. Ubbelohde, *Die Interdicte*, t. 2, p. 189, propose une explication qui paraît très ingénieuse et à laquelle je me rallie. A l'époque, où Cicéron prononça son discours, le *judicium publicum de vi* existait déjà, bien que la loi Julia ne fût pas encore votée ; la loi Plautia ou une loi Cornelia régissait la matière. Quand la procédure criminelle s'engageait, il fallait, au besoin, recourir à l'interdit *unde vi*, pour faire trancher la question préjudicielle de savoir si l'accusé n'était pas lui-même, comme il le prétendait, possesseur de l'immeuble, au moment où on lui reprochait d'avoir commis le délit public de violence. L. 1, C. *de appellation. et consultat.*, VII, 62 (a. 209). L. 3, C. *Th. ad leg. Jul. de vi publ.*, IX, 10. Constantin, a. 319. Même si l'accusé succombait sur l'interdit *unde vi*, cet échec n'entraînait pas toujours sa condamnation au criminel. Il en était différemment, au contraire, dans l'espèce, à propos de laquelle plaidait Cicéron. Si Æbutius était battu, sa condamnation au criminel ne pouvait pas faire l'ombre d'un doute. D'autre part, la loi pénale en vigueur entre les années 677 et 688 de l'ère romaine contenait, certainement, une disposition analogue à celle qui figurait dans la loi Julia *de vi privata* d'Auguste, au témoignage de la L. 1, *pr*. D. *ad leg. Jul. de vi priv.*, XLVIII, 7 (Marcien, *lib*. 14 *instit.*). Dès lors, l'*existimatio* d'Æbutius se trouvait menacée : l'infamie devait être pour lui la conséquence, sinon directe au moins indirecte, de la perte de son procès.

au contraire, si la procédure ne présentait à l'origine aucun caractère répressif et que la plupart des règles spéciales aux actions *ex delicto* lui furent peu à peu appliquées, pour des motifs sur lesquels il conviendra d'insister dans un instant.

J'ajoute que l'interdit *uti possidetis* entraînait avant la loi Æbutia la perte de deux enjeux pour celui qui succombait, tandis qu'il n'en était pas de même s'il s'agissait de l'interdit *unde vi*. Dans ce dernier cas, la peine du plaideur téméraire s'élevait seulement au montant d'un enjeu. Comme, d'autre part, nous croyons avoir démontré que l'interdit *uti possidetis* ne sanctionnait pas une obligation délictuelle, la doctrine que nous combattons aboutit à d'étranges conséquences.

Certains des fragments insérés au Digeste semblent enfin révéler l'existence d'un développement de jurisprudence relativement récent.

« *Interdictum hoc quia atrocitatem facinoris in se habet, quaesitum est, an liberto in patronum vel liberis adversus parentes competit et* VERIUS *est nec liberto in patronum nec in parentes liberis dandum esse* MELIUSQUE *erit in factum actionem his competere, aliter atque si vi armata usus sit adversus libertum patronus vel adversus liberos parens : nam hic interdictum competit* ». L. 1, § 43, D. *de vi*, XLIII, 16 (Ulp., *lib.* 69 *ad Ed.*).

« *Cum a te vi dejectus sim, si Titius eandem rem possidere coeperit, non possum cum alio quam tecum interdicto experiri* ». L. 7, D. *de vi*, XLIII, 16 (Paul, *lib.* 24 *ad Ed.*).

Qu'un jurisconsulte du troisième siècle de l'ère chrétienne ait cru utile de refuser expressément l'interdit contre tout autre que l'auteur de l'expulsion violente, cela mérite, croyons-nous, d'être signalé. Il semble bien que, pendant longtemps, la victime de la violence intentait l'interdit, seulement dans le cas où l'usurpateur jouissait encore de l'immeuble.

De plus, l'on n'aperçoit guère l'utilité de l'interdit

unde vi, considéré comme sanction d'une obligation née d'un délit. En expulsant son adversaire, le défendeur se rend coupable du délit d'injures ; peut-être même déjà, bien qu'il soit impossible de rien affirmer, certains jurisconsultes étendaient-ils aux immeubles la notion du *furtum*. En tout cas, tout citoyen romain pubère intentera légitimement une poursuite criminelle contre l'auteur de la violence. Dès lors, comme la législation relative au *judicium publicum* assure la répression du trouble apporté à l'ordre public, il serait possible d'appliquer à l'interdit *unde vi* ce que dit Paul de l'interdit *de homine libero exhibendo*.

« *Adversus eum qui hominem liberum vinxerit, suppresserit, incluserit, operamve ut id fieret, dederit tam interdictum quam legis Fabiae super ea re actio redditur* : et INTERDICTO QUIDEM ID AGITUR, UT EXHIBEATUR IS, QUI DETINETUR, *lege autem Fabia, ut etiam poena nummaria coerceatur* ». Paul, *Sent.*, V. 6, 14 [1].

Je reconnais du reste que la pratique étendit peu à peu, à l'interdit *unde vi*, la plupart des règles spéciales aux actions pénales. S'il en fut ainsi, cela s'explique principalement, à mon avis, par la création de l'interdit de *vi armata* à côté de l'interdit de *vi quotidiana*. La rédaction de la formule de l'interdit se prêtait, en outre, à ce mouvement de la jurisprudence.

---

1. Ajoutons encore, à l'appui de notre conjecture, les deux considérations suivantes ; d'une part, le terme *restituas*, qui figure dans la formule de l'interdit *unde vi*, n'éveille guère, on en conviendra, l'idée de la répression d'un délit ; d'autre part, même à l'époque classique, le défendeur à l'interdit encourra une condamnation égale seulement au montant du préjudice causé à son adversaire. A l'époque assez reculée, à laquelle remonte la naissance de l'interdit *unde vi*, il serait étonnant que la rançon, *poena*, ne dépassât pas le préjudice subi.

§ 4. — Origine des interdits possessoires. Conjecture qui paraît la plus vraisemblable.

SOMMAIRE. — I. Introduction. — II. Nos interdits permettaient aux plaideurs d'écarter, d'un commun accord, la *legis actio sacramenti in rem*. Motifs qui les conduisaient à préférer l'emploi de la procédure par le pari. — III. Arguments à l'appui de la conjecture. Etroite connexité de la possession et de la propriété chez les Romains. Relations de nos interdits avec la revendication dans sa forme ancienne. — IV. Arguments fournis par l'histoire générale du droit. — V. Pendant une seconde période de leur histoire, nos interdits apparaissent, comme des expédients destinés à assurer provisoirement au propriétaire la possession paisible de la chose, tant que la *legis actio sacramenti in rem* n'était pas intentée contre lui par un tiers. — VI. Enfin, la possession, établie au préalable, fut sauvegardée non plus seulement jusqu'au moment où l'action en revendication était intentée par un tiers, mais jusqu'au moment où le demandeur avait fait sa preuve.

I. — Sans prétendre exposer, dans son ensemble, l'état de la discussion engagée sur ce difficile sujet entre les érudits contemporains, je ne puis me dispenser d'indiquer la conjecture qui me paraît la meilleure ; car la création des interdits *retinendae possessionis* et de l'interdit *unde vi* constitua, à mon sens, une première tentative, en vue de remédier aux inconvénients de la *legis actio sacramenti in rem* et servit, par suite, de transition entre cette dernière et l'*actio in rem per sponsionem*[1].

II. — A l'origine, nos interdits permettaient aux plaideurs d'écarter, d'un commun accord, la *legis actio sacramenti in rem*. Le recours à cette dernière s'imposait, si un des deux adversaires ne consentait pas à faire trancher le différend au moyen de la procédure par le pari ; mais, les avantages de cette dernière expliquent, qu'on y ait eu recours, au moins dans un grand nombre d'hypothèses. Parmi ces avantages, signalons d'abord ceux

---

1. En général, on ne conçoit même pas, qu'on puisse étudier simultanément l'origine des interdits *retinendae possessionis* et celle de l'interdit *unde vi*. Tout en admettant, sans distinction d'époques, le caractère pénal de l'interdit *unde vi*, Ihering présente au contraire, avec raison, selon nous, une théorie commune à nos trois interdits.

qui existent dans tous les cas et que nous avons énumérés dans un chapitre précédent. Grâce à l'expédient mis par le préteur à la disposition des particuliers, ceux-ci s'affranchiront de la tutelle du groupe auquel ils appartiennent ; ils n'auront pas à obtenir le concours de *praedes*, qui ne s'exposeraient pas facilement à la *manus injectio* et qui, tout au moins, avant d'obéir à leurs sentiments de solidarité, demanderaient des justifications et feraient peut-être entendre des récriminations et des critiques. L'affaire pourra en outre se juger plus rapidement, sans attendre la session judiciaire, *rerum actus* et par le ministère de récupérateurs.

A côté de ces premiers avantages, relevons-en un autre, qui se présente particulièrement dans notre matière. Grâce à la formule de l'interdit, le point litigieux sera nettement circonscrit ; les parties délimiteront le terrain de la lutte, terrain sur lequel chacune d'elles compte remporter la victoire. Pour raisonner sur l'interdit *utrubi*, aucun des deux adversaires n'aura à craindre de voir contester la qualité de citoyen romain au marchand, qui lui a mancipé l'esclave, dont il s'agit, ou soutenir que ce dernier avait été volé. Le débat portant sur une question déterminée [1], les surprises

1. Le débat portait, en réalité, sur deux points : 1º dans l'interdit *uti possidetis*, lequel des deux possédait, dans l'interdit *utrubi*, lequel des deux avait possédé, plus longtemps que l'autre pendant la dernière année écoulée ? 2º la possession de l'un des deux plaideurs était-elle entachée, vis-à-vis de l'autre, des vices de violence, de clandestinité ou de précarité ? Celui qui triomphait sur ces deux terrains gagnait la victoire ; il avait plus de titres que son adversaire à garder la chose. Deux observations méritent du reste d'être faites. D'une part, les règles spéciales à l'interdit *utrubi* s'expliquent par la différence entre les meubles, spécialement les esclaves et les animaux domestiques, et les immeubles. La possession d'un esclave fugitif ou d'un animal domestique à un moment déterminé, pèse légitimement, dans la balance, d'un moindre poids que la possession d'un immeuble, cette dernière s'acquérant et se perdant plus difficilement. D'autre part, la clause *nec vi nec clam nec precario ab adversario* figurait toujours, à notre avis, dans la formule et elle y figura dès l'origine. M. Klein, *Sachbesitz und Ersitzung*, p. 90, trouve, à la vérité, la preuve de sa moindre ancienneté dans l'étude de la rédaction ancienne de la formule, telle que l'a conservée Fes-

seront moins à craindre, la preuve deviendra plus facile.

Lorsque les récupérateurs auront prononcé leur sentence, la *legis actio sacramenti in rem* peut, à la vérité, être entamée par celui qui a perdu le premier procès ; car, en apparence, ce dernier ne portait pas sur l'existence de la propriété. Néanmoins, comme le plaideur a déjà été battu, il court à un nouvel échec ; la première défaite constitue contre lui un grave préjugé, puisqu'il avait accepté le pari. Peut-être même, ne trouvera-t-il pas de *praedes* consentant à s'associer à un acte déloyal.

III. — Sans me dissimuler la hardiesse de cette conjecture, je crois qu'on peut l'appuyer, d'une part, sur l'ensemble des sources romaines relatives à la possession, d'autre part, sur les enseignements de l'histoire générale du droit.

Ihering a d'abord démontré d'une façon irréfutable, semble-t-il, l'étroite connexité qui unissait, chez les Romains, la possession et la propriété. La possession constituait un poste avancé de la propriété ; ce fut en faveur du propriétaire que se développa la théorie de la possession, bien que, par la force même des choses, elle lui nuisit quelquefois.

Encore à l'époque classique, les mêmes choses pouvaient être possédées et l'objet d'une propriété privée, tandis qu'aux *res extra commercium* ne s'appliquait pas la théorie de la possession. La qualité de possesseur appartenait légitimement au propriétaire, même s'il s'agissait d'un fou [1], d'un *infans* [2], d'une personne morale [3], tandis que les

---

tus, V° *Possessio*. La construction grammaticale de cette formule démontrerait, que la clause relative aux vices y fut introduite, après coup, et d'une façon un peu maladroite. Comp. Bekker, *Besitz*, p. 96, 103, 119, 140. Bornons-nous à répondre à M. Klein, qu'au VI° siècle de l'ère romaine il était question des vices de la possession ; un passage de Térence, cité plus haut, ne laisse aucun doute à cet égard.

1. L. 44, § 6, D. *de usucap.*, XLI, 3 (Marcien, *lib.* 23 *Quaest.*).
2. L. 32, § 2, D. *de adq. poss.*, XLI, 2 (Paul, *lib.* 15 *ad Sab.*).
3. L. 2, D. *de adq. poss.*, XLI, 2 (Ulp., *lib.* 70 *ad Ed.*).

esclaves et les fils de famille étaient incapables de posséder [1].

M. Bruns [2], qui a soumis la doctrine d'Ihering à un examen particulièrement approfondi, lui adresse, à la vérité, plusieurs objections.

La L. 1, § 2, D. *Uti possid.*, XLIII, 17 (Ulpien, *lib.* 69 *ad Ed.*) s'exprime de la façon suivante :

« *Hujus autem interdicti proponendi causa haec fuit quod* SEPARATA ESSE DEBET POSSESSIO A PROPRIETATE. FIERI ENIM POTEST, UT ALTER POSSESSOR SIT, DOMINUS NON SIT : ALTER DOMINUS QUIDEM SIT, POSSESSOR VERO NON SIT : FIERI POTEST UT ET POSSESSOR IDEM ET DOMINUS SIT ».

Paul (*lib.* 65 *ad Ed.*), L. 2, D. *Uti possid.*, dit également :

« JUSTA *enim an* INJUSTA POSSESSIO SIT, *in hoc interdicto* NIHIL REFERT, QUALISCUNQUE ENIM POSSESSOR HOC IPSO, QUOD POSSIDET, PLUS JURIS HABET QUAM ILLE QUI NON POSSIDET. »

Ces textes démontrent, dit M. Bruns, que le droit romain ne protégeait pas le propriétaire, en qualité de possesseur, mais le possesseur comme tel.

Nous ne voyons, au contraire, dans les passages cités, qu'un exposé de doctrine, postérieur de plusieurs siècles à l'origine des interdits ; les jurisconsultes classiques ont dégagé la notion théorique de la possession, lorsque la pratique connaissait, depuis longtemps, nos moyens de procédure ; ce n'est pas une raison pour nier les liens très étroits, qui unissaient, chez les Romains, la propriété et la possession.

M. Bruns réfute du reste plusieurs des arguments développés par Ihering à l'appui de sa thèse, arguments dont, pour ce motif, il convient de faire abstraction.

D'autre part, comme nous essaierons de le démontrer, le système d'Ihering sur l'origine de nos interdits doit être rejeté. Ceux-ci ne se rattachaient pas, par les liens de la filiation historique, à la *datio vindiciarum* ; ils ne furent

---

1. L. 49, § 1, D. *de adq. poss.*, XLI, 2 (Papin., *lib.* 2 *Definit.*).
2. *Besitzklagen*, p. 7 et suiv.

pas imaginés afin de déterminer les rôles des parties dans l'action en revendication. Tout en reconnaissant leurs rapports avec la *legis actio sacramenti in rem*, ne résoudrait-on pas la difficulté en disant que leur fonction primitive consista non à préparer cette dernière, mais à la remplacer [1] ? On avouera que notre conjecture expliquerait, à merveille, la frappante analogie entre la *legis actio sacramenti in rem* et la procédure des interdits *uti possidetis* et *utrubi*.

Enfin, l'interdit *utrubi* éveille, d'une façon particulièrement vive, l'idée de la revendication [2] ; comme cette dernière il pouvait être intenté contre un détenteur quelconque ; seulement, pour triompher, il suffisait au demandeur de prouver, qu'il avait possédé plus longtemps que son adversaire pendant l'année expirant le jour de la délivrance de l'interdit ; il fallait, en outre, qu'il l'emportât dans la lutte engagée sur le point de savoir, si la possession de l'un était entachée, vis-à-vis de l'autre, de l'un des vices de violence, de clandestinité ou de précarité, *nec vi nec clam nec precario ab adversario*.

A propos de la loi Cincia, le paragraphe 293 des *Fr. Vat.* s'exprime de la façon suivante :

« *Rerum autem mobilium sive moventium, si excepti non fuistis, quae mancipi sunt usu capta vel mancipata, post vel antea* MAJORE TEMPORE A VOBIS ANNI POSSESSA, AVOCARI NON POSSUNT ; *nec mancipi vero traditione facta propter*

---

1. Voy. plus haut notre § 3.
2. M. Bruns, *Besitzklagen*, p. 172, dont les idées diffèrent cependant profondément des nôtres, relativement à l'origine de nos interdits, reconnaît l'exactitude de cette conception ; « *eine absolute Vindicati aus dem relativen längeren Besitze* », dit-il, à propos de l'interdit *utrubi*, « une revendication qui peut être dirigée contre tout détenteur et qui a sa source dans une possession plus longue que celle de l'adversaire ». M. Dernburg, *Entwicklung und Begriff des juristischen Besitzes*, p. 56, trouve la formule de Bruns excellente et il ajoute « c'est une revendication dans le sens de l'ancien droit avec son caractère double, avec sa confusion des éléments pétitoires et des éléments possessoires ». Relativement au caractère double de la revendication primitive, nous aurions du reste à faire des réserves.

ejusdem interdicti potestatem similis probatio necessaria est ».

IV. — Si des phénomènes, analogues à celui dont nous supposons l'existence, se produisirent dans d'autres pays, notre hypothèse acquerra plus de force, même pour le droit romain.

Or, à Athènes, le prétendu propriétaire d'un bien, au lieu d'intenter immédiatement l'action en revendication, ουσιας δίκη, commençait par se servir d'une action, ayant pour objet la restitution des fruits du fonds de terre ou de la maison, δίκη καρποῦ ou ἐνοικίου [1]. Cette méthode présentait l'avantage de diminuer les frais de justice, qui étaient proportionnels à la valeur du litige. Comme néanmoins les parties plaidaient, en réalité, sur la question de propriété, le demandeur, qui avait succombé dans le premier procès, échouait encore, s'il voulait plus tard recourir à l'ουσιας δίκη. « Ainsi comprises les actions καρποῦ et ἐνοικίου [2] jouaient dans la procédure athénienne, dit M. Dareste, un rôle analogue à celui de nos actions possessoires ». L'analogie entre la coutume athénienne et la pratique moderne nous paraît, au contraire, tout extérieure : aujourd'hui, en effet, après avoir agi sans succès au possessoire, le demandeur agit au pétitoire, sans que son premier échec constitue contre lui aucun préjugé.

Comparant maintenant la législation athénienne au droit romain, tel que nous le concevons, relevons, dans les deux pays, l'emploi du même expédient. Pour se soustraire à la procédure normale, qui présente des inconvénients, les plaideurs n'abordent pas directement et ouvertement le débat ; ils engagent la lutte, sur un autre terrain,

---

1. R. Dareste, *Revue de législation ancienne et moderne, française et étrangère*, t. 1 (1870), p. 288 et *La science du droit en Grèce, Platon, Aristote, Théophraste*, 1893, p. 311 et 312. Comp. Meier et Schömann, *Der attische Process*, p. 967 et P. Guiraud, *La propriété foncière en Grèce jusqu'à la conquête romaine*, 1893, p. 301.

2. La δίκη καρποῦ se référait aux fonds de terre, la δίκη ἐνοικίου aux maisons.

de telle sorte cependant, que la véritable difficulté soit, en même temps, tranchée par voie de conséquence.

Il convient aussi de constater que l'histoire de la *complainte en cas de saisine et de nouvelleté* reproduisit en France, au moyen âge, l'histoire de nos interdits. « Un procès s'engageait, dit M. Viollet à propos de la complainte, où tout en ne parlant que de possession (saisine) les plaideurs agitaient en réalité une question de propriété. Plus tard, les juges ne statuèrent et ne purent statuer qu'au possessoire [1] ».

Notons enfin que, dans l'ancienne France, l'action possessoire permit aux juges laïques d'empiéter sur le domaine des cours d'églises, en matière bénéficiaire. « Une fois le procès engagé sur le possessoire, les parties seront rivées au juge laïque ; un second procès au pétitoire sera long et coûteux » [2]. A la vérité, les plaideurs pourraient, d'un commun accord, commencer par le pétitoire ; mais, comme Fevret [3] le constatait, cela se faisait rarement, « voire presque point du tout, *idque propter commodum possessionis*, qui se doit demander en cour laie ».

V. — Revenant maintenant au droit romain, nous considérons comme vraisemblable, qu'à une époque difficile à préciser la nécessité de l'accord des parties disparut, le préteur en arriva à délivrer l'interdit, sur l'initiative de l'une d'elles et, l'interdit une fois délivré, à assurer la marche de la procédure par des moyens de contrainte employés contre celui qui refusait son concours. Pendant cette seconde période de l'histoire de nos interdits, ces derniers ne produisaient qu'un résultat provisoire. La question, tranchée au possessoire, pouvait être examinée de nouveau, au pétitoire, sans que de son premier échec,

---

1. *Histoire du droit civil français* (2), 1893, p. 582 et *Les établissements de Saint-Louis*, 1881, t. 1, p. 112 et suiv., t. 2, p. 104 et suiv., Conf. *Etabl.*, l. I, ch. LXIX.

2. Viollet, *Histoire du droit civil français*, p. 579. Comp. Esmein, *Cours élémentaire d'histoire du droit français* (2), 1895, p. 653.

3. *Traité de l'abus*, I, p. 432, cité par Esmein, *op. et loc. cit.*

résultât un préjugé contre celui qui avait succombé. La jurisprudence tira cette conclusion, de la rédaction même de la formule de nos interdits. Ceux-ci apparurent alors, comme des moyens de protection accordés au propriétaire [1], comme des expédients destinés à assurer provisoirement sa sécurité et sa possession paisible de la chose, tant que la *legis actio sacramenti in rem* ne serait pas entamée contre lui par un tiers [2].

Quand cette éventualité se réalisait, le droit commun s'appliquait et, de ce fait qu'une sentence était intervenue antérieurement, à propos d'un interdit possessoire, ne résultait aucune modification à la procédure ; la *datio vindiciarum* s'accomplissait, comme d'habitude et celui qui avait fait reconnaître, au préalable, sa qualité de possesseur ne conservait pas, de plein droit, la garde du bien litigieux pendant les débats ; aucun changement n'était apporté aux règles relatives à la preuve.

Si nos interdits profitaient en principe au propriétaire, ils pouvaient cependant lui nuire ; mais, c'était là une conséquence inévitable du système ; le propriétaire se voyait réduit à se servir de l'action en revendication et à respecter, jusque là, l'état de fait. En résumé, pendant notre seconde période les interdits *uti possidetis* et *utrubi* constituaient une garantie contre des troubles ultérieurs [3], celui

---

1. Comme nous le disons plus haut, les interdits, introduits dans l'intérêt du propriétaire et qui le plus souvent lui profitaient, pouvaient cependant lui nuire.

2. Comparés à l'action en revendication les interdits constituaient pour le propriétaire, qui était en même temps possesseur, des armes d'un maniement plus facile mais d'une moindre efficacité.

3. L. 1, § 4, D. *Uti possid.*, XLIII, 17 (Ulp., *lib.* 69 *ad Ed.*) : « *Est igitur hoc interdictum retinendae possessionis, nam hujus rei causa redditur, ne vis fiat ei qui possidet et consequenter proponitur post interdictum Unde vi ; illud enim restituit vi amissam possessionem, hoc tuetur, ne amittatur possessio : denique praetor possidenti vim fieri vetat; et illud quidem interdictum obpugnat possessorem, hoc tuetur* ». Comp. L. 1, § 6, D. *eod. tit.* L. 1, § 2, D. *de superficiebus*, XLIII, 18. Bruns, *Das Recht des Besitzes im Mittelalter und in der Gegenwart*, 1848, p. 47 et suiv. et *Besitzklagen*, p. 17 et suiv., spécialement p. 21 et suiv.

qui voulait remettre en question la possession de la chose devait se résigner à subir les inconvénients de la *legis actio sacramenti in rem*. L'interdit *unde vi* produisait d'abord le même effet, il procurait, en outre, au demandeur, qui obtenait gain de cause, l'avantage de recouvrer la possession perdue.

VI. — Arrivons, enfin, à une troisième phase de l'évolution du droit romain, relativement à nos interdits. La théorie de la possession finit par réagir sur celle de l'action en revendication. On en arriva à penser, que la possession établie au préalable devait être sauvegardée, non pas seulement jusqu'au moment où l'action en revendication serait intentée mais jusqu'à celui où le demandeur aurait fait sa preuve. La garde de la chose pendant les débats appartint toujours au possesseur, à la condition néanmoins de fournir des sûretés spéciales; par ce trait, le droit romain classique se séparait de notre législation actuelle et se rattachait à ses origines. La charge de la preuve incomba, en outre, exclusivement au demandeur et son adversaire fut autorisé à se tenir strictement sur la défensive ; on n'exigea plus de lui aucune participation à la preuve.

La première réforme ne remonte pas, à notre avis, au delà du plein développement de la procédure formulaire. Tant que la pratique ne connut pas l'*actio in rem per formulam petitoriam*, la possession ne constitua pas un titre à la garde intérimaire de la chose. Dans la *legis actio sacramenti in rem*, le magistrat put à la vérité, au moment de la *datio vindiciarum*, tenir compte, dans une certaine mesure, de ce fait, que l'un des plaideurs avait déjà obtenu gain de cause, à la suite d'un interdit possessoire ; mais d'autres considérations continuèrent, sans doute, à peser dans la balance, la condition sociale plus ou moins élevée des deux adversaires et de leurs *praedes*, leur réputation respective, leur plus ou moins grande solvabilité, les offres faites relativement aux *vindiciae*. Le magistrat se bornait, du reste, à ratifier l'accord des parties, lorsqu'il se produisait[1].

Quant au système des preuves, rien ne s'opposait absolument à ce qu'il se transformât, même avant le vote de la loi Æbutia[2].

§ 5. — Origine des interdits possessoires. Critique des autres doctrines.

Sommaire. — I. En créant nos interdits, le préteur ne voulut ni protéger contre la violence la personne des citoyens ni sauvegarder l'ordre public, en maintenant la paix sociale. — II. Les interdits possessoires ne servirent pas, dès le principe, à déterminer les rôles des parties dans la procédure de l'action en revendication. — III. Les interdits *retinendae possessionis* ne se rattachent pas, au point de vue de leur origine, à la *datio vindiciarum* de la *legis actio sacramenti in rem*. — IV. Il n'y a pas de motif pour adopter une théorie différente, à propos de l'interdit *uti possidetis* et à propos de l'interdit *utrubi*.

I. — Ayant ainsi complètement développé notre conjecture sur l'origine des interdits possessoires, indiquons rapidement les principales théories opposées à la nôtre et les motifs pour lesquels nous les écartons. Nous ne revenons pas sur le système de Savigny, discuté déjà dans ses deux affirmations, à savoir que les interdits *uti possidetis* et *unde vi* s'appliquèrent d'abord aux *agri occupatorii* et que semblables en cela à l'interdit *utrubi* le préteur se proposa, en les créant, de protéger les personnes des citoyens contre la violence[3]. Bornons-nous à ajouter, que la doctrine, d'après laquelle le magistrat voulut sauvegarder l'ordre public et intervint dans un intérêt de police, afin de maintenir la paix entre les citoyens, ne paraît pas plus satisfaisante[4]. On

---

1. V. ch. I, § 4, nos V et VI.
2. V. ch. I, § 8, no IV.
3. Le système de Savigny enseigné encore aujourd'hui relativement à l'interdit *unde vi* paraît abandonné relativement aux interdits *uti possidetis* et *utrubi*.
4. En ce sens, J. E. Kuntze, *Zur Besitzlehre. Für und wider Rudolf von Ihering*, 1890, ch. III, § 15 cité par Jean Appleton, *Essai sur le fondement de la protection possessoire*, p. 25, Ed. Cuq, *Recherches sur la pos-*

ne parviendra pas à expliquer, en partant de cette idée, le paragraphe 170 du C. IV de Gaius, tel que l'établit la dernière recension du manuscrit de Vérone. Si le magistrat voulait maintenir la paix, pourquoi contraignait-il les parties à la troubler? La procédure de l'interdit *uti possidetis* se comprend, si on la considère comme un pur expédient destiné à se soustraire à la coutume et à éviter la *legis actio*; le magistrat intimait un ordre pour qu'il fût violé, parce que cet ordre, au moins pour le moment, ne présentait rien de sérieux et servait seulement de base au pari. Le paragraphe 170 du C. IV de Gaius constitue, au contraire, une énigme indéchiffrable, pour ceux qui voient dans la délivrance de l'interdit un acte administratif[1].

II. — D'après d'autres[2], les interdits possessoires auraient servi, dès l'origine, à préparer l'action en revendication, à déterminer les rôles des parties dans la procédure.

« *Retinendae possessionis causa solet interdictum reddi, cum ab utraque parte de proprietate alicujus rei controversia est et ante quaeritur uter ex litigatoribus possidere et uter petere debeat ; cujus rei gratia comparata sunt uti possidetis et utrubi* ». G. IV, 148.

« *Inter litigatores ergo quotiens est proprietatis controversia, aut convenit inter litigatores uter possessor sit, uter petitor, aut non convenit. Si convenit, absolutum est : ille possessoris commodo, quem convenit possidere ; ille petito-*

---

session, p. 17. « Il était à craindre que les prétendants à la possession ne fussent tentés de se faire justice à eux-mêmes. C'est sans doute en raison de ces circonstances que fut créé l'*Uti possidetis* ». Voy. d'ailleurs, ci-après, l'opinion de notre savant collègue sur l'interdit *utrubi*.

1. Ai-je en outre besoin d'ajouter, que les règles relatives à l'interdit *utrubi* ne peuvent en aucune façon se concilier avec ce système? Singulière mesure de police, que celle qui aboutit à enlever le meuble à celui entre les mains duquel il se trouvait!

2. Ihering, *Fondement des interdits possessoires*, p. 71, P. Krüger, *Krit. Vers.*, p. 78. Cet auteur occupe du reste une place à part, puisqu'il place sous la procédure formulaire la naissance de l'interdit *uti possidetis*. Pflüger, *Die sogenannten Besitzklagen des röm. Rechts.*, 1890, p. 141 et suiv.

ris onere fungetur. Sed si inter ipsos contendatur uter possideat, quia alteruter se magis possidere adfirmat : tunc, si res soli sit, in cujus possessione contenditur, ad hoc interdictum remittentur ». L. 1, § 3, D. Uti possidetis, XLIII, 17 (Ulpien, *lib.* 69 *ad Ed.*).

Dans le même sens, L. 35, D. *de adq. possess.*, XLI, 2 (Ulpien, *lib.* 5 *de omnib. Tribun.*), L. 3, C. *de interd.*, VIII, 1 (Dioclet. et Maxim.), L. 13, C. *de rei vindic.*, III, 32 (mêmes empereurs, a. 293) et enfin, § 4, I. *de interd.*, IV, 15, avec la paraphrase de Théophile [1].

Cette argumentation ne paraît pas décisive. Que l'on compare aux deux constitutions de Dioclétien et de Maximien citées plus haut [2] un texte du premier siècle de l'ère chrétienne, Frontinus, *lib.* II, *de controversiis agrorum* (Lachmann, *Gromatici veteres*, p. 44, 1. 4 et suiv.) et l'on verra, dans quel sens se développa la jurisprudence, au point de vue qui nous occupe. Tandis qu'à la fin du troisième siècle l'interdit possessoire paraît le préliminaire normal et

---

1. Ihering applique cette doctrine non seulement aux interdits *uti possidetis* et *utrubi* mais encore à l'interdit *unde vi*. M. Jean Appleton, *Essai sur le fondement de la protection possessoire*, p. 56, lui en fait un reproche, en objectant, que les textes cités visent exclusivement les interdits *retinendae possessionis* ; mais c'est à tort, selon nous. La l. 24, D. *de rei vind.*, VI, 1 (Gaius, *lib.* 7 *ad Ed. prov.*) concerne aussi bien l'interdit *unde vi* que les interdits *retinendae possessionis* : « *Is qui destinavit rem petere, animadvertere debet, an aliquo interdicto possit nancisci possessionem* ».

2. C'est également au Bas Empire, que se réfèrent les textes relevés par Ihering et qui appellent l'action en revendication *causa principalis*, *negotium principale* par opposition aux interdits possessoires. L. 1, C. Th. *unde vi*, IV, 22. L. 3, C. Th. *ad Leg. Jul. de vi*, IX, 10. Il en est de même de la L. 3. C. Th. *de judic.*, II, 18 (L. 10, C. Just. *de jud.*, III, 1), qui ordonne de plaider au possessoire et au pétitoire devant le même juge et qui semble supposer l'unité des deux débats. Il ne faut pas oublier, du reste, que, au moment où l'une des parties intente l'interdit possessoire, la procédure de l'action en revendication n'est pas encore entamée ; peut-être ne le sera-t-elle jamais. Si, plus tard, les deux adversaires plaident sur la question de propriété, on peut *rétrospectivement* considérer les deux instances comme constituant un tout ; mais de là ne résulte pas, que l'interdit possessoire ne doive pas être considéré comme une procédure indépendante ni surtout, qu'au point de vue de son origine historique on puisse y voir un simple incident de l'action en revendication.

habituel de l'action en revendication, voici comment s'exprime Frontinus :

« *De loco si possessio petenti firma est, etiam interdicere licet, dum cetera ex interdicto diligenter peragantur : magna enim alea est litem ad interdictum deducere cujus est executio perplexissima. Si vero possessio minus firma est, mutata formula, jure Quiritium peti debet proprietas loci* ».

Du temps de Frontinus[1], l'interdit *uti possidetis* précédait donc quelquefois et préparait l'action en revendication ; mais le langage de l'*agrimensor* montre, qu'avant de prendre la résolution de recourir à l'interdit, il convenait de réfléchir mûrement, bien loin que ce fût là l'usage courant.

A quoi du reste aurait servi l'interdit *uti possidetis* ou l'interdit *utrubi*, au moment où la pratique les imagina, si les parties étaient déjà décidées à entamer la *legis actio sacramenti in rem*? La possession intérimaire n'appartenait pas, de plein droit, à celui qui avait triomphé sur l'interdit ; rien n'empêchait le magistrat d'attribuer la garde de la chose à son adversaire. D'autre part, si, comme l'enseignent les auteurs dont nous combattons la doctrine, le défendeur devait lui aussi établir son droit, la qualité de défendeur ne méritait pas, que pour l'obtenir, une procédure spéciale fût commencée.

A l'époque relativement lointaine, à laquelle remonte la naissance de nos interdits, on ne conçoit guère, au surplus, une instance préparatoire, destinée à déterminer qui sera demandeur, qui sera défendeur dans un procès. Le tempérament des plaideurs ne s'accommodait pas de ces lenteurs. Celui, qui voulait faire reconnaître en justice son droit de propriété méconnu par un tiers, prenait la responsabilité de l'attaque[2].

---

1. M. Cuq, p. 15, va donc un peu trop loin, quand il dit « qu'il n'y a pas trace dans les textes antérieurs à Gaius de l'application de l'*Uti possidetis* signalée dans ses commentaires ».

2. M. Bruns, *Die Besitzklagen*, p. 24 et M. Cuq, *Recherches sur la pos-*

Enfin, même à l'époque classique, il ne suffisait pas de triompher sur l'interdit possessoire pour garder la possession pendant les débats de l'action en revendication et jouer le rôle du défendeur, le préteur exigeait en outre la *cautio pro praede litis et vindiciarum* ou *la cautio judicatum solvi*. L'interdit *retinendae possessionis* ne constituait donc pas un incident du procès relatif à la propriété [1].

III. — Arrivons en troisième lieu aux systèmes qui rattachent l'origine des interdits *retinendae possessionis* à la *datio vindiciarum* de la *legis actio sacramenti in rem*. Parmi les partisans de cette doctrine plusieurs, nous le savons, enseignent, que le magistrat attribuait les *vindiciae* au possesseur et que l'égalité était rompue, relativement à la charge de la preuve, au profit de celui qui avait la garde de la chose pendant les débats. Les interdits *retinendae possessionis*, à partir du moment où la pratique les imagina, servirent donc, suivant ces auteurs, à préparer la *datio vindiciarum*.

Après avoir combattu les deux propositions, sur lesquelles repose cette doctrine, nous n'avons pas à la soumettre à un examen plus approfondi.

Ihering, tout en rejetant, lui aussi, ces deux propositions, assigne à la *datio vindiciarum* et à nos interdits ce caractère commun de « régler provisoirement le rapport possessoire pendant le procès sur la propriété ». Les der-

---

session, p. 16, argumentent d'une autre façon. Dans la *causa liberalis*, les rôles varient, suivant que l'homme, sur l'état duquel on plaide, jouit ou non, en fait, de la qualité d'homme libre (L. 7, § 5, D. *de lib. causa*, XI, 42). A notre époque, dit-on, le magistrat tranchait lui-même cette question préjudicielle, il eût agi de même dans notre hypothèse, s'il s'agissait seulement de décider qui sera demandeur et qui défendeur. Pensant que dans la *causa liberalis* il n'y avait pas lieu, pendant notre période historique, à l'examen de la question préjudicielle, dont il s'agit, nous ne saurions nous approprier ce raisonnement.

1. M. Bruns, *Besitzklagen*, p. 25 et 26 et M. Cuq, *Recherches sur la possession*, p. 16, ajoutent, que si l'interdit avait été un simple incident de l'action en revendication sa formule nous l'apprendrait sans doute. Je préfère ne pas me servir de cet argument.

niers moyens de procédure remplirent la fonction, que remplissait auparavant le décret du magistrat et c'était là le lien qui les rattachait à la *legis actio sacramenti in rem*.

Ce lien, s'il existait, ne saurait être considéré comme fort étroit. Signalons, en outre, une différence profonde entre l'effet de la *datio vindiciarum* et celui des interdits possessoires. Les interdits possessoires maintiennent le vainqueur en possession, d'abord jusqu'au moment où la *legis actio* sera entamée, plus tard jusqu'à son échec au pétitoire. Si son adversaire renonce à l'action en revendication, la situation reste la même et cela d'une façon indéfinie. Au contraire, dans cette hypothèse les *praedes litis et vindiciarum* cesseraient de plein droit d'être tenus. Le possesseur intérimaire resterait possesseur puisque personne ne contesterait plus son droit ; mais son titre serait changé ; il ne posséderait plus la chose en qualité de séquestre, de gardien pendant les débats. En d'autres termes, la possession, telle que la sanctionnent nos interdits, ne doit pas être confondue avec la possession résultant de la *datio vindiciarum*, puisque cette dernière existe seulement pour un certain temps et s'accorde moyennant certaines garanties.

Cette remarque conduit de même à rejeter la conjecture de M. Klein[1], d'après lequel les interdits *uti possidetis* et *utrubi* commencèrent par protéger celui, auquel le magistrat avait concédé les *vindiciae*. La sanction ne correspondrait pas à la situation, qu'il s'agissait de maintenir ; la formule de l'interdit intimerait une défense, pour une durée indéfinie, alors que les *vindiciae* disparaissaient à la fin du procès. M. Klein répète en vain après M. Bekker[2], que le préteur devait, de toute nécessité, protéger celui auquel il confiait la garde de la chose. La pratique imaginait un nouveau moyen de procédure, seulement dans le cas où

---

1. *Sachbesitz und Ersitzung*, p. 91 et 92.
2. *Besitz*, p. 360.

un besoin réel s'en faisait sentir ; or ici, comme le décret du magistrat supprime toute incertitude, nul ne songera à inquiéter ou à déposséder le plaideur ; celui-ci et ses *praedes* répondraient à la violence par la violence, sans avoir rien à craindre.

IV. — Terminons enfin en notant, que plusieurs auteurs frappés des caractères particuliers de l'interdit *utrubi* lui assignent une origine différente de celle de l'interdit *uti possidetis*.

Pour M. Dernburg[1], les deux moyens de procédure eurent l'un et l'autre, pour primitive raison d'être, de remplacer la revendication, lorsque celle-ci ne pouvait pas réussir par suite de l'application des règles du droit civil ; seulement, tandis que le premier protégeait la possession des *agri occupatorii*, le second fut probablement imaginé, afin de permettre aux pérégrins d'intenter à Rome une espèce de revendication mobilière.

M. Kappeyne van de Coppello[2] estime que l'interdit *utrubi* tenait la place de la revendication mobilière inconnue de l'ancien droit romain.

Selon M. Cuq[3] : « l'*Utrubi* eut pour fonction première de régler la situation des esclaves[4], dont le maître était incertain. On ne voulait pas dépouiller celui qui dans la dernière année avait gardé chez lui l'esclave plus longtemps

---

1. *Op. cit.*, p. 57.
2. *Abhandlungen*, p. 164.
3. *Recherches sur la possession*, p. 21.
4. M. Cuq pense du reste que, pendant longtemps, l'interdit *utrubi* s'appliquait exclusivement aux esclaves ; c'était, dit-il, un interdit *de servo ducendo*. Il se fonde sur la formule que nous ont conservée Gaius, IV, 160 et Ulpien (*lib.* 72 *ad Ed.*) L. 1, pr. D. *Utrubi*, XLIII, 31. « *Utrubi hic homo...* » Je ne nie pas, que notre moyen de procédure eut une importance spéciale relativement aux esclaves ni même que l'existence de l'esclavage exerça une influence réelle sur sa réglementation. Que son domaine fût aussi restreint, cela ne paraît, au contraire, ni démontré, ni vraisemblable. La rédaction de l'*Edictum perpetuum* de Salvius Julianus ne prouve rien ; il y a là seulement un modèle, que le magistrat modifiait suivant les circonstances. Il serait étrange, en outre, que les animaux domestiques n'eussent pas été, dès le principe, assimilés aux esclaves.

que l'adversaire. Celui-ci, sans doute, pouvait demander à prouver qu'il était propriétaire de l'esclave, mais, aux époques troublées, la preuve devait être souvent difficile. L'*Utrubi* était également fort utile pour reprendre les esclaves fugitifs..... » Le même auteur fait observer que le tit. 33 du L. XLIII du Dig., *Utrubi*, ne suit pas le tit. 17, *Uti possidetis* et se trouve au milieu de titres consacrés à des interdits tels que les interdits *de liberis exhibendis*, *de liberis ducendis*, *de migrando*.

Enfin Ihering [1] attribue à l'interdit *utrubi* cette fonction particulière de permettre à celui qui l'avait obtenu d'opérer une perquisition dans la maison où se trouvait, croyait-il, son esclave fugitif. Il se fonde sur le terme « *ducere* », qui figurait dans la formule.

Rien dans les textes ne justifie, croyons-nous, cette situation toute spéciale, que l'on veut attribuer à l'interdit *utrubi*. Comme l'interdit *uti possidetis*, c'est un interdit *retinendae possessionis* et un interdit prohibitoire. Si la possession actuelle a moins d'importance, en ce qui le concerne, si, par suite, les termes du pari sont quelque peu modifiés, cela s'explique fort aisément et il convient de ne pas tirer de ce fait des conséquences exagérées.

Après cette observation générale, ajoutons seulement quelques mots, à propos de chacune des théories énoncées.

La procédure des interdits ne fait nullement songer à une institution destinée aux pérégrins. Bien au contraire, les paroles solennelles de la « *sponsio* » ne pouvaient, à l'origine, être prononcées que par des citoyens.

Si l'ancien droit romain connaissait la revendication des meubles, comme j'ai essayé de l'établir, la conjecture de

---

1. *Du rôle de la volonté dans la possession*, p. 109, 148 et 149. « Celui qui se présentait ayant à la main l'autorisation prétorienne de *ducere* l'esclave et qui par surcroît de précautions amenait encore avec lui des témoins qui reconnaissaient le fugitif et pouvaient attester son séjour antérieur dans sa maison, voyait s'ouvrir toutes les portes et l'on n'aurait pu conseiller à personne de les fermer. Celui qui avait obtenu l'interdit le matin pouvait dès le soir avoir l'esclave sous la main ».

M. Kappeyne van de Coppello tombe, par cela même.

Sans se confondre avec le nôtre, le système de M. Cuq s'en rapproche sensiblement ; mais pourquoi en restreindre la portée à l'interdit *utrubi* ?

Quant à la conjecture d'Ihering, nous la rejetons elle aussi. Pour obtenir la délivrance de l'interdit, il fallait, au préalable, conduire au Forum, *in jure*, l'esclave ou l'animal, y porter le meuble « *Utrubi* HIC *homo...* ». En présence du magistrat, les parties désobéissaient à l'ordre qu'elles venaient de recevoir et chacune d'elles empêchant l'autre d'emmener l'esclave, *vim facere*, elles permettaient à la procédure par le pari de se dérouler. Ihering confond donc, à notre avis, les époques. Avant d'intenter l'interdit, il fallait procéder à une confrontation avec l'esclave, à un examen minutieux du meuble ou de la marque de l'animal, mais il ne s'agissait plus de cela, au moment de la comparution devant le préteur. Comme, d'ailleurs, le recours à l'interdit supposait, dans notre doctrine, l'accord des plaideurs, ces préliminaires s'accomplissaient sans difficultés ; si cet accord ne se produisait pas, il n'y avait plus d'autre ressource que la *legis actio sacramenti in rem*, à propos de laquelle il suffit de renvoyer aux développements antérieurs. Ajoutons, que concevoir l'interdit *utrubi* comme une sorte d'ordre de police impersonnel, dont le porteur voyait s'ouvrir devant lui toutes les portes, paraît une méprise certaine. L'interdit supposait une lutte entre deux particuliers déterminés, qui se tenaient devant le magistrat, *in jure*, lorsque ce dernier prononçait la formule (*interdicto* CUM ALIQUO *contendere*).

§ 6. — De la procédure par le pari, dans la théorie des interdits possessoires.

Sommaire. — I. Caractères particuliers, que présente la procédure par le pari, dans son application aux interdits *retinendae possessionis*. — II. Interdit *uti possidetis*. Le pari portant sur le point de savoir si l'ordre du préteur a été violé, les plaideurs accomplissent, sur l'immeuble, en présence de témoins, un acte de procédure, qui constitue, de la part de chacun d'eux, une violation formelle de cet ordre ; il ne restera plus aux récupérateurs ou au *judex* qu'à trancher la véritable difficulté. Examen critique des textes. — III. Pour désigner cet acte de procédure, la seule expression qui convienne est *vis ex interdicto* et non pas *vis ex conventu*. — IV. Réponse aux objections. — V. Examen des autres doctrines. La *vis ex interdicto* ne s'accomplit pas immédiatement, *in jure*. — VI. Ce n'est pas une formalité analogue à la *manuum consertio*. — VII. La violence fictive à laquelle se livrent les parties n'a pas pour but de manifester leur volonté de maintenir leurs prétentions. — VIII. Le « *vim facere* » ne consiste pas dans une désobéissance réelle à l'ordre du magistrat : c'est un acte de procédure. — IX. Interdit *utrubi*. La conception est la même ; seulement la violation respective de la possession de l'autre par chacun des plaideurs s'accomplit devant le tribunal, après la délivrance de l'interdit.

I. — Tandis que le pari servant de base à la procédure de l'interdit *unde vi* ne mérite pas une attention spéciale, indiquons les caractères particuliers, que présente la procédure par le pari, dans son application aux interdits *uti possidetis* et *utrubi*.

On le sait, ces deux derniers figurent parmi les interdits doubles. Dans la *legis actio sacramenti in rem*, qui servait de modèle, chacun des deux adversaires affirmait son droit de propriété ; de même ici, chacun d'eux affirma sa possession. Il s'agissait donc de vérifier deux faits distincts, l'existence de la possession de l'un, l'existence de la possession de l'autre ; on trouva naturel, que chacun soutînt son dire par un pari séparé.

De la rédaction même des interdits *uti possidetis* et *utrubi* résultait, en outre, qu'avant de parier, il fallait que les deux plaideurs violassent ouvertement la défense, à eux adressée par le magistrat. « Uti eas aedes, quibus

DE AGITUR, NEC VI NEC CLAM NEC PRECARIO ALTER AB ALTERO POSSIDETIS, QUOMINUS ITA POSSIDEATIS VIM FIERI VETO ». L'ordre intimé est un ordre conditionnel ; il s'adresse seulement à celui qui ne possède pas. Si les adversaires y contreviennent l'un et l'autre, le juge, en déclarant qui a désobéi, décidera, par cela même, qui possédait au moment de la délivrance de l'interdit. La procédure tout entière est un expédient destiné à éviter le recours à la *legis actio* ; il importe de ne pas l'oublier.

II. — S'agit-il de l'interdit *uti possidetis*, les parties se rendront sur les lieux, à un jour convenu, accompagnées de témoins et, là, chacune d'elles, à son tour, troublera la possession de l'autre, se livrant ainsi à une violence, qui constitue un acte de procédure mais qui diffère, néanmoins, de la *manuum consertio* de la *legis actio* ; elle ne présente, en effet, aucun caractère formaliste et sert seulement à préciser la portée des paris à conclure ; elle ne s'accomplit pas, en outre, en présence du magistrat.

« *Sed quia nonnulli interdicto reddito cetera ex interdicto facere nolebant atque ob id non poterat res expediri, praetor in eam rem prospexit et comparavit interdicta quae secundaria appellamus quod secundo loco redduntur. Quorum vis et potestas haec est, ut qui cetera ex interdicto non faciat, veluti qui* VIM NON FACIAT *aut fructus non liceatur aut qui fructus licitationis satis non det aut si sponsiones non faciat, sponsionumve judicia non accipiat, sive possideat, restituat adversario possessionem, sive non possideat, vim illi possidenti ne faciat* ». Gaius, IV, 170.

« *Nisi forte hoc rationis habuit, quoniam si* VIS FACTA ESSET MORIBUS, *superior in possessione retinenda non fuisset, quia contra jus moremque facta sit, A. Caecinam cum amicis metu perterritum profugisse ; nunc quoque in judicio si causa more institutoque omnium defendatur, nos inferiores in agendo non futuros; sin a consuetudine recedatur, se, quo impudentius egerit, hoc superiorem discessurum* ». Cic., *Pro Caecina*, I, 2.

« *At vero hoc quidem jam vetus est et majorum exemplo multis in rebus usitatum, cum* AD VIM FACIENDAM *veniretur, si quos armatos quamvis procul conspexissent, ut statim testificati discederent, cum optime sponsionem facere possent,* NI ADVERSUS EDICTUM PRAETORIS VIS FACTA ESSET ». Cic., *Pro Caecina*, XVI, 45.

« *Tantum metuo, ne artificium tuum tibi parum prosit. Nam, ut audio, istic* :
Non ex jure manum consertum sed magis ferro
Rem repetunt...
Et tu soles AD VIM FACIUNDAM *adhiberi neque est, quod illam exceptionem in interdicto pertimescas* : QUOD TU PRIOR VI HOMINIBUS ARMATIS NON VENERIS. *Scio enim te non esse procacem in lacessendo...* »

Lettre de Cicéron au jurisconsulte Trebatius, *ad famil.*, VII, 13.

Ces textes se répartissent en trois groupes ; dans le premier figure le paragraphe 170 du C. IV de Gaius, tel que l'a lu M. Studemund, lors de la recension du manuscrit de Vérone ; c'est le passage fondamental, puisqu'il se propose directement de décrire la procédure de l'interdit *uti possidetis* ; éclairé lui-même par le *Pro Caecina*, XVI, 45, il aide de son côté à comprendre le langage de l'orateur romain. Le paragraphe 170 se concilie avec notre interprétation, puisque Gaius énumère sans doute, dans leur ordre de succession, les différentes formalités et que la *vis* apparaît, après la délivrance de l'interdit mais avant les paris.

Le *Pro Caecina*, auquel nous arrivons, en second lieu, fut prononcé à propos d'un interdit *unde vi*, justifié par ce fait, qu'un certain Aebutius avait, à main armée, empêché Caecina de pénétrer sur un immeuble litigieux, alors que ce dernier se proposait d'accomplir la *deductio quae moribus fit*, préliminaire de l'*actio in rem per sponsionem*. Parlant de la violence réelle et coupable d'Aebutius, Cicéron fait deux fois allusion à la violence procédurale de l'interdit *uti possidetis* et cela dans l'intérêt de sa discussion, bien que Caecina n'eût nullement commencé, à notre avis, par intenter un interdit *uti possidetis*. Dans le premier passage, Cicéron se livre simplement à un mouvement oratoire. Si Aebutius, dit-il, avait recouru à la violence licite [1] de l'interdit *uti possidetis*, il eût échoué, car Caecina était possesseur ; triomphera-t-il, parce qu'il s'est permis des actes de pure brutalité, des actes contraires au droit et à tous les usages ?

Dans le chapitre XVI, l'orateur argumente d'une façon plus serrée. Aebutius objectait, qu'il n'avait pas expulsé Caecina par la violence, *dejectus*, qu'il l'avait seulement empêché d'entrer et, que, par suite, il ne tombait pas sous le coup de l'interdit *unde vi*. Pour répondre à ce moyen, l'avocat du demandeur raisonne par analogie de ce qui se passait, à l'occasion de l'interdit *uti possidetis*. Quand l'une des parties accompagnée de ses témoins se rendait sur l'immeuble, afin de jouer son rôle dans la violation de ce dernier interdit, *ad vim faciundam*, elle pouvait se retirer, quand de loin, elle voyait le fonds occupé par des hommes armés ; la violence était considérée comme accomplie. On voit l'argument, que Cicéron tire de ce fait à l'appui de la thèse ; mais, il importe de relever le motif assigné par lui à cet incident de la procédure de l'interdit *uti possidetis*.

Les actes accomplis tendaient, dit-il, à permettre de conclure les paris : « *cum optime sponsionem facere possent*, NI ADVERSUS EDICTUM PRAETORIS VIS FACTA ESSET ». Que veut-on de plus net ? Ce passage indique clairement la portée et le caractère du « *vim facere* » : il montre, en outre, que l'opération ne présentait rien de formaliste ; les paris, au contraire, supposaient des stipulations, l'échange de *verba solemnia* ; seulement, la jurisprudence estima que, dans l'hypothèse prévue, ces *verba solemnia* s'appliquaient.

---

[1]. « *Si facta vis esset moribus* » si la violence avait eu lieu, conformément à l'usage.

Pour terminer l'examen critique des textes [1], analysons la lettre à Trebatius. Cicéron raille son ami, qui se trouvait à l'armée de César, sur le contraste entre sa profession de jurisconsulte et la vie qu'il mène. La plaisanterie consiste à opposer la guerre aux violences, dont il peut être question dans les procès. La « vis » de l'interdit *uti possidetis* s'éloigne, autant que possible, des combats sérieux ; dans l'interdit *unde vi*, un acte de violence aura été commis par le défendeur et même un acte de violence à main armée, s'il s'agit de l'interdit de *vi armata* ; c'est le seul cas, dans lequel le jurisconsulte s'occupera des armes et encore, connaissant l'honorabilité professionnelle de son correspondant, Cicéron continue la raillerie et lui dit, qu'il n'est même pas accoutumé à voir opposer à son client par le défendeur à l'interdit *unde vi* l'exception « QUOD TU PRIOR VI HOMINIBUS ARMATIS NON VENERIS ». Trebatius ne prêterait pas son ministère à un demandeur, auquel on pourrait reprocher une violence à main armée [2].

---

1. Un autre passage du *Pro Caecina*, XI, 33, se réfère encore à la « vis » de l'interdit *uti possidetis* : « *convocari homines propter possessionis controversiam non oportet, armari multitudinem juris retinendi causa non convenit.* » Tandis que la première partie de la phrase se rapporte à la violation de l'interdit *uti possidetis* accomplie, en vue d'assurer la marche ultérieure de la procédure, l'orateur songe dans la seconde à la *deductio quae moribus fit* ; il oppose la contestation relative à la propriété à la *controversio possessionis* à propos de laquelle il eût hésité à se servir de mots comme « *juris retinendi causa* ». Il met de plus, en contraste, la troupe nombreuse de gens armés, dont s'était entouré Aebutius, avec les quelques témoins d'humeur paisible, qui accompagnaient les plaideurs sur l'immeuble, soit dans la procédure de l'interdit *uti possidetis* (*ad vim faciundam*), soit dans celle de l'*actio in rem per sponsionem, deductio quae moribus fit*. C'est à ces témoins, *testificati, advocati*, que font allusion les deux passages suivants. Cic., *de off.*, 1, 10, 32 : « *Si constitueris cuipiam te advocatum* IN REM PRAESENTEM ESSE VENTURUM, *atque interim graviter aegrotare filius coeperit, non sit contra officium, non facere quod dixeris...* », Seneca, *de benef.*, IV, 35, 2 : *Promissi advocationem...* IN REM PRAESENTEM VENTURUS FUI, *sed aeger filius et puerpera uxor tenet* ».

2. Les commissaires de Justinien ont laissé subsister, au Digeste, une allusion au « *vim facere* » des interdits *retinendae possessionis*. Ulp., *lib*.6 *ad Ed.*, L. 32, D. *de poenis*, XLVIII, 19 « *si praeses vel judex ita interoculus sit* « *vim fecisti* », SI QUIDEM EX INTERDICTO, *non erit notatus nec*

III. — Pour terminer, rejetons l'expression « *vis ex conventu* », dont se servent plusieurs auteurs. Le passage du *Pro Caecina* [1], dans lequel figurent ces mots, se réfère, selon nous, à la *deductio quae moribus fit* de l'*actio in rem per sponsionem* et non pas à notre acte de procédure. La *deductio* s'accomplit seulement si les parties s'entendent pour éviter le recours à la *legis actio* et conviennent, que l'une d'entre elles, à laquelle appartiendra la possession intérimaire, expulsera l'autre de l'immeuble, mettant ainsi hors de doute sa qualité de séquestre du bien litigieux pendant les débats et fournissant, en même temps, à son adversaire la *cautio pro praede litis et vindiciarum*. Tandis que celui qui opère la *deductio* le fait parce que son adversaire l'y autorise, les plaideurs sont contraints de réaliser le « *vim facere* », après la délivrance de l'interdit [2]. Peu importe, qu'ils aient convenu d'un jour, pour se rendre sur les lieux ; ils s'y rendent, parce que le magistrat a prononcé son édit et seulement pour ce motif. *Cetera ex interdicto*, disent Frontinus et Gaius, *vis ex interdicto*, ajoute Ulpien dans la loi 32 au Dig., *de poenis* ; cette dernière locution paraît celle qui répond le mieux aux faits.

IV. — Les objections adressées à notre système ne nous touchent pas. Pourquoi, dit-on [3], le magistrat ne posait-il pas directement au juge la question de savoir lequel des

---

poena legis Juliae sequetur... ».M. Mor. Voigt, *Ueber die Leges Juliae judiciorum privatorum und publicorum* (*Abhandl. der phil. hist. Cl. der Königl. Sächs. Gesellsch. der Wissensch.*, t. XIII (1893), n° 5, p. 518, note 162) a eu le mérite de signaler, le premier, ce texte.

1. VIII, 22 : « *Quo loco depulsus Caecina tamen, qua potuit, ad eum fundum profectus est, in quo ex conventu vim fieri oportebat...* ».

2. Les auteurs emploient, d'une façon générale, l'expression « *vis ex conventu* », même quand ils distinguent notre acte de procédure de la *deductio quae moribus fit*. Voyez spécialement Paul Krüger, *Krit. Versuche*, p. 85 et suiv.

3. Kappeyne van de Coppello, *Ueber das vim facere beim interdictum uti possidetis* (*Abhandl.*, p. 121). Exner, *Das imaginäre Gewalt im altrömischen Besitzstörungsverfahren* (*Zeitschr. der Sav. Stift.*, t. VIII, R. A., 1887, p. 170).

deux adversaires possédait l'immeuble, *an uter possideat* ?
Il est difficile d'admettre, qu'au second siècle de l'ère chrétienne le préteur adressât aux parties une défense, dans le seul but de leur permettre d'y contrevenir et d'engager leurs paris. Les Romains, gens pratiques, ne s'astreignaient pas, d'ordinaire, à des formalités vides de sens et inutiles.

Commençons par répondre, qu'il conviendrait de ne pas passer sous silence le *Pro Caec.*, XVI, 45. Cicéron indique clairement la raison d'être du « *vim facere* ». Son témoignage mérite, tout au moins, d'être discuté.

Si le magistrat ne posait pas directement au juge la question litigieuse, c'est qu'il n'avait pas le droit de le faire au moment où fut imaginé l'interdit. Ce qui choque nos adversaires ne les choquerait nullement, s'ils admettaient, que la procédure servît à la pratique d'expédient destiné à éviter le recours à la *legis actio*. Le préteur usait en apparence de ses pouvoirs de police, parce qu'il ne pouvait pas faire autrement. S'étonne-t-on, qu'au temps de Gaius il en fût encore ainsi, que l'on s'étonne également du maintien des interdits possessoires, dont les *praejudicia* auraient pu remplir la fonction, semble-t-il !

V. — Arrivons à la critique des autres conjectures, qui ont été développées, en nous occupant d'abord de celles qui s'éloignent le moins de la nôtre.

Pour M. Paul Krüger[1], comme pour nous, la « *vis ex interdicto* » sert uniquement à permettre aux parties de conclure leurs paris ; pour lui comme pour nous, il s'agit d'un acte de procédure ; mais d'après lui, cet acte de procédure s'accomplit immédiatement *in jure*[2]. La considération qui paraît avoir décidé M. Krüger, résulte des inconvénients pratiques d'un voyage, peut-être assez lointain, accompli dans un but purement procédural. Par malheur, il prêtait ainsi le flanc aux critiques et il a compromis, de cette fa-

---

1. *Krit. Vers.*, p. 84 et suiv. spécialement, p. 87.
2. M. Krüger se prive ainsi de l'argument tiré du *Pro Caec.*, XVI, 45.

çon, le succès de ses idées, profondément justes cependant.

M. Exner avait déjà riposté, en demandant à M. Krüger, si les plaideurs apportaient au Forum une motte de terre, *gleba*, prise sur l'immeuble et en quoi consistait au juste la cérémonie. M. Saleilles objecte de même, que, devant le magistrat, il ne pourrait s'agir que de violences contre la personne et non pas de troubles apportés à la possession, troubles visés par l'interdit.

VI. — Quand M. Dernburg[1] voit dans notre acte de procédure une formalité analogue à la *manuum consertio*, il oublie, d'une part, l'origine prétorienne de l'interdit, d'autre part le ch. XVI, n° 45 du *Pro Caecina*. Ce texte montre qu'il ne s'agissait pas de prononcer des *verba solemnia* et d'accomplir certains rites; voir de loin des hommes armés n'eût pas suffi puisque, par définition même, le formalisme écarte toute idée d'équivalent. Les jurisconsultes pouvaient soutenir, qu'il y avait violence suffisante, dans l'espèce; il leur aurait été interdit d'affirmer l'existence d'un combat fictif, dans le sens de la *legis actio sacramenti in rem*.

VII. — D'après M. Saleilles[2], les plaideurs manifestaient, par la violence fictive à laquelle ils se livraient, leur volonté de maintenir leurs prétentions. Le magistrat ne permettait pas, que les *sponsiones* suivissent immédiatement la délivrance de l'interdit, dans l'espoir que l'un des plaideurs n'oserait pas persister jusqu'au bout dans son attitude et que l'affaire se terminerait pacifiquement par un *interdictum secundarium* reconnaissant, sans débats, à son adversaire la qualité de possesseur[3]. En ac-

---

1. *Entwicklung und Begriff des juristischen Besitzes*, p. 18.
2. *La controversia possessionis et la vis ex conventu*, p. 309 et suiv.
3. Selon M. Saleilles, « l'issue la plus fréquente de l'interdit *Uti possidetis* devait être dans la pratique celle de l'*interdictum secundarium* ». On trouve la même doctrine sous une forme plus adoucie dans Exner, *op. cit.*, p. 188. L'affirmation semble gratuite, exagérée tout au moins. Celui qui,

complissant notre acte de procédure, les parties montraient au préteur, qu'il s'était trompé.

Répondons que, pour atteindre ce but, il eût suffi de retarder les paris jusqu'à l'expiration d'un certain délai ; car les paris ne peuvent, on en conviendra, laisser aucun doute sur la ferme volonté de ceux qui prononcent les *verba solemnia*. Pour écarter l'objection, M. Saleilles devrait reconnaître un caractère formaliste à la « *vis ex interdicto* » et son système, se confondant alors avec le précédent, nous le combattrions par les mêmes arguments [1].

VIII. — Arrivons enfin à la doctrine, d'après laquelle la « *vim facere* » ne présenterait, à aucun degré, le caractère d'un acte de procédure et constituerait une violation réelle de la défense adressée aux parties par le magistrat. M. Ubbelohde [2], qui soutient cette thèse, s'appuie d'abord sur le *Pro Caec.*, XVI, 45. La scène, que décrit Cicéron, est une scène de la vie réelle et ne ressemble, en rien, à un acte de procédure. On ajoute, que le vaincu subira un châtiment pour avoir enfreint la défense, à lui adressée par le magistrat ; ne doit-on pas en conclure, qu'il a commis une désobéissance sérieuse et qui, pas plus que l'amende, *poena*,

---

dès le principe, ne voulait pas lutter sérieusement, préférait, sans doute, en général, s'éviter un dérangement, l'ennui d'une comparution *in jure*.

1. D'après M. Exner, *op. cit.*, p. 184-187, le « *vim facere* » permet aux parties de formuler d'une façon précise leurs prétentions sur l'immeuble même, de délimiter soigneusement le terrain de la lutte. Sans nier la grande utilité pratique des descentes sur les lieux dans la Rome républicaine, j'objecte à M. Exner, qu'il serait plus logique, alors, de placer la « *vis ex conventu* » avant la délivrance de l'interdit. Comme M. Exner, p. 173, repousse, avec raison, cette conjecture, je suis autorisé à conclure, qu'il ne faut pas chercher dans cette direction la raison d'être essentielle de notre acte de procédure, tout en admettant qu'il pouvait présenter à ce point de vue une utilité accidentelle et secondaire.

2. *Die Interdicte*, t. 1, p. 260 et suiv. M. Karlowa, *Der röm. Civilprozess zur Zeit der Legisactionen*, 1872, p. 104, avait déjà soutenu cette thèse, qu'il défend de nouveau dans sa *Röm. Rechtsgeschichte*, t. II, p. 325 et suiv.

n'appartient au monde de la fiction [1]? Enfin, comme Bruns l'a magistralement établi [2], les textes parlent, à propos d'interdits prohibitoires, tels que l'interdit *ne quid in loco publico vel itinere fiat* [3] ou l'interdit *ne quid in flumine publico fiat* [4], d'une violation effective de l'ordre du préteur. Pourquoi n'en serait-il pas de même de l'interdit *uti possidetis*?

Relativement au *Pro Caec.*, XVI, 45, M. Saleilles [5] a déjà combattu victorieusement l'interprétation donnée par M. Ubbelohde. Il ne saurait être question, dans ce passage, d'un trouble apporté par l'une des parties à la possession de l'autre. Car, si trouble il y a, au moins n'est-il pas imprévu, puisque les représentants de l'autre plaideur occupent, en forces, l'immeuble. En outre, c'est l'agresseur prétendu, qui se retire accompagné de ses témoins, dès qu'il aperçoit des hommes armés sur l'immeuble. J'ajoute que l'on pourrait, à bon droit, qualifier de singulière la conduite de celui qui, pour désobéir effectivement au magistrat, prendrait la précaution de s'entourer de témoins. Rien de surprenant, au contraire, s'il s'agit d'un acte de procédure, auquel participent les deux plaideurs. Enfin, la doctrine de M. Ubbelohde admise, je n'aperçois pas pourquoi, après la violation de l'interdit par l'un, l'autre ne serait pas autorisé à demander immédiatement le recours au pari. A quoi bon le contraindre lui aussi à « *vim facere* »? En d'autres termes, la thèse que je combats ne se concilie guère avec la règle, d'après laquelle la procédure continue

---

1. M. Karlowa. *Röm. Rechtsgesch*, t. 2, p. 325 et suiv., insiste sur cet argument.
2. *Besitzklagen*, p. 40.
3. L. 7, D. *ne quid in loco publico,* XLIII, 8 (Julien, *lib.* 48 *Digest.*) : « *Sicut is qui, nullo prohibente, in loco publico aedificaverat, cogendus non est demolire, ne ruinis urbs deformetur, ita qui* ADVERSUS EDICTUM PRAETORIS AEDIFICAVERIT *tollere aedificium debet : alioqui inane et lusorium praetoris imperium erit* ».
4. L. 1, § 12, D. *ne quid in flumine publico fiat*, XLII, 13 (Ulpien, *lib.* 68 *ad Ed.*) «... *Si quid ne fiat prospicitur, superiore interdicto erit utendum et si quid post interdictum redditum* FUERIT FACTUM, *coercebitur* ».
5. *Op. cit.*, p. 300 et suiv.

à être double, même après la délivrance de l'interdit.

Le vaincu, ajoutent MM. Ubbelohde et Karlowa, paiera l'amende ; on ne se contentera pas d'un simulacre. Sans contredit, puisqu'il a perdu les paris, il ne lui reste plus qu'à verser les enjeux ; mais de ce fait, rien à conclure, à propos de la « *vis ex interdicto* ».

La L. 7, D. *ne quid in loco publico* et la L. 1, § 12, D. *ne quid in flumine publico* ne troublent pas notre conviction. Il paraît probable, que, même pour les interdits prohibitoires simples, la procédure comprenait une violation fictive de l'ordre du magistrat. Seulement, si, par suite de la négligence du demandeur, la marche du procès était suspendue, après la délivrance de l'interdit, il devait arriver, que le défendeur désobéît réellement au préteur.

Enfin le paragraphe 170 du C. IV de Gaius ne cadre pas avec la doctrine de M. Ubbelohde, qui n'a pas répondu à une objection de M. Paul Krüger reproduite par M. Bruns [1]. On conçoit en effet le représentant de la cité imposant un acte de procédure sous la menace de la délivrance de l'*interdictum secundarium* ; il serait étrange, au contraire, qu'il obligeât les parties à lui désobéir en réalité [2].

IX. — Ayant ainsi parlé de l'interdit *uti possidetis* arrivons à l'interdit *utrubi*. Les mots « *hic homo* », qui figurent dans la formule de cet interdit et les nécessités de la pratique nous ont conduit à conjecturer que le meuble,

---

1. Cet auteur, *Besitzklagen*, p. 32, croit que la « *vis ex conventu* » constitue un acte de procédure ; mais il pense, que cet acte de procédure avait lieu, seulement dans le cas, où chacune des parties ne troublait pas effectivement la possession de son adversaire. Selon lui, de plus, le magistrat ne délivrait l'interdit secondaire, que contre celui, qui se refusait dolosivement, par esprit de chicane, à accomplir le « *vim facere* ». Le paragraphe 170 du C. IV de Gaius paraît contredire chacune de ces deux affirmations. Comme le remarque avec raison M. Exner, p. 175, « *quia* » ne saurait être traduit par « *wenn* » en allemand, par « *si* » en français. Dans le même sens que Bruns, voy. cependant Bekker, *Aktionen*, t. I, p. 65.

2. J'ajoute que le « *vim facere* » figure parmi les « *cetera ex interdicto* », au milieu d'actes de procédure ; il serait étrange qu'il n'eût pas le même caractère.

à propos duquel s'élevait la « *controversia possessionis* », se trouvait devant le tribunal du magistrat[1]. Dès lors, malgré le silence des textes, il est permis de supposer, que la violation fictive de l'interdit s'accomplissait immédiatement. Sans prononcer de paroles solennelles et sans même accomplir de rites, au sens propre de l'expression, chacun des plaideurs, à tour de rôle, faisait mine de s'opposer à ce que l'autre emmenât avec lui l'esclave[2] « *vim facere quominus is eum ducat* ». Les paris pouvaient alors s'engager ; car, les actes dont il s'agit, constituaient non des violences contre la personne mais des troubles apportés à la possession de l'esclave.

La *licitatio fructuum* désignait ensuite, sans doute, dans notre hypothèse comme dans la précédente, qui garderait la chose pendant les débats.

§ 7. — La deductio quae moribus fit appartenait-elle à la procédure de l'interdit uti possidetis ?

SOMMAIRE. — I. Il convient de se prononcer pour la négative. Arguments en faveur de cette thèse. — II. Classification des systèmes opposés au nôtre. — III. La *deductio quae moribus fit* ne suivait pas la délivrance de l'interdit *uti possidetis*. — IV. Elle ne la précédait pas.

I. — Dans un précédent paragraphe, nous avons reproduit les textes relatifs à la *deductio quae moribus fit*, dont parle Cicéron dans le *Pro Caecina* et dans le *Pro Tullio*. Cette expulsion fictive de l'un des plaideurs par l'autre, en présence de témoins spécialement convoqués à cet effet, n'appartient pas à la *legis actio sacramenti in rem*. Précédait-elle la délivrance de l'interdit *uti possidetis* ? se con-

---

1. Encore à la fin du IIIe siècle après Jésus-Christ, les empereurs Dioclétien et Maximien s'expriment de la façon suivante : « *Ordinarii juris est ut mancipiorum orta quaestione* PRIUS EXHIBITIS MANCIPIIS DE POSSESSIONE JUDICATUR *ac tunc demum proprietatis causa ab eodem judice decidatur* », L. 13, C. *de rei vind.*, III, 32.
2. En ce sens Kappeyne van de Coppello, *op. cit.*, p. 165 et Ubbelohde, *op. cit.*, t. I, p. 268.

fondait-elle avec la *vis ex interdicto* et suivait-elle la comparution *in jure* ? Beaucoup d'auteurs soutiennent encore aujourd'hui l'une ou l'autre de ces deux thèses, s'accordant ainsi sur ce point, que la *deductio* se rattachait à l'interdit *uti possidetis*.

Nous ne croyons pas, au contraire, qu'il convienne de reconnaître aucun lien entre la *controversia possessionis* et la *deductio*. Dès 1817, Savigny[1] prononçait à ce sujet des paroles décisives, et, en 1842, Keller[2] complétait la démonstration. Malgré le talent déployé pour les ébranler, les arguments de ces deux grands historiens du droit romain subsistent dans toute leur force.

Le différend de Tullius et de Fabius, comme celui de Caecina et d'Aebutius portait, avant les violences subies par les deux clients de Cicéron, sur la propriété et non pas sur la possession.

Pro Tullio, VII, 16 : « *Est in eo agro centuria, quae Populiana nominatur, recuperatores, quae semper* M. TULLI FUIT... »

VIII, 20 : « *Quid vobis, inquit, istic negotii* IN MEO *est ? Servus respondit pudenter at non stulte, dominum esse ad villam ; posse eum cum eo disceptare si quid vellet.* »

Pro Caecina, VII, 19 : « *Atque illis paucis diebus posteaquam videt nihil se ab A. Caecina posse litium terrore abradere, homini Romae in foro denuntiat fundum illum*..... SUUM ESSE. »

VII, 20 : « *Cum* HOC NOVAE LITIS GENUS *tam malitiose intenderet, placuit Caecinae de amicorum sententia constituere quo die in rem praesentem veniretur et de fundo Caecina moribus deduceretur*[3]. »

---

1. *Ueber die lis vindiciarum und über das Verhältniss derselben zu den Interdicten* (*Vermischte Schriften*, t. 1, p. 301). Savigny rattachait du reste, nous l'avons dit, la *deductio* à la *legis actio per sacramentum*.
2. *Ueber die deductio quae moribus fit und das interdictum uti possidetis* (*Zeitschrift für geschicht. Rechtswissensch.*, t. XI, 1842, p. 287 et suiv.).
3. On trouvera une analyse de ces deux discours de Cicéron dans Keller,

De plus, bien loin de parler de la délivrance de l'interdit *uti possidetis* ce qu'il n'eût certes pas manqué de faire [1], Cicéron suppose, dans chacun de ses deux discours, que la procédure débutait par la *deductio* ; au moment où elle s'accomplissait, les parties n'avaient pas encore comparu devant le magistrat [2].

Sans doute le *Pro Caecina* fait plusieurs fois allusion à la *vis ex interdicto* ; mais on commet une pétition de principes, quand on en conclut que Caecina et Aebutius plaidaient sur la possession de l'immeuble, au moment où les violences de ce dernier vinrent changer la face du débat. Même si, comme je le crois, les deux plaideurs avaient convenu de recourir à *l'actio in rem per sponsionem*, afin d'éviter la *legis actio*, Cicéron pouvait, à l'occasion du procès sur l'interdit *unde vi*, parler de l'interdit *uti possidetis* et de la *vis ex interdicto* ; j'ai essayé de montrer, plus haut, dans quel but il en parla [3].

La *deductio* et la *vis ex interdicto* présentaient, d'ailleurs, ce trait commun, qu'elles constituaient, l'une et l'autre, un acte de procédure accompli sur l'immeuble même, en présence de témoins, acte consistant dans un simulacre de violence. Seulement, tandis que la seconde intervenait forcément [4] et après la première comparution *in jure*, la première supposait un accord des parties et elle formait le début de *l'actio in rem per sponsionem*. Dans la *deductio*, l'un était *deductus*, l'autre *deducens* ; les acteurs de la *vis ex interdicto* jouaient, au contraire, exactement le même

---

Semestrium ad M. Tullium Ciceronem libri sex, t. I, 1842, p, 275 et suiv., p. 541 et suiv. Bethmann-Hollweg, *Der röm. Civilprozess*, t. II, p. 827 et suiv., Kappeyne, *Abhandlungen*, p. 129 et suiv.

1. Comp. le *Pro Caec.*, VIII, 23 : « *His rebus ita gestis P. Dolabella praetor interdixit, ut est consuetudo*, DE VI HOMINIBUS ARMATIS... »

2. M. Paul Krüger l'a, si je ne me trompe, remarqué le premier et l'observation paraît décisive.

3. Voy. § 6, n° II.

4. En signalant cette différence je me place naturellement, à l'époque où le préteur avait déjà créé *l'interdictum secundarium*.

rôle et chacun d'eux, après avoir été troublé dans sa possession, troublait l'autre à son tour. Enfin, dans un cas on simulait seulement un trouble, dans l'autre une dépossession ; il n'eût pas suffi au *deducens* de donner un coup de bêche sur le fonds ou de rompre une branche d'arbre ; reconduisant son adversaire jusqu'aux confins du domaine, il y séjournait, au moins un instant et acceptait ainsi la responsabilité de sa garde pendant les débats [1].

II. — Après avoir ainsi mis en lumière les motifs sur lesquels repose notre doctrine, arrivons aux systèmes opposés au nôtre. Parmi nos adversaires, les uns, confondant la *deductio* avec la *vis ex interdicto* la placent après la délivrance de l'interdit *uti possidetis*, les autres, sans identifier les deux actes de procédure, croient qu'ils se rapportaient, l'un et l'autre à l'interdit, le premier le précédant, le second le suivant.

III. — Malgré les critiques de M. Paul Krüger et de M. Ubbelohde, M. Pflüger [2] a repris récemment la première thèse et l'a défendue avec beaucoup de conviction et de force. D'après lui, le magistrat de Thurium avait délivré l'interdit *uti possidetis*. Si Cicéron ne relève pas expressément le fait, c'est qu'il jugeait dangereux, pour sa cause, de présenter comme douteuse la possession de Caecina. L'ensemble du discours montre néanmoins, que la *controversia possessionis* constituait la seule issue possible, aucun des deux adversaires n'étant en mesure de prouver son droit de propriété. De nombreux passages établissent, d'ailleurs, d'une façon indiscutable, les relations de la *deductio* et de l'interdit *uti possidetis* et M. Pflüger cite I, 2, XI, 33, XIV, 41, XVI, 45.

De tous ces fragments, le chapitre XIV, 41 est le seul qui n'ait pas été déjà examiné. Le trouverons-nous plus

---

1. Ai-je besoin de dire que la *deductio*, telle que je la conçois, ne constituait pas plus un acte formaliste que la *vis ex interdicto* ? Sur la *deductio*, voyez du reste ci-après, ch. V.

2. *Die sogenannten Besitzklagen*, p. 21 et suiv.

probant que les autres? en aucune façon. Cicéron s'exprime en effet de la façon suivante :

« *Quid ais? cum de* POSSESSIONIS CONTROVERSIA *et de privatorum hominum contentione juris loquamur, tu vim negabis factam, si caedes et occisio facta non erit? Ego exercitus maximos saepe pulsos et fugatos esse dico terrore impetuque hostium sine cujusquam non modo morte, verum etiam vulnere.* »

On le voit, Cicéron parle, dans ce chapitre, non pas du premier procès, mais de celui auquel donnèrent naissance les violences d'Aebutius. L'argument de M. Pflüger tombe, par cela même. En employant l'expression « *controversia possessionis* », l'orateur vise ici à la fois les *interdicta retinendae possessionis* et les *interdicta recuperandae possessionis*, qu'il oppose, implicitement, au *judicium publicum de vi*[1].

Quant à l'explication, donnée par M. Pflüger, du silence de Cicéron sur la délivrance de l'interdit, elle ne nous touche pas. D'une part, cette réticence eût été puérile et n'eût trompé personne ; d'autre part, l'orateur ne se borne pas à se taire sur la comparution *in jure* ; il dit très nettement qu'elle n'a pas eu lieu et que la convention relative à la *deductio* suivit l'avertissement officieux donné par Aebutius à Caecina, sans qu'aucun acte de procédure eût été

---

1. M. Kappeyne van de Coppello, *op. cit.*, p. 119, cite encore un dernier passage du *Pro Caecina*, XXXII, 95 : « *Postea cur tu, Aebuti, de isto potius fundo quam de alio, si quem habes, Caecinae denuntiabas si Caecina non possidebat? Ipse porro Caecina cur se moribus deduci volebat idque tibi de amicorum [de his de Aquili] sententia responderat et aequum...* » Dans ce passage, Cicéron qui, dans l'intérêt de sa cause actuelle, veut subsidiairement prouver la possession de Caecina, développe, en faveur de sa thèse, les deux arguments suivants ; le premier consiste dans ce fait qu'Aebutius a intenté contre lui l'action en revendication et que cette action se dirige contre les possesseurs, le second infiniment moins sérieux a sa source dans le projet de *deductio* lui-même. Comment Caecina aurait-il pu consentir à être expulsé fictivement, s'il n'avait pas été possesseur ? Nous n'apercevons pas, au contraire, par quel moyen on peut conclure de ce passage à l'existence de relations entre l'interdit *uti possidetis* et la *deductio*.

accompli dans l'intervalle, VII, 19 et 20. Dans le *Pro Tullio*, VIII, 20, le récit laisse encore moins de place au doute. Cicéron a montré Fabius interpellant l'esclave de M. Tullius, qui se trouvait sur le fonds contesté et celui-ci répondant que son maître était chez lui et il ajoute : « *Rogat Fabius Acerronium (nam ibi tum erat) ut secum simul veniat ad Tullium. Venitur. Ad villam erat Tullius. Appellat Fabius, ut aut ipse Tullium deduceret aut ab eo deduceretur. Dicit deducturum se Tullius, vadimonium Fabio Romam promissurum.*

Après l'avertissement officieux donné par Fabius à Tullius, les deux parties s'entendent, sans aucun délai, sur le point de savoir qui jouera le rôle de *deducens*, qui le rôle de *deductus*, en d'autres termes, d'après la conjecture que j'exposerai plus tard, qui gardera l'immeuble litigieux pendant le procès, à charge de fournir la *cautio pro praede litis et vindiciarum*. Tout se passe, en quelques instants, pendant une visite. Si, avant la *deductio*, les adversaires avaient dû comparaître *in jure*, ils auraient eu, on en conviendra, le loisir de régler comment s'accomplirait cet acte de procédure.

IV. — Touchés par les arguments que je viens de développer, plusieurs auteurs croient, que la *deductio* précédait la délivrance de l'interdit *uti possidetis*.

Selon M. Saleilles [1], elle servait à simuler un conflit matériel, justifiant l'intervention du préteur en vertu de son pouvoir de police, les parties recouraient à ce procédé, lorsqu'aucune d'elles ne détenait, en fait, l'immeuble, lorsque, par exemple, un fermier le cultivait comme dans l'espèce du *Pro Caecina*. « Donc, si des deux parties aucune ne détient, il fallait pour qu'elles pussent demander ensuite au préteur un interdit *uti possidetis*, qu'elles simulassent tout au moins un conflit réel et matériel de possession, conflit par lequel chacune fait mine de maintenir et

---

1. *La controversia possessionis et la vis ex conventu*, p. 295.

de défendre la possession qu'elle prétend avoir ; et alors l'une des deux cesse le combat, elle est *deducta* et elle vient demander au préteur un *vim fieri veto* qui puisse mettre fin à la lutte et qui remette la décision à un juge, au lieu de la laisser se trancher au moyen de voies de fait réciproques ».

Objectons à M. Saleilles que Tullius, le second client de Cicéron, cultivait lui-même la « *centuria Populiana* » et que cependant la *deductio* dut avoir lieu. Nous ne croyons pas, dès lors, nécessaire d'insister sur l'invraisemblance de ces deux voyages, accomplis coup sur coup sur l'immeuble.

La doctrine de M. Kappeyne van de Coppello [1] échappe à cette dernière objection mais à quel prix ! D'après le savant professeur de Leyde, la *deductio quae moribus fit* [2] sert aux plaideurs à constater l'identité de l'immeuble, à déterminer, d'une façon précise, leurs prétentions respectives soit avant, soit après la comparution *in jure* [3] ; cette descente sur les lieux ne se renouvelle pas après la délivrance de l'interdit, quand elle a eu lieu antérieurement. La désobéissance à l'ordre du magistrat, *vis adversus edictum praetoris facta* consiste simplement dans le fait d'engager la lutte judiciaire à la suite des *sponsiones*, dans le fait de participer à la *litis contestatio*.

Répondons à M. Kappeyne, que le « *vim facere* » du paragraphe 170 du C. IV de Gaius, figurant parmi les *cetera ex interdicto*, se place nécessairement après la délivrance de l'interdit [4], et que, d'autre part, le magistrat défendait à

---

1. *Ueber das vim facere…*, *Abhandlungen*, p. 118 et 119, 122, 128.
2. M. Kappeyne identifie la *deductio quae moribus fit* de Cicéron et le *vim facere* de Gaius.
3. Les parties peuvent du reste, suivant M. Kappeyne, renoncer à la *deductio* d'un commun accord.
4. M. Exner, *op. cit.*, p. 173, ajoute, avec raison, que le texte de Gaius interdit absolument de ne pas rapporter au « *vim facere* » la « *vis adversus edictum facta* ». G. IV, 166. Sur la critique de la théorie de Kappeyne, voyez aussi Ubbelohde, *Interdicte*, t. 1, p. 228, p. 240 et suiv.

chacun de troubler la possession de l'autre, tandis que la lutte judiciaire peut tout au plus être rapprochée des violences contre la personne.

CHAPITRE V

ACTIO IN REM PER SPONSIONEM. EXPOSÉ DE NOTRE DOCTRINE.

§ 1. — L'action in rem per sponsionem est-elle une procédure par le pari ?

SOMMAIRE. — I. La *sponsio praejudicialis* du droit classique. — II. Encore à l'époque de Cicéron, un pari véritable servait de base à la procédure.

I. — La jurisprudence classique donne au demandeur à une action *in rem* le choix entre la procédure *per formulam petitoriam* et la procédure *per sponsionem*. Emploie-t-il la première méthode, le magistrat soumet directement au juge la question litigieuse qui divise les parties. Dans la seconde hypothèse, cette question se dissimule sous une autre et le juge reçoit la mission de rechercher non point si tel bien appartient à telle personne, mais si cette dernière peut se faire payer 25 sesterces promis par le défendeur, dans la forme de la stipulation, pour le cas où sa résistance serait reconnue injuste. Au temps de Gaius, le vaincu ne versait pas, en réalité, les 25 sesterces.

« *Non tamen haec summa sponsionis exigitur*, NON *enim* POENALIS *est* SED PRAEJUDICIALIS *et* PROPTER HOC SOLUM FIT UT PER EAM DE RE JUDICETUR : *unde etiam is cum quo agitur, non restipulatur* ». Gaius, IV, 94.

La jurisprudence ne se proposait donc pas de frapper le plaideur téméraire. Si elle lui imposait l'obligation de jouer le rôle de promettant, c'était uniquement en vue d'engager l'instance.

On le voit, la stipulation à laquelle Gaius donne le nom de *sponsio praejudicialis* diffère, à plusieurs points de vue, du pari, qui joue un rôle dans la *legis actio per condictionem* ou dans la procédure des interdits. Au lieu de deux stipulations, les parties en concluent une seule, l'objet de la promesse unique ne dépasse pas 25 sesterces et cette somme, si minime qu'elle soit, n'est même pas effectivement perdue.

II. — Néanmois, l'action *in rem per sponsionem* constitue une variété de procédure par le pari. Si, au second siècle de l'ère chrétienne, l'institution s'est déjà profondément modifiée, un trait subsiste, qui ne permet pas de la méconnaître, la façon détournée de saisir le juge. Par là, se révèle la véritable nature de l'*actio in rem per sponsionem*, par là elle se rattache au groupe dont nous nous occupons.

Avant d'être réduite à une simple apparence, la promesse du défendeur produisit des effets sérieux[1] ; les *verba solemnia* ne permettent pas d'en douter. D'autre part, à une chance de perte correspondait, sans doute, une chance de gain, conformément à l'esprit du droit primitif, ce qui nous ramène au pari.

Dira-t-on que la *sponsio praejudicialis* dérive, à la vérité, de la *sponsio poenalis* suivie de *restipulatio*, mais que, l'action *in rem per sponsionem*[2] ayant une origine relativement récente eut toujours la physionomie propre, que Gaius lui assigne ? Le nom même de l'action témoignerait contre cette conjecture. Comme les textes emploient les mêmes mots, *agere per sponsionem*, à propos des interdits et à propos de notre matière, la procédure reposait primitivement sur les mêmes bases, dans les deux cas.

---

1. « Là où il y a encore un tas de cendres brûlantes, il y a eu du feu », dit M. Gradenwitz, *Zwangsvollstreckung und Urtheilssicherung*, p. 284. Comp. Bekker, *Die Aktionen*, t. I, p. 249.
2. G. IV, 91, 93. Cic., *in Verr. Act. Sec.* I, XLV, 115. « *Sponsionem* FACERET *et* ITA *de hereditate* CERTARET ».

Lorsque Cicéron prononçait son second discours contre Verrès, la situation n'avait pas encore changé.

«..... *Si quis testamento se heredem esse arbitraretur, quod tum non extaret lege ageret in hereditatem aut, pro praede litis et vindiciarum cum satis accepisset,* SPONSIONEM FACERET *et ita de hereditate certaret* ». *in Verr. Act. Sec.* I, XLV, 115.

« *Ex Edicto urbano. Si de hereditate ambigitur*... *si* POSSESSOR SPONSIONEM NON FACIET », *in Verr. Act. Sec.* I, XLV, 116.

Sponsionem facere, signifie conclure un pari. Le second passage est particulièrement significatif, puisqu'il parle du défendeur. La locution serait sigulière, si elle était employée comme synonyme de *promittere* [1].

§ 2. — Quand l'action in rem per sponsionem s'introduisit-elle dans la pratique ?

SOMMAIRE. — I. Conjecture relative au domaine d'application primitif de la procédure. — II. La création de cette dernière semble se placer entre la naissance des premiers interdits et le vote de la loi Aebutia.

I. — Je n'ai pas à revenir sur les inconvénients de la *legis actio sacramenti in rem*, inconvénients signalés à plusieurs reprises et que l'on sentit de plus en plus. La création des interdits possessoires constitua un premier essai d'amélioration de la procédure traditionnelle par les efforts combinés du magistrat et des plaideurs. Cette tentative réussit dans une large mesure ; mais, l'institution nouvelle ne pouvait pas être mise à profit dans tous les cas. Lorsque le demandeur voulait intenter, non plus une action en revendication, mais une pétition d'hérédité, le recours à la *legis actio sacramenti in rem* s'imposait. Ce fut peut-être à pro-

---

1. De même, dans la théorie des interdits, l'expression « *sponsionem facere* » s'applique aux deux parties. Cic., *Pro Caecina*, XVI, 45, « *cum optime sponsionem facere* POSSENT, NI ADVERSUS EDICTUM PRAETORIS VIS FACTA ESSET ».

pos de cette dernière action que la jurisprudence imagina l'*actio in rem per sponsionem*. Plus tard, la jurisprudence nouvelle s'étendit à l'action en revendication. Les interdits *utrubi, uti possidetis* et *unde vi* ne permettaient pas en effet de trancher directement la question de propriété. Sans doute, nous l'avons dit, lorsque les plaideurs avaient, d'un commun accord, substitué à la *legis actio* la procédure de l'interdit, celui qui, après avoir succombé, transportait la lutte sur un autre terrain, se heurtait à un préjugé défavorable et s'exposait même à ne pas trouver de *praedes* consentant à lui servir de seconds : néanmoins, si invraisemblable que fût le renouvellement du procès, il valait mieux le rendre impossible.

L'utilité de l'*actio in rem per sponsionem* s'accentua lorsque nos interdits apparurent simplement comme des expédients destinés à assurer provisoirement au propriétaire la possession paisible de la chose, tant que la *legis actio sacramenti in rem* ne sera pas intentée contre lui par un tiers.

II. — Pour déterminer la date de la création de la nouvelle procédure, les documents font presque complètement défaut. Au temps de Cicéron, elle remontait déjà assez haut dans le passé ; mais, si les contemporains de l'orateur et la génération précédente la connurent, les mots *majores nostri* sont trop vagues pour en tirer des déductions quelque peu précises.

Au moment du vote de la loi Aebutia, la jurisprudence avait-elle déjà imaginé ce moyen de battre en brèche la *legis actio* ? L'institution pourrait, à la rigueur, appartenir aux débuts de l'histoire de la procédure formulaire qui se développa très lentement. Néanmoins, comme le rôle du magistrat se réduisait au minimum et que les parties devaient se mettre d'accord, l'opinion contraire paraît plus vraisemblable [1].

---

1. Que l'*actio in rem per sponsionem* soit moins ancienne que la procé-

Notons, d'autre part, que le représentant de la cité ne dissimulait pas ici, sous l'apparence d'une mesure de police, son intervention dans le règlement des litiges entre particuliers[1] et concluons que la réforme se plaça entre la naissance des premiers interdits et le vote de la loi Aebutia.

§ 3. — Comment la jurisprudence parvint-elle à créer l'actio in rem per sponsionem ?

SOMMAIRE.— I. La *denuntiatio*.— II. Règlement de la possession intérimaire par les plaideurs. Renvoi pour la *stipulatio pro praede litis et vindiciarum*. — III. Comment se manifeste l'accord intervenu à propos de la possession intérimaire ? Revendication immobilière. *Deductio quae moribus fit*. — IV. La *deductio quae moribus fit* ne servait pas à déterminer qui jouerait le rôle de demandeur et qui celui de défendeur. Elle ne servait pas exclusivement à déterminer l'identité de l'immeuble litigieux. — V. La *deductio quae moribus fit* s'appliquait-elle à la pétition d'hérédité ? — VI. La comparution devant le magistrat. Le pari.

I. — La méthode suivie consista à faire appel à la libre initiative des plaideurs. Le préteur intervint seulement, pour assister au pari conclu par eux et donner l'investiture au juge.

Lorsque le demandeur voulait éviter le recours à la *legis actio* et avait des raisons de croire qu'il ne rencontrerait pas

---

dure des interdits *uti possidetis* et *utrubi*, cela résulte notamment de ce fait qu'elle est simple, tandis que les deux interdits figurent parmi les interdits doubles. Contrairement à l'opinion générale, j'ai dénié à la *legis actio sacramenti in rem* le caractère d'action double, qui me paraît en contradiction avec la nature pénale des procédures primitives ; néanmoins, comme chacun des plaideurs doit affirmer sa qualité de propriétaire du bien litigieux, la jurisprudence, organisant la procédure des interdits *retinendae possessionis*, estima qu'à chaque affirmation devait correspondre un pari distinct. Dans l'*actio in rem per sponsionem* au contraire, un seul pari fut conclu ; on imita de moins près la *legis actio sacramenti in rem*.

1. Malgré sa timidité, l'intervention du magistrat constituait une violation des principes anciens ; mais, au moment où la jurisprudence imagina l'*actio in rem per sponsionem*, la procédure traditionnelle ne répondait plus aux besoins de la pratique ; la création des interdits l'avait montré ; il y eut seulement un pas de plus accompli dans une voie déjà ouverte.

de résistance de la part de son adversaire, il commençait, au lieu de recourir à l'*in jus vocatio*, par lui faire connaître officieusement ses prétentions et sa volonté de saisir la justice s'il n'obtenait pas satisfaction, *denuntiabat*[1].

II. — Si les parties entendaient se soustraire à la *legis actio*, la nature des choses s'imposait cependant à elles ; il fallait que, pendant les débats, quelqu'un veillât sur l'objet litigieux et que des garanties fussent, dès maintenant, instituées dans l'intérêt du vainqueur. Comment résoudre le problème ?

A défaut de décret du magistrat[2], l'accord des plaideurs pouvait seul déterminer ici à qui appartiendrait la possession intérimaire. Chacun d'eux consultait ses amis et prenait son parti en connaissance de cause. Les avantages et les inconvénients respectifs se balançaient assez pour qu'il fût permis d'hésiter. En outre, les caractères et les situations différant, ce qui plaisait à l'un déplaisait peut-être à l'autre. Son adversaire lui laissant le choix, l'un des

---

[1]. Aebutius avait donné cet avertissement à Caecina sur le Forum « *Homini Romae in foro* DENUNTIAT *fundum illum, de quo ante dixi, cujus istum emptorem demonstravi fuisse mandatu Caeseniae, suum esse seseque sibi emisse.* » *Pro Caec.*, VII, 19. Fabius s'était transporté chez Tullius, dans le but de lui déclarer ses intentions et de régler en même temps la question de la *deductio*, *Pro Tull.*, VIII, 20.

[2]. M. G. W. Wetzell, *Der röm. Vindicationsprocess*, p. 79 et suiv., enseigne cependant que le magistrat prononçait encore ici la *datio vindiciarum*. Il s'appuie sur Cicéron, *in Verr. Act. Sec.*, I, XLV, 116 et sur un argument *a contrario* tiré de la L. 36 pr. et de la L. 9 pr. D. *de rei vind.*, VI, I, pour soutenir que, dans l'*actio in rem per sponsionem*, le possesseur ne gardait pas toujours la chose litigieuse pendant les débats et il conclut que le magistrat devait nécessairement accorder à l'une des parties la possession intérimaire. Comme on l'a vu au texte, une autre solution du problème peut se concevoir, le règlement de la possession intérimaire par les plaideurs eux-mêmes ; M. Wetzell ne fait donc pas sa preuve. J'ajoute que la *datio vindiciarum* ne saurait être détachée de la *legis actio*. Si le magistrat a le pouvoir de rendre son décret, c'est que les parties ont accompli correctement les formalités traditionnelles. Enfin, l'engagement des *praedes* se rattache étroitement à la *datio vindiciarum* ; or la *stipulatio pro praede litis et vindiciarum* tient ici la place des *praedes* ; le changement paraît significatif.

clients de Cicéron, Tullius, préféra garder la chose pendant les débats, les amis de Caecina lui donnèrent un conseil opposé. La crainte d'être acculés à la *legis actio* pesait sans doute sur la volonté des parties et les amenait à s'entendre.

La convention conclue entre les deux adversaires tenait donc ici la place de la *datio vindiciarum* prononcée par le préteur. Si elle produisait autant d'effet elle n'en produisait pas davantage. D'une part, la possession antérieure à la demande n'avait aucune influence. Bien que la possession de Tullius fût bien difficile à contester, la question de la garde de la chose était encore entière au moment de la visite de Fabius. D'autre part, le règlement de la possession intérimaire laissait au demandeur et au défendeur leur qualité respective et ne changeait rien aux obligations qui pesaient sur eux.

Le possesseur intérimaire fournissait la *cautio pro praede litis et vindiciarum*. Il s'engageait, dans la forme de la stipulation et en faisant intervenir des *sponsores*, à restituer la chose litigieuse, en cas d'échec; il promettait de plus de payer, dans la même hypothèse, une amende représentant la contre-partie de la jouissance des biens héréditaires ou de la chose revendiquée. Comme la volonté des parties régnait ici en souveraine, l'objet de cette dernière obligation put varier, suivant les circonstances et suivant les époques. L'histoire de la formule de la *cautio pro praede litis et vinidciarum* doit d'ailleurs être étudiée dans ses rapports avec celle de la *cautio judicatum solvi* et nous croyons préférable de renvoyer à un autre moment l'exposé complet de cette histoire.

Bornons-nous aux quelques observations suivantes. Quand M. Gradenwitz[1] déduit du nom de la sûreté cette conséquence, que l'étendue de l'obligation se mesurait exactement sur celle d'un *praes litis et vindiciarum*, sa con-

---

1. *Zwangsvollstreckung und Urtheilssicherung*, p. 301.

clusion paraît exagérée. La *stipulatio pro praede* tient la place de la *datio praedum*; elle remplit, dans la procédure nouvelle créée par la jurisprudence, la fonction de cette dernière dans la *legis actio sacramenti in rem* ; son nom ne signifie pas autre chose.

Ajoutons que le plaideur s'oblige personnellement, bien que le gagnant ait la faculté de s'adresser de préférence à l'un des *sponsores*[1]. La *stipulatio pro praede litis vindiciarum* correspond ainsi à une phase plus moderne de l'histoire du cautionnement, celle dans laquelle la caution s'oblige à côté du débiteur principal et non pas au lieu et place de celui-ci[2].

Enfin, tandis que les *praedes* pouvaient être poursuivis, tant que le gagnant n'avait pas obtenu satisfaction complète, la créance unique née de la *sponsio* s'éteignait par l'effet de la *litis contestatio*, dès que le créancier s'était adressé à la justice ; la sûreté nouvelle correspondait à l'engagement d'un seul *praes*.

III. — La *stipulatio pro praede litis et vindiciarum* accompagnait seule le règlement de la possession intérimaire, quand il s'agissait d'une revendication mobilière. L'esclave ou l'animal domestique se trouvant *in jure*, le possesseur intérimaire l'emmènera avec lui, après le pari et prendra ainsi, aux yeux de tous, la responsabilité de sa garde jusqu'à la sentence.

---

1. M. Jordan, *de praedibus litis et vindiciarum et stipulatione pro praede litis et vindiciarum*, p. 3, enseigne, à la vérité, que, comme les *praedes*, les *sponsores* pouvaient seuls être poursuivis, si le possesseur intérimaire succombait et ne donnait pas volontairement satisfaction à son adversaire ; mais cette opinion est restée isolée, comme elle le méritait.

2. Comp. Ihering, *Geist des röm. Rechts*, t. III, *Vorrede zur vierten Auflage*, p. 20, qui signale une évolution analogue dans le droit germanique et H. Cüenot, *De la sentence du juge et de sa réalisation dans l'actio sacramenti in rem* (*Nouv. Rev. hist. du dr.*, 1893, p. 350). Ces deux auteurs emploient du reste une formule, que je repousse. Le plaideur devient son propre *praes*, disent-ils. Cela revient en effet à dire, avec M. Gradenwitz, que l'étendue de l'obligation née de la *stipulatio* se mesurait sur celle d'un *praes*, conclusion qui n'est nullement imposée par les textes.

S'agit-il d'une revendication d'immeuble, il faudra que les parties procèdent sur les lieux mêmes, en présence de témoins, à la *deductio quae moribus fit*. Celui qui se charge de veiller sur le bien et qui fournit la *cautio pro praede litis et vindiciarum* fait le simulacre d'expulser son adversaire, *deducit*. Par cette violence concertée[1], il assume aux yeux de tous, d'une façon concrète, la possession intérimaire et ses responsabilités. Il veut garder la chose jusqu'à la sentence et il le montre ; même s'il possédait antérieurement, il commence une possession nouvelle ayant sa source dans la *deductio*.

Ce rendez-vous pris par les parties et leurs témoins[2] permettra, en outre, la visite préalable des lieux litigieux, visite dont j'ai signalé l'importance considérable, au point de vue de l'histoire générale du droit[3]. Les adversaires, mis en présence de la chose, se rendront compte d'une façon précise et sans chance d'erreur de la difficulté qui les divise. Les témoins du *deducens*, qui l'assisteront sans doute aussi, en qualité de *sponsores*, dans la *stipulatio pro praede litis et vindiciarum*, verront par eux-mêmes quel est l'état du bien et apprécieront l'étendue possible de leurs obligations.

Ainsi la *deductio quae moribus fit* constitue, d'après notre doctrine, un organe de l'*actio in rem per sponsionem*. Pour justifier cette conjecture de Keller[4], il suffit de renvoyer à nos développements antérieurs, au § 7 du

---

1. L'expression technique est *deductio quae moribus fit*. Cependant, dans un passage du *Pro Caecina*, VIII, 22, Cicéron emploie une périphrase pour désigner notre descente sur les lieux suivie d'une expulsion feinte « *ad eum fundum profectus est, in quo ex conventu vim fieri oportebat* ». Plusieurs auteurs rapportent, on le sait, à l'interdit *uti possidetis* ce texte, qui, d'après nous, vise l'*actio in rem per sponsionem*. Renvoyons au chapitre précédent, § 6, n° III et § 7.
2. *Comp.* Cic., *de off.*, I, 10, 32. Senec., *de benef.*, IV, 35, 2.
3. Voy. Ch. II, n° II.
4. *Ueber die Deductio quae moribus fit und das Interdictum Uti possidetis* (*Zeitschr. für geschicht. Rechtswissensch.*, t. XI, 1842, p. 287 et suiv.).

ch. IV et aux n⁰ˢ V et suiv. du ch. II. Les deux discours de Cicéron, déjà étudiés à plusieurs reprises, montrent en effet, que Fabius se proposait d'intenter contre Tullius une action en revendication et qu'Aebutius nourrissait les mêmes desseins contre Caecina, *Pro Tullio*, VII, 16, VIII, 20, *Pro Caec.*, VII, 19, 20. D'autre part, la *deductio* ne se rattachait pas à la *legis actio sacramenti in rem*. Comment alors ne pas songer à l'*actio in rem per sponsionem*? Le nom de *deductio quae moribus fit* se comprend à merveille, puisque la jurisprudence créa la procédure tout entière.

Ayant déjà comparé avec soin la *deductio quae moribus fit*, telle que nous la concevons, avec la *vis ex interdicto* de l'interdit *uti possidetis*, nous n'avons pas à revenir sur ce sujet [1]. Pas plus qu'à la *vis ex interdicto*, on ne doit lui attribuer un caractère formaliste; la jurisprudence l'a imaginée, à titre d'expédient, en vue d'une utilité déterminée.

Cette utilité, nous croyons la trouver, on l'a vu, dans le règlement de la possession intérimaire. La *deductio* remplaça le décret du magistrat prononçant la *datio vindiciarum*, comme la *stipulatio pro praede* se substitua aux *praedes* [2].

Cette conjecture admise, les énonciations du *Pro Tullio* et du *Pro Caecina* s'expliquent d'elles-mêmes.

Fabius, voulant faciliter la prompte organisation de l'instance et éviter le recours à la *legis actio*, laisse à Tullius la faculté de choisir entre deux partis : ou assumer la garde de la « *centuria Populiana* » ou la lui laisser. Tullius se prononce pour la première alternative.

« *Appellat Fabius, ut aut ipse Tullium deduceret aut ab*

---

[1]. Ch. IV, § 6, n° III et § 7.
[2]. Dans son ensemble, notre doctrine concorde avec celle de M. Bethmann-Hollweg, *Röm. Civilproc.*, t. II, § 89, p. 234 et de M. Paul Krüger, *Krit. Vers.*, p. 78.

eo deduceretur. Dicit deducturum se Tullius, vadimonium Fabio Romam promissurum », Pro Tull., VIII, 20.

Les derniers mots du passage ne contredisent pas, du reste, notre affirmation, d'après laquelle la constitution de la possession intérimaire n'exerce aucune influence sur la distribution des rôles de demandeur et de défendeur. Tullius avait déjà cette dernière qualité ; il ne s'agissait pas pour lui de l'acquérir. Seulement, afin de ne pas contraindre Fabius à le chercher et à recourir à l'*in jus vocatio*, il consentait à s'engager, dans la forme de la stipulation et en faisant intervenir des débiteurs accessoires, à comparaître à Rome devant le magistrat, à un jour déterminé, *vadimonium Fabio Romam promissurum* ; par là il se montrait courtois vis-à-vis de son adversaire et témoignait de son désir de voir la difficulté résolue, aussi promptement que possible.

De même, Caecina, après avoir consulté ses amis et s'être décidé à ne pas prendre la responsabilité de la garde de l'immeuble jusqu'à la sentence, a une entrevue avec Aebutius, dans laquelle il fait connaître à ce dernier ses intentions et prend jour avec lui pour opérer la *deductio*.

« *Cum hoc novae litis genus tam malitiose intenderet, placuit Caecine de amicorum sententia constituere, quo die in rem praesentem veniretur et de fundo Caecina moribus deduceretur. Conlocuntur ; dies ex utriusque commodo sumitur. Caecina cum amicis ad diem venit in castellum Axiam...* », Pro Caec., VII, 20.

Caecina était défendeur ; aucun indice ne permet de supposer, que sa résolution relative à la possession intérimaire dût avoir pour conséquence de le transformer en demandeur.

Comme dernier argument à l'appui de notre thèse, notons, que d'après le *Pro Tullio* et le *Pro Caecina*, la *deductio* se place au début de la procédure, après la *denuntiatio* officieuse faite par le demandeur au défendeur. De même, d'après les Verrines, les parties commencent par conclure la *stipulatio pro praede litis et vindiciarum*. Or, ces faits concordent parfaitement avec nos idées, puisque les *verba solemnia* s'échangeaient tout naturellement sur l'immeuble même [1].

IV. — Parmi les auteurs qui rattachent la *deductio quae moribus fit* à l'*actio in rem per sponsionem*, plusieurs lui attribuent un autre but et une autre portée.

Keller, *op. cit.*, spécialement p. 295 et suiv. croit, que la *deductio* servait à déterminer, d'un commun accord, à qui appartenait la possession au début du procès et par suite, qui jouerait le rôle de demandeur et qui celui de défendeur. Cet auteur s'appuie sur le passage du *Pro Tullio*, dans lequel une étroite connexité paraît exister entre l'obligation de fournir le *vadimonium* et la qualité de *deductus*. Si Tullius veut bien s'engager à comparaître *in jure* et se conduit ainsi en défendeur, cela tient au parti, qu'il prend relativement à la *deductio*.

Ayant répondu par avance à cet argument, il me reste seulement à reproduire les objections décisives, que présentait déjà en 1870 M. Paul Krüger [2].

Comment d'abord expliquer le choix laissé par Fabius à Tullius, si de ce choix dépend la détermination des rôles? Pourquoi Caecina accepte-t-il si facilement de figurer comme *deductus* à la procédure, s'il assume par là les obligations qui incombent au demandeur?

Il serait en outre étrange, que Cicéron, XXXII, 94, 95, s'appuyât sur le projet de *deductio* pour prouver la possession de Caecina, si ce projet condamnait péremptoirement cette prétention. Dans le cas où son client aurait implicitement reconnu par là la possession de l'adversaire, l'avocat aurait dû, au moins, passer le fait sous silence.

---

1. Cette observation explique peut-être un passage du *Pro Caec.*, X, 27, qui montre Caecina repoussé par la force de l'immeuble, réclamant à grands cris la *deductio* ; celle-ci n'avait, à la vérité, rien de formaliste ; mais le client de Cicéron demandait, que son adversaire lui fournît la *cautio pro praede litis et vindiciarum*.

2. *Op. cit,*, p. 76.

La doctrine de Keller écartée, signalons d'un mot celle de M. Wetzell d'après lequel la *deductio*[1], usitée dans l'*actio in rem per sponsionem*, servirait exclusivement à déterminer l'identité de l'immeuble litigieux. Cet auteur croit, au contraire, que le préteur prononçait la *datio vindiciarum*, même dans notre hypothèse.

D'accord avec M. Wetzell sur l'utilité réelle de la descente sur les lieux pratiquée par les parties et leurs témoins, je ne puis cependant le suivre jusqu'au bout. Je l'ai déjà dit, l'*actio in rem per sponsionem*, procédure indépendante créée par la jurisprudence, ne pouvait s'approprier purement et simplement la *datio vindiciarum*, organe de la *legis actio*. Pourquoi en outre cette prise de possession, cette expulsion de l'adversaire? Une simple visite sur les lieux ne comportait rien de pareil[2].

V. — J'ai parlé, jusqu'à présent, de la revendication mobilière ou immobilière. La *deductio quae moribus fit* s'appliquait-elle à la pétition d'hérédité? Malgré le silence des textes, la question doit, semble-t-il, se résoudre par l'affirmative. Les raisons d'utilité pratique ne militaient pas avec moins de force dans cette hypothèse que dans celle de la revendication d'un immeuble; il convenait, encore ici, de manifester extérieurement l'accord intervenu à propos de la garde de la chose pendant les débats, la prudence ne commandait pas moins une visite préalable des lieux, de la maison du défunt tout au moins; le possesseur intérimaire, *deducens*, expulsera son adversaire de cette maison et se conduira comme chef jusqu'au jugement; il entretiendra le feu du foyer, accomplira tous les rites de la religion do-

---

1. *Der röm. Vindicationsprocess*, p. 84 et suiv. Je me place au point de vue de l'utilité pratique de la *deductio*. M. Wetzell croit, en outre, que cette dernière constituait un acte symbolique, correspondant au combat fictif de la *legis actio sacramenti in rem*.

2. Je n'admets pas davantage les idées de M. Wetzell, relativement au prétendu caractère symbolique de la *deductio*. L'*actio in rem per sponsionem* fut imaginée par la jurisprudence, à titre d'expédient; chacun des organes de la procédure doit correspondre à un besoin de la pratique.

mestique, commandera aux esclaves, cultivera le domaine.

VI. — Lorsque des garanties auront été ainsi prises en faveur du gagnant, alors mais seulement alors[1], les plaideurs comparaîtront devant le magistrat. L'institution du *vadimonium* s'harmonisait à merveille avec notre procédure et le plus souvent, sans doute, le défendeur s'engageait, dans la forme de la stipulation et en faisant intervenir des débiteurs accessoires, à se trouver tel jour *in jure*. Il ne restait plus qu'à conclure le pari en présence du préteur, qui, à l'origine, nommait peut-être des récupérateurs; les termes du pari leur servaient d'instructions. Le magistrat pouvait, au temps de Cicéron, user de moyens de coercition en vue de contraindre l'un des plaideurs à conclure le pari, quand la procédure en était déjà arrivée à ce point, « *Si possessor sponsionem non faciet* [2] ; mais, c'était là du droit nouveau. Primitivement, la nécessité de recourir à la *legis actio* constituait la seule sanction du refus de participer au pari ; Cicéron semble bien l'indiquer lui-même « *aut lege agere.. aut sponsionem facere* ».

§ 4. — Caractères et utilité de l'actio in rem per sponsionem.

SOMMAIRE. — I. Caractères de la procédure. — II. Son utilité.

I. — L'*actio in rem per sponsionem* constitue un expédient destiné à éviter les inconvénients de la procédure traditionnelle ; elle ne se confond pas avec la *legis actio*, à laquelle Cicéron l'oppose nettement, *in Verr. Act. sec.* I, XLV, 115. Elle vint seulement prendre place à côté d'elle, offerte mais non imposée aux plaideurs. Le mouvement de réforme, qui donna naissance à notre procédure, ne doit

---

1. Cic. *in Verr. Act. sec.* I, XLV, 115. «... *aut pro praede litis et vindiciarum* CUM SATIS ACCEPISSET, *sponsionem faceret et ita de hereditate certaret.* »
2. *In Verr. Act. sec.* I, XLV, 116.

pas être confondu avec celui qui, plus tard, aboutit à créer la *formula petitoria*. Cette dernière sortit directement des formules solennelles de la *legis actio sacramenti in rem*. Pour s'en convaincre, il suffit de la rapprocher de ces dernières [1]. L'observation, due à Stintzing[2], a une notable portée et sa justesse ne saurait être méconnue. Tandis que, dans l'*actio in rem per formulam petitoriam* comme dans la *legis actio sacramenti*, la véritable question litigieuse se posait directement devant le juge, la jurisprudence recourut à un détour quand elle imagina notre institution; la difficulté qui divise les plaideurs sera tranchée, seulement par voie de conséquence; en apparence, il s'agit de savoir qui a gagné le pari. En d'autres termes, l'*actio in rem per sponsionem* formait une variété de la procédure par le pari, telle que je l'ai définie dans le livre préliminaire. Appartenant encore au passé par quelques-unes de ses règles, elle prépara et annonça l'avenir; dans ce sens, elle servit de transition entre la législation ancienne et le droit des dernières années de la République et des premiers siècles de l'Empire; mais son évolution fut entièrement indépendante. Elle ne constitua pas l'anneau intermédiaire dans une chaîne dont le premier chaînon serait la *legis actio sacramenti* et le dernier l'*actio in rem per formulam petitoriam*; elle ne succéda pas à l'une, pas plus que l'autre ne lui succéda. Bien au contraire, l'*actio in rem per sponsionem* conserva, après le plein épanouissement du système formulaire, le caractère facultatif, qui lui appartenait auparavant. Les plaideurs purent la mettre à profit, il leur fut également loisible de préférer une autre voie.

J'ajoute que le pari ne sert pas seulement à rendre possible une *legis actio*; il forme l'organe essentiel d'une procédure qui se suffit à elle-même et qui conduit à la solu-

---

1. « HANC REM MEAM ESSE AIO EX JURE QUIRITIUM. » « SI PARET ILLAM REM EX JURE QUIRITIUM AULI AGERII ESSE. »

2. *Ueber das Verhältniss der Legis actio sacramento zu dem Verfahren durch sponsio praejudicialis*, p. 61 et 62.

tion du litige, d'une façon indirecte à la vérité ; « *sponsionem facere et* ITA DE HEREDITATE CERTARE », dit Cicéron.

Enfin, si la jurisprudence imagina l'*actio in rem per sponsionem*, en vue d'éviter le recours à la *legis actio sacramenti*, elle se trouva en présence de problèmes qu'avaient dû résoudre autrefois les rédacteurs des XII Tables. Il fallait assurer la garde de la chose pendant les débats, donner des garanties au vainqueur. En conséquence, si l'on qualifie la *legis actio* d'*actio in rem* quand la lutte porte sur la propriété de tel bien, ou sur la qualité d'héritier de telle personne, pour me borner à ces deux exemples, notre procédure mérite d'être désignée par le même terme ; elle appartient au même groupe. Je renvoie, d'ailleurs, aux explications déjà données à propos des actions *in rem*.

II. — Quels avantages l'*actio in rem per sponsionem* présentait-elle sur la *legis actio*? Pour quels motifs les plaideurs préféraient-ils à la procédure traditionnelle la procédure nouvelle mise à leur disposition ? Grâce à elle, ils échappaient d'abord aux dangers du formalisme et à la nécessité d'obtenir le secours d'un homme de l'art ; les nullités pour vices de forme n'étaient plus à redouter. Si on se souvient de la raison donnée par Gaius, IV, 30 au discrédit dans lequel tombèrent peu à peu les *legis actiones*, cette première utilité de l'*actio in rem per sponsionem* paraîtra fort sérieuse.

La substitution aux *praedes* de la *stipulatio pro praede litis et vindiciarum* permettait en outre aux plaideurs de trouver plus facilement des cautions. Au lieu de tomber, comme les *praedes*, sous le coup de la *legis actio per manus injectionem*, tant que le gagnant n'aura pas obtenu complète satisfaction, l'*adpromissor* devra tout d'abord être condamné. Les *praedes* jouaient le rôle principal ; seuls ils pouvaient être poursuivis et ils engageaient gravement leur responsabilité morale. Les *sponsores*, au contraire, restent au second plan ; au lieu de se substituer à leur parent ou ami ils se bornent à lui venir en aide ;

il leur est permis d'espérer que, même si le véritable intéressé succombe et n'exécute pas volontairement la sentence, son adversaire s'adressera à lui et non pas à l'un d'eux ; une seule action naîtra du reste des *verba solemnia* échangés ; à partir de la *litis contestatio*, le créancier qui a traduit en justice le débiteur principal ou l'un des débiteurs accessoires a épuisé son droit.

En résumé, la création de l'action *in rem per sponsionem* correspond à une époque, où la solidarité entre les membres d'un même groupe social commence à devenir moins étroite. Le procès cesse d'être la lutte d'un groupe contre un autre groupe ; le plaideur s'affranchit de plus en plus du contrôle des siens.

A côté de cette double supériorité de l'action *in rem per sponsionem* comparée à la *legis actio sacramenti*, il conviendrait peut-être d'en signaler une autre consistant dans la substitution d'un système de preuves plus moderne au système primitif, tel que nous l'avons exposé. La procédure par le pari aurait ainsi joué en notre matière le rôle, que nous lui avons déjà reconnu à propos de la *legis actio per condictionem* et les idées nouvelles auraient, à leur tour, exercé leur influence sur la *legis actio sacramenti in rem* soit avant soit après la loi Aebutia.

CHAPITRE VI

ACTIO IN REM PER SPONSIONEM. — SYSTÈMES OPPOSÉS AU NÔTRE [1].

§ 1. — Date de l'actio in rem per sponsionem.

SOMMAIRE. — I. Examen de la doctrine, d'après laquelle notre institution appartient certainement à l'époque formulaire et à elle seule. — II. Arguments des adversaires de ce premier système. Quelle est leur valeur ?

I. — M. Bethmann-Hollweg [2] et M. Paul Krüger [3] rattachent à la procédure formulaire l'origine de l'*actio in rem per sponsionem*. Ils s'appuient sur le caractère relativement moderne de notre institution. Tandis que le premier auteur se borne à signaler la simplicité plus grande de la procédure de l'*actio in rem per sponsionem* comparée à la *legis actio sacramenti*, le second se place sur le terrain de la preuve. L'emploi de la méthode nouvelle correspondit, pense-t-il, à la substitution d'une action en revendication simple à l'action double des temps anciens. Le défendeur ne sera

---

1. Je n'ai pu me procurer le mémoire de M. S. Perozzi sur l'*actio in rem per sponsionem*, mémoire cité par M. Cogliolo et M. Buonamici mais qui a été seulement autographié.
2. *Röm. Civilprocess*, t. II, § 89, p. 233.
3. *Kritische Versuche*, p. 70 et p. 79. M. Accarias, *Précis*, t. II, n° 802, p. 815, dit également : « Enfin, tandis que le *sacramentum* remonte à une époque tout à fait lointaine, il est évident que ni la *sponsio* ni la *formula petitoria* ne naquirent avant le système formulaire, et selon toute probabilité elles ne sont même pas contemporaines de la création ; sinon l'on aurait quelque peine à comprendre que la loi Aebutia eût laissé subsister le *sacramentum* en matière réelle ». Répondons à notre savant maître qu'en théorie la *legis actio sacramenti in rem* resta la seule procédure légale non seulement jusqu'à la loi Aebutia mais peut-être même jusqu'à la réforme réalisée par les deux lois Julia. La question est seulement de savoir quand la jurisprudence imagina, à côté de la procédure régulière, un expédient destiné à permettre aux parties de s'en affranchir. Dans le même sens que M. Accarias, voyez encore G. May et H. Becker, *Précis des institutions du droit privé de Rome*, 1892, p. 247.

plus désormais tenu d'établir l'existence de son droit de propriété sur la chose litigieuse. La simple affirmation de son adversaire ne produira par elle-même aucun effet. Si cette idée semble aujourd'hui toute naturelle, on sait cependant qu'elle ne triompha pas sans efforts ; la procédure qui s'en inspira ne put donc naître qu'assez tard, sans doute après la loi Aebutia, début d'une ère nouvelle dans l'histoire de l'administration de la justice civile. Ce fut pendant la même période que la jurisprudence imagina l'interdit *uti possidetis*, qui prépara les voies à l'*actio in rem per sponsionem*.

M. Krüger termine en déniant toute force probante aux arguments de ses adversaires.

II. — Examinons la valeur de ces derniers et voyons s'il ne convient pas de les rejeter, tout en considérant comme probable ou au moins comme possible, la création de l'*actio in rem per sponsionem* à une époque où la *legis actio* régnait encore sans partage [1].

M. de Stintzing [2] s'appuie sur le paragraphe 95 du C. IV de Gaius.

« *Ceterum si apud centumviros agitur, summam sponsionis non per formulam petimus, sed per legis actionem ; sacramento enim reum provocamus...* »

Si, dit-on, le droit du second siècle de l'ère chrétienne imposait encore l'emploi de la *legis actio sacramenti*, quand le procès devait se dérouler devant le collège des centumvirs, les liens étroits qui unissaient notre procédure à la

---

1. La création de l'*actio in rem per sponsionem* nous paraît du reste remonter moins haut que ne le pensent les partisans du second système. A notre avis, l'institution nouvelle n'existait pas encore au moment du vote de la loi Silia, comme le croit Stintzing. Si on ne se borne pas à dire que la réforme se produisit un peu avant ou un peu après la loi Aebutia, il faut au moins la rattacher aux derniers temps de notre période.

2. *Op. cit.*, p. 47. Dans le même sens que Stintzing, comp. A. Schmidt, *Ueber die legis actio per judicis postulationem* (*Zeitschr. der Sav. Stift. für R. G. R. A.*, t. II, 1881, p. 152) et Buonamici, *La storia della procedura civile romana*, p. 47 et suiv.

legis actio sacramenti ne sauraient être niés. Quand la jurisprudence imagina l'*actio in rem per sponsionem*, on ne plaidait pas encore *per concepta verba id est per formulas*.

La même conclusion s'impose si la pratique se servit de la *sponsio praejudicialis*, en vue de substituer la *legis actio sacramenti in personam* à la *legis actio sacramenti in rem*, beaucoup plus compliquée que la première. Cette conjecture sur l'origine de notre institution conduit à une autre relative à sa date. A une époque où le magistrat donnait par écrit ses instructions au juge, on n'eût pas songé à remplacer simplement la *legis actio sacramenti in rem* par la *legis actio sacramenti in personam* ; une réforme aussi modeste n'eût pas suffi. La nature même de cette dernière prouve qu'elle remonte assez haut.

M. Huschke[1] insiste sur cette dernière considération et affirme que sous la procédure formulaire l'emploi de la *sponsio praejudicialis* ne se comprendrait pas.

Les partisans de ce système citent enfin plusieurs textes, de nature, pensent-ils, à justifier leur manière de voir. Ils ne s'accordent d'ailleurs pas tous sur la force probante de ces différents documents.

Si le passage de Cicéron, *in Verr. Act. sec.* I, XLV, 115 paraît significatif à la plupart d'entre eux, M. Karlowa[2] s'appuie sur un récit de Tite-Live, III, 56, ce que ne fait pas M. Huschke qui, à son tour, trouve dans Plaute des allusions à l'*actio in rem per sponsionem*, *Rudens*, III, 4, 7.

---

1. *Die Multa*, p. 481.
2. *Der röm. Civilprozess zur Zeit der Legisactionen*, p. 98. Dans le même sens, Stintzing, *op. cit.*, p. 45 et P. Cogliolo, *Storia del Diritto romano di* G. Padelletti, 1885, *Note al capo* XXVI, p. 333 n. i., M. H. Cŭenot, *De la condamnation civile à l'époque des actions de la loi*, thèse, p. 191, dit également : « La *sponsio*, moyen de mettre en œuvre un droit réel, a préexisté au déclin des *legis actiones* ». Voyez enfin Schulin, *Lehrbuch der Geschichte des röm. Rechts*, p. 590.

ACTIO IN REM PER SPONSIONEM. — AUTRES DOCTRINES   479

Trachalio.

> Ergo dato
> De senatu Cyrenensi quemvis opulentum arbitrum,
> SI TUAS ESSE OPORTET, nive eas esse oportet liberas
> Nive te in carcerem compingi te aequomst aetatemque ibi
> Te usque habitare, donec totum carcerem contriveris.

Enfin M. Costa[1] rapporte à notre sujet d'autres vers de Plaute, *Menaechmi*, IV, 2, 22-28.

> Apud aediles pro ejus factis plurumisque pessumisque
> Deixei causam condiciones teluli tortas, comfragosas,
> Aut plus aut minus quam opus fuerat
> Dicto dixeram, controvorsiam
> Ut.......... SPONSIO
> FIERET : *quid ille? quid?* ME PRAEDEM DEDIT.

Ces arguments ne semblent pas probants, ce sont d'autres considérations indiquées plus haut, qui nous conduisent à rattacher la naissance de l'*actio in rem per sponsionem* à la période antérieure à la loi Aebutia.

En ce qui concerne le paragraphe 93 du C. IV de Gaius, la question est de savoir si l'emploi de la *legis actio sacramenti* dans cette hypothèse fut un legs du passé ou au contraire une innovation et ce problème sera examiné plus tard. De même, nous repousserons ci-après l'hypothèse de Stintzing, d'après laquelle l'*actio in rem per sponsionem* serait en réalité une action *in personam*.

L'expression « *majores nostri* », dont se sert Cicéron, ne nous renseigne pas d'une façon précise sur l'âge de l'institution.

Quant au passage de Tite-Live et aux vers de Plaute, ils font allusion à des offres de parier et non pas à notre variété de procédure par le pari. Que les paroles de Virginius à Appius Claudius doivent être ainsi interprétées, cela est d'abord évident ; mais, même dans les deux scènes de Plaute, il s'agit de savoir si les faits reprochés à quelqu'un sont exacts ou non ; le pari, s'il est accepté, servira

---

1. *Il diritto privato romano nelle comedie di Plauto*, p. 433.

à préparer une accusation au criminel. Le pari ne doit pas être confondu avec la procédure par le pari.

§ 2. — L'actio in rem per sponsionem constituait-elle un expédient destiné à éviter l'emploi de la legis actio sacramenti in rem ?

SOMMAIRE. — I. Notre procédure ne succéda pas, dans l'ordre des temps, à la *legis actio sacramenti in rem*. — II. Elle se plaça à côté d'elle ; les parties purent désormais choisir entre deux moyens d'agir en justice.

I. — Avant le livre de Stintzing, tous les auteurs enseignaient que l'*actio in rem per sponsionem* succéda, dans l'ordre des temps, à la *legis actio sacramenti in rem*. D'après cette doctrine, admise encore aujourd'hui par plusieurs, la jurisprudence romaine suivit, dans ses transformations, une voie unique et non pas deux voies parallèles. Quand la *legis actio sacramenti in rem* ne correspondit plus à l'état social, elle imagina la procédure plus moderne, qui nous occupe ; cette première réforme n'ayant pas suffi, la *formula petitoria* fit son apparition. Celle-ci sortit de l'*actio in rem per sponsionem*, comme cette dernière eut son origine dans la *legis actio sacramenti in rem*. La seconde procédure servit donc de transition entre les deux autres, au sens propre du mot.

Les partisans de cette doctrine qui reportent, bien entendu, l'origine historique de l'*actio in rem per sponsionem* à la période postérieure au vote de la loi Aebutia, citent comme leur étant favorables Gaius, IV, 91, 93 et suiv., Cicéron, *in Verr. Act. sec.* I, XLV et enfin les *Fragm. Vat.*, § 336 [1].

La *sponsio* se rattache en outre au *sacramentum* puisque l'on retrouve « le même détour [2] » dans les deux procé-

---

1. Keller, *op. cit.*, § 25, p. 105, n. 304. Comp. les développements ajoutés par M. Wach dans son édition.
2. C. A. Pellat, *Exposé des principes généraux du droit romain sur la propriété et ses principaux démembrements*, 1853, p. 29. P. Cauwès, *La*

dures et que le juge ne se prononce pas directement sur la question litigieuse.

Enfin, le nom de la *stipulatio pro praede litis et vindiciarum* ne permet pas de douter des liens étroits qui unissent l'*actio in rem per sponsionem* à la *legis actio*. Keller accuse Stintzing de se mettre en contradiction avec lui-même, parce qu'il repousse sa théorie générale et reconnaît néanmoins que les *praedes* du droit ancien servirent de modèles à la *stipulatio pro praede* de la jurisprudence nouvelle.

II. — L'*actio in rem per sponsionem* constitua au contraire, selon nous, un expédient destiné à permettre aux parties d'éviter le recours à la *legis actio*. Comme on l'a vu[1], ce phénomène ne présente rien d'étrange, au point de vue de l'histoire générale du droit ; cette dernière nous a conservé plusieurs exemples de plaideurs faisant trancher la question de propriété d'une façon indirecte, afin de ne pas accomplir les formalités prescrites en matière d'action en revendication. Aux preuves déjà fournies il est même permis d'en ajouter une autre, tirée de l'existence dans la pratique anglaise de l'action *of ejectment* « *actio ex delicto..* établie en faveur du fermier violemment expulsé par un tiers et dans laquelle, pour triompher, le fermier devait établir la propriété de son bailleur. C'est au moyen de cette simple action que tout revendiquant fait maintenant valoir ses droits ».

Keller[2], qui décrit très exactement d'après Rüttimann[3] cette action *of ejectment*, s'efforce en vain d'en tirer un

---

pétition d'hérédité en droit romain et en droit français, thèse Paris, 1865, p. 10. Accarias, *Précis*, t. II, n° 803, p. 815. H. St-Marc, *De la pétition d'hérédité dans le droit romain et dans le droit civil français*, thèse Bordeaux, 1880, p. 6.

1. P. 428 et suiv.
2. *Op. cit.*, p. 116, note 320.
3. *Der englische Civilprocess*, 1851, p. 42 et suiv. Comp. Glasson, *Histoire du droit et des institutions politiques, civiles et judiciaires de l'Angleterre*, t. IV, 1882, p. 421 et 422, t. VI, 1883, p. 626.

argument à l'appui de sa thèse. « La *formula petitoria* simple et directe est encore, dit-il, à trouver en Angleterre. En attendant, on vit sous l'empire d'un état de choses,qui présente une grande analogie avec ce qui existait chez les Romains dans les premiers temps de l'*in rem agere per sponsionem*, avant la découverte de la *formula petitoria* et cet état de choses paraît supportable ».

C'est oublier qu'avant d'être employée d'une façon exclusive par la pratique, l'action *of ejectment* vint seulement prendre place à côté des *writs of entry*, *of assize*, *of right*, qui existaient antérieurement [1].

Ayant signalé déjà les différences profondes qui séparent notre institution de la *legis actio sacramenti* [2], nous croyons inutile de revenir de nouveau sur ce sujet. Tandis que, dans un cas, le juge décide qui a tort, qui a raison, les plaideurs lui soumettent, dans l'autre, une question distincte du véritable litige.

Comment, au surplus, nier le concours de l'*actio in rem per sponsionem* et de la *legis actio sacramenti in rem*, quand on se souvient du passage de Cicéron, plusieurs fois cité, *in Verr. Act. sec.*, I, XLV, 115 ?

« *Lege ageret in hereditatem* AUT..... *sponsionem faceret, et ita de hereditate certaret* ».

Le texte ne saurait être plus clair ; les parties choisiront entre la procédure traditionnelle et l'expédient mis à leur disposition par la jurisprudence.

Stintzing a, en outre, démontré, nous l'avons vu plus haut, que la *formula petitoria* sortit directement des formules solennelles de la *legis actio sacramenti in rem* ; deux évolutions distinctes se produisirent dans la pratique romaine et les deux réformes, auxquelles elles aboutirent, n'eurent pas le même caractère.

Quant au reproche de contradiction tiré de l'existence de la *stipulatio pro praede litis et vindiciarum*, il convient,

---

1. Glasson, *op. cit.*, t. IV, p. 422.
2. Liv. prélimin., chap. I, n[os] V et VI, spécialement p. 20 et suiv.

sans aucun doute, de l'écarter. Même si l'*actio in rem per sponsionem* ne pouvait être utilisée que d'un commun accord et servait à tourner la législation existante, la nature des choses s'imposait aux plaideurs et il fallait résoudre les problèmes qu'avaient autrefois résolus les auteurs de la *legis actio*. L'objection nous embarrasse d'ailleurs d'autant moins, qu'à notre avis la procédure a un caractère purement réel et que nous repoussons les idées de Stintzing à ce sujet [1].

§ 3. — Comment et pourquoi la jurisprudence réalisa-t-elle la réforme ?

SOMMAIRE. — I. Exposé de la doctrine, d'après laquelle la jurisprudence se borna à substituer à la *legis actio sacramenti in rem* la *legis actio sacramenti in personam*, plus tard la *legis actio per condictionem*. — II. Réfutation de cette doctrine. — III. Notre procédure n'est pas une variété de la *legis actio per judicis postulationem*. — IV. Elle ne rentre pas dans la catégorie des *jurgia*, par opposition aux *lites*. — V. Différentes utilités assignées par les auteurs à la création de l'*actio in rem per sponsionem*.

I. — D'après Stintzing [2], les plaideurs, qui, d'un commun accord, voulaient éviter le recours à la *legis actio sacramenti in rem*, se bornaient à conclure une stipulation conditionnelle, la *sponsio prejudicialis* ; le défendeur jouait dans cette stipulation le rôle de promettant. Dès l'origine, cette stipulation n'eut rien de sérieux et servit seulement à permettre l'emploi de la *legis actio sacramenti in personam*, plus tard de la *legis actio per condictionem*, « *et prop-*

---

1. Comp. Bekker, *die Aktionen*, t. I, ch. XI, p. 212 et note 15, qui dit très bien : « La procédure *de re* engagée au moyen de la *sponsio* peut donc être envisagée comme imitée de la *legis actio in rem* mais non comme ayant servi de modèle à la *formula petitoria*, qui se rattache directement à la vieille *legis actio*, sans que le besoin d'une institution intermédiaire se fasse sentir ». Il importe d'ailleurs de ne pas se méprendre sur la portée de notre doctrine. La procédure par le pari introduisit dans la pratique judiciaire des conceptions plus modernes et prépara de cette façon les progrès ultérieurs.

2. *Op. cit.*, p. 72 et suiv.

ter hoc solum fit ut per eam de re judicetur [1] ». Le demandeur se présentait comme créancier, en vertu d'une stipulation qui, comme toutes les stipulations, supposait le libre consentement des parties ; les *verba solemnia* ne s'échangeaient pas *in jure,* devant le magistrat et, pas plus à cet égard qu'aux autres, le contrat ne s'écartait du droit commun. La jurisprudence acheva son œuvre, en ajoutant à la *sponsio praejudicialis* une stipulation conditionnelle accessoire, qui reçut le nom de *stipulatio pro praede litis et vindiciarum*. Le défendeur s'engageait à restituer la chose litigieuse, pour le cas où il succomberait et des *sponsores* s'obligeaient en même temps dans son intérêt. Grâce à cette combinaison de la *sponsio praejudicialis* et de la *stipulatio pro praede litis et vindiciarum*, les parties jouissaient à la fois des avantages de l'action *in personam* et de ceux de l'action *in rem*. La procédure suivie par elles conserva néanmoins le caractère essentiel d'une *legis actio sacramenti in personam*, plus tard d'une *legis actio per condictionem*.

A l'appui de leur idée, Stintzing et les auteurs qui le suivent font valoir cette considération, qu'il n'y a pas d'autre moyen de concilier l'existence de l'*actio in rem per sponsionem* avec les principes, qui dominent le système primitif de la procédure romaine. La jurisprudence ne saurait, dit-on, créer un nouveau moyen d'agir en justice ; mais rien n'empêche les parties de prononcer les *verba solemnia* de la stipulation et, cela fait, il suffit d'appliquer le droit commun [2].

---

1. Gaius, IV, 94.
2. Mor. Voigt, *Das jus naturale, aequum et bonum...*, t. III, p. 816 et 817. Gradenwitz, *Zwangsvollstreckung und Urtheilssicherung*, p. 300. H. Cüenot, *De la sentence du juge et de sa réalisation dans l'actio sacramenti in rem* (*Nouv. Rev. hist. du droit*, t. XVII, 1893, p. 336) : « la *sponsio* n'est pas une forme de procédure spéciale, c'est un contrat né *verbis* qui se dénoue par une action *in personam* ». M. P. F. Girard, *L'histoire de la condictio*, d'après M. Pernice, p. 422, dit également : « la procédure *per sponsionem* a pu servir, dès le temps des actions de la loi et dès avant la loi

Signalons comme une variété de la doctrine de Stintzing, celle que développa en 1881 M. A. Schmidt dans son étude sur la *legis actio per judicis postulationem* [1]. D'après M. Schmidt, qui, tout en faisant preuve de sa pénétration habituelle, confond le pari et la procédure par le pari, la *sponsio praejudicialis* correspondit non pas à la première mais à la seconde phase de l'histoire de notre procédure. Les plaideurs, qui voulaient se soustraire aux inconvénients de la *legis actio per sacramentum*, commencèrent par recourir à un pari véritable dans la forme d'une double stipulation, *sponsio pœnalis* suivie de *restipulatio pœnalis*. Celui qui se jugeait lésé dans l'exercice de son droit de propriété défiait son adversaire de conclure un pari, portant sur l'objet de leur différend. Les mœurs romaines, dit M. Schmidt, ne permettaient guère de reculer à celui auquel s'adressait un pareil défi. Les deux stipulations intervenaient. Le demandeur devait alors prouver qu'il avait gagné son pari, parce qu'il était propriétaire du bien litigieux. Dans ce but, il réclamait le montant de l'enjeu, au moyen de la *legis actio per sacramentum* avant la loi Silia, au moyen de cette *legis actio* ou de la *legis actio per condictionem* à son choix, après la loi Silia. Obtenait-il gain de cause, il avait, par cela même, établi judiciairement que le bien litigieux lui appartenait. A la vérité, le vaincu pouvait encore se servir de la *legis actio sacramenti in rem* et soulever de nouveau le débat sur la propriété. En droit, la règle « *bis de eadem re ne sit actio* » ne s'appliquait pas dans cette hypothèse; car les formalités traditionnelles n'avaient pas été accomplies. Bien loin de s'être conformées à la coutume, les parties avaient eu recours à un expédient, en vue de la tourner. Néan-

Silia, d'expédient pour mettre à la place de la procédure plus compliquée du *sacramentum in rem*, celle plus simple du *sacramentum in personam* ».

1. *Zeitschr. der Sav-Stift. für* R. G., t. II, 1881, R. A., p. 153 et 154. MM. G. May et H. Becker, *op. cit.*, p. 247, admettent également l'existence du pari, encore à l'époque de Cicéron.

moins, le gagnant ne devait pas sérieusement craindre de voir le conflit renaître. Le plaideur, qui, après avoir accepté le pari, eût voulu lutter de nouveau, se fût exposé à une défaite certaine.

Plus tard, le pari céda la place à la *sponsio praejudicialis*; au lieu de deux stipulations, il n'y en eut plus qu'une seule et le montant de la somme promise, cessa même d'être exigé ; au contraire, la règle « *bis de eadem re ne sit actio* » ne s'appliqua pas davantage ; notre procédure conserva son caractère d'action *in personam*. Il fallait recourir à la *legis actio sacramenti in rem*, si on voulait trancher en droit, d'une façon absolument définitive, la question de propriété.

Enfin, dans une troisième et dernière période, l'*actio per sponsionem* devint une *actio in rem* ; la *stipulatio pro praede litis et vindiciarum* vint s'adjoindre à la *sponsio praejudicialis*. Parmi les organes de l'ancienne *actio in rem*, la nouvelle conserva donc ceux qui présentaient encore une véritable utilité pratique et rejeta les autres.

II. — S'il fallait choisir entre le système de Stintzing et celui de Schmidt, nos préférences iraient à ce dernier.

Nous croyons en effet avoir démontré, que Gaius ne décrit pas l'institution sous sa forme primitive et que, du temps de Cicéron, le pari s'engageait encore.

Laissons cependant de côté, pour un instant, les arguments tirés des textes. Si la *sponsio praejudicialis* est un organe procédural, on peut soutenir, à la rigueur, que la jurisprudence créant l'*actio in rem per sponsionem* donna, dès l'origine, un caractère plus moderne à la *sponsio poenalis* suivie de *restipulatio* ; mais il ne faudrait pas alors enseigner, comme le fait Stintzing, que l'institution existait déjà du temps de Plaute.

Examinons maintenant, au fond, la doctrine dont il s'agit. Il convient de ne pas oublier que le droit ancien ignore les classifications savantes, analogues à celles de nos actions en actions réelles et en actions personnelles [1]. Les

---

[1]. Voy. plus haut, p. 311 et suiv.

parties devaient accomplir, nous l'avons dit[1], les formalités spéciales décrites par les paragraphes 16 et 17 du C. IV de Gaius, lorsque les circonstances permettaient la *vindicatio* et la *contravindicatio* et que se posait le problème de la garde de la chose litigieuse pendant les débats. Les romanistes contemporains appellent alors la procédure *legis actio sacramenti in rem*. Or, la *stipulatio pro praede litis et vindiciarum* correspondait à la *datio praedum*, la *deductio quae moribus fit* à la *datio vindiciarum*. Notre procédure était donc une action *in rem*, si on veut se servir de cette terminologie pour l'époque antérieure au complet développement du système formulaire. L'existence de la *stipulatio pro praede litis et vindiciarum* condamne la doctrine de Stintzing.

M. A. Schmidt l'a bien senti et il essaie d'échapper à l'objection par une distinction d'époques. Seulement, son ingénieuse conjecture ne repose sur aucun fondement. D'après Cicéron, *in Verr. Act. sec.* I, XLV, 115, la *stipulatio pro praede litis et vindiciarum* se conclut avant le pari, qu'elle prépare ; elle se lie de la façon la plus étroite à la procédure et ne saurait en être détachée. Si l'hypothèse de M. Schmidt était exacte, il faudrait dire que notre institution prit naissance au moment où la pratique imagina la *stipulatio pro praede litis et vindiciarum* et fut seulement précédée par une autre institution, qui lui ouvrit la voie.

Il importe enfin de ne pas confondre le pari et la procédure par le pari. L'expression « *agere per sponsionem* », dont se servent les textes, ne se comprendrait guère, si la *sponsio* était une stipulation ordinaire, permettant de recourir à la *legis actio per sacramentum*, plus tard à la *legis actio per condictionem*. Ainsi interprétée, la *sponsio* ne servirait pas à saisir la justice d'un différend et cependant la portée technique du mot *agere* ne saurait être niée.

Cicéron, dans les Verrines, n'opposerait pas notre pro-

---

1. P. 388.

cédure à la *legis actio,* si l'emploi de cette dernière ne pouvait en aucun cas être évité et si l'expédient imaginé par la jurisprudence consistait à substituer la *legis actio sacramenti in personam* à la *legis actio sacramenti in rem.*

Est-il vrai enfin que le système de Stintzing fournisse le seul moyen de respecter les principes fondamentaux, qui dominent la procédure primitive des Romains? Nous ne le pensons pas. Substituer la *legis actio sacramenti in personam* à la *legis actio sacramenti in rem*, c'est aussi se mettre en contradiction avec la loi. En droit, la règle : « *bis de eadem re ne sit actio* » ne sera donc pas applicable, M. Schmidt l'a très bien vu. Cet auteur objecte que, dans la pratique, ce fait n'aura pas d'inconvénients sérieux. L'observation est juste ; on peut même ajouter que le plaideur trouverait difficilement des *praedes* consentant à l'assister si, après avoir succombé une première fois, il voulait soulever de nouveau la question litigieuse, au moyen de la *legis actio sacramenti in rem.*

Seulement, le problème se présente sous le même aspect, si on adopte notre doctrine. Nous enseignons plus haut, qu'à la fin de notre période la pratique appliquait déjà la règle « *bis de eadem re...* ». Si cette conjecture paraît trop hardie, notre système peut être corrigé sur ce point. Que l'on reporte même, si on le veut, à l'époque formulaire la naissance de l'*actio in rem per sponsionem*. Toujours est-il, qu'il convient de rejeter cette singulière idée d'une action *in rem per sponsionem* exercée sous la forme d'une action *in personam*, idée qui, M. Paul Krüger le constate, renferme en elle une contradiction [1].

III. — C'est dans une direction tout opposée, que M. Huschke cherche la solution du problème. L'*actio in rem per sponsionem* lui paraît être la *legis actio per judicis postulationem*, à laquelle la jurisprudence ajouta un certain nombre de formalités, justifiées par la nature même de la

---

[1]. Rudorff, *Röm. Rechtsgeschichte*, t. II, § 37, p. 135, a nettement vu, qu'il importait de ne pas confondre notre procédure avec le pari.

question litigieuse[1]. Tandis que M. Stintzing sépare, autant que possible, notre procédure de la *legis actio sacramenti in rem*, M. Huschke l'en rapproche au contraire dans une large mesure. Il donne le nom de *legis actio per sponsionem* au résultat du travail de la jurisprudence. Que cette dernière ait pu modifier la *legis actio per judicis postulationem*, cela ne lui semble pas d'ailleurs douteux, puisqu'elle eut, par exemple, la faculté de permettre au magistrat de ne pas se rendre lui-même sur le bien revendiqué.

Les parties recouraient, selon M. Huschke, à la *legis actio per sponsionem*, quand elles étaient d'accord sur le point de savoir à qui appartenait la possession et comment seraient distribués les rôles. Chacune d'elles affirmait son droit de propriété sur la chose, sans se servir du reste de la *festuca*. S'agissait-il d'un meuble, le défendeur fournissait *in jure* à son adversaire la *satisdatio pro praede litis et vindiciarum* et jouait le rôle de promettant dans la *sponsio praejudicialis*. Il suffisait ensuite au demandeur de prononcer les paroles solennelles de la *judicis postulatio*. Quand la revendication était immobilière, la *deductio quae moribus fit* s'ajoutait aux formalités déjà décrites; une motte de terre, *gleba*, tenait, en outre, au Forum la place de l'immeuble lui-même.

Si la doctrine de M. Huschke s'harmonise mieux que celle de M. Stintzing avec les besoins de la pratique, elle se heurte au passage de Cicéron, déjà bien des fois cité, *in Verr. Act. sec.* I, XLV, 115. En matière de pétition d'hérédité, dit l'orateur, les parties choisissaient entre la *legis actio* et notre procédure; dans le cas où cette dernière constituerait elle-même une *legis actio*, un pareil langage ne se comprendrait pas. Il est, de plus, à peine besoin d'insister sur le caractère purement arbitraire de plusieurs des affirmations de M. Huschke.

---

1. *Multa*, p. 482 et suiv. Comp. Buonamici, *La storia della procedura civile romana*, p. 51.

IV. — D'après M. Karlowa[1], la jurisprudence permit aux plaideurs, à partir d'une certaine époque, de substituer, d'un commun accord, à la procédure légale et rigoureuse, *lis*, une procédure plus moderne et basée sur la *jurisdictio* du magistrat, *jurgium*. Comme le juge pouvait répondre par oui ou par non à la question qui lui était posée, on se servit de la *sponsio praejudicialis*. Les deux adversaires devront s'entendre, sur le point de savoir qui sera considéré comme étant en possession, qui jouera en conséquence le rôle de défendeur et gardera la chose pendant les débats. Ce dernier figurera comme promettant dans la *sponsio praejudicialis* et dans la *stipulatio pro praede litis et vindiciarum*. Selon M. Karlowa, au contraire, la *deductio quae moribus* ne constitue pas un organe de l'*actio in rem pe sponsionem*; il la rattache à l'interdit *uti possidetis*.

Notre auteur s'appuie d'abord sur sa théorie générale du *jurgium* et sur les textes qui l'opposent à la *lis*; il cite en outre la scholie du pseudo Asconius sur Cicéron, *in Verr. Actio sec.* I, XLV, 115.

« ... *Et ideo, qui eam tenet, dat pro praede litis vindiciarum adversario suo quo illi satisfaciat, nihil se deterius in possessione facturum de qua* JURGIUM *esset...* »

Sans soumettre à une discussion approfondie les idées personnelles de M. Karlowa à propos de la distinction entre la *lis* et le *jurgium*, bornons-nous à répondre, que si le droit romain ancien connaissait deux procédures parallèles, l'une et l'autre parfaitement licites, ce phénomène serait unique dans l'histoire générale du droit. Pourquoi n'avoir pas créé plutôt un nouveau *modus lege agendi*, donnant satisfaction aux besoins de la pratique?

Ajoutons, que, d'après la conception primitive du procès, le magistrat assiste comme juge du camp à la lutte qui s'engage entre les deux particuliers et que sa *jurisdictio* ne l'autorise pas à créer de nouveaux moyens d'agir en justice.

---

1. *Der röm. Civilprozess zur Zeit der Legisactionen*, p. 99 et suiv.

A la vérité, nous permettons au magistrat d'intervenir et de donner l'investiture officielle au juge ou aux récupérateurs, après que les parties ont conclu le pari en sa présence. Seulement, ce fut là, à nos yeux, une dérogation aux principes anciens, dérogation relativement fort récente et introduite par la pratique, à un moment où le système de procédure commençait à se transformer. Il y eut là un expédient destiné à tourner la loi et non pas une forme de procédure aussi licite que la *legis actio*, auprès de laquelle elle était placée.

V. — Si enfin nous recherchons quelle fut l'utilité de l'*actio in rem per sponsionem*, des divergences pourront être signalées entre les auteurs, qui s'accordent cependant à envisager notre procédure comme destinée à remédier aux inconvénients de la *legis actio sacramenti in rem*.

M. Accarias[1] signale comme constituant une triple supériorité de l'*actio in rem per sponsionem*, le fait que la possession reste provisoirement où elle est, c'est-à-dire entre les mains du défendeur, la règle nouvelle d'après laquelle ce dernier n'a plus aucune preuve à fournir, enfin le caractère purement préjudiciel de la *sponsio* ; aucune peine n'atteint le plaideur téméraire.

Selon Stintzing[2], les parties évitaient, grâce à la *sponsio*, le dépôt du *sacramentum quingenarium* qui, pendant notre période, constitua toujours une somme importante ; dans ce but, le défendeur promettait moins de 1000 as, en cas d'échec.

La *legis actio sacramenti in personam* l'emportait, en outre, par sa simplicité sur la *legis actio sacramenti in rem*. Elle épargnait surtout aux parties le voyage quelquefois long et coûteux, qu'elles auraient dû entreprendre dans le but d'aller chercher sur l'immeuble litigieux la motte de

---

[1]. *Précis*, t. II, p. 815. Dans le même sens, Dernburg, *Entwicklung und Begriff des juristichen Besitzes*, § 8, p. 35.

[2]. *Op. cit.*, p. 70 et suiv.

terre, *gleba*, destinée à figurer comme accessoire dans le drame judiciaire.

Enfin, après le vote de la loi Silia, la *sponsio praejudicialis* permettait aux plaideurs de recourir à la *legis actio per condictionem*, procédure très simple et très prompte.

Une dernière hypothèse, due à M. Bethmann-Hollweg [1], mérite aussi d'être signalée. Cet auteur estime que, du temps de Cicéron, le demandeur avait le choix entre la *legis actio sacramenti in rem* et l'*actio in rem per sponsionem* et décidait par cela même si le procès serait jugé par le collège des centumvirs ou par un *judex unus*. En d'autres termes, la création de l'*actio in rem per sponsionem* eut pour effet de restreindre la compétence du collège des centumvirs.

Après les développements, dans lesquels nous sommes entré plus haut, un examen approfondi de ces différentes conjectures paraît superflu. Les textes relatifs à la *deductio quae moribus fit* montrent, à notre avis, que la garde de la chose pendant les débats n'appartenait pas toujours au possesseur. Peut-être, à la vérité, les nouvelles idées relatives à la preuve triomphèrent-elles d'abord à propos de l'*actio in rem per sponsionem* ; mais, contrairement à l'opinion générale, nous ne pensons pas que, dans l'ancien droit, la situation de chacune des parties fût, au point de vue de la preuve, identique à celle de l'autre. Enfin, encore au temps de Cicéron, la pratique n'avait pas imaginé la *sponsio praejudicialis* et un pari véritable servait de base à la procédure.

L'expédient imaginé par la jurisprudence ne dispensait pas les plaideurs de l'obligation de se rendre ensemble sur l'immeuble litigieux, puisque, dans notre doctrine, ils devaient accomplir la *deductio quae moribus fit*. Comment s'en étonner, si on songe à l'utilité pratique des descentes sur les lieux dans une société qui ignorait le cadastre et les exploits d'ajournement ?

---

1. *Der röm. Civilprozess*, t. II, § 89, p. 233, p. 235.

A qui se souviendra des textes cités dans la section I, la *legis actio per condictionem* ne paraîtra pas aussi simple ni aussi prompte qu'à Stintzing. L'inexactitude du système de cet auteur s'accuse ainsi, une fois de plus. En réalité, il accumule une procédure sur l'autre et il aboutit logiquement à cette conclusion de maintenir la *sponsio poenalis tertiae partis* suivie de *restipulatio*, en matière d'*actio in rem per sponsionem*, à côté de la *sponsio praejudicialis*.

Enfin, aborder le problème de la compétence du collège des centumvirs nous entraînerait beaucoup trop loin. Bornons-nous à dire, que l'*actio in rem per sponsionem* ne put jamais, à l'origine, être jugée par le collège des centumvirs mais que ce fait n'exerça aucune influence sur son introduction dans la pratique. Car, d'après la doctrine de M. Wlassak, à laquelle nous nous rattachons, la compétence du collège des centumvirs était facultative et non pas exclusive [1].

Notre section IV est ainsi achevée. La procédure primitive de l'action *in rem* a été décrite tout d'abord. Cette législation, qui correspondait à l'ancien état social, parut plus tard trop rigoureuse et les Romains firent preuve une fois de plus de leurs remarquables aptitudes juridiques, en créant, à côté de la *legis actio sacramenti in rem*, la procédure par le pari. Celle-ci fut employée en premier lieu sous la forme des *interdicta retinendae vel recuperandae possessionis causa*, ensuite sous celle de l'*actio in rem per sponsionem*. Cette double réforme, à laquelle collaborèrent les plaideurs et le magistrat, introduisit dans le monde judiciaire des idées nouvelles, qui, à leur tour, on le verra, préparèrent de nouveaux progrès.

---

1. Voyez notre article dans la *Grande Encyclopédie* v° *Centumvirs* et la bibliographie qui s'y trouve.

TABLE DES MATIÈRES

	Pages
PRÉFACE	V
LIVRE PRÉLIMINAIRE	1

CHAPITRE I. — **Les legis actiones.**

    I. Définition de la *legis actio*. — II. Dans quel ordre historique apparurent les *modi lege agendi* ? — III. La *legis actio per manus injectionem*. — IV. La *legis actio per pignoris capionem*. — V. La *legis actio per sacramentum*. — VI. Elle ne constitue pas une procédure par le pari. — VII. Caractères généraux communs à ces trois *legis actiones* . . .   3

CHAPITRE II. — **Le pari.**

    I. Distinction théorique du jeu et du pari. — II. Le pari par le dépôt de l'enjeu chez les Romains. — III. Le pari dans la forme d'une double stipulation. — IV. Conditions de validité du pari quant au fond. — V. Jugement du pari. — VI. Applications multiples du pari chez les Romains.   32

CHAPITRE III. — **La procédure par le pari.**

    § 1. — *Définition et considérations générales.*

        I. Distinction du pari et de la procédure par le pari. — II. Rejet d'une conjecture de M. Matthiass. — III. Caractères de la procédure par le pari   47

    § 2. — *Coup d'œil sur la littérature du sujet.*

        I. État de la question. — II. D'après l'opinion générale, le pari donne naissance à une action et ne constitue pas un organe procédural. Rejet de cette opinion.   50

    § 3. — *Existe-t-il dans d'autres législations primitives une procédure analogue à la procédure par le pari ?*

        I. Les paris conclus au cours d'un procès, dans l'histoire générale du droit. — II. Ces paris ne doivent pas être confondus avec la procédure romaine, qui fait l'objet de cette étude   53

LIVRE PREMIER.

La procédure par le pari depuis les origines jusqu'au vote de la loi Aebutia 59

TITRE PREMIER.

Origine et domaine d'application de la procédure par le pari ; ses différentes variétés 61

SECTION I

La legis actio per condictionem de la loi Silia. 63

CHAPITRE I. — **Etat de la législation au moment du vote de la loi Silia.**

§ 1. — *L'opération de crédit du droit ancien.*

I. Sens des mots *credere, pecunia credita*. Caractères de l'opération de crédit du droit ancien. 63

§ 2. — *Sanction de l'opération de crédit avant la loi Silia.*

I. Recours à la *legis actio per manus injectionem, per sacramentum, per judicis postulationem*, suivant les cas. . . . 68

CHAPITRE II. — **La loi Silia.**

I. Conditions auxquelles s'applique la loi Silia. La dette doit avoir pour objet une certaine quantité de pièces de monnaie romaine et tirer son origine d'une des opérations de crédit en usage au moment du vote de la loi *pecunia credita*. Renvoi pour cette dernière affirmation au ch. IV. — II. Date de la loi Silia. 69

CHAPITRE III. — **Rapports de notre legis actio per condictionem et de l'actio certae creditae pecuniae du droit classique.**

§ 1. — *L'actio certae creditae pecuniae du droit classique.*

I. Sens technique des mots *actio certae creditae pecuniae* ou *de certa credita pecunia*. — II. On ne doit pas considérer comme synonymes les locutions *actio certae creditae pecuniae* et *condictio certi*. — III. Le droit classique ne connaissait pas deux actions distinctes, l'*actio certae creditae pecuniae* et la *condictio certae pecuniae*. 73

§ 2. — *La legis actio per condictionem de la loi Silia portait-elle déjà le nom d'actio de pecunia certa credita ?*

I. Sérieuses raisons qui militent en faveur de la solution affirmative ; dans l'état des textes, il vaut mieux cependant ne pas se prononcer. 81

§ 3. — *L'actio certae creditae pecuniae se rattache-t-elle par les liens de la filiation historique à la legis actio per condictionem de la loi Silia?*

I. Arguments en faveur de l'affirmative. — II. L'*actio certae creditae pecuniae* ne doit pas être considérée comme le produit de la fusion de la *legis actio per sacramentum* et de la *legis actio per condictionem*. — III. Notre action ne dérive pas davantage de la *legis actio per judicis postulationem* . 82

CHAPITRE IV. — Domaine d'application de la legis actio per condictionem.

§ 1. — *Exposé de la doctrine à laquelle nous nous rallions.*

I. La loi Silia s'appliquait exclusivement à la *pecunia credita*. 87

§ 2. — *Critique des doctrines opposées à la nôtre.*

I. La *legis actio per condictionem* ne fut pas imaginée pour sanctionner l'obligation née du *mutuum*. — II. Elle ne put pas être utilisée toutes les fois que le demandeur se présentait comme créancier et réclamait le paiement d'une somme d'argent déterminée. — III. Elle ne s'ouvrait pas en vue d'empêcher le défendeur de réaliser un enrichissement sans cause licite au détriment de son adversaire. — IV. Les auteurs de la loi Silia ne confièrent pas à la jurisprudence la mission de déterminer le domaine de la nouvelle *legis actio*. 92

§ 3. — *La legis actio per condictionem concourait-elle avec une autre legis actio ?*

I. — Dans les cas prévus par la loi Silia, le recours à la *legis actio per condictionem* s'imposait. Arguments tirés des textes et des motifs de la loi 109

CHAPITRE V. — Motifs de l'introduction de la legis actio per condictionem.

§ 1. — *Exposé de notre doctrine.*

I. Le délai de trente jours de la *legis actio per condictionem* a le caractère d'un délai de grâce destiné à permettre au débiteur de s'acquitter : Les auteurs de la loi Silia voulurent améliorer la situation de ce dernier. — II. Ils crurent en outre nécessaire d'organiser une procédure spéciale aux dettes d'argent ayant leur source dans un acte juridique, procédure qui n'aurait aucun caractère pénal et à laquelle ne s'appliqueraient pas les règles anciennes relatives à la preuve. — III. Notre conjecture peut se concilier avec le paragraphe 20 du C. IV de Gaius 110

§ 2. — *Discussion des principales doctrines opposées à la nôtre.*

I. Classement des principaux systèmes. — II. La loi Silia n'eut pas pour objet de sanctionner un ou plusieurs contrats déterminés. — III. La *legis actio per condictionem* ne doit pas être considérée comme un instrument de réforme d'une puissance indéfinie, créé en vue d'écarter la règle : *nulla actio sine lege.* — IV. Elle ne fut pas imaginée en vue de permettre aux pérégrins de se présenter d'une façon indépendante, devant les tribunaux romains. — V. Sa création ne s'explique ni par la diminution de la valeur de l'*as*, ni par la frappe de la monnaie d'argent. — VI. Sa raison d'être ne consiste pas dans une simplification générale de la procédure, utile aux deux parties. — VII. Elle ne tend pas à faciliter le recouvrement de la créance dans l'intérêt du demandeur. — VIII. Elle ne constitue pas une première tentative faite en vue de séculariser la procédure 120

CHAPITRE VI. — **La legis actio per condictionem constitue-t-elle une procédure par le pari ?**

§ 1. — *Le jusjurandum in jure delatum à l'époque classique.*

I. Définition. — II. Méthode employée par M. Demelius en vue de déterminer les textes relatifs au serment nécessaire et ceux qui se rapportent au serment conventionnel. Le titre *de jurejurando* de l'*Edictum perpetuum.* — III. Le *jusjurandum in jure delatum* ne pouvait être déféré que par le demandeur. — IV. Son domaine d'application, loin d'être illimité, se restreignait, en principe, à l'*actio certae creditae pecuniae* et à la *condictio triticaria.* — V. Son objet se confondait toujours avec celui de la demande. — VI. Il devait être déféré et prêté devant le magistrat, *in jure.* — VII. Quand le serment nécessaire n'était ni prêté ni référé par le défendeur, la loi romaine traitait ce dernier comme *confessus* ; elle assimilait à la *litiscontestatio* la prestation du serment nécessaire. — VIII. Ce dernier ne saurait être envisagé comme le résultat d'une transaction. — IX. Ce n'était pas davantage un jugement rendu par l'un des plaideurs dans sa propre cause. — X. Il ne servait pas d'expédient destiné à rendre la procédure plus rapide et plus simple. — XI. Il présentait le caractère d'un moyen de preuve formaliste. 133

§ 2. — *L'institution du serment nécessaire remonte-t-elle à la loi Silia ?*

I. Le serment du défendeur, auquel on réclame le paiement d'une prétendue dette, d'après l'histoire générale du droit. — II. La loi Silia réglementa le serment nécessaire. —

III. On ne doit considérer cette institution ni comme entièrement nouvelle ni comme se rattachant par la voie de la filiation historique à la *legis actio sacramenti*. — IV. La principale différence entre la législation ancienne et la législation nouvelle consista en ce que le demandeur put recourir au pari au lieu de déférer le serment. 154

§ 3. — *La sponsio tertiae partis figurait-elle dans la loi Silia ?*
I. Arguments en faveur de l'affirmative et réponse aux objections. — II. La *sponsio tertiae partis* n'apparut pas seulement sous la procédure formulaire. — III. On ne doit pas davantage la considérer comme ayant été introduite par une loi autre que la loi Silia, antérieure néanmoins à la loi Aebutia 163

§ 4. — *Le pari doit-il nécessairement être conclu par les plaideurs ou dépend-il du demandeur de recourir ou non à la sponsio tertiae partis ?*
I. Quand le demandeur ne déférait pas le serment nécessaire le pari ne pouvait être évité. — II. Critique de la doctrine d'après laquelle la *sponsio tertiae partis* était seulement facultative. 176

§ 5. — *Le débat roule-t-il sur le pari ou au contraire les deux stipulations présentent-elles un caractère exclusivement pénal ?*
I. Le pari trace au juge sa mission. — II. Réponse aux objections 180

CHAPITRE VII. — **La loi Silia contenait-elle des dispositions relatives au cas où le débiteur avait, la dette étant déjà exigible, fixé un jour pour le paiement et n'avait pas payé au jour dit ?**
I. Etroite connexité de l'*actio de pecunia constituta* et de l'*actio de pecunia certa credita*. — II. La *sponsio dimidiae partis* se rattache historiquement à la *sponsio tertiae partis* ; elle tendit à punir un manque de foi particulièrement grave du débiteur. — III. L'*actio de pecunia constituta* n'a pas son origine dans le droit civil. — IV. La loi Silia ne semble pas non plus avoir visé l'hypothèse de la *pecunia constituta*. 186

SECTION II

La legis actio per condictionem de la loi Calpurnia . . 193

CHAPITRE I. — **La loi Calpurnia, son objet, ses motifs.**
I. La date de la loi Calpurnia. — II. La loi Calpurnia s'appliquait même aux dettes de corps certains. — III. Motifs de l'extension du domaine de la *legis actio per condictionem*. 193

CHAPITRE II. — **La legis actio per condictionem créée par la loi Calpurnia constituait-elle une procédure par le pari ?**

I. La doctrine très généralement adoptée se prononce pour la négative. — II. Arguments présentés en faveur de l'affirmative par M. Wieding et M. Kappeyne van de Coppello. — III. Examen critique de ces arguments. — IV. La loi Calpurnia ne connaissait pas la *sponsio mere praejudicialis*. — V. Même dans les hypothèses visées par la loi Calpurnia, la *legis actio per condictionem* constituait une procédure par le pari. — VI. La conjecture la plus vraisemblable paraît être que les plaideurs fixaient eux-mêmes, d'un commun accord et en argent, l'enjeu du pari, enjeu qui était considéré comme représentant le tiers de la valeur en litige. . . 196

SECTION III

La procédure des interdits 207

CHAPITRE I. — **Définition et caractères généraux de l'interdit à l'époque classique.**

§ 1. — *Comparaison de la procédure de l'interdit en général et de la cognitio magistratus.*

I. La procédure administrative aboutit à un ordre donné par le magistrat du peuple romain à un citoyen, en vue de sauvegarder les intérêts de la cité. — II. La délivrance d'un interdit suppose au contraire un procès entre deux particuliers. — III. L'ordre donné par le magistrat est en outre conditionnel et non pas pur et simple. — IV. L'interdit joue le rôle d'instructions données au juge ou aux récupérateurs et se rapproche, à cet égard, de la formule d'action. — V. Les jurisconsultes classiques envisageaient-ils le droit d'accorder une formule d'interdit comme un des attributs de la *juridictio* et l'accordaient-ils en conséquence aux magistrats municipaux ? Comment se pose le problème ? Renvoi. . . . 207

§ 2. — *Comparaison de la cognitio magistratus et des interdits relatifs aux res divini juris et aux res publicae.*

I. Du rôle de la *cognitio magistratus* à propos des *res divini juris* et des *res publicae*. — II. Des interdits relatifs à ces deux catégories de choses. — III. Magistrats compétents. — IV. Qui peut dénoncer au magistrat statuant administrativement l'infraction commise et qui peut intenter l'interdit ? — V. Différences qui se rapportent à la procédure et au but poursuivi. Le demandeur à l'interdit populaire doit-il être considéré comme mandataire du peuple ? — VI. *Operis novi nuntiatio* 214

§ 3. — *Comparaison de l'interdit et de l'action.*

   I. La formule de l'interdit donne seulement d'une façon indirecte des instructions au juge ou aux récupérateurs. — II. La procédure *in jure* se décompose en deux phases. — III. Le magistrat intervient plus tôt qu'en matière d'actions. — IV. En principe, les règles relatives aux actions ne s'étendent pas aux interdits. — V. Les interdits n'entraînent pas l'infamie contre le défendeur condamné ; même à l'époque classique, les interdits ayant le caractère pénal constituent une exception ; il en est de même des interdits temporaires. — VI. Transition au chapitre II. 226

CHAPITRE II. — **Origine historique des interdits. — Exposé de notre doctrine.**

  § 1. — *Date de l'introduction des interdits dans la pratique romaine.*

   I. La procédure des interdits remonte à une époque antérieure à la loi Aebutia. — II. Elle n'appartient pas cependant à la première période de l'histoire du droit romain. — III. Les interdits relatifs aux *res divini juris* et aux *res publicæ* sont-ils les plus anciens ? 234

  § 2. — *Comment notre réforme put-elle se réaliser ?*

   I. La procédure des interdits est une procédure par le pari. — II. Les parties fixaient, d'un commun accord, l'enjeu du pari. — III. Nature et utilité de l'intervention du magistrat. — IV. A notre époque, le magistrat ne disposait d'aucun moyen de contraindre l'un des plaideurs à participer à la procédure. 245

  § 3. — *Les interdits les plus anciens concouraient-ils avec d'autres moyens de procédure ? Preuve de l'affirmative pour un certain nombre d'interdits.*

   I. Classification. — II. Interdits *de liberis exhibendis* et *de liberis ducendis.* — III. Interdit *de arboribus caedendis.* — IV. Interdit *de glande legenda.* — V. Interdits relatifs aux servitudes prédiales. — VI. Interdits *de mortuo inferendo* et *de sepulchro aedificando.* — VII. Interdit *de libero homine exhibendo.* — VIII. Réponse à une objection. 261

  § 4. — *Quelle fut l'utilité de la création des interdits ?*

   I. Substitution à l'action pénale des temps anciens d'une procédure ayant seulement pour objet de faire trancher une question litigieuse. — II. La procédure de l'interdit présente en outre l'avantage de circonscrire le débat. — III. C'est le préteur qui prononce les paroles solennelles destinées à donner au juge ses instructions. — IV. L'interdit organise la lutte judiciaire d'un individu contre un individu, au lieu de la lutte d'un groupe contre un autre groupe. — V. Innovation relative à la preuve. — VI. Les parties pourront plus promptement, et cela pour deux motifs, obtenir la solution du litige. — VII. Peut-être les récupérateurs chargés de statuer n'appartenaient-ils pas nécessairement à la classe des sénateurs. — VIII. Suivant les circonstances, les parties recourront à l'une ou à l'autre des procédures, entre lesquelles elles peuvent choisir. — IX. Pourquoi la réforme procédurale, à laquelle correspond la création des interdits, ne s'étendit-elle pas à toutes les matières du droit ?. 275

CHAPITRE III. — **Critique des doctrines opposées à la nôtre.**

§ 1. — *Les interdits constituent-ils une création prétorienne ou appartenaient-ils déjà à l'ancien droit civil ?*

I. Arguments en faveur de la doctrine, d'après laquelle l'ancien droit civil connaissait les interdits. — II. Critique de ces arguments 286

§ 2. — *Origine et caractère primitif des interdits.*

I. Classification des doctrines opposées à la nôtre. — II. Exposé du système qui envisage l'interdit comme une mesure administrative prise dans l'intérêt du bon ordre et de la paix publique. — III. Critique de ce système. — IV. Opinion d'après laquelle on doit considérer l'interdit comme un expédient destiné à engendrer indirectement une action et à combler ainsi une lacune du droit civil. — V. Critique de cette idée. — VI. Les interdits, qui ne sont relatifs ni aux *res divini juris* ni aux *res publicae*, se rattachent-ils tous à la procédure ? — VII. Arguments en faveur de la négative. — VIII. La création des interdits s'explique-t-elle par la nature de l'avantage qu'il s'agit de procurer au demandeur ? — IX. Critique des systèmes qui se prononcent pour l'affirmative 290

SECTION IV

La procédure par le pari en matière d'actions in rem . 304

CHAPITRE I. — **Legis actio sacramenti in rem. Revendication mobilière.**

§ 1. — *Caractères généraux de la revendication mobilière.*

I. L'action en revendication du droit classique. — II. Coutumes françaises et allemandes du moyen âge. *Demande de chose emblée. Klage mit Anefang.* — III. Dans la vieille procédure romaine, l'action en revendication se distingue des actions nées du vol. — IV. Elle peut néanmoins, comme toutes les actions primitives, être considérée comme une action pénale. — V. Ce n'est pas une action *in rem*, dans le sens du droit classique. — VI. Le nom d'action *in rem* ne s'explique pas davantage par ce fait que la procédure serait dirigée contre la chose litigieuse elle-même. — VII. Le droit ancien n'envisageait pas la revendication comme une action double 307

§ 2. — *La procédure débute-t-elle par la saisie extrajudiciaire du meuble litigieux ?*

I. La *legis actio* suppose, pour être accomplie, la présence de la chose litigieuse. — II. Comment le demandeur s'y prendra-t-il pour la porter ou la conduire devant le magistrat, contre le gré de son adversaire ? Hypothèse où il trouve l'esclave ou l'animal sur la voie publique. — III. Hypothèse où un doute existe soit sur l'identité de l'esclave ou de l'animal, soit sur le lieu où on le cache. — IV. Exposé de la doctrine de M. Bechmann. — V. Critique de cette doctrine 314

§ 3. — *Les vindicationes.*

I. Affirmation solennelle de son droit par chacune des parties. Sens des expressions *adserere manu* et *conserere manus*. — II. Intervention du magistrat. — III. La cité ne devient pas propriétaire du bien litigieux, comme le soutiennent quelques-uns ; on ne doit même pas considérer ce dernier comme placé sous la main de la justice. — IV. Procédure postérieure. Renvoi 321

§ 4. — *Qui gardera le meuble jusqu'à la sentence ?*

I. Le préteur n'adjugeait pas la propriété du meuble litigieux au plus offrant et dernier enchérisseur, à la charge de payer le prix de vente à celui des deux plaideurs qui obtiendrait gain de cause. — II. En sens inverse, le défendeur ne conservait pas toujours la possession intérimaire, à la seule condition de fournir des *praedes litis et vindiciarum*. — III. Suivant quels principes le magistrat rendra-t-il son décret ? Exposé des différentes doctrines. — IV. Rejet d'une conjecture, à laquelle on pourrait songer. — V. Système proposé. Hypothèse où les parties se mettent d'accord. — VI. Hypothèse inverse. 327

§ 5. — *Sens des mots vindicia et vindiciae.*

I. *Vindicia*, la chose litigieuse. — II. *Vindicia*, la motte de terre représentant l'immeuble *in jure*. — III. *Vindiciae*, la possession intérimaire, le droit de jouir de la chose pendant les débats et de recueillir les fruits. — IV. *Vindiciae*, l'amende formant la contre-partie de la possession intérimaire . . 335

§ 6. — *Des praedes litis et vindiciarum.*

I. Définition. — II. Exposé de la doctrine, d'après laquelle les *praedes* sont des cautions, qui s'obligent vis-à-vis de l'Etat et seulement vis-à-vis de lui. — III. Critique de ce système. — IV. Les cautions primitives, *praedes*, *vades*, *sponsores*. — V. Rôle des *vades*. — VI. Rôle des *praedes* en général. — VII. Rôle des *praedes litis et vindiciarum*. — VIII. Dans quelle forme aura lieu la *datio praedum* ? — IX. Fixera-t-on d'avance la somme d'argent, que les *praedes* paieront, si leur parent ou ami n'exécute pas la sentence de condamnation ? 339

§ 7. — *Comment étaient distribués les rôles dans la procédure ?*

I. Le rôle de défendeur n'appartenait pas nécessairement à celui qui était possesseur au début de la *legis actio*. — II. Les rôles ne seront pas intervertis, si le demandeur obtient la possession intérimaire. 352

§ 8. — *A qui incombait la charge de la preuve ?*

I. Critique de la doctrine générale d'après laquelle la charge de la preuve incombait à chacune des parties. — II. Critique du système de M. Bechmann. — III. Le problème ne doit pas être résolu par l'interprétation des formules des deux *vindicationes*. Renvoi à l'histoire de la théorie des preuves. 355

§ 9. — *De la sentence du juge.*

I. Si le juge estimait que le meuble n'appartenait ni au demandeur ni au défendeur, comment se terminait le procès ? Exposé critique des différentes doctrines. — II. Le juge doit toujours décider qui des deux adversaires a tort, qui a raison 359

§ 10. — *Quels sont les effets de la sentence du juge ?*

I. Cas où le juge se prononce en faveur de celui auquel le magistrat a confié la garde de la chose. — II. Que décider, au contraire, si le meuble litigieux se trouve entre les mains du vaincu ? Exposé de la doctrine généralement adoptée. — III. Examen critique du passage de Festus « *Si vindiciam falsam tulit...* ». — IV. Objections qui peuvent être adressées au système le plus répandu. — V. Objet de l'obligation des *praedes*. — VI. La chose litigieuse était-elle estimée d'avance ? — VII. S'il convient de se prononcer pour la négative, comment opérer l'évaluation en argent du meuble revendiqué ? — VIII. Que décider si ce dernier a péri par cas fortuit ? — IX. La procédure de la *legis actio per manus injectionem* devait-elle être suivie purement et simplement contre les *praedes* ? 362

CHAPITRE II. — **Legis actio sacramenti in rem. — Revendication immobilière.**

I. Quelles étaient les règles spéciales à l'hypothèse où la revendication avait pour objet un immeuble ? — II. Examen du problème au point de vue de l'histoire générale du droit. — III. Exposé de notre doctrine, relativement à l'histoire du droit romain. Pendant une première période, une partie de la *legis actio* se déroula sur l'immeuble lui-même. Accompagnées de témoins, les parties accomplissaient, conformément à certains rites, une descente sur les lieux. — IV. Plus tard, la descente sur les lieux précéda la *legis actio* au lieu d'en faire partie. — V. La *deductio quae moribus fit* ne constituait pas un élément de la *legis actio sacramenti in rem*. Elle ne servait pas aux plaideurs, quand ils s'entendaient sur ce point, à éviter un déplacement inutile et à abréger par suite la procédure. — VI. Elle n'avait pas pour objet de déterminer, d'un commun accord, laquelle des parties aurait la possession intérimaire. — VII. Elle ne constituait pas une formalité supplémentaire ajoutée à la *manuum consertio* 373

CHAPITRE III. — Legis actio sacramenti in rem. — Autres cas d'application.

I. Pétition d'hérédité. — II. *Legis actio sacramenti* servant à faire reconnaître judiciairement l'existence d'un droit de puissance sur un homme ou une femme libre. — III. *Causa liberalis*. Entre qui s'engage la lutte ? L'*assertor libertatis*. — IV. Comment le plaideur trouvera-t-il un *assertor libertatis* ? — V. Les *vindicationes*. — VI. Règles spéciales à la *causa liberalis*. — VII. Procès relatifs à l'existence des servitudes prédiales, que connaissait déjà le droit ancien . . . 387

CHAPITRE IV. — Les interdits destinés à protéger la possession ou à la faire recouvrer (Interdicta retinendae vel recuperandae possessionis causa).

§ 1. — *Comment se pose le problème ?*

I. Les deux rôles distincts de la possession, d'après l'histoire générale du droit. — II. Chez les Romains, les interdits *uti possidetis* et *unde vi* ne furent pas imaginés, en vue de protéger les possesseurs des *agri occupatorii*. 397

§ 2. — *Dans quel ordre historique apparurent les interdits unde vi, uti possidetis et utrubi ?*

I. Controverses sur la constitution de la classe des *interdicta recuperandae possessionis causa*. — II. L'interdit *uti possidetis* précéda-t-il l'interdit *unde vi* ? Arguments en faveur de l'affirmative. — III. Arguments en faveur de la négative. — IV. Cette dernière opinion admise, l'interdit *de precario* doit-il être considéré comme antérieur ou postérieur à l'interdit *unde vi* ? — V. Selon nous, l'interdit *uti possidetis* et l'interdit *unde vi* naquirent, à peu près en même temps, sans qu'il soit possible de préciser davantage. — VI. Ils existaient au contraire déjà, quand la jurisprudence créa l'interdit *de precario*. — VII. Exposé du système, d'après lequel l'interdit *utrubi* serait moins ancien que l'interdit *uti possidetis*. — VIII. Critique de ce système 403

§ 3. — *Caractères généraux des interdits uti possidetis, utrubi et unde vi.*

I. Les interdits *retinendae possessionis* sont prohibitoires. — II. Ils figurent parmi les interdits doubles. Définition de l'interdit double. — III. Pourquoi attribua-t-on le caractère double à nos deux interdits ? — IV. Analogies de la procédure des interdits *uti possidetis* et *utrubi* et de la *legis actio sacramenti in rem*. — V. Aucun des interdits *retinendae possessionis* ne tend à la répression d'un délit. — VI. L'interdit *unde vi*, restitutoire et simple, se sépare, à ces deux points de vue, des interdits *uti possidetis* et *utrubi*. Doit-on nier toute analogie entre sa procédure et la *legis actio sacramenti in rem* ? — VII. Le caractère pénal, que la jurisprudence classique reconnut à l'interdit *unde vi*, lui appartenait-il déjà, au moment de sa création ? 410

§ 4. — *Origine des interdits possessoires. Conjecture qui paraît la plus vraisemblable.*

I. Introduction. — II. Nos interdits permettaient aux plaideurs d'écarter, d'un commun accord, la *legis actio sacramenti in rem*. Motifs qui les conduisaient à préférer l'emploi de la procédure par le pari. — III. Arguments à l'appui de la conjecture. Etroite connexité de la possession et de la propriété chez les Romains. Relations de nos interdits avec la revendication dans sa forme ancienne. — IV. Arguments fournis par l'histoire générale du droit. — V. Pendant une seconde période de leur histoire, nos interdits apparaissent, comme des expédients destinés à assurer provisoirement au propriétaire la possession paisible de la chose, tant que la *legis actio sacramenti in rem* n'était pas intentée contre lui par un tiers. — VI. Enfin, la possession, établie au préalable, fut sauvegardée non plus seulement jusqu'au moment où l'action en revendication était intentée par un tiers, mais jusqu'au moment où le demandeur avait fait sa preuve. 423

§ 5. — *Origine des interdits possessoires. Critique des autres doctrines.*

I. En créant nos interdits, le préteur ne voulut ni protéger contre la violence la personne des citoyens ni sauvegarder l'ordre public, en maintenant la paix sociale. — II. Les interdits possessoires ne servirent pas, dès le principe, à déterminer les rôles des parties dans la procédure de l'action en revendication. — III. Les interdits *retinendae possessionis* ne se rattachent pas, au point de vue de leur origine, à la *datio vindiciarum* de la *legis actio sacramenti in rem*. — IV. Il n'y a pas de motif pour adopter une théorie différente, à propos de l'interdit *uti possidetis* et à propos de l'interdit *utrubi*. 432

§ 6. — *De la procédure par le pari dans la théorie des interdits possessoires.*

I. Caractères particuliers que présente la procédure par le pari, dans son application aux interdits *retinendae possessionis*. — II. Interdit *uti possidetis*. Le pari portant sur le point de savoir si l'ordre du préteur a été violé, les plaideurs accomplissent, sur l'immeuble, en présence de témoins, un acte de procédure, qui constitue, de la part de chacun d'eux, une violation formelle de cet ordre ; il ne restera plus aux récupérateurs ou au *judex* qu'à trancher la véritable difficulté. Examen critique des textes. — III. Pour désigner cet acte de procédure, la seule expression qui convienne est *vis ex interdicto* et non pas *vis ex conventu*. — IV. Réponse aux objections. — V. Examen des autres doctrines. La *vis ex interdicto* ne s'accomplit pas immédiatement, *in jure*. — VI. Ce n'est pas une formalité analogue à la *manuum consertio*. — VII. La violence fictive à laquelle se livrent les parties n'a pas pour but de manifester leur volonté de maintenir leurs prétentions. — VIII. Le « *vim facere* » ne consiste pas dans une désobéissance réelle à l'ordre du magistrat : c'est un acte de procédure. — IX. Interdit *utrubi*. La conception est la même ; seulement la violation respective de la possession de l'autre par chacun des plaideurs s'accomplit devant le tribunal, après la délivrance de l'interdit. . . 441

§ 7. — *La deductio quae moribus fit appartenait-elle à la procédure de l'interdit uti possidetis ?*

I. Il convient de se prononcer pour la négative. Arguments en faveur de cette thèse. — II. Classification des systèmes opposés au nôtre. — III. La *deductio quae moribus fit* ne suivait pas la délivrance de l'interdit *uti possidetis*. — IV. Elle ne la précédait pas 452

CHAPITRE V. — **Actio in rem per sponsionem. Exposé de notre doctrine.**

§ 1. — *L'actio in rem per sponsionem est-elle une procédure par le pari ?*

I. La *sponsio praejudicialis* du droit classique. — II. Encore à l'époque de Cicéron, un pari véritable servait de base à la procédure. 459

§ 2. — *Quand l'actio in rem per sponsionem s'introduisit-elle dans la pratique ?*

I. Conjecture relative au domaine d'application primitif de la procédure. — II. La création de cette dernière semble se placer entre la naissance des premiers interdits et le vote de la loi Aebutia 461

§ 3. — *Comment la jurisprudence parvint-elle à créer l'actio in rem per sponsionem ?*
I. La *denuntiatio*. — II. Règlement de la possession intérimaire par les plaideurs. Renvoi pour la *stipulatio pro praede litis et vindiciarum*. — III. Comment se manifeste l'accord intervenu à propos de la possession intérimaire ? Revendication immobilière. *Deductio quae moribus fit*. — IV. La *deductio quae moribus fit* ne servait pas à déterminer qui jouerait le rôle de demandeur et qui celui de défendeur. Elle ne servait pas exclusivement à déterminer l'identité de l'immeuble litigieux. — V. La *deductio quae moribus fit* s'appliquait-elle à la pétition d'hérédité ? — VI. La comparution devant le magistrat. Le pari 463

§ 4. — *Caractères et utilité de l'actio in rem per sponsionem.*
I. Caractères de la procédure. — II. Son utilité. 472

CHAPITRE VI. — **Actio in rem per sponsionem. — Systèmes opposés au nôtre.**

§ 1. — *Date de l'actio in rem per sponsionem.*
I. Examen de la doctrine, d'après laquelle notre institution appartient certainement à l'époque formulaire et à elle seule. — II. Arguments des adversaires de ce premier système. Quelle est leur valeur ? 476

§ 2. — *L'actio in rem per sponsionem constituait-elle un expédient destiné à éviter l'emploi de la legis actio sacramenti in rem ?*
I. Notre procédure ne succéda pas, dans l'ordre des temps, à la *legis actio sacramenti in rem*.— II. Elle se plaça à côté d'elle ; les parties purent désormais choisir entre deux moyens d'agir en justice 480

§ 3. — *Comment et pourquoi la jurisprudence réalisa-t-elle la réforme ?*
I. Exposé de la doctrine, d'après laquelle la jurisprudence se borna à substituer à la *legis actio sacramenti in rem*, la *legis actio sacramenti in personam*, plus tard la *legis actio per condictionem*. — II. Réfutation de cette doctrine. — III. Notre procédure n'est pas une variété de la *legis actio per judicis postulationem*. — IV. Elle ne rentre pas dans la catégorie des *jurgia*, par opposition aux *lites*. — V. Différentes utilités assignées par les auteurs à la création de l'*actio in rem per sponsionem* 483

www.ingramcontent.com/pod-product-compliance
Lightning Source LLC
Chambersburg PA
CBHW071617230426
43669CB00012B/1975